Schriften zur Synchronie und Diachronie des Deutschen

DANZIGER
BEITRÄGE ZUR
GERMANISTIK

Herausgegeben von Andrzej Kątny, Katarzyna Lukas
und Czesława Schatte

Band 44

PETER LANG
EDITION

Werner Abraham

Schriften zur Synchronie und Diachronie des Deutschen

Herausgegeben von Andrzej Kątny,
Michail Kotin, Elisabeth Leiss, Anna Socka

PETER LANG
EDITION

Bibliografische Information der Deutschen Nationalbibliothek
Die Deutsche Nationalbibliothek verzeichnet diese Publikation in der Deutschen Nationalbibliografie; detaillierte bibliografische Daten sind im Internet über http://dnb.d-nb.de abrufbar.

Umschlagabbildung: Panorama von Danzig
mit dem Motto der Universität Gdańsk.

Abdruck mit freundlicher Genehmigung
der Universität Gdańsk

Gedruckt auf alterungsbeständigem,
säurefreiem Papier.

ISSN 1617-8440
ISBN 978-3-631-61186-9 (Print)
E-ISBN 978-3-653-03933-7 (E-Book)
DOI 10.3726/978-3-653-03933-7

Peter Lang Edition ist ein Imprint der Peter Lang GmbH.
Peter Lang – Frankfurt am Main · Bern · Bruxelles · New York ·
Oxford · Warszawa · Wien

Dieses Buch erscheint in der Peter Lang Edition
und wurde vor Erscheinen peer reviewed.

www.peterlang.com

Prof. Dr. Werner Abraham

Inhaltsverzeichnis

5. Sprachwandel

6. Mikrolinguistik und Areallinguistik

Vorwort

Der vorliegende Band umfasst eine Auswahl deutschsprachiger Publikationen von Werner Abraham der vergangenen 25 Jahre, die wichtige Anstöße zum Verständnis der Grammatik vor allem des Deutschen und Niederländischen aus sprachtypologischer und universalgrammatischer Perspektive gegeben haben. Viele der Ideen sind mittlerweile in englischsprachigen Publikationen ausgearbeitet und weiterentwickelt worden. Dennoch ist das gesamte Potential der Anregungen nicht ausgeschöpft. Das lässt sich vielleicht durch ein persönliches Beispiel am besten illustrieren: Im Jahr 1989 ist in den *Groninger Arbeiten zur germanistischen Linguistik* ein Artikel erschienen, in dem zum ersten Mal der Zusammenhang zwischen dem Lesartwechsel der Modalverben von grundmodaler zu epistemischer Modalität und dem Aspektwechsel der eingebetteten Infinitivlexeme veröffentlicht wurde. Diese Entdeckung wurde als Abraham (1991) dann einem weiteren Publikum bekannt und hat eine Vielzahl von Einsichten in die Semantik der Modalverben erbracht. Der Zusammenhang zwischen Modallesarten und Aspekt hat mir selbst den Bereich der Modalität zum ersten Mal systematisch erschlossen und transparent gemacht. Es war zu erwarten, dass die grammatische Kategorie Aspekt bzw. Aspektualität im weiteren Sinn, die als wesentlicher Baustein der ATM-Kategorien bereits bekannt war, auch beim Aufbau der Modalverbsemantik beteiligt sein musste. Und doch waren die Muster bis dahin nicht aufgedeckt worden. Mittlerweile erweisen sie sich als maßgeblich für die Entdeckung koverter Muster von deontischer und epistemischer Modalität selbst in Sprachen, die scheinbar über keine solchen Modalparadigmen verfügen. Man kann sagen, das Verständnis der Modalverbsemantik hat durch die von Abraham entdeckten Musterbildungen ein unhintergehbares Niveau erreicht.

Das reiche Erkenntnispotential dieses einen frühen Artikels findet sich von Anfang an auch in vielen anderen frühen Publikationen von Werner Abraham und wurde in späteren Publikationen von ihm und anderen weiterentwickelt – oder eben doch nicht. Die vorliegende Schrift versucht dieses bislang nicht erschöpfte Reservoir von Ideen in einer Zusammenschau zugänglich zu machen. Sie versteht sich als alternative Festschrift für Werner Abraham. Sie kommt verspätet, denn Werner Abraham provoziert nicht gerade Festschriften. Er gehört zwar zu den großen Förderern der Linguistik und vor allem zu den Entdeckern der Besten unter dem linguistischen Nachwuchs, deren Arbeiten er durch die Publikationen in den von ihm herausgegebenen, international rezipierten, bald 400 publizierte Bände umfassende Reihen „Linguistik Aktuell / Linguistics Today (LA)“ und „Studies in Language Companion Series (SLCS)“ bekannt gemacht hat. Viele von ihnen sind mittlerweile international anerkannte Kollegen. Werner Abraham schuf sich in seiner akademischen Laufbahn keine Gefolgschaften, die ihn zu runden Geburtstagen und zum Abschied aus seinem Lehr- und Forschungsdienst zu ehren hatten. So sind die Kapitel im vorliegenden Buch ausschließlich aus seiner eigenen Hand – freilich bloß Ausschnitt aus seinem viel reicheren Gesamtwerk, ausgewählt gar nicht so sehr nach Wirkungsgewicht in der zeitgenössischen Forschergemeinschaft, sondern nach thematischen

Wirkungsschwerpunkten auf den vielen Forschungsgebieten, in denen er seine philologische Ausbildung mit modern linguistischem Blick auf größere, gestalthafte Zusammenhänge verband. Seine Arbeiten fanden und finden zwar ein großes Echo, aber dennoch oft nicht das Verständnis, das sie verdienen würden. Sie sind, und da wird wohl niemand widersprechen, nicht immer leicht zugänglich, zum Teil deshalb schwer verständlich, da sie sehr viel voraussetzen von dem, was bereits publiziert wurde, und die er eben zur Grundlage seines thematischen Verständnisses machte.

Die vorliegende Publikation versucht, die zentralen Ideen von Werner Abraham an Hand einer Reihe früher deutscher Veröffentlichungen rezipierbar und ausbeutbar zu machen. Da indes auch von den frühen Schriften nur ein geringer Teil erneut hier wieder veröffentlicht werden kann, sollte man zur Ergänzung zu diesem Band noch die mittlerweile elektronisch zugänglichen *Groninger Arbeiten zur germanistischen Linguistik* (*GAGL*: http://gagl.eldoc.ub.rug.nl/) heranziehen, die nicht nur das Oeuvre von Werner Abraham ergänzen, sondern auch das wissenschaftliche Umfeld zeigen, das er geschaffen hat. Er hat *GAGL* immer als sein Baby bezeichnet (die Abkürzung *Gagl* ist ein nur dem hochalemannischen Montafonerischen zugänglicher Ausdruck für „Baby, Kleinkind").

Werner Abraham wurde als Gagl eines deutschen Vaters und einer Wiener Mutter im Jahr 1936 in Berlin geboren und in der Folge sowohl im Berlinerischen, dann Wienerischen, dann Hochalemannischen des vorarlbergischen Montafons und danach wieder Wienerischen muttersprachlich geprägt, maturierte mit Vorzug in Wien, legte sein gesamtes Studium der Germanistik, Anglistik und des Sports („Leibesübungen", auch kurz „Turnen") im Lehramt an der Wiener Universität ab, spielte Baketball im österreichischen Jugendteam (und später in der niederländischen Bundesliga/Eredivisie) unterrichtete an Gymnasien, machte 1965 am Arlberg beim Schilehrpapst Stefan Kruckenhauser den Staatlich geprüften Schilehrer – arbeitete mehrere Semesterferien als Schilehrer in Kitzbühel – und promovierte – mit Unterbrechungen als Pistenzuständiger bei den olympischen Winterspielen 1964 in Innsbruck (in der Axamer Lizum) – 1965 bei Eberhard Kranzmeier mit einer Arbeit zur Phonologie des tschaggunserischen Hochalemannischen, lehrte 1965–1967 als Fulbrightgeförderter an der Staatsuniversität in Urbana/Illinois, lehrte dann wieder in der Indogermanistik an der Wiener Universität, bevor er 1971 zum Sommersemester als akademischer Rat nach Tübingen (zu Otmar Werner) ging, dann 1972 einen Ruf auf den Lehrstuhl für germanistische Linguistik in Trier ausschlug und nach Groningen in die Niederlande ging, wo er bis zu seinem altersbedingten Abschied 2001 den Lehrstuhl für linguistische Germanistik und Mediävistik ausfüllte. Er erfüllte Gastprofessuren (mehrmals und mehrjährig) in Berkeley/Kalifornien, Köln, Oslo, Lund, Wien, Leiden, Salzburg und Graz.

Die ungewöhnliche Breite seiner Forschung verdankt sich zweifellos seiner gediegenen philologischen Ausbildung in Wien (unter Lehrern wie Mayrhofer, Kranzmayer, Kronasser, Wild, Korninger, Höfler, Gabriel, Groll), indem er daran anschließend auch linguistisch-methodische Analysen zu literarischen Nischenthemen suchte. Man vgl. seinen Buchtitel „Linguistik der uneigentlichen Rede" (1994, Tübingen).

Breite und Tiefe seiner modern-linguistischen und philologischen Bildung spiegeln sich in seiner mehr als 1000-Seiten starken „Terminologie der modernen Linguistik“ in 2., erheblich erweiterter Auflage (besprochen von Jim McCawley in *Language*), die auch in einer zweibändigen spanischen Ausgabe erschien, deren weitere verlegerische Betreuung aber in den nachniemeyerischen Irrungen und Wirrungen unterging. Seine germanisch-typologisch angelegte „Deutsche Syntax im Sprachenvergleich. Zur Grundlegung einer typologischen Grammatik des Deutschen“ (1995 in Tübingen, im Juni 2013 in dritter Auflage, auf 740 Seiten) erschienen, spiegelt das Deutsche an seinen genetischen Verwandten – ein innovativer Typus deutscher Grammatikschreibung, der m.E. die Zukunft einer nicht mehr nationalphilologisch orientierten Grammatikschreibung darstellt.

Über die Tätigkeit als selbstverantwortlicher Autor hinaus ist mit seiner Mithilfe eine große Reihe von Sammelbänden sowohl auf Deutsch wie auch auf Englisch entstanden. Es geht dieses Interesse und Anliegen sicherlich auf jene Hingabe zurück, mit der er Lehre und Ausbildung Jüngerer und ähnlich zielhaft Strebender ausfüllte: stets unter anspruchsvoller thematischer und didaktisch-methodischer Vorbereitung. In seiner Vortragshaltung wusste er ähnlich leidenschaftliche Auszubildende und erfahrenere Zuhörer hinzureißen, freilich gelegentlich auch zu überfordern. Seine Arbeitskraft, die er neben der Erziehung seiner sechs Kinder entwickelte – die er in Freizeit, Sport und intellektueller Anleitung vorbildlich unterstützte –, war legendär. Die Namen seiner Kinder kommen häufig in seinen Beispielssätzen vor, ebenso wie der seiner Frau Gerda, die mit ihm zusammen John Lyons‘ „Introduction to theoretical linguistics“ (CUP 1971) (und Theodora Bynon’s „Historical Linguistics“, CUP 1977, beide deutsch bei C.H. Beck, München) ins Deutsche übersetzte und damit für mich und viele andere Studierende einen Einführungsstandard gesetzt hat, der bis heute in deutschsprachigen Einführungen nicht wieder erreicht wurde und die weiterhin als Einführungen vorbildhaft bleiben, auch wenn sie aktualisiert werden müssten.

Werner Abraham gab nicht nur viele Anstöße, er brachte mit seiner wissenschaftlichen Leidenschaft sowohl sein privates Umfeld als auch nicht wenige seiner Koautoren und Mitherausgeber an den Rand ihrer Kräfte. Seine Forderung und sein Ziel waren es dabei aber immer, bereits erreichte Wissenshorizonte kontinuierlich in Frage zu stellen und zu überschreiten.

Elisabeth Leiss

1. Kerngrammatik – Satzsyntax

Syntaktische Korrelate zum Lesartwechsel zwischen epistemischen und deontisch/volitiven Modalverben*

1. Rätselhafte Beschränkungen bei Modalverben

Im Folgenden stelle ich einige merkwürdige syntaktische Beschränkungen bei Modalverben (MV) im Deutschen vor, die m.W. in der deutschen Grammatik bisher unbeobachtet geblieben sind. Diese Einschränkungen beziehen sich auf den systematischen Lesartwechsel zwischen „deontischer“ (bzw. volitiver) und epistemischer Bedeutung bei Modalverben mit eingebetteten Infinitiven, Einschränkungen bedingt durch Aktionsarteigenschaften sowie periphrastische Tempusbildungen. Diese Beschränkungen sind aufs erste ohne ersichtlichen Zusammenhang. In einem weiteren Abschnitt soll die Annahme entwickelt werden, dass deontische MV-Lesarten (kurz: DMV) und epistemische MV-Lesarten (kurz: EMV) sich hinsichtlich ihrer θ-Struktur unterscheiden: DMV projizieren eine θ-Rolle, EMV dagegen nicht. Diese komplementär verteilte lexikalische Eigenschaft soll mit aspektuellen Unterschieden zwischen DMV und EMV in einen quasi-erklärenden Zusammenhang gestellt werden.

Zunächst also zu den isolierten nichttrivialen Beschränkungen, die DMV und EMV trennen.

1.1 EMV fehlt bei terminativer Einbettung

Im allgemeinen haben MV zwei Lesarten: die modale Grundbedeutung (oben und *passim* abgekürzt „deontisch“ genannt) sowie die epistemische (in der Literatur auch „inferentielle“ oder „subjektive“ genannt). Die Formen der MV in den verschiedenen Tempora sind dabei homonym außer dort, wo sie umlautfähige Stammvokale haben (also bei *durfte/dürfte*, *mußte/müßte* und *konnte/könnte*. Vgl. (1a-c).

(1)	a. Er *will/muß/kann/soll/mag* zuhause sein	…	DMV, EMV
	b. Er *durfte* zuhause arbeiten	…	DMV, *EMV
	c. Er *dürfte* zuhause arbeiten	…	*DMV, EMV

Wegen der formalen Unterscheidbarkeit lasse ich DMV/EMV-Oppositionen wie *durfte/dürfte* und *mußte/müßte* im Moment außer Betracht. Es geht mir ausschließlich um die MV-Homonymie und ihre kontextuelle Desambiguierung. Ebenso sei *können* ausgeklammert, welches schon in seiner modalen Grundbedeutung epistemisch ist. Hier ist demnach nichts zu unterscheiden. Auch *sollen* eignet sich für die EMV/DMV-Unterscheidung zuweilen nicht so gut, da es in seiner deontischen Verwendung z.T. veraltet ist. Weiter will ich mich überhaupt nicht der alethischen Lesart

* *Groninger Arbeiten zur Germanistischen Linguistik* 30 (1989), 145–166.

bei *können* widmen. Diese wird in der traditionellen grammatischen Literatur ausnahmslos unter der Epistemik des Modalverbs abgehandelt, soweit diese Modalbedeutung überhaupt gesondert behandelt wird.

Die EMV in (1) unterliegen einer merkwürdigen kontextuellen Abhängigkeit: Ist das abhängige Vollverbprädikat terminativ (= inchoativ), so ist die Fügung zugunsten der DMV-Lesart desambiguiert; d.h. die EMV-Lesart ist ungrammatikalisch. Vgl. (2).

(2) a. Sie will/muß/soll/kann/mag *einschlafen/Ärztin werden* … DMV,*EMV
b. Sie will/muß/soll/kann/mag *schlafen/Ärztin sein* … DMV, EMV

Ein guter Distributionssicherer ist weiters ein solches Adverbial, das eine epistemische Lesart ausklammert, also etwa *sicher(-lich), gewiß, offensichtlich* u.a.. Diese epistemische Lesart ist zudem immer auf die Präsens- oder Imperfektprädikation beschränkt: Posteriorität verbietet sich bei EMV (siehe weiter unten). Wir werden von diesen Lesartschibboleths in Hinkunft verschiedentlich Gebrauch machen. Für (2a,b) sei dies durch den Leser selbst verifiziert.

Es ließe sich argumentieren, dass durch den Ausfall von EMV bei terminativen Prädikaten eine Lücke im Tempusparadigma entsteht. Wie will sich der Deutsche verständlich machen, wenn er genau das zum Ausdruck bringen will, was mit (2a) nicht auszudrücken ist? Welche Strategie steht ihm bei Wahrung größter Ökonomie zur Verfügung? Betrachten wir dazu die Verteilungen in (3) mit Posterioritätsreferenz.

(3) a. Sie will/muß/mag *1992* einen Diamanten *kriegen*/Ärztin *werden*… DMV, *EMV
b. Sie will/muß/mag/soll *1992* einen Diamanten *haben*/Ärztin *sein*… DMV, EMV[1]

(3b) füllt die EMV-Lücke, die eingebettete terminative Infinitive wie in (3a) entstehen lassen, im Deutschen nicht (im Gegensatz dazu, was nach Vikner (1988) im Anschluß an Hansen (1972) fürs Dänische beobachtbar ist). D.h. unter Zukunftsreferenz der MV stellt sich keine epistemische Lesart ein – sie geht soz. in der modalen Grundbedeutung auf. Wir werden diese Beschränkung weiter unten auch für andere Zeitreferenzen überprüfen.

(4) Verteilung zwischen EMV/DMV und Terminativität

	[-terminativ]	[+terminativ]
EMV	+	–
DMV	–	–

1 **Nachtrag 3.5.2013:** Besonders bei Zustandsprädikaten ergibt sich oft automatisch eine Reparaturlesart im Sinne des dynamischen Modalverbs, sodass neben der logischen E-Lesart auch die grundmodale, D-Lesart vertretbar erscheint: also aus *einen Diamanten haben→ dann/später einen Diamanten haben → bekommen* bzw. *Ärztin sein → Ärztin werden*. Bei Kratzer (1981) wird auf weitere ähnliche Fälle hingewiesen, Maienborn (2003) hat allgemeinere Reparaturformulierungen ausgewiesen. Verstellt man sich eine solche dynamische Reinterpretation, dann sollte die Lesartentscheidung zu (3b) lauten: *DMV-EMV. Vgl. auch (4).

Dies erlaubt die Annahme, daß im Deutschen die modale Grundbedeutung als unmarkierte, die epistemische wegen ihrer Beschränkung als abgeleitete, markierte zu betrachten ist. Dies liefert freilich noch keine systematische Erklärung für die beobachtete generalisierbare Verteilung in (2) und (3). Betrachten wir nach diesem 1. empirischen Faktum noch eine andere Verteilung, die ebenso systematisch, allerdings nur in der Tempusperiphrase auftaucht.

1.2 Periphrastische Tempusbildung und die EMV/DMV-Trennung

Die Beispiele unten lassen den Schluss zu, daß die in der deutschen Tempusperiphrastik verwendeten Auxiliarverben zusammen mit den Hauptverbformen in ihrer semantischen und/ oder syntaktischen Spezifik für den Ausschluss der epistemischen Lesart verantwortlich sind. Ich gehe hier nur auf das Perfekt bzw. das Plusquamperfekt ein; die Futurperiphrastik verhält sich im Sinne von (3) völlig parallel (*werden* als inchoatives Verb!).

(5) a. Er *hat(te)* viel Geld verdienen *wollen/müssen/sollen* … DMV, *EMV
b. Er *wollte/mußte/sollte* viel Geld verdienen … DMV, EMV

Man beachte, daß die Bildungsmöglichkeit mit *sein* nicht mehr besteht und zwar unabhängig davon, ob die Hauptverben *sein* oder *haben* im Perfekt selegieren. Dies zeigt (6a) im Unterschied zu (6b).

(6) a. Er *ist/*hat* angekommen/gestorben
b. Er **ist/hat* ankommen *wollen/müssen/sollen* … DMV, *EMV

Diese Verteilung weist nach – falls daran fürs Deutsche Zweifel bestanden haben sollten –, daß Tempus und Aspekt mit *haben* auf das Modalverb projiziert werden und nicht auf das Hauptverb. Dies ist nicht unwichtig, da in anderen germanischen Sprachen die lineare Abfolge eine andere Schlussfolgerung zur Tempus- und Aspektprojektion zulassen könnte. Man vgl. die AUX/V-Konversen zum Deutschen im Ndl. (SOV) und im Dänischen (mit SVO, allerdings mit einer mittelfeldartigen Zone; vgl. Abraham 1988a; das dän. Beispiel ist von Vikner 1988: 6).

(7) a. NDL.: Hij *is/heeft willen/moeten aankomen … MV–V/?V-MV
b. DT.: Er hat ankommen wollen/müssen … *MV–V/ V-MV
c. DÄN.: Han har villet tjene mange penge … MV–V/*V-MV
er hat gewollt verdienen viel Geld

Man beachte, daß zu dieser konversen Deutung des Tempus-Aspekt-Skopus im Dänischen wohl die lineare Abfolge wie im Ndl., nicht jedoch die Partizipialmorphologie beim MV (die im Dt. wie im Ndl. durch den Infinitiv ersetzt ist) führen könnte. Gleichwohl ist die AUX-Wahl im Deutschen und im Ndl. über jeden Zweifel diejenige, die sich auf das MV bezieht. Zudem entsteht eine andere Lesart, sobald wir Tempus und Aspekt am Hauptverb statt am MV realisieren. Man vergleiche (5a), (6b) mit MV-Periphrastik sowie (8) mit Hauptverbperiphrastik.

(8) a. Er *will/soll/muß* Geld *verdient haben* ... *DMV, EMV
b. Er *will/soll/muß angekommen sein* ... *DMV, EMV
c. Er *will/soll/muß* Geld verdienen ... DMV, *EMV

Vgl. die unterschiedlichen Grammatikalitäteigenschaften in (4) oben. Die Lesarten in (8), also bei Tausch von AUX und MV gegenüber (5a) und (6b) in der Rolle von Trägern der Tempus- und Aspektperiphrastik bieten die konverse Semantik zu der in (6).

Die Folgerung, die unsere Distributionsbeobachtungen in diesem Abschnitt zulassen, ist in (9) und (10) zusammengefasst. Man beachte, daß (9) nur über die Periphrastik bei den MV Aufschluß erteilt, während (10) die Beschränkung für die Hauptverbperiphrastik zusammenfasst. Die Aussage über den Präsensinfinitiv am terminativen Hauptverb (HV), nämlich Ausschluß von EMV wiederholt nur, was schon in (4) steckt.

(9)

MV	Präteritumlesart	(Plusquam-) Perfektlesart	(Plusquam-) Perfekt ungrammatisch
EMV	+	-	+
DMV	+	+	-

(10)

MV	terminativ	Präsensinfinitiv	2. Partizip + *haben /sein*
EMV	–	–	–
DMV	+	+	+

Es wird sich zeigen, daß hinter (9) größere Generalisierbarkeit insofern steckt, als auch das Futurum mit *werden* durch den Präsensausdruck übernommen wird; siehe auch (38) unten. D.h. (9) ist eine Beschränkung ausdrückbar für das, was sowohl *haben/sein* + PP als auch *werden* + Inf. als gemeinsames Merkmal eignet. Inhärente Terminativität beim Einzelverb verhält sich also distributionstechnisch ebenso wie die Tempusperiphrase (PP + *haben/sein/ werden*). Damit ist eine enge Affinität zwischen Aktionsart und der Tempusperiphrase im Deutschen festgestellt. Die Frage nach einer gemeinsamen Erklärung dieser gemeinsamen Faktenlage wird umso drängender.

1.3 Abfolge, Skopus und DMV/EMV-Lesart

Die Beobachtungen dieses Abschnitts knüpfen unmittelbar an die des vorigen an, erschließen jedoch ein neues empirisches Faktum. Wir behalten hier ausschließlich die linearen Abfolgen der Verbelemente im Auge, die im Deutschen im Unterschied zum Ndl. und Dänischen (vgl. (6) und (7) oben) die strukturellen Subjazenzbeziehungen spiegeln. Es gelten folgende semantische Operatoreneinschränkungen.

(11)	a. für EMV gilt die Operatorbeziehung	MOD(TEMP (p))
	b. für DMV gilt	TEMP(MOD (p))

Man vgl. dazu die folgenden bestätigenden Beispiele sowie die an der Lexik und den Beispielen dichter orientierten Generalisierungen in (3a,b).:

(12)	a. Er *soll/muß* in A. *gewohnt haben*	...	*DMV, EMV
	b. Es *soll/muß* ein Fehler *gewesen sein*	...	*DMV, EMV
(13)	a. Er *hat* in A. *wohnen sollen*	...	DMV, *EMV
	b. Es *hat* ein Fehler *sein können*	...	DMV, *EMV

(12a,b) entspricht der Skopuszuordnung in (11a) oben und (14a) unten, (13a,b) jener in (11b) sowie der Operatorbeziehung in (14b).

(14)	a. VERMUT	(ANTERIOR(V))		...	*DMV, EMV
	soll-	ge-t hab- wohn-			
	b. ANTERIOR	(OBLIG	(V))	...	DMV, *EMV
	hab-	soll	wohn-(ge-t)		

Diese direkt an den Lesarten von (11a,b) und (12a,b) abgelesenen Verallgemeinerungen sind freilich weiter erklärungsbedürftig.

1.4 Soweit die empirischen Beobachtungen. Es gelten andere Einschränkungen neben solchen Generalisierungen. Sie beziehen sich jedoch auf einzelne Selektionseigenheiten. So ist *wollen* nie für solche Subjekte einsetzbar (egal ob als DMV oder als EMV), die nicht menschlich sind. Dies unterscheidet das Deutsche vom Englischen und Niederländischen und erst recht von den skandinavischen Sprachen. Hier hat das Deutsche offenbar unter dem Einfluss der Vollverbbedeutung von *wollen* einen Sonderstatus. Andere Eigenheiten, etwa der MV im Ndl. liegen im Selektionsbereich für Subjekte (*dat kan/mag/moet* „das kann/darf/muß"); auch dies berührt meine Fragestellung hier nicht.

2. DMV/EMV und zeitreferentielle Eigenschaften

2.1 Im Anschluß an die deutschen Distributionsunterschiede in 1.3. oben können wir fragen, wie derartige modale Beschränkungen innerhalb der Tempussystematik erklärbar sind. Ich setze folgende Erklärschritte an, die jeweils weiter auszuführen und empirisch zu belegen sind.

Grundbeziehungen:

(15) a. Zeitreferenz ist eine Beziehung zwischen den Reichenbachschen Referenzpunkten S und E; vgl. (11):
TEMP = [S,E] für *gewohnt haben / hat sollen*
b. Modusreferenz ist die Beziehung zwischen den Referenzpunkten R und E (vgl. (12)):
MOD = [R,E] für *soll [gewohnt haben]*

Realisiert für die periphrastischen Perfektreferenzen in (8) und (11) gilt folgende empirische Generalisierung („÷“ = „korreliert mit“):

(16) a. EMV ÷ (E < R)… vgl. (17) für (12)
b. DMV ÷ (R < S)… vgl. (18) für (13)
c. DMV ÷ (R ∈ E)

Man vergleiche die Zeitreferenzgraphiken für (12a,b) bzw. (13a,b) in (17) bzw. (18). [ANT = ANTERIOR]

(17)
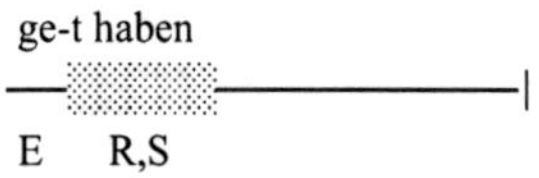

mit ANT(E,R) u. EMV (sprecherorientiert); vgl. (16a)

(18)
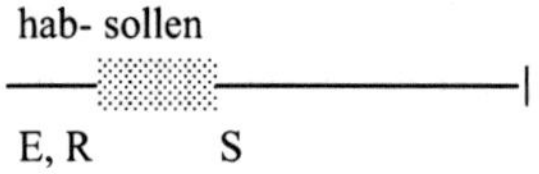

mit ANT(R,S) u. DMV (ereignisorientiert); vgl. (16b)

Somit gelten über (16a,b) hinaus:

(19) a. DMV = [S,{R,E}] … d.h. es gilt wegen (16a) TEMP-Priorität für die Skopusbeziehung
b. EMV = [{S,R},E] … wegen (16b) MOD-Priorität für die Skopusbeziehung

Dies stimmt zu den empirischen Skopusbeziehungen (12a,b), die identisch mit (11a,b) sind.

(20) a. für EMV gilt… MOD(TEMP(p)) (= (11a))
b. für DMV gilt… TEMP(MOD(p)) (= (11b))

Dies gilt genau genommen nicht nur für die Perfekt- und Futurperiphrase, sondern auch für das synthetische Präsens – allerdings ohne die direkte oberflächliche Skopusentsprechung der Periphrasen, ausgedrückt in der Abfolge zwischen MV und AUX. Wir überprüfen (20a,b) kurz anhand des ambigen Satzes (21).

(21) Er *muß* seit 1983 in A. wohnen

mit DMV-Lesart nach

(22) a.

(1983) E S
(R)

Vgl. die Paraphrase für die Deontik von *müssen* sowie den Geltungsbereich des Zeitadverbials in (22b).

b. Er ist *seit 1983* verpflichtet $_S$[in A. zu wohnen]

Für (21) besteht aber auch eine EMV-Lesart:

c.

(1983) E S,R

In der Paraphrase dieser epistemischen Lesart von (21) steht die Zeitangabe im eingebetteten Satz.

d. Ich vermute$_S$ [dass er *seit 1983* in A. wohnt]

2.2 Wir haben nun mit 2.1 Zusammenhänge zwischen der Abfolge der verbalen Glieder, zeitreferentiellen Beschränkungen und der Verteilung zwischen modalen Grundbedeutungen von MV bzw. epistemischen Lesarten erkannt. Das zuletzt beobachtete empirische Faktum in 1.3 hat eine gewisse Erklärung anhand der zeitgraphischen Beschreibungen in (17) und (18) erhalten. Immer noch fehlt jedoch eine grundlegende Erkenntnis, die für alle 3 beobachteten Distributionsfakten eine einheitliche Erklärung liefert. Wenden wir uns im Folgenden einer genaueren Prüfung der Ereignisstruktur der wichtigsten syntaktischen Hauptverbklassen zu.

3. Die Ereignisstruktur von MV

3.1 Terminativität

Ich habe schon öfters und zuletzt ausführlich in Abraham (1990a) folgende grundlegende Unterscheidungen zur Ereignisstruktur angenommen.

(23) a. terminative (in)transitive Verben:

|>>>>>>>>|————————

t_1 E_1 t_m E_2 t_n

b. nichtterminative (in)transitive Verben:

≈≈≈≈≈≈≈≈≈≈|≈≈≈≈≈≈≈≈≈≈

t_1 E_1 t_m E_2 t_n

Erklärung: t_1, t_m, t_n sind Punkte auf der Zeitachse des Ereignisablaufs. Die Ereignisstruktur terminativer Verben ist zweiphasig mit einer Annäherungs- und einer Resultatphase $\forall t_{x:x(1\text{-}n)}$ $((t_1\text{-}t_m)(E_1) \neq (t_m - t_n)(E_2))$; t_m gehöre beiden Ereignisphasen, E_1 und E_2, gleichzeitig an. Die Ereignisstruktur nichtterminativer Verben dagegen sei einphasig $\forall tx((x\in(1\text{-}n))((t_1 - t_m)(E_1) = (t_m - t_n)(E_2)))$. (23b) beschreibe neben andauernden Ereignissen auch Zustände (Einphasigkeit als *Genus proprium*).

Die Argumentzuordnung[2] zu diesen Ereignisphasen sei die in (24) bzw. (25).

(24) a. terminatives tV: etwa *umbringen*

|>>>>>>>>>>|——— eA: $eA(t_1)\cap\ldots\cap eA(t_{m-1})$

t_1 t_m t_n iA: $iA(t_1)\cap\ldots\cap iA(t_m)\cap\ldots\cap iA(t_n)$

b. terminatives iV (=eV): etwa *sterben*

|>>>>>>>>>>|——— iA: $iA(t_1)\cap\ldots\cap iA(t_m)$

t_1 t_m t_n

(25) a. nichtterminatives (i)tV: etwa *schlafen*

|≈≈≈≈≈|≈≈≈≈≈ eA: $eA(t_1)\cap\ldots\cap eA(t_n)$

t_1 t_m t_n (iA: $iA(t_1)\cap\ldots\cap iA(t_n)$)

Die Quasihilfsverben (Anhebungsverben nach ihren syntaktischen Ableitungseigenheiten) *scheinen* und *pflegen* sind selbst einphasig und besitzen keine Ähnlichkeit zu Terminativen und deren Ereignisstruktur. Dies paßt zu dem Bild, welches wir von EMV sowie den epistemischen Lesarten von *drohen* und *versprechen* haben. Die modalen Grundbedeutungen, DMV, jedoch sind zweiphasig und zwar nach folgender Charakteristik

(26) a. |>>>>>>>|————— DMV:

t_1 $\neg E$ t_m E t_n

b. Argumentzuordnung: $A(t_1)\cap\ldots\cap A(t_m)$

c. Ereignisidentifikation: $\neg t_1(E)\cap\ldots\cap\neg t_m(E)\cap t_m(E)$; d.h. t_m hat die Ereignischarakteristik der Annäherungsphase ebenso wie die der Resultatsphase.

d. |≈≈≈≈≈≈≈≈≈≈≈|≈≈≈≈≈≈≈≈≈≈≈ EMV:

t_1 t_m t_n

2 Abkürzungen: tV – transitive Verben, eV – „ergative“ (= terminativ-intransitive) Verben, iV – intransitive (nichtterminative) Verben; VoP – Vorgangspassiv; ZuP – Zustandspassiv; PPP – Partizip-Perfekt-Passiv; PPA – Partizip-Perfekt-Aktiv; iA – internes Argument (zugrundeliegendes direktes Objekt); eA – externes Argument (zugrundeliegendes Subjekt).

Wir erinnern uns, daß sich die epistemische Lesart bei eingebetteten terminativen Prädikaten nicht einstellen will (vgl. (2a)!). Dem trägt (26b) insofern Rechnung, als es auf die Ereignisstruktur des eingebetteten Durativs keine eigene Ereignisstruktur projiziert.[3] DMV jedoch haben eine eigene Ereignisidentifikation wie in (26a), auf welche das Argument in der angegebenen Weise projiziert wird.

Man beachte nun die Ähnlichkeit zwischen der Ereignisstruktur bei terminativen Vollverben (wie in (24)) und DMV: Beide sind zweiphasig. Die Ereignisidentifikation unter der DMV-Lesart ist in der 1. Phase, also in dem Zeitabschnitt (t_1-t_m) nicht möglich; die Ereignischarakteristik E (denotiert im lexikalischen Vollprädikat) trifft erst mit Beginn der 2. Phase, also in dem Abschnitt (t_m-t_n) zu. Wie bei den terminativen Vollverben ist der mittlere Zeitreferenzpunkt t_m ein Grenzpunkt. Er erfüllt beide Ereignischarakteristiken, die für DMV und die für das Vollprädikat. D.h. die durch DMV modifizierte Gesamtereignischarakteristik strebt mit der besonderen Grenzpunktcharakteristik (für t_m) bereits in der 1. Phase, in der E noch erfüllt, jedenfalls dieser Erfüllung zu. Genau diese Charakteristik zeichnete die inhaltliche Bindung zwischen Annäherungsphase und Resultatsphase bei den terminativen Prädikaten aus. Die weitere Parallele besteht also darin, dass DMV und terminative (i)tV spezifisch die 1. Phase und den Grenzreferenzpunkt ereignisinhaltlich gleich erfüllen, d.h. gemessen an der Erfüllung der Folgephase (Resultatsphase) mit verschiedenen Vorzeichen.

Wir notieren somit eine interessante Konvergenz zwischen Terminativität und DMV-Lesart ausdrückbar in distinkten Ereignisstrukturen. Dies ist die gesuchte Erklärung für die ersten zwei empirischen Fakten (in 1.1 und 1.2) ebenso wie das 3. beobachtete Faktum (in 1.3.).

Wenden wir uns nun den Argumentprojektionen zu. Die Hauptfrage, die wir uns stellen, ist: Haben DMV und EMV unterschiedliche θ-Charakterisierungen. Wenn dies der Fall wäre, dann ergäben sich weitere Korrelationen zwischen Zeitreferenz und Ereignisidentifikation mithilfe von θ-Auszeichnungen.

4. Argumentstruktur und Modalverben

4.1 Die Subjektposition und ihre θ-Zuweisung

Die folgenden Beobachtungen wurden m.W. zum ersten Mal von Vikner (1988: 12ff.) und zwar fürs Dänische angestellt. Die Grundannahme Vikners ist, dass thematische Rollen (kurz auch: θ-Rollen; ungefähr, aber ohne denselben Theorierahmen auch semantische Valenzen oder Tiefenkasus), die im allgemeinen durch Verben, Präpositionen und Adjektive (über die sog. Rektion dieser Wortarten) mittels Argument-NPs als Träger dieser θ-Rollen zugewiesen werden, auch von DMV, nicht jedoch von EMV zugeordnet werden. Dies ist eine grundlegende Unterscheidung, die empirisch

3 Zur weiteren Ereignisidentifikation und Argumentprojektion bei Durativen siehe Abraham (1989). Ich beschränke mich hier auf die Struktur der modalen Grundbedeutungen, also DMV.

nachzuweisen ist, und darüber hinaus eine, die wir gerne im Einklang mit den übrigen beobachteten Unterschieden zwischen DMV und EMV erklären würden.

Die Annahme, dass DMV θ-Träger sind, also ein Argument regieren, bedarf allerdings einer Vorabklärung und zwar hinsichtlich einer starken, allgemeinen Einschränkung, an welche die θ-Zuweisung geknüpft ist. Wenn wir von der konventionellen Annahme ausgehen (z.B. bei Evers 1975, 1986), daß MV durch Anhebung zu ihrer Satzsubjektposition kommen, dann würden in dieser Subjektposition zwei thematische Rollen zusammenstoßen: die des Hauptverbs und die des Modalverbs. Dies widerspricht jedoch dem sog. Projektionsprinzip, spezifischer jenem Teil dieses Prinzips, das besagt, dass jedes Argument Träger bloß einer einzigen thematischen Rolle sein darf. Diese generelle Einschränkung zur θ-Vergabe ist unmittelbar plausibel, ist doch nicht vorstellbar, daß ein Subjekt z.B. sowohl AGENS als auch PATIENS sein kann. Wie entgehen wir also aus diesem Dilemma?

Vikner (1988), der dänischen DMV im Anschluß an die traditionelle dänische Grammatik ebenfalls eine θ-Rolle zuweist, behilft sich angesichts dieses Dilemmas mit Zubizarretas (1982) Theorie sekundär zugeordneter thematischer Rollen, die nach Zubizarretas Postulat das generelle Projektionsprinzip unbeschadet lassen. D.h. Vikner erlaubt wohl *eine* sekundäre (= zusätzliche, aber schwächere) θ-Rolle, nie jedoch deren *zwei*. Dies ist am deutlichsten anhand der Distribution der beiden Passivformen im Dänischen (des periphrastischen Passivs mit *blive* 'werden' und des synthetischen *s*-Passivs) zu illustrieren (Vikner 1988: 13ff.).

(27) a.	Hun	*vil*	*blive arresteret*	...	*DMV, EMV
	Er	*wird*	werden verhaftet		
b.	Hun	*vil*	*arresteres*	...	DMV, *EMV
	Er	*will*	verhaftet (werden)		

Da nach Vikners Annahme – was wir hier noch nicht weiter beleuchtet haben – auch die Hilfsverben *blive*, *få* und *komme* zusätzliche θ-Rollen zuweisen, würde die Subjektposition in (27a) drei thematische Rollen auf sich vereinigen. Somit ist die Grundmodallesart ungrammatisch – drei θ-Rollen (eine bei *vil*, eine zweite bei *blive* und eine dritte bei *arresteret*) auf *hun* sind unerlaubt. Somit ist (27a) bei der DMV-Lesart ungrammatisch – im Gegensatz zu EMV, welches nach Vikners Annahme keine eigene θ-Rolle zuweist. Somit kann (27a) eine epistemische Interpretation erhalten – *vil* in der AUX-Funktion (dt. 'werden', nicht 'wollen'!) ordnet dem Subjekt *hun* kein eigenes, drittes θ zu. Auch (27b) beschränkt den θ-Zugriff bei *hun* auf zwei θ-Rollen, aber über andere Verben als in (27a): eine erste θ-Rektion ausgehend vom Hauptverb *arresteres* sowie eine zweite, schwächere ausgehend von *vil*. Dies genügt der Sonderannahme Vikners, daß sich eine starke, hauptverbliche und zusätzlich eine modal-schwache Rektion auf dem Subjektargument versammeln können.

Ich glaube nun nicht, daß man ohne spezifische Motivation das intuitiv einleuchtende Projektionsprinzip verletzen sollte. Es ist in dem hier anvisierten thematischen Rahmen zwar vorstellbar, daß die spezielle Ereignisstruktur von DMV (im Unterschied zu der von EMV) eine solche Spezialannahme rechtfertigt. Dazu noch später. Ich erwäge hier gleichwohl zwei Wege, die das θ-Zuweisungsdilemma auf andere Weise vermeiden. Der 1. Weg besteht darin, den Mechanismus der doppelten (evtl. sogar mehr als zweifachen) θ-Besetzung einer einzigen Argumentposition so zu beschränken, daß dies nur mit identischen θ-Rollen (also etwa ausschließlich THEMA/PATIENS ausgehend vom Vollverb und unabhängig von MV) erfolgen kann. Dies wäre rein empirisch nachzuweisen. Wir werden einige Beobachtungen dazu anschließen. Der 2. Ausweg ist stärker theoretischer Natur; auch er birgt empirische Überprüfungsmöglichkeiten. Infinitivische Einbettungen sind nämlich prinzipiell nicht nur über Anhebung aus einer unabhängigen θ-Struktur in eine höhere subjektdeckende Position vorstellbar, sondern auch über den sog. Kontrollmechanismus. Man vgl. dazu (28).

(28) a. ┌── θ ──┐ ┌── θ ──┐
Er$_i$ *drohte/versprach* [PRO$_i$ sich$_i$ zu *verachten*]

b. ┌── θ ──┐ ┌── θ ──┐
Er$_i$ *will/muß/soll* [PRO$_i$ sich$_i$ *verachten*]

drohen/versprechen sind kanonische Subjektkontrollverben. Sie weisen unter der Vollverbbedeutung ein Subjekt-AGENS zu, unter der quasimodalen dagegen THEMA bzw. EXPERIENCER. Man beachte, daß die Vollverbsemantik mit dem AGENS-Subjekt in (28a) aus rein pragmatischen Gründen kaum denkbar ist; d.h. das *drohen*-θ ebenso wie das *verachten*-θ müssen TH oder EXP sein, um eine sinnvolle grammatische Struktur zuzulassen. Man prüfe dies für (28b): Die *wollen*-Struktur ist nur epistemisch denkbar (DMV-*wollen* fordert ja AGENS), ebenso die anderen beiden MV, *müssen* und *sollen*; sie erlauben kaum sinnfällige Lesarten unter der DMV-Semantik.

Ich überprüfe hier nur zwei weitere Distributionen, die zwischen den beiden deskriptiven Annahmen (Anhebung gegenüber Kontrollmechanismus) eventuell eine Entscheidung ermöglichen. Wie Vikner (1988: 13, Fn. 6) auch fürs Dänische beobachtet, erlaubt MV im Gegensatz zu kanonischen Anhebungsverben wie *scheinen, pflegen* keine expletiven Subjekte (*es*).

(29) a.	*Es* scheint, daß er kommt	... Anhebung
b.	**Es* muß/soll, daß er kommt	(... *DMV, *EMV)
c.	**Es* verspricht/droht, daß er kommt	(Kontrollverben: *Vollverb, *EMV)

D.h. es besteht möglicherweise gar kein Anhebungsmechanismus für MV gleichgültig welcher Lesart. Deutsche Modalverben können zudem als DMV uneingeschränkt mit Richtungsadverbialen vorkommen, Hebungsverben dagegen (genauso wie EMV) nicht.

(30) a. Er kann/will/muß/darf *nach Wien*
b *Er scheint/pflegt *nach Wien*

Es sind also Unterschiede struktureller Art zwischen D/EMV und Kontrollverben einerseits sowie Anhebungsverben andererseits auszumachen. Dies unterstützt die hier getroffene Grundannahme, daß MV im Deutschen ihre abgeleitete Satzstruktur über Kontrollmechanismen aufbauen. Dies ermöglicht – das ist das angesteuerte Ergebnis unserer Überlegungen – die Zuweisung einer 'modalen' θ-Rolle unabhängig vom Vollverb-θ, ohne daß wir in das skizzierte Projektionsdilemma stürzen. Dabei spielt die Einschränkung, daß die sich oberflächlich im Subjekt vereinigenden Inhalte decken müssen, keine Rolle. Das gemeinsame Oberflächensubjekt übernimmt einfach das „höchste", das DMV-θ. Bei EMV rückt das „tiefere" V-θ auf. Siehe dazu nochmals (28a,b) mit der zugehörigen Argumentation.[4]

Die autonome θ-Zuweisung durch die einzelnen DMV richtet sich nach den folgenden Selektionen:

(31) a. *wollen*:	AG [__]	wobei weiter fürs Deutsche: (+hum) [__]
b. *müssen*:	TH [__]	
c. (*sollen*:	TH [__])	
d. *dürfen*:	TH [__]	
e. (*können*:	TH [__])	

EMV weisen dagegen keine thematischen Rollen zu, sind also wie AUX θ-unselektiv. Was hat nun diese θ- und argumenttechnische Unterscheidung zwischen DMV und EMV mit den beobachteten empirischen Fakten zu tun?

4.2 Argumentprojektion auf die DMV-Ereignisstruktur

Terminative tV müssen AGENS-Verben sein; anders ist Resultativität bei Transitiven nicht vorstellbar. Daneben zeichnen sich terminative Intransitiva dadurch aus, daß sie als prototypische Nichtagentiva passivischen Charakter haben – was die Distributionseigenschaften ja bestätigen (vgl. Abraham 1985). Im Besonderen haben „ergative" Verben (eV = terminative iV) wie gesagt THEMA-Subjekte.[5]

4 Zu beachten ist, dass die θ-Deckungseinschränkung, falls sie Gültigkeit hätte, alleine auch für Anhebungslösung sprechen würde. Aber wollen-Strukturen widerlegen dies eindeutig: der wollen-Verbkomplex ist insgesamt ebenso agentiv. Vgl. (30a).

5 Dies gilt allerdings nicht allgemein. Fortbewegungsverben (FBV) mit Richtungsakkusativen z.B. haben ergativ-inchoative Eigenschaften (im Unterschied zu richtungslosen Fortbewegungsverben/FBV), ohne unbedingt THEMA-Subjekte zu haben. Ein Verbkomplex wie in den Schuppen hineinreiten hat ja ein AGENS-, also kein THEMA-Subjekt. Zu dieser Frage fehlt noch eine klare Lösung in der Literatur, soweit sie die Problematik überhaupt sieht (wie etwa Hoekstra 1986 zum Niederländischen).

Die θ-Selektion der DMV in (30) sowie die lexikalischen Konversenbeziehungen nach dem Merkmal [+α subjektreferentieller Wille] gegenüber [-α subjektreferentieller Wille] zeichnen die Eigenschaften der beiden terminativen Vollverbklassen, tV und eV, nach. *wollen* entspricht dem terminativen tV, *müssen* (ev. *sollen*) und *dürfen* dagegen der Klasse der eV. (AG = Agens, PAT/TH = Patiens/Thema, EXP = Experiencer)

┌─ θ_1 ─┐ ┌─── θ_2 ───┐
(32) a. Sie$_j$ *muß/soll* PRO$_j$ ihn ärgern/unterhalten ... DMV: _ [PAT__]
θ_1=MÜSSER/SOLLER(x) = VERPFLICHTETER(x) = PATIENS/ THEMA (x)
θ_2 = ÄRGERER/UNTERHALTER(x) = AGENS(x)
oder
θ_3 = EXPERIENCER/THEMA(x)
Die EXPERIENCER/THEMA-Zuweisung für θ_2 scheint in (32a) jedoch nicht sinnfällig.
┌─── θ_2 ───┐
b. Sie$_j$ *muß/soll* PRO$_j$ ihn ärgern/unterhalten ... EMV: _[__]
θ_2 =EXPERIENCER/THEMA(x) oder $\theta_{2'}$ = AGENS (x)
┌θ_1┐ ┌─── θ_2 ───┐
(33) a. Sie$_j$ *will* PRO$_i$ ihn ärgern/unterhalten ... DMV,??EMV
θ_1= WOLLER(x)= AGENS(x)
θ_2 = EXPERIENCER/THEMA(x) oder θ_2 = AGENS(x)
b. Er *will* ein guter Syntaktiker sein ... DMV: AG[_], EMV: _[__]
c. Er *will* gute Aufsätze schreiben ... DMV; EMV
d. Er *will* den Marathon (gut) laufen ... DMV;??EMV

Es sieht so aus, als sei die epistemische Lesart bei *wollen* entweder auf eine Eigenschaft im eingebetteten Infinitiv beschränkt, oder aber Sprechzeitpunkt und Ereignisreferenz fallen zusammen. Dann und vorzugsweise dann tritt EMV ein. Dies läßt sich in (34c) genauer durch *schreiben können* ausdrücken. In (34d) will sich überhaupt nur mit eigenschaftssicherndem *können* eine grammatisch akzeptable Lesart einstellen. Bei den „passivischeren" DMV *müssen* und *sollen* dagegen verträgt sich die grundmodale Lesart schlecht mit reinen Eigenschaftsprädikaten; es bieten sich dann eigentlich nur epistemische Interpretationen an. Man vgl. (34b-d) mit (33b-d)

(34) b. Er *muß/soll* ein (guter) Syntaktiker sein ...??DMV, EMV
c. Er *muß/soll* gute Aufsätze schreiben ... DMV, EMV
d. Er *muß/soll* den Marathon (gut) laufen *können* ...??DMV, EMV

(34c) ist doppeldeutig: Es verweist mit DMV auf einen Ereigniserfüllungspunkt in der Zukunft, mit EMV dagegen in die Sprechaktzeit und zwar mit einer Eigenschaft. (34b,d) entzerren aufgrund der reinen Eigenschaftsdenotation in den eingebetteten Prädikaten die Gesamtlesarten zugunsten der damit verträglichen epistemischen Varianten.

All diese Beobachtungen zu Distributionsfakten lassen mehrere Schlüsse zu, auf die hier kurz eingegangen werden soll.

4.2.1 θ-Verteilung

Die Verteilungen geben keinen Anlaß zu dem Schluß, daß selektive Einschränkungen zwischen dem DMV-θ und dem Objekt-θ des eingebetteten Prädikats bestehen. D.h. die früher erwogene Beschränkung, nämlich daß θ-Identität zwischen dem DMV-Subjekt und dem eingebetteten Subjekt bestehen muß, gilt nicht.

4.2.2 DMV und Zeitreferenz

Die modalen Grundlesarten von MV, insbesondere die deontischen von *müssen* und *sollen* ebenso wie *wollen* erlauben keine 'präsentische' Lesart, sondern erfüllen die Ereigniseigenschaft des eingebetteten Prädikats erst in der Zukunft (genauer unter der Beziehung POSTERIOR (S,E/R), was die Beispiele oben betrifft). Dies erweitert die in (16) getroffene Verallgemeinerung für DMV folgendermaßen:

(35) a. Bei DMV müssen die Reichenbachschen Referenzpunkte E und R zusammenfallen. Vgl. (16c).
b. Für DMV muß gelten: für (E/R,S) ANTERIORITÄT oder POSTERIORITÄT. D.h. jeder Zusammenfall von E mit S oder R mit S ist ausgeschlossen. Vgl. (16b).

Im Besonderen läßt sich die Generalisierung in (35a,b) anhand der verborgenen inchoativen Lesarten bestätigen. Die modalen Grundbedeutungen ermöglichen jeweils folgende lexikalische Transfers; letztere geben die genauen Lesarten wieder. Vgl. (36).

(36) a. NP/ADJ+*sein*+DMV ↔ NP/ADJ+*werden* +DMV
b. NP +*haben*+DMV ↔ NP +*bekommen* +DMV
c. Es muß morgen schön *sein/werden*. ... DMV, *EMV
d. Er will morgen eine Eins *haben* (= *bekommen*) ... DMV, *EMV

(36a,b) zeigt, daß die modalen Grundlesarten, wie schon oben beobachtet, auch in den oberflächlichen „Zustands"ausdrücken zweiphasig sind – was ja als Grundeigenschaft von DMV betrachtet wurde. Vgl. nochmals (36a) oben.

4.2.3 EMV und Zeitreferenz

Auch für (30) und (33) läßt sich eine Generalisierung über (16) hinaus aufstellen. Die wesentliche EMV auszeichnende Beziehung ist der Zusammenfall von S und R. E selbst kann vom Ereignistyp Durativ oder Eigenschaft sein.

4.2.4 Korrelationen

Wenn wir unsere Beobachtungen zur θ-Charakteristik von MV und ihren zeitreferentiellen Eigenschaften zusammenschauen, ergeben sich folgende Korrelationen:

(37) a. für DMV: Subjekt-θ + Zweiphasigkeit + [S ≠ R]
b. für EMV: kein Subjekt-θ + Einphasigkeit + [S = R]

Hierbei gilt, daß Zweiphasigkeit eine Annäherungsphase und eine daraus erfließende Resultatsphase umfasst; Einphasigkeit ist durch eine gleichförmige Ereignisstruktur gekennzeichnet.

Mit [(E = R) ≠ S], der DMV-charakterisierenden Beziehung (vgl. (16a,b) sowie (19a,b)) wird im finiten Prädikatskopf TEMPUS denotiert, mit [E ≠ (R = S)], was für EMV steht (vgl. (16b) sowie (19b)), kommt nach dieser einfachen Reichenbachsehen Notation im finiten Prädikatskopf MODUS zum Ausdruck.

Vergleichen wir diese Ergebnisse nochmals mit den grundlegenden Distributionsunterschieden in den periphrastischen Ausdrücken.

(38) a. Er *hat* in G. wohnen *müssen*	(= Er *muß* wohnen)
	... DMV
b. Er *wird* in G. wohnen *müssen*	(= Er *muß* wohnen)
c. Er *muß* in G. gewohnt *haben*	... EMV
d. *Er *muß* in G. wohnen *werden*	

Die Skopusverhältnisse für DMV sind die in (39a); die für EMV gibt (39b) wieder. Verstehen wir jedoch *haben* (+PP) / *werden* (+Inf) als Aspektdenotationen, nicht als Tempusanzeigen (vgl. Abraham 1990a), dann sind (20a,b) folgendermaßen umzuformulieren.

(39) a. (ASPEKT (DMV(V)))	vgl. 20a)
b. (EMV(ASPEKT(V)))	... vgl. (20b)

(38d) sollte nach (39) EMV-Lesart haben. Sie ist nicht herstellbar, weil – nach der Generalisierung in (4) – die Futur- bzw. Inchoativreferenz bei *werden* die epistemische Lesart ausschließt; und vermutlich kann die schwächere, allgemeinere Futurreferenz von *müssen* nicht den spezifischen Futurskopus von *werden* einschließen. Dahinter steckt möglicherweise ein allgemeines Prinzip.[6] Man vergleiche dagegen (38b),

6 6 Ich stelle zwei Beobachtungen zu diesem Generalisierungsversuch. Einmal läßt sich das spezifischere Attribut von zweien in einer NP nur kopfnah, nicht jedoch kopffern linearisieren.

(i) ein *großes, riesengroßes* Glück

(ii) *ein *riesengroßes*, großes Glück

Von Thurmair (1989: 288) stammt weiter die Beobachtung, daß bei Häufung von Modalpartikeln im Mittelfeld stets das einschränkungsspezifischere vor dem spezifischeren stehen muß. Als syntaktischer Kopf ist für die satzmodifizierende Modalpartikel das Prädikat in kanonischer Letztsteilung anzusetzen.

(iii) Komm *doch bloß* rechtzeitig heim!

(iv) *Komm *bloß doch* rechtzeitig heim!

Die Skopusbeobachtungen in (37) und (38) sind natürlich unter Zugrundelegung der kanonischen Abfolge linksregiert zu beurteilen: also etwa für (37d) ((gewohnt) haben) muß. In dieser

wo die unspezifische *müssen*-Referenz im Skopus der spezifischeren von *werden* eine akzeptable Lesart ergibt.

Zu all dem steht allerdings die Umsetzung in die syntaktische Struktur aus und zwar derart, daß den linearen Skopusunterschieden in (39) distinktive syntaktisch-strukturelle Korrelate entsprechen.

5. Zusammenhänge: die Schnittstelle zwischen Argumentstruktur und Ereignisstruktur

Die Annahme der Zuweisung einer Themarolle für das Subjekt von DMV in Abschnitt 4.1. oben gründete auf sprachlicher Intuition sowie zwei Paralleldistributionen (vgl. (27) und (29) sowie, von deutlich geringerem Gewicht, (30)). Solche Parallelen alleine wollen nicht ganz befriedigen. Läßt sich zu diesen Assoziationen Zwingenderes, etwa eine unabhängige Bestätigung in Form von Komplementärverteilungen finden?

Die folgenden Beobachtungen sind im Prinzip bei Vikner (1988: 9ff.) bereits angeregt, ohne daß dieser die hier gezogenenen Schlußfolgerungen zieht. Nach dem Projektionsprinzip sollte eine Besetzung einer Argumentsteile durch mehr als eine θ-Rolle sowie die Mehrfachverwendung einer bestimmten θ-Rolle für verschiedene Argumente ausgeschlossen sein. Wenn ein DMV, wie spekulativ angenommen wurde, ein θ zuweist, sollte die Kombination von mehr als einem DMV (also DMV[DMV[V]]) ausgeschlossen sein, da dann das Projektionsprinzip verletzt wäre. Die Einbettung von DMV unter EMV (EMV[DMV[V]]) dagegen sollte auf kein Hindernis dieser Art stoßen. Für die Einbettung von EMV (DMV[EMV[V]] bzw. EMV[EMV[V]]) ist keine Lesart zu erwarten, da EMV seinem Subjekts-PRO keine θ-Rolle zuweist, PRO somit uninterpretierbar bleibt. Man vgl. die 4 Kombinationsmöglichkeiten in (40a-d) sowie die Entsprechungen zu den Beispielen in (41a-d).

(40)	a. DMV	[PRO EMV └─x─┘	[PRO V]] └─θ─┘	...	3. Spalte; SOLL-*
	b. EMV	[PRO DMV └─θ─┘	[PRO V]] └─θ─┘	...	l. Spalte; SOLL-^{OK}
	c. EMV	[PRO EMV) └─x─┘	[PRO V]] └─θ─┘	...	3. Spalte; SOLL-*
	d. DMV	[PRO DMV) └─θ─┘	[PRO V]] └─θ─┘	...	2. Spalte; SOLL-*

Mit Blick auf das allgemeine Projektionsprinzip und die Bedingung für die θ-Identifikation von PRO ('PRO muß θ-identifiziert sein'; Leerkategorienprinzip (ECP)) lassen sich für die rein rechnerischen Möglichkeiten in (40a-d) folgende Voraussagen treffen: Die Einbettung von DMV unter EMV wie in (40b) ist grammatisch,

---

Kopforientierung ergibt sich jene Korrelation zwischen 3 unabhängigen Erscheinungen, die die Generalisierung oben stützt.

die von DMV unter DMV dagegen ungrammatisch, da gegen das Projektionsprinzip verstoßen wird; siehe (40d). EMV unter EMV bzw. DMV erhält keine Lesart, da das tiefere PRO nicht θ-identifiziert ist; vgl. (40a) bzw. (40c).

Wenn sich diese Erwartungen, die auf völlig unabhängigen und sprachtypologisch generell gültigen Prinzipien gründen, bestätigen ließen, dann wäre der Status der θ-Selektion (s. (31)) bei DMV im Unterschied zu EMV erheblich stärker abgesichert.

Prüfen wir nun die Kombinierbarkeiten nach der Erfüllung des Projektionsprinzips („nicht mehr als zwei thematische Rollen auf dem Subjektargument"; [α:1.]) sowie des thematischen PRO-Status („jedes PRO-Subjekt muss θ-technisch besetzt sein"; (α 2.]) Vgl. dazu (41). [Man lese: E = EMV, D = DMV; D_1 (D_2) = DMV_1 bettet DMV_2 ein; E/D (E) = EMV oder DMV bettet EMV ein; etc.]

(41)

		[+1.,+2.]	[-1.,+2.]	[+1.,-2]
a.	Sie *müssen* nach Hause *wollen*	E (D)	?$D_1(D_2)$	*E/D(E)
b.	Sie *müssen* ein Haus bauen *müssen*	E (D)	?$D_1(D_2)$	*E/D(E)
c.	Sie *wollen* ein Haus bauen *müssen*	E (D)	?$D_1(D_2)$	*E/D(E)
d.	Sie *wollen* ein Haus bauen *wollen*	E (D)	?$D_1(D_2)$	*E/D(E)
e.	Sie *müssen* nach Hause *müssen*	E (D)	?$D_1(D_2)$	*E/D(E)

Zwar ist das Doppelvorkommen von DMV (mittlere Spalte) nicht eindeutig beurteilbar. Ich möchte jedoch davon ausgehen, dass Fügungen wie *Er muß dennoch wollen* oder *Sie will ja müssen* als Witz- oder Ironietopoi funktionieren, d.h. wörtlich genommen keine akzeptablen Fügungen sind, da zwei DMV semantisch nicht miteinander vereinbar sind.

Man beachte, daß die Grammatikalitätsurteile bzw. deren Verteilungen die aufgrund des Projektionsprinzips und der thematischen Füllung von PRO aufgestellten Voraussagen voll bestätigen. Mit anderen Worten: Die θ-Zuweisung bei DMV im Gegensatz zu EMV kann in zweierlei Hinsicht Licht in die Fakten in (41) bringen. Es kommt dabei nicht auf die konkrete thematische Füllung bei den verschiedenen modalen Grundbedeutungen an, wie sie in (30) ausdifferenziert wurde, sondern einzig und alleine auf den Umstand, ob das Subjekt irgendwie thematisch semantisiert ist. Dies führt zu den beobachteten Unterschieden.

Die bei Vikner überprüften Konstruktionsdistributionen finden auf diesem Hintergrund ihre Erklärung. Man vgl. die Pseudospaltkonstruktionen in (42) (Vikner 1988: 11f.) sowie die Beschränkungen bei Expletivsubjekten in (43). (Vikner 1988: 8f.)

(42) [Das einzige, was er *will/muß*]$_i$ ist [PRO diese Frage beantworten t$_j$] … DMV, *EMV
(43) [*Es* ist schädlich]$_i$ [PRO Bildung und Kommerzdenken vereinigen zu *wollen* t$_j$]… DMV, EMV

In (42) ist die Basisposition des MV die eingebettete, dargestellt durch t$_j$; dies verletzt den PRO-Identifikationsfilter („ECP" = „Empty Category Filter"). Somit verbleibt erwartungsgemäß nur die DMV-Lesart für (42). Dasselbe gilt für (43).

Dies beschließt die Beobachtungen zu den Modalverben im Deutschen. Die vier in 1.1, 1.2, 1.3 und in 5. beobachteten empirischen Fakten sind Erklärungen zugeführt worden. Diese sind im wesentlichen über die Ereignisstrukturen bei Terminativen und DMV (Bedingung (4)) sowie die θ-distributionelle Unterscheidung zwischen DMV und EMV (Bedingungen (30) und (41)) gefunden.

Es ergibt sich somit ein θ-technisches Korrelat für die oben unter Berufung auf zeitreferentielle Strukturen und Operator-Operandbeziehung beobachtete Einschränkung, daß ein eingebettetes MV nie eine epistemische Lesart erhalten kann. Man vergleiche hierzu nochmals (38a, b), wonach sich die epistemische Lesart (in Erweiterung von (11a, b) sowie (20a, b)) nur bei einbettendem, nie jedoch bei eingebettetem einstellt. Hinter dieser Generalisierung stecken zeitreferentielle Generalisierungen wie die in (19a, b), gründend auf (17) und (18), sowie (16a-c). Das wesentlichste Korrelat mit Bezug auf die Doppelverwendung von MV ist demnach folgendes:

(44) a. [$_{EMV}$ [$_{DMV}$ gemußt haben] soll] ÷ MOD (ASPEKT (MOD (p)))
b. *[$_{DMV}$ [$_{EMV}$ sollen] müssen haben ÷ ASPEKT (MOD (MOD (p)))

Es gilt aber allgemein für EMV: MOD (ASPEKT (p)), nie jedoch ASPEKT (MOD (p)). Siehe (20a) gegen (20b). (44b) kann somit nach (20b) und den Beobachtungen, die dazu geführt haben, keine epistemische Lesart, sondern nur eine grundmodale oder voluntative, also modale Grundbedeutung haben. Dies lenkt den Blick erneut auf Abbildungsbeschränkungen der Art, wie sie im Anschluß an (38) oben zur Erklärung von (37d) beobachtet wurden, nämlich daß die spezifischere, komplexere Ereignisstruktur nicht auf die einfachere, unspezifischere abgebildet werden kann (Kopfabbildung auf die Ereignisstruktur der Einbettung stets als formales Prinzip vorausgesetzt). Epistemische Lesarten jedoch scheinen intensional stets die kompliziertere Struktur zu haben, da zu ihrer Wahrheitsbewertung jeweils auch kontingente Welt- und Kontextkenntnis erforderlich ist – womit die Wahrheitsbewertung von EMV über mehr Eingabeelemente läuft als die von DMV.[7] Die generelle Gültigkeit dieses Ableitungsfilters scheint gesichert, gilt ein solcher doch auch für komplexe Attribute, für Modalpartikelkombinationen sowie für Verbserialisierungen wie beim gotischen periphrastischen Passiv sowie beim nhd. Zustandspassiv (Abraham 1989).

Was wir oben das Problem der Schnittstelle zwischen der Ereignisstruktur und syntaktischen Eigenschaften der MV genannt haben, läßt sich demnach auf die Frage zuschneiden, welche Beschränkung bei der semantischen Abbildung des

7 Ich danke Manfred Bierwisch für diesen Hinweis.

syntaktischen MV-Kopfes auf das eingebettete MV vorliegt. Dies ließ sich anhand der empirischen Beobachtung verfolgen, daß EMV, die ja im Unterschied zu den DMV dem Subjekt keine θ-Rolle zuweisen, nicht eingebettet vorkommen. Diese Beschränkung wurde als semantisch-intensionale erkannt und zwar als eine, die sich bei völlig unabhängigen Erscheinungen mit demselben Inhalt, formal kontrolliert allerdings durch das syntaktische Kopfsteuerungsprinzip, findet. Damit ist die generelle Begründung dieses Ableitungsprinzips gesichert.

Die Ergebnisse der bisherigen Beobachtungen und Folgerungen sind in A, B und C unten zusammengefaßt:

A. Es wurde der Nachweis für die Richtigkeit der Annahme erbracht, daß DMV θ –SUBJEKTE HABEN, EMV DAGEGEN NICHT.

B. Es wurde die SCHNITTSTELLE ZWISCHEN EREIGNISSTRUKTUR UND θ-STRUKTUR näher spezifiziert:
   (i) über die ABBILDUNG des SYNTAKTISCHEN KOPFES AUF das REGIERTE GLIED (bei SOV-Abbildung unter V-Rektion Rektionsrichtung von rechts nach links);
   (ii) der SYNTAKTISCHE KOPF (OPERATOR) DARF INTENSIONAL NICHT KOMPLEXER sein als das REGIERTE GLIED (OPERAND)

C. EMV: haben die HÖCHSTE INTENSION: sie verknüpfen alethische/grundmodale/subjektive Weltwertung DMV: haben eine geringere Intension als DMV, jedoch eine höhere als die alethischen MV–Verwendungen; sie vereinigen Weltwissen + Norm (deontisch/permissiv/volitiv) ALETHISCHE MV: sie haben die EINFACHSTE INTENSION: man beachte, daß das alethische Merkmal POSS(IBILITÄT) ja so viel, aber eben auch nicht weniger bedeutet als „es ist intersubjektiv möglich".

6. Anwendungsskizze: Vergleich zwischen dem Englischen und Deutschen

Der Vergleich der MV im Englischen und Deutschen liefert folgendes – sicherlich nicht exhaustive – Bild:

(45) Gerundien, Partizipien sowie präpositionaler Infinitiv:
E: **canning* **have could* **to can*
D: das Können gekonnt haben zu können

(46) E flexionslos: **she cans*, während das Deutsche z.T. Flexionsparadigmenausgleich hergestellt hat: *kannst*, *können*, *könnt*, wohl im Sinne der alten Präteritopräsentien: **sie kannt*; aber wie alle Präteritopräsentien 2 Stammformen mit Ablautunterschied: *will-wollen*, *darf--dürfen*, *kann-können*, *muss-müssen*.

(47) Periphrase:
E: **has (not) could*; **do not can*
D: *hat (nicht) gekonnt*; *Was tust du so hart arbeiten?*
**Was tust du können?*
Tu jetzt einmal gescheit (reagieren)!
**Tu einmal wollen*!

(48) Stellung der Negation:

E: [AUX can [not] [$_v$ go] vs. *[$_v$ goes] not]

D: kann nicht gehen = geht nicht

(49) Infinitivrektion:
E: *can* (-**to*) *go*
D: *kann* (-**zu*) *gehen; braucht -*(nicht) (zu) (kommen)*

(50) VP-Komplement:
E: [$_{VP}$ can [$_{VP}$ help him *(come)] vs. *[$_{VP}$ can him/Latin]
D: [$_{VP}$ kann [$_{NP}$ den Salto/Latein/mich einmal]; will [$_{NP}$ nur kalten Fisch]

Im Übrigen fällt auf, daß das Englische keine einheitliche DMV/EMV-Trennung hat wie etwa das Deutsche und demzufolge auch nicht die entsprechenden klaren Distributionsparameter. Vgl. die Skizze in (51) unten.

(51)

	EMV	DMV	ALETHISCH=TEMPORAL	
	+/+	-/+	+/-	wollen
will	+/+	-/+	-/-	wollte
would	+/+	+/+	-/-	müssen
must	+/+	-/+	-/-	mögen
may	+/+	-/+	-/-	mochte
might	-/+	-/+	+/-	sollen
shall	+/+	+/+	-/-	sollte
should	+/+	-/-	+/+	können
can	+/+	-/-	+/+	konnte
could	-/	+/	-/	
ought to	/-	/+	/-	dürfen
	/+	/-	/-	dürfte

Diese Unterschiede hängen zweifellos mit den im Einzelnen ausgewiesenen analytischen Unterschieden in (46)-(50) zusammen. Gehen wir im Folgenden einigen diachronen Fakten in der Entwicklung der ne. MV nach. Wir hoffen dabei auf solche historischen Befunde zu stoßen, die uns mit Blick auf die ursprüngliche reichere und der heutigen deutschen vergleichbare Semantik der englischen Modalverben den heutigen Stand erklären helfen.

7. Zur diachronen Entwicklung der neuenglischen Modalverben

Nach Lightfoot (1979) fand im Mittelenglischen eine Reanalyse der altenglischen „Prämodalverben" statt, die folgende Schritte umfasste – wieder vergleichen wir den mittelenglischen Status mit dem der mittelhochdeutschen Entsprechungen, um die in Abschnitt 6 skizzierte Kluft zwischen nhd. und ne. MV in diachronen Zwischenschritten durchschaubarer zu machen:

(52) Rektionsverlust der me. MV (Verlust des direkten Objekts im Sinne der Vollverbrektion), dies im Gegensatz zu den mhd. MV, die ihre Objektrektion bis heute behalten haben.

(53) Paradigmeneinschränkung: nichtmodale Präteritopräsentien wie ae. *witan* gehen verloren, dies im Unterschied zu mhd. *weiz* (sg.) – *wizzen* (pl.)

(54) Die 2. und 3. Stammformen der Präteritopräsentien wurden durch Paradigmenausgleich eingeebnet, wodurch der semantische Zusammenhang mit den Präsensinchoativen (≈ lateinisch *cognosco-cognovi*) nicht mehr erkennbar war; dadurch wurde der Weg für die morphologisch isolierte Präsensbedeutung frei; dies war im Mhd. noch anders, da die Trennung der Stammformen zwischen Singular und Plural bei den MV weithin, wenn auch nicht uneingeschränkt (*sollen*) erhalten geblieben ist.

(55) Im Hochdeutschen entwickeln sich neue Umlautkonjunktive (wenn auch weithin mit Ausnahmen: so in den umlautscheuen österreichisch-bairischen Mundarten, im Niederdeutschen, ebenso im Niederländischen, wo Sekundärumlaute ebenfalls vermieden werden) und Konjunktivsuffixe, die den hypothetischen Konjunktiv formalparadigmatisch unterstützen. Vgl. das Fehlen einer Irrealisbegrifflichkeit im Norddt.: *Das konnte leicht ein Tor sein* gegen obligatorische obd. Irrealisanzeige: *Das hätte leicht ein Tor sein können*; weiter ndl. 'Laten we spelen „ik *was* de boef, en jullie *waren* agenten"' [„Spielen wir, ich war (SOLL: *wäre*) der Dieb, und ihr wart (SOLL: *wärt*) die Gendarmen"], das in Ermanglung der Konjunktivopposition zum Präteritum fälschlich als Futurum in der Vergangenheitsform interpretiert wird.

Die neuen obd. Suffixe des hypothetischen („zweiten") Konjunktivs: *es kemats* „ihr kämt", *er kemat* „er käme" (weithin österreichisch-bairisch); *es ta:ts keman* bzw. *es ta:tats keman* „ihr würdet kommen". Dies ersetzt den alten synthetischen 2. Konjunktiv bzw. kompensiert diesen Verlust periphrastisch.

8. Reflexe des Wandels im Frühneuenglischen

Kommen wir zu Erklärungsversuchen der Unterschiede zum Deutschen anhand der skizzierten strukturellen Unterschiede:

(56) E: Partizipien und Infinitive gingen verloren ≠ Nhd.

(57) E: Verlust des periphrastischen Perfekts und Futurs; Ersatz durch *be going to*.

(58) D: behielt Vollverbstatus der MV, also DO-Rektion, somit auch das passive bzw. aktive Perfektpartizip (PPP/A).

Die Erklärung scheint darin zu liegen, daß mit dem Rektionsverlust (Aufgabe eines direkten Objekts) das Englische jegliche Thetawürdigkeit (darunter auch jegliche Passivierbarkeit der MV: deutsch *Es wurde gewollt*) aufgeben mußte. Mit dem Verlust des Vollverbstatus verlor das englische MV außerdem das Aktivpartizip (PPA), somit auch die Perfektperiphrase.

Dies ist aber möglicherweise nur ein Reflex einer tiefer liegenden Änderung, nämlich der lexikalischen Ausdünnung der ne. MV in Bezug auf die ursprüngliche und bei den nhd. MV im Deutschen durchgehend bewahrte Terminativität. D.h. das Englische baute sein MV-System nach der Epistemikmaximierung auf; vgl. (51), wo das Englische im Unterschied zum Deutschen hauptsächlich epistemische (EMV-) Entsprechungen hat und wo die Temporalbedeutungen keine Aktionsartimplikationen mehr tragen – die beobachtete Terminativität ist ja auf die modalen Grundbedeutungen der MV (die „deontischen", DMV) beschränkt.

Das Englische klassifiziert zudem die MV funktional als AUX bzw. als Kopulae, da sie ja keine Subjekt-θ (semantischen Valenzen beim Subjekt) mehr aufweisen; vgl. die Linksstellung zur Negation *not* im Unterschied zur Rechtsstellung von Vollverben/VV in (59).

(59) $[_{\text{AUX-FINIT}}$ *is/can*]/$[_{\text{VV}}$ **goes*] *not*

VV kann demnach nicht in jene Satzkategorie aufrücken, die dem Finitheitsträger Aux bzw. Finitheit vorbehalten ist. Es ist zu erwägen, daß dies ein Reflex der ursprünglichen (noch altenglischen) V-letzt-Typologie des Englischen ist. Direkt vergleichbar dazu sind die verbreiteten mundartlichen und umgangssprachlichen *tun*-Periphrasen im gesamten Oberdeutschen (Alemannischen und Bairisch-Österreichischen) – sozusagen jene Strukturen, die das gewachsene Deutsche (eben nicht das Schriftdeutsche) und eben das Englische in Resten noch gemeinsam haben (zur Entwicklung im Deutschen und der Verdrängung durch die Normgrammatiker vgl. Langer 2001).

(60) *Was* $[_{\text{COMP}}$ $[_{\text{AUX-FINIT}}$ ***tust/hast***]] *denn so* $[_{\text{VP}}$ $[_{\text{V}}$ ***schimpfen/geschimpft***]]? …gewachsene Dialekte; vor allem obd.

neben

Was $[_{\text{COMP}}$ *schimpf-*$[_{\text{FINIT}}$ ***-st***]] *denn aso* $[_{\text{VP}}$ $[_{\text{V}}$ e]]? … jedenfalls schriftdeutsch

Letzteres – V-zweit/COMP als Träger der Finitheit – steht dem Neuenglischen nicht mehr zur Verfügung. (Daß ein V-letzt-Schatten im Neuenglischen in Resten noch vorliegt, geht aus der Position der Verbpartikel hervor: *He **put** his guests **up** comfortably; he tried to not **let** the oncoming people **down***; allerdings ist die Rektionsrichtung für Nomina im Englischen rechtsläufig – was wiederum zeigt, daß die wesentlichen typologisch-distributiven Kriterien, nämlich die für SOV und SVO durchaus mischbar sind und zu typologischen Mischtypen zwischen SOV und SVO führen können (vgl. Haider 2010, 2013), was wiederum die rein OV–VO-polaren Typologiethesen von Bartsch & Vennemann (1983) und Greenberg (2009) empirisch untergräbt.) Die Positionsidentifikation der Finitheit ist streng (mit V-zweit, also der COMP-Position, im Unterschied zum englischen V-dritt) gebunden an die Klassifikation als AUX. Im Deutschen dagegen ist das finite Prädikat ist immer in COMP; d.h. es gilt strenges V-zweit sowohl in Fragen als auch in Assertionen. Dabei gilt im gewachsenen Dialekt wesentlich, daß AUX als Finitheitsträger in COMP bevorzugt wird, das lexikalische Vollverbstatus also nach V-letzt verdrängt wird – woraus der strenge Rektionslinkslauf im Deutschen folgt, in den obd. Dialekten mit dem (mit *tun* sogar im Präsensparadigma) ausnahmslosen Auxiliar in COMP/V-zweit prototypisch. Streng genommen ist COMP dem Finitheitsmorphem vorenthalten – was ja schon aus der ausschließlichen Rektionslinksrichtung hervorgeht, die ja vom Vollverb in V-letzt ausgeht, nie von COMP, selbst dann nicht, wenn das Vollverb wie im Schriftdeutschen in COMP steht. V-zweit für das Vollverb ist der Einschränkung geschuldet, daß reine grammatische Finitheitsträger als Morpheme nicht allein stehen können, sondern vielmehr durch lexikalische Elemente getragen werden müssen.

Im Unterschied zum Englischen entwickelt sich weiter im Deutschen Homonymie zwischen MV mit VV-Status, also mit DO-Rektion und θ-Subjekten, einerseits und EMV im AUX-Status und zwar dort, wo entscheidenden Ambiguitäten zuvorzukommen war: in der Perfektperiphrase. Vgl. bereits (5)-(9) oben. Mit andern Worten: das aktive bzw. passive Perfektpartizip (PPP/A) der MV ist im Vollverbstatus erhalten.

(61) Ich habe es *gekonnt, gedurft* neben *können, dürfen*

Dagegen muß „Ersatzinfinitiv" eintreten bei Einbettungen der terminativen DMV unter *haben-* und *sein*-Periphrasen.

(62) *Er hätte ankommen sollen/*gesollt.*

Diese Möglichkeit ist eröffnet dadurch, dass – gegen die herkömmliche Lehrmeinung – das grammatische Verhalten von DMV weitgehend aktionsarttechnisch bestimmt ist, somit (Ersatz-)Infinitiv und PPA dieselbe Ereignisstruktur aufweisen, etwa die in (28a,b), nur mit dem Unterschied daß der Fokus beim „Präsens"-Infinitiv in der Annäherungsphase, beim Perfektpartizip (PPA) dagegen in der Resultatsphase liegt, wo in jedem Falle aber die andere Phase in der Ereignisstruktur mitidentifiziert ist. Vgl. die Ereignissidentifikationen in (28a) und (28b).

Im Englischen fehlt, wie wir in gesehen haben, Vollverbstatus UND die Aktionsartidentifikation bei DMV, somit auch die Möglichkeit, einen „Ersatzinfinitiv" zu verwenden, um dasselbe wie PPA zu identifizieren. Zudem fehlt im Englischen die klare Unterscheidung zwischen PPP und PPA: das ne. PP hat die *default*-Passivbedeutung – vgl. *run, seen* in *They were run/seen to the station by us* –, das nhd. PP dagegen *default*-Bedeutungen in Abhängigkeit von der Aktionsart des Verbs: bei [+term] Resultatsbedeutung (was wiederum Passivität implizieren kann – aber nicht muß; vgl. *der Gestorbene*). bei [-term] Vergangenheit und wiederum erst daran anschließend – und zwar nur in Kollokation mit *sein/werden* – Passivität implizierend, durchaus aber in Ermanglung einer „besseren", d.h. aktionsarteigenen Interpretation; vgl. *geschoben*, das erst durch *ist/wird* in eine Passivlesart „rutscht".

In Ermanglung des Vollverbstatus (kein Subjekts-θ) und der daraus folgenden Aktionsartorientierung der MV könnte das Englische auch gar keine Ambiguität bei der *have/be*-Periphrase entwickeln. Dies steht in guter Widerspruchslosigkeit dazu, daß das Englische keinen systematischen aktionsartunterscheidenden *have/ be*-Gebrauch im Passiv und im Perfekt entwickelt hat. Man vergleiche dagegen im Nhd. *sein* als AUX bei intransitiven Terminativen (wie *ist/*hat hineingelaufen*), dagegen *haben* bei intransitiven Durativen (wie **ist/hat gegessen;* dabei die Fortbewegungsverben vor allem im Oberdeutschen einmal unberücksichtigt lassend).

9. Zusammenfassung

Dies alles läßt sich folgendermaßen zusammenfassen: Die deutschen Modalverben haben die ie. Aktionslexik weitgehend bewahrt, das Englische dagegen hat sie so gut wie aufgegeben. Diese an den MV vorgenommene Beobachtung erweitert den Korrelationsbereich zwischen dem Verlust der Rektionskasusmorphologie und der Entwicklung von SOV (im Ae.) zu SVO (im Romanischen und Ne.); es tritt auf die Seite der harten linguistischen Fakten, die den Wandel von (SO)V zu SVO möglicherweise auslösten, neben die sich auflösenden Rektionskasus auch der Aktionsartverlust. Hätten wir nicht im ersten Teil dieser Arbeit bereits Zusammenhänge zwischen der Ereignisstruktur und damit der Aktionsartsemantik der MV einerseits und charakteristischen syntaktischen Eigenschaften andererseits hinzuweisen vermocht, dann wäre in diesem letzten komparativen Teil die Korrelation zwischen SVO des Englischen und dem weitaus anzillarischeren Status der englischen MV einerseits und SOV des Deutschen bzw. seinem aktionsartsystematischen, rektionstechnisch stärker befrachteten Status der deutschen MV erneut und unübersehbar in unseren Blick geraten. Es ist zu beachten, daß Zusammenhänge zwischen Aktionsart und Kasusmorphologie bisher typologisch noch nie direkt eine Rolle gespielt haben. Hier ist genau diese Perspektive entfaltet worden, indirekt auch mit dem Verlust von Kasusmorphologie zusammenhängt. Es scheint festzustehen, daß dieses typologische Szenario zudem den Verlust der Thema-Rhema-Orientierung im Englischen bzw. die weitgehenden Grammatikalisierung dieser diskursfunktionalen Alternativen bedingt hat, Diskursfunktionen die im Deutschen (und Ndl. und Westfries.) einigermaßen unbeschadet durch die kategorialen Einschränkungen noch vorliegen. Ob dieser letzte Zusammenhang tatsächlich besteht, bedarf allerdings noch einer gründlichen Erörterung (zu einem Beginn dazu vgl. man Abraham 1990a, 1990c).

Literatur

Abraham, Werner 1985. Transitivitätskorrelate. *Groninger Arbeiten zur germanistischen Linguistik* (*GAGL*) 26, 1–58. Erschienen stark verkürzt als „Transitivitätskorrelate". In: W. Kürschner & R. Vogt, unter Mitwirkung von S. Siebert-Neumann (Hg.) 1985. *Grammatik, Semantik, Textlinguistik. Akten des 19. Linguistischen Kolloquiums Vechta 1984*. Tübingen: Max Niemeyer, 209–220.

Abraham, Werner 1988a. Vorbemerkungen zur Modalpartikelsyntax. *Linguistische Berichte* 118, 443–466.

Abraham, Werner 1988b. Ergative Subjekte, Definitheit und die DP/NPFrage. *GAGL* 29, 161–185.

Abraham, Werner 1989. The emergence of the periphrastic passive in Gothic. Paper read at the VIIth International Conference on Historical Linguistics at Rutgers, New Brunswick, August 1989. Erschienen 1992 als: The emergence of the periphrastic passive in Gothic. *Leuvense Bijdragen* 81/1–3, 1–15.

Abraham, Werner 1990a. A note on aspect-syntax interface. In: M. Nespor et al. (eds.) *Grammar in progress. GLOW essays for Henk van Riemsdijk.* Dordrecht: Foris, 1–12.

Abraham, Werner 1990b. Deverbal nominalizations and the endocentricity question. In: Ch. Bhatt, E. Löbel & C. Schmid (eds.) *Syntactic restriction on phrase structures.* [Linguistik Aktuell / Linguistics Today 8]. Amsterdam: John Benjamins, 79–98.

Abraham, Werner 1990c. Postposition, Präpositionaladverb oder Präfix? Zum Status der sog. trennbaren Verbpräfixe im Deutschen. In: A. Kątny (Hg.) *Studien zum Deutschen aus kontrastiver Sicht.* Frankfurt/M.: P. Lang, 7–34.

Abraham, Werner 2002. Modal verbs: epistemics in German and English. In: Sj. Barbiers, F. Beukema & W.v.d. Wurff (eds.) *Modality and its interaction with the verbal system.* [Linguistik Aktuell / Linguistics Today 47]. Amsterdam: John Benjamins, 19–50.

Bartsch, Renate & Theo Vennemann 1983. *Grundzüge der Sprachtheorie. Eine linguistische Einführung.* Tübingen: Niemeyer.

Evers, Arnold 1975. The transformational cycle in Dutch and German. Dissertation Utrecht.

Evers, Arnold 1986. Clause union in French and German. *GAGL* 28, 170–201.

Greenberg, Joseph Harold 2009. *Language universals.* Stanford, California: Stanford University Press.

Haider, Hubert 2010. *The syntax of German.* [Cambridge Syntax Guides]. Cambridge: CUP.

Haider, Hubert 2013. *Symmetry breaking in syntax.* [Cambridge Studies in Linguistics]. Cambridge: CUP.

Hansen, E. 1972. Modal interessens. Nu bør det komme frem. *Danske Studien* 67, 5–36.

Hoekstra, Teun 1986. *Transitivity.* Dordrecht: Foris.

Kratzer, Angelika 1981. The notional category of modality. In: H. J. Eykmeyer & H. Rieser (eds.) *Words, worlds, and context. New approaches in world semantics.* Berlin: Mouton de Gruyter.

Langer, Nils 2001. *Linguistic purism in action. How auxiliary „tun" was stigmatized in Early New High German.* Berlin: De Gruyter.

Lightfoot, David 1979. *Principles of diachronic syntax.* Cambridge: CUP.

Maienborn, Claudia 2003. *Die logische Form von Kopulasätzen.* [studia grammatica 56]. Berlin: Akademieverlag.

Thurmair, Maria 1989. *Modalpartikeln und ihre Kombinationen.* [Linguistische Arbeiten 223]. Tübingen: M. Niemeyer.

Vikner, Sten 1988. Modals in Danish and event expressions. [Working Papers in Scandinavian Syntax 39]. Lund: Lund University.

Zubizarreta, Maria L. 1982. On the relationship of the lexicon to syntax. Unveröffentlichte Diss., M.I.T. (vgl. 1987. *Levels of Representation in the Lexicon and in the Syntax.* Dordrecht: Foris Publications).

Hinzugefügt bei Nachbearbeitung 2012: Abraham (2002); Greenberg (2009), Haider (2010, 2013); Langer (2001).

Semantisch begründete Präpositionssyntax: sichtbare und unsichtbare Konstituenten*

Vorschau: Ausgehend von Dekompositionen von Bewegungsverben, die in unterschiedlichen Sprachen verschieden ausfallen, werden die sog. „doppeltregierenden“ Präpositionen auf syntaktische Distributionen untersucht. In der Folge lenkt der Aufsatz den Blick auf sichtbare und verborgene Bedeutungskomponenten, die wiederum in verschiedenen Sprachen unterschiedlich kodiert werden und die in die syntaktische Repräsentation Eingang finden müssen. Wiederum tun unterschiedliche Sprachen dies unterschiedlich, sodaß sich eine Sprachtypologie auf der Grundlage der grundlegenden Präpositionskodierungen anbietet.

1. Die typologisch vergleichende Kodierung von Bewegungsprädikaten

Talmy (1985) verdanken wir die richtungsweisende Einsicht in der typologischen Sprachwissenschaft, daß sich Sprachen hinsichtlich der sichtbaren und unsichtbaren Kompositionalität von Fortbewegungsverben in drei grundsätzliche Typen einteilen lassen. Ich beschränke mich hier auf die 2 wichtigen, die in den europäischen Sprachen vertreten sind: Deutsch – Französisch – Russisch – Englisch in (1).

(1) a Das Mädchen tanzte$_{\text{V}}$ in den Saal (hinein)$_{\text{ADV}}$
b La fille est entrée dans la piece en dansant$_{\text{ADV}}$
c Devushka voshla v zalu tancuja$_{\text{ADJ}}$
Mädchen betrat in Saal.ACC (als) tanzend(e)
d The girl danced into the hall

(2)	a *tanzen*	=	$\lambda x \exists y$: GO(y,x) & $\text{ART}_{go}(y)$
	b *in den Saal (hinein)tanzen*	=	$\lambda x \lambda y \exists z$: GO(y,x) & $\text{ART}_{go}(y)$ & INTRA(y,x,z)
	c *tanzte im Saal (*hinein)*	≠	*tanzte in den Saal (hinein)*
(3)	a *entrer*	=	$\lambda x \lambda y \exists z$: GO(y,x) & INTRA(y,x,z)
	b *entrer la piece*	=	$\lambda x \lambda y \exists z$: GO(y,x) & INTRA(y,x,z)
	c *entrer la piece en dansant*	=	$\lambda x \lambda y \exists z$: GO(y,x) & INTRA(y,x,z)& $\text{ART}_{go}(y)$

Wie (1)–(3) zeigen, stellen sich Bewegungsereignisse in einzelsprachlich unterschiedlichen Lexikalisierungen dar:

- Engl., Deutsch: Vgl. (2) – der V-Stamm versammelt Fortbewegungs-GO und Fortbewegungs*art*, $\text{ART}_{\text{GO}}(y)$; das Fortbewegungs*ziel*, INTRA, dagegen bleibt V-extern (im Dt. V-nah wegen Akkusativ!) ausgedrückt.
- Frz./Japan./Span.: Vgl. (3) – der V-Stamm versammelt Fortbewegungs-GO und Fortbewegungs*ziel*, Russisch INTRA; DIE Fortbewegungs*art*, $\text{ART}_{\text{GO}}(y)$, ist V-extern kodiert.

Das Russische dekomponiert ähnlich wie das Französische, nämlich mit einem Konverb bzw. depiktiven Adverb, das wie *tancuja* mit dem Subjekt kongruiert: Es gibt im Russischen keine Verbpartikel oder ein V-Präfix wie im Deutschen: also etwa ***v-tance-vat*‘ ‘hinein-tanzen’.

---

* Ersterschienen in: Angelika Redder 2008 (Hg.) *Diskurse und Texte. Festschrift für Konrad Ehlich zum 65. Geburtstag.* Tübingen: Stauffenburg, 359–370.

Aus diesem ersten sprachübergreifenden Befund verallgemeinern wir somit: Bewegungsverben lassen sich unter analytisch-typologischem Gesichtspunkt in Ereigniskomponenten aufspalten.

Nun sind an solchen Bewegprädikationen immer Präpositionen beteiligt: Frz. *dans,* Dt. *in*+ ACC, russ. *v*+ACC. Wir fragen folglich: Haben Präpositionen (*in, into*), Verbpartikeln bzw. lokalen oder direktionalen Pronominaladverbien (*hinein-einhin*) und Kasus (Dativ gegen Akkusativ) Anteil an der analytischen, ereignistypologischen Komponentialität? Wie einzelsprachtypisch unterscheiden sich telische Fortbewegungsverben (FBV) von lokal-statischen FBV, wie telische Präpositionen (P) im Unterschied von lokal-statischen? Wenden wir uns zuerst bereits geleisteten syntaktischen Antworten zu.

2. Syntax zuerst – und dann Semantik

Wieder fragen wir:

(i) Was leistet eine gute Syntax bei der P/Richtungsdeixis (RD)-Analyse, etwa für (4)–(13) unten? was für andere Sprachen? typologische Kriterien?

(ii) Was leistet im Gegensatz zur syntaktischen Analyse eine faktorielle Semantik, konkret etwa im Vergleich mit (i)?

Das Verb *treten* in *vor die Türe treten* muß ein Element enthalten, das semantisch/syntaktisch klar identifizierbar ist und welches (bei 'durchsichtigem' P) verbale AKK-Rektion lizensiert. Annahme: *pro*, nämlich in *pro-treten*, welches fakultativ als *hin-* lexikalisiert werden kann und welches dann Akkusativ realisiert. Resultativität, sichtbar als Sekundärobjektprädikation, impliziert eine Kopulaprädikation, unabhängig vom B-Simplex-Prädikat. Die V-Partikel-Alternative, {*pro*/*hin*}, steht in Spez, RDP. Diese deiktische Verbkomponente muß zur Lizensierung des AKK -Kasus zur funktionalen Kategorie, FP, im Kurzsatz (*small clause*, SC) hochklettern. Vgl. dazu (4a). Die lexikalische Eigenheit, daß das P-Lexem *in* als Verbpartikel zu *ein-* wird, erhält seinen Regelstatus mit (4c).

2.1. zu (i): vgl. die Perfektivereignissemantik in (4a) (Abraham 1990b; vgl. dazu auch Moens & Steedman 1984), die entsprechende Syntax in (4b).

(4) a. θ_i *tritt ein* θ_i (KOP) *eingetreten(/drin)*

```
|<<<<<<<<<<<<|-------------------|
t1           tm                  tz
```

(4) b. $[_{\nu P}$ NP$_i$ $[_{VP}$ t'$_i$ $[_{SC}$ t$_i$ $[_{FP}$ *vor*$_j$ Kasus[+DAT] $[_{PP}$ t$_j$ *der Tür*] $[_{DDP}$ *hin* Kasus[+ACC]]]]][$[_{RDP}$ {*pro*$_i$, ***drin***}] -*treten*]]]]

(4) c. Redundanzregel: die lexikalische statisch-lokative Entsprechung zu {*pro*/*hinein*} ist {pro/*drin*}

Koopmans (1993) Lösung für ndl. *in* bzw. *door* 'durch' als PostP in (15a,b) läßt sich einfach deshalb nicht aufs Deutsche übertragen, weil die V-Partikel im Deutschen nicht unbedingt dieselbe Form wie P haben. Vergleiche $[_{\text{V-PART}}$ *<u>hin</u>ein*] ≠ $[_{\text{P}}$ *in*], im Gegensatz zu $[_{\text{V-PART}}$ *(hin) über*] ≠ $[_{\text{P}}$ *über*]. Siehe (4c). Man vgl. (5a, b) mit (4b,c).

(5) a. $[_{\text{PfadP}}$ Pfad° $[_{\text{PlaceP}}$ *in* $[_{\text{PP}}$ $[_{\text{DP}}$ *het bos*]]] ... *het bos in* „den-Wald-in"
(in) den Wald *(<u>hin</u>ein)

b. $[_{\text{PfadP}}$ *door* $[_{\text{PlaceP}}$ *onder* $[_{\text{PP}}$ $[_{\text{DP}}$ *de brug*]]] … „onder" *de brug „onder" door*
„die-Brücke-unter-durch"
(unter) der Brücke (hin)durch

Die ndl. idiomatisch optimale Version zu (5a) würde dt. heißen 'den Wald-(hine) in', die von (5b) 'die Brücke-unter-durch' – was ja auch in alemannischen Dialekten üblich ist: montafonerisch *da Wāld ihi* 'den Wald inhin'*; d'Strōßa-n- āhi*' 'die Straße anhin', *d' Brokki onder dori'* 'die Brücke unter durchhin' (Abraham 1965). Hochdeutsch haben wir diese Fügung allerdings verloren: #*Die Straße hinan* – wir müssen die Präposition setzen. Mit anderen Worten: Wir können die sehr einfache Versetzungssyntax des Ndl. nicht aufs Deutsche übertragen. Darüber hinaus sollte eine ontologisch leistungsfähige, intersubjektiv überprüfbare Syntax allerdings auch so viel Semantik wie möglich spiegeln – was ja in (5a,b) auch fehlt.

2.2. Ansatz einer syntaktischen P-Semantik

Zu (ii) oben: FB-Ereignisse dekomponieren sich in einen Bewegungspfad, einen Zielort und fakultativ eine adverbiale Anapher, in dieser Reihenfolge (Noonan 2005):

(6) PFAD>PLACE>$\text{NP}_{\text{PFADPLACE}}$: Dt. **((hin)ein)laufen.*

Für Frz. *entrer*, Ital. *entrare* müssen wir dies z.T. implizieren, wie in (1)–(3) oben gezeigt. Deutsche FBV (nicht jedoch unbedingt dt. Dialekte, worauf oben unter Bezug aufs Montafonerisch-Alemannische hingewiesen wurde) benötigen Präpositionen, um PFAD>PLACE sichtbar zu machen: Dt. *laufen* <u>*in*+ AKK</u>, Lat. *currere* <u>*ad*+AKK</u>, Engl. *run* <u>*into.*</u> D.h. die Richtungsdeixis (RD) *-ein* in der RD-Phrase (*hin*)-*ein* ist $[_{\text{pp}}$ PP [*in*]] plus inkorporiertem AKK: (*hin*)-*ein*. Letzteres ist allerdings offenbar eine *tantum*-Morphologie im RDP/ PFADP-Inventar des Dt.: keine solche lexikalische Inkorporation existiert bei *her/ hin-aus, her-vor, her/hin-über* etc. Grimm (1877/ [2]1984, Bd. 10: 1414) verzeichnet MHD *hin în* und *înhin*, eventuell parasitisch zu alemannisch *î(n)hin* > *einhin* erwartbar nach FrühNHD Diphthongierung – worauf unter Bezug auf alemannische Dialekte schon hingewiesen wurde. Bairische Dialekte schließen nahtlos an: *de Strōßn obe* 'die Straße abhin'*;* aber **(in) d'Bōdwann eini* '(in) die Badewanne einhin'.

Es ist intuitiv nachvollziehbar, die statisch-lokale Dativrektion und die Richtungsakkusativrektion nicht als gleichwertige Rektionsalternativen, sondern als syntaktisch unterschiedlich abgeleitete Kasusmarkierungen zu sehen (Abraham 2003): DATIV ist die unmarkierte (d.h. default) P-Rektion: siehe Fig. 1 unter Spez$_{PP}$; AKKUSATIV ist dagegen gesetzt durch die spezifische FBV-Bedeutung und technisch ausgelöst durch die optionale Richtungs-Verbpartikel, RD/Pfad *hin(/her)*-Präp(-V). Vgl. (4b,c) oben.

Fig. 1:

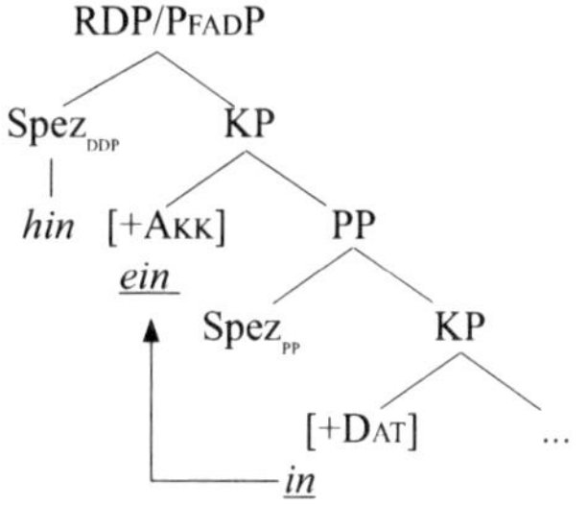

Strukturell unmittelbare Nähe der Akkusativkonstituente zum Prädikat ist erforderlich, um RD-Lesart zu erreichen. Vgl. Topikalisierungsdiagnostik nach (7) unten, die sich für P-Dativ ausschließt.

(7) PRONOMINALER Direktionsdeixis-PP-KOREFERENZFILTER FÜR DIREKTE P-DATIVREKTION:
[$_{XP}$ …..] für RD-Lesart muß ≠ null sein in [$_{PP}$ PP$_i$ [$_{XP}$ P[+AKK] NP[+AKK]] [$_V$ RD$_i$ V°]]],
da ja sonst P direkt dativregiert und RD unsetzbar ist: **im Graben*$_i$ *hinein*$_i$*-springen*

Folgende syntaktische Diagnostiken trennen lokal-statische Dativrektion von direktionaler Akkusativrektion; vgl. (8)–(14).

(8) a. *Die Sportlerin schwimmt* ***im*** *Kanal*$_i$ *(**hin**$_{*i/j}$ ein)*
b. *weil der Surfer* ***auf dem*** *Wasser*$_i$ *(**hin**$_{*i/j}$ auf)glitt*
c. *Ob sie* ***im*** *Wasser*$_i$ *(**hin**$_{*i/j}$ ein)hüpft?*

(9) a. *daß die Sportlerin <**in den** Kanal>< (**hin***(ein))> schwamm*

D.h.:

(10) a. *daß die Sportlerin **in den** Kanal schwamm* ≡
≡ *daß die Sportlerin **hin**einschwamm*
aber ≠: *daß die Sportlerin schwamm*
oder b. *weil der Surfer<**auf das** Wasser><(**hin**(*auf))>glitt*
c. *ob sie <**in das** Wasser><(**hin***(ein))> hüpft?*

(11) a. */#*daß die Sportlerin **im** Kanal **hin**einschwamm*
b. */#*weil der Surfer **auf dem** Wasser **hin**aufglitt*
c. */#*ob sie **im** Wasser **hin**einhüpft?*

(12) telisch-perfektive Attribut-Subjekt-Probe:
a. *die **in den/*im** Kanal*$_i$ *(**hin**ein*$_i$*)geschwommene Sportlerin*
b. *der **auf das/*im** Wasser*$_i$ *(**hin**auf*$_i$ *geglittene Surfer*
c. *die **ins/*im** Wasser*$_i$ *(**hin**ein*$_i$*)gehüpfte Eidechse*

(13) Satzspitzenstellungsprobe (Topikalisierung) zur Nähebedingung:
a. *Im Staubecken in den Kanal$_i$ (hinein$_i$) geraten kann man leicht*
aber: **In den Kanal$_i$ im Staubecken (hinein$_i$) geraten kann man leicht*
b. *An der Küste* ***[auf die Welle$_i$(hinauf$_i$) gleiten]*** *muß der Surfer*
aber: **Auf die Welle$_i$ an der Küste (hinauf$_i$) gleiten muß der Surfer*
a. *imBecken* ***[ins Wasser$_i$(hinein$_i$) hüpfen soll]$_i$*** *man nicht gleich t$_i$*
aber: **Ins Wasser$_i$ im Becken (hinein$_i$)hüpfen soll man nicht gleich*
(14) Probe zur Trennbarkeit der RD-Partikel:
a. *Hin<(ein$_i$)> in den Kanal$_i$<*ein$_i$> geraten kann man leicht*
b. *Hin<(auf$_i$)> auf die Welle$_i$<auf$_i$>gleiten muß der Surfer*
c. *Her<(über$_i$)> über die Bay$_i$(über$_i$)hüpfen soll man nicht gleich*

Somit gilt vorläufig: Mit der auf der Grundlage der Ereignissemantik nach (4a) gebildeten Sekundärprädikation in (4b) liegt eine empirisch befriedigende Syntaxanalyse vor. Jedoch reicht (4a) semantisch ganz offensichtlich nicht aus. Wir versuchen daher im nächsten Abschnitt neu.

3. Strukturelle PP- bzw. Lage/Fortbewegungs-Adverbsemantik

Selbst wenn die Semantik in (4a) vor dem Hintergrund der Dekompositionen in (1)–(3) empirisch hinreichend sollte, dann stellen sich unter typologisch vergleichendem Gesichtspunkt ganz neue Fragen – nämlich solche der Sichtbarkeit. Prüfen wir zuerst genauer, welche semantischen Faktoren bei bestimmten Präpositionslexemen eine bestimmende Rolle spielen.

In einer faktorielle Raumsemantik spielen Raumvektoren eine Rolle. Was heißt *über/ unter X, vor/hinter X* im STAT-LOK-Sinne? Wählen wir als Zuordnungspunkte die in (6) eingeführten semantischen Kategorien jeglicher Fortbewegung, zuerst PLACE.

zur Bestimmung von PLACE:

(15)a *über*$_{STAT-LOK}$

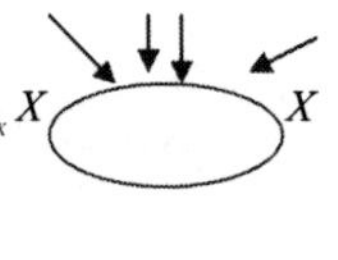

(15)b *2m über X*

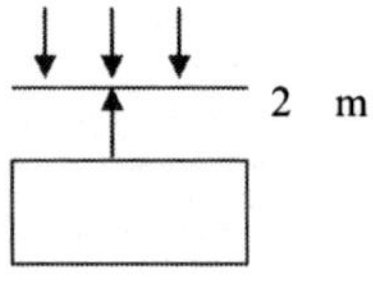

Ordnen wir auch eine Maßeinheit als faktorielle Kategorie mit ein, dann ergibt sich für die lokal-statische Lokalisierung in (15b) die lineare Struktur in (15c).

(15)c $[_{MassP}$ 2m $[_{PlaceP}$ PLACE° ... $[_{PP}$ P° $X_{DP}]]]$

Dabei ist PLACE („Pfeilspitze") eine Funktion, die einen Grund im vektoriellen Raum ortet, d.h. abbildet (Zwarts 2005). Solche vektoriellen Faktoren der LOK- und DIR/PFAD-Präpositionen sind etwa – zu beachten ist, daß die semantisch unmißbare Adhärenzkomponente, AN, im Deutschen unsichtbar bleibt:

(16) ***auf** dem Tisch(/**oben** auf dem Tisch **drauf**)* = AN OBEN KASUS/von(KASUS) Tisch
(17) ***in** der Kiste(/**drinnen in** der Kiste)* = AN INNEN K/von(K) Kiste
(18) ***unter** dem Bett(/**unter** dem Bett **(dr)unten**)* = AN UNTEN K/von(K) Bett

Dabei haben wir die semantische P-Komponente gedoppelt – was im Deutschen die idiomatisch bevorzugte Fügung ist. Doch prüfen wir, was wir mit und ohne diese fakultative Doppelung mittels des anaphorischen P-Adverbs für semantische Alternativen erreichen.

[±]CONTAINER-Interpretation mittels Pronominaladverbien (Adverbanaphern) (*dr-P*) („Echoadverbien"; bei Noonan (2005: 3) „Schattenpräpositionen"):

(19) a [-]* Ich war schon in Berlin **drin(nen)** ≠ E *inside (of)*
b [+] Sie ist/steckt noch in Berlin_i Mitte_i $\textbf{drin(nen)}_i$ = E *inside (of)*
(20) a [-]* Hans sitzt auf dem Sofa **drauf** ≠ E *on top of*
b [+] Hans steht nicht neben, sondern auf dem Sofa_i $\textbf{drauf}_i$ = E *on top of*
(21) a [-]* Er hängt an dem Tisch **dran** $=_{\text{Idiom}}$ E *He is attached to/fond of the table*
b [+] Es hängt an dem Tisch_i $\textbf{dran}_i$ $=_{\text{räumlich}}$ E *He is hanging on/off the table*

D.h. die Adverbanapher ist nur in konkret räumlicher Lesart verfügbar – vgl. (b)-Lesarten oben; bei übertragener, idiomatischer Lesart wie in den (a)-Lesarten verbietet sie sich. Daraus folgt, daß die Präpositionen in den PP-Fügungen lesartunschärfer sind als die Pronominaladverbien, die ja auch als Verbpartikel eingesetzt werden (dazu grundsätzlich und im typologischen Sprachvergleich Abraham 2000, 2006). D.h. auch, daß die lokal-direktional eindeutigen Kategorienpositionen verbnah sind – also in den strukturell tieferen VP-internen Positionen der Pronominaladverbien in (19)–(21).

Unterscheiden wir ferner die grundlegenden Begriffe Grund (als syntaktisches P-Komplement) und Figur (als syntaktisch zu verortendes DP), so lassen sich für die statisch-lokale P(-Verwendung) z.U. von der direktionalen P(-Verwendung) folgende linear geordneten Strukturen aufstellen (vgl. auch Noonan 2005: 4).

(22) statischer Lokativ/LOK-PP: DP_{Figur} > LOK > PLACE > ($\text{PLACE}_{\text{Def}}$) > DP_{Grund}

Bei LOK setzt man im D/E/F ein stilles, PF-verschwiegenes *AN/AT/À* an, das allerdings durch ein sichtbares PLACE lizensiert ist: Dt. *in, auf,* E *in, on,* F *dans, sur.* Für PLACE gilt ebenfalls im D/E/F ein stilles *AN/AT*, etwa bei (23).

(23) ***am** Denkmal/**at** the monument ≡ **im/am Raum** des Denkmals/**at** the monument's **„space"***

Sichtbar sind hingegen *an, auf, in, unter; in, on, under; dans, sur, sous* .... Für $\text{PLACE}_{\text{Def}}$: gilt E/F: Nomen → DP_{Grund} lizensiert mit Genitiv (Nominalkasus), was im Dt. still (d.h. ohne PF-Repräsentation) bleiben kann, wobei DP_{Grund} mit Dativ lizensiert ist. Vgl. (24a-c) (z.T. nach Noonan 2005: 5).

(24) Defaultkasusrektion (vgl. Abraham 1994, 2003):
a Genitiv = Nominalrektion: [$_{PP}$ *à* [$_{NP}$ *(coté de) la table*]], [$_{PP}$ *on* [$_{NP}$ *(top of) the table*]]
b Dativ = P-Kasus: [$_{LOKP}$ *auf dem Tisch*]
c Akkusativ = V-Rektion: [$_{V\text{-}DIRP}$ *[auf]* GO *den Tisch...*]

Der Richtungsakkusativ ist nach (24c) durch die in der phonetischen Form (PF) unrealisierte Kategorie (das allgemeine ‘leichte’ Fortbewegungsverb GO) lizensiert.

4. Syntax mit semantischen Kategorien

Wie lassen sich nun lineare Abfolgen unter Verwendung der semantischen Kategorien integral darstellen? Wir repräsentieren einfach nach den grundlegenden linearen Abfolgen in (6), (15c) und (22).

(25) PP-Kartographie (vgl. Cinque 1999 zu Adverbien schlechthin; zu P-Adverbien Schweikart 2005; Svenonius 2005), hier spezifisch zu *dorthin 2m unten durch*.

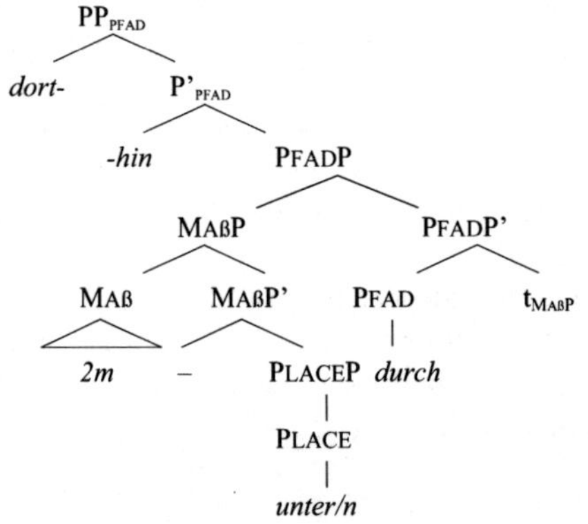

(26) *Ende von 15 Minuten Wanderung durch diese Gartenanlagen*

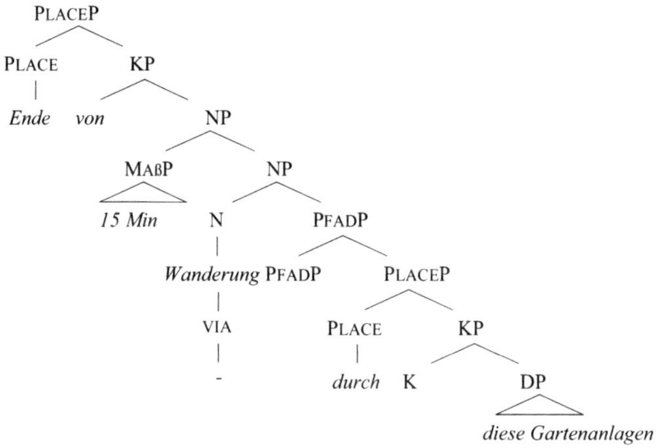

Mit der auf der Grundlage der Ereignissemantik nach (1)–(3) sowie (13)–(26) gebildeten semantischen Syntax scheint eine empirisch befriedigende Analyse vorzuliegen. Die Semantiken sind reicher als die in (4a), die ja semantische Grundlage war für die Syntax in (4b).
Telizität und damit die Semantik des Richtungsakkusativs drückt sich im Lizensierstatus des PF-unrepräsentierten FB-Prädikats *GO* aus.

Weitere Telizitätsillustrationen unter PFAD-, LOK-, PLACE- sowie DIR-Bedingungen sind in (27)–(29) dargestellt. Vgl. dazu die Syntaxdarstellung mit dem resultativen Kurzsatz (SC) in (4b). Man vgl. vor allem die geringen, aber doch so entscheidenden unterschiedlichen Darstellungen in (27) und (28).

(27) a *unter dem Zaun (drunter) (hin)durchkriechen*

(27) b

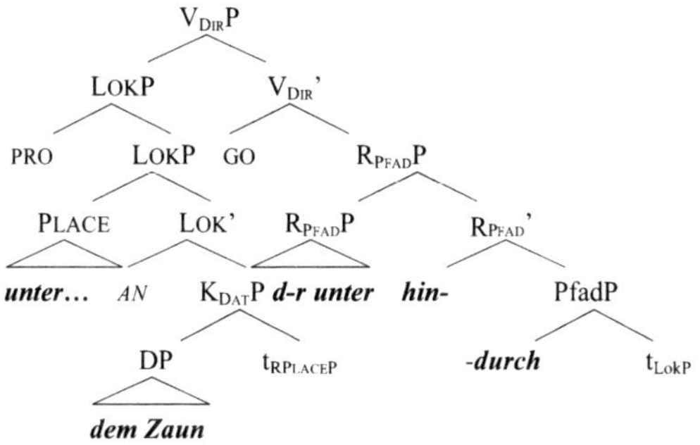

Vergleiche den minimalen Unterschied zwischen (27), (28) und (29).

(28)b (nach Noonan 2005: 8)

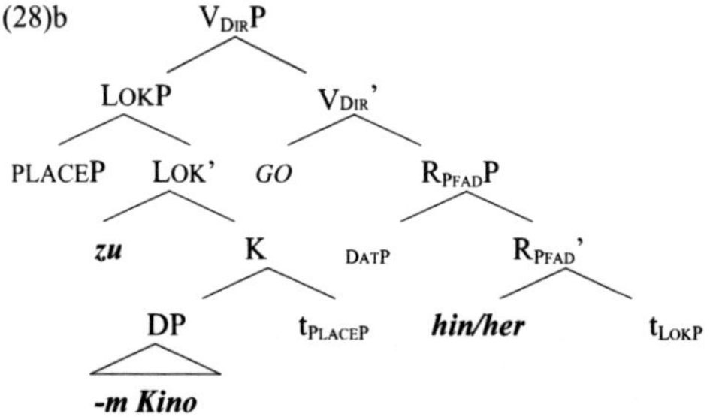

(29)a *zum Kino* ***(da)rein/hinein*** <u>*da*</u>*rein* obsolet

(29)b (nach Noonan 2005: 9)

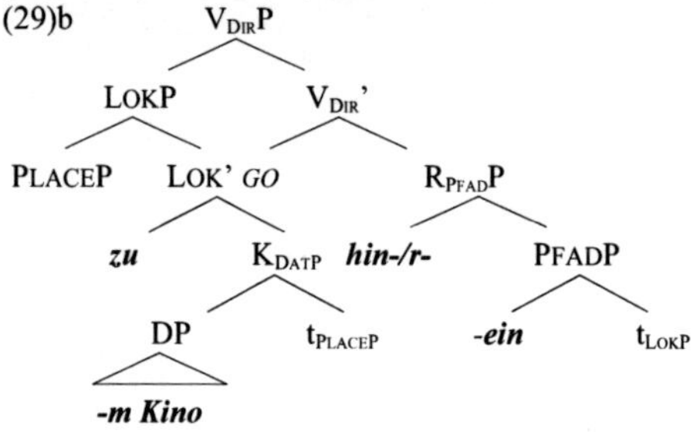

Die Ausgangspunkte zu (28) und (29) sind identisch (und bleiben unrepräsentiert); beide Fügungen der (a)-Versionen sind direktional – daher die verschwiegene FB-Komponente GO, welche die Pronominaladverbkomponente mit *hin-* lizensiert. Nur in (29) allerdings bestimmt die Verbpartikel *-ein-* den konkreten Pfad innerhalb des koreferenten Containers *Kino*: somit PFADP im Gegensatz zu $R_{PFAD}P$, das (28b) und (29b) gemein ist. Ob die Basisposition von LokP wirklich hinter der Pfadangabe anzunehmen ist (t_{LOKP}), lasse ich dahingestellt.

4. Typologische Valenzunterschiede – Präp-V-Kompatibilität

Weitere stützende Gedanken für sprachübergreifende P-Rektionsunterschiede sowie Beschränkungen im V-Partikelbereich (Raumverfügung in Abhängigkeit vom Verbereignis) sind die folgenden.

4.1. P-Voraussagbarkeit: vgl. Engl. *depend* ***on*** ≠ Dt. *abhängen* ***von***. Der Unterschied hängt von der spezifischen Ereignistypik ab: E *depend* hat sich im heutigen Lexemsinne „stützt sich auf" – vgl. *dependable* mit Agensimplikation!

– weit von seiner ursprünglichen frz. Bedeutung entfernt, die das Dt. noch behalten hat: **abhängbar*/**dependable*.

(30)

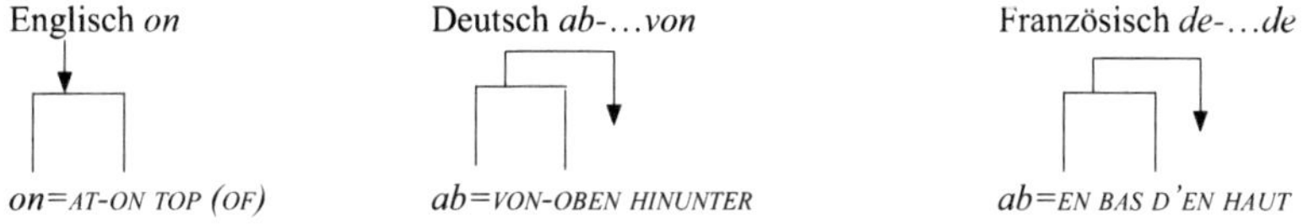

4.2. Nur ganz bestimmte, scil. semantisch hoch beschränkte Ereignistypen (Lagen, Bewegungen, vertikale bzw. horizontale Vektoren, ...) können in einen bestimmten P(+DP)-Raum eindringen: **ab-türmen* ≠ *(sich* [$_{PP}$ *auf* [$_{DP}$ *etwas*]]*) auf-türmen*, *$^{/??}$*durch-legen* ≠ *auf-/ab-/überlegen...*

4.3. Setzung von Pronominaladverbien zur räumlichen Verstärkung: vgl. (27a,b).

(31) a *Er hängt an dem antiken Kleiderständer* [$_{PlaceDef}$ *(*dran)*] gegen
b *Der Mantel hängt an dem Kleiderständer* [$_{PlaceDef}$ *(dran)*]

Idiome, die ja seit ihrer metaphorischen oder metonymischen Umformung raumkonfigurational nicht mehr verträglich sind, sind inkompatibel mit Optionen räumlicher Verstärkung.

Dies beschließt die semantische P-Skizze. Die faktorielle Ereignisanalyse begründet die entscheidenden P-Semantiken ebenso wie deren Kasusrektionen bzw. Unterschiede wie etwa engl. *in ≠ into* gegenüber homonymem Dt./Latein *in* heraus. Deutlich wird, daß die interessanten Begründungen über die semantischen Konstituente wie in (6), (15c) und (22) und deren strukturellen Fügungen erreichbar sind. Ob überhaupt und welche Pronominaladverbien zu welchen Verben bzw. welchen Infinitivkomplementen gestellt werden können und in welchen semantisch-syntaktischen Optionen sie vorkommen – ohne Zweifel ebenfalls in semantischer Kontingenz –, ist hier völlig ausgeklammert worden (dazu siehe neuerdings Restle 2006).

Bibliographische Hinweise

Abraham, Werner 1965. Die Mundart von Tschagguns im Montafon in Vorarlberg. Diss. Univ. Wien. Tippskript.

Abraham, Werner 1990a. Postposition, Präpositionsadverb oder Präfix? Zum Status der sog. 'trennbaren Verbpräfixe' im Deutschen. In: A. Kątny (Hg.) *Studien zum Deutschen aus kontrastiver Sicht*. Frankfurt/M.: P. Lang, 7–34.

Abraham, Werner 1990b. A note on the aspect-syntax interface. In: J. Mascaró & M. Nespor (eds.) *Grammar in Progress. GLOW essays for Henk van Riemsdijk*. Dordrecht: Foris, 1–12.

Abraham, Werner 2000. Zwischen extensionaler Ökonomie und intensionaler lokalistischer Präzisierung: Dativobjekte im Deutschen und ihre Wiedergabe im kasuslosen Niederländischen. In: A. Bittner, D. Bittner & K.-M. Köpcke (Hg.) *Angemessene Strukturen: Systemorganisation in Phonologie, Morphologie und Syntax*. Hildesheim u.a.: Georg Olms Verlag, 299–316.

Abraham, Werner 2003. The myth of doubly governing prepositions in German. In: E. Shay & U. Seibert (eds.) *Direction and location in languages. In honor of Zygmunt Frajzyngier*. Amsterdam: John Benjamins, 19–38.

Abraham, Werner 2006. Datives: structural vs. inherent – abstract vs. morphological – autonomous vs. combinatory – universally vs. language-specifically configured? Introduction to: D. Hole, A. Meinunger & W. Abraham (eds.) 2006. *Datives and other cases: Between argument structure and event structure*. [Studies in Language Companion Series 75]. Amsterdam: John Benjamins, 3–46.

Cinque, Guglielmo 1999. *Adverbs and functional heads. A cross-linguistic perspective*. Oxford: OUP.

Grimm, Jacob & Wilhelm 1877/[2]1984. *Deutsches Wörterbuch*, vol. 10. Leipzig/München: dtv.

Koopmann, Hilda 1993. The structure of PPs. Ms. UCLA.

Moens, Marc & Mark Steedman 1984. Temporal ontology in natural language. *Linguistics and Philosophy* 7, 243–286.

Noonan, Maire 2005. *à to zu*. Paper Venice, 3–4 November 2005.

Restle, David 2006. Kontrollnomina. Eine Untersuchung zum Verhalten attributiver Infinitivkonstruktionen im Deutschen. Habilschrift LMU München, Germanistik.

Schweikert, Walter 2005. *The order of prepositional phrases in the structure of the clause*. [Linguistik Aktuell/Linguistics Today 83]. Amsterdam: J. Benjamins.

Svenonius 2004. Spatial prepositions in English. Ms. Univ. Tromsö.

Talmy, Leonard 1985. Lexicalization patterns: Semantic structure in lexical form. In: T. Shopen et al. (eds.) *Language typology and syntactic description*. Vol. 3. New York: CUP.

Zwarts, Joost 2005. The case of prepositions: Government and compositionality in German PPs. Ms. Radboud Universiteit/Nimwegen und Rijksuniversiteit Utrecht.

Reflexiv- und Passivdiathesen im germanisch-romanischen Vergleich. Ein Ansatz*

1. Vorrede

Morphologische Reflexiva haben in jedem Falle – synchron wie diachron – diathetische Ableitungsfunktionen. D.h. sie sind Träger von lexikalischem und/oder (morpho) syntaktischem Valenzwechsel. Nur in Einzelfällen setzt sich Reflexiv(Refl)+V(erb) ohne Bewahrung der Ausgangsdiathese durch, etwa in *sich schämen* – denn es gibt ja kein *jemanden schämen* oder intransitiv *schämen*. Anders gesagt: Es gibt keine Reflexivkonstituente, Refl+V, vor einem transitiven Verb als Ableitungsausgangslexem (*jemanden schämen*). Solch diathetischer Valenzwandel scheint allerdings strukturellen und typologischen Vorbedingungen zu unterliegen. So sind Passivierungen reflexiver Strukturen im Deutschen selten, wenn auch nicht unmöglich.

(1) a *Wird sich hier täglich gewaschen?*
b *Hier wird sich nur von mir Hände gewaschen.*

Unklar ist hier, wie das Antezedens rekonstruiert werden soll, das ja zur semantisch-referentiellen Interpretation vonnöten ist. Südasiatische Ergativsprachen hingegen erlauben solche Reflexivpassiva regelhaft und zwar ohne Bindung zum Subjektsnominativ, wie das folgende Gujaratibeispiel (Mistry 2000: 352) zeigt.

(2) a	*Raaj-thi*	*potaane*	*naa*	*vakhaaNaayo*
	R-INSTR	REFL:DAT	nicht	gelobt:PASS
	Raaj konnte sich nicht selbst loben			
	eigentlich: Selbst konnte Raaj nicht von sich gelobt werden			
b	*aaphaile*	*Raam-laaii barbaad*		*garyo*
	REFL:ERG	R.-DAT	verwöhnen	getan:PASS
	Ram kriegt sich selbst verwöhnt			
c	*aaphu*	*Raam-laaii barbaad*		*gar-cha*
	REFL:NOM	R.-DAT	verwöhnen	tun-3SG.PT
	Ram kriegt sich selbst verwöhnt			

(2b) und (2c) sind bedeutungsdeckend wie Aktiv und Passiv. *-le* in (2b) ist Ergativmarker und alterniert regelhaft mit dem Nominativ wie in (2c). Hier bindet das Antezedens im agentschen Instrumental – vgl. (2a) – , und als Subjekt gilt das Dativtreflexiv (was im Indoiranischen generell möglich ist). Abgesehen von der Dativsetzung zum Subjekt (das ja im Deutschen ausnahmslos Nominativ sein muß) gehe ich davon aus,

---

* Erstmals erschienen in: E. Stark, R. Schmidt-Riese & E. Stoll (Hg.) 2008. *Romanische Syntax im Wandel*. Tübingen: G. Narr, 87–112. – Der vorliegende Aufsatz geht auf eine ausführlichere Vortragsdarstellung an der Freien Universität Berlin im Oktober 2006 zurück. Vgl. auch die Vorarbeit zum Germanischen bei Abraham 1997. Ich verdanke den Tagungsteilnehmern sowie Elisabeth Stark persönlich Hinweise, die zur Verbesserung der Darstellung geführt haben.

daß in den deutschen Beispielen ähnliche Bindungsverhältnisse herrschen – d.h. daß jedenfalls Agentivität beim aktiven Satz vor der Passivierung vorliegen muß (was im Deutschen ohnehin Passiviervoraussetzung ist; Abraham 1995/2005: Kap. 9).

Im folgenden Vergleich germanischer und romanischer Reflexivfunktionen gehe ich im Anschluß an (1)–(2) oben von folgenden Fragen aus: (i) Gehen die Kasusvoraussetzungen für Reflexivbindung ähnlichen dem Gujarati zwischen nominativischer (für Kontrolle und damit strukturellem k-Kommando) und semantischer (Referenz-)Voraussetzung auseinander? (ii) Was ist der Vergleichsanteil an lexikalischer und syntaktischer Diathese des Reflexivmorphems? (iii) Gibt es über das ungebundene Reflexivmorphem hinaus gebundene Diatheseflexive, die sich vom Reflexiv ableiten? Ganz allgemein gilt die Frage: (iv) Was hat Reflexivierung generell mit Passivierung und eventuell mit der Mittelkonstruktion (wie deutsch *Diese frischen Brötchen verkaufen sich rasend schnell/gut*) zu tun? Es versteht sich, daß diese Fragestellungen in dem vorliegenden Rahmen nur ansatzweise zu beantworten sind.

2. Diathesetypen und erste typologische Unterschiede

Lexikalische Mittel (im Dt. grundsätzlich aspektuell eingeschränkt) sind beispielsweise *bekommen/kriegen* (vgl. das engl. *get*-Passiv ohne derartige Beschränkungen), wie in (3) im sogenannten „Dativpassiv" im Deutschen zu sehen ist (Abraham 1995: Kap. 3, 198ff.):

(3) *Sie kriegt von Fremden [$_{Perf}$Bonbons geschenkt]/*[$_{Imperf}$auf den Bauchnabel geschaut]*

Dies legt bereits synchron-typologisch-diathetische Unterschiede zwischen Aspektsprachen und Nichtaspektsprachen fest. Wenn eine Sprache nicht über eine morphologische Trennung zwischen „Zustandspassiv" (Resultatsprädikat) und „Vorgangspassiv" verfügt, dann besitzt diese Sprache auch keine Aspektunterscheidungen (biphasiges Resultativ vs. monophasiger Vorgang). So kodiert etwa Englisch jedes Passiv mit Kopula-*BE*, was ja formal einem adjektivischen Resultativ entspricht, woraus aber der davorliegende Vorgang, das Vorgangspassiv, implizierbar ist. Das Englische hat außerdem alle perfektivierenden Verbpartikel eingebüßt, abgesehen von nicht mehr als Verbpartikel erkennbaren Postpositionen und Postadverbien wie in (4):

(4) *put <u>up</u> with*$_{iV}$, *finish <u>off</u>*$_{tV}$, *walk <u>thin</u>*$_{tV}$, *run <u>down</u>*$_{tV}$

Diese hat das Deutsche noch äußerst produktiv erhalten hat, vgl.(5):

(5) [$_{Adj}$ *<u>fertig</u>]malen,*[$_{Part}$ *<u>ab</u>]schließen,* [$_{Adj}$ *<u>dünn</u>]laufen,* [$_{Lok\text{-}Adv}$ *<u>hinunter</u>] laufen/*[$_{Lok\text{-}Adv}$ *<u>in Grund und Boden</u>] laufen*

Sie machen das Deutsche zu einer Aktionsartsprache, die in der relevanten Resultativ-Vorgangsunterscheidung (etwa slawischen) Aspektsprachen durchaus ebenbürtig ist.

Besitzt eine Sprache ein Reflexivmorphem zur Anzeige von (lexikalischen ebenso wie grammatischen) diathetischen Änderungen, dann drückt die Reflexivdiathese (Reflexivpassiv) nur Vorgang oder Generizität, nie jedoch Resultativität aus. Ein überzeugendes Beispiel liefert das norwegische Reflexiv-, das *s*-Passiv (im Unterschied zum periphrastischen *bli*-Passiv) zum Ausdruck eines generischen Gebots oder einer Verfügung, Regel, eines Gesetzes (wie in *Lysene lyses (hver kveldi)* 'Die Lichter werden (/müssen) (jede Nacht) gelöscht (werden)'; vgl. dazu allgemein Faarlund et al. 1997: 837 ff.). Auch dies legt synchron-typologische Unterschiede fest. Reflexivität jeglicher Art (frei durch gebundene Anaphern oder als Diathesenmorphem) scheint generell nicht passivierbar zu sein, unterliegt also dem Passivierungsfilter. Ein plausibler Grund dafür ist wohl, daß Koreferenz zwischen Thetarollendiversität besteht (Agenssubjekt und Patiensobjekt(-reflexiv) sind koreferent) hier fehlt ein Verb. Die Beispiele (1)–(2) (zu ähnlichen Beispielen im Deutschen vgl. Schäfer 2006) sind jeweils in spezifischer Nichtabhängigkeit von dieser Reflexiv-Passiv-Filtervoraussetzung zu beurteilen. D.h. unpersönliche Passivierung dieses Typs (mit Objektinkorporierung des artikellosen Akkusativobjekts *Hände*) unterliegt nicht dem Passivierungsfilter. Dies legt synchron-typologische Unterschiede sowie diachrone Diathesenentwicklungen mithilfe eines Reflexivsuffixes wie im Russischen (*-sja*) oder Skandinavischen (*-s*) fest.

Ferner hat sich Diathesenpromiskuität (Passivform mit aktiver Bedeutung und umgekehrt) nachweisen lassen, die zu S-DO-Trennung und linearer Festlegung von S und DO führen muß (Abraham 2005, Cennamo 2006). Diathesenpromiskuität muß Folgen im Sinne einer Erstarrung der Wortfolge haben, was die Entwicklung vom lateinischen V-S-O-V zum romanischen S-V-O belegt (vgl. Abraham 2005). Dies legt diachrone Diathesenentwicklungen sowie daraus fortfließende Wortstellungsentwicklungen fest. Zudem existieren Aspektbeschränkungen (etwa des Deutschen und Slawischen) derart, daß suffigales Reflexivmorphem bloß imperfektiven Verben zugänglich ist, nie jedoch perfektiven (wie etwa im Russischen). Umgekehrt: Wenn ein solches imperfektives Verblexem passivierbar ist, dann drückt es Vorgang, nie Resultativität aus: vgl. das skandinavische *s*-Passiv. Dies weist auf diachrone Kontingenz im lexikalischen Aspektbereich (Aktionsartoppositionen) hin.

An A(spekt)T(empus)M(odalitäts)-Links sind u.a. die folgenden ausgemacht worden: Anteriormorpheme (Anteriorpartizipien) mit *SEIN/BE*-Prädikatsbindung, die in folgendem Sinne modalverdächtig sind. Solche merkmalbasierte Aspekt-Referenz-Modalitäts-Kompatibilitäten scheinen auf mereologische Grundlage zurückzugehen (vgl. Krifka 1989):

(6)

[**+perfektiv**, +referentiell definit, **+Grundmodalität**] = [–additiv], [–teilbar]… infinites *müssen*

[**–perfektiv**, – referentiell definit, **+epistemisch**] = [+additiv], [+teilbar] … finites *muß*

Weitere Interaktionen sind zwischen Aspekt, welcher ja teilweise diathetisch kontingent ist, und Modalität gegeben. Ausgegangen wird in diesem Zusammenhang davon, daß in reinen Aspektsprachen die Funktion der deutschen Modalverben durch aspektuelle Verbprägung ersetzt wird, in Sprachen also, die voraussagbar keine MVn besitzen (Leiss 2000, Abraham & Leiss (eds.) 2008).

Im Folgenden stelle ich reflexive Diatheseparadigmen vor: zuerst im Germanischen, dann im Romanischen (Fr(anzösisch) – It(alienisch) – Sp(anisch)) und im besonderen im Italienischen stellvertretend für die romanischen Sprachen (wobei feinere einzelsprachliche Unterschiede innerhalb der Romania nicht in demselben Maße berücksichtigt werden wie im Germanischen). Abschließend seien dann Generalisierungen und deren Begründungen versucht.

3. Transitivität und reflexive Intransitivität – Distributionseigenschaften.

3.1. Lexikalische (und syntaktische) Diathesetypen im Germanischen

Es gibt lexikalische (Mittelverben, mV, und unakkusativische („ergative“) Verben, eV, letzteres als Dekausativ oder selbständiges einwertig-perfektives Verb) und grammatische (passive Intransitivkonstruktionen, iK, sowie Mittelkonstruktionen, mK) Mittel des diathetischen Wechsels. Im Deutschen herrscht – etwa im Unterschied zum Englischen – nahezu 100%ige Enthomonymisierung durch Umlaut in der Gruppe des kausativen Verben (vgl. Abb.1–6, zurückgehend auf die vollständige Übersicht in Abraham 1997, sowie die Generalisierung in Abb. 7).

Abb. 1: Paradigma der Umlautkausativa[1]

ENGLISCH einwertig=zweiw.	DEUTSCH einwertig	DEUTSCH zweiwertig	NDL. einwertig	NDL. zweiwertig
1. crack *2. melt* *3. wake up* *4. drown*	*(zer)springen* *(er) schmilzt* *aufwachen* *ertrinken*	*(zer)sprengen* *(er) schmelzt* *aufwecken* *ertränken*	*stukspringen* *smelten* *ontwaken* *verdrinken*	*laten springen* *doen smelten* *wekken* *verdrinken*
ENGLISCH einwertig=zweiw.	DÄNISCH einwertig	DÄNISCH zweiwertig	ISLÄNDISCH einwertig	ISLÄNDISCH zweiwertig
crack *melt* *wake up* *drown*	*springe* *smelte* *vågne* *drukne*	*sprænge* *lade smelte* *vække* *drukne*	*springa* *bráðna* *vakna* *drukkna*	*sprengja* *bræða* *vekja* *drekkja*
ENGLISCH einwertig=zweiw.	NORWEGISCH einwertig	NORWEGISCH zweiwertig	SCHWEDISCH einwertig	SCHWEDISCH zweiwertig
crack *melt* *wake up* *drown*	*springe* *smelte* *våkne* *drukne*	*sprenge* *smelte* *vekke* *drukne*	*springa* *smälta* *vakna* *drunkna*	*spränga* *smälta* *väcka* *dränka*

1 Etymologisch schwache Verben Klasse I, alte transitive *jan*-Verben, während die einwertigen Dekausativa ausnahmslos stark flektieren.

ENGLISCH einwertig=zweiw.	FRIESISCH einwertig	FRIESISCH zweiwertig	FÄRÖISCH einwertig	FÄRÖISCH zweiwertig
crack	*springe*	*springe, barste litte*	*springa*	*spränga*
melt	*smelte, rane*	*rane, smelte (litte)*	*smälta*	*smälta*
wake up	*wekker wurde*	*wekker meitsje, wekje*	*vakna*	*väcka*
drown	*ferdrinke, fersûpe*	*drinz(g)je, fersûpe,*	*drunkna*	*dränka*

Abb. 2: Paradigma der (in)transitiven Affixverben

ENGLISCH einw.=zweiwertig	DEUTSCH einwertig	DEUTSCH zweiwertig	NDL. einwertig	NDL. zweiwertig
5. tear	*(zer)reißen*	*(zer)reißen*	*verscheuren*	*scheuren*
6. freeze	*(ein)frieren*	*einfrieren*	*(in)vriezen*	*bevriezen*
7. burn	*(ver)brennen*	*verbrennen*	*verbranden*	*verbranden*
8. stop	*(an)halten*	*anhalten*	*stoppen*	*laten stoppen*

Abb. 3: Suppletivparadigma

ENGLISCH einw.=zweiwertig	DEUTSCH einwertig	DEUTSCH zweiwertig	NDL. einwertig	NDL. zweiwertig
9. cease	aufhören	(an)halten, einstellen	ophouden	stopzetten
10. grow (corn)	wachsen	anbauen	groeien	telen/kweken
11. run (a machine)	laufen	bedienen	lopen	bedienen

Abb. 4: Paradigma des Mittelverbreflexivs

ENGLISCH einw.=zweiw.	DEUTSCH einwertig	DEUTSCH zweiwertig	NDL. einwertig	NDL. zweiwertig
12. bend	sich biegen	biegen	(zich) buigen	buigen
13. change	sich ändern	*ändern*	*(zich) veranderen*	veranderen
14. open	sich öffnen	*öffnen*	*open gaan*	open doen
15. shut	sich schließen	*schließen*	*zich sluiten*	sluiten, dichtgaan
16. split	sich spalten	*spalten*	*splitsen*	splitsen
17. turn	sich drehen	*drehen*	*(zich) draaien*	draaien
18. move	sich bewegen	*bewegen*	*(zich) bewegen*	bewegen
19. shift	sich verschieben	verschieben	verschuiven	verschuiven
ENGLISCH einw.=zweiw.	DÄNISCH einwertig	DÄNISCH zweiwertig	ISLÄNDISCH einwertig	ISLÄNDISCH zweiwertig
bend	bφje (sig)	Bφje	beygja (sig),	*Beygja*
change	ændre (sig)	ændre	bogna	*breyta*
open	lukke (sig) op	lukke op	*breyta (sér), brey-*	*opna*
shut	lukke (sig) til/i	lukke til/i	*tast*	*loka*
split	revne (slå revner)	spalte	*opnast, opna sig*	*rífa, kljúfa*
turn	dreje (sig)	dreje	*lokast, opna sig*	*snúa*
move	bevæge (sig)	bevæge	*rifna, klofna,*	*hreyfa*
shift	rykke (sig)	rykke	*kljúfa sig*	*færa*
			snúa sér, snúast	
			hreyfa (sig), hrey-	
			fast	
			færa (sig), færast	

ENGLISCH einw.=zweiw.	NORWEGISCH einwertig	NORWEGISCH zweiwertig	SCHWEDISCH einwertig	SCHWEDISCH zweiwertig
bend	bφye seg	Bφye	böja sig, böjas	böja
change	*forandre seg*	*forandre (på), endre (på)*	(för)ändra sig, f.-s	förändra
open	*åpne (seg), åpnes*	*åpne*	öppna (sig), öppnas	öppna
shut	*slå igjen, stenge*	*slå igjen, stenge*	slå igen, stänga(s)	slå igen, stänga
split	*klφvne seg*	*klφyve, spalte, splitte*	klyva sig, spaltas	klyva, spalta
turn	*snu (seg)*	*snu (på)*	vrida sig	vrida (på)
move	*bevege seg, rφre se, forskyve seg,*	*bevege, rφre på*	röra sig	röra
shift	*flytte seg,* snu (seg)	*forskyve,* flytte (på)	flytta sig	flytta (på)

ENGLISCH einw.=zweiw.	FRIESISCH einwertig	FRIESISCH zweiwertig	FÄRÖISCH einwertig	FÄRÖISCH zweiwertig
bend	bûgje	(fer-)bûgje	boyggja (seg)	boyggja
change	*feroarje*	*(jin) feroarje*	broyta seg	broyta
open	*iepengean*	*iepenje*	lata (seg) upp	lata upp
shut	*tichtgean, slute*	*slute*	fara aftur	steingja
split	*splite, spjalte*	*split(t)e, spjalte*	rivna, klovna	rivna, kloyva
turn	*(jin) omdraaie*	*omdraaie, -keare*	snúa sær	snúa
move	*bewege*	*bewege*	røra seg	røra
shift	ferskowe	ferskouwe	flyta seg, vika seg	flyta, vika

Abb. 5: Paradigma des *lassen*-Kausativs

ENGLISCH Einw.=zweiw.	DEUTSCH einwertig	DEUTSCH zweiwertig	NDL. einwertig	NDL. zweiwertig
20. bounce	fallen	aufschlagen/-prallen lassen	stuiten	laten stuiten
21. drop	*durchfallen*	*fallen lassen*	*vallen*	laten vallen
22. fail (exam)	*fliegen*	*durchfallen lassen*	*zakken*	laten zakken
23. fly (kite)	*wachsen*	*fliegen lassen*	*vliegen*	laten vliegen
24. grow (beard)	*rinnen*	*wachsen lassen*	*groeien*	laten groeien
25. run (water)	*einlaufen*	*rinnen lassen*	*lopen*	laten lopen
26. shrink	*eingehen/-laufen*	*einlaufen/-gehen lassen*	*(in)krimpen*	(doen) krimpen
27. run (a machine)	*laufen* laufen, rennen	laufen/rennen lassen	lopen	*laten lopen*

Abb. 6: ADJ + inchoatives AUX bzw. + Mittelverbreflexiv

ENGLISCH einw.=zweiwertig	DEUTSCH einwertig	DEUTSCH zweiwertig	NDL. einwertig	NDL. zweiwertig
28. heat (up)	heiß werden, sich erhitzen	heiß machen, erhitzen	heet worden heet worden	heet maken, verhitten
29. warm (up)	warm werden, sich erwärmen	warm machen, erwärmen	warm worden, #zich verwarmen	warm maken, verwarmen
30. liquefy	flüssig werden, sich verflüssigen	flüssig machen, verflüssigen	vloeibaar worden	vloeibaar maken
31. solidify, harden	hart werden sich (ver)härten	hart machen, (ver)härten	ver-/uitharden, #zich verharden	hard maken, verharden

Abb. 7 generalisiert und vergleicht über die Beispielparadigmen oben. Abb. 8 gibt eine Übersicht über die kritischen overten Diatheseeigenschaften im Deutschen und im Englischen.

Abb. 7: Typologie der Argumentreduktion – Sichtbarkeitsbedingungen[2]

Sprache	Diathesen-herkunft	zweiwertig, tV	einwertig, iV	Diathesentypus/Aspekt-opposition
Englisch	lexikalisch	tV: $[\Theta_1 \_\_ \Theta_2]$	= iV: $[\Theta_2 \_\_]$	Opposition mit ungleichen Mitteln: imperfektives *BE*+V-*ing* vs. Pres. perfect/'Extended *now*'
	syntaktisch	tV: $[\Theta_1 \_\_ \Theta_2]$ tV: $[\Theta_1 \_\_ \Theta_2]$	= passive iK: $[\Theta_2 \_\_ (\text{by } \Theta_1)]$ = mK: $[\Theta_2 \_\_]$	
Deutsch	lexikalisch	tV: $[\Theta_1, \Theta_2 \_\_]$ tV: $[\Theta_1, \Theta_2 \_\_]$ (tV[+perf]: $[\Theta_1, \Theta_2 \_\_]$	= tV (Ellipse): $[\Theta_1, (\Theta_2) \_\_]$ = mV: $[\Theta_2, \text{sich} \_\_]$ =eV[+perf]: $[(\Theta_2)/\Theta_1 \_\_]$	Opposition: ohne Verbpartikel/-affixoid vs. Verbpartikel überwiegend perfektivierend
		–	irV *sich schämen, irren*	
	syntaktisch	itV: $[\Theta_1, \Theta_2 \_\_]$ itV: $[\Theta_1, (\Theta_2) \_\_]$	= Passiv: $[(\Theta_2) \_\_]$ = mK: $[(\Theta_2), \textit{sich} \_\_]$	perfektivierender Richtungs-akkusativ
Russisch	lexikalisch		= perfektives V + *byt'/byl*	morphologische Reimperktivierungsoption: $ipf_1 < pf < ipf_2$
	syntaktisch		= imperfektives V-*sja*	

Abb. 8: Diathesencharakteristik im Deutschen und Englischen

Deutsch/Englisch	Demotion de-sign. Subj.	Agensunter-drückg.	Agenstilgung	Objektpromo-tion	synt. Agens-verfügbarkeit
Vorgangspassiv	+/+	+/*	–/–	+(–)/+	+/*
Zustandspassiv	+/**	+/***	+/(–)	+(–)/(+)	–/**
Mittelverb	+/***	+/+	+/+	+/+	–/–
Mittelkonstruktion	+/***	+/+	+/+	(+)–/+	–/–
ergatives Verb	+/****	+/+	+/+	(+)–/****	–/****

*.. nur wenn das Englische wie das Deutsche die Agensvoraussetzung für Passivierung setzt – was nicht der Fall zu sein scheint; **.. Formal gesprochen hat das Englische nur ein Zustandspassiv; ***.. gilt trivialerweise aufgrund der englischen i/t-Homonymie; ****.. große Unsicherheit in der Literatur zu grundsätzlichen, unfehlbaren Identifikationskriterien vor allem deshalb, weil besonders im Englischen nicht alle fürs Deutsche gültigen Distributionsproben nachzuvollziehen sind (vgl. Abraham 2007).

2 [iK=intransitive (Verbal-) Konstruktion (z.B. *im Saal tanzen*); mV=Mittelverb (vgl. *der Baum biegt sich*); mK= Mittelkonstruktion (z.B. *(Beamte) bestechen sich leicht* bzw. *(Knuspriges Brot) bäckt sich nicht so leicht*); rV=Reflexivverb; i/tV=in/transitives Verb; eV=Ergativverb; V_n=n-wertiges Verb; (i)tV=(in)transitives bzw. intransitives Verb; V=Verb (V^0), K= Konstruktion bzw. Konstituente (irgendeiner Maximalprojektion, XP); Θ_1 denotiert die semantische (Theta-) Rolle für das externe Verbalargument, das Subjekt; Θ_2 denotiert die Rolle des Objekts].

Eine diathesenbezogene Exegese zu Abb. 7 ergibt folgende Beobachtungen:

(7) **Ergativverb/eV:** Ein Agens ist auf keiner Ebene verfügbar (nicht nur unterdrückt, sondern nicht vorhanden und bestenfalls lexikalisch impliziert); es handelt sich ja nicht um Ableitungen aus einer Aktivversion. Ein Agens ist eben erst gar nicht demoviert. Die Frage nach der Stärke von Merkmalen, die das Verhältnis zur Schnittstelle der Phonetischen Form, PF, bestimmen, ist nicht relevant.

(8) **Zustandspassiv:** Ein Agens ist wohl demoviert und am Morphem des 2. Partizips verfügbar, jedoch durch das Hilfsverb *sein* nur schwach markiert – somit den sichtbaren Prozess zum zurückgestuften Agens-PP nicht steuernd: Die Agens-PP ist damit nicht syntaktisch, sondern bestenfalls lexikalisch verfügbar (nicht nur 'unterdrückt', sondern völlig 'getilgt' – bestenfalls lexikalisch impliziert: *der Wagen ist *durch[AGENS]/für[BENEFAKTIV] ihn geschoben*).

(9) **Mittelverb-mV/Mittelkonstruktion-mK:** Das Reflexiv kongruiert nach Person und Numerus mit dem Mittelsubjekt (*Ich/Ihr unterhalte/t* ***mich/euch*** *doch so leicht*). Es ist somit legitim, eine beschränkte Art von Bindung zur Sicherung von Koreferenz anzunehmen (mit dem Person/ Numerusdefault *sich* bei fehlender Person- und Numerussubjektbindung; vgl. *Es läuft* ***sich*** *ja ganz weich auf diesem Boden*). Wegen subjektloser mK (aus einwertigen Prädikationen ableitbar: *Es läuft sich so weich auf dem Waldboden*) ist der Agens nicht unterdrückt, sondern echt getilgt; **ebenso wenig** liegt deshalb lexikalische Koreferenz vor, jedenfalls nicht syntaktisch (d.h. im Sinne der Bindungstheorie über eine lokale Domäne syntaktisch absicherbar).

Zur Valenzeindeutigkeit und Ellipsenverfügbarkeit lässt sich folgendes beobachten:

(10) Im Deutschen sind die Markierungen bei paradigmatischen Ableitungen in jedem Falle stark mit der Folge, dass die Ableitungen sichtbar, also vor PF morphematisch indiziert sind. Abb. 4 zeigt so beispielsweise, daß der Übergang von den echten tV zu abgeleiteten iV (Detransitiven oder Dekausativen) anhand des Reflexivums direkt signalisiert ist. Wir brauchen im Deutschen nicht auf Umwegen zu erschließen; in gleicher Weise erlaubt sich das Deutsche nicht, Valenzerweiterungen ableitungsmorphologisch unangezeigt zu lassen.

Abb. 9: Thetarollensichtbarkeitsbedingung und Ellipseneindeutigkeit

	Englisch	DEUTSCH (NDL., WESTFRIES.)
Thetarollensichtbarkeitsbedingung	–	+
Lexembezugssichtbarkeit	–	+
syntakt. Valenzsichtbarkeitsbedingung	–	+
Kettenbildungsbedingung vor PF	–	+
Ellipseneindeutigkeit	–	+

Beispiele für die Generalisierungen nach Abb. 9:

(11) I (like to) rush $[_{DO}$ the quarterback]

(12) a They liquefied — sicherlich iV, aber auch $[_{DO}$ e] in entsprechendem Kontext?
„verflüssigten $[_{DO}$ *etwas*$]_j$" **oder** „verflüssigten [*sich*$_{AG}]_i$"

b They sold quickly — mK; aber auch DO-Ellipse
„verkauften *etwas*" **oder** „verkauften *sich* schnell"

c She$_i$ opened up — tV oder mV
„öffnete $[_{DO}$ *etwas*$]_j$ **oder** [*sich*$_{AG}]_i$"

3.2. Synchronische und diachronische Reflexivtypologie

Zweiwertige Reflexivverben sind syntaktische Transitiva, dreiwertige dagegen müssen das nicht sein (d.h. die Reflexiva können als Dative erscheinen = 'reflexive Ditransitiva'). Zweiwertige Reziproka müssen syntaktisch Transitiva sein; bei dreiwertigen Reziproka muß die reziproke Anapher im Dativ erscheinen (Abraham 2006b).[3] Dies legt synchron-typologische Unterschiede und hat diachrone Implikationen für die Diathesenentwicklungen. Das mediale Reflexiv im Deutschen ist diachron jung (es läßt sich im Mittelhochdeutschen nicht finden, geschweige denn im Gotischen und Ahd.). Dies erlaubt den Schluß, daß sein Anteil am syntaktischen Diathesewandel (Mittelkonstruktion (~ modales Passiv), Mittelverb, Detransitivauslöser im allgemeinen) ebenfalls jung ist.

Dies scheint nun nicht fürs Romanische zu gelten – wie zum Italienischen und seiner diachronen Entfaltung zu zeigen sein wird (Cennamo 1984, Kap. 1 zur historischen Entwicklung). Dies legt synchron-typologische Unterschiede und hat diachrone Implikationen für die Diatheseentwicklungen. Ein inkorporiertes Reflexiv ist ein sicheres, produktives grammatisch-diathetisches Mittel für Passivierung – aspektuell eingeschränkt (wie Russisch) oder nur annähernd (Generizität: Latein, Skandinavisch) – was synchron-typologische Unterschiede festlegt und diachrone Implikationen für die Diatheseentwicklungen hat. Vgl. Faarlund (2005) zum norwegischen/

3

			DO-Akkusativ	IO-Dativ	
(1)	a.	*Sie*$_i$ *stellten*	[*die Gäste*]$_j$	*einander*$_{*i/j}$	*vor.*
	b.	* *Sie stellten*	*einander*	*den Gästen*	*vor.*
			IO-Dativ	DO-Akkusativ	
	c.	*Sie*$_i$ *stellten*	*einander*$_{i/*j}$	[*die Gäste*]$_j$	*vor.*
	d.	* *Sie stellten*	*den Gästen*	*einander*	*vor.*
			DO-Akkusativ	IO-Dativ	
(2)	a.	*Sie*$_i$ *stellten*	[*die Gäste*]$_j$	*sich gegenseitig*$_{*i/j}$	*vor.*
	b.	* *Sie stellten*	*sich gegenseitig*	*den Gästen*	*vor.*
			IO-Dativ	DO-Akkusativ	
	c.	*Sie*$_i$ *stellten*	*sich gegenseitig*$_{i/*j}$	[*die Gäste*]$_j$	*vor.*
	d.	* *Sie stellten*	*den Gästen*	*sich gegenseitig*	*vor.*

(nach Abraham 2006b)

skandinavischen verbalen *-st*-Suffix mit eigenständiger, nichtabgeleiteter Bedeutung, welches aus einer klitischen Anaphernfunktion im Altnordischen gewachsen ist, im Sinne etwa der Grammatikalisierungsabfolge *einfaches Klitikum > spezielles Klitikum > Flexionsaffix > Ableitungsaffix* (Faarlund 2005: 49).

Ist das Englische mit der 'continuous' *-ing*-Form und dem Present perfect/'Extended *now*' eine Aspektsprache? Wie immer auch diese Frage zu beantworten ist: Es bestehen tiefgreifende Unterschiede zu anderen klaren Aspektsprachen wie dem Russischen (oder Italienischen und Spanischen): Extended-*now* legt ja keine Inkremenzphase vor wie die Perfektiva/Terminativa/Inchoativa im Aktionsartendeutsch oder im perfektivparadigmatischen Slawischen. Zumindest in diesem Sinne hat das englische analytische *ing*-Continuous ebensowenig einen perfektiven Opponenten, wie die Extended-*now* Ereignisbiphasigkeit (Inkremenzphase notwendig gefolgt von Resultatsphase) mit dem echten Perfektiv gemeinsam hat. Das Englische ist somit keine klare Aspektsprache. Dies legt synchron-typologische Unterschiede sowie diachrone Diatheseentwicklungen mit und ohne grammatischem Reflexivmorphem fest (vgl. Abb. 7).

3.3. Detransitivierung/Dekausativierung/i-Ableitung im Romanischen (Italienisch – Französisch – Spanisch)

Im Folgenden stelle ich (zum Spanischen orientiert an Oesterreicher 1992a,b und Schmidt-Riese 1998 und in Teilen Cennamo 1984, 2006 zur Romania allgemein) verschiedene Reflexivkonstruktionstypen im Romanischen (jeweils Italienisch – Französisch – Spanisch) vor.

(13)	**Theta-Refl(exiva)**	*Mario si lavò*	*si* ist voller Thetarollenträger:
	aktive V-Form	*Marius se lava*	AG[__TH_{Refl}];
		Mario se lavó	Refl vertritt nichtkoreferentes N
(14)	**Mittelverb (mV)**	*Mario si impiegò/tagliò*	*si trägt keine Thetarolle: EXP[__];*
	aktive V-Form	*Marius s'employa/coupa*	*Refl signalisiert Detransitivierung;*
	AG völlig getilgt	*Mario se empleó/cortó*	*abgeleitet from tV (PATÞEXP)*
(15)	**iV-Ableitung**	*la porta si aprì/il vaso si ruppe*	*si* ohne Thetarolle: TH[__];
	(nach Grevisse 1980	*la porte s'ouvrit/le pot se cassa*	Refl signalisiert Detransitivierung
	verbe pronominal)	*la puerta se abrió/el florero se quebró*	
		la puerta se abrió/el florero se quebró	aktive V, AG völlig getilgt
(16)	**Passiv**	*si affittano camere*	*si* trägt keine Thetarolle: [__]TH;
	AG unterdrückt	*les chambers se louent*	Refl signalisiert Detransitivierung=
		(allg.: *on loue les chambres*)	=SUBJ-Rück- & OBJ-Vorstufung
		se alquila/n cuartos	
(17)	**unpersönlich aktiv**	*si dice/parla spagnolo*	*si* in generischer Thetarolle: AG[__];
	aktive V-Form	*on dit/parle espagnol*	Refl signalisiert Desindividuierung
		se dice/habla espanol	und folglich Generizität

Oesterreicher (1992b) listet insgesamt zum Spanischen 15 Reflexivkonstruktionstypen auf, darunter Valenzerweiterungen zu (13)–(17) um indirekte Objekte. Ob sp. *Estas frutas se comen* 'diese-Früchte-sich-essen' als eigenständiger *modaler* Reflexiv-Typ einzuordnen ist (vgl. Oesterreicher 1992b: 396; des Autors Beispiel (13)) – einer der in (13)–(17) nicht vertreten ist –, steht dahin; schließlich ist Modalität (entweder deontisch, permissiv oder alethisch) bloß aufgrund der Vertretung im Deutschen („essbar") erschließbar. Ganz klar handelt es sich hier um eine Variante der dt. Mittelkonstruktion (mK), unterspezifiziert allerdings, was das Modalimplikat betrifft. Ähnliche Unterspezifikation gilt für 'kausatives *se*' (Oesterreichers Beispiel (3): *Pedro se afeita en la barbería* 'läßt sich rasieren'). Reziprozität bei Reflexivität eigens auszuweisen (vgl. Oesterreichers Beispiel (4)), ist redundant deshalb, weil nur wenige, eben Verben mit eindeutiger Reziprokvalenz das Reflexiv-Morphem überhaupt erst reziprok denotieren – im vorliegenden Beispiel darüber hinaus durchaus doppeldeutig denotieren, d.h. reziprok neben dem reinen Reflexiv-Denotat; wiederum handelt es sich um hohe Unterspezifikation.

Was fehlt nun gleich auf den ersten Blick im Vergleich mit dem Deutschen bzw. dem übrigen Germanischen? Wir vermissen:

(18) eV als Intransitivperfektiv?
Weder bei Cennamo (1984/2006) noch Oesterreicher (1992b) noch Schmidt-Riese (1998) ist dazu ein eigener Typus ausgewiesen. Vgl. dagegen im Germanischen die Dekausativ- bzw. Inchoativparadigmen in Abb. 1–7oben.

(19) Mittelkonstruktion? Vgl.:

*Austrian civil servants and police officers bribe **(*themselves)** easily.*	
*Österr. Beamte u. Polizisten bestechen ***(sich)** ganz leicht*	Deutsch
** *Ambtenaren kopen (*zich) gemakkelijk om*	Ndl.
*Auf diesem Boden spielt es *(sich) gemächlich*	Deutsch
** *On this floor it plays comfortably*	Engl.
*Deze grond speelt (*zich) gemakkelijk*	Ndl.

Die Mittelkonstruktion fehlt in direkter Vertretung deshalb, weil, wie sp. *Estas frutas se comen* zeigt, im Romanischen offensichtlich kein Eigenschaftsadverb benötigt ist. D.h. Generizität bzw. Eigenschaftszuordnung sind im Romanischen im Unterschied zum Englischen, Deutschen und Niederländischen implizite Denotate.

(20) DO-Ellipse? *He rushes* entweder iV oder DO-Ellipse (*...the lame quarterback*)?
He walks entweder iV (*...to the station*) oder DO-Ellipse (*...his dog*)

Um hierzu Letztgültiges aussagen zu können, wären eigene Untersuchungen in Textzusammenhängen geboten. Immerhin bieten sich keine eigenen Typen als direkte Entsprechung dazu in den Zusammenstellungen Cennamos, Osterreichers und Schmidt-Rieses an.

(21) unpersönliches Passiv?

Vgl. dazu (17) oben sowie sp. *Se le considera poco honrado* 'Man hält ihn nicht für sehr ehrlich' oder sp. *Se abre a las cinco* 'Man öffnet/Es wird geöffnet um fünf Uhr'. Nun zeigen die kontinental-westgermanischen Sprachen aber auch unpersönliche Passive bei einwertigen Verben: Hier wird den ganzen Tag gelaufen. Dies setzt diathetische Nullvalenz voraus, die in vielen Sprachen überhaupt nicht zur Verfügung steht (wohl wegen EPP, also der Universalregel, daß es ein (Nominativ)Subjekt geben muß, um Satzfinitheit sicherzustellen). Das Romanische kennt die diathetische Nullvalenz (also argument-, thetalose Fügungen) nicht. Es gibt jedoch neben Deutsch, Niederländisch und Westfriesisch Sprachen wie Latein oder Polnisch, die sehr wohl nullwertiges unpersönliches Passiv zeigen (vgl. Mohr 2005, Abraham & Leiss 2006).

3.4. Die Entwicklung ausgehend vom Lateinischen – die *R*-Diathese

Viele Funktionen des formalen lateinischen Passivs sind bedeutungsmäßig dem altgriechischen Medium näher als dem Passiv. D.h. das Oberflächensubjekt ist durch die Aktivität bloß affiziert, jedoch nicht selbst verursacht.

(22) *vehor* „Ich werde getragen/Ich kriege mich getragen"
(23) *cingor (ferrum)* „Ich gürte mich (mir das Schwert um) zu meinen Gunsten" SUBJ = Actor
gegürtet wird.1SG (Schwert)
(24) *tergum* *munitus/munitur* „Ich schütze(te) meinen Rücken" (Diathesenpromiskuität!)
Rücken.AKK geschützt (wird).PASS SUBJ *tergum*=Actor+affiziertes DO (!)

Abb. 9 stellt dieses Medium der unpersönlichen Konstruktionen mit Blick auf die unterscheidenden Komponenten gegenüber.

Abb. 9: Passiv entwickelt direkt aus dem Lateinischen oder aus einer Fusion des Mediums und unpersönlichen Verbfunktionen (oder direkt aus dem altgriechischen Mediopassiv)

Mittel	Unpersönlich
jemand-SU ist ereignisaffiziert/Patiens, ohne unbedingt ein Agens zu sein	jemand ist AG oder affiziert/PAT, jedoch stets unterdrückt – Hauptfokus auf Ereignis und Resultat: *pugnatur* ‚(es)-ist/wird-gefochten' „jemand ficht für sich selbst"

⇓

Passiv
jemand ist affiziert/Patiens – unterdrückt (nicht völlig getilgt: kann als agentive Adv-Konstituente erscheinen)

Ausgehend von der Ausnahmeverbklasse der Deponentia im klassischen Latein erfolgte die Einbringung und paradigmatische Ausweitung des Reflexivums *se*: Die deponentielle morphologisch-semantische Ausnahme wird zur Regel. Zuerst scheinen die transitiven Bewegungsverben die *R*-Diathese zur iV-Ableitung annektiert zu haben.

(25) *terra* *movetur*
Erde beweg.PASS
die Erde bewegt SICH/??*wird bewegt (von wem?)

(26) *tempora* *mutantur*
Zeitläufte wandel.PASS
die Zeiten verändern SICH/??*werden verändert (von wem?)

(27) *terra movet – terra* ***se*** *movet* oder
„Quo agis?“ (Trin. 1078: Sprechsprache auf der Komödienbühne)
„Quid agitur?“/Quo tu ***te*** *agis?“*

3.5. Die Ablösung der lateinischen *R*-Form durch die analytische Reflexivkonstruktion im Frühromanischen (aus Spät- bzw. Vulgärlatein)

Nach Ausweis Cennamos (1984/2006) und Oesterreichers (1992b: 402f.) stellt sich *SE* + aktiv durchgehend und ubiquitär, d.h. in allen Stilregistern, allmählich nicht nur als Reflexiv-Markierer ein, sondern auch bei abgeleitetem iV, mV, bei der unpersönlichen Konstruktion (vgl. (17) oben, vergleichbar der aktiven *man*-Konstruktion des Deutschen) und beim Passiv. Die Hauptfunktion signalisiert durch das Reflexivum war das vom Transitiv abgeleitete iV, also lexikalisch-detransitives iV. Dies erfolgte parallel zum Stellungswandel OV > VO.

(28) früheres *ESSE* + PP entwickelt zu und gleichwertig mit *SE* + der aktiven V-Form:

(29) Sp. *Se rompió la ventana*
Fr. *La fenêtre se cassa*
It. *La finestra si ruppe*

Gleichzeitig erscheinen nicht wenige unabgeleitete, also autonome iV, in der Hauptsache Bewegungsverben, die morphologisch als Reflexiva markiert und damit als semantische Intransitiva zu werten sind.

(30) Sp. *marchar<u>se</u>, entrar<u>se</u>*
It. *incamminar<u>si</u>*
Fr. *<u>s</u>'acheminer*

Andere Verben weisen Seite an Seite beide Formen, also Aktiv wie Passivformen in ein und derselben diathetischen Bedeutung auf (Diathesenpromiskuität; vgl. Abb. 9 oben sowie Abraham 2005):

(31) It. *andare/andar<u>sene</u>, fuggire/fuggir<u>sene</u>*
Fr. *<u>s</u>'en aller/aller, fuir/<u>s</u>'enfuir, échapper/<u>s</u>'échapper*

Reflexivmarkierung war somit nicht mehr ausschließlich Signal für Detransitivierung/Ableitung/t-i-Opposition. Reflexive Intransitiva kamen auch unabhängig von stammidentischen Transitiven vor. Dies ist die Geburt eines unabhängigen Diatheseparadigmas – offenbar nach lexikalisch-semantischem Auslöser: Bei Bewegung--des-Selbst erhält das Subjekt geringeres AG-Gewicht, eher eine EXP(eriencer)-Rolle, somit Ähnlichkeit mit der Mediumdiathese

(weitere Passivierung ist nicht möglich: vgl. dagegen das unpersönliche Passiv im Deutschen).

(32) a *Es wurde (von* AG/*EXP*) gelaufen*
b **Es wurde ins Ziel eingelaufen*

Immerhin ist das unpersönliche Passiv nur bei Imperfektiva möglich, die ja nicht prototypisch agentische Ereignisse denotieren (perfektive/Resultats-Verben können nicht unpersönlich passiviert werden; vgl. Abraham & Leiss 2006).

Bei Verlaufsereignissen mit Subjektreferenz ist das Reflexiv des Mittelverbs, mV, im Italienischen und Spanischen suffigal inkorporiert, im Französischen dagegen morphematisch selbständig.

(33) It. *pentirsi, accorgersi, ingannarasi*
Fr. *se repentir, s'apercevoir, se tromper*
Sp. *equivocarse, arrepentirse*

Wir wissen allerdings aus der Distributionsdiagnostik starker und schwacher Pronomina der 1. und 2. Person, daß dem freien Reflexivmorphem *se* auch im Französischen klitischer Charakter zuzuschreiben ist. In logischer Folge entwickelte sich ein unabgeleitetes Reflexivverb, rV, als Objektregens:

(34) Fr. *Je me suis rappelé la ville* oder
Je me suis souvenu de la ville
It. *Mario si scrisse l'indirizzo*
Mario si dimenticò dell'appuntamento

Das Selbst braucht im Sinne des Mediums dabei nicht vollständig miteingeschlossen sein. Man vergleiche hierzu noch einmal das Altgriechische.

(35) a *loúimai* *kitōna*
wasch:MED Hemd
Ich kriege mein Hemd gewaschen
b *(tá álla) didáskontai toùs uieis*
Sie kriegen ihre Söhne die anderen Fächer gelehrt

Starke Muster für die mediale Lesart liegen im Italienischen, Spanischen und Portugiesischen vor – seltener dagegen im Französischen (vgl. Meyer-Lübke 1899, III, § 94). Daraus ist starke Gültigkeit des Subjektprinzips/EPP fürs Französische zu erschließen, ganz im Unterschied zum Italienischen und Spanischen. Parallel dazu stellt sich ja auch das Fehlen von *pro-drop* im Französischen (Kayne 2005: 283f.), ganz im Gegensatz zu Italienisch und Spanisch:

(36) Fr. *(*il*) *se part;* *(*il*) *se dit* (so bereits Harris 1978: 82f.)

3.6 Unpersönliches Aktiv (deutsches *man*-Subjekt)

Lat. *homo* > Rom. *on* + Aktiv leitet sich vom Vulgärlateinischen, nämlich einem unspezifischen AG ab. Dies breitet sich im Französischen aus, weit geringer dagegen im Italienischen (wo rV bevorzugt ist) und Spanischen (wo entweder die 3.Sg.Akt. oder rV Verwendung finden).

(37) Sp.	*se camina*	It.	*si cammina*
	se habla español		*si parla spagnolo*
	se alquila/n cuartos		*si affittano appartamenti*
	se buscan criados		*si prendono botte*

Nicht unbedingt erwartet ist, daß SUBJ-Rückstufung im Spanischen nicht notwendig OBJ-Vorstufung zur Folge hat:

(38) Sp. *se adora(*n) a los heroes* vs. *se adoran los libros*

Freilich lassen sich im Italienischen nur präpositionsloselose Nomina zu Subjekt machen, während in früheren Stadien der Sprache eine derartige Konstruktion mit Subjektpromotion (welche ja ursprünglich subjektlos war: lat. *videtur stellas*; Rohlfs 1968, II: 234) fakultativ ist, sodaß zwischen den beiden Konstruktionen in (39) diejenige mit Subjektivierung den Vorzug erhält.[4]

(39) It. *si vede le stelle*
si vedono le stelle

Im ersten Beispiel in (40) gilt Entsprechendes, also '*si*-impersonale' für *si lava*, '*si*-passivante' für *si lavano*.

4 Ich sehe an dieser Stelle von geringfügigen Bedeutungsunterschieden bei den Satzpaaren in (39) und (40) ab. In (39) gilt in der deutschen Übersetzung unpersönliches *man* als stilles Subjekt (in der italienischen Grammatikterminologie '*si*-impersonale') und *stelle* als direktes Objekt zu *vede*, in der zweiten Variante sind *stelle* das Subjekt in Kongruenz mit *vedono* ('*si* passivante').

(40) It. *si lava(no) i piatti*
(noi) si va al cinema

Bei tV jedoch erhält das Reflexiv-Muster gelegentlich Passivwert und zwar als Alternative zum Transitivpassiv:

(41) Sp. *las habitaciones son vendidas/se venden habitaciones*
It. *vengono venduti appartimenti/si vendono appartimenti*
Fr. *des apartements sont vendus/des apartements se vendent*
(wenngleich verbreiteter *On vend des apartements*)

Die Ambiguität zwischen dem unpersönlichen Aktiv und dem Passiv hat wahrscheinlich die Entwicklung des Reflexiv-Musters befördert:

(42) It. *si vende il pane*
Sp. *se habla español*
Man spricht Spanisch/Es wird Spanisch gesprochen

Das ungebundene Reflexiv-Morphem *se/man* deindividualisiert und befördert die generische Lesart; bei *Es wird Spanisch gesprochen* dagegen hat das Reflexivum detransitivierende Funktion: tV > iV. Schließlich tritt im Altfranzösischen, Altspanischen und Altitalienischen *se* + Aktiv als Alternativform für das volle Passiv ein, welches in einigen historischen Varietäten des Spanischen sogar die Nennung des rückgestuften (unterdrückbaren, jedoch nie völlig getilgten) AG erlaubt[5]:

(43) a. Afr. *L'election s'en faisait par le peuple* (Grevisse 1980: 1394)
Altit. *Et questo non si potrebbe far da te?* (Mo. 366, 291; Reichenkron 1933: 65)
It.-19.Jh. *Sono tutte cose che si dicono dagli altri* (Pirandello, *Sei Personaggi in cerca d'autore*: 15)
Altsp. *An se vencer los buenos poder los malos?*(Cr. 397a8; Reichenkron 1933: 65)
(alle Belege aus Cennamo 1984: 25)

Andere Beispiele bestätigen die Grundpassivität der Reflexivpassivform in den frühen Stufen der drei romanischen Sprachen (nach Cennamo 1993: 70–80).

(43) b. Altsp. *los indios se tienen por los espanoles* (*Obras* 0,a,7 *Escogidas de Filosofos* 22)
Altit. *la nostra città si regge da Ghibellini* (Dino Compagni II, 3, 111)
Altit. *per me si faràe quello che si potràe fare* (Tavola Ritonda LI, 188)

Expliziter Agensausdruck beim Reflexivpassiv ist im Italienischen spätestens im 13. Jh. sicher belegt (Cennamo 1993: 79–80). Im Spanischen dagegen breitet es sich erst zwischen dem 15. und 16. Jh. aus (Monge 1955: 42–45). Obwohl im Französischen

5 Ich danke Michela Cennamo (Neapel) für wertvolle bibliographische Hilfe.

bereits gelegentlich bezeugt im 13. Jh. stellt sich unkontrovers agentisches *par* nicht vor dem 14. Jh. ein; vgl. (43a) oben (Stefanini 1962: 369). Heute allerdings ist im Französischen und Italienischen das vorauszusetzende AG nicht länger toleriert (d.h. es ist nicht mehr nur unterdrückbar, sondern völlig getilgt; so Monge 1955: 42–45):

(44) Fr. **le beurre se vend par ma femme*
It. **il libro si vide da noi*
Sono tutte cose che si dicono dagli altri (Pirandello, *Sei Personaggi in cerca d'autore*: 15)

Hierzu gibt es kaum Ausnahmen wie bei Pirandello des 19. Jh.s in (44). Die PP in (45) läßt sich kaum noch als zugrundeliegendes AG verstehen:

(45) It. *da parte nostra, si disse la verità*
si disse la verità da parte nostra

4. Zusammenschau zum Romanischen

Vor dem Hintergrund der Illustrationen (13)–(45) zum Romanischen lassen sich die folgenden Grammatikalisierungsschritte, eingeschränkt auf das Italienische, in Abb. 10 ableiten (vgl. Cennamo (1984: 189f.; 2006), z.T. auch Oesterreicher (1992a,b) sowie Schmidt-Riese (1998: Kap. 7, 229ff.) und Abraham (2005)).

Abb. 10: Das diachronische Intransitivitätsgefälle im It. unter *SE*-Markierung

	Konstruktion	Illustration	Analyse
1 ⇓	Volles Reflexivum	*Maria si guarda* M. si compra due libri	DO des tV (deutsch Akkusativ); PAT koreferent mit AG des tV; vgl. lat. *Patroclia se deis donavit.* IO (deutsch Dativ); vgl. lat. *Magister sibi eum donavit*
2 ⇓	Zwischenstadium	I libri si comprano	*si*=DO/PAT+externer Kausator
3 ⇓	Echtes Impersonale (Depersonalisierung)	Si comprano i libri Si è camminato	Romanische (ital.) Innovation: *si* teilw. reanalysiert; entweder klar AG oder PAT (Diskursfokus!); sofern *si*=AG, dann =Kausator; Depersonalisierungsmarker; die Konstituente ist unpersönlich
4 ⇓	Medium	Li si compra(no)	abgeleitetes iV; regionale Varianten (Spur früherer Struktur)
5 ⇓	Passiv	Si compra	*si*=AG des tV; verwendet mit objektelliptischen Verben
6	Unpersönlich	Si parte	*si*=(Subjekt)Argument des einwertigen (Bewegungs)-Prädikats

Die Stufen 5 und 6 unterscheiden sich dadurch, daß die unpersönliche Konstruktion höhergradig markiert ist (Steigerung von der transitiven *si*-Konstruktion mit *comprare* zur *si*-Diathese eines intransitiven Verbs mit *partire*). 5 ist weiter objektelliptisch im Gegensatz zu 3.

Vom regelhaften Doppelsubjektstatus bei enthomonymisierten Pronomina im It. sehe ich hier weiter völlig ab: *ci*.1PL und *si*.PARTIZIPANT (bzw. Depersonalisierungsmarker) gleichermaßen: *Ci si pente; Ci si è pentiti; Ci si compra i biglietti; Ci si è comprati due case.*

Es ergeben sich aber nach Ausweis von Sansò (2003, 2006) spezifische synchrone Unterschiede im Romanischen zwischen Aktiv- und Passivstrukturen derart, daß man von einem Gefälle reduzierter Transitivität und semantischer Abbildbarkeit sprechen kann.

(46)a patiensorientierter Prozeß:
It. *(che) Paolo sia stato eletto bibliotecario sessant'anni fa*
Paul wurde vor 60 Jahren zum Bibliothekar gewählt

b reines Geschehen:
It. *Sono stati dispiegati anche Italiani*
Auch einige Italiener wurden abgesandt

c generisches Möglichkeitspassiv:
Frz. – Norwegisch
Cela ce ne dit pas – *Lysene lyses (hver kveldi)*
Das sagt man nicht – Die Lichter werden (jede Nacht) gelöscht

Nach Form und Bedeutung lassen sich mit Sansò (2003) die folgenden Komponenten gegenüberstellen.

Abb. 11: Formaler Passivtyp: typologischer Vergleich (Sansò 2003: 90)

	patiensorientiertes Prozeßpassiv	**reines Geschehenspassiv**	**generisches Möglichkeitspassiv**
Italienisch	Periphrastisches Passiv (hauptsächlich SV)	Periphrastisches Passiv (oft VS); mediales(M-)-Passiv)	MM-Passiv; gelegentlich periphrastisches Passiv (VS)
Spanisch	Periphrastisches Passiv (MM-Passiv)	MM-Passiv	mediales(M-)-Passiv

Abb. 12: Semantischer Ereignistyp (Sansò 2003: 84)

	patiensorientiertes Prozeßpassiv	**reines Geschehenspassiv**	**generisches Möglichkeitspassiv**
Ereignis	Medium; hochgradige Aktivität	Spezifisch	Generisch, habituell
Agens	Nichtmenschlich, diffuse Entität, niedrige Individuierung, niedrige/keine Salienz	unenkodiert; unbetont	unenkodiert; generisch
Patiens	menschlich, hohe Affiziertheit, niedrige Intentionalität, hohe Individuierung, hohe Salienz	Niedrige Kompaktheit, niedrige Individuierung, keine/niedrige Salienz	
Modus	–	Realis	Irrealis: deontisch
Aspekt	–	Perfektiv	Imperfektiv

5. Der Vergleich Germanisch-Romanisch – und zurück zu den Ausgangsfragen

Wir fragten zu Beginn:

(i) Gehen die Kasusvoraussetzungen für Reflexivbindung ähnlichen dem Gujarati zwischen nominativischer (für Kontrolle und damit strukturellem k-Kommando) und semantischer (Referenz-)Voraussetzung auseinander?

(ii) Was ist der Vergleichsanteil an lexikalischer und syntaktischer Diathese des Reflexivmorphems?

(iii) Gibt es über das ungebundene Reflexivmorphem hinaus gebundene Diatheseflexive, die sich vom Reflexiv ableiten? Ganz allgemein gilt die Frage:

(iv) Was hat Reflexivierung generell mit Passivierung und eventuell mit der Mittelkonstruktion (wie deutsch *Diese frischen Brötchen verkaufen sich rasend*) zu tun?

Ohne Zweifel ist – im Sinne von (i) – It. *si* in Fügungen ohne Bindungsantezedens wie 5 und 6 in Abb. 10 oben ein Kandidat für einen „semantischen Subjektsnominativ" – sofern das EPP-Subjektsprinzip hierfür überhaupt geltend gemacht werden muß. Es besteht als Antwort auf (ii) kein Anlaß zur Sicht, daß Germanisch und Romanisch das Reflexivum nicht *ähnlich* zur lexikalischen Diathesentrennung" verwenden (Kausativ-Dekausativ). Speziell zu (ii): Wie im Skandinavischen (dort allerdings suffigal, nämlich *-s(t)*)wächst aus der Reflexivbindungsanapher über deren klitische Verwendung das Flexionsaffix, das in eigener, nur teilweise ableitungsabhängiger Funktion Passivität (als *-s*-Passiv) oder semantisch-lexikalische Reflexivität oder Reziprozität kodiert. Vgl.(47) (aus Faarlund 2005: 51); die rechte Spalte gibt das tV an.

(47)	*samlast* „get together"	< *samla* „collect, gather"
	synast „appear, show oneself"	< *syna* „show"
	møtast „meet, see each other"	< *møta* „meet" (transitive)
	skiljast „part, divorce"	< *skilja* „separate, distinguish"
	bitast „bite each other"	< *bita* „bite"
	sjåast „see each other, meet"	< *sjå* „see"

Dies stellt sich parallel neben die *SE*-Ableitungen des Romanischen, wenn man davon absieht, daß *SE* eben als ungebundenes, wohl aber klitikschwaches Morphem auftritt.

Anders stellt sich dies beim syntaktischen Diathesenanteil dar. Hierzu läßt sich Folgendes sagen – und weiter fragen:

(v) zur Mittelkonstruktion der Art *Diese frischen Brötchen verkaufen sich rasend*: Das Romanische hat bei solchen Verwendungen das Modalaverbiale nicht unbedingt nötig (Abraham 1994), vgl. etwa Frz. *La sirène s'entend de loin.* Wenn das Adverbiale jedoch fehlt, dann verfallen notwendige grammatisch signalisierte Eigenheiten der dt./ndl. mK wie Generizität und Grundmodalität. Ist die Modalitätsimplikation auf die Unterspezifikation von V+Reflexivmorphem zurückzuführen?

(vi) *SE* steht im Deutschen/Niederländischen/Westfriesischen/Englischen nie in Konkurrenz mit analytischem Passiv – nur das Skandinavische (und Slawische) spielen dasselbe Spiel wie die Romania. Entsprechend können die durch Sansò (2006) beschriebenen feinen Aktiv-Passiv- und Generizitätsunterschiede – vgl. Abb. 12 – im Deutschen und Niederländischen nicht zum Tragen kommen. Im Skandinavischen erscheinen jedenfalls *s*-Passiv und analytisches (kompositionelles) Passiv in feiner aspektnaher Differenzierung: das Reflexiv-Passiv zur Markierung generischer Eigenschaft, das analytische zur prozeßhaften Ereignisbeschreibung (Faarlund et al. 1997: 837 ff.).

(vii) Der regelmäßige Wechsel zwischen Kausativ und Dekausativ erscheint in der Übersicht in Abschnitt 3.1. nur im Deutschen hoch eigenständig hinsichtlich seiner Kodierkonsequenz – schon im Niederländischen erscheint die Oppositionsmarkierung nicht so konsequent, und das Englische sperrt sich überhaupt, wie wir gesehen haben. Auch im Skandinavischen, ja selbst im morphologisch reichen Isländischen erscheint die Oppositionsmarkierung weitaus lückenhafter; vgl. Abb. 1–6oben. In der Romania dagegen sind die Unterschiede regelhaft markiert.

(viii) Wenn sich Reflexivkonstruktionen nur passivieren lassen, wenn ein Agens vorhanden oder voraussetzbar (vgl. Schäfer 2006) ist, so ist zu fragen, inwieweit auch Reflexivkonstruktionen der „semantischen Transitivitätsbedingung" (Abraham 2006a) folgen, die besagt, daß nur tV ein echtes semantisches Passiv mit Patienssubjekt zulassen. Dies heißt, daß die unpersönlichen Passive des Deutschen, die sich ja auf Imperfektiva beschränken, ausgeschlossen sind. Somit: Gibt es ebensowenig perfektive Reflkonstruktionen etwa in der Form einer Mittelkonstruktion (mK; vgl. Abb. 7 oben)? Die Antwort ist klar: Da *Diese Brötchen verkaufen /packen sich rasend schnell (ein)* absolut grammatisch und idiomatisch akzeptabel ist, folgen Mittelkonstruktionen der Aspektkontingenz für das (unpersönliche) Passiv nicht. Mittelkonstruktionen sind nicht als Ableitungen aus einem Aktiv zu sehen. Daraus ist Folgendes zu schließen:

(48) (a) Generizität hat mit Imperfektivität nicht direkt etwas zu tun. Wo genau der Unterschied (adjektivische Eigenschaft gegen generische Ereignishaftigkeit?) liegt, ist in der Literatur durchaus noch unentschieden.
(b) Mediale Reflexivität (wie in der generischen/adjektivischen mK) erhält ihre (!) besondere Qualität ohne Zweifel auch vom Modaladverbiale bzw. der Negation sowie negativpolarem *kaum*. Führen uns solche Adverbiale innerhalb der hoch beschränkten Adverbzulassung zu den auslösenden Kriterien? Vgl. *Diese Brötchen verkaufen sich (überhaupt) nicht/kaum.* Kann „*Manner*adv" als notwendiges mK-Element angesichts solcher Negationselemente überhaupt als übergeordnetes Qualifikationskriterium fungieren? Die Literatur zu mK hat sich bisher zu dieser Frage nicht eindeutig geäußert, sofern sie die Frage überhaupt thematisiert hat (so etwa jüngst Lekakou 2006, Stroik 2006).

Wenden wir uns schließlich der zentralen Anfangsfrage (iv) zu: Daß Koreferenz (zwischen Reflexiv-Morphem und zurückgestuftem (evtl. kovertem) Subjekt tatsächlich passivfeindlich ist (Abraham 1995, 2006b), daß somit Passiv und Reflexiv einen gemeinsamen Passivfilter bergen, geht schon daraus hervor, daß Passivkodierung in verschiedenen Sprachen durch Reflexivmarkierung (entweder in morphemungebundener Form oder als Flexionssuffix) erfolgt. Das Skandinavische illustriert dies am besten. Die einleuchtendste Erklärung liefert das Subjektpatiens bei Passiven einerseits, die Agens-Patiens-Koreferenz beim anaphorischen Reflexivum andererseits sowie schließlich die Agensbedingung für Passivierung überhaupt.

Insgesamt sind die Übereinstimmungen zwischen der Germania und der Romania in den untersuchten Phänomenen weitaus größer als die Unterschiede. Im besonderen fällt auf, daß sich das Deutsche als einzige germanische Sprache und die Romania mit der durchgehenden Ableitungs- und Detransitivierungskodierung durch Reflexiva konvergent verhalten, während sich die anderen germanischen Sprachen inkonsequenter oder, was das Englische als Extrem betrifft, völlig kodierungspassiv verhalten – d.h. Homomorphie und Polysemie in Kauf nehmen.

Primärquellen

Mo.= E. Monaci 1953. *Crestomazia Italiana dei Promi Secoli.* Roma, Società editrice Dante Alighieri.
Cr.= M. Pidal (ed.) 1906. *Primera Cronica General.* Madrid.
Dino Compagni II; zitiert bei Kontzi (1958: 70).
Obras Escogidas de Filosofos 220, a, 7; nach De Castro, A. (ed.) 1953. Madrid: Atlas; wiederum nach Monge 1955: 42–45 (Las frases pronominales de sentido impersonal en espanol, *Archivio de Filologia Aragonesa* VII: 7–102) (aus Cennamo 1993: 73).
Tav. Rit. LI, 188; zitiert bei Kontzi (1958: 70).

Sekundärquellen

Abraham, Werner 1994. Diathesis: the middle, particularly in West-Germanic. What does reflexivization have to do with valence reduction? In: W. Abraham, T. Givón & S. Thompson (eds.) *Discourse grammar and typology.* [Studies in Language Complementary Series 27]. Amsterdam: John Benjamins, 3–47.
Abraham, Werner 1995/[3]2013. *Deutsche Syntax im Sprachenvergleich. Grundlegung einer typologischen Syntax des Deutschen.* [Studien zur deutschen Grammatik 41]. Tübingen: G. Narr. [[2]2006 Tübingen: Stauffenburg].
Abraham, Werner 1997. Kausativierung und Dekausativierung: Zu Fragen der verbparadigmatischen Markierung in der Germania. In: Th. Birkmann, H. Klingenberg, D. Nübling & E. Ronneberger-Sibold (Hg.) *Vergleichende germanische Philologie und Skandinavistik. Festschrift für Otmar Werner.* Tübingen: Niemeyer, 13–28.
Abraham, Werner 2005. Valence promiscuity und its consequences. *Sprachtypologie und Universalienforschung (STUF)* 58/4, 21–45.
Abraham, Werner 2006a. The compositional nature of the analytic passive: Syntactic vs. event-semantic triggers. „Argument Hypothesis" vs. „Aspect Hypothesis". In: W. Abraham & L. Leisiö (eds.), 462–501.
Abraham, Werner 2006b. Constraints on reciprocity on dative arguments. In: W. Kürschner & R. Rapp (Hg.) *Linguistik International: Festschrift für Heinrich Weber.* Lengerich, Westfalen: Pabst Science Publishers, 23–27.

Abraham, Werner 2007. A fresh look at the unaccusativity puzzle: On the syntax-lexicon interface of unaccusativity. *Interdisciplinary Journal for Germanic Linguistics and Semiotic Analysis* 12/1.

Abraham, Werner & Larisa Leisiö (eds.) 2006. *Passivization und typology. Form und function.* [Typological Studies in Language 68]. Amsterdam: John Benjamins.

Abraham, Werner & Elisabeth Leiss 2006. Personal and impersonal passives: Definite vs. indefinite diatheses. *Transactions of the Philological Society* 104, 230–259.

Abraham, Werner & Elisabeth Leiss (eds.) 2008. *Modality-aspect interfaces. Implications and typological solutions.* [Typological Studies in Languages 79]. Amsterdam: John Benjamins.

Cennamo, Michela 1984: Transitivity in Italian: the *si*-constructions. Typskript MA-thesis University of Manchester.

Cennamo, Michela 1993. *The reanalysis of reflexives: a diachronic perspective.* Naples: Liguori.

Cennamo, Michela 2006. The rise und grammaticalization paths of Lateinisch *fieri* und *facere* as passive auxiliaries. In: W. Abraham & L. Leisiö (eds.), 311–336.

Faarlund, Jan-Terje 2005. From clitic to affix: On the history of Scandinavian reflexive verbs. *Nowele* 46/47, 53–72.

Faarlund, Jan-Terje, Svein Lie & Kjell Ivar Vannebo 1997. *Norsk referanse-grammatikk.* Oslo: Universitetsforlaget.

Green, John N. 1975. On the frequency of passive constructions in modern Spanish. *Bulletin of Hispanic Studies* 52, 345–362.

Grevisse, Martin 1980. *Le bon usage*. Paris: Duculot.

Harmer, Lesley C. & Frank J. Norton 1957. *A manual of Modern Spanish.* London: University Tutorial Press.

Harris, Martin 1978. Alternatives to the morphological passive in Romance. *Semasia: Beiträge zur germanisch-romanischen Sprachforschung* 5, 65–87.

Kayne, Richard 2005. *Movement and silence.* Oxford: OUP.

Kontzi, Reinhold 1958. *Der Ausdruck der Passividee im älteren Italienischen.* [Beihefte zur Zeitschrift der romanische Philologie 99]. Tübingen: Niemeyer.

Krifka, Manfred 1989. Nominalreferenz, Zeitkonstitution, Aspekt, Aktionsart: eine semantische Erklärung ihrer Interaktion. In: W. Abraham & Th. Janssen (Hg.) *Tempus – Aspekt – Modus. Die lexikalischen und grammatischen Formen in den germanischen Sprachen.* [Linguistische Arbeiten 237]. Tübingen: M. Niemeyer, 227–258.

Leiss, Elisabeth 2000. Verbalaspekt und die Herausbildung epistemischer Modalverben. *Germanistische Linguistik* 154, 63–84.

Lekakou, Marika 2006. A comparative view of the requirement for adverbial modification in middles. In: Bengt Lyngfelt & Torgrim Solstad (eds.) *Demoting the agent. Passive, middle, and other voice phenomena.* [Linguistik Aktuell/Linguistics Today 96]. Amsterdam: John Benjamins, 167–196.

Meyer-Lübke, Wilhelm 1899. *Grammatik der romanischen Sprachen.* III: *Syntax*. Leipzig: Reisland.

Mistry, Vida Samiian 2000. Gujarati. In: Barbara C. Lust, G. Wali, W. James & K.V. Subbarao (eds.) *Lexical anaphors and pronouns in selected South Asian languages: A principled typology.* [Empirical Approaches to Language Typology 22]. Berlin: Mouton de Gruyter, 330–360.

Mohr, Sabine 2005. *Clausal architecture and subject positions.* [Linguistik Aktuell/Linguistics Today 88]. Amsterdam: John Benjamins.

Monge, Carlos Francisco 1955. Las frases pronominales de sentido impersonal en espanol. *Archivio de Filología Aragonesa* VII, 7–102.

Oesterreicher, Wulf 1992a. *SE* im Spanischen. Pseudoreflexivität, Diathese und Prototypikalität von semantischen Rollen. *Romanistisches Jahrbuch* 43, 237–260.

Oesterreicher, Wulf 1992b. Typen grammatischen Wandels, sprachliche Variation und die spanischen Reflexivkonstruktionen. *Zeitschrift für Phonetik und Kommunikationsforschung* 45/5, 395–410.

Reichenkron, Günter 1933. *Passivum Medium und Reflexivum in den romanischen Sprachen.* [Berliner Beiträge zur Romanische Philologie]. Jena: Gronau.

Rohlfs, Gerhard 1968. *Grammatica storica della lingua italiana e dei suoi dialetti.* Band 2. Turin: Einaudi.

Sansò, Andrea 2003. *Degrees of event elaboration. Passive constructions in Italian and Spanish.* Milan: Franco Angeli.

Sansò, Andrea 2006. „Agent defocusing" revisited: Passive and impersonal constructions in some European languages. In: W. Abraham & L. Leisiö (eds.), 232–273.

Schäfer, Florian 2006. (Gradual) External argumental reduction (within a configurational θ-theory). Vortrag Syntax-Workshop 34. Österreichische Linguistiktagung Klagenfurt 8.–9.12.2006. Handout.

Schmidt-Riese, Roland 1998. *Reflexive Oberflächen im Spanischen. se in standardfernen Texten des 16. Jahrhunderts.* [Romanica Monacensia 55]. Tübingen: G. Narr.

Stefanini, Jean 1962. *La Voix Pronominale en Ancien et en Moyen Français.* Aix-en-Provence: Ophrys.

Stroik, Thomas 2006. Arguments in middles. In: B. Lyngfelt & T. Solstad (eds.) *Demoting the agent. Passive, middle, and other voice phenomena.* [Linguistik Aktuell/Linguistics Today 96]. Amsterdam: John Benjamins, 301–326.

Ergativa sind Terminativa*

Die Hauptthese des Aufsatzes ist, daß Ergativa (Unakkusativa), die bisher als eigene syntaktische Klasse betrachtet wurde, aktionsartsemantisch den Status von Terminativa (Perfektiva) und syntaktisch den von Sekundär- bzw. Objektprädikationen haben. Diese Sekundärprädikate werden als Kurzsätze (Small Clauses, also kopulalose Prädikationen) umgeschrieben. Die Subjekte der Sekundärprädikationen in Kurzsatzform sind im allgemeinen Objekte transitiver Konstruktionen, bei Ergativen objekthafte Subjekte. Es wird zum einen gezeigt, daß die Klasse ergativischer Verben auf Ergativkonstruktionen auszudehnen ist, die dann genau jener generalisierten Aspektsemantik für Ergativa entsprechen. Zum zweiten wird gezeigt, wie die Terminativsemantik auf Konstruktionen mit Kurzsatzrektion umgeschrieben werden kann.

1. Frage- und Zielstellung

Die Beobachtung, daß resultative Aktionsart- und Aspektstrukturen und syntaktische Unakkusativität im Deutschen zusammenfallen (verfolgt mit steigendem Nachdruck seit Abraham 1983; siehe besonders Abraham 1990b), ist unabhängig vom Deutschen und ohne Blick für Vorgänger kürzlich wieder durch Levin/Rappaport (1992) sowie van Zaenen (1993) gemacht worden. Diese Generalisierung, wiewohl wichtig, ist allerdings noch nie befriedigend über ihren empirischen Befund hinaus erklärt worden. Das Hauptproblem ist dabei, die für Terminativität postulierte Biphasigkeit der Ereigniskonstitution auf die syntaktische Argumentstruktur von Ergativverben (eV) abzubilden. Eine weitere Erschwerung stellt der Umstand dar, daß – wie in Abraham (1983, 1984, 1985a,b, 1986 und 1990b) beobachtet und diskutiert – auch intransitive Fortbewegungsverben mit akkusativischen Richtungsadverbien ergativische Distributionseigenschaften annehmen.

Im folgenden wird der Versuch unternommen, diese theoretische Lücke zu schließen. Hauptidee dieses Versuches ist es, Terminativstrukturen und Terminativverblexeme syntaktisch als Sekundärprädikate (SP) zu deuten. Wir werden dabei entscheidend von der Unterscheidung von monophasischer Ereigniskonstitution (für Interminativa) und Biphasigkeit (für Terminativa) Gebrauch machen (so schon Abraham 1990b). Sollte diese Erklärung gelingen, so erlaubt diese empirische Beobachtung, daß unakkusativische Verben und unakkusativische Konstruktionen (in unserer Terminologie wahlweise auch: *e(rgative) V(erben)* und *e(rgative) K(onstruktionen)* eindeutig (aber nicht biimplikativ!) terminativ (perfektiv; resultativ) sind und daß die syntaktische Abbildung der Ergativverben und ergativischen Konstruktionen auf eine Sekundärprädikatstruktur vorzunehmen ist. Mit der syntaktischen Abbildung unakkusativischer Verben auf Sekundärprädikate läßt sich auch der entscheidende Schritt von ergativischen Verblexemen zu ergativischen komplexen Konstituenten bei Fortbewegungsverben mit Richtungsadverbial tun. D.h. die Begründung der semantischen Aktionsarteigenschaft von Ergativverben (eV) bzw. Ergativkonstruk-

---

* *Groninger Arbeiten zur germanistischen Linguistik (GAGL)* 36 (1993), 103–121 (erschienen in revidierter Form in: *Zeitschrift für Sprachwissenschaft* 12/2 (1993), 157–184).

tionen (eK) hat nicht nur ein eindeutiges (implikatives), sondern auch ein intuitiv befriedigendes syntaktisches Korrelat.

Unsere Erörterung geht von transitiven Verben aus, auf welche ohne Zweifel die Kurzsatzanalyse ('Kurzsatz' (KS) für 'small clause') anzuwenden ist. Vgl. (1). [PPP = passives Perfektpartizip]

(1) a Er findet [die Aufgabe [$_{A}$ schwierig]]
b Sie wünschte [ihn [$_{Adv = PP}$ weg aus ihrer Wohnung]]
c Sie trugen [ihre Fesseln [$_{PPP = A}$ bandagiert]]

Zu diesen auf den ersten Blick kategorial heterogenen Sekundärprädikaten (A, Adv=PP, PPP=A) läßt sich eine scheinbar unbegrenzte Zahl von absolut unidiomatisierten, kompositionssemantisch freien Bildungen als Rektionen von tV und ebenso iV stellen. Siehe (2). (3) zeigt allerdings, daß dabei Beschränkungen bestehen. (4) erweitert die tV-Basis mit direkten Objekten auf iV ohne solche direkte Akkusativobjekte, erzielt aber – dies sei zur Abgrenzung (und Warnung, etwa gegen Hoekstra 1992, 148) ergänzt – mit Ausnahme von (4d) keine vergleichbaren kausativen und terminativen Ergebnisse. [Fettdruck notiert das Sekundärprädikat im KS]

(2)	a	Er lief [seine Schuhsohlen [$_{A}$ *dünn*]/[$_{VPart}$ **ab**]]		
	b	Der Schlagbohrhammer dröhnte ihn **an das Ende seiner Geduld**		
	c	*Sie lachte ihn **schief**	≠	Sie lachte ihn **taub**
	d	*Sie fraß ihn **fett**	≠	Sie fraß ihn **arm**
(3)	a	Sie lachte sich **schief**	≠	* Sie lachte ihn **schief**
	b	Sie fraß sich **fett**	≠	* Sie fraß ihn **fett**
	c	Sie schämte sich **brandrot**		
(4)	a	daß [er ungetröstet] starb$_{eV}$ – daß sie [ihn ungetröstet umbrachten$_{tV}$]		
	b	wie [er ungehemmt] einsank – wie sie [ihn ungehemmt] versenkten		
	c	wo [es hilflos] durchbrach – wo sie [den Mut des Kindes um]brachen		
	d	wie [das Kind **gesättigt**] einschlief – wie sie [das Kind **satt**]schläferten		
(5)	a	wo sie im Saal tanzen ≠ wo sie **in den Saal hinein**tanzten		
	b	*die im Saal getanzten jungen Leute ≠ die in den Saal hineingetanzten jungen Leute[1]		

1 Zu intransitiven Wetter- und Empfindungsverben gebildete Sekundärprädikate sind schwer auf ihre Grammatikalität hin abzuschätzen. Möglicherweise spielen hier auch semantische Restriktionen mit. Zu beachten ist, daß sich manchmal mediales Reflexiv anzubieten scheint, manchmal jedoch wieder ausschließt. Vgl. (i)–(iv).
i daß der Schlafsack *(sich) völlig zu/*naß*schneit
ii daß *(sich) das Korn *platt*weht
iii wie *(sich) der Fetzen *in den Straßengraben* weht
iv wo *(sich) der Mantel *zu Fetzen* regnet
Ich lasse solche Strukturen im Moment völlig außer Betracht.

Wie zu sehen, finden sich Terminativstrukturen bei DO des prädikattragenden transitiven Verbs (tV) wie in (2) und bei medialartigen Verben (mit Reflexivpronomen) wie in (3) – wobei bei (3), wie anhand der Gegenüberstellungen gezeigt, auch rein semantisch-enzyklopädische Beschränkungen mit im Spiel sind. Die ungrammatischen Strukturen in (2) und (3) sind ja dann grammatisch, wenn die Hauptverben (iV) mit dem Reflexivpronomen statt einem referenzdisjunkten DO stehen – wie in (3) – bzw. wenn enzyklopädisch wahrscheinlichere Sekundärprädikate (wie bei (2c,d) – eingesetzt werden. (4a-d) zeigen, daß eV und tV einander bei einer solchen terminativierenden Sekundärprädikation nicht nachstehen. Dies im besonderen wird später noch gezeigt. Schließlich zeigen (5a,b), daß Terminativität und Ergativität (nachvollziehbar mittels der PP-Attribuierungsprobe) nicht auf einfache Verblexeme beschränkt werden darf, sondern auf komplexere Konstruktionen erweitert werden muß. Dies ist an sich der beste Beweis für unsere vorerst empirische Annahme, daß zwischen Telizität (= Terminativität) und Objekt- (=Sekundär-)Prädikation ein inniger Zusammenhang besteht. Auffällig ist weiter die Tatsache, daß sich, wie (4c,d) zeigen, in diese syntaktischen Telisierungsmechanismen auch Affixoide sowie Verbpartikeln einbringen lassen.

Wir machen es uns zur Aufgabe, die Gemeinsamkeiten dieser grammatischen Strukturen prinzipiell zu erklären und soweit möglich alle beobachteten Ungrammatikalitäten ebenso prinzipiell abzuleiten. Wir halten nur vorläufig fest: Sekundärprädikationen (Kurzsätze; small clauses) lassen sich sowohl bei unergativen (intransitiven) als auch ergativen (unakkusativischen) Verben finden. Die zugrundeliegenden Beziehungen sind in (6a,b) unten zum Ausdruck gebracht. Ob man sich dabei Hoekstra (1992: 149) bei der Annahme einer funktionalen Kategorie (FP), hier einer Kongruenzkategorie (KongrP) innerhalb der Sekundärprädikate (SPe) anschließt oder nicht, kann offen bleiben. Wohl hat das Neuhochdeutsche – etwa im Unterschied zum frühen Althochdeutschen; vgl. Abraham (1990a, 1992a) – keine Kongruenz im SP. Immerhin aber ist bei Sekundärprädikativen jeweils eine finite *sein*-Kopula zugrundezulegen, deren grammatische und semantische Funktion auch syntaktisch rekonstruierbar sein muß. Diese Rekonstruktion ist nur über eine solche im Nhd. nichtrealisierte Funktionalposition möglich. Ihr Status in (6a,b) hat also nichts mit einer parametrischen, Einzelsprachen universalgrammatisch voneinander abgrenzenden Aufgabe zu tun – etwa um bestimmte Sprachen mit Kongruenz bei SPn von solchen ohne Kongruenz zu trennen. [Θ_i = VP-interne Thetarolle; Θ_e = VP-externe Thetarolle].

(6) a.

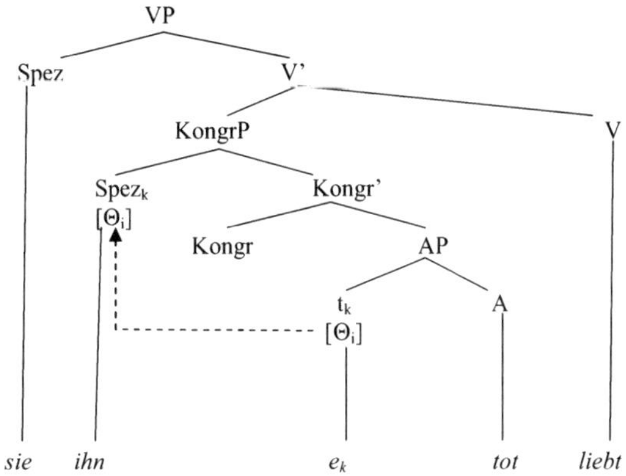

Weder beim Adjektiv *tot* in der SPn noch beim direkten Objekt zu *lieben*, *ihn*, kann ein externes Θ (Θ_e), etwa ein Agens stehen. Vgl. Anm. 1.

(6) b.

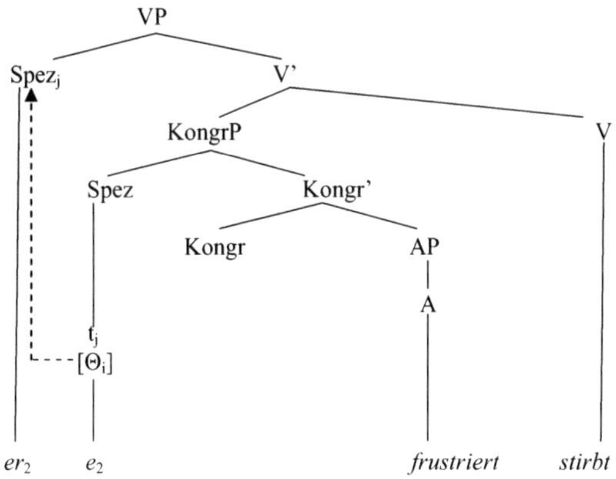

Das Subjekt des ergativen Verbs *sterben* hat in Erweiterung von Burzios Generalisierung interne Thetaqualität (Θ_i); das SP *frustriert* fordert ebenfalls ein Θ_i (d.h. es kann dem kategorialen Status nach z.B. kein Agens sein, was ein prototypisches Θ_e ist). Sekundärprädikate (SP; Kurzsätze, KS) sind weiter im wesentlichen Sätze ohne Tempus- und Moduszuweisung (TP), somit sicherlich in jedem Falle ohne Kongruenz für verbale Person. Fürs Spätlateinische etwa oder das Althochdeutsche freilich müßte für Numeruskongruenz mit SP und Rektionskasuskongruenz mit dem Matrixverb angenommen werden. Die Basisverben können das SP im allgemeinen durch ein Satzkomplement mit Konjunktion (vgl. etwa...*so, daß...)* ersetzen. Dies weist darauf hin, daß das eingebettete (Sekundär-)Prädikat sein eigenes Subjekt selegiert: im Falle von tV das Matrix-DO, im Falle von eV das einzige subkategorisierte NP mit Objekteigenschaften, das aufgrund des Leerstellenprinzips in der S-Struktur in die Subjektrolle vorrückt. Siehe (6b). Es ist dabei wichtig zu sehen, daß das Prädikat der SP im Sinne der *Fokusnullhypothese* in der Rhemarolle ist und entsprechend den Satzhauptakzent trägt (siehe Abraham 1992a, 1992b, Cinque 1993).

Daß keine sichtbare Kongruenzmorphologie innerhalb des SP zwischen NP und dem Prädikat vermittelt, ist in der Diachronie des Deutschen und anderer indoeuropäischer Sprachen nicht immer so gewesen (Abraham 1990a). Da auch andere Sprachen wie das Französische und Italienische (bzw. seine Dialekte) heute noch Spuren dieser Kongruenzflexion zeigen, scheint es angebracht, unter universalgrammatischer Perspektive Kurzsätze prinzipiell als Projektionen einer solchen funktionalen Kategorie KongrP zu betrachten. Ich lasse offen, ob in diese Funktionskategorie, genauer in die extrahierte funktionale Kategorie Tempus-P aspektuelle bzw. Aktionsartbeschränkungen der selegierten Prädikatskategorien eingehen oder ob diese Beschränkungen rein lexikalischer Natur sind (im frühen Ahd. etwa die Beschränkung, daß das Kurzsatzprädikat nur terminativ sein durfte). Es spricht einiges dafür, auch aspektuelle Verbgruppeneigenschaften an AUX zu knüpfen (Abraham 1990b). Die Geschichte der neu entstehenden gotischen und ahd. periphrastischen Konstruktionen zeigt deutlich eine solche AUX-Abhängigkeit, sodaß ein Zusammenhang zwischen Aspekt und TP im SP keinesfalls auszuschließen ist. Erst als im Ahd. das KongrP im SP keinen morphonologischen (F-) Reflex mehr lieferte, entstand Matrixsubjektkongruenz mit dem Prädikat des ursprünglichen Kurzsatzes. Damit war der Kurzsatzstatus aufgegeben, ebenso die Aktionsart- bzw. aspektuelle Restriktion auf terminative Verben. Man beachte auch, daß der diachron bezeugte Übergang des Matrixobjektplatzhalters *das* zur Komplementkonjunktion *daß* einen solchen (bei COMP allerdings auf Satzniveau erweiterten) funktionalen Knoten voraussetzt. Dies ist in nuce die formale Entwicklung des periphrastischen Perfekts im Spätlateinischen und im Ahd. (siehe zu Genauerem Abraham 1990a).

In (6a) – bei transitiven Matrixverben – ist das interne Argument zum Matrixverb gleichzeitig das interne Argument des Kurzsatzes. In (6b) – bei iV oder eV – ist nur ein einziges Argument vorhanden, das interne zum Matrixverb *(sterben* ist ja eV!) und gleichzeitig das externe zum Sekundärprädikat; dieses interne Argument rückt S-strukturell zum Subjekt des komplexen Prädikats auf. Bei dieser Identifizierung des internen Arguments des Matrixprädikats mit dem KS-Subjekt schließt sich eine thematische Agensrolle[2] aus. Sie könnte ja nie das Argument (Subjekt) des KS (-Par-

2 Ob es agentivische KS-Subjekte gibt oder nicht, ist sowohl empirisch als auch theoretisch motiviert – theoretisch weil in den KSn Kopulafügungen vorliegen, die nie agentisch sein können,

tizips bzw. -Adjektivs) bilden. Perfektpartizipial- bzw. ADJ-Subjekte sind prinzipiell unagentivisch, genauer: bei zugrundeliegender *sein-* Prädikation, die in KS immer vorliegt. Eine Verletzung des Projektionsprinzips (Zuweisung ein und derselben thematischen Rolle durch zwei verschiedene Prädikate) schließt sich natürlich hier aus.

2. Nochmals die Unakkusativitätstests

Wir halten an den seit Haider (1986) üblichen Tests für Ergativität (Attribuierbarkeit des Perfektpartizips, *sein*-Auxiliar, unpersönliches Passiv) fest, weisen damit die rein lineare Adjazenzidentifikation (Status als linear nächstes Verbargument) bei Fanselow (1992) und anderen zurück. Es sind allerdings Präzisierungen nötig. Der Nachweis über Attribuierung läuft genau besehen auf dasselbe Kriterium wie die Auxiliareigenschaft hinaus: nur *sein*-Prädikate erlauben Attribuierung. Und: nochmals genauer besehen ist auch das Kriterium des unpersönlichen Passivs nicht unabhängig von den beiden ersten Kriterien, setzt doch jedes Passiv im Deutschen typischerweise ein Agenssubjekt voraus. Agensargumente jedoch schließen sich als interne Argumente (was die Köpfe der Attributskonstituenten ja sind) aus. Da zudem eV auch in solchen Sprachen identifiziert werden, die bloß ein *haben*-Auxiliar vorsehen, gilt also mit Fug und Recht: alles fließt im Attribuierungskriterium zusammen. Dabei gelten offenbar folgende feste Beziehungen: Attribuierung impliziert *sein*-Auxiliarisierung, aber nicht umgekehrt; Attribuierung selbst ist wohl ein notwendiges, nicht aber ein hinreichendes Kriterium für Unakkusativität: es gibt ergative Attribute, in Sonderheit PPA, die rein lexikalisch einen Ereignisverlauf implizieren, und es gibt intransitive, unergativische Attribute wie die reinen Zustands- bzw. Eigenschaftsadjektive, die keinen Ereignisvorlauf (d.h. eine Verlaufsphase *vor* dem Zustand bzw. der Eigenschaft) implizieren. Ob sich für die Klasse der Adjektive selbst, in der es zweifellos ereignisstrukturell ergativische Vertreter gibt *(müde*, *erwachsen*, die ja eine Annäherungsphase implizieren), distinkt syntaktische Ergativeigenschaften bzw. eigene Distributionskriterien finden, steht im Moment dahin. Prinzipiell läßt sich zwischen ergativen und unergativen Adjektiven unterscheiden (Abraham 1986, 1992a, 1992c; ebenso bei Cinque 1993).

Da die Sekundärprädikate (SP) in KS verkürzte *sein*-Prädikationen über Zustände sind, können sie kein Agens als Subjekt besitzen. Diese Zustände sind jedoch Resultate, sozusagen 'Zustände mit Ereignisvorgeschichte' im Sinne der biphasischen

---

empirisch weil die Klasse der Kopulafügungen allemal nur Thetarollen vom Hierarchietypus 'niedriger als AG' selegieren. Ganz abgesehen davon wird hier allerdings ausschließlich von Objektprädikationen gehandelt. Diese sind sicherlich eine syntaktische Subklasse der Kurzsätze (small clauses); sie schöpfen die KS-Klasse jedoch keineswegs aus. So erfassen KS die aus der Betrachtung hier ausgeschlossenen (4a-c), die Klasse der sog. Depiktiva. Ob man auch Konverbkonstruktionen KS-syntaktisch auflösen soll (wie etwa bei Mulder 1992, Hoekstra & Mulder 1990), lasse ich angesichts der einfachen Adjunktionsalternative für nachgestellte Attribute prinzipiell offen.

Ereignisstrukturen unten. Sehen wir uns dazu die folgenden zwei Strukturen, Attribute und PPA, in (7) und (8) an.

(7) a **biphasische Ereignisstruktur**[3] für *einschlafen* (eV und terminativ): die Ereignisstruktur besteht aus zwei lexikalisch inhärenten Komponenten, E_1 und Zu_2, die zusammen die Aktionsart und damit Bedeutung des Lexems tragen. [t_1, t_m, t_n = Zeitpunkte auf der ereigniskonstituierenden Zeitachse; E_1 = Ereignisentfaltungsphase, Zu_2 = aus E_1 resultierende Resultatsphase]

```
                                          schlafen=
             einschlafen                  eingeschlafen (sein)
|>>>>>>>>>>>>>>>>>>>>|-------------------|
t1          E1                     tm          Zu2              tn
```

Jede der beiden Komponenten in der Graphik, E_1 wie Zu_2, setzt die jeweilig andere voraus, auch wenn sie sie formal nicht realisiert: *einschlafen* (E_1) impliziert, daß die Schlafphase (Zu_2), erreicht wird, und die einmal erreichte Schlafphase setzt voraus, daß die Einschlafphase vorausgeht. Die Implikation jeder der beiden Phasen drückt sich graphentechnisch dadurch aus, daß t_m jeder der beiden Lexemkomponenten angehört (vgl. Abraham 1990b).

(7) b **monophasische Ereignisstruktur** für *schlafen* (iV und interminativ): die Ereignisstruktur beschränkt sich auf eine einzige homogene, durative, inhärent nicht weiter zerlegbare erste Graphikkomponente (≈≈≈≈≈≈≈≈); die Gesamtgraphik beschreibt über die Zeitreferenzpunkte t_1 und t_m sowie den Sprechaktzeitpunkt t_s zwei relative Zeitreferenzen (in der Beziehung der Anteriorität), somit eine Tempusrelation, nämlich die für *schlafen* und die *für geschlafen haben.* Man beachte, daß wir hier nicht zwei inhärente Ereigniskomponenten wie in (7a), E_1 und Zu_2, unterscheiden.

```
                    geschlafen
            schlafen (haben)
|≈≈≈≈≈≈≈≈≈≈≈|≈≈≈≈≈≈≈≈≈≈≈|
t1              tm              ts
```

Wenn, wie hier behauptet wird, die syntaktische Eigenschaft der Unakkusativität grundlegend auf der aktionsartsemantischen bzw. aspektuellen lexikalischen ebenso wie konstituentenkomplexen Bedingung der Terminativität (Perfektivität, Resultativität) beruht und wenn weiter Terminativität ebenso grundlegend syntaktisch als Sekundärprädikation ausdrückbar ist, dann besteht ein tiefer, syntaktisch ausdrückbarer Zusammenhang zwischen terminativer Aktionsart und Unakkusativität (Ergativität). Diesen Grundgedanken gilt es jetzt im einzelnen dingfest zu machen.

Levin/Rappaport fassen den bisher gewonnenen Erkenntnisstand in den zwei folgenden Generalisierungen zusammen: (a) *Verben, deren Bedeutung eine Komponente von inhärenter Richtung enthält, finden sich in der syntaktischen Unakkusativkonfiguration;*

3 Zu einer zeitlogischen Rechtfertigung für (7a,b) vgl. Abraham (1990b). Dowty (1979) hat diese Thematik bereits viel früher ausführlich und innerhalb eines formalen Apparats behandelt. Unbeschadet von dieser Tatsache ist die Repräsentation in (7) für die vorliegenden Zwecke ohne Vorbild.

und (b) *Wenn die Verbbedeutung eine direkte externe Ursache impliziert, dann findet sich das Verb in der syntaktischen „Unergativkonfiguration"* (meine Übersetzung aus dem Englischen – W.A.; Levin/ Rappaport 1992: 253 f.). Damit trennen Levin/ Rappoport (1992) etwa engl. eV *roll* von iV *run*. Sie gelangen damit eigentlich nicht nur nicht über die empirische Beobachtung bei Abraham (1983 und später) hinaus, sondern es bleibt äußerst unklar, welches der beiden besprochenen paradigmenbildenden Verben nun mehr als das andere eine inhärente Richtungsandeutung enthält bzw. eine externe Ursache impliziert. Semantische Kriterien sind, wenn sie nicht distributionell deutlich distinkt sind, nach wie vor ein unverläßlicher Gradmesser. Außerdem ist die Definitionskomponente (a) unzureichend; es ist verschiedentlich gezeigt worden (Abraham 1986, 1987, 1992a, daß Unakkusativität sich nicht auf Verblexeme beschränkt, sondern jedenfalls 'V+PP (mit Richtungsakkusativ)' mitzuerfassen hat. Vgl. (5)–(6) oben. Levin & Rappaports semantische Definition ist somit beobachtungsinadäquat.

3. Verbklassen und Sekundärprädikation (KS-Bildung)

Wir haben anhand von (2)–(5) oben gesehen, daß Sekundärprädikation im KS-Komplement von tV, iV und ebenso von eV zu finden ist. Wir haben nun zu zeigen, wie die distributionellen Unterschiede zu begründen sind.

(8) a Θ_1 t/iV [Θ_2 KongrP ADJ]
b Θ_2 eV [t_2 KongrP ADJ]
wobei Θ_2 notwendig = TH und KongrP beschränkt auf Klassenrelator zu Zuständen;
Θ_2 bei iV = Reflexivpronomen mit Subjektkoreferenz

Zum überraschenden Ergativierungsmechanismus unter Sekundärprädikation stellen sich auch Witterungsverben (s. allerdings Fn. 1). Wetterverben haben nach den herkömmlichen diagnostischen Kriterien keinen eV-Status. Die Rektion von SP jedoch macht aus den ursprünglichen Wetter-iV ergativische Strukturen. Vgl. (9).

(9) a daß meine Jacke total steifgeregnet ist/*hat ≠ daß es geregnet *ist/hat
b wo er völlig flachgedonnert ist/*hat ≠ daß es ihn flachgedonnert *ist/hat

Zudem ist verschiedentlich auf die Distributionsähnlichkeit zwischen Verbaffixoiden, innovativen Adjektivprädikationen, Verbpartikeln und Direktivadverbien bei Fortbewegungsverben hingewiesen worden. Es ist unübersehbar, daß sich auch untrennbare ergative Verbpräfixe zu der Klasse jener grammatisch unabhängigen Kategorien stellen, die SP bilden. Vgl. dazu nochmals (10) und (11).

(10) a Er soff sich *tot* ...Affixoid
b Er soff sich *in die Manageretage* ...Richtungs-PO
c Er versoff sich völlig ...Präfix

(11) a Er wusch sich die Seife *aus den Augen* ...Richtungs-PP

b Er wusch sich die Seife *heraus* ...Verbpartikel

Beschränkungen zeichnen sich allenfalls hinsichtlich der Spezifik des Matrixverbs ab.

(12) a Er *legte/lag sich wund

b Die Krankenschwester legte/*lag ihn wund

Diese Beschränkungen scheinen durch die zugrundeliegende Argumentselektion begründet zu sein, *liegen* in (12a,b) ist einwertig, demgemäß muß das KS-Subjekt koreferent mit dem Matrixsubjekt sein; d.h. es erlaubt kein referenzdisjunktes KS-Subjekt. *legen* dagegen ist transitiv zweiwertig und stellt für *wund* als KS-Prädikat mit dem direkten Objekt, *ihn*, ein eigenes Subjektargument zur Verfügung.

Im Einklang mit (6a,b) oben stellen wir die beiden entscheidenden SP-Strukturen für die 4 beteiligten KS-Prädikatstypen (XP für NP, ADJ, Verbperfektpartizipien und Direktivadverbien) nochmals in Klammernotationen dar (vgl. ähnlich auch Hoekstra 1992: 152). Zu beachten ist, daß KongrP, die funktionale Kategorie, nicht nur etwaige Kongruenzinformationen beherbergt, sondern auch die Interpretation für die finite Kopula sichert, die ja Grundlage für jede KS-Interpretation ist.

(13) a für eV: NP_j $[_{VP}$ $[_{KS}$ t_j KongrP XP] V]

b für t/iV: NP_i $[_{VP}$ $[_{KS}$ $NP_{i,j}$ KongrP XP] V]

wobei NP_j notwendig = TH, und KongrP beschränkt auf Klassenrelator zu Zuständen; NP_j bei iV =Reflexivpronomen mit Subjektkoreferenz.

Eine eK wie *in den Saal (hinein)tanzen* hat im Unterschied zur iK *(im Saal) tanzen* annäherungsweise die folgende syntaktisch-semantische Abbildung. Dabei erfolgt eine syntaktische Umschrift der jeweiligen aspektsemantischen Ereignisgraphiken. Es ist wichtig, dabei im Auge zu behalten, daß sich die syntaktischen Umschriften der beiden ereigniskonstitutiven Phasen bei terminativen ebenso wie bei durativen Ereignissen nur minimal voneinander unterscheiden. Immerhin implizieren die Phasen bei terminativen Ereignissen einander jeweils: die erste ('E')die zweite ('Resultatszustand') ebenso wie die zweite ('Resultatszustand'!) die erste. Vgl. dazu genauer bei Abraham (1987). [P-V = Verb mit inkorporierter Verbpartikel (Postposition zum RichtungsNP?) wie *hin(ein)tanzen;* T(P) = Tempusflexionskategorie].

(14) a **eK:**

zum Saal (hin) tanzen | *in den Saal (hinein) getanzt seiend*

NP_j $[_{VP}$ PP P-V] | NP_j $[_{KS}$ t_j PP] $[_{TP}$ $[_{T}$PRÄT P-V]]

|>>>>>>>>>>>>>>>>>|--|

t_j E_1 t_m Zu_2 t_n

wobei: E_1 impliziert Zu_2 und Zu_2 impliziert E_1

Bei interminativen Verben dagegen liegt keine phasig distinkte Ereignisstruktur vor; entsprechend sind die aufeinanderfolgenden Graphiklinien nicht Ereignisphasen, sondern tempusrelative Phasen symbolisiert durch zeitrelative Punkte (t_1, t_m, t_s= Sprechaktzeitpunkt). (14b) stellt also etwas grundlegend anderes dar als (14a). Im besonderen implizieren die beiden Tempora einander nicht in dem Sinne wie in (14a). Trotzdem ist in der syntaktischen Darstellung Ähnlichkeit insofern gewahrt, als sich die Semantiken ja nur in der tempusrelativen Referenz unterscheiden.

(14) b **iV:**

tanzen | *getanzt haben*

NP_i [$_{TP}$ PRÄS [$_{VP}$ XP [$_{VP}$ V]] | NP_i [$_{TP}$ PRÄT [$_{VP}$ XP [$_{VP}$ V]]

|≈≈≈≈≈≈≈≈≈≈≈≈≈≈≈≈≈≈≈≈≈≈|≈≈≈≈≈≈≈≈≈≈≈≈≈≈≈≈≈≈≈≈≈≈|

t_1 t_m t_s

Da komplementlose Ereignisstrukturen ja nicht möglich sind – siehe (15) und vgl. mit (10) –

(15) a *Er soff *tot*
b *Er soff *in die Manageretage*
c *Er versoff

lassen sich die entscheidenden Fragen (zurückgehend auf Hoekstra 1992: 153) zum Zusammenhang zwischen Terminativität und Ergativität (Unakkusativität) folgendermaßen beantworten:

1. Was lizensiert (syntaktisch) das Vorkommen der KS-Komplemente? Während Hoekstra (1987, 1988, 1992) diese Beziehung thetarektionstechnisch begründet, habe ich das notwendige Komplement (Subjekt der SP) durch die wechselseitigen Implikationsbeziehungen zwischen den beiden Komponenten der biphasischen Ereignislexika E_1 und Zu_2 erklärt.
2. Woher kommen die resultativen Bedeutungen? Diese rühren ebenfalls aus der Biphasigkeit der vollständigen terminativen Prädikation, wobei E_1 = NP_j [$_{VP}$ PP P-V], *[e] zum Saal (hin)tanzen*, und Zu_2 = NP_j [$_{KS}$ t_j PP] [$_{TP}$ [$_T$PRÄT P-V]] der Sekundärprädikation, *[e] in den Saal (hinein)getanzt (seiend)*.
3. Was hat syntaktische Ergativität (als Konstruktion oder als Lexem) mit Terminativität zu tun? Terminative Strukturen sind grundsätzlich Sekundärprädikationen (auch in einer Syntax unterhalb von X^0) insofern, als Sekundärprädikationen bei einem internen TH-Argument terminativ sind; wenn eK/eV (ebenso wie andere terminative t/iV) Sekundarprädikationen sind, dann sind aufgrund des transitiven Verhältnisses alle eV/eK terminativ.

Man beachte, daß nicht alle Sekundärprädikationen, sondern nur solche mit einem internen Argument (=TH) terminativ sind. Dies scheint mit der Kasusverteilung einherzugehen, die eK auszeichnet; vgl. (14a) sowie (10b) und (11a,b). Der Akkusativ der Richtung indiziert ereignissemantische Biphasigkeit. Diese bleibt beim statischen

Dativ aus wie in (14b). Ob die Sekundärprädikation auch für statische Matrixverben anzunehmen ist, wie von Hoekstra (1992) sowie von Hoekstra/Mulder (1990) vorgeschlagen wurde, muß wohl angesichts der besonderen, unfehlbaren Kasusindikation im Deutschen völlig offenbleiben. Das Gemeinsame des Richtungsakkusativs und somit des die Ergativerscheinung bei Richtungskonstituenten (eK) begleitenden Akkusativs ist, daß er in derselben Verteilung auftritt wie Verbaffixoide, Verbpartikel und – wie noch zu sehen sein wird – 'ergativierende' Verbpräfixe (d.h. Verbpräfixe, die ein Simplexverb ergativ machen; vgl. Abraham 1995, Kap. 6+7). Es besteht somit kein zwingender Grand, die Sekundärprädikation auf solche Erscheinungen auszudehnen, die ein statisches Lokaladverb – das im Deutschen ebenso wie in anderen hinreichend kasusunterscheidenden Sprachen nie im Akkusativ stehen würde – erfassen – wie gesagt nur deswegen, weil zwischen (16a) und (16b) im kasuslosen Englischen rein oberflächlich kein weiterer Unterschied besteht. (Beispiele, die diese Argumentation begleiten, nach Hoekstra 1992: 153).

(16) a John drank [himself under the table] = Hans trank sich unter *den/*dem* Tisch
b John drank [under the table] = Hans trank unter **den/dem* Tisch

Die Übertragung der SP auf statische Strukturen des Typs in (16b) zwingt dazu, ein Kontroll-PRO zur Subjektidentifkation in KS anzunehmen. Siehe (17a,b).

(17) a John$_j$ [$_{VP}$ drank [$_{KS}$ himself$_j$ under XP]] ... dt. nur Akk.
b John$_j$ [$_{VP}$ drank [$_{KS}$ PRO$_j$ under XP]] ... dt. nur Dat.

Man beachte zuerst den Bedeutungsunterschied: für (17a) gilt eine klare Aufeinanderfolge von KS und dem Restsatz ('*drank*' gefolgt von '*he is under the table*'), während für (17b) Gleichzeitigkeit zu lesen ist. Dies spiegelt die skizzierte Ereigniskonstitution der Biphasigkeit für (17a) mit deutschem Akkusativ bzw. die Monophasigkeit für (17b) mit Dativ. Während für TP in (17b) PRÄTERITUM über die Prädikate <John drinking> ebenso wie <John under the table> gilt (im Einklang mit der hier skizzierten Monophasigkeit für nichtterminative Satzstrukturen) und die beiden Konstituenten kompositionssemantisch auf Satzebene zu verstehen sind, sind für (17a) ebenso wie in (14a) zwei aufeinanderfolgende Präteritaloperatoren zu wählen, die eine rein lexikalische Charakteristik festlegen (dazu näher Abraham 1990b).

Die Erklärung dafür, daß der sekundärprädikative KS vom Hauptverb nicht thetaselegiert ist, läßt sich syntaktisch liefern. PRO ist in (17b) nicht L-markiert, KS somit eine Barriere, wogegen das NP im KS, das ja eine lexikalische Repräsentation hat, L-markiert ist und somit keine Barriere darstellt. Nun ist der Richtungsakkusativ im Deutschen (ebenso wie dem Lateinischen und Altgriechischen) deutlich ein (richtungsverb-)regierter Kasus, d.h. die vermittelnde Präposition nicht selbst unabhängig in ihrer Rektion (wie es der Präpositionsdativ beim statischen Lokativ ist). Das regierende Bewegungsverb zwingt die vermittelnde Präposition gegen alle inhärente Kasusmarkierung desselben Präpositionslexems zur Akkusativausmarkierung. D.h.

unter den Tisch (hinunter)trinken weist dem Verblexem ungleich dem tV *trinken*, $[_{VP}$[NP-Akk+V]], eine andere (linksläufige) Valenz zu, nämlich $[_{VP}[_{PP}$P+NP-Akk+V]], etwa *unterhin + trinken*. Die lineare Abfolge der zwei Elemente *unter* und *hin* zueinander sollte dabei syntaktisch nicht zu hoch bewertet werden. Die Stellung des deiktischen (akkusativinkorporierenden) Elements *(hin/her)* ist im Rahmen des Gesamtdeutschen einschließlich seiner weithin nichtnormierten Dialekte nicht auf die Stellung vor der Präposition (wie in *hin-unter)* beschränkt: bairisch-österreichische wie alemannische Dialekte zeigen weithin die Abfolge [P-Kasusdeixis]; vgl. alem. *ussi- ussr* und bair. *aussi, aussa* = 'aus-hin, aus-her', alem. *ahi-ahr* ebenso wie bair. *abi-aba* 'ab-hin, ab-her', neben vielen anderen Vertretern mit paradigmenfüllender Regelmäßigkeit. Hochdeutsch *hin-/her-unter* ist keinesfalls gesamtdeutsch verbreitet.

Daß P+Akkusativ einen ganz anderen Rektionsstatus hat als P+Dativ, zeigt auch die weithin übliche Akkusativkopie am Verb: *in* ***den*** *Saal* ***(hinein-****)tanzen ≠ im Saal* ***(*in/$^{??}$dar-in)*** *tanzen; unter* ***den*** *Tisch* ***(hin-unter)*** *trinken ≠ unter* ***dem*** *Tisch (*$^{??}$***dar-unter)*** *trinken.*

4. Aspekt- und Aktionsartbeschränkungen: allgemeine Aspekttaxonomie und spezieller Sekundarpradikatsbezug

Terminative Sekundärprädikate sind im Unterschied zu direkten NP-Objekten bei ein und demselben Verb nicht thetaselegiert, d.h. nicht L-regiert. Vgl. nochmals, hier wiederholt, (1) mit den Paraphrasen, aus denen keine direkte Rektionsbeziehung ablesbar ist. Läßt sich dann jedes Verb mit einem KS derart verbinden, daß sich terminative SP ergeben? Die folgenden Beispiele zeigen, daß aspektuelle (nämlich Dynamizitäts-) Beschränkungen bestehen: die Verben links sind [-dynamisch], die rechts [+dynamisch].

(18) a	*Ich *sah* mich blind	≠	Ich *schaute* mich blind
b	*Sie *kannte* die Artikel als überflüssig	≠	Sie *betrachtete*
c	*Der Geiger *hörte* das Lied langweilig	≠	Der Geiger *spielte.....langweilig*[4]

Es fehlt bei den Verben links deutlich jene inhärente ereigniskonstituierende Komponente, die Biphasigkeit herstellt. Prüfen wir, welche Verben aspektuell bzw. aktionsartlich dazu im Stande sind. Wir diskutieren zweierlei Aspekt- bzw. Aktionsartklassifikationen: die von Vendler (1967) sowie jene von Carlson (1977).

4.1 Vendler (1967)

Ich betrachte im folgenden die vendlerschen Aspektklassen nicht als lexematische Eigenschaft von Verbklassen, sondern als Ereignisklassen. Der Grund dafür ist ein vielfältiger, vor allem anderen aber der, daß diese Klassen mehr als bloße einfache

4 Im Sinne von *Der Geiger spielte das Lied so lange, bis es langweilig wurde.*

Verblexeme decken. In der logischen Analyse schließe ich mich Dowty (1979) an. [V = Verb, A = Adjektiv, worunter (passive) Perfektpartizipien]

(19)

Ereignis-klasse	**logische Struktur**	**lex. Beispiel**	**Argumentstruktur**	**terminativ**
Zustand/ Eigenschaft	Prädikation' (x) (x,y)	*schön sein* *sehen* *glauben*	Θ [__ V/A] Θ [Θ V/A]	–
Tätigkeit	(TUN (x)) [Prädikation' (x) (x,y)]	*essen* *bauen*	Θ [Θ V]	-
Zustande-kommen	WERD Prädikation' (x)	*ankommen* *trocknen (= tro-cken werden)*	_[Θ V]	+
Zustande bringen	BEWIRK [Zustandekom-men]	*finden, ersteigen, fällen, geben; ein Haus bauen, aufessen*	Θ [Θ V]	+

Die dritte Ereignisklasse, in der sich interner Argumentstatus mit Terminativität verbindet, charakterisiert unakkusativische Verben (eV). Ein internes Argument kann nie AGENS sein, es muß vielmehr THEMA oder EXPERIENCER sein.

Daß Verben mehreren dieser Ereignisklassen zugehören können, zeigt auch das folgende Beispiel. *verdauen* läßt sich in zweiwertig-transitiver Verwendung der 4. Klasse, in ein- oder zweiwertiger Verwendung mit indefinitem Objekt der ersten, ebenfalls ein- oder zweiwertig mit indefinitem Objekt aber auch der zweiten Klasse zurechnen. Daß Aspekt und Adverbien interagieren, zeigt das folgende Beispiel.

(20) a *Hans schwamm in einer Stunde *im* See
b Hans schwamm in einer Stunde *über den* See

Unter Bezug auf andere gängige Taxonomien lassen sich diese vier Ereignisklassen weiter unterverteilen.

(21)

		Zustand/Eigenschaft	**Beispiel**	**Thetarolle (Θ)**
a		örtlich	*an/in/auf etwas sein*	TH [LOK V]
b		nichtörtlich:		
	i	Zustand/ Befindlichkeit	*betreut*	PAT [____ V]
	ii	Wahrnehmung	*sehen*	EXP/TH [_ V]
	iii	Gemütszustand	*glauben*	EXP/TH [_ V]
	iv	Besitz	*haben*	TH [LOK V]

v		Gleichsetzung	*sein*	TH [LOK V]
		Tätigkeit		
c		nichtkontrolliert		
	i	Nichtbewegung	*weinen, verdauen*	PAT [_V]
	ii	Fortbewegung	*fallen*	PAT/TH [_ V]
d		kontrolliert	*(be-)weinen*	AG [(TH) _ V]
e		Zustandekommen	WERD (ZUSTAND)	
f		Zustandebringen	TÄTIGKEIT (BEWIRK (Zustandekommen))	

fallen z.B. ist als Verbum simplex noch eine unkontrollierte Tätigkeit (iV), im Sinne von *nieder-* bzw. *hinunterfallen* ein Ereignis des Zustandekommens (eV). Vgl. etwa *das (in die Gosse) gefallene Mädchen*, das die für eV/eK geltende Attribuierungsbedingung erfüllt, während *der gefallene (≠ UMgefallene!) Baum* kaum akzeptabel ist.

4.2 Carlsons Klassifizierung: individuelle Eigenschaften und Präsentationsprädikate

Innerhalb der oben skizzierten Unterklassen unterscheiden sich z.B. die Wahrnehmungs- und Gemütszustandsprädikate dadurch, daß sie unterschiedlich auf durative Umgebungen reagieren. *wissen*, *kennen*, *können* lassen sich nicht in durativen Gerundialkonstruktionen des Typs *am V-en sein* verwenden; sie erlauben keinen Imperativgebrauch; und sie können nicht in Komplementen von *beenden*, *einhalten*, *aufhören* stehen. Diese Verben sind nicht kontrollierend und undynamisch (keine Tätigkeiten). Bestimmte Wahrnehmungsverben sind jedoch auch dynamisch zu verstehen: man denke an *sehen ≠ schauen; hören ≠ horchen*, *lauschen; fühlen ≠ befühlen*, *anfassen*. Wenn Gemütszustandsverben Individuenprädikate (in Carlsons englischer Terminologie *individual predicates)* sind, dann lassen sich Wahrnehmungsverben als Prädikate von Zuständen eines Individuums auffassen. *wissen*, *können* sind deutlich Individueneigenschaften bzw. Individuenzustände *(Französisch können; alles wissen)*. *Musik (an)hören* jedoch bezieht sich auf eine Kette von Momenten eines längeren Hörereignisses eines Individuums, *am Rauchen sein* andererseits ist in diesem Sinne ein *Präsentationsprädikat* (Carlsons *stage predicate)*, das generische *(Er) raucht* im Sinne von *Er ist Raucher* dagegen eine Individueneigenschaft. Ich gehe nur auf die für unsere Zwecke interessanten Unterscheidungen bei Carlson (1977) ein.

Hoekstra (1992: 159) hat nun m. W. zum ersten Mal darauf hingewiesen, daß die von Carlson (1977) vorgestellte Klasse von 'individuenbezogenen' Prädikaten zur Gänze in der Klasse der Zustände aufgeht. Wenn das statisch-lokale Adverbial *im Tanzsaal* nur Ereignisse (Tätigkeiten, Zustandekommen, Zustandebringen) distributiv charakterisiert, dann sollten sich Individueneigenschaften syntaktisch gegen dieses Adverbial sperren – was sie auch tun.

(22) a Hans hörte im Tanzsaal der Musik zu
b *Hans kannte im Tanzsaal die Musik

Wahrnehmungsverben sind also auch in der Klasse der Tätigkeiten zuhause, und diese sind Präsentationsprädikate. Präsentationsprädikate umfassen also einige von Dowtys Zustandsprädikaten ebenso wie Tätigkeiten und Prädikate des Zustandebringens. Präsentationsprädikate lassen sich ferner ebenso wie Wahrnehmungsprädikate in 'dynamische' (Tätigkeiten) und 'nichtdynamische' (Zustände) unterteilen.

4.3 Terminativität

All diese Aspekt- und Aktionsarteigenschaften erfassen jedoch selbst nicht Telizität (Resultativität, Terminativität). Gerade diese Eigenschaft zeichnet unakkusativische (ergativische) Verben und Verbgruppen aus und zwar entweder rein lexikalisch bei Verba simplicia wie *sterben* oder bei Verbpartikel- und Affixoidverben, bei Fortbewegungsverben mit Richtungsakkusativ-PP oder bestimmten reinen Präfixverben. Wie diese Resultativität zustandekommt, haben wir anhand von (14a) erörtert: die SP statuiert im KS jene 2. Resultatsphase, die durch das Gesamtverb impliziert wird, die jedoch beim Simplex implikativ nicht vorliegt, *einschlafen* und *untergehen* sind typische Beispiele dafür; die einfachen Verben *schlafen* und *gehen* sind untelisch und somit unergativisch. Die Ergativität bei *sterben*, eV (= [+term] iV), ist z.B. begründet durch die WERD-Komponente als Denotat eines Zustandekommereignisses *'tot werden'*, die beim tV *ermorden* durch dieselbe Komponente in 'BEWIRK (WERD *(tot sein)*)'. In beiden Fällen vertritt die innerste Komponente, *'tot(sein)'*, das Sekundärprädikat als Kurzsatz (ohne Kopula). Ihr besonderer Status als Resultatskomponente der Lexem- oder Verbgruppengesamtbedeutung konstituiert sich jedoch aus dem Zusammenspiel der höheren und der tieferen Prädikate[5]. Welchen spezifischen Begründungen und Beschränkungen unterliegt dieses telizitätsbewirkende Zusammenspiel?

Ein breiterer Überblick zeigt, daß die Terminativprädikation zwei Merkmalskomponenten haben muß: die einer Repräsentationsprädikation *(stage level predicate)* – also Ereignishaftigkeit (Tätigkeit, Zustandekommen, Zustandebringen) – und die der Dynamizität bei notwendigem Fehlen von lexikalisch inhärenter Begrenzung. Unter

5 Ich erwäge hier nicht weiter, wie Merkmale wie definit determinierte Objekte als VP-Konstituente [$_{VP}$ NP V] sowie 'perfektive' Quantifikationen beim Objekt-NP Terminativität bewirken; umgekehrt ergeben indefinite NPs und DET-lose Plurale interminativen Aspekt. Generalisierend läßt sich also Unakkusativität als notwendige Folge von Terminativität nicht allein als inhärente oder (derivations)lexikalische Eigenschaft beschreiben, sondern es tragen zu dieser bisher syntaktisch gesehenen, grundlegend aber zeitkonstitutiven Eigenschaft ebenso kategoriale Eigenschaften in bestimmten syntaktischen Positionen bei. An weiterführender Literatur hierzu ist zu nennen Hinrichs (1985) und Jackendoff (1991). Vgl. prinzipiell zur Leistung der Indefinita Abraham (1994).

Abstraktion von den beteiligten Argumenten auf eine impressionistische Formel gebracht sieht dies so aus: Resultatitivität = [dynamisches Ereignis (=Veränderung) + Endzustand]. Wesentlich ist dabei der Verändcrungsvektor beim dynamischen Ereignis, ausgedrückt im Deutschen durch den Rektionsrichtungsakkusativ (und eben nicht durch den adverbiellen Dativ) bei Fortbewegungsverben ebenso wie durch die „Rückwärtsimplikation“ solcher affixoider Adjektive bzw. Verbpartikeln wie *tot*, *gesund* bzw. *(hin)über*, *(herunter*, die jeweils die Veränderungsphase in Richtung zu dem durch sie ausgedrückten Zustand bezeichnen. Es läßt sich demnach keineswegs von einem wechselseitigen Zusammenspiel der beiden beteiligten Komponenten sprechen. Wohl setzt Terminativität ein dynamisches (eben Veränderung erst ermöglichendes) Ereignis voraus – und schließt damit Zustände aus. Aber es ist eben diese Vektorkomponente, die aus der Kopulasekundärprädikation erst ein Resultat eines auf einen Zustand zulaufenden Ereignisses macht. Die SP alleine impliziert die 1. Ereignisphase nur dann, wenn in ihr ein Perfektpartizip, in weitaus geringeren Fällen, wenn ein Adjektiv zum Ausdruck kommt – nie jedoch, wenn ein statisches (dativisches) PP oder Adjektiv ohne Vorlaufimplikat E, vorliegt.

Wo wie in (23a,b) unten Eigenschaftsprädikation (individuenbezogene Prädikate in Carlsons Sinne), somit die notwendige Voraussetzung der ‘Veränderlichkeit’ nicht vorliegt, lassen sich keine SP und somit keine Ergativkonstruktionen bilden. Bei den Tätigkeitsdenotaten in (23c,d,e) liegt nicht ‘Dynamizität’ vor, somit ebensowenig Veränderlichkeit, also kein Fortschritt zu einem Zielzustand hin. In (23f) schließlich liegt wohl ein Verb mit all diesen Eigenschaften vor; *erschlagen* ist aber bereits selbst terminativ und kausativ, birgt also inhärent einen Ereigniszulaufendpunkt, der die Konstitution einer SP überflüssig macht.

(23) a Er spricht/*verehrt die Jungfrau selig
b Wir beherrschen/* lehren Französisch auswendig
c Rilke dichtete/*verdichtete das Gebet zu Ende
d Sokrates lauschte/*verhörte sich taub
e Wir wischten/*verwischten die Krumen an den Rand
f Der Vietkong mordete/*ermordete das Land leer

Wir können daraus folgern, daß jene Sekundärprädikate, die nicht unbedingt inhärent eine Veränderung im Ereignisvorlauf implizieren (etwa *selig*, *taub)*, schwerer zu SP fuhren – es sei denn sie haben bereits lexikalisch fixierten Status (wie *selig preisen)* wie in (23a). Im allgemeinen jedoch bietet sich bei Repräsentationsprädikaten, gleichgültig welcher Kategorialität, Veränderlichkeit an: vgl. *krank* = ‘krank geworden seiend’; *intelligent* ≠ ‘intelligent (*geworden) seiend’, *krank* ist ein Adjektiv, trotzdem hat es resultative Denotation. Vgl. *selig*, das eine intranstive Adjektivdenotation im Sinne von ‘glücklich’ hat, ebenso aber eine unakkusativische, ergativische wie in ‘selig gemacht worden seiend’. Im Einklang mit unserer Analyse ist das eADJ ein komplexes Prädikat: es stellt ein externes Argument für BEWIRK und ein internes Argument für das Adjektivprädikat; es ist seiner Ereigniskonstitution nach biphasisch. Seine resultative Phase läßt sich mit einem abstrakten Prädikat W*ERD- ADJ* denken.[6]

intelligent dagegen ist ein einfaches Prädikat, somit ohne Veränderungsimplikation (monophasisch). Diese semantisch-syntaktische Adjektivunterscheidung hat ein interessantes Distributivkorrelat in Existenzsätzen (nach Milsark 1974).

(24) a There are some students *sick* ... Repräsentationspradikat (stage level predicate)
b *There are some students *intelligent* ... individuenbezogene Eigenschaft

Es bestehen auch wesentliche Satzfokusunterschiede, die darauf hinweisen, daß Repräsentationsprädikate und Individuenprädikate in unterschiedlichen syntaktischen Positionen generiert werden. Zudem ergeben sich dabei unterschiedliche Lesarten. Vgl. (25b) und (25d). [GA = grammatischer, default-Satzakzent; KA = kontrastiver, markierter Satzakzent. Siehe zu Prinzipiellem der Fokussyntax im Deutschen Abraham (1992b).]

(25) a da Studenten ja oft KRANK sind ...GA
b da ja oft STUDENTEN KRANK sind ...KA (Doppelfokus!)
c da Studenten ja oft INTELLIGENT sind
d *da ja oft STUDENTEN INTELLIGENT sind

Wie oben beobachtet sind es die Sekundärprädikate in den Kurzsätzen, die einseitig Terminativität auslösen. Dies zeigt (122a,b).

(26) a Er lachte sich *krank/tot* ... Repräsentationspradikat
b *Er lachte sich *klug/lebendig* ... Individuenprädikat

Wie läßt sich erklären, daß inhärent ergativische Verben wie *sterben* auch unpersönliche Passivierung – zugegeben nur im stilistischen Spiel, aber eben doch mit klarer Interpretierbarkeit – erlauben, damit ja Unergativität – da ja wiederum Agentivität! – verraten und entinchoativisiert sind, also z.B. Repetition des Ereignisses erlauben? Es scheint grundsätzlich zwei Möglichkeiten zu geben, wie inhärent terminative Prädikate Telizität/ Resultativität aufgeben können: durch offene Objektquantifikation

6 Im Prinzip denkbar wäre auch folgender semantisch-syntaktischer Mechanismus, den ich hier nur grob skizzieren kann. In Erweiterung von Higginbotham (1985, 2009) ließe sich annehmen, daß ACHIEVEMENTS und ACCOMPLISHMENTS auf der Ebene der Logischen Form neben den lexikalisch zugewiesenen Argumenten ein proposinonales Ereignisargument haben, das in der Ableitung zur Satzoberfläche abzusättigen ist. Der Operator, der dieses propositionale Ereignisargument absättigt, muß die Quantor- bzw DET-Kategorie beim SP-Subjekt miterfassen, da ja auch Quantifikation und Definitheit beim Subjekts-NP die SP-Lesart mitbeeinflussen. ZUSTÄNDE oder EIGENSCHAFTEN, allgemeiner vielleicht sogar DURATIVE EREIGNISSE, besitzen dieses Ereignisargument dagegen nicht.

bei Existenzvoraussetzung des Objekts (Objektellipse) oder durch Umorientierung der Thetarolle des Subjekts – im vorliegenden Falle durch Agentivierung. Objektellipse scheint nur bei dem Ereignistyp des 'Zustandebringens' möglich zu sein, nicht jedoch bei ungerichteten 'Tätigkeiten' – sofern wir von idiomatisch fixierten Denotaten absehen, die jedoch wiederum dadurch entstehen, daß ganz bestimmte Direktobjekte elliptisch ausgelassen werden dürfen.

(27) a sie *reizt (^{OK} beim Kartenspiel), *trägt (^{OK} bei 'schwanger sein'), *schiebt (^{OK} im Schwarzhandel), *zieht (vgl. ^{OK} *es zieht)*
b sie ißt, trägt vor, baut

Wie sehr die Sekundärprädikate im KS für die Terminativlesart und damit für Ergativität verantwortlich sind, zeigen die folgenden Beispiele, wo allemal alle Bedingungen beim Matrixverb erfüllt sind, wo jedoch das SP ausgelassen wurde, sodaß keine KS-Bildung möglich ist.

(28) a *Peter schlägt das Angebot
b Peter schlägt seinen Hund
c Peter schlägt das Glas *vom Tisch*
d Peter schlägt den Ball
e Peter schlägt das Angebot *aus*

Die hervorgehobenen Elemente sind KS-Prädikate. Nur bei diesen erhält das sonst interminative, punktuelle *schlagen* terminative Bedeutung. In (28d) liegt im Unterschied zum analytischeren Objekt in (28b) allerdings eine idiomatische Bedeutungsfixierung zwischen Verb und Objekt vor. Möglicherweise liegt bei dieser Verwendung Sekundärprädikation bei einem leeren KS-Prädikat vor (etwas was den Dikken 1992 und Mulder 1992 prinzipiell vorsehen).

Hoekstra (1992: 164) meint zeigen zu können, daß englische Verben mit SP-Komplementen keine anderen Objekte – etwa indirekte Objekte – erlauben. Dies folge unmittelbar aus der SP-Analyse. Fürs Deutsche scheint diese Einschränkung nicht aufrechtzuerhalten zu sein – ganz abgesehen davon daß die „freien" Dative wie in (29) die aspektuelle Bedeutung der SP keineswegs einschränken oder blockieren.

(29) a Die Luxuskinder fraßen *der Mutter* [den Vater ARM]
b *Die Luxuskinder fraßen [den Vater *der Mutter* arm]
c Der Dozent paukte sie$_1$ *ihren Eltern* ja [e_1 SCHWINDLIG]
d *Der Dozent paukte sie$_1$ ja *[ihren Eltern* e_1 schwindlig]

Dies wäre weiter keiner weiteren Erwähnung wert, würde daraus nicht weiteres Wichtiges folgen. Es zeigt nämlich, daß das Dativobjekt nicht zur SP, sondern zum höheren Satz gehört. Der Dativ ist damit außerhalb der Kernprädikation VP in einer Adjunktionsschale, außerhalb des Bereichs für strukturellen Kasus (gegen Wegener 1991, Gallmann 1992 und indirekt auch Fanselow 1992).

4.4 Morphologisch einfachere Unakkusativa

Unter der strengen lexikalischen Hypothese (Di Sciullo & Williams 1987) läßt sich die bisher vertretene SP-Analyse nur auf jene Terminativprädikate übertragen, die auch phonologisch ein Sekundärprädikat repräsentieren. Dieses SP trägt immer den Satzhauptfokus, wie in (29) gezeigt. Wo kein solches fokuswürdiges SP-Element vorkommt, scheint unsere Analyse zu versagen. Ich möchte jedoch den Nachweis führen, daß auch ergativische Präfixverben auf diese Weise zu analysieren sind. Wenn dabei die Syntaxkomponente auf und über X° verlassen wird, wenn sozusagen in die lexikalische Syntax eingedrungen wird, dann ist dies nur ein Nachweis dafür, daß die beobachteten syntaktischen Mechanismen modulüberschreitend (d.h. nicht nur für die Syntax, sondern auch für die Morphologie verbindlich) sind. Methodisch sind solche modulüberschreitende Ergebnisse höchst willkommen.

Der Nachweis dafür, daß ergativische Präfixverben durch den SP-Mechanismus beschrieben werden sollten, läßt sich in mehreren unabhängigen Schritten führen. Einmal haben terminative Präfixverben z.T. solche Bedeutungen, die sich leicht durch Affixoidverben bzw. Adjektivprädikate und Richtungs- und Zieladverbien, also durch wohlbegründete Sekundärprädikationen wiedergeben lassen. Diese Affixoid- und Adjektivkomponenten tragen den erwarteten grammatischen Satzfokus. Man vergleiche etwa *zerSCHNEIDEN = KAPUTT-, IN FETZEN-* oder *AUSEINANDERschneiden; ersetzen = ANSTELLEsetzen, belegen = DARAUF-legen; abwohnen = ZU SCHANDENwohnen.* Ein weiterer indirekter Nachweis ist (mit Hoekstra 1992: 165) darin begründet, daß morphologisch komplexe Verben, die einmal unakkusativisch, d.h. terminativ präfigiert sind, im Gegensatz zu den entsprechenden Verba simplicia keine Sekundärprädikation mehr erlauben. Vgl. (30) sowie (23a-f) oben.

(30) a daß er das Heft (*kaputt/auseinander) *zer*schneidet
b weil sie das Haus (*zu Schanden) *ab*gewohnt haben
c Sie hat das eine Wort (*an die Stelle des anderen) *er*setzt

Freilich spielt in diesen Nachweis eine Menge an fixierender, „entfregeisierender“ Lexikalisierung mit hinein. Wo derartige Fügungen auch bei Präfixverben möglich sind, handelt es sich offenbar um Präfixbedeutungen, die mit den XP-Elementen davor in innigerer semantischer Beziehung stehen. Vgl. etwa *in Fetzen* ***zer****schneiden* (gegen *(*kaputt) zerschneiden)*, weiter *zum Vorsitzenden ernennen, zur Untreue verführen, zum Tode* ***verurteilen****.* Wenn das unakkusativische, terminative Verbpräfix als Kopie der Resultatszustandskomponente in der biphasischen Ereigniskonstitution betrachtet werden kann, dann gilt für die zuletzt genannten Verben, daß lexikalisierende Prozesse die analytische Eigenschaft verdunkelt haben. Die Resultatskomponenten von Sekundärprädikaten können im allgemeinen nicht nachgestellt werden *(*daß sie das Haus wohnen kaputt/*stecken in Brand)*, nicht einmal bei Koordinationen weiterer Resultatskomponenten *(*daß* *sie das Haus wohnten kaputt und abbruchreif*, **es steckten in Brand*, *unauslöschlichen*); bei den lexikalisierten Präfix- XP-Gruppen scheint dies nicht ausgeschlossen zu sein. Der syntaktische Status dieser PPs in lexikalisierten Fügungen ist dann nicht der Ziel- bzw. Resultatsprädikation in einer SP gleichzusetzen, sondern diese PPs haben Adjunktstatus und sind als solche freier und eher nach rechts herausstellbar.

Die beobachteten Distributionsbeschränkungen lassen nicht nur den Schluß zu, daß Verbpräfixe einer bestimmten Klasse Sekundärprädikatidisierungseffekte haben. Sie zeigen auch, daß Objekte zu SP-fähigen Verben oftmals nur zusammen mit den Sekundärprädikaten auftreten können – besonders dieser Umstand erweist den (Kurz-)-Satzcharakter der SP sowie den Subjektcharakter dieses oberflächlichen Objekts. Vgl. (31) und (32).

(31) a daß die Familie das Haus völlig *ab*wohnt
b *daß die Familie völlig *ab*wohnt
(32) a daß Peter Wein säuft
b *daß Peter Wein *be*säuft
c daß Peter sich *be*säuft
d *daß Peter *be*säuft
e daß Peter sich *krank* säuft
f *daß Peter sich krank *be*säuft

Festzuhalten ist auf jeden Fall, daß die Verbpräfixe der entsprechenden Klasse die Simplicia erst zu terminativen Verben machen (dies ist eine alte Beobachtung in der germanistischen Philologie) und (und dies ist die neue Einsicht) die syntaktisch-semantischen Distributionseigenschaften der Unakkusativa begründen.

Neben den unakkusativischen Präfixderivativa stehen im Deutschen auch Suffixderivationen mit denselben terminativen, nämlich kausativen Ergebnissen. Zu diesen Verbsuffixen gehören die Kausativsufixe *-ivieren* bzw. *-isieren*. Hoekstra (1992: 167) zeigt fürs Holländische, daß bei Derivationen mit Suffix Sekundärprädikationen nur dann möglich sind, wenn das Verbsuffix die Resultatskomponente übernimmt, d.h. sofern kein anderes resultatives Element im Satz vorliegt.

(33) a Er relati*viert* seine Behauptung ... terminatives tV
b *Er relativiert seine Behauptung *nichtig*
c Er macht seine Behauptung *relativ* ...SP
d *Er macht seine Behauptung *nichtig* relativ
(34) a Ihr Lied elektri*siert* ihn ...terminatives tV
b Ihr Lied macht ihn *elektrisch* ...SP
c *Ihr Lied elektrisiert ihn *verrückt*
d *Ihr Lied macht ihn *elektrisch verrückt*

-isieren/-ivieren-Verben sind kausative Adjektivableitungen. Dies zeigt, daß das Unakkusativsuffix denselben Effekt bewirkt wie die KS-Adjektivprädikate bzw., wie mit (19–32) gezeigt, die Verbpräfixe der terminativierenden Klasse. Ereignisstrukturell

charakterisieren Affixe dieser bestimmten Klasse die Resultatsphase der biphasischen Ereignisstruktur wesentlich. In Erweiterung von (13a,b) oben läßt sich der syntaktische Status des Affixes folgendermaßen darstellen. (Wir variieren in der externen Argumentposition über die möglichen Thetarollen, mit 'Affix' über verbale Präfixe und Suffixe.)

(35) a AG/EXP/TH [$_{VP}$ *mach-* [$_{KS}$ TH KongrP *ADJ*]]
b AG/EXP/TH [$_{VP}$ V-Affix [$_{KS}$ TH KongrP *ADJ*]]

Affixe sind X^0-Kategorien. Ihre Verbindung mit Verbstämmen erfüllt eine wesentliche strukturelle Bedingung für Elementversetzung, nämlich einmal daß die kategoriale Struktur der zueinanderrückenden Elemente gleichstufig ist und daß die Affixe, die lexikalischen Köpfe als V-Stammselektoren Kopfinkorporation mit der selegierten Kategorie, dem Verbstamm eingehen.

Wenn wir (35) auch als Repräsentation für terminative (und damit unakkusativische) Präfixverben übernehmen, ließe sich die Frage der Landestelle bei dieser Kopfversetzung relativ zum Verbstamm als Selektionsrichtungsbedingung sehen: Präfixe, ausgezeichnet dadurch daß sie kein Kongr tragen, sind vorangestellt, Suffixe dagegen sind integriert mit der Kongr-realisierenden Morphemkomponente der Sekundärprädikation und stehen folglich hinter dem Stamm. Man vgl. (36a) zum kausativischen *vergrößern* als Beispiel für ein unakkusativische Präfixverben, (36b) für kausativisches *relativieren* als unakkusativisches Suffixverb.

(36) **Syntax**
a AG[$_{VP}$ *ver-* [$_{KS}$ TH KongrP *größer*]
b AG[$_{VP}$ *(is/v)ier-* [$_{KS}$ TH KongrP *relativ*]
c **Ereignissemantik**
groß machen = | *größer (= groß)*
= *vergrößern* | *(geworden seiend)*
|>>>>>>>>>>|----------------------|
T_1 E_1 t_m Zu_2 t_n

Wie der syntaktische Mechanismus, der Suffixe ebenso wie Präfixe abdeckt, technisch genauer zu realisieren ist, lasse ich hier offen. Daß solche Suffigierungsprozesse mit Kausativ-und Unakkusativeffekten weithin über Sprachen wirksam sind, zeigen z.B. das Lateinische mit dem Inchoativ- und Unakkusativsuffix *-sc-*, das gemeingermanische *-jan*-Suffix sowie das verbale *-n*-Infix im Gotischen (Abraham 1987). Die lateinischen *-sc*-Inchoativa sind eV, die germanischen *jan*-Verben sind Kausativa. Man beachte dabei, daß die *jan-Verben* immer schwach sind, ihr Präteritum entsprechend (vorgeblich) mit einem *tun*-Reflex (ähnlich dem *machen* in (35) und (36)) bilden. Auch dies rundet das Gesamtbild (vgl. schon Abraham 1987).

Dafür daß morphologisch einfache Verben wie *sterben* gemäß (36) mit einem inchoativischen, SP-regierenden Nullmorphem anzusetzen sind, spricht einiges:

vgl. *kühl-en, grün-en* neben *schwärz-en, bläu-en, röt-en, töt-en*. Hier steht nicht nur das Kausativparadigma mit Umlaut im Verbstamm zur Anzeige der Terminativisierung und Unakkusativierung neben den unumlautbaren Verben. Vielmehr gibt es auch einen klaren, ebenso paradigmatisch fixierten Gegenmechanismus, den der Enttransitivierung bzw. Dekausativierung mithilfe des Reflexivs. Man denke an die *sich*-Inchoativa bei *sich röten*, ('rot werden' zu 'rot machen'), *sich schwärzen* ('schwarz werden' zu 'schwarz machen'). Man denke an die deutsche Medialisierung (Mittelverbbildung; vgl. Abraham 1992c), die in einem stark und regelmäßig belegten Paradigma morphologischer Kausativ- und Inchoativanzeiger steht. Im Sinne des bisher skizzierten Gleichlaufs zwischen Syntax und Ereigniskonstitution macht das Reflexivpronomen somit syntaktisch die Sekundärprädikativierung rückgängig, erwirkt ereignissemantisch Phasenreduktion (Debiphasierung), d.h. Entresultativisierung, thetasemantisch Deagentivierung und oberflächensyntaktisch Streichung der syntaxhierarchisch höchsten Valenzstelle. Gesamtsysteme mit derartigen gegenläufigen Paradigmen (Kausativierung/ Terminativisierung neben Dekausativierung/Determinativisierung) begründen die Annahme von Nullmorphemen ganz besonders wirkungsvoll.

5. Lexikalistische Hypothese und Sekundärprädikate

Die Analyse morphologisch komplexer und morphologisch einfacher Verben, die wir bisher vorgenommen haben, kann zu dem Schluß Anlaß geben, daß wir auf jede Form lexikalistischer Lösungen verzichten. Nach der strengen Formulierung des Lexikalismus (Di Sciullo & Williams 1987) sind Präfixverben aus folgendem Grunde syntaktisch unzerlegbare Atome: Das Präfix bestimmt den syntaktischen Status des Verbs, hat somit Kopfstatus und sollte nach einer generellen Regel im Germanischen dem Rechtskopfprinzip folgen. Unakkusativische Verbpräfixe stünden jedoch, würden sie als syntaktisch selbständige Morpheme in die Syntax eingehen, in Widerspruch zur Rechtskopfregel.

Man beachte, daß wir in unserer eV- und eK-Analyse aufgrund ganz unabhängiger Zusammenhänge eine Rechtsposition der Präfixe, nämlich innerhalb der Sekundärprädikationen annehmen. Damit wird die intuitiv einleuchtende Gemeinsamkeit zwischen Verbpartikeln, Affixoiden, akkusativischen Richtungsadverbien und eben ergativischen Verbpräfixen auch linear hergestellt. Wir haben argumentiert, daß es empirisch unzulässig wäre, diese intuitiv zusammengehörigen Erscheinungen analytisch-formal zu trennen.

Im folgenden sei gezeigt, daß es trotzdem Platz für rein lexikalistische Entscheidungen in diesem empirischen Bereich geben muß. Es wurde oben hinreichend begründet, wie sowohl Verbpartikel als auch Verbpräfixe als Sekundärprädikate zu verstehen sind. Wenden wir uns mit diesem Hintergrund kurz einer typisch deutschen Erscheinung zu, nämlich den Doppelentsprechungen wie in (37) (nach Benware 1992, 1993).

(37) DURCHziehen ≠ durchZIEHEN
ÜBERgehen ≠ überGEHEN
UNTERstellen ≠ unterSTELLEN
HINTERbringen ≠ hinterBRINGEN
WIEDERholen ≠ wiederHOLEN

Dieser Wechsel ist nur bei lexikalisch noch durchsichtigen Präpositionsverbpartikeln möglich – mit dem typischen Unterschied, daß die unbetonten, untrennbaren Präfixe lexikalisch undurchsichtiger sind und dem Simplex auf weniger systematisierbare Weise eine erweiterte Bedeutung verleihen.

Wenn, wie oben dargestellt, Verbpartikeln Sekundärprädikate sind, die damit die Aktionsart- und syntaktische Unakkusativitatscharakteristik begründen, dann ist es nur ein kurzer Weg zur Spekulation, daß die homonymen Präfixentsprechungen zu den Partikelverben – die Partikelverben sind ausnahmslos Unakkusativa, somit Terminativa – die Unakkusativitäts- ebenso wie die Terminativitätseigenschaft der Partikelverben übernehmen. Es wird hier kurz gezeigt, daß dieser Analogschluß empirisch unhaltbar ist, daß demnach keine SP-Repräsentation angebracht ist. Man denke etwa an das Paar *UMfahren : umFAHREN* neben *DURCHsetzen : durchSETZEN*. Während *DURCHsetzen*, ein Partikelverb, terminativ und unakkusativisch ist, *durchSETZEN* ein Präfixverb und ebenfalls Ergativeigenschaften aufweist, erlaubt *umFAHREN* keine SP-Interpretation und demnach keine SP-Darstellung. Vgl. (38) und (39): (38a)/(39a) stellt das Partikelverb dar, (38b)/(39b) ist der Versuch, die Bedeutungsstruktur des Präfixverbs in einer vergleichbaren SP-Struktur wiederzugeben – ein Versuch, der mißlingt, da der SP keine vernünftige Prädikationssemantik zukommt.

(38) a Er fuhr das Hindernis **UM**
b Er **UM**fuhr das Hindernis = Er fuhr **um** das Hindernis **herum**

(39) a AG *fahr-* [TH *UM-*]
b AG *fahr-* P_j [her_i P_j KongrP LOK] wobei P_j = *um;* vgl. (39c)
c AG *fahr-* $[_{PP}$ um_j [her_i um_j $[_{NP}$ LOK_i]]

Es ist wichtig, die generelle Paraphrasierbarkeit in (38b) im Auge zu behalten. Vgl. etwa auch *überSETZEN = über XP HINÜBER setzen.* Das LOK-Argument ist erst durch die thematische Selektion der Präposition *um* in das komplexe Verb *umFAHREN* eingebracht.

Ebenso wichtig ist es allerdings zu sehen, daß her_i P_j in (39c) nicht den Status eines Kurzsatzes hat, sondern vielmehr Adjunktion zu PP ist. Wir vermögen also bei einem derartigen Präfixverb keine Möglichkeit zu einer Sekundärprädikation zu sehen – dies zumal ja bei *UM XP HERUMfahren* auch keine deutliche Terminativität vorliegt. Dies ist freilich von Präposition zu Präposition einzeln neu zu erwägen (zu *durch* vgl. etwa Benware 1993). Die Gegenüberstellung alleine – vgl. (37) – kann die Frage noch nicht beantworten, ob syntaktische terminative Sekundärprädikation vorliegt oder ob eine lexikalistische Position zu beziehen ist, wo das Präfixverb als unteilbares Atom in die syntaktische Analyse einzubringen ist.

6. Schlußfolgerungen

Die hier vorgelegte Analyse der Unakkusativa als aspektuell begründeter, lexikalisch inhärenter Semantiken und syntaktischer Sekundärprädikate steht in diametralem Gegensatz zu der rein syntaktischen Abfolgebegründung der Unakkusativa bei Fanselow (1992). eV spiegeln danach in direkter Weise die von Perlmutter (1978) und danach von Burzio (1986) begründete Struktur als DO-derivierte Oberflächensubjekte (eV: __ [TH V]).

Ich kann hier nicht auf die Argumente bei Fanselow (1992) eingehen. Behauptet sei allerdings, daß die hier vorgestellte Analyse Erscheinungen in einem breiteren Feld unter einen gemeinsamen nicht nur beschreibenden, generalisierenden Nenner stellt, sondern daß sie auch erklärenden Status hat. Freilich: aspektuelle Begründungen sind so lange nicht syntaxwürdig und damit einer harten, distributionstechnisch sauber motivierenden Linguistik zugänglich, als nicht klare Abbildungsmechanismen zwischen Semantik und struktureller Syntax vorgelegt werden können. Genau dieser Schritt ist hier jedoch getan worden. Es scheint, als sei die vorliegende ereignissemantisch und syntaktisch begründete Analyse der rein linear argumentierenden fanselowschen überlegen. Man beachte weiter, welche Perspektiven sich aus der Implikation, daß Ergativa Terminativa sind, für die burziosche These ergeben: zum einen erhält diese rein empirische, bisher nicht widerlegte Generalisierung („Subjekte von Unakkusativa sind eigentlich Objekte") zum ersten Male eine plausible Erklärung; und zum anderen wird für diese in der Syntax gedeutete Restriktion eine schlüssige semantische Deutung bereitgestellt, in welcher auch die Tatsache, daß unakkusativische Subjekte tieferliegende direkte Objekte sind, eine Erklärung erhält[7].

Hinzufügung 26. Juni 2013:

Ich verweise heute auf die folgende empirisch adäquatere Analyse – „Prädikatskomplexanalyse" –, die der meinigen oben – „*Small-clause*-Analyse" – widerspricht (hier nach H. Haider 2013, Kap 7).

(40)	a	$[_{VP}$ laugh $[_{DO}$ herself silly$]_{SCL}$	*Small-clause*-Analyse
	b	$[_{VP}$ $[_{DO}$ sich dumm$]_{SCL}$ lachen]	
	c	$[_{VP}$ laughi $[_{DO}$ herself [ei silly$]_{PK}$]]	Prädikatskomplexanalyse
	d	$[_{VP}$ $[_{DO}$ sich [dumm lachen$]_{PK}$]	*dumm lachen ≠ dummlachen*
		$lachen_i$ [sich [dumm]] e_i]	

7 Unberührt davon bleibt freilich die zweite Komponente der burzioschen Hypothese, nämlich daß nur Prädikate, die ein Akkusativobjekt bereitstellen, auch ein Tiefensubjekt haben. Diese These ist logisch nicht zwingend mit der ersten Komponente zu verknüpfen und scheint auch empirisch nicht haltbar zu sein.

Zitierte Literatur

Abraham, Werner 1983. Adjektivrektion. Tippskript Universität Groningen.

Abraham, Werner 1984. Semantische Transitivität. In: O. Askedal et al. (Hg.): *Festschrift für Laurits Saltveit.* Oslo, Bergen & Tromsø: Univ. Forlaget, 15 29.

Abraham, Werner 1985a. Transitivitätskorrelate und ihre formale Einbindung in die Grammatik. *Groninger Arbeiten zur germanistischen Linguistik (GAGL)* 26, 1–60.

Abraham, Werner 1985b. Wortstellung und das Mitteldfeld im Deutschen. In: W. Abraham (Hg.), 27–52.

Abraham, Werner (Hg.) 1985. *Erklärende Syntax des Deutschen.* [Studien zur deutschen Grammatik 25]. Tübingen: Narr.

Abraham, Werner 1986. Unaccusatives in German. *Groninger Arbeiten zur germanistischen Linguistik (GAGL)* 28, 1–72.

Abraham, Werner 1987. Burzio trifft Wulfila. Zu den distributionellen Eigenschaften von *wairðan* 'werden' und *wisan* 'sein' im gotischen Passiv. *Groningen Papers in Theoretical and Applied Linguistics – TTS 9,* 1–29.

Abraham, Werner 1990a. Die Grammatikatisierung von Auxiliar und Modalverben. *Beiträge zur Geschichte der deutschen Sprache und Literatur* 112, 200–208.

Abraham, Werner 1990b. A note on the aspectsyntax interface. In: J. Mascaró & M. Nespor (eds.): *Grammar in progress. GLOW essays for Henk van Riemsdijk.* Dordrecht: Foris, 1–12.

Abraham, Werner 1992a. Contrastive linguistics vs. linguistic typology: Middles and syntactic ergatives in sundry European languages. In: C. Mair & M. Markus (eds.) *New Departures in Contrastive Linguistics / Neue Ansätze in der kontrastiven Linguistik.* Vol 1. [Innsbrucker Beiträge zur Kulturwissenschaft: Anglistische Reihe 4]. Innsbruck: Verlag des Instituts für Sprachwissenschaft, 39–63.

Abraham, Werner 1992b. The emergence of the periphrastic passive in Gothic. *Leuvense Bijdragen* 81/1, 1–15.

Abraham, Werner 1992c. Clausal focus versus discourse rhema in German: a programmatic view. In: D. Gilbers & S. Looyenga (eds.). *Language and Cognition II. Yearbook of the Research Group in Linguistics and Cognitive Behavior at the University of Groningen.* Groningen: University of. Groningen, 1–19.

Abraham, Werner 1994. Fokusgrammatik und Indefinitheit. In: B. Haftka (Hg.) 1994. *Was determiniert Wortstellungsvariation? Studien zu einem Interaktionsfeld von Grammatik, Pragmatik und Sprachtypologie.* Opladen: Westdeutscher Verlag, 235–245.

Abraham, Werner 1995. *Deutsche Syntax im Sprachenvergleich: Grundlegung einer typologischen Syntax des Deutschen.* [Studien zur germanistischen Linguistik 41]. Tübingen: Narr.

Benware, Wilbur A. 1992. Stress on particle verbs with *durch* in Modern German. *American Journal of Germanic Linguistics and Literatures 4/2,* 149–180.

Benware, Wilbur A. 1993. Representing prepositions: New High German *um. Linguistics* 31, 135–157.

Burzio, Luigi 1986. *Italian syntax: a GovernmentBinding approach.* Dordrecht: Foris.

Carlson, Gregg N. 1977. A unified analysis of the English bare plural. *Linguistics and Philosophy* 1, 413–457.

Cinque, Guglielmo 1993. A null theory of phrase and compound stress. *Linguistic Inquiry* 24/2, 239–298.

Di Sciullo, Anna M. & Edwin Williams 1987. *On the definition of word.* Cambridge, Massachusetts: M.I.T. Press.

Dikken, Marcel den 1992. *Particles*. Dordrecht: Holland Institute of Generative Linguistics [HIL dissertations 4].
Dowty, David 1979. *Word meaning and Montague grammar.* Dordrecht: Reidel.
Fanselow, Gisbert 1992. Die Struktur des deutschen Mittelfelds und die Ergativitätsproblematik. In: L. Hoffmann (Hg): *Deutsche Syntax. Ansichten und Aussichten.* Berlin: de Gruyter, 276–303.
Gallmann, Peter 1992. Dativanhebung? *Groninger Arbeiten zur germanistischen Linguistik* 35, 92–122.
Haider, Hubert 1986. Über *sein* und *nicht sein zur Grammatik des Pronomens sich.* In: W. Abraham (Hg.) 1985, 223–254.
Haider, Hubert 2010. *The Syntax of German*. Cambridge, UK: Cambridge University Press.
Haider, Hubert 2013. *Symmetry breaking in syntax*. [Cambridge Studies in Linguistics 135]. Cambridge: Cambridge University Press.
Higginbotham, James 1985. On semantics. Linguistic Inquiry 16, 547–503.
Higginbotham, James 2009. *Tense, Aspect, and Indexicality*. [Oxford Studies in Theoretical Linguistics]. Oxford: OUP.
Hinrichs, Erhart 1985. A compositional semantics for Aktionsarten and NP reference in English. Dissertation Columbus, Ohio State University.
Hoekstra, Teun 1987. *Transitivity. Grammatical Relations in Government Binding Theory*. [Linguistic Models 6]. Berlin: de Gruyter.
Hoekstra, Teun 1988. Small Clause Results. Lingua 74, 101–139.
Hoekstra, Teun 1992. Aspect and theta theory. In: I. M. Roca (ed.), 145–174.
Hoekstra, Teun & René Mulder 1990. Unergatives as copular verbs. *The Linguistic Review* 7, 1–79.
Jackendoff, Ray 1991. Parts and boundaries. *Cognition* 41, 9–45.
Levin, Beth & Malka Rappaport 1992. The lexical semantics of verbs of motion: the perspective from unaccusativity. In: I.M. Roca (ed.), 247–269.
Milsark, Gary 1974. Existential sentences in English. Unveröffentlichte Dissertation M.I.T. Cambridge, Massachusetts.
Mulder, René 1992. *The aspectual nature of syntactic complementation.* Dissertation Universität Leiden [HIL dissertations 3].
Perlmutter, David M. 1978. Impersonal passives and the Unaccusative Hypothesis. *Proceedings of the 4th Annual Meeting of Berkeley Linguistics Society, 157–189.*
Roca, Iggy M. (ed.) 1992. *Thematic structure. Its role in grammar.* [Linguistic models 16]. Berlin, New York: Foris.
Vendler, Zeno 1967. *Linguistics in philosophy. Ithaka,* New York: Cornell University Press.
Wegener, Heide 1991. Der Dativ – ein struktureller Kasus?. In: G. Fanselow & S. Felix (Hg.) *Strukturen und Merkmale syntaktischer Kategorien.* [Studien zur deutschen Grammatik 39]. Tübingen: Narr, 70–103.
Zaenen, Annie van 1993. Unaccusativity in Dutch: an integrated approach. In: J. Pustejovsky (ed.) *Semantics and the lexicon.* Dordrecht: Foris, 129–161.

Fokusgrammatik und Indefinitheit*

1. Zielstellung

In der modernen Linguistikliteratur finden sich zwei anerkannte Perspektiven, unter denen Wortstellungserscheinungen diskutiert werden. Die erste Perspektive, ursprünglich verknüpft mit der typologischen Forschung GREENBERGS (1963), zielt auf grammatisch fixierte Wortstellungstypen ab, dies unter der Annahme, dass alle Sprachen über unmarkierte, zugrundeliegende, neutrale Abfolgen verfügen. Im Bereich der Satzstruktur – im Unterschied etwa zur Nominalkonstituente, NP, der Artikelkonstituente, DP, oder der Adjektivkonstituente, AP – betrifft dies die Abfolge zwischen dem Prädikat (dem finiten Verb, dem Satzkern) und seinen syntaktischen Argumenten, dem Subjekts-NP und den Objekts-NPs. Man betrachtet im Allgemeinen die Arbeiten von HAWKINS (z.B. 1983, 1990; vgl. dazu auch DRYER 1988, 1992; TOMLIN 1986) als Fortführung dieses Ansatzes.

Die zweite Perspektive zur Wortstellungsforschung, zurückgehend auf die Prager Schule (MATHESIUS 1939, FIRBAS 1964, 1992), zielt auf einen ganz anderen Wortstellungsbereich und eine daraus ableitbare Sprachtypologie ab, nämlich die Tatsache, dass Wortstellung nicht vom syntaktischen Konstituentenstatus wie Subjekt und Objekt geleitet wird, sondern vom diskurspragmatischen Konstituentenstatus wie Thema und Rhema (oder in anderen Terminologien vornehmlich des englischen Linguistikjargons *topic/given* bzw. *comment/new)*.

Diese beiden Erscheinungsbereiche bzw. Forschungsstränge haben lange Zeit nebeneinander bestanden, ohne wesentlich voneinander Notiz zu nehmen. GREENBERGS 'statischer' Ansatz ist im Wesen in die typologische Forschungsperspektive der durch N. CHOMSKY vorangetriebenen *Universalgrammatik* eingegangen, ohne dass dies im Übrigen jemals gebührlich vermerkt worden wäre. Der Prager Ansatz andererseits hat erst spät auch in der englischsprachigen Linguistik Beachtung gefunden, bezeichnenderweise bei Forschern, die sich mit weniger gut beschriebenen Sprachen außerhalb der 'alten' Welt beschäftigten (LI 1975; GIVÓN 1990; jetzt neuerdings PAYNE 1992).

Der vorliegende Aufsatz bewegt sich innerhalb der theoretisch und teilweise empirisch bereits durchgespielten Perspektive, die diese beiden scheinbar so unvereinbar auseinander liegenden Ansätze prinzipiell miteinander vereint. Das Bindeglied, das dabei die Hauptrolle spielt, ist der syntaktische Status des Satzfokus und der kontextuellen Verknüpfungsmöglichkeiten, die aus den verschiedenen Positionen des Satzfokus ableitbar sind (siehe die Vorarbeit bei ABRAHAM 1992a, b; CINQUE 1990/1993). Die syntaktische Funktion des Satzhauptfokus bei neutraler, unmarkierter Präsuppositionsleistung in Bezug auf Vorkontext ist dadurch gesichert, dass sich seine Position in der syntaktischen Struktur (nämlich *als lexikalischer Kopf der am tiefsten in VP eingebetteten Konstituente)* eindeutig bestimmen lässt. Dieser

---

* Erstmals erschienen in B. Haftka (Hg.) 1994. *Was determiniert Wortstellungsvariation?* Opladen: Westdeutscher Verlag, 237–245.

syntaktisch bestimmte Fokusstatus ist von Rektionsbeziehungen des Satzprädikats völlig unabhängig. Eine intuitiv verständliche Erklärung dieser syntaktischen Tiefenbestimmung der Satzhauptfokuskonstituente steht noch aus.

Erst durch diesen syntaktischen Ansatz für die Funktion des Rhemas geraten wiederum Erscheinungen ins Blickfeld, die vordem keinen einordenbaren Status hatten. Der vorliegende Aufsatz widmet sich zwei solchen Erscheinungstypen: zum einen der Unterscheidung von referentiellen bzw. nichtreferentiellen Nomina und ihren pronominalen Vertretungen; und zum andern zwei bestimmten lexikalischen Prädikatsklassen, den *Präsentativprädikaten* (engl. Stage Level Predicates) bzw. dem individuenbezogenen Prädikatstyp (engl. Individuell Level Predicates). Es wird zuerst in aller hier gebotenen Kürze gezeigt, dass auch bei diesen beiden Erscheinungstypen Satzhauptfokus die oben skizzierte syntaktische Rolle spielt. Und es wird in einem zweiten Anlauf geprüft, mit welchen anderen in der Literatur postulierten Annahmen und Beschreibungen diese solchermaßen geordneten empirischen Erscheinungen korrelieren.

Auf einen allgemeinsten Punkt gebracht, erweitern diese Beobachtungen die bei ABRAHAM (1992a, 1993) aufgestellte Behauptung, dass das Deutsche keine (in irgendeinem *funktional-empirischen* Sinne, d.h. in einem der Grammatik eines Textes verpflichteten Sinne interessante) 'freie' Wortstellung hat, dass somit der Scramblingbegriff jedenfalls für das Deutsche einer diskursfunktionalen und satzgrammatischen Neusichtung zu unterziehen ist.

2. Neutraler Satzfokus als lexikalischer Kopf der tiefsteingebetteten Konstituente

Hier seien die grundlegenden Annahmen zur syntaktischen Stellung des Satzhauptfokus einfach wiederholt, ohne auf ihre empirische Begründung weiter einzugehen (siehe ABRAHAM 1992a,b; CINQUE 1990/1993). Durchgespielt werden die vier lexikalischen und die zwei funktionalen Konstituenten (VP, AP, PP, DP; IP, CP). Die grundlegende empirische Voraussetzung zur Stellung des neutralen Satzfokus geht von den distinkten Präsuppositionen aus, die sich auf Vorkontexte beziehen.

(1) zwei Verbalphrasen für: *allen den GARAUS machen*

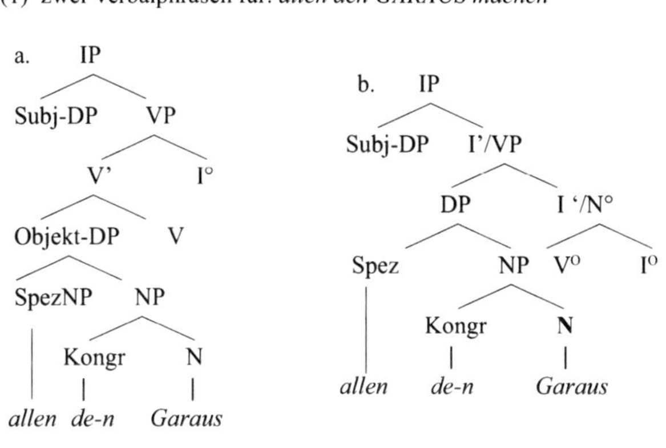

Die fettgedruckten Kategoriensymbole, N, stehen im Sinne der oben erstellten Generalisierung für die am tiefsten eingebetteten lexikalischen Elemente mit Konstituentenkopfstatus. (1a) und (1 b) sind Alternativen im Hinblick auf die Subselektion von INFL durch V.

(2) Verbpartikel und Verbaffixoid: *jemanden AUFregen*

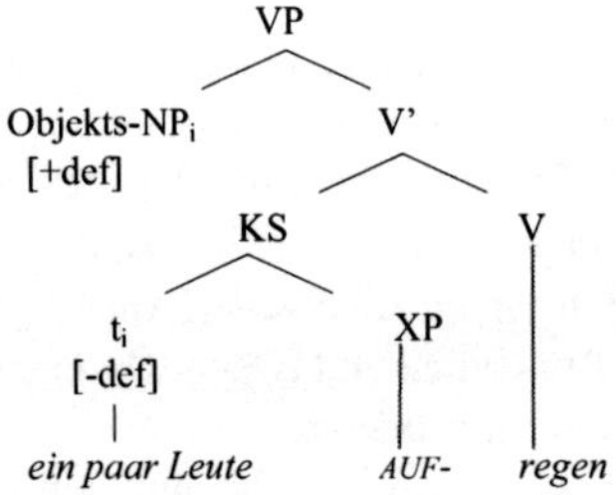

(2) repräsentiert eine Kurzsatzanalyse (KS; *small clause)* für das Verbaffixoid bzw. die Verbpartikel *AUF*. Beide tragen als direkte bzw. inkorporierte Objekte den unmarkierten, grammatischen Satzhauptfokus des Satzes, in dem sie stehen. Vgl. ABRAHAM (1992b; 1993).

(3) Adjektivphrase:

a. *der dicke Direktor der FIRMA*

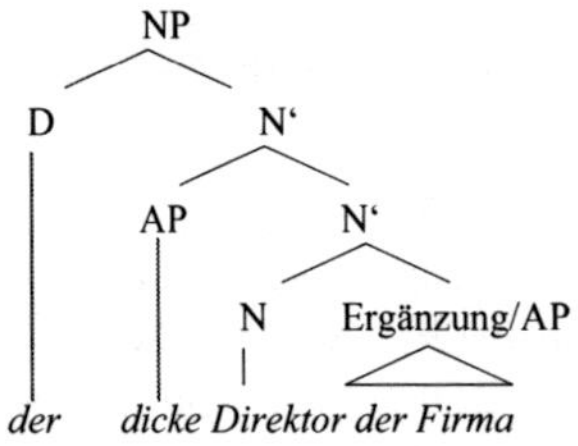

b. *die/Horsts dicke FRAU*

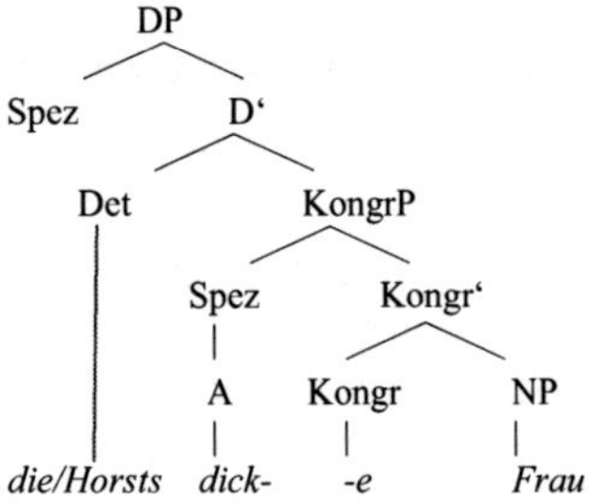

(3a) und (3b) sind Alternativen hinsichtlich der Annahme, wie NP weiter zu subkategorisieren ist.

(4) Nominalphrase:

a. *die Frau von HORST*

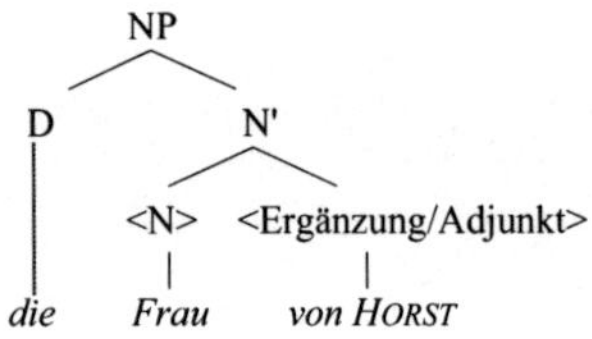

b. *die/Horsts FRAU*

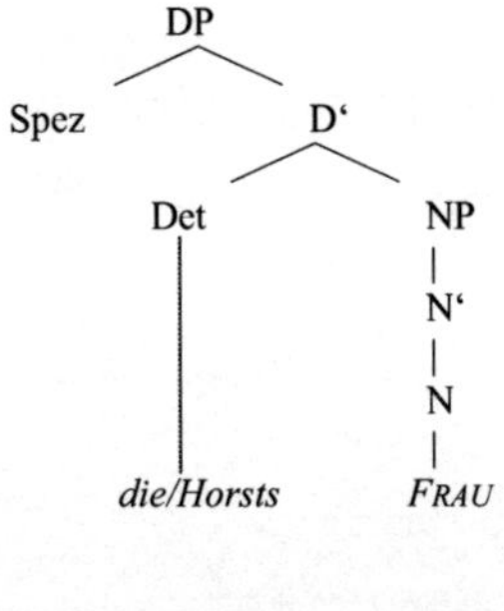

Für PPs wird die Fokuseinbettungsstruktur nicht eigens dargestellt, da leicht einsichtig ist, dass nicht P, sondern N, der Kopf des durch P regierten NPs, strukturell am tiefsten liegt.

CP und IP: Beide funktionalen Köpfe kommen für die Realisierung des Satzhauptfokuselements nicht in Frage, da sie die notwendige Bedingung des lexikalischen Morphemstatus nicht erfüllen. Wenn ein Auxiliar oder ein gebundenes Flexionsmorphem betont ist, so handelt es sich jeweils um kontextuell hoch markierten Kontrastakzent. COMP in CP erfüllt zudem die Bedingung der syntaktischen Tiefsteinbettung nicht.

Dies beschließt die kursorische Übersicht zur syntaktischen Position des unmarkierten Satzhauptfokus.

3. Referentielle und nichtreferentielle Nominalkonstituenten

3.1. Fakten und syntaktische Entsprechungen

Wir wollen im Folgenden erwägen, inwiefern der satzgrammatisch begründete Fokus auf textgrammatische Funktionen, also etwa auf das, was bisher als *Satzrhema* identifiziert wurde, übertragbar ist. Sollte dies in der Tat gelingen, dann wäre das von Vertretern der Textgrammatik gerne ins Feld geführte Argument, dass eine Textgrammatik auf anderen Kategorien und Beziehungen als eine Satzgrammatik zu fußen hätte (vgl. etwa DE BEAUGRANDE 1993), in einem zentralen Teil, nämlich bei den ja für jede Textgrammatik erforderlichen Diskurskategorien *Rhema* und *Thema* entkräftet.

Zu den rhematischen Nomina, deren Diskursstatus schon rein kategorial als *rhematisch* bestimmbar ist, gehören indefinit determinierte NPs sowie eine Reihe indefiniter Quantornumeralia (darunter *manche, einige, alle, jede-*). Die Literatur ist voll von Beispielen gerade zu diesem Thema (etwa ABRAHAM 1989 mit einer diskursfunktional begründeten Widerlegung der kasustheoretischen Thesen von BELLETTI 1986; weiter KAMP 1981, HEIM 1982, zuletzt DIESING 1990, 1992, 1993). Haupteinsicht ist, dass nichtreferentiell determinierte NPs im Deutschen nur ausnahmsweise, d.h. unter markiertem Satzfokus aus VP herausrücken können. Im Englischen mit einer Diskursgrammatik, die weit stärker satzstrukturell bestimmt ist als die deutsche, ist selbst Kontrastfokus alleine nicht imstande, nichtreferentielle NPs außerhalb von VP zuzulassen und interpretierbar zu machen.

Diese Beschränkung, dass Elemente einer bestimmten nichtreferentiellen Klasse nicht in IP oder höher stehen können, kennt allerdings eine Ausnahme: Pronomina müssen auf jeden Fall außerhalb von VP stehen, gleichgültig, ob sie referentielle oder nichtreferentielle NPs wiederaufnehmen – es sei denn, sie erscheinen betont (ausführlich gezeigt bei ABRAHAM/ WIEGEL 1993). Man vgl. zur Pronominalstellung (6), in dem das Adverb *immerhin* die VP-Grenze markiert. [GA = grammatischer = unmarkierter Satzfokus; KA = kontrastiver = markierter Satzfokus]

(6) a. da sie ihn$_i$ [VP *immerhin* [VP t$_i$ in den Graben gejagt haben]] ...GA
b. *da sie [VP *immerhin* [VP ihn in den Graben gejagt haben]]
c. da sie [VP *immerhin* [VP IHN in den Graben gejagt haben]] ...KA
d. *da sie IHN$_j$ [VP *immerhin* [VP t$_j$ in den Graben gejagt haben]]
e. *da sie DEN HUND$_j$ [VP *immerhin* IVP t$_j$ in den Graben gejagt haben]]

Daraus folgt zwingend, dass pronominale Klitika, die ja nie betonbar sind, ausschließlich außerhalb von VP stehen (ABRAHAM/WIEGEL 1993). Nur betonte Vollpronomina sind somit rhematisch verwendbar.

Die richtige Verallgemeinerung zu diesem empirischem Befund ist aber nicht ausschließlich auf der Grundlage des Referenzstatus zu suchen, sondern es ist auch der Betonbarkeitsstatus miteinzubeziehen. Trägt eine *referentielle* Kategorie – die ja prinzipiell thematischer orientiert ist als nicht-referentielle Elemente – Satzfokus, so muß es sich um ein Kontrastsignal dieses referentiellen Elements handeln, da es außerhalb seiner kategorial angestammten syntaktischen Domäne, also außerhalb von VP ja keinen Satzfokus *by default* erhalten kann. Siehe (6d,e) im Vergleich zu (6c).

Umgekehrt können nichtreferentiell determinierte NPs im Allgemeinen (im vorliegenden Fall bei dem Präsentativ/STAGE-Prädikat *in den Graben jagen*) nicht außerhalb der aufgrund ihrer Kategorialität angestammten syntaktischen Domäne, nämlich außerhalb von VP stehen. Vgl. (7).

(7) a. da sie [$_{VP}$ *ja* [$_{VP}$ eine KUH in den Graben gejagt haben] ...GA
b * da sie eine KUH [$_{VP}$ *ja* [$_{VP}$ in den Graben gejagt haben]]
c. da sie die Kuh [$_{VP}$ *ja* [$_{VP}$ in den GRABEN gejagt haben]] ...GA
d. *da sie eine Kuh [$_{VP}$ *ja* [$_{VP}$ in den GRABEN gejagt haben]]

Da überdies diese Fügungen ohne die VP-abgrenzende Modalpartikel *ja* nicht unmöglich sind, haben wir die Funktion solcher Adverbien nicht so sehr satzgrammatisch zu beurteilen, sondern vielmehr diskursfunktional, nämlich als Grenzzieher zwischen Rhema- und Themabereich (so schon HENTSCHEL 1986). Es wird zu erwägen sein, ob diese rhema-thema-technische Grenzziehung ein semantisch-syntaktisches Korrelat besitzt.

Betrachten wir schließlich noch Subjekts-NPs. Ich möchte annehmen, dass Präsentationssätze (im Sinne von KIRSNER 1979) rein rhematische Prädikationen sind, also reine VPs darstellen. Das Deutsche trägt der Qualität dieser Art von Sätzen auf besondere Weise Rechnung, indem die englischen *there*-Sätze des Präsentationstyps (Satzthetik) typischerweise mit reiner VP-Materie (mit direktem Objekt bzw. mit VP-Subjekt) wiedergegeben werden *(Es gibt PILZE im Garten = There are MUSHROOMS in the garden)*. Vgl. weiter (8) und (9).

(8)	a. dass da	*ja*	PILZE wachsen
	b * dass da PILZE	*ja*	wachsen
	c * dass PILZE da	*ja*	wachsen
	d.* dass da	*ja*	Pilze wachsen

(9)	a.	dass SIE da	*ja*	wachsen	...KA
	b.	dass sie da	*ja*	WACHSEN	...GA
	c.	dass da SIE	*ja*	wachsen	...KA
	d.	*dass da	*ja*	SIE wachsen	

(8) zeigt im Vergleich mit (9) nochmals, dass zwischen kategorial-rhematischen, nichtreferentiellen NPs einerseits und thematischen Pronomina klare Distributionsunterschiede bestehen. Bei nichtreferentiellen Subjekten besteht, wie zu sehen war, dieselbe Beschränkung: ihre angestammte syntaktische Position ist innerhalb von VP.

3.2. Semantische Korrelate

Verschreiben wir uns (im Gegensatz zu Montague) den Auffassungen HEIMS (1982) und KAMPS (1981) und betrachten wir Indefinita als nichtquantifizierte Elemente, die durch einen externen Quantor abgebunden werden können. Gehen wir weiter von Heims Übersetzung eines Satzes in die folgenden drei Komponenten einer logischen Repräsentation aus.

(10) Q $[_{RSk}][_{KSk}\ldots]$

In einer solchen Form ist Q ein Quantor, RSk der sog. Restriktivsatzskopus und KSk der Kernsatzskopus. Q kann dabei eine Artikelform, einen Quantor wie *jede-*, ein quantifizierendes Adverb wie *immer* oder ein Modalverb vertreten. In jedem dieser Fälle ist Q ein nichtselektiver Binder, indem es all jene Variablen bindet, die im Restriktivsatz frei sind. Variable, die im Kernskopus frei sind, erhalten automatisch Bindung durch einen Existenzquantor, der an den Kernskopusbereich adjungiert ist ('existentielle Schließung').

Gehen wir nun weiter mit KRATZER (1989) und DIESING (1988) von den folgenden beiden Voraussetzungen aus, in denen die Satzsyntax auf die logische Form Heims abgebildet wird.

(11) VP-Elemente werden auf den Kernskopus der Logischen Repräsentation abgebildet.
(12) Nur Kernskopi sind unter Existenzschließung abgebunden.

Diese beiden Annahmen, die auf empirische Beobachtungen und Generalisierungen (bei KRATZER 1989) zurückgehen, begründen, wann ein indefinites NP eine existentielle Lesart erhalten kann: nur indem dieses indefinite NP innerhalb von VP erscheint. Unsere Annahme, dass Subjekte in Repräsentationssätzen (Allrhemasätzen) VP-Subjekte sind, bestätigt sich aus dieser Sicht: sie erhalten aufgrund existentieller Schließung eine existentielle Lesart. Im Niederländischen sind solche Sätze eigens durch die repräsentative Satzpartikel ermarkiert. Man kann annehmen, dass er die Operatorstelle als VP-Adjunkt einnimmt und in dieser syntaktisch-semantischen Funktion diese Interpretation auslöst *(dat er geen FONDSEN waren)*. Unter nichtexistentieller

Interpretation dagegen steht das Subjekt in Spez,IP, also außerhalb von VP: Dies betrifft definite Subjekt-NPs (*dat de Fondsen al OP waren* „dass die Mittel schon weg waren“).

Inwieweit indefinite Objekt-NPs und nichtreferentiell quantifizierte Objekt-NPs dieselbe syntaktische Position einnehmen und dieselbe semantische Struktur abbilden, zeigen (13) und (14).

(13) Hans las *ein Buch* ...[$_{CP}$ [$_{IP}$ Hans [$_{VP}$ [$_{DP}$ *ein Buch*] las]]
(14) Hans las *jedes Buch* ...[$_{CP}$ [$_{IP}$ jedes$_{i}$ [$_{DP}$ x *Buch*]$_{i}$ [$_{IP}$ Hans [$_{VP}$ [$_{DP}$*xBuch*]$_{i}$ las]]

Beide Objekt-NPs stehen innerhalb von VP in einer Argumentposition, und beide erhalten dieselbe Interpretation. Siehe (15).

(15) a. für (13): [$_{DP}$ ein Buch]: Buch(x)
b. für (14): [$_{DP}$ x Buch]: Buch(x)

Indefinite Subjekt-NPs *außerhalb* von VP wiederum müssen eine andere Quantifikationsquelle im Satz voraussetzen, denn sie sind ja nicht innerhalb der Domäne für existentielle Schließung: sie sind entweder generisch (vgl. die jeweils generischen Mittelkonstruktionslesarten; Abraham 1986); oder sie können Subjekt eines Konditionalsatzes sein (Rullmann 1989); oder es liegt ein versteckter Partitiv vor, oder aber sie sind spezifisch. Sie erscheinen in jedem Falle kontrastfokussiert. Ich gehe auf diese einzelnen Fälle hier nicht weiter ein.

Auf eine wesentliche Schlussfolgerung jedoch will ich auch bei der hier gebotenen Kürze nicht verzichten. Wenn die Determinierung bzw. Referenzklasse beim NP auch strukturell markiert ist, so wäre vorstellbar, dass diese strukturelle Markierung ausreicht, d.h. im besonderen die Artikelform fehlen kann. Beim vorfrühneuhochdeutschen Fehlen des unbestimmten Artikels und vormittelhochdeutschen Fehlen des bestimmten Artikels eröffnet dies wichtige syntaktische Forschungsperspektiven, die noch völlig unausgeschöpft sind. Dass Artikelformen und Referenzklasse nicht direkt morphematisch vertreten zu sein brauchen, zeigen auch einzelne slawischen Sprachen. Das Russische und Polnische etwa machen beim direkten Objekt Referenzunterschiede vermittels der Genitiv- und Akkusativrektion, das Russische darüber hinaus vermittels Aspektunterschieden, indem die Determinierungsunterscheidung mittels (Indefinitheit anzeigendem) Genitiv und (Definitheit markierendem) Akkusativ nur bei perfektiven Verben salient wird, während bei imperfektiven Verben der Genitiv nur Nichtreferenz beim Objekt-NP signalisiert (Brunhuber 1983). Eine solche Faktenlage und weiter die Einsicht, dass aspektuelle Bestimmungen bis ins späte Mittelhochdeutsche syntaktisch bestimmend waren, eröffnet wichtige Forschungsperspektiven auch für die Entstehung der Artikelformen in Wechselbeziehung zum Auslaufen der aspektuellen Unterschiede in der Geschichte des Deutschen (vgl. zu Ansätzen bei Leiss 1991, Abraham 1993).

4. Lexikalische Stellungsdeterminanten bei nichtreferentiellen NPs

Wir beschränken die Illustrationen im Folgenden auf artikellose, unqualifizierte Plural-NPs. Die folgenden Stellungsbeschränkungen solchermaßen determinierter NPs sind nicht auf grammatisch-kategoriale Klassenzugehörigkeit, sondern auf lexikalische Typen *(Präsentativprädikat (PrP)* bzw. *individuenbezogenes Prädikat (IP))* zurückzuführen (Kratzer 1989). Man beachte, dass hier die grammatischen sowie kontrastive Satzfokuspositionen in die Distributionssichtung miteinbezogen werden (Abraham 1992a,b). Augenmerk ist weiter darauf zu legen, ob die jeweiligen artikelfreien Subjekte in (16) und (17) außerhalb oder innerhalb von VP stehen. [GA = grammatischer, neutraler Satzfokus; KA = kontrastiver, markierter Satzfokus; Gx = generische Lesart; Ex = existentielle Lesart; eVP = VP-externes Subjekt; iVP = VP- internes Satzsubjekt. Die Modalpartikelfügung *ja doch* markiert die Außengrenze von VP (als VP-Adjunkt bzw. Adjunkt des Satzrhemas)].

(16) **Präsentativprädikat (PrP):** *zur Verfügung stehen*

a. *weil *ja doch* [$_{VP}$ Feuerwehrleute zur VERFÜGUNG stehen] ...iVP
b. weil *ja doch* [$_{VP}$ FEUERWEHRLEUTE zur Verfügung stehen] ...GA; iVP; Ex
c. weil Feuerwehrleute *ja doch* [$_{VP}$ t zur VERFÜGUNG stehen] ...GA; eVP; Gx
d. *weil FEUERWEHRLEUTE *ja doch* [$_{VP}$ t zur Verfügung stehen] ...eVP
e. weil *ja doch* [$_{VP}$ *die* Feuerwehrleute zur VERFÜGUNG stehen] ...KA; VP

Vgl. vor allem (16a) mit dem definit determinierten (16e) bei iVP und ebenso wie unten (17a) und (17e).

(17) **Individuenbezogenes (essentielles) Prädikat (IP):** ***gerne helfen***

a. weil ja doch [$_{VP}$ Feuerwehrleute gerne HELFEN] ... GA; iVP; Gx
b. weil ja doch [$_{VP}$ FEUERWEHRLEUTE gerne helfen] ... iVP
c. weil Feuerwehrleute ja doch [$_{VP}$ t gerne HELFEN] ... GA; eVP; Gx
d. weil FEUERWEHRLEUTE ja doch [$_{VP}$ t gerne helfen] ... eVP
e. weil ja doch [$_{VP}$ die Feuerwehrleute gerne HELFEN] ... GA; iVP

(16b) heißt so viel wie 'weil es ja doch Feuerwehrleute gibt („Ex"), die auch noch zur Verfügung stehen'. (16c) dagegen bedeutet 'weil das, was ein Feuerwehrmann ist, immer zur Verfügung steht' („Gx")\ Vgl. (18a,b).

(18) a. **Individuenbezogenes Prädikat**:
G[x;](Feuerwehrmann(x))(gerne helfen)

b. **Präsentativprädikat**:
i. $\exists_x$, [Feuerwehrmann(x) & zur Verfügung stehen(x,I)]
ii. G[x,l;] (Feuerwehrmann(x) & sein(x,l)) (zur Verfügung stehen(x,l))
iii. G[l;] (hier(l) (Ex[Feuerwehrmann(x) & zur Verfügung stehen(x,l)])

Der G(enerik)-Operator hat dabei folgende Semantik (direkt angewandt auf unser Beispiel in (17) und (19) G[x,s;y] (x ist ein Feuerwehrmann in s; x hilft y gerne & y sind Hilfsbedürftige in s) ist wahr bezüglich der Voraussetzungen 's ist eine Situation, in der geholfen wird', dann und nur dann, wenn für jede Situation s, eine Hilfeleistungssituation, gilt, dass es für jedes x, einen Feuerwehrmann in s, ein y, einen Hilfsbedürftigen, gibt und wenn x y in s hilft.

Folgende Generalisierungen sind aus (16) und (17) ableitbar.

(19) a. Nur bei PrPen wird die Operatorentscheidung zwischen Gx und ∃x aktiv, nicht jedoch bei IPen.
b. Die G-Operatoroption bei PrP gilt bei eVP-Subjekt, die ∃-Lesart bei iVP-Subjekt.
c. Bei Individuenprädikaten gilt prinzipiell die generische Lesart, gleichgültig ob das Subjekt VP-intern oder VP- extern ist.
d. ∃-Lesart setzt GA, somit Fokusverteilung nach der Nullhypothese für Satzfokussetzung (unmarkierten Fokus) voraus.
e. Bei eVP-Subjekt tritt G-Lesart ein; ein eVP-Subjekt unter KA, d.h., ein eVP-fokussiertes Subjekt ist ungrammatisch.
f. VP-extern darf das Subjekt-NP nur bei IPen, nie jedoch bei PrPen stehen.
g. Wenn bei PrP das Subjekt in eVP-Stellung tritt, ergibt sich individuenbezogene Lesart – für die sich natürlich lexikalisch individuenbezogene Prädikate von vornherein besser eignen.

All diese Generalisierungen folgen zwei Prinzipien auf der Grundlage der semantisch-logischen Teilung des Satzes nach (10): zum einen dem Prinzip der existentiellen Operatorschließung innerhalb von VP (ergibt E-Lesart) - vgl. (12) oben; und zum andern der Beschränkung, die aus (11) und (12) folgt, nämlich der Beschränkung nichtreferentieller NPs unter GA auf die eVP-Position, wo sie einem leeren Operator, G, anheimfallen. Dass eVP- Subjekte bei beiden Prädikatstypen eine generische Lesart erhalten, hängt genau mit diesem Prinzip zusammen: undeterminierte, nichtreferentielle NPs sind nur unter arbiträrer generischer Quantifikation, soz. *by default,* außerhalb von VP, also im Teil der restriktiven Satzdomäne interpretierbar. Vgl. nochmals (10). Innerhalb von VP, also im 'Kernbereich', erhalten sie bei Fehlen sonstiger Determination auf jeden Fall unter existentieller Schließung quantifizierten Status.

Diese Beobachtungen schließen an diejenigen an, die für nichtspezifische NPs und deren VP-internen, kategorial bedingten rhematischen Status in Abschnitt 2 angestellt wurden. Lexikalische Individuenprädikate (iP) sind offenbar aufgrund der semantisch inhärenten Assoziationen zwischen Subjekt und Prädikat definiten, spezifisch markierten NPs vergleichbar. Ihre Verteilungssyntax ähnelt der morphologisch definit markierter NPs. PrP dagegen schließen sich in ihren Eigenschaften indefinit determinierten, unspezifischen NPs, vornehmlich bloßen Pluralen des in diesem Abschnitt illustrierten Typs an. Siehe auch Abraham (1992a). Vgl. die komplementäre Verteilung zwischen iPen und PrPen in den (a)- und (e)-Beispielen in (16) (= PrP) und (17) (= iP). Definit determinierte iVP-Subjekte benehmen sich bei iPen, als ob sie nur außerhalb von VP interpretierbar wären. D.h., ihr semantischer Assoziationsstatus zum iP ist so eng, dass sie sich wie thematische Subjekte, also in eVP- Stellung benehmen – ganz anders als definit determinierte iVP-Subjekte bei PrPen, wo hinreichend lexikalischc ‚Fremdheit' zum PrP besteht, um auch in iVP-Stellung Interpretationen zuzulassen. Ich gehe davon aus, dass definite NPs ihre Basisposition außerhalb von VP haben, aber bei PrPen auch iVP-Positionen besetzen können.

Bleibt noch die Frage, warum nichtreferentielle eVP-Subjekte nicht unter Kontrastakzent (KA) vorkommen können. Vgl. die (d)-Vertretungen in (16) und (17). Nun ist in diesen ungrammatischen, unverständlichen Fügungen – für determinierte wie undeterminierte Subjekt-NPs in derselben Weise ungrammatisch – die Nullhypothese zur Satzfokussetzung nicht erfüllt: es müßte ja der Akzent auf dem tiefsten Konstituentenkopf innerhalb von VP liegen, was die (d)-Entsprechungen nicht erfüllen. Dass dies in der Tat die Ursache für die Ungrammatikalität ist, zeigen die grammatischen, interpretierbaren (c)-Entsprechungen, die hier noch um die determinierten Entsprechungen erweitert werden. Beide Fügungen in (20) erfüllen die Bedingung der Satzfokusnullhypothese (vgl. Ende von Abschnitt 1 oben).

(20) a. weil (die) Feuerwehrleute *ja doch* zur VERFÜGUNG stehen
b. weil (die) Feuerwehrleute *ja doch* gerne HELFEN

5. Schluss

Es besteht auch nach sorgfältigem Studium lexikalischer Beziehungen wie in Abschnitt 3 kein Grund daran zu zweifeln, dass textgrammatisch motivierte Wortstellungsänderungen wie Diskursthema und -rhema nach satzgrammatisch autonomen Mechanismen geregelt werden, d.h., dass im beobachteten Faktenfeld kein textsyntaktisch autonomer Mechanismus postuliert zu werden braucht, jedenfalls nicht, was die Verteilung von *Thema* und *Rhema*, deren Verbindung zu Intonations- und Akzentstrukturen und die damit zusammenhängenden Textpräsuppositionen anbelangt. Wir haben gesehen, dass wir mit der grundlegenden Annahme über die strukturelle Position des grammatischen, unmarkierten Satzfokus und einer ebenso prinzipiellen Annahme zur wechselseitigen Abbildung von syntaktischen und semantischen Beschreibungskomponenten die Abfolgeänderungen 'erklären' können. Dabei wird den wesentlichen Thema-Rhema-Beziehungen einer diskursverknüpften Satzgrammatik Rechnung getragen.

Literatur

Abraham, Werner 1986. Middle constructions in German. *Groninger Arbeiten zur germanistischen Linguistik* 28, 25–72.

Abraham, Werner 1989. Ergativity and inchoativity: an aspect-syntax interface. *Groninger Arbeiten zur germanistischen Linguistik* 30, 127–143.

Abraham, Werner 1992a. Überlegungen zur satzgrammatischen Begründung der Diskursfunktionen *Thema* und *Rhema*. *Folia Linguistica* 26/1–2, 197–231.

Abraham, Werner 1992b. Clausal focus versus discourse rhema in German: a programmatic view. *Language and cognition: yearbook of the Research Group for Linguistic Theory and Knowledge Representation of the University of Groningen* 2, 1–18.

Abraham, Werner 1993. The focus interface hypothesis and the historical decay of the verbal genitive in German. Ms. University of California, Berkeley.

Abraham, Werner & Anko Wiegel 1993. Reduktionsformen und Kasussynkretismus bei deutschen und niederländischen Pronomina. In: W. Abraham & J. Bayer (eds.) *Dialektsyntax*. [*Linguistische Berichte* Sonderheft 5]. Opladen: Westdeutscher Verlag, 12–49.

Beaugrande, Robert-Alain de 1993. Rezension von W. Heinemann & D. Viehweger *Textlinguistik. Eine Einführung* 1989 (Tübingen: Niemeyer). *Studies in Language* 17/2, 506–509.

Belletti, Adriana 1988. The case of unaccusatives. *Linguistic Inquiry* 19, 1–34.

Brunnhuber, Brigitte 1983. Aspekt und Determiniertheit im Russischen. *Die slawischen Sprachen* 3, 5–13.

Cinque, Guglielmo 1990/1993. The null-hypothesis of phrasal stress. *Linguistic inquiry* 24/1, 239–297. (1990 Ms. Universität Venedig).

Diesing, Molly 1988. Bare plural subjects and the stage/individual contrast. In: M. Krifka (ed.) *Genericity in natural language. Proceedings of the 1988 Tübingen Conference*. Seminar für natürlich- sprachliche Systeme der Universität Tübingen, 107–154.

Diesing, Molly 1992a. Bare plural subjects and the derivation of logical representations. *Linguistic Inquiry* 23/3, 353–380.

Diesing, Molly 1992b. *Indefinites*. Cambridge, Massachusetts: M.I.T. Press.

Dryer, Matthew 1988. Object-verb order and adjective-noun order: dispelling a myth. *Lingua* 74, 185–217.

Dryer, Matthew 1992. On the Greenbergian word order correlations. *Language* 68, 81–138.

Firbas, Jan 1964. On defining the theme in functional sentence analysis. *Traveaux Linguistiques de Prague* 1, 267- 280.

Firbas, Jan 1992. *Functional sentence perspective in written and spoken communication*. Cambridge: Cambridge University Press.

Givón, Talmy 1990. *Syntax: a functional-typological introduction*. Amsterdam: Benjamins.

Greenberg, Joseph 1963. Some universals of grammar with particular reference to the order of meaningful elements. In: Greenberg, Joseph (ed.) *Universals of language*. Cambridge: Cambridge University Press, 58–90.

Hawkins, John 1983. *Word order universals*. New York: Academic Press.

Hawkins, John 1990. A parsing theory of word order universals. *Linguistic Inquiry* 12,223–261.

Heim, Irene 1982. The semantics of definite and indefinite noun phrases. Doktorarbeit University of Massachusetts. Amherst (unveröffentlicht).

Hentschel, Elke 1986. *Funktion und Geschichte deutscher Partikeln:* ja, doch, halt *und* eben. Tübingen: Niemeyer.

Kamp, Hans 1981. A theory of truth and semantic representation. In: J. Groenendijk, Th. Janssen & M. Stokhof (eds.). *Formal Methods in the Study of Language*. Amsterdam: Mathematisch Centrum, 277–322.

Kirsner, Robert 1979. *Presentative sentences in Dutch*. Amsterdam: North-Holland.

Kratzer, Angelika 1989. Stage and individual level predicates. *Papers on quantification*, NSF Grant Report, Dept. of Linguistics, University of Massachusetts, Amherst.

Leiss, Elisabeth 1991. Grammatische Kategorien und sprachlicher Wandel: Erklärung des Genitivschwunds im Deutschen. In: W. Bahner, J. Schildt & D. Viehweger (eds.) *Proceedings of the 14th International Congress of Linguists*. Teil II. Berlin, 1406- 1409.

Li, Charles (ed.) 1975. *Word order and word order change*. Austin: University of Texas Press.
Mathesius, Vilem 1939. O tak zvanem aktualnim cleneni vety. *Slovo a slovesnost* 7, 169–351.
Payne, Doris L. 1992. *Pragmatics of word order flexibility*. [Typological Studies in Language 22]. Amsterdam: Benjamins.
Rullmann, Hotze 1989. Indefinite subjects in Dutch. Ms. University of Massachusetts at Amherst (November 1989)
Tomlin, Russell S. 1986. *Basic word order: functional principles*. London: Croom Helm.
Tomlin, Russell S. (ed.) 1987. *Coherence and grounding in discourse*. Amsterdam: Benjamins.

Nichtzustandsimperfektive im Romanischen und Germanischen: Wie ist die deutsche Verlaufsform mit den romanischen Funktionen vereinbar?*

0. Einleitende Fragestellung – Aussicht

Die romanischen Sprachen verfügen über Imperfektivmorphologien (Französisch *imparfait*, (Brasilianisch-)Portugiesisch *passado imperfeto/ IMPF*), aber bloß das brasilianische Portugiesisch (BP) gebraucht auch das Gerundium zum Ausdruck des Imperfektivaspekts/der Verlaufsfunktion (IMPF). IMPF gibt aber nicht nur den Verlauf eines Ereignisses wieder, sondern auch Generizität/Habitualität sowie das Futurtempus; wie – so muss die Frage sein – lassen sich alle drei Funktionen des BP-*gerundio* semantisch aus einem *genus proprium* ableiten und was sind die Ausgliederungskriterien aus diesem *proprium*? Die Suche nach Gemeinsamkeiten lässt sich auf die rein nominal ausgedrückte Verlaufsform des Deutschen erweitern. Es zeigt sich, dass das romanische IMPF mit den nichttemporalen Eigenschaften des deutschen Präsens und seiner Ereignissemantik vereinbar ist.

1. Der Imperfektivaspekt im BP

Europ. Portugiesisch (EP): analytische Form *estar+a+*infinitival V wie in (1a). BP: gerundio = V-Stamm +-*ndo*, wie in (1b). Die Lehrbuchweisheiten sind folgende:

(1)	a.	Estou	*a preparar* a lição para amanhã	EP-P-Infinitiv
		Ich bereite gerade meinen Unterricht für morgen vor		
	b.	Está	*chovendo/Ele está estudando*	BP-*estar*-Gerundium
		Es regnet gerade/ Er ist am Studieren		
	c.	*Ser	*chovendo/*Ela ser estudando*	BP-**ser*-Gerundium

Daran sind folgende Generalisierungen zu knüpfen:
Ξ1: Die Gerundialform -*ndo* ist unvereinbar mit Copula/Aux *ser* (vgl. Maienborn 2005, Roby 2009).
Ξ2: *ser* und *estar* unterscheiden sich dadurch, dass *estar* einen vorübergehenden Zustand kodiert, wogegen der durch *ser* kodierte Zustand unbeschränkt gilt, öfters adjektivische Eigenschaft wiedergibt.
Ξ3: Die Verlaufsform des BP vereinigt daneben generische bzw. habituelle Ereignishaftigkeit sowie Futurtempus, die des EP dagegen nicht.

---

* Ersterschienen in: M. Arden; Ch. Märzhäuser & B. Meisnitzer (Hg.) 2011. *Linguística do Português: Rumos e Pontes*. München: Meidenbauer, 291–306.

Wir knüpfen an diese Beobachtungen die folgende Frage: Was ist das *genus proprium* all dieser verschiedenen Bedeutungen, derart dass sich darin die *differentiae specificae* begründen und daraus – unter welchen Kontextbedingungen – ableiten lassen? Dieser Frage gehen wir in der Folge nach.

2. Kernbelege

2.1. Übereinzelsprachliche Bedeutungsgemeinsamkeiten

Funktionen der Durativität bzw. der Kontinuität in Bezug auf einen Referenzpunkt in der Vergangenheit (Gonçalvez 2007: 56f. zum BP).

(2)	a.		O Pedro fumava der Pedro rauchte.IMPF Pedro rauchte immer.	Durativität/Habitualität/Generik
	b.		Quando sua mãe saía, Pedro fumava. wenn seine Mutter rausging.IMPF, rauchte.IMPF Pedro Immer wenn seine M. rausging, rauchte P…	Durativität & Kontrafaktualität
	c.	A:	E se o gato te arranhasse? und wenn die Katze dich kratzen würde.KONJ. Was wenn deine K. dich kratzen würde?	Kontrafaktualität
		B:	Eu chutava.IMPF ele Ich würde ihr einen Tritt geben.	

2.2. Begrifflich-terminologische und historische Begründung

Wir orientieren uns an den thematischen Vorarbeiten von Câmara 1975, Vincent 1982, Mantoanelli & Ilari 1983, Ziegeler 2006; zum Deutschen Emmel 2005, Henriksson 2006. Danach gibt es zwei Vergangenheitstempora, *Passé simple* (PS) und *Imparfait* (IMPF). Dies sind Weiterentwicklungen aus dem Spätlateinischen: *perfectum* und *infectum*. Dabei führte das *perfectum* zu den folgenden (*PS-*) Formen: *passé simple* (französisch), *passato remoto* (italienisch), *pretérito perfeito* (portugiesisch), *pretérito perfecto* (spanisch) etc., das *infectum* dagegen zu: *imparfait* (franz.), *imperfeto* (ital.), *pretérito imperfeito* (portug., spanisch) etc.

Die PS-Formen *passé simple* und *passato remoto* sind im kolloquialen Französisch und Italienisch nicht in Gebrauch. Die Funktionen PS vs. IMPF entsprechen den Formen des *passé composé* vs. *imparfait* im Französischen und Italienischen, d.h. periphrastischen Vergangenheitsformen, die der Funktion nach jedoch dem *passé simple* und *passato remoto* entsprechen.

2.3. Übereinzelsprachlich ähnlich: die Opposition PS vs. IMPF in einfachen Sätzen

Die morphologische Opposition von IMPF vs. PS hat innerhalb der Romania weitgehend die gleichen Kontraste.

(3) Form und Funktion von *PS*:
a. O cachorro latiu. BP
Der Hund stieß ein Bellen aus. (einmalig)
b. Le chien aboya. Frz.
c. Il cane abbaiò. Ital.
d. El perro gruñó/ladró. Span.

(4) Form und Funktion von *IMPF*:
a. O cachorro latia. BP
Der Hund bellte. (mehrere Male bzw. ununterbrochen)
b. Le chien aboyait. Frz.
c. Il cane abbaiava. Ital.
d. El perro gruñía/ladraba. Span.

Darüber generalisieren wir wieder:
Ξ4: PS signalisiert ein salientes Ereignis oder eine solche Zeitperiode in der Vergangenheit (*PAST*).
Ξ5: (3) kann ein singuläres Bellereignis ausdrücken bzw. mehrere solche, abhängig von der Zeitperiode, die zur Verfügung steht.
Ξ6: (4) kodiert mehrere Bellereignisse; sie alle finden vor, nach oder gleichzeitig mit tr statt.
Ξ7: Kontrast: (3) setzt nur eine kontextuell relevante (Verb-)Ereigniszeit voraus. (4) braucht bestimmte Gelingensvoraussetzungen – etwa Assertion inbezug auf eine andere Ereignisreferenz: Die IMPF-Verbbedeutung überflutet die Grenzen dieser Ereignisreferenz.

(5) a. No verão, o Carlos escrevia um poema.
Im/Jeden Sommer schrieb Carlos immer ein Gedicht
b. No verão, o Carlos nadava na lagoa.
Im/Jeden Sommer schwamm C. immer im See

2.4. Distributionsähnlichkeit – die Kernereignisaspekte im Romanischen

Wir halten fest:
- PS verleiht Verben Ereignishaftigkeit
- IMPF verleiht den Verben Zustandshaftigkeit
- Variation zwischen Verbvertretern der Vendleraktionsarten mit PS- oder IMPF-Morphologie ergibt keine Akzeptabilitätsunterschiede wie gezeigt in (5)–(6), beide im BP.

(6) O Carlos escreveu um poema.
(7) a. O Carlos escreveu um poema.
Carlos hat ein Gedicht geschrieben
b. O Carlos nadou na lagoa.
Carlos ist im See geschwommen
(8) a. O Carlos escreveu um poema.
Carlos hat ein Gedicht geschrieben
b. O Carlos nadou na lagoa.
Carlos ist im See geschwommen

Wiederum ziehen wir die folgenden Schlüsse:
Ξ8: Aufgrund der allgemeinen Gültigkeit im Romanischen sind die Tempusaspekte in der Opposition zwischen (5) und (6) die zu erklärenden Kernerscheinungen.
Ξ9: Peripherere Beispiele dagegen sind: IMPF bei Modalverben der Fähigkeit und Möglichkeit ergibt in den verschiedenen romanischen Sprachen Lesartenvarianzen. Man vgl. Die folgenden Beispiele mit deontischen Modalen im BP und im Französischen. Vgl. (9a,b) (nach Hacquard 2006).

(9) a. Kitty devait faire ses devoirs, et elle les a faits. Französisch
Kitty sollte.IMPF machen ihre Aufgaben, und sie sie hat gemacht
Kitty soltte ihre Hausaufgaben gemacht haben, und sie hat sie auch gemacht.
Kitty sollte ihre Hausaufgaben gemacht haben, aber sie hat sie nicht gemacht.
b. ?A Kitty devia fazer a tarefa, e ela fez. BP
?die Kitty sollte.IMPF machen die Hausaufgabe, und sie hat sie auch gemacht.PS
?Kitty sollte ihre Aufgaben machen, und sie hat sie auch gemacht.

Daraus geht wiederum hervor, dass bei IMPF im Französischen Verpflichtung im Pasttempus kodiert, IMPF im BP dagegen eine Präsensverpflichtung kodiert.

3. Semantik von IMPF und PS

3.1. Die logische Form von PS und IMPF sowie des Tempus *PAST*

Für die Vergangenheit, *PASST*, gilt unter reichenbachschem Vorzeichen: te < ts.

(10) a. Sind PS-Verben nicht immer perfektiv?
b. Sind IMPF-Verben nicht immer imperfektiv?
(11) Zum Bezug zwischen Referenzzeit und Ereigniszeit:
a. $\exists e_1$ ($t \subset$ Zeit(e) $\wedge$ P(e)(w) = 1)
IMPERFEKTIV: Referenzzeit in der Ereigniszeit; Ereigniszeit überflutet Referenzzeit – **Divisibilität und Homogenität bezüglich aller Subereignisse bzw. Ereignispunkte.**
b. $\exists e_1$ (Zeit(e) $\subset t \wedge$ P(e)(w) = 1)
PERFEKTIV: Ereigniszeit enthalten in Referenzzeit; Referenzzeit überflutet Ereigniszeit – **Indivisibilität und Heterogenität bezüglich aller Subereignisse bzw. Ereignispunkte.**

(12) Perfektivität zerfällt in Inkrementphase und Resultats-/Zustandsphase (oder Resultatspunkt):

```
Inkrement-    Resultatspunkt/          zwei Phasen: gegenseitig implikativ
phase         Resultatsphase
|»»»»»»|-----------------|
    e          e
```

Daraus wollen wir wieder schließen:

Ξ10: Das Imperfektiv lizensiert, dass Ereigniszeit die Referenzzeit überfluten kann: „[+E-Anhalten]-Folgerungsmuster“ Diagnostik:... *and still does V* / ... *und V weiter/ noch immer.*

Ξ11: Das Perfektiv ist nur mit „[–E-Anhalten]-Folgerungsmuster“ vereinbar:...*but (does) not V anymore* / ... *und V nicht mehr.*

4. Optionen der Verlaufsfunktion ohne Morphologie

4.2. Nominale Verlaufsform im Deutschen und die Aussagekraft des Präsensäquivalents

Das Deutsche verfügt über keine verbale Progressivmorphologie (gegen Emmel 2005). Es verwendet vielmehr das Präsens + Zeitadverbien wie *jetzt/gerade.* Vgl. (13a). Nun ist Beschränkung auf Imperfektiva zu erwarten – ABER: es verschiebt sich nur temporal „ts=te bei IMPF“ zu „ts<te bei PERF“: Wie in (13b) steht die Erfüllung von te (unmittelbar) bevor („#“ = andere Temporallesart als bei IMPF).

(13) a. *(gerade) beim/am Arbeiten*[-perf] *sein* ...[$_{PREDP}$ [$_{PP}$ an [$_{DP}$ de- [$_{NP}$ [$_{V}$ arbeit-]]]] Kop]
„Kontinuativ“
b. #*einen Fasan am Abschießen*[+perf] *haben / am Sterben*[+perf] *sein* ...t/iV #[+perfektiv]

(13a,b) stellen PP mit Verbnominalen innerhalb der P-Schale dar. Nominale sind Zustände mit [ts = te] eher als [te < ts] bzw. [e ⊆ s]. D.h. te-Ereignishaftigkeit mit **Äquivalenz zu Präsenssatz** schließt ts ein. Der Beginn eines durch [$_{NP}$ [$_{V}$ V]] eingeleiteten Komplements, e-initium (╠╠Fasan╣Abschuss╣), muss Subelement des Gesamtereignisses e sein: [e-initium ⊆ e].

Besteht ein fundamentaler, empirisch nachvollziehbarer Unterschied zwischen deutsch (13a) und BP *estár*+V-*ndo*/Englisch *be*+V-*ing*? Englisch *be working* ist ja Grammatikalisierungsergebnis von *be aworking*, noch früher *on working* mit *working* als Nominal (vgl. das Ableitungssuffix *-ung* des Deutschen). Vgl. die Kategorisierung “NP/PP” in (13a) mit diachronischer und allgemein-linguistisch typologischer Begründung. Daraus folgt wiederum:

Ξ12: Die deutsche Funktion des Progressivs leitet sich daraus ab, dass Nominale **Zustände** kodieren – das *vereinigende* aspektuelle Merkmal mit BP und Englisch.

ABER: Die Wortartenvertretungen dieser Progressivfunktion sind verschieden: **Gerundial**paradigma im BP (≠ EP); Englisch V+*ing* ist bloß eine moderne **verbale** Ableitung (etymologisch **nominal** wie im Deutschen auf *-ung*).

4.2 Diagnostik PS vs. IMPF zu Zustandsverben: ZuV > nichtZuV?

Wir untersuchen die Semantik von Zuständen in PS vs. IMPF anhand von Zeitadverbien wie *sofort/immediately* und *schon/already* bzw. bei den klassischen Zustandsverben *wissen/kennen/know/saber* und *verstehen/ understand/entender*. Es ergibt sich: Englisches *immediately* ergibt die Einsichtswandellesart für *knew* und *understood*: (14a,b) lassen nicht die Lesart zu, dass der Psychiater (*shrink*) Einsicht hatte in die Behandlung **vor** der Selbstidentifikation des Patienten. Somit keine Einsichtswandellesart.

(14) a. When the patient claimed to be Gengis Khan, the shrink *knew* **immedately** the line of treatment.
b. When the patient claimed to be Gengis Khan, the shrink *understood* **immedately** the line of treatment.

Wie wirkt sich *immediately* auf Sätze mit PS und IMPF aus? Ergibt sich Einsichtswandellesart (PS): im BP *saber* know und *imediatamente* bei Verb-PS wie in (16a), das dieselbe Lesart wie (15b), aber ohne Adverb ergibt. Dagegen ist (16b) mit IMPF-Morphologie ungrammatisch.

(15) a. Quando o paciente disse ser Gengis Khan, o psicológo *soube* **imediatamente** a linha de tratamento a ser seguida. PS
b. *Quando o paciente disse ser Gengis Khan, o psicológo *sabia* **imediatamente** a linha de tratamento a ser seguida. IMPF

Beispiel (16a,b) zeigt, dass *imediatamente* und IMPF *sabia* unvereinbare semantischen Merkmale haben. Da *imediatamente* und IMPF *sabia* im Gegensatz zu PS *soube* unverträglich sind, liegt die Unverträglichkeit beim semantischen Wert der IMPF-Morphologie. Ähnliches gilt für Sätze mit *entender* „verstehen" / „understand". Siehe (16).

(16) a. Quando o paciente disse ser Gengis Khan, o psicológo *entend<u>eu</u>* **imediatmente** a linha de tratamento a ser seguida. PS
b. *Quando o paciente disse ser Gengis Khan, o psicológo *entend<u>ia</u>* **imediatamente** a linha de tratamento a ser seguida. IMPF

4.3 BP *já* und Englisch *already*

Englisch *already* und BP *já* setzen bereits vermittels ihrer lexikalischen Bedeutung Ereignishaftigkeit, welche die Lokations-/Sprechaktzeit überflutet (also te $\subset$ ts). Im

Englischen (15a, b) blockiert das Adverb *already* die Einsichtswandel-/Einsichtsgewinnungslesart. Im BP dagegen stellen sich die entsprechenden Lesarten nur bei IMPF-Verbmorphologie ein, wie (17b) zeigt.

(17) a. When the patient claimed to be Gengis Khan, the shrink **already** *knew* the line of treatment to follow.
b. When the patient claimed to be Gengis Khan, the shrink **already** *understood* the line of treatment to follow.

ABER: PS, IMPF und *já* verkomplizieren. (18b) unten etwa liefert keine Einsichtswandel-/-gewinnungs-/Zustandsveränderungslesart, wonach dem Psychologen einfällt, wie Patient zu diagnostizieren gewesen wäre.

(18) a. *Quando o paciente disse ser Gengis Khan, o psicológo **já** *soube* a linha de tratamento a ser seguida. ...*PS
b. Quando o paciente disse ser Gengis Khan, o psicológo **já** *sabia* a linha de tratamento a ser seguida. ...IMPF

(18b) lässt erschließen, dass der Psychologe zum Zeitpunkt der Äußerung, ts, die frühere Diagnose kennt; (17a) dagegen eröffnet diese Lesart nicht. Sätze mit *entender* wie in (19a,b) eröffnen denselben Unterschied.

(19) a. *Quando o paciente disse ser Gengis Khan, o psicológo **já** *entendeu* a linha de tratamento a ser seguida. *PS
b. Quando o paciente disse ser Gengis Khan, o psicológo **já** *entendia* a linha de tratamento a ser seguida. IMPF

Generalisierung:
Ξ13: PS von Zu(stands)-Verben im BP sind immer kompatibel mit dem Zeitadverb *immediately*, nie jedoch mit *already*, wogegen IMPF von Zu-Verben jederzeit mit *already* eine Lesart liefert, nie jedoch mit *immediately*. Obwohl Englisch keine PS/IMPF-Opposition aufweist, zeigt das Pasttempus von Zu-Verben dasselbe Distributionsverhalten wie PS in Kokonstruktion mit *immediately* und wie IMPF in Kokonstruktion mit *já*.

Wir ziehen die folgenden weiterführenden Schlüsse:
Ξ14: Englisches Pasttempus mit *immediately* liest sich wie ein romanisches PS, wogegen englisches Pasttempus mit *already* IMPF-Lesart verzeichnet.
Ξ15: Bei IMPF und Past+*already* überfluten die Ereignisse kodiert durch *know/understand* die PS-Lesart.
Ξ16: Bei Past+ *immediately* dagegen folgen die Ereignisse, kodiert durch *know/understand*, der Referenzzeit: tr < te.

Angenommen nun, englische Zu(stands)-Verben haben eine Zeitlesart ähnlich den Fällen mit Past+*already*. Auffällig ist jedenfalls: Bei der IMPF-Lesart besteht im Vergleich zur PS-Lesart Inakzeptanz für (19a) und (19c) wie in (20a,c) unten.

(20) IMPF im Englischen:

a. F. read his wifes five-word note and?**understood that she had left him**. He telephoned the travel-agent.

b. F. read his wifes five-word note and **knew that she had left him**. He telephoned the travel-agent.

c. F. bought a book in the shop round the corner. He read it. **He?understood it**. He lectured on it the following semester.

d. F. bought a book in the shop round the corner. He read it. **He knew its content.** He lectured on it the following semester.

Wieder folgern wir:
Ξ17: Die Beispiele im BP haben IMPF-Morphologie und dieselbe Akzeptanzverteilung wie das Englische in (20).

Wie sieht nun die Situation mit IMPF im BP aus?

(21) a. F. leu o bilhete da mulher e?**entendia que ela tinha ido embora**. Ele telefonou para a agência de viagens.

b. F. leu o bilhete da mulher e **sabia que ela tinha ido embora**. Ele telefonou para a agência de viagens.

c. F. comprou um livro na livraria da esquina. Ele leu. **Ele?sabia seu conteúdo**. No semestre seguinte ele lecionou sobre o assunto.

d. F. comprou um livro na livraria da esquina. Ele leu. **Ele entendia seu** conteúdo. No semestre seguinte ele lecionou sobre o assunto.

Daraus ergibt sich: Die Akzeptabilität von Zu-Verben in morphologischer IMPF-Lesart gilt für nichtdivisible, also homogene Ereignisse.

4.4 Diskursdeutungen von (20a-d)–(21a-d):

Nun stellen sich unter den Lesartambiguitäten aber Prioritäten ein, die zu generalisieren bzw. zu klären sind.

- Die Lesartprioritäten von (20a/21a) und (20c/21c) Englisch-BP sind: Lesart (i): *read/ler < understand/entender*, Lesart (ii):?*understand/entender < read /ler*. Die Norm ist wohl: Lesen produziert Verständnis – daher?*understand/entender < read/ler*.
- Die Lesartprioritäten von (220d/21b) und (19/21d) Englisch-BP sind: Lesart (i): *read/ler < know/saber*, Lesart (ii):?*know/saber < read /ler*. Wieder ist die Norm wohl: die Sätze setzen Vorereignis mit achievement/Gelingens-Eigenschaften voraus, dafür qualifizieren sich *read/ler* aber nicht. Es wird vielmehr eine andere Ereignisabfolge angenommen, in der *Wissens*zustand plausiblerweise dem *Lese*ereignis vorausgeht.

- Ad (19)–(20) Englisch-BP: Entscheidend sind Analysen nach **Vor- und Nachzustand** zu den **Ereignislexemen** *read/ler/ lesen* bzw. *understand/entender/verstehen*. Dies gilt übereinstimmend für alle 3 Sprachen. Die lexikalische Ereignisbedingung überschreibt die verbale Ereignis/Aspektbedingung.
- Ad englisch (20a,b): Entscheidend sind wieder die Analysen nach **Vor- und Nachzustand** zu den **Ereignislexemen** *know/understand*. Das Aspektadverb *immediately* ändert nichts an dieser lexikalischen Bedingung. D.h., die lexikalische Ereignisbedingung überschreibt die verbale Ereignis-/Aspektbedingung.
- Ad (21a,b) BP: *imediatamente* ist mit IMPF *sabia* inkompatibel, nicht jedoch mit PS *soube*. D.h. verbale IMPF-Morphologie entscheidet über Akzeptanz. Verbale Ereignis-/Aspektbedingung überschreibt lexikalische Ereignisbedingung.
- Ad (15)–(16) und (20)–(21) Englisch-BP: Englisch *already* blockiert die PS-Lesart im Gegensatz zu *immediately* – lexikalische Ereignisbedingung; im BP dagegen überschreibt Aspektmorphologie die lexikalische Ereignisbedingung.

Ich habe hier über die einzelsprachlichen Erscheinungen und zwischensprachlichen Unterschiede bloß generalisiert; nähere Erklärungen stehen aus.

5. Vendlers *Achievements* und *Accomplishments*

Vendlers Ereignisklassen und -nomenklatur ist verschiedentlich vertiefter Kritik unterzogen worden (u.a. Engelberg 2000, Hamm & Lambalgem 2005, Bott 2010). Hier werden bloß einige spezifische Implikationen hervorgehoben.

5.1. Einmalige φ-ers vs. nichteinmalige φ-ers

Wie (22) zeigt, lassen sich unterschiedliche Resultatsphasen trennen, die bei Vendler nicht deutlich geschieden sind. Vgl. Tab. 2 unten.

(22) a. Hans erreichte den Gipfel/fand seine Feder. … Achievement – Punktresultat, nur [+telisch]
b. Hans zeichnete einen Kreis/schrieb einen Brief. … Accomplishment – erweiterte Res-Phase, [±telisch]

Tab. 2: Ereignisschemata und ihre diagnostischen Distributionen (Vendler 1957; nach Engelberg 2000: 36)

Gelingen/Achievement [–AG], [+telisch]	Zustand/State [–AG], [–telisch]	Handlung/Activity [+AG], [–telisch]	Vollendung/Accomplishment [+AG], [±telisch]
reached/found his pen – fand seine Feder	*love, hate, know, understand – wissen, kennen*	*push, run, swim – rennen, schwimmen*	drew/wrote a circle/ letter – zeichnete einen Kreis
*Progressiv		Progressiv	
*5Minuten lang	5Minuten lang/in 5 Minuten		*5Minuten lang
**um 5!*	* *um 5!*	* in 5 Minuten	in 5 Minuten

Führen wir nun ein neues Kriterium zur Unterscheidung ein: *Einmaligkeits-φ-er* vs. *Nichteinmaligkeits-φ-er* (Steedman 2005, Gonçalvez 2007: 30 ff.): *1e-φ-er* sind Prädikate wie *schwimmen* mit Biimplikation im Sinne von (23a,b), wogegen *Nicht-1e-φ-er* wie *trinken* eine solche Biimplikation ausschließen – vgl. (23)–(24). *trinken* und *schwimmen* sind beide atelische Tätigkeitsverben.

(23) a. Sofern *Hans trinkt* als HABIT wahr ist, dann ist *Hans trinkt* als FÄHIG ebenfalls wahr.
b. Es gilt nicht, sofern *Hans trinkt* als FÄHIG wahr ist, dass dann *Hans trinkt* als HABIT wahr ist.
(24) a. Sofern *Hans schwimmt* als HABIT wahr ist, dann ist auch *Hans schwimmt* als FÄHIG wahr.
b. Sofern *Hans schwimmt* als FÄHIG wahr ist, dann ist auch *Hans schwimmt* als HABIT wahr.

Telische Prädikate und *Einmaligkeits-φ-er* bzw. *Nichteinmaligkeits-φ-er* haben besondere Eigenschaften:

- *Einmaligkeits-φ-er* sind in (23)–(24) akzeptabel: lexikalisch vorausgesetzte FÄHIGkeit und HABITualität stehen in einem Biimplikationsverhältnis.
- *Nichteinmaligkeits-φ-er* setzen FÄHIGkeit ebenfalls voraus; jedoch bedingen sich FÄHIGkeit und HABITualität nicht wechselseitig. Somit sind *Nichteinmaligkeits-φ-er* unvereinbar mit HABIT-Ereignishaftigkeit.

Daraus ergeben sich Folgen für Accomplishments mit definitem Singularobjekt wie *play a sonata.*

- Der Satz *Hans plays a sonata* ist akzeptabel, da *playing a sonata* vom Typ eines Einmaligkeits-φ-ers ist: *eine Sonate spielen* ist keine typisch habituelle Fähigkeit.
- Im Unterschied dazu ist englisch *Hans builds a house* als *Nichteinmaligkeits-φ-er* inakzeptabel – wohl ist Hans dazu fähig, aber er macht das nicht zu oft: Es geht um eine unwahrscheinliche Fähigkeitszuschrift für Hans.
- Wieder im Unterschied dazu ist *Hans builds houses* mit dem Pluralobjekt akzeptabel; das Ereignis ist zwar telisch, aber Objektpluralität lässt mehrere Ereignisse erschließen. Damit ermöglicht sich für das Ereignis als *Einmaligkeits-φ-er* HABITualität zumindest für einen gewissen Zeitraum.
- Dies ist anders für Achievements mit Pluralobjekts, da in Gelingensereignissen nichts über den Gelingensweg – etwa dazu, wie Hans seine Feder fand – ausgesagt wird. Vielmehr ist jeder Findensakt zufällig, nicht als Eigenschaft von Hans zu sehen.

Die Unterscheidung zwischen Einmaligkeits-φ-ern und Nichteinmaligkeits-φ-ern hat enzyklopädisch-pragmatische Wurzeln – hängt also vom (eher unsystematischen) Sprecherweltwissen ab. Trotzdem sind Achievement-/Gelingensprädikate normalerweise *Nichteinmaligkeits-φ-er*. Dies liegt aller Wahrscheinlichkeit nach daran, dass Gelingensprädikate semantische *teloi* eines vorausgesetzten Ereignisses darstellen. Somit knüpft sich eine sprachliche Regularität an die Präsenz bzw. Absenz eines *telos*, eines Ziels, auf das das Ereignis hinführt.

6. Zusammenfassung

Ich fasse wie bisher Generalisierbarkeiten unter „Ξ" (für „Summe") zusammen.

Ξ18: Alle semantisch-funktionalen Varianten des BP und der englischen Gerundialform (Progressiv/Kontinuativ, Futur, Generizität) beruhen, sobald man die deutsche Präpositionalform dazu analysiert, auf der Multifunktionalität des Präsenstempus.
Ξ19: Das deutsch-germanische Präsenstempus deckt funktional mehr ab als das romanische: Es hat temporale und aspektuelle Reichweite, letzteres allerdings weniger systematisch.
Ξ20: Unter den germanischen Sprachen verfügt nur das Englische über einen morphologischen Ausdruck für das Progressiv/die Verlaufsform. Insofern als im Deutschen, Niederländischen, Flämischen präpositional-nominale Formen die Verlaufsform repräsentieren, braucht nichts von der erarbeiteten logischen (Im)Perfektivitätssemantik, die den verbalen Kontinuativ im BP kennzeichnet, zurückgenommen zu werden.
Ξ21: Das primäre Kennzeichen der Verlaufsform im BP ist, dass Ereigniszeit die Grenzen der Referenzzeit miteinschließt („überflutet": te $\subset$ tr). Dies gilt für verbale Zustände und Nominale/Präpositionale gleichermaßen. Lexikalische Zeitadverbiale können allerdings Lesarten erzwingen, die der Aspektmorphologie nicht entspricht (so schon von Klein 1994 beobachtet). Vgl. Die Diskussion zur Vereinbarkeit von IMPF- vs. PS-Adverbialen einerseits und IMPF- vs. PS-Morphologie andererseits in den Abschnitten 4.2 und 4.3 oben.
Ξ22: Schließlich wurden korrelative Eigenschaften zu den vendlerschen Aktionsartunterscheidungen der Achievements und Accomplishments herausgearbeitet, nämlich Thetarollen- und Aspektkriterien (Generizität, Habitualität).

Bibliographie

Abraham, Werner 1989. Verbal substantives in German. In: C. Bhatt, E. Löbel & Cl. Schmidt (eds.) *Syntactic phrase structure phenomena*. [Linguistik Aktuell – Linguistics Today 6]. Amsterdam: J. Benjamins, 79–89.

Abraham, Werner 1990. A note on the aspect-syntax interface. In: J. Mascaró & M. Nespor (eds.) *Grammar in progress. GLOW essays for Henk van Riemsdijk*. Dordrecht: Foris, 1–12.

Abraham, Werner 1997. The interdependence of case, aspect, und referentiality in the history of German: the case of the genitive. In: A. van Kemenade & N. Vincent (eds.) *Parameters of morphosyntactic change*. Cambridge: Cambridge University Press, 29–61.

Abraham, Werner 2000. The aspect-case typology correlation: Perfektivity correlation: Perfectivity and Burzio's generalization. In: E. Reuland (ed.) *Arguments und case*. [Linguistics Today/ Linguistik Aktuell 34]. Amsterdam: J. Benjamins, 129–190.

Bertinetto, Pier Marco. 2000. The progressive in Romance, as compared with English. In: Ö. Dahl (ed.) *Tense and aspect in the languages of Europe*. Berlin & New York: Mouton de Gruyter.

Bott, Oliver 2010. *The processing of events*. [Linguistik Aktuell/Linguistics Today]. Amsterdam: John Benjamins, 559–602.

Câmara, Joaquim M. 1975. *História e estrutura da Língua Portuguesa*. Padrão: Livraria Editora Ltda.

Dowty, David 1979. *Word meaning und Montague grammar. The semantics of verbs and times in Generative Semantics und in Montagues PTQ*. Dordrecht: Reidel.

Eckardt, Regine 1998. *Events, adverbs, und other things*. Tübingen: Niemeyer.

Emmel, Ina 2005. „Die kann nun nich, die is beim Treppenputzen!" O progressivo no Alemão de Pomerode-SC. Unpublished doctoral thesis UFSC, Universidade de Santa Catarina at Florianopolis, Brasil.

Engelberg, Stefan 2000. *Verben, Ereignisse und das Lexikon*. [Linguistische Arbeiten 414]. Tübingen: Niemeyer.

Giorgi, Alessandra & Fabio Pianesi 1997. *Tense und aspect. From semantics to morphosyntax*. Oxford: OUP.

Gonçalvez, Cláudio C. e C. 2007. Imperfectivity and verbal morphology. Unpublished doctoral thesis UFSC, Universidade de Santa Catarina at Florianopolis, Brasil.

Guéron, Jacqueline 2006. Generic sentences und bare plurals. In: S. Vogeleer & L. Tasmowski (eds.) *Non-definiteness und plurality*. [Linguistik Aktuell/Linguistics Today 95]. Amsterdam: John Benjamins, 219–236.

Hacquard, Valentine 2006. Aspects of modality. Unpublished doctoral thesis M.I.T.

Hamm, Fritz & M. van Lambalgen 2005. *The proper treatment of events*. Malden, MA: Blackwell.

Henriksson, Henrik 2006. *Aspektualität ohne Aspekt. Progressivität und Imperfektivität im Deutschen und Schwedischen*.[Lunder germanistische Forschungen 68]. Dissertation Lund: Media tryck.

Klein, Wolfgang 1994. *Time in language*. London: Routledge.

Kratzer, Angelika 1998. More structural analogies between pronouns und tenses. *Proceedings of SALT* 8, 92–110.

Krifka, Manfred 1989. Nominalreferenz, Zeitkonstitution, Aspekt, Aktionsart: eine semantische Erklärung ihrer Interaktion. In: W. Abraham & Th. Janssen (Hg.) *Tempus – Aspekt – Modus*. Tübingen: Niemeyer, 227–258.

Leiss, Elisabeth 1992. *Die Verbalkategorien des Deutschen*. Berlin: de Gruyter.

Maienborn, Claudia. 2005. A discourse-based account of Spanish *ser/estar*. *Linguistics* 43/1, 155–180.

Mantoanelli, Ivone & Rodolfo Ilari 1983. As formas progressives do português. *Cadernos de Estudos Lingüísticos* 5.

Parson, Terence 1990. *Events in the semantics of English*. Cambridge, Massachusetts: MIT Press.

Roby, David Brian 2009. *Aspect and the categorization of states: the case of* ser *and* estar *in Spanish*. [Studies in Language Companion Series]. Amsterdam: John Benjamins.

Steedman, Mark 2005. The productions of time: Temporality and causality in linguistic semantics. Univ. of Edinburgh. http://www.iccs.informatics.ed.ac.uk/~steedman /papers.html

Vendler, Zeno 1957. Verbs and times. *The Philosophical Review* 66, 143–160.

Vincent, Nigel (ed.) 1982. *Studies in the Romance verb. Essays offered to Joe Cremona on the occasion of his 60th birthday*. London: Croom Helm.

Ziegeler, Debra 2006. *Interfaces with English aspect. Diachronic und empirical studies*. [Studies in Language Complementary Series 82]. Amsterdam: John Benjamins.

Satzfelder*

Einleitung

Ich gehe davon aus, dass Informationen zur morphologischen, syntaktischen und semantischen Verbvalenz ins Lexikon gehören und dass die in der Folge dargestellten Satzfelder durch entsprechende Übertragungen solcher Valenzstrukturen in die entsprechenden Teilfelder zustande kommen. Dabei spielen alle entscheidenden in der modernen Syntax diskutierten Kontrollprozeduren eine Rolle, um die Basiswortstellungen zu repräsentieren: *primäres Merge, Probe, Merkmalsabgleich. Sekundäres Merge* zusammen mit *Probe* und *Merkmalsabgleich* schaffen dann die kontextkohärenten, der Informationsstruktur geschuldeten Ableitungen durch Versetzung (*move*).

Diese Basissatzfelder sind in der Folge einzeln dargestellt. Die entsprechenden Satzklammerstrukturen finden sich so daruntergesetzt, dass sie mit den Satzunterfeldern abgeglichen sind. Ich vergleiche dabei die deutsche Satzstruktur mit den beiden Verbpolen ('1. und 2. Verbklammer') und Satzkopffinalität (OV) in **Abb. 1** mit dem italo-romanischen (VO) in **Abb. 2** sowie dem thetischen im Deutschen in **Abb. 3**, wo das Vorfeld/ SpezCP lexikalisch unbesetzt ist.

In **Abb. 4** reihe ich die Basisabfolgen der Adverbialtypen.

Abb. 5 stellt das deutsche (SVOV) Satzfeld mit diskursakzentueller Verteilung dar, wobei von den Basispositionen der (grundlegend thematischen) Personalpronomina im linken Mittelfeld ausgegangen wird.

In **Abb. 6** sind die Positionen der Modalpartikel/MP im Verhältnis zu den Adverbialtypen dargestellt.

Abb. 7 setzt erneut das deutsche (SVOV) Satzfeld thetischer/präsentativer Sätze in Relation zu den MP-Positionen.

Eigene bibliographische Angaben stehen unter jenen Abbildungen, auf die sie sich beziehen.

* Vorbereitende Versionen dieser Satzfelder erschienen bereits in W. Abraham (2013). *Deutsche Syntax im Sprachenvergleich. Grundlegung einer typologischen Syntax des Deutschen*. 3., überarbeitete und erweiterte Auflage. [Studien zur deutschen Grammatik 41]. Stauffenburg: Tübingen.

Abb. 1: Das deutsche (SVOV) Satzfeld deklarativer und interrogativer Sätze (schattierte Felder markieren die Verbklammerpole)

Vfinit-Anhebung im unabhängigen Satz - linksläufige Verbrektion

Koordinator	Linksherausstellung	Sprecherdeixis/Force (Illokutionspotentiale: !, ?, Modalität)	Diskursthema/-rhema „Topik" [$_{CP}$ Spez,CP/FinP **[+starkes Diskursmerkmal]**	grammatisches Prädikat	⇐ **Thema** ⇒ linkes Mittelfeld DP$_{+def}$ DP$_{-def-Kontrast}$		⇐ **Rhema** ⇒ rechtes MF DP$_{-def}$ DP$_{+def-Kontrast}$			lexikalisches Prädikat	Thema Nachfeld
		[SprDeixP [TopP [FokP [TopP …		**[C°/Fin°** Aux-Kongruenz	WP (Pronominal-klitika	DefP, Vollpronomina	IndefP, *(et)was, wo*	[$_{vP}$ MP	[$_{vP}$ Neg	[$_{VP}$ **V°**]]]	Rechtsherausstellung
-	*Das Geheimnis* - / :	/Interrog	-	*ob* *ob*	*-ts* *-st*	*(es) mir des* *du mir des*	-	⊠	*net* *net*	***sag-ts*** ***sag-st***	*heut?* *heut?*
Aber(:) *Denn(:)*		/Deklar	*sie*	***gibt***	⊠	-	*SIE*	⊠	*nicht*	***ab***	*heute.*
-	-	MP/W- Interrog	*Wieso*	-	*'s 'm*	-	-	*denn*	-	*ABgeben?*	-
[$_{KOORD}$Koord	[$_{LiDISLOK}$ DP	[$_{SPREDEIX/FORCE}$ MP	[$_{CP}$ …VF	[$_{C'}$ Comp WP/Kongr	[$_{I/TP-li-MF}$	…	[$_{vP-re-MF}$	[$_{vP}$MP	Neg]	Vletzt]	… NF]

Grundsätzlich: Es gibt Basisabfolgen für Argumente und Adverbiale; die Basisabfolge der Argumentpositionen wird durch die Verbvalenz bestimmt (*ihr Kuchen schenken; Bier, Wein vorziehen; ihn des Missbrauchs bezichtigen; ihn etwas lehren*); die Negationspartikel muss das Prädikat k-kommandieren; Abweichungen/Versetzungen/Merge2 aus den Basispositionen wird bei Argumenten durch Kontrastakzent markiert, bei Negation (und Adverbien) durch Skopusverschiebung.

(1) [Das BUCH gekauft] hat Paul HEUTE <<
[$_{CP}$ [$_{VP}$ Das Buch gekauft] hat [$_{TP}$ [$_{vP}$ Paul [$_{VP}$ ~~das Buch gekauft~~]] heute
[$_{vP}$ ~~Paul~~ [$_{VP}$ ~~das Buch~~ ~~gekauft hat~~]]

(2) [Ihr einen RING schenken] würde ich NIEMALS <<
[$_{CP}$ [$_{VP-IO}$ Ihr [$_{VP-DO}$ einen Ring schenken]] würde [$_{TP}$ [$_{vP}$ ich [$_{VP-IO}$ ~~ihr~~ [$_{VP-DO}$ ~~einen Ring schenken~~]]] [$_{vP}$ niemals
[$_{vP}$ ich [$_{VP-IO}$ ~~ihr~~
[[$_{VP-DO}$ ~~einen Ring~~ ~~schenken~~ ~~würde~~]]

Abb. 2: Das italo-romanische (TSVO) Satzfeld (MF = (ganz kleines) Mittelfeld):

rechtssläufige Verbrektion

KOORD	Topik Fokus Topik **[+starke Diskursmerkmale]**		PROKLISE-KONSTITU-ENTE	**CP/C° leer wegen Verlust des starken Diskurs-merkmals**	Vfin/TP – Kongruenz **[-starkes Diskursmerkmal] [+starkes Kongruenzmerkmal]**	MF funktio-nale Morpho-logie	lexikalische Komplemente	**keine rechte Verbklammer**
	[$_{TopP}$XP-YP-ZP		ClitP: Pro-nominal-proklitika		[$_{TP}$ NP(Neg)	V$_{Aux}$ [$_{MF}$ [$_{MP}$ *mai*]]	[$_{vp}$ V-NP1-NP2…]]]	

Abb. 3: Das deutsche (SVOV) Satzfeld thetischer/präsentativer Sätze (schattierte Felder markieren die Verbklammerpole):

Koord/ Links-heraus-stellung	Diskurs-thema/-rhema „Topiks über"	1.VK Comp	**Kategorisch / Thema** DP$_{+def}$ Pronomina		**Thetisch / Rhema** nur rechtes Mittelfeld DP$_{-def}$ DP$_{+def\text{-}Kontrast}$			2.VK V-letzt	Thema Nachfeld
					VF	1.VK T°			
	[$_{CP}$ Spez,CP **[+st. Diskurs-merkmal]**	**[C°** Kongr.	WP (Pron-Klitika)	DefP, Vollpro-nomina	[$_{TP}$ Spez TP	[$_{T}$	[$_{VP}$ Adverb IndefDP	**V°**]]]	Rechtsher-ausstellung
–	–	–	–	–	*(Es)*	*Ist*	*einmal eine schöne Prin-zessin*	*gewesen*	*mit ihrem Prinzen.*
–	–	–	–	–	*(Da)*	*Kam*	*doch mein Ex zu mir*	*herein*	*heute morgen.*

es (nur!) im thetischen Satz hat direkte und fundamentale Syntaxkonsequenzen – es fehlt ja das gesamte Vorfeld kategorialer Sätze, also jegliches Thema Fehlt damit auch: Anaphorisches? eigenes Illokutionspotential? Themaposition im MF? *Es* ist rein syntaktisch-funktional motiviert (soz. Tilgung des thematischen Vorfelds – Tilgungsfunktion).

Abb. 4: Das deutsche (SVOV) Satzfeld – Mittelfeldbasispositionen der Adverbiale (schattierte Felder): jeder (oberflächlich) linke Adverbialtyp k-kommandiert jeweils die Basisposition des rechts folgenden Adverbialtyps (vgl. [1] unten)

Koord/ Links-heraus-stellung	Diskurs-thema/rhema „Topiks“	–	⇐ **Thema** linkes Mittelfeld DP_{+def} $DP_{-def\text{-}Kontrast}$	⇒	⇐ **Rhema** rechtes MF DP_{-def} $DP_{+def\text{-}Kontrast}$				⇒	–	Nachfeld/ Extra-position
	$[_{CP}$ Spez,CP **[+st. Diskurs-merkmal]**	$[_{C}{}^{o}$ Comp	V-Kongru-enz/WP (Pron.enklitika	Vollpronomina, DefP	$[_{vP}$ Adverbien, IndefP					$[_{VP}$ **V°**]]]	
				Adverbiale							
				(i) Frame-/Bereichs-bezug[1(i)/9] (Topik-über)	(ii) Satz-Bezug [1(ii)/8]	(iii) Ereignisbe-zug [1(iii)/3/5/7]		(iv) ereignisintern [1(iv)/4/6]	(v) Prozess-bezug [1(v)/2]		
			den Sack das Fleisch Buch/Hemd						*schnell*[10] *langsam sorgfältig*	*zumachen*[10] *braten durchlesen/bügeln*	
	Dieser Fall	*sei-/is-* *weil*	*-t* *Mönche*	*juristisch betrachtet/aus medizinischer Sicht erstaunlicherweise*						*schwer zu beurteilen* $[_{VP}$ *viel Bier* $[_{VP}$ *trinken*	
–	*Sie*	*werd-*	*-en*		*vermutlich wahrscheinlich*					*geraucht haben falsch spielen*	
	Sie	*soll-*	*-en*			*mit Auto vor 2 Tagen schnell*[10]				*gereist sein gearbeitet haben gehen*[10]	
	Er	*will*						*mit Gewalt gerne mit ihr absichtlich arroganterweise*		$[_{VP}$ *die Tür* $[_{VP}$ *öffnen zusammenarbeiten* $[_{VP}$ *Zäune* $[_{VP}$ *umstoßen* $[_{VP}$ *Noam* $[_{VP}$ *schmähen*	
	Sie weint, Er kommt nur	*weil*	*ihr der Hund*					*im Garten in der Küche*		*entlaufen ist* $[_{VP}$ *Köche* $[_{VP}$ *beleidigen*	

$[_{CP}$ …VF $[_{C'}$ Comp/V$[_{I/TP}$ … li-MF … $[_{vP}$ … $[_{VP}$ re-MF …] Vletzt] NF
]

Grundsätzlich zu Abb. 4:

(i) die Basisposition eines Adverbials wird durch den Bezug auf ein anderes Satzglied bestimmt: in der Regel wird es durch das Bezugselement k-kommandiert; es gibt sowohl *Merge1-Scrambling* zwischen Adverbialen (also freie Verkettung untereinander) wie auch Merge2-Versetzung in Abhängigkeit davon, ob das K-Kommando erhalten bleibt

(ii) Adverbialtopikalisierung: k-kommandiert ein Argument oder eines der tieferen Adverbiale oberflächlich das Satzadverbial, dann handelt es sich um ein Topik(-über).

[1] genauer: (i) **Frame- und Bereichsadverbiale** k-kommandieren die Basisposition der Satzadverbiale

(ii) **Satzadverbiale** k-kommandieren das finite V sowie die Basisposition der ereignisbezogenen Adverbiale

(iii) **ereignisbezogene Adverbiale** k-kommandieren die Basisposition des ranghöchsten Arguments

(iv) **ereignisinterne Adverbiale** werden relativ zu den anderen Argumenten minimal vom Bezugsargument (oft Subjekt) k-kommandiert

(v) **prozessbezogene Adverbiale** k-kommandieren minimal den Prädikatskomplex;

[2] Basisposition nach dem Objekt: *die Tür schnell zu machen; das Fleisch langsam kochen; Politiker abgrundtief verachten*; [3] vom Bezugsargument (hier dem Subjekt) k-kommandiert; [4] zwischen Komitativ (*mit ihr*) und Modaladverb der Art und Weise (*absichtlich*) ist eine Basisabfolge fixiert (bei Abweichung *Scrambling*/freie MF-Verschiebung); [5] zwischen Komitativ (*mit einem Freund*) und Instrumentaladverbial (*mit dem* Auto) dagegen ist die relative Basisabfolge willkürlich: beide Stellungen sind basisgeneriert (haben denselben Skopus); [6] dazu gehören: Instrumentale, Komitative, Lokaladverbiale, Adverbiale der Subjekthaltung; [7] k-kommandiert die Basispositionen sämtlicher Verbargumente; [8] k-kommandiert Basispositionen ereignisbezogener Adverbiale (und folglich die der Argumente); k-kommandiert die Basisposition des finiten Verbs; [9] k-kommandiert Grundpositionen aller anderen Satzglieder sowie die des finiten Verbs; [10] *schnell gehen* als Eigenschaft (= „schneller Geher“) – vgl. prozessbezogenes *schnell (zumachen)* in (v)

Literatur:

Abraham, Werner 1995/[2]2005/[3]2013. *Deutsche Syntax im Sprachenvergleich. Grundlegung einer typologischen Syntax des Deutschen*. 3., überarbeitete und erweiterte Auflage. [Studien zur deutschen Grammatik 41]. G. Narr/[3]Stauffenburg: Tübingen.

Engels, Eva 2011. *Optimizing Adverb Positions*. [Linguistik Aktuell Linguistics Today 181]. Amsterdam: John Benjamins.

Ernst, Thomas 2002. *The syntax of adjuncts*. [Cambridge Studies in Linguistics 68]. Cambridge: CUP.

Frey, Werner & Pittner, Karin 1998. Zur Positionierung der Adverbiale im deutschen Mittelfeld. *Linguistische Berichte* 176, 489-534.

Patocka, Franz 1997. *Satzgliedstellung in den bairischen Dialekten Österreichs*. [Schriften zur deutschen Sprache in Österreich 20]. Frankfurt/M.: Peter Lang.

Pittner, Karin 1999. *Adverbiale im Deutschen. Untersuchungen zu ihrer Stellung und Interpretation*. [Studien zur deutschen Grammatik 60]. Tübingen: Stauffenburg.

Abb. 5: Das deutsche (SVOV) Satzfeld mit diskursakzentueller Verteilung:
Basissatzakzent: auf dem Kopf der am tiefsten eingebetteten Satzkonstituente (Cinque 1993, Abraham 1995); das ist in der Regel die Rhemakonstituente direkt vor der 2. Verbklammer; wenn diese nicht besetzt ist, dann ist die 2. Verbklammer die am tiefsten eingebettete Konstituente und trägt entsprechend den Satznormalsakzent.

Vfinit-Anhebung im unabhängigen Satz - linksläufige Verbrektion

Koord/ Linksherausstellung	Diskurs-thema/rhema „Topiks“	linke Verb-klammer	⇐ **Thema** ⇒ linkes Mittelfeld **DP+def DP-def-Kontrast**		⇐ **Rhema** ⇒ rechtes MF **DP-def DP+def-Kontrast**	rechte Verb-klammer	Diskursstatus
	[$_{CP}$ Spez,CP **[+starkes Diskursmerkmal]**	[**C°** Kongruenz	DefP, Subjektvoll-pronomina	DefP, Objektvollpro-nomina	IndefDP, IndefP: *(et)was, wo;*	[$_{VP}$ **V°**]]]	Kontrastakzent bei Verlassen der Basisposition
Und Maria,	*sie fragte,*	*ob*	*ihr*	*mir$_1$*	*eine ANZAHLUNG$_2$*	***geben könntet?***	*Basis-**Thema$_1$*** *Basis-**Rhema$_2$***
	Sie fragte,	*ob*	*ihr*	***t$_1$***	*eine ANZAHLUNG$_2$ MIR$_1$*	***geben könntet?***	*Kontrast-**Thema$_1$*** *Basis-**Rhema$_2$***
	Sie fragte,	*ob*	*ihr*	*eine ANZAHLUNG$_2$ mir$_1$*	***t$_2$***	***geben könntet?***	*Basis-**Thema$_1$*** *Kontrast-**Rhema$_2$***
	MIR	***gebt***	*ihr*	***t$_1$***	*eine ANZAHLUNG$_2$*	–	*Kontrast-**Thema$_1$*** *Basis-**Rhema$_2$***
Eine ANZAHLUNG$_2$	*DIE*	***gebt***	*ihr*	*mir$_1$*	***t$_2$***	–	*Basis-**Thema$_1$*** *Kontrast-**Rhema$_2$***
Eine ANZAHLUNG$_2$	*DIE*	***gebt***	*ihr*	***t$_1$***	*MIR$_1$*	–	*Kontrast-**Thema$_1$*** *Kontrast-**Rhema$_2$***
	Ihr	***gebt***	–	*mir$_1$*	*eine ANZAHLUNG$_2$*	–	*Basis-**Thema$_1$*** *Basis-**Rhema$_2$***
	ANZAHLUNG$_2$	***könnt***	–	*mir$_1$*	*KEINE$_2$*	***geben, oder?***	*Basis-**Thema$_1$*** VF: *Kontrast-**Rhema$_2$*** MF: *Basis-**Rhema$_2$***

[$_{CP\text{-}VF}$ … VF [$_{C'}$Comp [$_{I/TP\text{-}li\text{-}MF}$ … [$_{VP\text{-}re\text{-}MF}$ [$_{VP}$MP Neg] Vletzt] … NF]

Indizien für Akzentabweichung von Basisverteilung (betrifft nur Argumente/A, nicht Adjunkte/Ā): Artikel im „falschen“ Mittelfeldsektor; Nichtsubjekt im VF; Basisvalenz geändert (##*dem Saft$_i$ den WEIN **t$_i$** vorziehen*); DefP: Vollpronomina, pronominale Klisis, schwacher definiter Artikel.

Begriffsklärung zu Informationsstruktursignalen und -funktionen im Satz (zu Thema, Rhema, Topik, Kommentar, Fokus und Hintergrund; nach Molnàr (1993).

Molnàr (1993:164) teilt die Informationsstruktur auf drei Darstellungsebenen auf: 1. Thema- Rhema-Gliederung (TRG), 2. Fokus-Hintergrund-Gliederung (FHG) und 3. Topik-Kommentar-Gliederung (TKG) (engl. topic-comment-structure).
ad 1. Die **TRG** konstituiert sich auf der empfängerbezogenen Ebene und ist vom Kenntnisgrad des Adressaten abhängig. Ein Thema ist Gegenstand einer Mitteilung und beinhaltet meist auch bereits bekannte Information. Rhema ist die neue Information oder das Informationszentrum der Mitteilung (vgl. Schmitt 2004 und Popov 1987); ad 2. Die **FHG** konzentriert sich auf den Sender-Aspekt. Durch Akzentuierungen wird der Fokus auf den hervorgehobenen Teil gelegt und im Gegensatz zum Hintergrund dadurch stärker wahrgenommen. Der Fragesatztest gilt als Methode zur Festlegung der Fokusbereiches; ad 3. Die **TKG** nimmt auf die sachbezogenen Ebene Bezug. Die TKG ist eine kontextunabhängige Gliederung innerhalb des Satzes. Das **Topik** ist der Gegen- oder Umstand, über den eine Aussage gemacht wird, **Kommentar** ist die Satzaussage. **Topik** ist nicht mit **Thema** oder **Hintergrund** gleichzusetzen.

Nur die letzte Unterscheidung ist vielleicht schwer nachzuvollziehen: TOPIK ist „Satzspitze“ oder „erste Argument-DP im Satz, d.h. im Vorfeld/ in SpezCP“ – d.h. dasjenige, worüber geredet wird – nicht jedoch das, was prädiziert wird: das ist nämlich das Subjekt. Das deutsche Subjekt muss ja nicht immer in der Satzspitze stehen; kann gleichwohl Thema oder Rhema sein – es muss aber zum Unterschied vom Englischen nicht Satzspitze/TOPIK sein. Alles steht und fällt mit der Grundlegung vor einer detaillierten syntaktischen Satzstruktur. **FHG** besetzt Positionen in der linken Satzperipherie. **TRG** besetzt unterschiedliche Positionen in der linken Satzperipherie und im Kernsatz/CP – konkret im linken (thematischen) oder rechten (rhematischen) Mittelfeld. **TOPIK** gehört ausschließlich zum Kernsatz, der satzstrukturell links bei CP (also mit dem Vorfeld(SpezCP) aufhört – also nicht in die linke Satzperipherie reicht, dies zum Unterschied von FHG und TRG.TOPIK ist ein reiner Positionsbegriff, er passt gar nicht zu „Kommentar“ – was man besser „Prädikat“ nennt. Auch das Prädikat kann in TOPIK/der Satzspitze stehen; vgl. (5) [<←> bedeutet „abgeleitet aus der Basisabfolge“; Unterstreichung signalisiert die Position für Satznormalfokus; Abb.5]:

Beispiele für abgeleitete, also kontrastive Vorfeldbesetzung (Kapitälchen für Satzkontrastakzent):

(3)	GEARBEITET zu haben ist ein großes Gefühl	←	Es ist ein großes Gefühl gearbeitet zu haben
(4)	Den HINTERGRUND vor allem genannt (zu) haben befriedigt	←	Es befriedigt den HINTGERGRUND vor allem genannt zu haben
(5)	STAND einmal ein armer MANN vor der Tür	←	Es stand einmal ein armer Mann vor der Tür

Bibliographie:

Cinque, Guglielmo 1993. A null theory of phrase and compound stress. *Linguistic Inquiry* 24/2, 239–298.

Frey, Werner 2005. Zur Syntax der linken Peripherie im Deutschen. In: Franz-Josef d'Avis (Hg.) *Deutsche Syntax: Empirie und Theorie*. [Göteborger germanistische Forschungen 46]. Göteborg: Acta Universitatis Gothoburgensis, 147–171.

Frey, Werner. 2011. Peripheral adverbial clauses, their licensing, and the prefield in German. In: E. Breindl, G. Ferraresi & A. Volodina (Hg.) *Satzverknüpfungen. Zur Interaktion von Form, Bedeutung und Diskursfunktion*. [Linguistische Arbeiten 534]. Berlin: de Gruyter, 41–78.

Haider, Hubert 2010. *The syntax of German*. [Cambridge Syntax Guides]. Cambridge: Cambridge University Press.

Molnàr, Valeria 1993. Zur Pragmatik und Grammatik des TOPIK-Begriffes. In: M. Reis (Hg.) *Wortstellung und Informationsstruktur*. Tübingen: Niemeyer, 155–202

Popov, Nikolaj M. 1987. Zum kommunikativen Wert des Vorfeldes im deutschen Aussagesatz. *Zeitschrift für Phonetik, Sprachwissenschaft und Kommunikationsforschung (ZPSK)* 40/5, 705–709.

Schmitt, Uta 2004. *Diskurspragmatik und Syntax. Die Funktionale Satzperspektive in der französischen und deutschen Tagespresse unter Berücksichtigung einzelsprachlicher, pressetyp- und textklassenabhängiger Spezifika*. [Studia Romanica et Linguistica 30]. Frankfurt/M.: Peter Lang.

Abb. 6: Positionen der MP im Verhältnis zu den Adverbialtypen

MP-Stellung vor bzw. nach einer der Adverbialtypen – die Sätze werden von 2–6 abgearbeitet; MP, welche nur in bestimmten Sprechakten und in Hauptsätzen erscheinen, sind anhand der entsprechend veränderten Sprechakttypen und Hauptsatzeigenschaften zu 1–6 bewertet worden:

Satzbeispiel(typ):	1	2-Diskursbezug	3-Diskursbezug	4-Ereigniseigenschaft	5-lokal/*manner*	1-Vorgangsbezug
aber	vor-DP1	**vor-(i)/nach-(i)**	**vor-(ii)/*nach-(ii)**	**vor-(iii)/*nach-(iii)**	**vor-(iv)/*nach-(iv**	**vor-(v)/*nach-(v)**
auch	vor-DP1	**vor-(i)/nach-(i)**	**vor-(i)/nach-(ii)**	**vor-(i)/nach-(iii)**	**vor-(iv)/*nach-(iv**	**vor-(v)/*nach-(v)**
bloß/nur	vor-DP1	**vor-(i)/*nach-(i)**	***vor-(ii)/nach-(ii)**	**vor-(iii)/*nach-(iii)**	**vor-(iv)/*nach-(iv**	**vor-(v)/*nach-(v)**
denn	vor-DP1	**vor-(i)/nach-(i)**	*vor-(ii)/*nach-(ii)[2]	**vor-(iii)/*nach-(iii)**	**vor-(iv)/*nach-(iv)**	**vor-(v)/*nach-(v)**
DENN	vor-nach-DP1	**vor-(i)/*nach-(i)**	**vor-(ii)/*nach-(ii)**	**vor-(iii)/*nach-(iii)**	**vor-(iv)/*nach-(iv)**	**vor-(v)/*nach-(v)**
doch	vor-DP1	**vor-(i)/nach-(i)**	**vor-(i)/nach-(ii)**	**vor-(iii)/*nach-(iii)**	**vor-(iv)/*nach-(iv)**	**vor-(v)/*nach-(v)**
DOCH	vor-nach-DP1	***vor-(ii)/nach-(i)**	***vor-(ii)/nach-(ii)**	**vor-(iii)/*nach-(iii)**	**vor-(iv)/*nach-(iv)**	**vor-(v)/*nach-(v)**
eben/halt	vor-DP1	**vor-(i)/nach-(i)**	**vor-(ii)/*nach-(ii)**	**vor-(iii)/*nach-(iii)**	**vor-(iv)/*nach-(iv)**	**vor-(v)/*nach-(v)**
eigentlich[3]	vor-nach-DP1	**vor-(i)/nach-(i)**	**vor-(i)/nach-(ii)**	**vor-(iii)/*nach-(iii)**	**vor-(iv)/*nach-(iv)**	**vor-(v)/*nach-(v)**
etwa[4]	vor-DP1	**vor-(i)/nach-(i)**	–	**vor-(i)/nach-(iii)**	**vor-(i)/nach-(iv)**	**vor-(i)/nach-(v)**
ja	vor-DP1	**vor-(i)/nach-(i)**	**vor-(ii)/*nach-(ii)**	**vor-(iii)/*nach-(iii)**	**vor-(iv)/*nach-(iv)**	**vor-(v)/*nach-(v)**
JA	vor-DP1	***vor-(ii)/nach-(i)**	***vor-(ii)/nach-(ii)**	***vor-(ii)/nach-(iii)**	**vor-(iv)/*nach-(iv)**	**vor-(v)/*nach-(v)**
schon	vor-DP1	**vor-(i)/nach-(i)**	***vor-(ii)/nach-(ii)**	**vor-(iii)/*nach-(iii)**	**vor-(iv)/*nach-(iv)**	**vor-(v)/*nach-(v)**
SCHON	vor-DP1	***vor-(ii)/nach-(i)**	***vor-(ii)/nach-(ii)**	**vor-(i)/nach-(iii)**	**vor-(iv)/*nach-(iv)**	**vor-(v)/*nach-(v)**
vielleicht[5]	vor-nach-DP1	**vor-(i)/nach-(i)**	–	**vor-(iii)/*nach-(iii)**	**vor-(iv)/*nach-(iv)**	**vor-(v)/*nach-(v)**
wohl	vor-nach-DP1	**vor-(i)/nach-(i)**	**vor-(i)/nach-(ii)**	**vor-(iii)/*nach-(iii)**	**vor-(iv)/*nach-(iv)**	**vor-(v)/*nach-(v)**
WOHL	vor-nach-DP1	***vor-(ii)/nach-(i)**	**vor-(i)/nach-(ii)**	**vor-(iii)/*nach-(iii)**	**vor-(iv)/*nach-(iv)**	**vor-(v)/*nach-(v)**

Modalpartikel stehen demnach nicht grundsätzlich linksadjunkt zu VP (Hentschel 1986 und andere seither); ihre Position richtet sich offenbar nach Skopuseigenschaften der semantisch verwandtesten Adverbiale. Diese semantische Adverbialnähe bestätigt offensichtlich die Annahme von Cardinaletti & Starke (dass MP als schwache Adverbiale aufzufassen sind).

---

[2] *wahrscheinlich* und *vermutlich* sind in Entscheidungsfragesätzen inkompatibel.

[3] *eigentlich* ist mit Adverbialen des Typs (ii), *vermutlich, sicherlich,* nicht kombinierbar; in Fragen ist es deutlicher MP als in Deklarativen, in Imperativen völlig ausgeschlossen.

[4] *etwa* erscheint offenbar nur in Entscheidungsfragen; es ist mit dem Adverbialtyp (ii)unvereinbar .

[5] *vielleicht* kommt als MP nur in Kundgaben vor: Adverbialtyp (iii), *vermutlich,* ist mit Kundgabefunktion unvereinbar.

Kommentar zu Abb. 6:

Auffällig ist, dass die MP-Positionen inbczug auf die prädikatsbezogenen Adverbiale (4-Ereigniseigenschaft, 5-lokal/*manner*, 1-Vorgangsbezug) ein viel eindeutigeres Bild liefern als die MP-Positionen relatiert an den diskursbezogenen Adverbialtypen. Letztere, also die Typen 3-Diskursbezug und 4-Diskursbezug zu (ii)-(iii), zeigen ein sehr uneinheitliches Bild. Wir folgern daraus, dass die Modalpartikel tatsächlich auf die beiden diskursorientierten, strukturell höheren Adverbialtypen (in der diskursorientierten C-Domäne nach Abb. 3) insofern abbildbar sind, als sie nach ihrem lexikalischen Gehalt andere bühlersche Origotypen und damit unterschiedliche Fremdbewusstseinsinhalte reflektieren. Hinsichtlich der prädikatsbezogenen Adverbialtypen (Satzstrukturkomponente der V-Domäne) zeigen sie dagegen wenig bis keine Sensitivität. Innerhalb der Diskursdomäne halten sich mit vor-(i)/nach-(i)/ vor-(ii)/nach-(ii) weiter und enger Skopus inbezug auf die Adverbialtypen sowie mit *vor-(x)/nach-(x) engerer Satzskopus die Waage. Mit den Befunden vor-(x)/*nach-(x) vervollständigt ein Bild, das nicht nur weit auseinandergerissen ist, sondern es betrifft diese Inhomogenität auch vor allem jene MP, die sprechakttechnisch höchst eingeschränkt vorkommen: *bloß/nur* (Beschränkung auf Frage), *denn/ DENN* (Frage), *eigentlich* (Inkompatibilität mit bestimmten Adverbialen), *etwa* (Frage), *JA* (nur korrigierender Deklarativ) , *vielleicht* (Kundgabe). Genauere Auswertungen stehen noch aus. Dies gilt auch für die Abb. 7 mit thetisch-präsentativen Sätzen (T/IP-Satzstrukturen) und MP-Positionen.[6]

Hentschel, Elke 1986. *Funktion und Geschichte deutscher Partikeln.* Ja, doch, halt *und* eben. [*Reihe Germanistische Linguistik* 63]. Tübingen: Niemeyer.

Kirsner, Robert 1979. *The problem of presentative sentences in modern Dutch.* Amsterdam: North-Holland.

[6] Vgl. dazu auf jeden Fall Haider, Hubert (2000). Adverb placement – convergence of structure and licensing. *Theoretical Linguistics* 26, 95–134. – In Abb. 6 habe ich die Terminologie nach Frey/Pittner 1998 durch eine eigene ersetzt, die vor allem meinen Überlegungen zum bühlerschen Origo entspricht (W. Abraham 2011: Illocutive force is speaker and information source concern. What type of syntax does the representation of speaker deixis require? Templates vs. derivational structure? In: W. Abraham & E. Leiss (eds.) *Modality and Theory of mind elements across languages.* Berlin: de Gruyter).

Abb. 7: Das deutsche (SVOV) Satzfeld thetischer/präsentativer Sätze und MP-Positionen (schattierte Felder markieren die Verbklammerpole): vgl. dazu Abb. 6.

Koord/ Links-heraus stellung	VF SpezCP/ TP	1.VK C°	IP	TP	nur rechtes Mittelfeld: **Thetisch / Rhema** $DP_{-def\text{-}Basis}$, $DP_{+def\text{-}kontrastiv}$					2.VK V-letzt	Thema Nachfeld
			Konjugations-stamm/I°	Tempus-stamm/T°	MP1	DP1 +def	Adjunkt	MP2	DP2 -def		
	[$_{IP/TP}$ Spez IP/TP	[$_C$	[$_I$ INFL	[$_T$ TEMP			[$_{VP}$ Adverb		[$_{VP}$ DP	**V°-I°-T°]]]**	Rechtsher-ausstellung
Ja:	*(Es)*	*Is-t*	*(bin-bist-ist-...)*	*(sein-war)*	*ja doch*		*einmal*	*eben, schon*	*eine schöne Prinzes-sin*	*gewesen*	*mit ihrem Prinzen.*
–	*(Da)*	*Wollt-e*	*(-st/-est/...)*	*(will-/woll-)*	*doch*	*mein Ex*	*leider*		*zu mir*	*herein*	*heute morgen.*
	Er fragt,	*ob-*	*s-t*							*stirb-s-t*	*heut*

Hauptunterscheidung zum Strukturmuster kategorialer Sätze: **Im thetischen Satz fehlt das diskursbezogene Vorfeld/SpezCP**. Ein IP-entsprechendes (subjektkongruenzforderndes) VF ist lexikalisch bzw. anaphorisch nicht besetzt – es fehlt eben der Diskurskonnex zu Antezedensmaterial – daher die Terminologie „präsentativ“ (Kirsner 1979) oder „neu einführend“ bzw. „ereignisbezogen“ (= ‘rein rhematischer Satz’) – eben **thetisch** -, im Gegensatz zur **kategorialen** Prädikation über ein Subjekt mit voller CP-Struktur, also unter Einschluss des **diskursbezogenen Vorfelds/SpezCP**. Vgl. Kirsner (1979).

2. Vom Satz zum Text: Textkohärenz

Pronomina im Diskurs: deutsche Personal- und Demonstrativpronomina unter Zentrierungsperspektive. Grammatische Überlegungen zu einer Teiltheorie der Textkohärenz*

Abstract
Grammatical determiners of various sorts are differently distributed in individual languages. We will list and investigate briefly a few related and non-related languages to survey the lexical lexemes relating to Determinism vs. Non-determinism. It will be crucial to see: first, to which extent such determiners co-define anaphors in contexts reaching beyond the single clause. Second, it will be investigated what the determiner-determining features are which are influenced by Aspect and morphological Case. Third, since spoken-only codes use anaphoric determiners in ways strikingly different from their Written(-only) Standard varieties, parsing differences will be made responsible for such a variation. Furthermore, it will be shown how specific determiners emerged in the history of German and the various steps in their grammaticalization paths invite certain generalizations of grammaticalization.

1. Einleitung und Übersicht: Bindung und Zentrierung

Der folgende Aufsatz nimmt sich der Setzungsbedingungen einer Unterklasse bisher vernachlässigter Pronomina an. Die moderne Sprachwissenschaft, im Besonderen die moderne Syntax haben sich eingehend mit Reflexiva[1] in Abgrenzung von Pronomina[2], kaum jedoch mit Demonstrativpronomina bzw. Pronominalartikeln (Demonstrativartikeln) in ähnlicher, auf ein Antezedens bezogener Funktion beschäftigt. Demonstrativpronomina bzw. Pronominalartikel stehen nicht im Wettbewerb mit Reflexiva, deren Bezug stets innersententiell erfolgt. Sie stehen vielmehr in distributioneller Opposition zu Personalpronomina, deren Einsatz zusammen mit vielen anderen Pronomina auch übersententiellen Beschränkungen unterliegt. Die folgenden Überlegungen gelten diesen Demonstrativpronomina bzw. Demonstrativartikeln[3]: im Allgemeinen, zumindest im Deutschen, rekrutieren sich die anaphorisch (also nichtdeiktisch) verwendeten Demonstrativpronomina bzw. Demonstrativartikel (kurz 'DemPro') aus den Paradigmen der Artikel bzw. der Demonstrativa selbst. Die Abwägung zwischen diesen beiden paradigmatischen Selektionen zur Verwendung als textgebundenem DemPro unterliegt sehr eigenen Regeln, wie dargestellt werden wird.

---

* Ersterscheinung als: Pronomina im Diskurs: deutsche Personal- und Demonstrativpronomina unter „Zentrierungsperspektive". Grammatische Überlegungen zu einer Teiltheorie der Textkohärenz. *Sprachwissenschaft* 27.4 (2002), 447–491.

1 Missverständlich 'Anaphern' im Jargon der generativen Syntax.

2 Auch 'Anaphern' im Sprachgebrauch der traditionellen, auf das Altgriechische zurückgreifenden Sprachwissenschaft.

3 'Demonstrativartikel' (DemPro) bzw. 'Artikelpronomen' seien fortan demonstrativ bzw. deiktisch verwendete Artikelformen wie *der*, *die*, *das*. Wiewohl die meisten Formen dieses Paradigmas mit dem der Artikel übereinstimmen, gibt es doch trennende Unterschiede: so im Genitiv und Dativ mit *dessen*, *deren*, *derer*, *denen*.

Antezedensbezogene Pronomina – allgemein also Anaphern – lassen sich linguistisch unter zweierlei Gesichtspunkten beschreiben. Der eine Blick wendet sich von der Anapher (Reflexiv, ebenso wie Personalpronomen) zurück (bei der seltenen Katapher nach vorne) zum vollnominalen Antezedens und misst die linearen und strukturellen Abstände dazu aus. Prinzipiell jedoch eröffnet sich auch die umgekehrte Blickrichtung, nämlich vom appellativen bzw. eigennamentlichen Antezedens auf jene folgenden Textstellen, wo ein Bezug auf das Antezedens mit bestimmten (pronominalen) Mitteln noch möglich ist. Führen wir gleich in diesem letzteren Sinne ein entsprechendes Beschreibungsvokabular ein.

(1) U_n = für n dem Erzähluniversum angehörige appellative Textelemente sowie
1<…<n<n+1<… als textlineare Reihung dieser Textelemente;
Cf = vorwärtsbezogenes (referentielles) Zentrum (*forward-looking center*), wobei $\{Cf\} \subset U_n$; üblicherweise als 'Antezedens' bezeichnet.
Cb = rückwärtsbezogenes Zentrum (*backward-looking center*), wobei
$Cb \subset U_n$; üblicherweise 'Anapher'.
Cp = präferiertes Zentrum (*preferred center*), wobei $Cf_n \Rightarrow Cb_{n+1}$; d.h. jenes Cf, das unter allen Mitappellativen, {Cf}, für die Wiederaufnahme im Folgetext durch eine spezifische Anapher den Vorzug bekommt.

„Zentrum" heißt hier so viel wie jene NP, die unsere thematisierte Aufmerksamkeit für eine bestimmte Textperiode behält. Dieser Theorieteil entwickelt Generalisierungen zur Textfortsetzung unter dem Blickwinkel aller in einem bestimmten Erzähluniversum (U_n) Rolle spielenden Textteilnehmer (der Textappellative, der Eigennamen). Er geht also von einem Vorwissen bzw. einer Bestandsaufnahme aller jener Appellative und Individuennamen aus, die in besagtem Textuniversum eine Rolle spielen. Ich komme auf diese Teiltheorie noch näher zu sprechen. Wir sind im Besonderen an jenen Bedingungen unter dieser Sicht interessiert, die es uns – optimalerwiese auf rein grammatisch-strukturelle Weise – erlaubt, unter den vorwärtsbezogenen Zentren (Cf) die präferierten Zentren (Cp) und ihre Verteilungsbedingungen auszumachen. Es ist bedeutsam zu sehen, dass sich im Vergleich zu Bindungsbestimmungen ganz ähnliche Fragestellungen wie mit Blick auf die Annahmen zum satzsyntaktischen Einsatz des Reflexivums („Anapher" wie *sich/ himself* im generativen Jargon) stellen. Vgl. die folgende Analogie zwischen Satz- und Diskursreferenten in (2) (in Anlehnung an Kameyama 1998: 100).

(2)
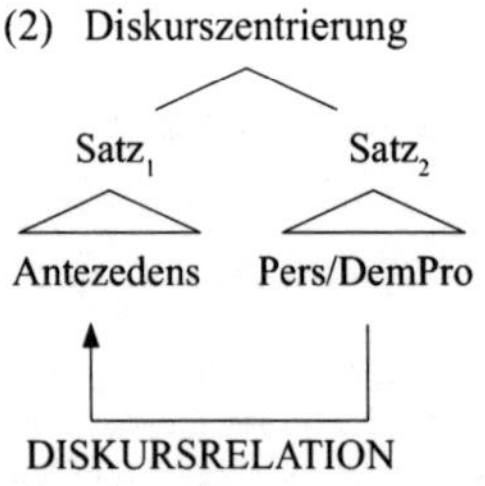

(3)
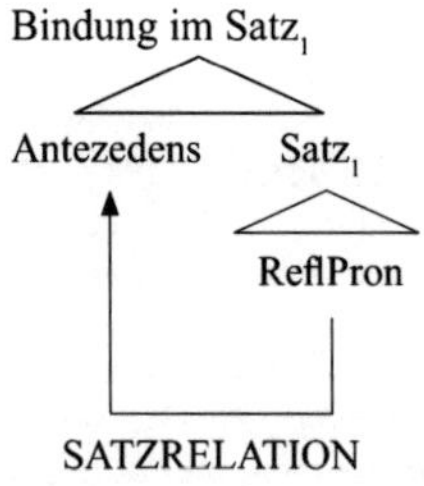

(3) bezieht sich auf Prinzip A in Chomskys Bindungstheorie (Chomsky 1981; „α ist in seiner Rektionskategorie syntaktisch gebunden“), (2) dagegen auf Prinzip B („α ist in seiner Rektionskategorie syntaktisch frei (= ungebunden)“) Sollten wir imstande sein, ähnlich strenge formale Beschränkungen für diskurssensible satzübergreifende Textpronomina zu formulieren wie für satzintern bindende Reflexivpronomina (s. Chomskys ‘Bindungstheorie’; Chomsky 1981; zu einer zentrierungstheoretischen Repräsentation der syntaktisch formulierten Bindungsgesetzlichkeiten vgl. Kameyama 1998: 101), dann wären wir einen guten Schritt weiter bei dem empirisch und theoretischen wichtigen Versuch, Textsensitivität grammatisch streng zu repräsentieren. Wir werden sehen, ob dies in dem hier angesteuerten schmalen Erscheinungsbereich gelingt, vornehmlich dabei ob zentrierungstheoretische Ansätze im Theorierahmen der modernen Syntax formulierbar sind.

Cp als irgendwie optimiertes Cb lässt sich nun auf verschiedene Weise realisieren – soferne es überhaupt eine grammatische (und nicht rein lexikalisch oder noch anders, etwa stellungsikonisch notierte) Mechanik dazu gibt. Streifen wir kurz einige Sprachen und deren sogeartete Mechaniken.[4]

(4) Desambiguierung durch unterschiedliche pronominale Bindungsgesetzlichkeiten: intensional reicheres Artikelpronomen und intensionsärmeres Possessivpronomen.

a deutsch: *Es gibt einen amerikanischen Sänger$_i$* (=Cf_1), *der seinen Sohn$_j$* (=Cf_2) *in* ***dessen***$_{*i/j}$/ ***seinem***$_{i/j}$ *Geburtsort durch ein schreckliches Unglück verlor.*
(Cp_2=*dessen*-DemPro, Cp_1=*sein*-PossPro)

b niederld.: *Er is een Amerikaanse sanger$_i$ die z'n zoon$_j$ in* ***diens***$_{i/*j}$/***zijn***$_{i/j}$ *plaats van geboorte bij een verschrikkelijk ongeluk heeft verloren.*
(Cp_2= *diens*-DemPro, Cp_1= *zijn*-PossPro)

c friesisch: *Der is in Amerikaanske sjonger$_i$ dy't syn soan$_j$ yn* ***dy syn***$_j$/***syn***$_i$ *berteplak troch in freeslik ûngelok ferlern/ferlear hat.*
(Cp_2= *dy sin*-Artikel+Posspro, Cp_1= *syn*-Posspro)

d norwegisch: *Det finnes en amerikansk sanger$_i$, som mistet sin$_i$ sønn$_j$ på hans$_i$ /dennes$_j$ fødested i en forferdelig ulykke.*[5]
(Cp_2= *dennes*-DemPro, Cp_1= *hans*-PersPro im sächsischen Genitiv)

Ähnlich verfahren das Russische und das Tschechische.[6]

---

4 Dank sei gesagt verschiedenen Kollegen sowie meinen Berkeleystudenten für sprachliche Nachhilfe: John Ole Askedal, Rosa Brion-Caino, Yasemine Dayoglu, Patrick Farges, Deniz Göktürk, Brigitta Haftka, Tette Hofstra, Jiři Janko, Wladimir Klimonow, László Molnárfi, Joanna Nichols, Lee Roberts, Gergely Toth sowie Alan Timberlake.

5 *dennes* ist Demonstrativpronomen, steht also für ‘dieses’ als Genitiv (der ja im Deutschen als selbständiges Pronomen so nicht gebraucht werden kann). Siehe Johannessen (1996). Die traditionelle norwegische Grammatik sieht *sin* als Reflexiv, *hans* dagegen als Nichtreflexiv. Vgl. *Han tok sin bil* ‘Er fuhr sein eigenes Auto’, aber *Han tok hans bil* , ‘das Auto einer anderen männlichen Person’.

6 Das Lateinische würde – trivialiter dictu – ähnlich verfahren: *suus* bezieht sich auf das grammatische Subjekt (vgl. russisch *ego*), *eius* auf Nichtsubjekte (vgl. russ. *swojom*), jeweils auf ein und denselben einfachen Satz bezogen. *eius/eorum/ earum* wird in den Schulgrammatiken

(5)a russisch: *Est' amerikanskij pewec$_i$, kotorij$_i$ poter'al syna$_j$*
ist amerikan. Sänger der.RELPRON verlor Sohn
*w **ego**$_j$ /**swojom**$_{i/?j}$ meste roždenija w strašnoj awarij.*
sein.PERSPRO/sein.REFL.ADJ Ort gebürtig durch schreckliches Unglück
(Cp$_2$= *ego*$_j$, Cp$_1$= *swojom* $_{i/j}$)
bzw.
Est' amerikanskij pewec, kotorij poter'al swojego syna v strašnoj avarii v swojem meste roždenija
(Cp$_2$= *swojego* $_j$, Cp$_1$= *swojem* $_{i/j}$)

Das indeklinable *ego* ist Possessivpronomen im Genitiv (wie mittelhochdeutsch *sîn*); *swoj* dagegen ist Reflexivpronomen, morphologisch Adjektiv in Kongruenz nach Genus, Numerus und Kasus mit dem Modifikat. Als Reflexivpronomen kann es nicht als Possessivattribut zum Subjektnomen selbst, sondern nur in einem unabhängigen Satzglied (Objekt, Adverb) gesetzt werden. Das Tschechische verwendet die zum Russischen etymologisch direkt anschließenden Alternativen: *svem* to *svojem* und *jeho* zu *ego*. In der tschechischen Variante modifiziert das Reflexivpronomen *sveho* das direkte Objekt „Sohn"; jedes darauf folgende Reflexivpronomen muss somit koreferentiell sein, und andererseits kann jedes nichtreflexive Pronomen eben nur nicht koreferentiell sein.

(5)b tschechisch: *Znam jednoho Americkeho zpevaka $_i$/ Existuje jeden*
kenn.1s einen amerikan. Sänger.ACC sei.3s ein
Americky zpevak$_i$, ktery stratil sveho syna$_j$ ve zle
amerik. Sänger.NOM der.NOM verlier.3s sein Sohn.ACC in üblem
*nehode ve **svem**$_i$/ **jeho**$_j$*
Unfall.KASUS in sein.REFL.ADJ/ sein.POSS.GEN
(vlastnim) miste na rozeni
(eigen) Ort.P-KASUS von Geburt.GEN
„Ich kenne einen amerikanischen Sänger"/ „Es gibt einen US-Sänger"
(Cp$_2$=*jeho*$_j$, Cp$_1$= *svem* $_{i/j}$)

Das Tschechische verfügt über zwei Typen Possessiva: *s*-Possessiva sowie ein reguläres Possessiv. Das *s*-Possessivum (*svuj*.NOM-*svem.DAt* 'sein(em) eigener/m'), offenbar in lokaler Subjektbindung, bezieht sich auf „Sänger", das reguläre Possessivum (*jeho* 'sein'), sicherlich ohne lokale grammatische Subjektbindung, dagegen auf das rein linear nahe stehende „Sohn", somit möglicherweise auf das Antezedens in unsystematisch-pragmatischer Weise verweisend. *vlastnim* 'eigen-' ist in jedem Fall fakultativ und unterstützt mit seiner Deixis *jeho*.

Eine direkte Kategorienentsprechung für das Artikelpronomen *dessen* (das im Tschechischen ähnlich wie im Russischen zu *ten*, *ta*, *to* 'der, die, das' gebildet werden müsste) ist nicht möglich – nämlich völlig unverständlich.

---

entsprechend der beteiligten Pronominalparadigmen (*is/ea/id* als (schwaches) Demonstrativum gegenüber *suus* als vom Reflexiv abgeleitetes Possessiv) mit 'dessen/deren' übersetzt.

Im Ungarischen kann *annak* (Dativ des Demonstrativpronomens *diese/r/s*) sich nur auf den Sohn beziehen; das Pronomen hat deiktische Nähebedeutung.Lässt man das dativische Demonstrativpronomen *annak* weg, wird der Satz zweideutig; das Possessivsuffix *-en* bzw. das freie Possessivmorphem *a* kann sich sowohl auf den Sänger als auch auf den Sohn beziehen.

(6) ungarisch: Volt egy amerikai enekes$_i$, aki fiat$_j$
war ein amerikan. Sänger wer Sohn.Poss3PersSg
annak$_{*i/j}$(/a$_i$) zülöhelyen$_{i/j}$
dies.dat(/sein) Geburtsort.Poss3PersSg
egy borzalmas balesetben elvesztetette
ein schrecklich Unfall.Loc verlor
(Cp$_2$= *annak*$_j$, Cp$_1$= *a*$_i$)

Nur die vier genetisch eng verwandten kontinental-westgermanischen Sprachen verwenden jeweils eine Artikelform aus dem Paradigma der selbständigen Artikelpronomina zur Referenz auf Antezedenten. Davon unterscheiden wir jene Sprachen, die solche Mittel nicht direkt, aber doch mit deiktischen Mitteln zur Verfügung stellen.

(7) Lexikalisch-deiktische Mittel zur Referenzbindung
Französisch gibt es ein Äquivalent für das das deutsche attributivische DemPro *dessen* und dessen spezifische Referenzleistung (vgl. Kleiber 2001: 312).

französisch: *Il y a un chanteur americain qui a perdu son fils á <**son**$_{i/*j}$> lieu de naissance <**de celui-ci**$_{*i/j}$ > suite suite á un incident tragique.*
(Cp$_2$= *de celui-ci*$_j$, Cp$_1$= *son*$_i$)

son ist nach Aussage von Muttersprachlern nicht doppeldeutig: es kann sich kaum auf den Sohn beziehen.

(8) Lexikalische Bestimmung von Cp
a englisch: *There is an American singer*$_i$ *who lost his son*$_j$ *in* ***his***$_{i/j}$***/??***$_{*i/j}$
/the latter's *place of birth in the course of a terrible accident.*
(Cp$_2$= *??*, Cp$_1$= *his*$_{i/j}$)

b spanisch: *Hay un cantante*$_i$ *americano que perdió a su hijo*$_j$ *en* ***su***$_{i/j}$ *lugar de nascimento en el curso de un terribile accidente.*
bzw.
Hay un cantante$_i$ *americano que perdió a su hijo*$_j$ *en el lugar de nascimento* ***de este último***$_j$ *en el curso un terribile accidente.*
(Cp$_2$= *de este últimos*$_j$, Cp$_1$= *su* $_{i/j}$)

Das Spanische kann die Doppelreferenz des Possessivums *su* nur durch die textdeiktische Fügung *de este último* vermeiden. Eine Entsprechung aus dem Artikel- bzw. Pronominalparadigma existiert für diese Zwecke ebenso wenig wie im Englischen. Das

Türkische hinwiederum fällt ähnlich wie das Englische mit *self* auf einen Intensivierer zurück.

c türkisch: *Oğlunu*$_j$ ***(0***$_{i/j}$***/onun***$_j$***/kendi(sinin)***$_i$***)*** *doğum yerinde*
Sohn.ACC sein.PRON/selbst.REFL(GEN.) Geburt Ort.LOC
gerçekleşen korkunç bir kazada kaybeden
vorgefallen schrecklich ein Unfall.LOC verloren hat
Amerikalı bir şarkıcı$_i$ *var*
amerikanisch ein Sänger ist
(Cp_2= *0/kendi(sinin)*, Cp_1= *onun*)

(9) Wortstellungsikonismus

Das Japanische entscheidet jeweils eindeutig, aber völlig anders als das Deutsche und die anderen kontinental-westgermanischen Sprachen, nämlich über die relative Konstituentenstellung untereinander. Im Japanischen herrscht strenge V-Letztstellung bzw. Rektionslinksläufigkeit ebenso wie linksstellige Modifikation; jeglicher Modifikant steht somit links vor dem Konstruktionskopf. Diese Modifikant-Modifikat-Beziehung bietet sich aufgrund der grundsätzlich nominalisierenden Syntax des Japanischen an (vgl. die Klammerung).

Attribut → Kopf

japanisch [[[[***umareta tokoro de***]$_j$ *sainan ni atta musuko wo*$_j$]
geboren Ort an Unglück mit getroffen Sohn. DO
ushinatta hitori no amerikajin no kashu$_i$ *ga*] *imasu*]
verloren ein CLASS.GEN US.CLASS.GEN Sänger SUBJ ist.BELEBT

bzw.

[[[*sainan ni atta musuko wo*$_j$ (*jibun*$_j$) *no*] [***umareta***
Unglück mit getroffen Sohn. DO selbst CLASS.GEN geb.

tokoro de]$_i$ *ushinatta hitori no am. no kashu*$_i$ *ga*] *imasu*]
Ort an verloren ein CLASS.GEN US CLASS.GEN Sänger SUBJ ist.BELEBT
(Cp_2= Modifikant zu Sohn, Cp_1= Modifikant zu Vater)

Der Reflexivintensivierer *jibun* kann (ähnlich wie russisch *ego* als subjektbezogenes Pronomen „man selbst/*oneself*"; vgl. *oneself's wife is stupid*) kann aufgrund von Nähestellung zur Verdeutlichung herangezogen werden. Grundsätzlich jedoch reicht zur Desambiguierung die Stellung von der modifizierenden Konstituente *umareta tokoro de* „Geburtsort": steht sie in der Objektkonstituente *musuko* „Sohn", dann bezieht sich der vorangehende Modifikant auf „Sohn"; steht der Modifikant jedoch zur Subjektkonstituente *kashu ga* „Sänger(subjekt)", dann ist die Referenz auf Sohn ausgeschlossen. Die Referenztechnik ist somit eine völlig andere als im Deutschen: sie erfolgt nicht durch Pronomina, sondern durch Attributstellung zum jeweiligen Konstituentenkopf.

Es kommt nicht so sehr darauf an, ob die in (4)–(9) getroffene Einordnung saubere Grenzmarkierungen verfolgt. Die Beispiele sollen bloß zeigen, welche verschiedenartigen Strategien zur anaphorischen Referenz einsetzbar sind. Eine dem Deutschen (und Niederländischen und Westfriesischen) entsprechende Trennung des Antezedensbezugs mittels einer Vertretung aus den Artikel- bzw. Pronominalparadigmen existiert nur im Ndl. Und Westfries., sonst weder im Englischen noch in einer der anderen hier skizzierten Sprachen – am ehesten noch im Ungarischen und im Französischen mit dem Demonstrativpronomen. Letzteres steht jedoch im artikellosen Ungarischen ebenso wie im Französischen ohne Artikelentsprechung so wie im kontinentalen Westgermanischen, wo jeweils eine Form des Personalpronomens für die Gegenreferenz herhält. Die lexikalisch-paradigmatisch reicher als anderswo besetzten Deixisvarianten des Deutschen, die Askedal (1995) diagnostiziert, finden sich also auch im unmittelbar verwandten Niederländischen und Friesischen, nicht jedoch in der übrigen Germania. Im Folgenden gehe ich insbesondere auf das Niederländische (Rullmann 2001, van Gelderen 2001) ein, das dem Deutschen bei dieser der Diskursunterscheidung dienenden Lexik weithin folgt. Bei beiden Autoren wird allerdings ein Erklärparadigma zugrundegelegt, dem ich für das Deutsche nicht folgen werde. Vielmehr wird sich einmal mehr zeigen, dass das Deutsche in einem zentralen Bereich seiner Kerngrammatik diskursfunktionalen Setzungskriterien folgt, die keinesfalls, wie in der modernen Sprachwissenschaft so gut wie eines jeglichen Zuschnitts üblich, einer unsystematisch pragmatischen Beschreibungs- und Erklärebene zugeordnet werden dürfen. Der Bereich einer solchen kerngrammatisch-syntaktisch begründeten Diskursprominenz wird mit den folgenden Einsichten über die zentral diskursfunktionalen Begriffe *Thema* und *Rhema* (Abraham 1993, 1995a/b, 1997; Molnárfi 2002; Abraham/Molnárfi 2001) hinaus erweitert und vertieft.

Mir ist aus der Literatur zum Deutschen nur Delisle (1993) bekannt, die sich in einem Telephonkonversationskorpus der Frage stellt, wie PersPro und DemPro quantitativ und diskursorientiert verteilt sind. Ich komme auf das Ergebnis dieser Untersuchung unten kurz zurück. Fürs Niederländische dagegen haben sich van Gelderen (1998), Comrie (2000) sowie Rullmann (2001) zu diesem Thema und zwar in der im vorliegenden Aufsatz verfolgten satzgrammatischen Perspektive zur Verteilung zwischen PersPro und DemPro (‘Pronominalartikel’) geäußert. Ich baue vor allem die Arbeiten zum Ndl. konsequent in meine Überlegungen mit ein. Teilbereiche der hier angepeilten Fragen erörtern unter sehr unterschiedlichen Arbeitsansätzen Heim (1988), Lewis (1983) oder Gärtner (2001). Unter Bezug darauf sind die vorliegenden Überlegungen Illustrationen dazu, wie Heims ‘Extended-Novelty-Familiarity-Condition’ (Heim 1988: 369f.) zu konkretisieren wäre. Ähnlich konkretisieren die hier verfolgten Generalisierungen sog. Kopieroperationen, wie sie unter diskursrepräsentationstheoretischem Vorzeichen vorgesehen sind (Gärtner 2001: 119ff.; 125f.). Sie präzisieren Lewis’ (1983) zu generellen Hinweis, dass die Unterschreitung der für Personalpronomina geltenden Hintergrundinformation durch ‘Akkommodation’ entsprechend erweitert wird. Und sie verbreitern die Perspektive, die zu Reihenfolgeeinschränkungen u.a. zwischen PersPro und DemPro entwickelt wurden.

Dies ist die weitere Gliederung dieses Aufsatzes. In Abschnitt 2 grenze ich unter Bezug auf das Deutsche den Erscheinungsrahmen ab, in welchem die nötigen notwendigen und hinreichenden Erscheinungskriterien abgeleitet werden sollen. Dabei kommen drei Lösungspositionen zur Sprache, die ich kurz beschreibe, aber schließlich ablehne und durch eine eigene ersetze. Abschnitt 3 setzt die ersten Grenzlinien zum Antezedensbezug von PersPro bzw. DemPro. Der theoretische Hintergrund wird in Abschnitt 4 auf der Grundlage der Zentrierungstheorie eingeführt; es werden die möglichen Priorisierungsbedingungen für Cp erwogen. Die einzelnen theoretischen Positionen werden in den folgenden Abschnitten diskutiert: in 5.1. die grammatische Funktion als Antezedens für DemPro als Cp (führende Position in der Literatur zur Zentrierungsliteratur); in 5.2. das Kriterium der linearen Abfolge als Cp-Reihebedingung für DemPro; und in 5.3. schließlich die hier vertretene Position zur grammatischen Festlegung von Rhema gegenüber Thema. Da sich der Artikel in der Geschichte des Deutschen erst spät und zwar lange nach der Ausbildung des Personalpronomens aus dem Demonstrativum herausbildete, lohnt es, in Abschnitt 6 kurz die Geschichte der Artikelformen und ihrer möglichen Demonstrativfunktion zu verfolgen.

2. Der deiktische Sonderstatus des kontinentalen Westgermanischen: Personalpronomen und Demonstrativpronomen

Im folgenden Beispiel beziehen sich DemPro und PersPro auf unterschiedliche Textteilnehmer.

(10) a Als **Peter**$_i$ auf die Straße herauskam, begegnete er einem alten Freund$_j$. ***Er***$_{i/*j}$ grüßte *ihn*$_{*i/j}$.

b Als **Peter**$_i$ auf die Straße herauskam, begegnete er einer alten Frau$_j$. *Diese/SIE/?Sie* grüßte *ihn*.

c Als Peter$_i$ auf die Straße herauskam, begegnete er einem alten **Freund**$_j$. ***Der***$_{*i/j}$ grüßte *ihn*$_{i/*j}$/ ***Den***$_{*i/j}$ grüßte *er*$_{i/*j}$/

Es geht in erster Linie um die beiden Referenzaufnahmen im Subjektpronomen des Anschlusssatzes, *er* in (a),**sie* in (b)[7] bzw. *der* in (c). Wie die Subskripte anzeigen, bezieht sich PersPro ohne jeden Zweifel auf das Subjekt des vorhergehenden Satzes, DemPro dagegen auf die Zweit-DP-Nennung, *einem alten Freund*. Die Zweitreferenz im Anschlusssatz durch das PersPro *ihn* wechselt in Abhängigkeit vom Pronominalsubjekt: bezieht sich dieses auf das Subjekt des Vorsatzes, dann übernimmt *ihn* die Referenz des Zweit-DPs, und umgekehrt. Dieselbe Flexibilität

7 Nach Thomas Becker nimmt *Sie* in (b) *Frau* aus dem Vorsatz referentiell wieder auf. Dies liegt klarerweise an der Genusdissoziation. Selbst wenn (10b) somit grammatisch wäre, ist das methodisch entscheidende Argument aber über das identische Genus bei Subjekt und Objekt zu führen. Vgl. (11c).

allerdings kommt der DemPro-Setzung nur nach einem PersPro-Subjekt, nicht jedoch nach DemPro-Setzung zu, wie (10c-d) zeigen.

(10) d Als Peter$_i$ auf die Straße herauskam, begegnete er einem alten Freund$_j$. ***Der***$_{*i/j}$ grüßte ***den***$_{*i/*j}$

e Als Peter$_i$ auf die Straße herauskam, begegnete er einem alten Freund$_j$. ***Er***$_{i/*j}$ grüßte ***den***$_{*i/j}$

Die Beispiele unterscheiden sich dahingehend, so können wir aufs Erste sagen, dass der Referenzanschluss mit dem PersPro *er* im Zweitsatz, S_2, des Minimaltexts mit Textrückblick, also mit Blick auf S_1, das Thema fortsetzt und mit Blick auf die Textfortsetzung, also mit Blick auf die thematische Stellung im Zweitsatz ebenfalls ein Thema setzt. Sagen wir dazu abgekürzt, dass *er* in (10a) 'TH_1- TH_2' setzt. In (10b) mit dem DemPro dagegen erfolgt im Diskursrückblick, also mit Blick auf S_1, eine rhematische Fortsetzung, RH_1 über TH_2, also einem Thema in S_2: wir sagen abgekürzt 'RH_1- TH_2'. DemPro setzt einen Themawechsel in unserem Minimaldiskurs mit S_1 und S_2, PersPro erhält ein altes Thema in S_1 und S_2. Ich generalisiere diese Einsicht, die in der Folge einer Eichung unter mannigfaltigerer Kontextdistribution unterworfen werden soll.

(11) Gegeben sei ein Minimaltext bestehend aus S_1 und S_2:

a PersPro nimm übersententiell ein Thema-Antezedens aus S_1 (Cp_1) wieder auf und setzt dieses in S_2 als 'alte Information' ($Cb \cap Cp_1$) fort. PersPro ist somit ein THEMAFORTSETZER.

b DemPro nimmt ausschließlich ein solches Antezedens aus S_1 wieder auf, welches entweder nicht Thema ist oder welches neue Information einführt. DemPro ist somit ein THEMAWECHSLER und damit RHEMA (vergleichbar 'switch reference'; d.h. ($Cb \cap \neg Cp_1$) oder zumindest ein Cp, welches besonderen Setzungsbedingungen genügt, damit $\subset Cp_1$.

c Als Sonderfall gilt allenfalls (d.h. nur wenn unbetontes *sie* in (10b) als grammatisch bewertet würde), dass die Defaultlösung für Genusdissoziationen wie in (10b) aufgehoben ist. Dies würde gleichwohl (11a) als Defaultprinzip unbeschadet lassen.

Das Englische scheint ähnlichen Verteilungen über die Pronomina *it* und *that* zu unterliegen. Vgl. (12) (nach Rullmann 2001:2).

(12) a First square 19 and then cube it
„Erst quadriere 19i, und dann kubiere esi."
(i = 19)

b First square 19 and then cube that
„Erst quadriere 19i, und dann kubiere das/dies*i/j."
(j = 'das Quadrat von 19')

KLEINE VERSALIEN stehen für kontrastiven Akzent – der im Deutschen anders gesetzt wird als im Englischen; vgl. (12a,b). Akzentbedingungen scheinen noch auf andere Weise bei der Lesartverteilung eine Rolle zu spielen, wie (13a,b) unten zeigen (nach

Lakoff 1971, Rullmann 2001: 2). (12a) ergibt somit „19^2, dann 19^3"; (12b) dagegen ergibt „$(19^2)^3=19^6$" – somit Grundverschiedenes.

(13) a John$_i$ called Bill$_j$ a Republican, and *he*$_i$ then INSULTED him$_j$
Hans$_i$ nannte Willi$_j$ einen Rechten, und er$_i$ BELEIDIGTE ihn$_j$ dann.
b John$_i$ called Bill$_j$ a Republican, and *HE*$_j$ then insulted HIM$_i$
Hans$_i$ nannte Willi$_j$ einen Rechten, und ER$_j$ beleidigte ihn$_i$/IHN$_i$ dann.

Die Lesartunterscheidungen aufgrund solcher Akzenthervorhebungen sind auch mittels DemPro zu erreichen, wie (13c) zeigt.

(13) c Hans$_i$ nannte Willi$_j$ einen Rechten, und DER$_j$ beleidigte DEN$_i$ dann.

Es ist nicht unwichtig zu sehen, dass wohl PersPro und DemPro unterschiedliche Zugriffe nach diskursfunktionalen Parametern durchführen, dass andererseits den zweiten Pronominalvorkommen rein kompensatorische Leistungen verbleiben. Für das PersPro *ihn* in (13a) bleibt, wenn PersPro *er* einmal die Thema-NP referentiell aufgegriffen hat, nur mehr der referentielle Zugriff auf den zweiten NP-Appellativ, gleichgültig welchen diskursfunktionalen Status. (14) generalisiert darüber.

(14) In einer pronominalen Diskursfunktionstheorie hat (11) nur Gültigkeit für die Erstnennung eines Pronomens. Pronominales Zweitvorkommen hat ausschließlich referentielle Kompensationsaufgaben: d.h. ein solches Zweitpronomen wählt nur solche diskursfunktionalen Bestimmungsmerkmale, die nach der Festlegung durch das erstgenannte Pronomen im Rahmen der notwendigen pronominalen Referenzfestlegung übrigbleiben.

3. Folgen der DemPro-Selektion

Wenn, wie (15a) zeigt, DemPro-Selektion jegliche Themafortsetzung unterbricht, die durch PersPro eingeleitet ist, dann stellt sich die Frage, was die Abfolge 'DemPro$_1$-DemPro$_2$' diskursfunktional ergibt: ein neues Rhema oder ein 'DemPro-Thema'?

(15) a (S$_1$:) Hans$_1$ traf Alfons$_2$. (S$_2$:) *Der*$_2$ trug einen Regenmantel.[8] (S$_3$:) *Er*$_2$ war bleich im Gesicht.
2-Rhemafortsetzung
b *Hans$_1$ traf Alfons$_2$. *Der*$_2$ trug einen Regenmantel. *Der*$_2$ fror trotzdem. *!
c Hans$_1$ traf Alfons$_2$. Er$_1$ trug einen Regenmantel. Er$_1$/*Der$_{1/2}$ fror trotzdem. *!
d Hans$_1$ traf Alfons$_2$. Es goss. $^?$*Er*$_1$ trug einen Regenmantel. $^?$*Er*$_1$/**Der*$_{1/2}$ fror trotzdem. *!

8 Der Pronominalartikel (Artikelpronomen) *der/die/das* und das eigentliche Demonstrativpronomen *dieser,diese,dies(es)* unterscheiden sich offenbar distributionell nicht. Ich setze in den Distributionsproben deshalb in Hinkunft nur die kürzere Form *der/ die/ das*, die in dieser deiktisch-wiederaufnehmenden Funktion jeweils Akzentnachdruck trägt.

(15b,c) liefern inkohärente Minimaldiskurse. D.h. DemPro kann sich weder auf ein PersPro noch auf ein anderes DemPro rückbeziehen. In (15c) ist die Diskurskette derart unterbrochen, dass auch keine Rhemawiederaufnahme in S_1 mehr erfolgen kann: *Der*$_1$ ist aufgrund von (11b) ausgeschlossen, *Der*$_2$ aufgrund von (16).

(16) DemPro muss sich auf eine NP beziehen können; DemPro-Referenz auf ein PersPro-Antezedens ist ausgeschlossen.

(16) ist aber noch weiter einzuengen, damit auch (15d) Rechnung getragen wird.

(17)a Die Textkohärenz unter dem Pers- bzw. DemPro-Referenzmechanismus muss idealerweise monoton dicht sein. D. h. es darf kein Text-S derart intervenieren, dass die Pro-Kette unterbrochen ist. Wir sagen, dass DemPro 'textkohärenzdeselektiv' ist.

b (17a) überschreibt (16).

(17a) lässt sich anhand der folgenden Beispiele erhärten und vervollständigen. KLEINE VERSALIEN stehen für Kontrastakzent.

(18) Alfons$_1$/ALFONS$_2$ trat ein. *Er*$_1$/*Der*$_2$ trug einen Regenmantel. Es goss noch immer. $^?$*Er*$_1$/ **Der*$_2$ schlug sich den Regen von seinem nassen Mantel.

Aus (18) lässt sich ableiten:

(19) Die Textkohärenzbedingung für die Antezedens-Pro-Koreferenz ist für PersPro weniger eingeschränkt als für DemPro. PersPro ist in geringerem Maße textkohärenzdeselektiv als DemPro: Textkohärenzdeselektionshierachie: PersPro < DemPro

PersPro ist demnach stärker als DemPro textkohärenzschaffend, d.h. in geringerem Maße Störungen der monotonen Textdichte unterworfen. Unter Einbezug des variablenbindenden Textreflexivs ('Anapher' im generativen Jargon) bietet sich die folgende Erweiterung von (20) an. Wir erinnern uns, dass eine jegliche Variante der generativen Bindungstheorie an konstitutiven Eigenschaften bloß zum variablenbindenden Reflexiv etwas Konkretes zu sagen hat und PersPro ebenso wie R-Ausdrücke im Vergleich zu den Bedingungen für dieses variablenbindende Reflexiv nur ausschließende Beschreibungskomponenten liefert.

(20) Textkohärenzdeselektionshierarchie:
R-Ausdruck (Appellativ, Eigenname) < PersPro < DemPro < Textreflexiv

Wenn wir Verletzungen von (20) mit Blick auf einen Textanfang betrachten, dann lässt sich Folgendes sagen: Unter allen referenzeinführenden Pronomina ist das Reflexivpronomen das ungeeignetste, DemPro das zweitschlechteste (ungrammatische bzw. referentiell ebenso absolut ungeeignete), während sich PersPro referentiell noch kataphorisch einbinden lässt; DemPro im Besonderen lässt sich kataphorisch ebensowenig wie ReflPro einbinden.

Sehen wir mit diesen ersten, vornehmlich empirisch begründeten Einsichten ausgestattet, was die Zentrierungstheorie zu den vorgestellten Erscheinungen zu sagen hat.

4. Zentrierungstheorie ('Centering' theory): Priorisierungsbedingungen

Die bisherigen Überlegungen und Einsichten lassen sich vor dem Hintergrund dessen, was seit Grosz et al. (1986/1995) und Walker et al. (1998) *Zentrierungstheorie* genannt wurde, funktional einordnen und damit einsichtiger machen. Die *Zentrierungstheorie* entwickelt Generalisierungen zur Textfortsetzung unter dem Blickwinkel aller in einem bestimmten Erzähluniversum (U_n) Rolle spielenden Textteilnehmer (Appellativen, Eigennamen). Sie geht also von einem Vorwissen bzw. einer Bestandsaufnahme aller jener Appellative und Individuennamen aus, die in besagtem Textuniversum eine Rolle spielen. Folgende Begriffe und deren Abkürzungen werden in der Folge verwendet (nach Walker et al. 1998). (21a) wiederholt (1) oben.

(21a) U_n = für n dem Erzähluniversum angehörige appellative Textelemente sowie
$1 < \ldots < n < n+1 < \ldots$ als textlineare Reihung dieser Textelemente;
Cf = vorwärtsbezogenes (referentielles) Zentrum (*forward-looking center*), wobei $\{Cf\} \subset U_n$; üblicherweise als 'Antezedens' bezeichnet.
Cb = rückwärtsbezogenes Zentrum (*backward-looking center*), wobei $Cb \subset U_n$; üblicherweise 'Anapher'.
Cp = präferiertes Zentrum (*preferred center*), wobei $Cf_n \Rightarrow Cb_{n+1}$; d.h. jenes Cf, das unter allen Mitappellativen, {Cf}, für die Wiederaufnahme im Folgetext durch eine spezifische Anapher den Vorzug bekommt.

Ordnungen und Prioritäten unter solchen appellativen Textteilnehmern werden in der Perspektive eines jeweiligen neuen Textteilnehmers (Cf, wobei $\{Cf\} \subset U_n$) entwickelt. In dieser Perspektive spielen solche grammatische Kategorien eine besondere Rolle, die zum Textverständnis ein Antezedens benötigen: also alle Arten von Pro-Nomina, die die Referenz eines Antezedens wiederaufnehmen und den jeweils diskursaktuellen Textteilnehmer bezeichnen (Cb[9], wobei $\{Cb\} \subset U_n$)). Das herausragende Cf-Element, Cp, wird durch das höchstgereihte Cb referiert. Wir können sagen, Cp stellt das vor allen anderen Cb bevorzugte Cb dar – d.h. das unter allen anderen antezedenzreferierenden Elementen bevorzugte Pronomen (Pronomen als

9 Nach der der griechischen Grammatik nachgebildeten Terminologie: *Anaphern* ('von unten nach oben tragend', also 'nach vorne schauend') im Gegensatz zu Kataphern ('von oben herabtragend', somit 'zurückschauend'). Der in der generativen Grammatik gebräuchliche Anaphernbegriff (=Reflexivpronomen) verengt – und präzisiert damit – den griechischen Begriff entscheidend, weicht aber auch ganz wesentlich von ihm ab, indem sie das, was in der traditionellen und funktionalen Grammatik nach wie vor (Personal)Pronomen heißt und dem griechischen Begriff der Anapher und Katapher entspricht, in der Bindungstheorie (Chomsky 1981) als Ausschlussbegriff zur generativen Anapher definiert.

übergreifende Kategorie von Cb, von zurück- bzw. vorausschauenden und auf Textteilnehmer Bezug nehmenden Ausdrücken[10]). Cp spiegelt den Gedanken, dass jeder einmal eingeführte Textteilnehmer ein gewisses Beharrungsmoment trägt. Er ist bevorzugter Textwiederreferent so lange, bis ein neuer Textteilnehmer eingeführt wird – abgekürzt und unter Verwendung der eingeführten Terminologie:

(21b) $Cp(U_n) = Cb(U_n) = Cb(U_{n-1})$…; vgl. (11a): „PersPro ist Themafortsetzer“

Cp bringt also eine Teilordnung in die Menge von Cb. Illustrieren wir kurz die Anwendbarkeit dieses Begriffsinventars mit Blick auf den bereits vorher konstatierten Unterschied zwischen PersPro und DemPro.

(22)	U_1: Hans$_1$ verließ das Zimmer.	Cf = [Hans]; Cb ist offen
	U_2: Er$_1$ stieß auf Rolf$_2$.	Cf = [Hans>Rolf]; Cb$_1$ = Hans
	U_3: Er$_1$ grüßte ihn$_2$.	Cf = [Hans>Rolf]; Cb$_1$ = Hans = Cp
(23)	U_1: Hans$_1$ verließ das Zimmer.	Cf = [Hans]; Cb ist offen
	U_2: Er$_1$ stieß auf Rolf$_2$.	Cf = [Hans>Rolf]; Cb$_1$ = Hans
	U_3: ER$_2$ grüßte IHN$_1$. (Kontrastbetonung!)	Cf = [Rolf>Hans]; Cb$_1$ = Hans = Cp
(24)	U_1: Hans$_1$ verließ das Zimmer.	Cf = [Hans]; Cb ist offen
	U_2: Er$_1$ stieß auf Rolf$_2$.	Cf = [Hans>Rolf]; Cb$_1$ = Hans = Cp
	U_3: DER$_2$ grüßte ihn$_1$.	Cf = [Rolf>Hans]; Cb$_1$ = Hans = Cp

Da Subjekte im Deutschen als unmarkierte Themata (‘Topiks’) fungieren, ist folgende grammatische, auf der Satzgliedunterscheidung beruhende Reihung plausibel: Das Subjekt ist das bevorzugteste Cb (so vgl. auch Grosz et al. 1986, 1995). Dies wurde für andere Sprachen wie das Japanische (Kameyama 1985), das Englische (Hudson-D’Zmura 1989, 1998), das Italienische (Di Eugenio 1998), das Jiddische (Prince 1994) und das Türkische (Hoffmann 1995, 1998) überprüft und bestätigt gefunden. (25) erinnert an die von Keenan&Comrie (1977) postulierte Satzgliedhierarchie mit Blick auf die Wahl des Relativpronomens.

(25) Subjekt > Objekt > andere Satzglieder

Für das Japanische allerdings wurden über (25) hinaus noch andere Kriterien eruiert (Kameyama 1985, bestätigt durch Walker et al. 1994): einmal spiele das grammatikalisierte Topik gekennzeichnet durch das grammatische Morphem *wa* eine bestimmende Rolle und zum zweiten eine sprecherindividuelle Salienzzuweisung (im Sinne der Aufmerksamkeitslenkung) für eine NP (‘argument empathy’ in Kameyamas (1985: 141) Terminologie), wobei der unmarkierte Salienzlokus vom Subjekt, der markierte durch das indirekte Objekt getragen wird. Nach Turan (1998)

10 Es soll in diesem gesamtdiskursorientierten Sinne kein Unterschied zwischen Anapher ($Cp(U_n)$, d.h. vom Pronomen das Antezedens im Textrückwärtsblick suchend) und Katapher ($Cp(U_{n+1})$, d.h. vom Pronomen das Antezedens im Textvorwärtsblick suchend) gemacht werden.

entscheiden im Türkischen neben (25) durch bestimmte Prädikate selegierte Thetarollen, welche NP in einem Satz die höchste Cb-Rolle übernimmt. Schließlich ist Rambow (1993) für das Deutsche zu dem Schluss gekommen, dass Oberflächenpositionen, also Nähe- bzw. Fernstellung der Referenz-NPs zum wiederaufnehmenden Pronomen entscheidend berücksichtigt werden müssen. (25) kann somit bloß als erste Annahme betrachtet werden, die der Eichung unter Berücksichtigung aller erwähnter Kriterien bedarf. Prüfen wir dies zuerst mit Blick auf die konzeptuellen Marksteine der oben skizzierten Zentrierungstheorie.

In den nächsten Kapiteln präzisieren wir die Bedingungen, unter denen PersPro im Unterschied zu DemPro Antezendentes referentiell vertritt.

5. DemPro unter dem Blickwinkel der Zentrierungstheorie

5.1 Grammatische Funktion als Antezedens für DemPro

DemPro nimmt paradigmaeigenen Kasus unter Prädikatrektion auf. Vgl. (26a,b,d, e).

(26) a Hänschen verletzte seinen Hund. Dessen$_{\text{*Hänschen/Hund}}$/Seiner$_{\text{Hänschen/??Hund}}$ nahm sich niemand an.
b Fritzi$_i$ fürchtete ihre behinderte Turnlehrerin$_j$. Derer$_{*i/j}$/Ihrer$_{i/*j}$ nahm sich niemand an.
c Fritzi$_i$ fürchtete ihre behinderte Turnlehrerin$_j$. Der$_{*i/j}$/Ihr$_{i/*j}$ half aber niemand.
d Die Mädchen$_i$ fürchten ihre behinderten Lehrerinnen$_j$. Derer$_{*i/j}$/Ihrer$_{i/*j}$ nahm sich niemand an.
e Die Mädchen$_i$ fürchten ihre behinderten Lehrerinnen$_j$. Den*(en)$_{*i/j}$/Ihnen$_{i/*j}$ half aber niemand.

Es lässt sich daher nicht davon ausgehen, dass es sich bei DemPro einfach um eine substantivierte Artikelform handelt. Es ist vielmehr NP-Ellipse anzunehmen. DemPro steht dann wie ein Artikelwort in SpezNP, allerdings vor einem phonologisch leeren N. Dies ist schon semantisch gerechtfertigt, da der Artikel in seinem Wertebereich eine Quantifikationsvariable braucht. Dies trägt überdies dem syntaktischen Umstand Rechnung, dass DemPro – ganz im Gegensatz zu PersPro – durch nachgestellte Adjektive bzw. Relativsätze modifiziert werden kann. Vgl. (27).

(27) a Fritzi$_i$ verehrte ihre junge Turnlehrerin$_j$. Die(se)$_{*i/j}$ Schöne$_{*i/j}$ …
b Fritzi$_i$ verehrte ihre junge Turnlehrerin$_j$. Die(se)$_{*i/j}$, [der keine Reckübung zu schwer war]$_{*i/j}$ …

Die syntaktische Struktur in (28),

(28) [$_{NP}$ [$_{DP}$ d(ies)e] [$_{N'}$ [$_{AP/CP}$ Schöne/der keine Reckübung …] [$_N$ 0]]]]

erlaubt auch die direkte Rekonstruktion des diachronen Grammatikalisierungsschrittes aus DemPro zum Artikel, offenbar nicht nur im Deutschen, sondern auch in den romanischen Sprachen (spätlat. *ille* zu frz. *le*, allerdings auch zum PersPro *il*; vgl. Vincent 1997). Ich komme im Folgenden noch darauf zurück.

Dies war das Ergebnis unserer Beobachtungen zu den Verteilungen zwischen PersPro und DemPro.

(29)	PersPro $\in$ Cp(U_n) ...	als Anapher, also mit linearem Antezedens
(30)	PersPro $\in$ Cp(U_{n+1}) ...	als Katapher, also mit linearem Postzedens
(31)	DemPro $\in$ Cf(U_{n-1}) ...	nur als Anapher, also nur mit linearem Antezedens

D.h. ein DemPro muss wie das PersPro auf ein Antezedens (=Cf, nämlich ein *forward looking center*) zurückgreifen, nicht aber auf das präferierte appellativische Antezedens, Cp, des bisher ablaufenden Textteils. Für DemPro gelten alle Definitionskomponenten mit Ausnahme der für das präferierte PersPro. Der Referenzzugriff für DemPro ist distaler als der für PersPro, der proximal ist. Das allerdings darf nicht rein linear aufgefasst werden. Wir wollen dies ausschließlich unter strukturellem Ansatz behandeln.

In der Formulierung der Zentrierungstheorie lässt der Begriff *Äußerung* bzw. *Textteil* zur Genüge offen, was die Definitionskomponenten für Einzelsprachen sind. Es soll davon ausgegangen werden, dass nichtfinite Konstruktionen, im Besonderen Infinitivkonstruktionen bei der Festlegung von Cf übersprungen werden. Dies deckt sich mit der Tatsache, dass nur in finiten Prädikationen die Diskurfunktionen Thema und Rhema grammatisch verankert sind, nicht jedoch in infiniten Sätzen. Wir belassen es vorerst bei der bloßen Feststellung einer solchen Parallele.

(32) Er_i versprach/riet ihm_j zu kommen. Aber $er_{i/*j}$ ($\neq$ $der_{*i/j}$) kam nicht.

Lässt sich das PersDemPro *ihm* in (32) von DemPro in einer Diskurskette überhaupt wieder aufnehmen?

(33) a $Hans_i$ versprach $Albert_j$ zu kommen. Der/$Dieser_j$ aber glaubte ihm_i nicht.
b Er_i versprach ihm_j zu kommen. Der_{*i} /$Dieser_{*i}$ aber glaubte ihm_{*j} nicht.
c ER_i versprach IHM_j zu kommen. Der/$Dieser_i$ aber glaubte ihm_j nicht.

Über den Nachweis der Zentrierungsbeschränkung auf finite Äußerungen zeigt (33a-c), dass DemPro mehr als bloß distale Referenzaufnahme wie in (31) generalisiert voraussetzt. Es geht vielmehr darum, dass DemPro im Unterschied zu PersPro kein linear sekundäres Cf , also ein Cf nach einem anderen Cf oder Cp referentiell wieder aufnimmt. Wir definieren in (34).

(34) DemPro $\in$ [Cf(U_{n-1}) $\wedge$ $\neg$Cb/p(U_{n-1})];
soll heißen: DemPro setzt die Setzung eines Antezedens sowie die Nichtthemaeigenschaft im Antezedens voraus.

Dies bedeutet auch: das Antezedens zu DemPro darf selbst kein PersPro sein, es sei denn dieses Antezedens hat den Status eines Appellativs – den ein PersPro offenbar bei lokal-deiktischem und Kontrastakzentgebrauch erhält. Ein derartiges Verhalten wurde bei Personalpronomina bereits verschiedentlich und unabhängig von den hier zur Diskussion stehenden Erscheinungen konstatiert (Abraham 1995b, Molnárfi 2002).

Rullmann (2001) kommt aufgrund von Korpuszählungen fürs Niederländische zu dem Ergebnis, dass eine CF-Reihung nicht ausschließlich durch grammatische Satzgliedfunktion, also nach (28) festgelegt wird. Aber seine Auswertung will auch zeigen, dass die Generalisierung zur DemProm-Verwendung in (29)–(31) und (34) unrichtig oder zumindest nicht unverletzbar ist. Konkret zählt Rullmann 49 Beispiele – das sind ca. ein Drittel aller Vorkommen – dafür, dass das ndl. DemPro *die* ein Subjekt als Antezedens aufweist. Das ist zu viel für eine Zufallszahl. Vgl. (35)–(37) (Rullmann 2001: 4; seine Beispiele (9)–(11)) mit meinen direkten deutschen Entsprechungen.

(35) [Er was ook *een Czech* aanwezig], maar <u>*die*</u> heeft de hele week geen goed antwoord gegeven.
Es war auch *ein Tscheche* da, aber <u>*der/*er*</u> hat die ganze Woche keine richtige Antwort zusammengebracht.

(36) [Ook *mijn zoon* vecht] en ook <u>*die*</u> heb ik drie maand niet meer gezien.
Auch *mein Sohn* kämpft, und auch <u>*den/*ihn*</u> habe ich schon drei Monate nicht mehr gesehen.

(37) [Voor het pension was volgens de politie *een vergunning* aangevraagd], maar <u>*die*</u> was nog niet afgegeven.
Für die Pension war nach Aussage der Polizei *um eine Lizenz* angesucht worden, <u>*die/*sie*</u> aber war noch nicht erteilt worden.

Nun handelt es sich wohl um Subjekte. Aber diese kommen jeweils indefinit vor – jedenfalls in den Beispielen, die uns Rullmann als Illustration für seine Generalisierung vorlegt: Antezedens ist jeweils ein Subjekt, was ja das diagnostische Merkmal für PersPro war. PersPro verbietet sich aber nun in den Fällen oben. Indefinite Subjekte sind, sofern nicht kontrastiv betont, VP-interne Subjekte. VP-interne, da indefinite Subjekte sind diskursfunktional Rhemata und tragen entsprechend Satzakzent – was ja schon die Stellung des Satzadverbs *ook* in (35) bzw. *volgens de politie* in (37) nachweist und was ja für topikalisierte Themasubjekte nicht gilt. Das Subjekt in (36) ist im Wertebereich der Fokuspartikel *ook* 'auch' betont. Das Gemeinsame der Subjekte in (35)–(37) ist also das zusätzliche Merkmal, dass sie kontrastbetont sind: entweder als VP-interne indefinite Subjekte oder als Fokuskonstituente. Wir halten also als vorläufige Generalisierung für DemPro fest:

(38) Es gilt (34) mit DemPro $\in [Cf(U_{n-1}) \wedge \neg Cb/p(U_{n-1})]$; es kann aber als eindeutiges Antezedens sehr wohl auch $Cb/p(U_{n-1})$, also PersPro vorliegen, sofern dieses im (kontrastiven) Satzakzent steht.[11]

11 Diskursfunktionale Rhemafunktion liegt entweder unter Satznormalakzentuierung oder unter Kontrastakzent vor. Als Voraussetzung für die syntaktische Identifikation gilt die Satzfokusnullhypothese (Cinque 1993), wonach Satznormalakzent innerhalb von VP als tiefst eingebettete Satzkonstituente (genauer weiter: unter Kopfstatus innerhalb dieser tiefsteingebetteten Konstituente) erscheint. Satznormalakzent ist somit syntaktisch-strukturell verankert (vgl. auch Abraham 1993, 1995).

Nach (38) ist somit auch DemPro $\in$ [Cf(U_{n-1}) $\wedge$ Cb/p(U_{n-1})], wenn nur normaler oder durch Fokus induzierter Rhemastatus bei Cb/p(U_{n-1}) vorliegt. Wir formulieren (38) entsprechend um.

(39) Es gilt (34) mit DemPro $\in$ [Cf(U_{n-1}) $\wedge$ Cb/p(U_{n-1})] dann, wenn Cb/p(U_{n-1}) rhematische Funktion hat. Und es gilt (34) so lange, als Cb/p(U_{n-1}) echtes Thema ist.

Wir halten also vorerst fest, dass Rhemastatus als Voraussetzung für die Wahl von DemPro Satzgliedstatus als Voraussetzung überschreibt. Dabei ist allerdings zu klären, ob nicht rein lineare, strukturell gar nicht erst virulente Kriterien mitspielen. Dieser Prüfung gilt das folgende Kapitel.

5.2 Lineare Abfolge als Cf-Reihebedingung für DemPro

Die Frage, welche Kriterien letztlich für die Vorzugsreihung von Cf verantwortlich sind, ist – nicht nur vor dem Hintergrund von van Gelderen (1998), Comrie (2000) und Rullmann (2001) – auch danach auszuloten, welche Rolle rein lineare Kriterien bei der Distribution zwischen PersPro und DemPro spielen. Die folgenden Beispiele sollen auf die Annahme hin geprüft werden, dass DemPro nie auf das Erstvorkommen eine NP der vorhergehenden Äußerung zurückgreift. Diese Probe funktioniert natürlich nur in Sprachen, die das Subjekt auch in Nichttopikstellung erlauben. Rullmann (2001: 5) findet die überwiegende Zahl an DemPro Vorkommen in seinem ndl. Korpus an äußerungsletzter Stelle, wiewohl auch eine Zahl außerhalb des Zufallsbereichs an äußerungserster Stelle zu finden war. Angesichts der Tatsache, dass das Ndl. gerne extraponiert, erscheint das NP-Finalkriterium freilich zu oberflächlich. Dies sind Rullmanns Beispiele, wieder in der Gegenüberstellung Ndl.-Deutsch.

(40) Antezedens-NP in Letztstelle des vorigen Satzes:
[We hadden vorige week *logé's uit Limburg*] en <u>die</u> waren zo enthousiast over Elburg.
Wir hatten vorige Woche *Gäste aus Limburg*, und <u>die(se)/*sie</u> waren so begeistert über Elburg.

(41) [Ik bemest regelmatig grond van *andere mensen*.] Maar <u>die</u> willen zich daar niet via een contract gedurende meerdere jaren op vastleggen.
Ich dünge regelmäßig Land *anderer Leute*. Aber <u>die(-se)/*sie</u> wollen sich nicht mit einem Kontrakt für mehrere Jahre festlegen lassen.

(42) Antezedens-NP in Mittelposition des vorigen Satzes:
In de vliegsportwereld is het gebruikelijk dat [e piloot soms *andere mensen* mee neemt op een vlucht.] Vaak betalen <u>die</u> er ook wat voor.
Im Fliegersport ist es üblich, dass der Pilot manchmal auf einem Flug *andere Leute* mitnimmt. Oft bezahlen <u>die(se)/*sie</u> auch noch dafür.

(43) [Iedereen wordt in de gelegenheid gesteld om *verlangens* aan het bestuur kenbaar te maken.] <u>Die</u> kunnen dan tijdens het overleg aan de gemeente overgebracht worden.
Jedermann wird Gelegenheit gegeben, *seine Wünsche* bekannt zu geben. <u>Die(se)/*Sie</u> können dann bei der Ratssitzung der Gemeinde vorgebracht werden.

Für Rullmann (2001: 5) ergibt sich fürs Niederländische daraus folgende Zwischenbilanz.

(44) a Das bestimmende Kriterium für die Cf-Reihung (Antezedensreihung) ist die rein lineare Abfolge der NPs im Satz.
b Umfasst $Cf(U_{n-1})$ ein einziges Element, dann ist seine Referenz durch DemPro erfasst.
c Umfasst $Cf(U_{n-1})$ mehr als ein Element, dann kann DemPro nicht die Referenz auf das höchstgereihte Element, $Cp(U_{n-1})$, kann also kein thematisches Antezedens erfassen.
d Es steht eine starke, aber nicht unverletzbare Präferenz dafür, dass das Antezedens, Cf, für DemPro das letzte NP-Glied der Äußerung bildet.

Diesem Schluss in (44a-c) auf der Datengrundlage von (40)–(43) will ich nicht folgen – nicht fürs Deutsche, aber ebensowenig fürs Niederländische. Zu beachten ist, dass (44c) der Satzgliedhierarchie in (25) folgt – was ja bei Vorherrschen rein linearer Reihungskriterien nicht unbedingt erwartbar wäre. Zudem stelle ich (44a,b,d) in Frage. Statt (40), erklärt durch (44a), lässt sich (45a) formulieren; der Referenzanschluss durch DemPro bleibt jedoch dabei derselbe.

(45) a *Gäste aus Limburg* hatten wir vorige Woche, und *die(se)/*sie* waren so begeistert über E.

Auch (44b) ist nicht haltbar; vgl. (45b), das über (40) mit (44a) und (45a) variiert.

(45) b *Unsere Gäste aus Limburg* blieben eine ganze Woche. *Sie/*Di(es)e* waren ganz begeistert.

(44d) schließlich ist mit (45c) nicht zu vereinbaren.

(45) c Wir hatten *Gäste aus Limburg*$_i$ und aus dem Institut für *Blinde*$_j$, und *sie*$_{i/*j}$/*die*$_{i/*j}$ blieben eine ganze Woche.

Besonders (45c) lässt darauf schließen, dass Satzgliedstatus im Sinne von (25) das Kriterium für die Entscheidung zwischen PersPro und DemPro ist. Bevor wir jedoch diesen Schluss verfolgen, sehen wir uns noch satzinitiale Antezedensvorkommen an. Diese würden ja in einem gewissen Sinne Rullmanns Linearentscheidung trivialisieren, da das Kriterium 'linear letztes Satzglied' dann eine relativ leere Entscheidungsfunktion hätte. Ich füge die (stark verkürzte) strukturelle Analyse hinzu, um unsere Schlussfolgerung einsichtig zu machen.

RHEMA-TOPIK THEMA
(46) a $[_{CP}$ Nur wenige Reaktionen$_j$ $[_{IP}$ t_j registrierten$_k$ die Beamten$_i$ gestern $[_{VP}$ t_i t_j t_k]]].
Aber sie$_?$i/$_{??}$j/die(se)*i/j waren giftig.

b $[_{IP}$ In kurzer Zeit$_m$ ist$_k$ $[_{VP}$ eine eigene Bevölkerungsgruppe entstanden t_k].
Die/*Sie arbeitete in Fabriken, wo nur auf Knöpfe gedrückt werden muss.

DemPro schließt jeweils an die Basisstellung des Rhemas, also eines Subjekts oder Objekts innerhalb von VP an. Dies erklärt, weshalb in (46a) nicht das Subjekt *die Beamten*$_i$, sondern das topikalisierte, doch gleichwohl rhematische Objekt *Nur wenige Reaktionen*$_j$ durch DemPro erfasst wird. In (46b) ist das Subjekt aufgrund von Indefinitheit wortartinhärent rhematisch – wiederum ist das Rhema durch DemPro referiert. Beide Beispiele zusammen zeigen, dass weder Satzglied – etwa Objekt – noch rein lineares Letztglied den Ausschlag geben. Woran DemPro anschließt, ist ausschließlich als diskursfunktionales Rhema bestimmbar. Darüber hinaus zeigen von der Basisstruktur abweichende Beispiele wie (46a), dass Rhema als Position auf LF definiert ist: sozusagen als virtuelle Akzentposition, wohl bereits auf LF charakterisiert durch entsprechende diskursfunktionale Merkmale. Diese für die Basisstruktur des Deutschen bedeutungsvolle Folgerung schreiben wir in (47) fest.

(47) a DemPro wird nur durch ein antezedentes Rhema lizensiert.
b Das antezedente Rhema, das DemPro lizensiert, ist nicht auf der Oberflächenstruktur abprüfbar; Lizensierer ist vielmehr das Rhemaglied in der unabgeleiteten Basisstruktur, also innerhalb von VP der Kopf der tiefsteingebetteten Konstituente (Cinque 1993).

Zu diesem speziellen Schluss in (47b) war bereits Abraham (1997) vor dem Hintergrund unabhängiger Daten gelangt. Das Deutsche ist also nicht nur eine diskursfunktionale Sprache, deren Thema-Rhemaverteilung ebenso wie die Satzakzentsetzung satzsyntaktisch verankert ist. Das Deutsche bestimmt darüber hinaus diskursfunktionale Anschlüsse wie die Grammatik von PersPro und DemPro auf der Grundlage der basisstrukturellen Thema-Rhemaverteilung, unabhängig von der Position von Thema und Rhema in abgeleiteten Satzstrukturen. Damit sind im Sinne von (48) sententielle Thema-Rhema- von textgebundenen Thema--Rhema-Verteilungen zu unterscheiden.

(48) Das DemPro lizensierende antezedente Rhema ist auf der Ebene der Satzstruktur definiert. Es ist im Besonderen nicht auf der Ebene der texteinbindenden Diskursfunktionen Thema bzw. Rhema, also in durch Scrambling erreichten, refokussierten Positionen definiert.[12]

Die folgenden Beispiele bestätigen die letzten beiden diskursfunktionalen Prinzipien des Deutschen.

(49) Die jüngeren Generationen haben nichts gegen Traditionsverlust, wenn zuweilen auch [Anflüge von Nostalgie]$_i$ bei ihnen$_j$ spürbar sind. Di(es)e$_i$/*sie$_i$ aber richten sich eher konkret auf Omas alten Küchenstuhl und alte Mode als auf alte sittliche Werte.

(50) Den dazugehörigen Regenbogen$_j$ hat unser Gast/er$_i$ t_j nicht bemerkt; denn auf die Seite, wo d(ies)er$_j$ /*er$_j$ sichtbar sein sollte, hatte er keine Aussicht.

12 Dies ist sicherlich noch zu überprüfen – es widerspricht ja (38)–(39), wo auch Kontrastakzent als Antezedensbedingung für die Setzung von DemPro gilt.

In (49) wie in (50) nimmt DemPro – und nicht PersPro – die Referenz wieder auf. In beiden Fällen steht das Antezedens in abgeleiteter, nämlich linear zu DemPro distaler Position: in (38) als Subjekt vor einem Pronomen, das als Wortart bereits thematische Diskursfunktion hat; in (39) als Objekt in topikalisierter Position vor dem Subjekt. Es schließt sich in beiden Fällen nicht nur Linearität oder Satzglied als Lizenz für Koreferenz aus; wie (50) zeigt, kann das Antezedens für DemPro nicht diskursfunktionales Thema sein, da *bei ihnen* in jedem Fall – d.h. gleichgültig wo es steht; vgl. (51) – als PersPro diskursfunktional thematisch ist.

(51) Die jüngeren Generationen haben nichts gegen Traditionsverlust, wenn bei ihnen_j zuweilen auch [Anflüge von $\text{Nostalgie}]_i$ spürbar sind. Di(es)e_i/*sie_i aber richten sich eher konkret auf Omas alten Küchenstuhl und alte Mode als auf alte sittliche Werte.

(50) entkräftet auch die von Grosz et al. (1986) vertretene Position, dass Pronomina als Cf generell höher rangieren als Appellative (‘R-Ausdrücke’), d.h. dass PersPro also unter allen Cb den Appellativ mit Status des Cp einnimmt. Dies gilt jedenfalls nicht für das Deutsche, und es ist zu vermuten, dass dabei die Diskursprominenz des Deutschen und deren Verankerung in der strukturellen Satzsyntax die entscheidende Rolle spielt.

Unklar ist aufs Erste allerdings, warum in (52) beide Pronomina, also PersPro ebenso wie DemPro den nötigen Anschluss herstellen.

(52) [Die Herren aus der $\text{Zirkusverwaltung}]_i$ organisierten das dann. $\textit{Sie}_i$ /$\textit{Di(es)e}_i$ gingen später allerdings auseinander.

Doch zeigt sich, dass sich die Antezedensanschlüsse mit PersPro bzw. DemPro im Sinne von (53 a,b) unterschiedlich vertexten.

(53) a Die ganze Vorstellungstour wurde [von einer professionellen $\text{Firma}]_j$ -Rhema_{Cf1} vermarktet. [Diese $\text{Herren}]_i$-$\text{Thema}_{sub\text{-}Cf1}$ organisierten das Programm dann. $\textit{Sie}_{i\text{-}Cf1}$/$\textit{*Di(es)e}_{i\text{-}Cf1}$ gingen später allerdings auseinander.
b Die ganze Vorstellungstour wurde [von einer professionellen $\text{Firma}]_j$-Rhema_{Cf1} vermarktet. [Die Herren aus der $\text{Zirkusverwaltung}]_i$-$\text{Rhema}_{Cf2}$ organisierten das Programm dann. $\textit{*Sie}_{i\text{-}Cf2}$ /$\textit{Di(es)e}_{i\text{-}Cf2}$ gingen später allerdings auseinander.

Im PersPro-Fall in (53a) sind die beiden linear getrennten Cf-Antezedentes, Cf1, in einem Ober-Untermengenverhältnis zueinander; in (53b) dagegen handelt es sich um zwei referentiell unterschiedliche Antezedentmengen. DemPro nimmt nur die letzte Rhemareferenz auf, PersPro dagegen ist in (53b) ohne Antezedensbezug. Dies begründet die Generalisierung in (54a,b).

(54) a DemPro restringiert seinen Antezedensbezug auf das letztgenannte mengenreferentiell unabhängige Rhema, dies in Gegensatz zu PersPro, welches eine mengenreferentiell

abhängige Antezedenskette voraussetzt, dort allerdings das satzinterne Thema vertritt.

b PersPro findet in einer reinen Rhemakette (vgl. (53b) mit *Sie$_{i\text{-}Cf2}$) kein Antezedens und zwar unabhängig davon, um welches Satzglied ([Die Herren aus der Zirkusverwaltung]i-Rhema Cf2 ist ja Subjekt!) es dabei geht.

(54b) zeigt eindeutig, dass die Wiederaufnahme durch DemPro mit Satzgliedvoraussetzungen nichts zu tun hat (gegen Rullmanns ersten Begründungsversuch). Dass die Begründung durch reine lineare Abfolge nicht erfolgreich ist, geht schon daraus hervor, dass das Deutsche Thema und Rhema ja text- und diskurslogisch verschieben („scrambeln") kann. Die Verteilungs- und Referenzbegründung zwischen DemPro und PersPro erfolgt also in engem Zusammenhang mit der syntaktisch verankerten Zuordnung von grammatischer Diskursfunktionsverteilung (CF1-Kette) und kontrastiver Diskursfunktionsverteilung (Cf1 + Cf2; dazu vgl. im Besonderen Abraham 1997, Abraham/Molnárfi 2001).

Dieser Befund passt zu der Folgerung Delisles (1993: 262ff.), dass das Artikelpronomen im Unterschied zum Personalpronomen im Telephongespräch als Anapher unter kontrastiver Betonung bzw. unter affektiver und emotional verstärkter Tönung gewählt wird. Sie ist jedoch genauer als Delisles Befund, da auch Akzent unter rein syntaktisch-semantischer identifizierender Begründung miteinbezogen wurde.[13]

5.3 Diskursvergabelungen

An Beispielen wie den folgenden orientiert Rullmann (2001:7) die Generalisierung, dass jede NP in Cf, die sich auf einen eingeführten Diskursreferenten bezieht, höher rangiert als eine NP, die einen neuen Diskursreferenten nennt. Genau dies nun haben wir von Beginn an als generellste Analysemöglichkeit verfolgt. Wir prüfen und spezifizieren noch einmal, was die Bedingungen sind.

(55) Schlepplinien ziehen die historischen Landschaftszüge nach und setzen neue Konturen. *Eine Kolonie Kiebitze* fliegt verschreckt vor den heranrückenden mechanischen Geräten auf. *Die(*se)/Sie* kommen im nächsten Jahr nicht mehr zurück.

(56) Andererseits hat es diesen Einfluss natürlich sehr wohl gegeben. *Elco Gelling* begann in meiner Truppe, und *der(*dieser)/er* hat später bei den Golden Earrings Furore gemacht.

13 Es ist schwer, Gärtners Ergebnissen zu folgen, der im Prinzip DemPro-Erscheinungen verfolgt, diese aber unter der Annahme analysiert, dass sie als Relativpronomina fungieren (Gärtner 2001). Vgl. sein Beispiel (1) *Das Blatt hat eine Seite, (/) die ist ganz schwarz* (Gärtner 2001: 98). Dies scheint nun bereits auf der rein empirisch-observationellen Ebene eine sehr willkürliche Annahme zu sein, die man ebenso gut dadurch ablösen kann, dass hiermit nicht mehr als eine orthographisch lockere Kommaverknüpfung statt einer Reihung zweier unabhängiger Sätze vorliegt. Unter dieser Annahme verfallen eine Reihe von Gärtners Einschränkungen, die als Satzregeln angenommen werden. Zum Unterschied vom vorliegenden Aufsatz beschäftigt sich Gärtner nicht mit PersPro.

Zuvörderst ist zu beachten, dass Cf in beiden Fällen durch eine einzige NP konstituiert ist. Bei (55) handelt es sich weiter erneut um einen rein thetischen (= rhematischen) Satz; das indefinite Subjekt *Eine Kolonie Kiebitze* ist wohl topikalisiert, der ganze Satz stellt gleichwohl rein rhematische Information. Auch hiermit liegt somit die Vorbedingung für DemPro vor, soferne der Hintergrund des Diskurses, also die allgemeine Themalinie durch *Schlepplinien, Landschaftszüge* bzw. *neue Konturen* gegeben ist. Dagegen setzt *Eine Kolonie Kiebitze* als neues Thema/Cf_2 – und eben Rhema vor dem alten Cf_1 – ab. PersPro *Sie* stellt *Eine Kolonie Kiebitze* in $Cf_{1,}$ ändert also die durch Cf_1 gesetzte Themalinie nicht. Aus dieser oszillierenden Themafortsetzung ergeben sich die beiden unterschiedlichen Pro-Anschlüsse – und erst recht unterschiedliche Themafortsetzungen, die hier nicht skizziert werden. Ganz ähnlich ist die Analyse bei (56) vorzunehmen. Bleibt die Themalinie Cf_1 bei *diesem Einfluss* und dass es diesen *natürlich sehr wohl gegeben hat*, dann gilt DemPro als neues, unabhängiges Thema; mit PersPro dagegen wird die Themalinie Cf_1 einfach fortgesetzt, d.h. *Elco Gelling* und seine berufliche Geschichte wird als Unterteil von Cf_1 geführt. Eine entsprechende Textfortführung wird darauf Rücksicht zu nehmen haben. Wir generalisieren wieder mit (57).

(57) Bei mit einfacher NP besetztem Cf lässt sich mit dem Wechsel zwischen DemPro und PersPro der Wechsel zwischen Erzählhintergrund und Erzählvordergründigkeit – oder mit anderen Worten: ein Themawechsel, Cf_2 in Abwechslung zu Cf_1 – signalisieren. Nur wo Cf durch mehrere NPs vertreten werden kann, ergibt sich zwingend die Vertretung durch DemPro in klarer Verteilungssystematik zu PersPro – d.h. die Scheidung zwischen Cb und Cp.

Das Englische hat keine Anschlussmöglichkeit mit DemPro – vgl. (8a) oben – und erteilt damit prinzipiell PersPro weiteren Referenzskopus. Der Text- bzw. übersententielle Diskursstatus von PersPro ist somit im Englischen anders, nämlich weniger eingeschränkt als im Deutschen und Niederländischen. DemPro *this/that (one)* ist in textverbindenden Funktionen wie im Deutschen und Niederländischen nicht einsetzbar.

Nach Comrie (2000) bezieht sich DemPro im Niederländischen auf 'non-topical' Antezedenten, PersPro sowie Possessivpronomina dagegen auf 'topicals'. Seine Analyse fasst trotz einer etwas anderen Terminologie den Kerngedanken der Zentrierungstheorie: Das Demonstrativ werde eingesetzt, wenn zwei verschiedene Antezendenten für ein Pronomen vorliegen; DemPro sei die markierte Option gegenüber dem PersPro; es repräsentiere die weniger erwartete Koreferenz (Comrie 2000: 54). Und: Sprachen unterschieden sich danach, welches Antezedens 'weniger erwartbar' sei und durch DemPro vertreten werde. Im Gegensatz zur Zentrierungskonzeption allerdings formuliert Comrie die typologischen Parameter nach Ausschlussoptionen (Comrie 2000:54). Vgl. die Kriterien (58a–c), die auch der Gliederung im vorliegenden Aufsatz zugrundegelegt worden sind.

(58) DemPro ist als Binder für jenes von zwei Antezedenten ausgeschlossen, welches
a Subjekt ist (Satzgliedkriterium);

b das am weitesten links stehende NP ist (Linearitätskriterium);
c die topikhöchste NP repräsentiert (Diskursfunktionskriterium).

Das Niederländische sei durch die Ausschlussoption in (58c) gekennzeichnet. DemPro stellt somit das dar, was man gemeinhin als *Switch Reference Marker* bzw. als *Obviationsauslöser* bezeichnet. Van Gelderen (1998) wiederum meint in einer Studie mit eigenen Beispielen und unter Zugrundelegung der 'focus-topic'-Unterscheidung bei Rochemont (1978) sowie Rochemont& Culicover (1990) gerade zum entgegengesetzten Ergebnis kommen zu müssen: DemPro sei Topik, sofern eine Topiklesart syntaktisch hergestellt werde. Van Gelderen beschränkt sich allerdings nicht auf Kontexte mit zwei NP-Antezedenten; die Ergebnisse ihrer Arbeit sind somit nicht direkt mit denen Comries sowie jenen der vorliegenden Studie vergleichbar. Ich greife zwei der Beispiele Comries und van Gelderens auf [meine Klammerung; W.A.].

(59) *Juist in die dagen schrijft Erasmus=SU/TOP [$_{VP}$ aan een van Luthers medestanders$_j$, Johannes Lang=PO/RH, zeer gunstig over diens$_j$ werk t].*
Gerade in diesen Tagen schreibt Erasmus$_i$ an einen von Luthers Mitstreitern, Johannes Lang$_j$, sehr wohlwollend über (sein$_{i/j}$/)dessen$_{*i/j}$ Werk.

Das PossPro erweist sich hier als referenzoffener als DemPro (*Erasmus* = Thema/Cf).

(60) *En wanneer die regent$_i$ een gevallig oog mocht slaan op het paard, den buffel, de dochter, de vrouw, van den geringen man$_j$, zou men't ongehoord vinden, als deze$_{i/j}$ den onvoorwaardelyken afstand van het begeerde voorwerp weigerde.*
Und wenn dieser Regent$_i$ ein wohlgefälliges Auge auf das Pferd, den Büffel, die Tochter, die Frau des niedrigen Mannes$_j$ werfen sollte, dann würde man es unerhört finden, dass dieser$_{i/j}$ sich weigerte, die begehrten Objekte widerspruchslos zur Verfügung zu stellen (*Multatuli*, Kap. 5; nach van Gelderen 1998, ex. (4)).

Es wäre falsch, *die regent/dieser Regent* mit van Gelderen als Thematopik zu klassifizieren; dagegen spricht ja schon das betonende Artikelpronomen ndl. *die* (die reine, unbetonte Artikelform wäre *de*). Es handelt sich vielmehr um ein besonders salient gemachtes Thema, ein Kontrastthema (in Fortführung von Cf). Es spricht gerade dieses Beispiel sowohl gegen van Gelderens, Comries und Rullmanns Analyse: Es handelt sich um ein *rhematisches* (= salientes) Thema, welches weder durch Comries Nichttopikalitätskriterium noch durch van Gelderens Topikstatus noch durch Rullmanns Linearitätskriterium erfasst wird.

6. Der diachrone Schatten der Artikelentstehung im Deutschen

Im Sinne moderner syntaktischer Blickwinkel gehe ich davon aus, dass Morphologie eine besondere Rolle für die Ableitung syntaktischer Formen spielt. Innerhalb der hier entfalteten Perspektive bedeutet dies, dass sich DemPro aus einem indeklinablen deiktischen Stamm *d-* sowie PersPro zusammensetzt. Die Endung wird in einer funktionalen Kategorie F hergestellt, wo Kasus und Numeruskongruenz berücksichtigt werden. Die Artikelform lässt sich als grammatikalisiert verkürztes DemPro betrachten. Dies stimmt zur diachronen Entfaltung des Artikels aus einer phonetisch homonymen Demonstrativbedeutung. Im Sinne der vorzunehmenden Merkmalunterscheidungen, die an dieser Grammatikalisierungskette beteiligt sind, bedeutet dies, dass eine Merkmalverkürzung stattfindet. Zur Darstellung der diachronen Prozesse in 6.2. sind somit zuerst die deskriptiven Voraussetzungen in 6.1. zu schaffen.

6.1 DemPro- sowie PersPro-Syntax

Das Folgende wurde in 5.1. bereits angedacht. Die syntaktische Struktur in (61),

(61) [$_{NP}$ [$_{DP}$ d(ies)e] [$_{N'}$ [$_{AP/CP}$ Schöne/der keine Reckübung …] [$_{N}$ 0]]]]

erlaubt die direkte Rekonstruktion des direkten Grammatikalisierungsschrittes aus DemPro zum Artikel, offenbar nicht nur im Deutschen, sondern auch in den romanischen Sprachen (lat. *ille/illa* zu frz. *le/ la*, allerdings auch zum PersPro *il/elle*; vgl. Vincent 1997[14]). Grundsätzlich dem im Minimalismus entwickelten Gedanken der Merkmalvorausetzung beim Bindungsbezug folgend gehe ich davon aus, dass Demonstrativa zumindest über eines der Merkmale [existentiell], [+definit] oder [+deiktisch] verfügen und dass DemPro entsprechend zumindest das interpretierbare Merkmal [+deiktisch] kodiert (Keenan 1987, 1995 sowie Kaplan 1989).[15] Mit Silva-Villar &Giutiérrez-Rexach (2001: 330) gehe ich davon aus, dass entweder das Deixismerkmal, [+deiktisch], alleine oder das Definitheitsmerkmal, [+def], alleine oder beide Merkmale zusammen[16] Prozessen der syntaktischen Kerngrammatik unterliegen. Aufgrund der asymmetrischen Verteilung *dieser er*, aber **er dieser* nehme ich folgende syntaktische Struktur an.

14 Es genügt für unsere Zwecke eine verkürzte Darstellung der lateinisch-romanischen Entwicklung, die ja vom lat. Dreiersystem *hic-iste-ille* seinen Ausgang nahm. Vgl. Silva-Villar (1996); Vincent (1997).

15 Ein Artikelwort ('Dem') erfüllt nach Keenan (1995) die Bedingung der Existentialität, wenn es durch einen *intersektiven* generalisierten Quantoren, D, des Typs <<e,t>,<<e,t>,t>> definiert ist und wenn für alle Welten E und A, B, A', B' $\subseteq$ E gilt: wenn $A \cap B = A' \cap B'$ dann D(A)(B)=D(A')(B'). Derselbe generalisierte Quantor, D, ist *ko-intersektiv*, wenn für alle Welten E und A, B, A', B'$\subseteq$ E gilt: wenn A-B=A'-B', dann D(A)(B)=D(A')(B').

16 Beide Merkmale sind dann virulent, wenn wie im Spanischen oder Griechischen sowohl Demonstrativ als auch definiter Artikel vorkommen. Vgl. (i)-(ii) (aus Silva-Villar&Giutiérrez--Rexach 2001: 331).

(i) griechisch: afto to vivlio to oreo
dies das Buch das gute

(ii) spanisch: el libro bueno este
das Buch gutes dies

Die Dem- und Artikelfolgen sind in beiden Sprachen noch reicher variierbar als in (i)–(ii).

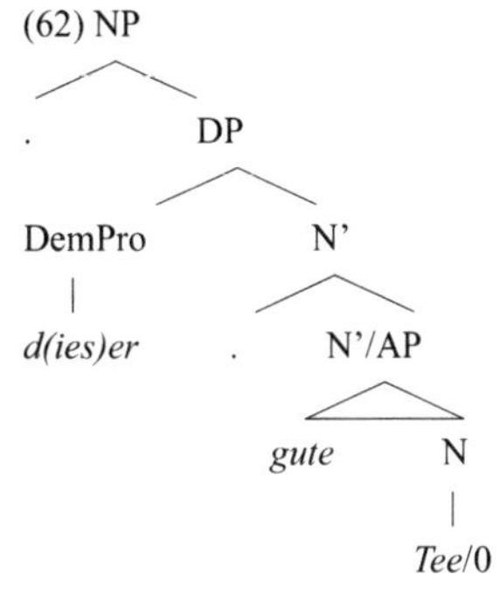

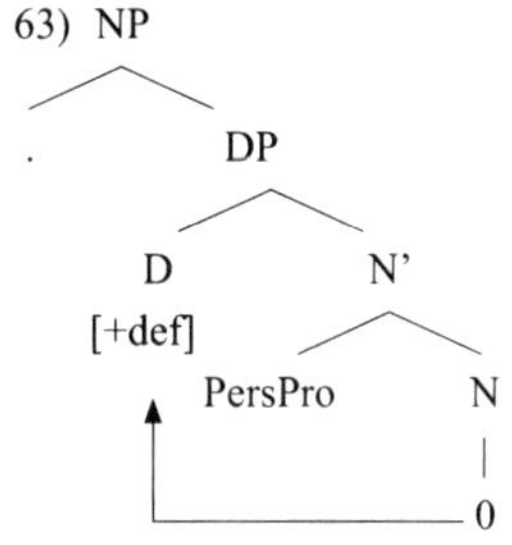

DP nimmt im Deutschen die Spez,NP-Position ein[17] (Müller 2001: 3, Fn. 5); N ist phonologisch leer (vgl. auch King 2001, Kap. 5). PersPro wird nach allgemeiner Annahme angehoben, um das Definitheitsmerkmal abzugleichen. Der pronominale Artikel bzw. das unabhängige Demonstrativpronomen steht bereits in dieser Strukturposition, braucht also nicht mehr angehoben zu werden. Obligatorische Kasuszuweisung (Müller 2001) am linken Rand der NP unterminiert die Annahme, dass Artikelpronomina und Demonstrativa als freistehende DPs ohne NP-Füllung aufgefasst werden können. Dies trägt sowohl dem Umstand Rechnung, dass Artikelpronomen bzw. DemPro semantisch quantifizieren können, als auch dass Adjektivatrribution bzw. Relativmodifikation unter dem Pronomen möglich werden. Vgl. (64).

(64) ...]$_{CP}$. *Dieses* Schöne/,was gefallen hat, ...

6.2 Die diachronen Stadien

Die Geschichte der Ausbildung der Artikelformen im Laufe des Alt- und Mittelhochdeutschen liefert einen interessanten Ausblick auf die Voraussetzungen dafür, was letztlich im Neuhochdeutschen als textverknüpfende Eigenschaften Geltung bekam. Ich ziehe zuerst die historischen Grundzüge der Artikelausbildung sowie deren Materialgrundlagen nach.

Philippi (1997: 84ff.) hat zuletzt auf die folgenden textbezogenen Kriterien hingewiesen, die zur Ausbildung des bestimmten Artikels aus früherem Demonstrativstatus führen konnten. Diese Kriterien sind nach ihrem diachronen Erscheinen geordnet. Vgl. die folgenden Abschnitte, 6.2.1.–6.2.3.

17 Für die DP-über-NP-Analyse gibt es im Deutschen keine wirklich hinreichenden Gründe – abgesehen davon dass verschiedene Strukturknoten nicht besetzbar sind.

6.2.1 Im frühesten Stadium zeigen definite NP-Determiner noch unverkennbar Züge des Demonstrativums, feststellbar nach folgender Diagnose: Die Konstituente [definiter Determiner+NP_i] zeigt keine anaphorische Referenz zu stellungsnahem $NP_{i,}$ d.h. jegliches Vorkommen einer solchen NP_i und Det+NP_i in unmittelbar adjazenten Sätzen lässt sich als 'Det-Form=Dem-Funktion' verstehen! Vergleiche Philippi (1997: (56a-d), S. 84f.):

(65) got. (Wulfila)
(was manna in Jairusalem)jah sa manna was garaihts
Es war ein $Mann_i$ in Jerusalem. *Der/Dieser $Mann_i$/D(ies)er/DER_i war gerecht und …

(66) ahd. (Tatian.1.1)
(in anbeginne was uuort) inti thaz uuort uuas mit gote
Am Anfang war (das) Wort, und dieses Wort/ DAS/DIESES war bei Gott

(67) as. (Heliand.3256–7)
(tho thar te theme lerende quam en jung man) … tho sprak eft the jungo man
Als er da predigte, kam ein junger Mann zu ihm. Und dieser (junge Mann)/DER sagte.

Ähnliches gilt fürs Altenglische. Wir wissen nicht, ob wir davon ausgehen können, dass die die gesamte DP vertretende Dem-Form – äquivalent DemPro oben – so wie im Nhd. auch einfach betontes *der* sein kann. Nhd. ließe sich jeweils auch mit betonter einfacher Artikelform Dem-Status erreichen: etwa in (65) *DER Mann* …. Da wir in diesem frühesten Stadium keine isoliert stehende Det-Form finden, gilt im Sinne der Zentrierungstheorie Folgendes:

(68) a In jenen syntaktischen Kontexten, die im Nhd. DemPro verlangen, müssen die frühen Vorläufer des Deutschen Cf_{i+1} nachsetzen. Die lineare Abfolge ist somit: Cf_i ## Cf_{i+1}.
b Zu beachten ist, dass (65)–(67) Antezedenten zeigen, die wir oben als Rhemata identifiziert haben. (68a) gilt somit nur für derartige rhematische Antezedenten. Wir bleiben damit außerhalb jener Systematik, die für thematische Anaphorik Geltung besitzt (also Cb=PersPro setzt).

6.2.2 Im Ahd., As. (und Ae.), nicht jedoch im Gotischen finden sich formal definite Determinatoren auch in indirekt anaphorischen Kontexten; die formal definite NP bezieht sich auf ein Individuum, das aus einem früheren Pron-Vorkommen bloß implizierbar ist; dieses lässt sich nicht als definiter Artikel interpretieren; es hat vielmehr die Referenz eines Demonstrativums! Vgl. (69a) (Philippi (57a), (58)b), S. 85).

(69) a ahd. (Tatian.147.6)
(Samaso man, Þer elilento farenti forliez *sin hus* inti ithemo duiruuarte *gibot Þaz her uuahhteti*
wie ein $Mann_i$, der $sein_i$ Haus verließ, und *dem/diesem $Mann_i$/D(IES)EM urde befohlen, dass er wache
b ahd. (Tatian.230.6)
inti mittiu her thaz qad, arougta [0] in henti, fuozi inti sita
und als er das sagte, wies (er) ihnen (die/seine) Hände, (die/seine) Füße und (die/seine) Seite

6.2.3 Formal demonstrative Determinatoren kommen normalerweise nicht zusammen mit abstrakten NPs vor. D.h. der Umstand, dass sie sich in ahd. Texten nicht finden, ist Nachweis (wenn auch von prüfmethodisch sekundärem Status), dass formale Determinatoren als Demonstrativa gelesen werden müssen, keinesfalls jedoch als definite Artikel. Vgl. (70) (Philippi (59) S. 86).

(70) a got. (Wulfila)
swaei nu dauÞus in uns waurkeiÞ, iÞ libains in izwis
So ist nun *dieses/(das) Sterben in dir, aber *dieses/(das) Leben/DAS in ihm!
b ae. (Beowulf.466)
...gif mec deađ nimedh. [0] Byređ blodig wæl.
... wenn mich der Tod hinwegnimmt. (Er) trägt hinweg (einen) blutigen Leichnam.

Daraus folgt für diese frühe Periode des Deutschen zentrierungstheoretisch, dass die DemPro-Vertextung im Sinne von (68) oben, also im Sinne des Nhd. sehr wohl möglich gewesen sein kann; wir finden jedoch keinen derartigen Nachweis. Der wahrscheinlichste Fall ist daher, dass die DemPro-Regel in (68) noch keine Gültigkeit hatte. Möglicherweise konnte DemPro seine rhematisch-anaphorische Funktion erst erfüllen, sobald:

(i) entweder der textdeiktische Abstand zur Artikelfunktion hergestellt war – was ja erst später eintrat und was möglicherweise auch mit der späteren Entwicklung des unbestimmten Artikels zusammenhing; und/oder
(ii) die diskursprominente strukturelle Trennung von thematischem (vor VP) und rhematischem (innerhalb von VP) Material vollzogen war.

Wir haben noch keinen schlüssigen Nachweis, ab wann wir mit (ii) rechnen können. Einiges spricht dafür, dass dies nicht vor dem radikalen Umbau des Spätmittelhochdeutschen der Fall war – also mit dem Verlust von Aspekt und der Entfaltung der Tempussystematik und in deren Gefolge der Consecutio temporum und weiter dem Ausbau der mehrschichtigen DP (unbestimmter Artikel in der DP-Struktur höher als der bestimmte Artikel; Ausbau der starken und schwachen Adjektivattributflexion) zusammenhing.

6.2.4 Determinatoren kommen nicht mit solchen NPs vor, welche nur eine generische Lesart besitzen. Vgl. (71) (erweitert zu Philippi (60), S. 86).

(71) a got. (Wulfila)
sabbato in mans warÞ gaskapans, ni manno in sabbato
(der) Sonntag ist für (den) Menschen gemacht, nicht umgekehrt.
b ahd. (Tatian.100.2)
ist arloubit manne zi uorlassana sina quênun
ist (es) gestattet (dem) Manne zu verlassen seine Frau
c as. (Heliand.1300–1)

[sagde im thô te sôđan,] *quađ that thie sâlige uuârin man an thesero middilgardun*
(er) sagte ihm sodann, dass selig wären (die) Menschen auf dieser Erde

Die Artikelfunktion im Sinne des Nhd. war also noch nicht erreicht – die generische Verwendung im Sinne des nhd. *der Löwe ist der König der Tiere* ist noch nicht möglich. Für den bestimmten Artikel steht dagegen gotisch regelhaft das Personalpronomen – vgl. Wulfilas *in mans* „dem Menschen" -, erinnernd an bairisch und kärntnerisch: *eam Mo* und erklärlich aus dem dem bestimmten Artikel ebenso wie dem Personalpronomen gemeinsamen Merkmal der Diskursthematik ('Thema' im Gegensatz zu 'Rhema').

6.2.5 Der definite Artikel, nicht jedoch Demonstrativa tauchen (bei Tatian im Ahd. gegen die lat. Vorlage!) in der PersPro-Funktion auf. Siehe (72) ((erweitert und korrigiert zu Philippi (1997:87), deren Beispiel (65)). Ich setze zum ahd. Tatianausschnitt dessen lat. Vorlage.[18]

(72) a got. (Mt.XXVI.69–72)
[iþ Paitrus uta sat ana rohsnai, jah duatiddja imma aina þiwi qiþandei: jah þu wast miþ Iesua þamma Galeilaiau. iþ is laugnida faura þaim allaim qiþands: ni wait hwa qiþis. usgaggandan þan ina in daur, gasahw ina anþara jah qaþ du þaim jainar: jah sa was miþ Iesua þamma Nazoraiau.] *jah sa was miþ Iesua Nazoraiou.* [jah aftra laugnida miþ aiþa swarands þatei ni kann þana mannan.]
Und auch dieser/(d)ER/((*d)er) war zusammen mit Jesus v. Nazareth

b ahd. (Tatian.111.2)
[Thie tho her sie gisah, quad: gét inti arouget íúuih then bisgofon. Inti uuard thó, mittiu sie fúoron, thaz sie gisubrit uurdun. Ein fon then, so her gisah thaz her gireinit uúas, uuarb uuidar mit michilera stémmu michilsonti grot. Inti fiel in sin annuzi furi sine fúozi thánca tuonti,] *inti ther was Samaritanus.* [Tho antuurtita ther heilant inti quad: …]
[Quos ut vidit, dixit: ite, ostendite vos sacerdotibus. Et factum est, du mirent, mundati sunt. Unus autem ex illis, ut vidit quia mundatus est, regressu est cum magna voce magnificans deum. Et decidit in faciem ante pedes eius gratias agens,] *et hic erat Samaritanus.* [Respondens autem Ihesus dixit : …]
… . und (auch) d(ies)er(=lat. hic!) war (ein) Samariter/aus Samaria …

c As. (Heliand 264–6)
… . Thu scalt uses drohtines uuesan
môdar mid mannun endi scalt thana magu fôdean,
thes hôhon he_ancuninges suno. *The scal Heliand te namon êgan mid eldiun*
… . Du wirst unseres Herrn Mutter sein unter den Menschen und wirst schließlich (einen) Sohn gebären, des hohen Himmelskönigs Sohn.
(D(ies))ER wird Heiland als Namen tragen bei (den-DEF!) Menschen

Dies entspricht genau der Artikel-DemPro-Verwendung des modernen Deutschen. Wichtig als Indiz dafür, dass derartige Artikel-DemPro-Verwendungen bereits

18 Ich danke hier Irmengard Rauch für Literaturhilfe.

im frühesten Stadium anklangen, geben auch die folgenden Übersetzungsbeispiele, die Philippi (1997: 87) zusammengestellt hat: lat. *ille*, *hic*, *is*, agriech. *houtos*, *hoi* finden sich ahd. mit verschiedenen Determinatoren (Artikel, Demonstrativa, Pronomina) wiedergegeben; jede dieser Entsprechungen war demnach im Ahd. vieldeutig und hing möglicherweise auch von der jeweiligen, im Text ja nicht eigens angezeigten Betonung ab.

Es bestätigt sich somit die kanonische Einsicht, dass sich die Verteilung definiter Determinatoren in den frühen Sprachständen des Germanischen mit der Verteilung von Demonstrativa deckt. Weiter scheint, dass die anaphorische Wiederaufnahme von rhematischem Antezedensmaterial durch das Artikelpronomen oder das selbständige Demonstrativum (beide zusammengefasst unter DemPro) (noch) nicht eindeutig registriert werden kann.

7. Schluss

Artikelpronomen und Demonstrativpronomen im modernen Deutschen und Niederländischen haben jedenfalls bei der Entscheidung zwischen zwei Antezedenten im Vorsatz gegenüber dem Personal- bzw. dem Possessivpronomen typologischen Kriterienstatus. In den zentrierungstheoretischen Arbeiten wird dem Satzgliedkriterium besonderes Gewicht eingeräumt (Cf=Subjekt). Diese Einschränkung ließ sich am Deutschen nicht bestätigen. Allerdings wird auch dort betont, dass dies vom typologischen Status der jeweiligen Untersuchungssprache abhängt: Im Japanischen rangiert grammatisches oder Null-Topik als Cf-Vertreter höher als das Subjekt (Walker et al. 1994). Genau dies ließ sich fürs Deutsche (und Niederländische) ebenfalls nachweisen. Das Deutsche zeigt auch in diesem Erscheinungsfeld der NP-Bindung über die Satzgrenze hinaus klare diskursprominente Charakteristik. Dies hängt zweifelos damit zusammen, dass eben das Subjekt keinesfalls gleich Thema sein muss und dass das Deutsche über reichliche Mittel verfügt, jedes andere Satzglied mittels Versetzung und mittels Refokussierung zum thematischen oder rhematischen Topik zu machen. Das Englische hat diese Möglichkeiten nicht.

Was offen bleibt, ist die verschiedene diskursfunktionale Leistung von Artikelpronomen und Demonstrativpronomen in bestimmten Doppelantezedenskontexten sowie von PersPro/PossPro gegenüber DemPro in einfachen Antezedenskontexten (worauf sich van Gelderen 1998 konzentriert). Die Ergebnisse in solch auseinanderfallenden Kontexten scheinen sich nicht zu decken. Dass sich zudem selbst im Deutschen etwas verschiebt, darauf deuten die Unterschiede zwischen *bei diesem N ≠ bei dem N ≠ beim N* deutlich hin.

Bibliographische Angaben:

Primärtexte:

Die gotische Bibel hg. von Wilhelm Streitberg. Heidelberg: C. Winter [7]2000.

Heliand und Genesis hg. von Otto Behaghel. Halle (Saale): M. Niemeyer [6]1948.

Tatian. Lateinisch und altdeutsch mit ausführlichem Glossar hg. von Eduard Sievers. Paderborn: Ferd. Schöning ²1960.

Sekundärtexte:

Abraham, Werner 1993. Überlegungen zur satzgrammatischen Begründung der Diskursfunktionen *Thema* und *Rhema. Folia Linguistica* XXVI/1–2, 197–231.

Abraham, Werner 1995a. *Deutsche Syntax im Sprachenvergleich. Grundlegungen einer typologischen Syntax des Deutschen.* [Studien zur Deutschen Grammatik 41]. Tübingen: Narr.

Abraham, Werner 1995b. Morphological case: no need for functional projections in German. In: R. Jonkers, E. Kaan & A. Wiegel (eds.) *Language and Cognition 5*, 1–12. Groningen.

Abraham, Werner 1997. The base structure of the German clause under discourse functional weight: contentful functional categories vs. derivative ones. In: W. Abraham & E. van Gelderen (eds.) *German: syntactic problems – problematic syntax*. Tübingen: Max Niemeyer, 11–43.

Abraham, Werner 2003. Pronomina im Diskurs: deutsche Personal- und Demonstrativpronomina unter 'Zentrierungsperspektive'. Grammatische Überlegungen zu einer Teiltheorie der Textkohärenz. *Sprachwissenschaft* 27/4 (2002), 447–491.

Abraham, Werner & Lázsló Molnárfi 2001. German clause structure under discourse functional weight: focus and antifocus. In: W. Abraham & C. J.-W. Zwart (eds.) *On formal German(ic) typology*. [Linguistik Aktuell/Linguistics Today 45]. Amsterdam: John Benjamins, 1–43.

Askedal, John Ole 1995. Lexikalisierung und Grammatikalisierung im Bereich der Kontext- und Sprecherbezogenheit. Kontrastive Überlegungen zur Deixis im Deutschen, Englischen und Norwegischen. In: H. Popp (Hg.) *Deutsch als Fremdsprache. An den Quellen eines Faches. Festschrift für Gerhard Helbig zum 65. Geburtstag*. Müchen: Iudicium, 575–596.

Chomsky, Noam 1981. *Government and binding*. Dordrecht: Foris.

Cinque, Guglielmo 1993. A null theory of phrase and compound stress. *Linguistic Inquiry* 24/2, 239–298.

Comrie, Bernard 2000. Pragmatic binding: demonstratives as anaphors in Dutch. In: M. L. Juge & J. L. Moxley (eds.): *Proceedings of the Twenty-Third Annual Meeting of the Berkeley Linguistics Society*. Berkeley: Berkeley Linguistics Society, 50–61.

Delisle, Helga 1993. Anaphora in German discourse. In: M. Eid & G. K. Iverson (eds.) *Principles and predictions. The analysis of natural language. Papers in Honor of Gerald Sanders*. Amsterdam/Philadelphia: John Benjamins, 243–268.

Di Eugenio, Barbara 1998. Centering in Italian. In: M. Walker, A. K. Joshi & E. F. Prince (eds.) 1998, 115–138.

Gärtner, Hans-Martin 2001. Are there V2 relative clauses in German? *Journal of Comparative Germanic Linguistics* 3, 97–141.

Gelderen, Elly van 1998. Demonstratives as pronouns in Dutch. [GLAC 4]. Ms. Arizona State University.

Grosz, Barbara J., Aravind K. Joshi & Scott Weinstein 1986. Towards a computational theory of discourse. Ms. Harvard University.

Grosz, Barbara J., Aravind K. Joshi & Scott Weinstein 1995. Centering: a framework for modeling the local coherence of discourse. *Computational Linguistics* 21, 203–225.

Heim, Irene 1988. *The semantics of definite and indefinite noun phrases*. New York: Garland.

Hoffmann, Beryl 1995. The computational analysis of the syntax and discourse use of „free" word order in Turkish. Unveröffentlichte Diss., University of Pennsylvania.

Hoffmann, Beryl 1998. Word order, information structure, and centering in Turkish. In: M. Walker, A. K. Joshi & E. F. Prince (eds.), 251–272.

Hudson-D'Zmura, Susan 1989. The structure of discourse and anaphor resolution: the discourse center and the roles of nouns and pronouns. Unveröffentlichte Diss., University of Rochester.

Hudson-D'Zmura, Susan 1998. Assigning antecedents to ambiguous pronouns. The role of the center of attention as the default assignment. In: M. Walker, A. K. Joshi & E. F. Prince (eds.), 199–226.

Johannessen, Janne Bondi 1996. *denne*. *Norsk Lingvistisk Tidsskrift* 14, 3–27.

Kameyama, Megumi 1985. Zero anaphora: the case of Japanese. Ph.D. thesis, Stanford University.

Kameyama, Megumi 1998. Intrasentential centering: a case study. In: M. Walker, A. K. Joshi & E. F. Prince (eds.), 89–114.

Kaplan, David 1989. Demonstratives. In: J. Almog, J. Perry & H. Wettstein (eds.) *Themes from Kaplan*. Oxford-New York: Oxford University Press, 481–564.

Keenan, Edward 1987. A semantic definition of indefinite NPs. In: E. J. Reuland & A. ter Meulen (eds.) *The representation of (in)definiteness*. Cambridge, Mass.: M.I.T. Press, 286–317.

Keenan, Edward 1995. The semantics of determiners. In: S. Lappin (ed.) *Handbook of contemporary semantic theory*. Oxford: Blackwell, 41–64.

Keenan, Edward L. & Bernard Comrie 1977. Noun phrase accessibility and universal grammar. *Linguistic Inquiry* 8, 63–99.

Kemenade, Ans van & Nigel Vincent (eds.) 1997. *Parameters of morphosyntactic change*. Cambridge: CUP.

King, Jeffrey C. 2001. *Complex Demonstratives: A Quantificational Account*. [Contemporary Philosophical Monographs 2: A Bradford book]. Cambridge, Mass.: M.I.T. Press.

Kleiber, Georges 2001. Regards sur l'anaphor et la *Giveness Hierarchy*. In: H. Kronning et al. (eds.) *Langage et référence. Mélanges offerts à Kerstin Jonasson à l'occasion de ses soixante ans*. [Acta Universitatis Upsaliensis]. Uppsala, 311–322.

Lakoff, George 1971. *Linguistik und natürliche Logik*. Frankfurt: Athenäum.

Lewis, David 1983. Scorekeeping in a language game. In: *Philosophical Papers*. Vol. I. New York: Oxford University Press, 233–249.

Molnárfi, Lázsló 2002. Focus and antifocus in Modern Afrikaans and West Germanic. *Linguistics* 40/6, 1107–1160.

Müller, Gereon 2001. Remarks on nominal inflection in German. Ms. IdS Mannheim.

Philippi, Julia 1997. The rise of the articles in the Germanic languages. In: A. van Kemenade & N. Vincent (eds.), 62–93.

Prince, Ellen F. 1994. Subject pro-drop in Yiddish. Vortrag anlässlich der Fokuskonferenz, Schloss Wolfsbrunnen, Deutschland, 12.-15. Juni 1994.

Rambow, Owen 1993. Pragmatic aspects of scrambling and topicalization in German. Vortrag zum Workshop *Centering Theory in naturally-occurring discourse*. Institute for Research in Cognitive Science. University of Pennsylvania.

Rochemont, Michael S. 1978. A theory of stylistic rules in English. Unveröffentlichte Diss., Univ. Massachusetts.

Rochemont, Michael S. & Peter Culicover 1990. *English focus constructions and the theory of grammar*. Cambridge: CUP.

Rullmann, Hotze 2001. Dutch demonstrative pronouns in discourse. Vortrag GLAC 7, Banff-University of Calgary.

Silva-Villar, Luis 1996. Enclisis in Northwestern Iberian languages. A diachronic theory. Unveröffentlichte Diss., Univ. of California, Los Angeles.

Silva-Villar, Luis & Javier Gutiérrez-Rexach 2001. Demonstratives in a feature-based theory of syntax. In: G. M. Alexandrova & O. Arnaudova (eds.) 2001. *The Minimalist parameter*. [Current Issues in Linguistic Theory 192]. Amsterdam/ Philadelphia: John Benjamins, 325–344.

Turan, Ümit Deniz 1998. Ranking forward looking centers: Turkish: universal and language-specific properties. In: M. Walker, A. K. Joshi & E. F. Prince (eds.), 139–160.

Vincent, Nigel 1997. The emergence of the D-system in Romance. In: A. van Kemenade & N. Vincent (eds.), 149–169.

Walker, Marilyn; Masayo Iida & Sharon Cote 1994. Japanese discourse and the process of centering. *Computational Linguistics* 20/2, 193–223.

Walker, Marylin, Aravind K. Joshi & Ellen F. Prince (eds.) 1998. *Centering theory in discourse*. Oxford: Clarendon Press.

Aspektopposition, V1, Definitheit sowie Partikelsetzung zur Gliederung von erzählerischem Vorder- und Hintergrund*

1. Einleitung[1]

Vordergrundierung (VG) und Hintergrundierung (HG) einer erzählerischen Passage ist wohl im Grammatik- und Stilkanon des Romanischen und im Besonderen des Französischen ein fester Begriff, spielt aber im Germanischen kaum eine Rolle – und ebensowenig in der modernen Linguistik. Dies hängt mit Zweierlei zusammen: zum einen damit, dass das Begriffspaar nicht gut für klar abgegrenzte Distributionstests fassbar ist, zum anderen, dass die Begriffe in keiner der germanischen Sprachen – vor allem dem Englischen als Leitsprache der modernen Linguistik – morphologisch kodiert ist. Dagegen zieht die Romania Aspektpaare zur Unterscheidung heran. Im vorliegenden Aufsatz für Ulrich Wandruszka soll gezeigt werden, welche Bedeutung diesen Kategorien in einer solchen Textlinguistik beizumessen wäre, die von unten nach oben (d.h. aus der und mit klarem Bezug zur Satzgrammatik) zu entwickeln ist und wie andererseits auch frühere Stände des Germanischen (im speziellen Falle Altisländisch und Althochdeutsch) sehr wohl noch über formale Kodierungen für diese Textkategorien verfügten – Kodierungen, die allerdings in den aktuellen Sprachständen aufgegeben worden sind.

Im Französischen besteht für die erzählerische Vergangenheit ein Zusammenspiel zwischen Tempora und Aspekten (vgl. etwa Fleischmann 1990:19). Dabei dienen die Tempora der zeitlichen Bestimmung einer Handlung bzw. eines Geschehens, während Aspekte zur Ausbildung zweier paradigmatischer Tempora führen, die in einer laufenden Erzählung als Paare komplementär eingesetzt werden. Für vergangenes Geschehen werden im Schriftfranzösischen mehrere Tempuspaare mit unterschiedlichen Aspekten eingesetzt: *imparfait/passé simple* und (seit Camus' *L'étranger*) das Paar *imparfait/passé composé*. Beide entsprechen unterschiedlichen Wiedergabemöglichkeiten einer Handlung bzw. eines Geschehens, einer schriftlichen und einer mündlichen (vgl. Hewson 1997: 99). Es wird auch zu zeigen sein, in welcher Funktionsdomäne die Entscheidung bei Camus, das konservative, elitäre Schrift-*passé simple* durch das der aktuellen Mündlichkeit verpflichtete *Passé composé* des Substandards im Französischen zu ersetzen, diese narrativen Kategorien der VG und HG verloren gingen.

Es sollen in diesem Zusammenhang zuerst folgende Fragen gestellt und beantwortet werden: Welche Verbindungen bestehen im Französischen nun genau zwischen dem Zusammenspiel der beiden Vergangenheitstempora *imparfait* und *passé simple* und der Gliederung von Vorder- und Hintergrund? Inwieweit liefert Camus'

---

* Ersterschienen in: Eva Mayerthaler, Claudia Pichler & Christian Winkler (Hg.) 2011. *Was grammatische Kategorien miteinander machen. Form und Funktion in romanischen Sprachen von Morphosyntax bis Pragmatik. Festschrift für Ulrich Wandruszka.* [Tübinger Beiträge zur Linguistik 527]. Tübingen: Narr, 145–170.

1 Hinweise eines anonymen Gutachters sowie Eva Mayerthalers seien dankbar vermeldet.

Ersetzung des klassischen schriftfranzösischen *passé simple* durch das *passé composé* des gesprochenen Französischen tatsächlich eine ähnlich effiziente Erzählgliederung wie die alte schriftfranzösische Aspektopposition? Und als Begleitfrage, weil eben Camus in seiner Wahl des oralen Französisch der Mündlichkeit ebenbürtigen Erzählstatus verlieh: Was versteht man unter (Re)oralisierung? Welche Rolle spielt Camus' Reoralisierung in der Gliederung von Vorder- und Hintergrund?

Im ersten Teil dieser Arbeit werden die für die Untersuchung zentralen Begriffe definiert. Danach wende ich mich dem narrativen Diskurs und der Rolle von Vorder- und Hintergrundierung zu. In einem dem Germanischen gewidmeten Kapitel wird auf grammatische Kodierungstechniken des Altisländischen und Althochdeutschen hingewiesen, die ganz anders als die im Romanischen aussehen, und es wird zu fragen sein, was an Gemeinsamkeit Aspektoppositionen, der Satzspitzenstellung des Prädikats und bestimmten Diskurspartikeln zukommt derart, dass sie dieselbe narrative Funktion erfüllen. Und letztlich wird die Rolle von (Re)Oralisierung im Zusammenhang mit den Vergangenheitstempora in der Schriftlichkeit beleuchtet.

2. Tempus, Aspekt und Aktionsart im Französischen

Bevor die Aufmerksamkeit dem narrativen Diskurs mit der Analyse der Vergangenheitstempora gilt, definiere ich zuerst die zentralen grammatischen Begriffe.

Tempus lässt sich als „formal category of the grammar" (Fleischman 1990:18) bezeichnen, was der inneren Abfolge und Ordnung einer Handlung bzw. eines Geschehens auf der Zeitachse dient (Fleischman 1990:18). Tempora finden sich aus den unterschiedlichen Darstellungen des *Universe of Time* herausgebildet (Hewson 1997:51); es handelt sich um „Zeit[...]verhältnisse zueinander" (Abraham 2009: 287). Unter *Aspekt* dagegen versteht man die Art, wie ein Sprecher ein Geschehen darstellt, vergleichbar einer „camera lens that can adjust the focus on an object so that it may be viewed from different perspectives" (Fleischman 1990:19). Die Herausbildung der Aspekte ist offenbar den unterschiedlichen Darstellungen der *Ereignisorganisation* geschuldet. Und im Zusammenhang mit Zeitformen besteht eine wichtige aspektuelle Opposition: Opposition des perfektiven Aspekts zum imperfektiven Aspekt. Die imperfektiv-perfektiv-Opposition findet sich sowohl in der Komplementarität von Zeitformen wie der von *imparfait* und *passé simple* als auch in der Semantik der Verben (Aktionsart). Perfektive Verben zeichnen sich durch eine in der Zeit einmalig und punktuell verlaufende Handlung, eine Perspektive „from the outside" (Fleischman 1990:19) von dieser Handlung und Endpunkte aus (im Deutschen etwa *ablaufen*, *befreien*, frz. *démarrer*, *s'assessoir*), während sich imperfektive Verben durch eine Handlung auszeichnen, deren Entwicklung von innen aus verfolgt wird und bei der deshalb der Zeitablauf eine geringere Rolle spielt (dt. *singen*, *laufen*, frz. *dormir*, *lire*). Wird die imperfektiv-perfektiv-Opposition morphologisch realisiert, sprechen wir von Aspekt, wird sie dagegen lexikalisch realisiert, sprechen wir von Aktionsart. Aktionsart lässt sich mit Vendler (1968) in vier Geschehensorganisationen untergliedern: „*states*, *activities*, *accomplishments*, and *achievements*" bzw. „*Zustände*, [...] *Handlungen*, [...] *andauerndes Zielgeschehen*, [...] *punktuelles Zielgeschehen*" (Abraham 2009:288). Vendler unterscheidet also zwischen telischen und atelischen Aktionsarten, das heißt Geschehensabläufen mit Endpunkten oder ohne solche.

Zur Opposition von imperfektivem und perfektivem Aspekt lässt sich formal folgender Unterschied in (1) und (2) entwerfen. Die zur Analyse von Situationen verhelfenden Referenzpunkte sind (mit Reichenbach 1947) die Folgenden: S für Sprechaktzeitpunkt, E für Ereigniszeitpunkt und R für Relationszeitpunkt (Abraham 2009: 288f.).

(1)

E
~~~~~~~~~~~
....
(unterflutendes)
R

(2)

E RES
<<<<<<<<<|-------------
....
(überflutendes)
R

(3)

E⊃⊂RES oder |E<<<<|RES--------|

(1) stellt imperfektiven Aspekt (nicht jedoch Tempus – siehe Fußnote 1) dar. Dieser besteht in einem in der Zeit nicht abgegrenzten Ereignis [~~~~~], das aus einem sich mitten in diesem Ereignis befindenden Referenzzeitpunkt R beobachtet wird. (2) und (3) stellen perfektiven Aspekt dar. Dieser besteht in der Beobachtung eines Ereignisses, dessen Emergenz durch einen Resultatzustand abgegrenzt wird und welches aus einer globalen Sicht R beobachtet wird. Der imperfektive Aspekt ist monophasisch, während der perfektive Aspekt biphasisch organisiert ist.[2]

Auf zwei wichtige Punkte ist hinzuweisen. Erstens werden Tempus und Aspekte in den romanischen Sprachen zusammen unter einer und derselben morphologischen Form realisiert. Zweitens sind Tempus-Aspekt-Kategorien vor allem im narrativen Kontext von Bedeutung (Fleischman 1990:19). Beide Daten führen uns zum nächstem Punkt, nämlich zum narrativen Diskurs und zur Unterscheidung von Vorder- und Hintergrundierung, insofern im Französischen paarige Vergangenheitstempora

2 Hierzu ist zu beachten, dass die (hier mit Blick auf die narrativen Funktionen vorgenommene) aspektuelle Charakterisierung das E(reignis) in Bezug zum R(eferenzpunkt) setzt. Die temporale Charakterisierung dagegen würde den Bezug zwischen E(reigniszeitpunkt) und dem S(prechaktzeitpunkt) herstellen. In der Romanistik gelten *Passé simple*/PS und *Imparfait*/Imp in der Regel als Tempora – die nicht wie hier auf ihre aspektuell-narrativern Funktionen abgefragt werden. Vgl. (20)–(21) unten. Der hier verwendete Phasenbegriff erschließt sich alleine aspektuell, nicht jedoch temporal.
~~~~~~~~~~~

bilden, in welchen je nach Bedürfnis nach narrativer VG oder HG das eine oder das andere Tempus eingeschaltet wird.

Zum Hinter- bzw. Vordergrundsbegriff: <hintergrundierend/HG> bzw. <vordergrundierend/VG> gelten wie <Thema/TH> und <Rhema/RH> als diskurskontrollierende Operationen: HG/VG gelten auf Textebene, TH/RH auf Satzebene. Wie angemerkt werden in klaren Aspektsprachen wie dem Französischen HG/VG in literarischen Texten kanonisch durch *Imparfait* bzw. *Passé simple* kodiert (Fleischman 1990, Caudal/Vetters 2007). Zum Hintergrundsbegriff allgemeiner Tomlin (1987) oder Chu (1998). Nach Asher/Lascarides (2003: 165) gilt für Hintergrundierung folgende Relation (meine Formulierung – WA): Hintergrundierung α setzt gegenüber Vordergrundierung β eine zeitliche Abfolge zwischen geschilderten Ereignissen eα und eβ derart, dass eβ durch eα überflutet wird. D.h. β läuft vor dem über eβ hinaus ausgedehnten Hintergrund eα ab. Man beachte, dass diese Beziehung wörtlich und konzeptuell identisch mit dem Unterschied zwischen aspektuellem Imperfektiv/Imparfait (= HG) und Perfektiv/Passé simple (= VG) festlegt (Abraham 2011).

Eine dem Romanischen ähnliche textliche Organisationskodierung fehlt im Germanischen völlig. Es hat sie aber in früheren Stadien der germanischen Sprachen gegeben – und es wird zu sehen sein, dass dies dem mündlichen Vortrag der überlieferten Dokumente geschuldet war und dass diese Oralitätskodierung der moderneren Schriftlichkeit und dem zivilisatorischen Alphabetismus zum Opfer gefallen ist (Zeman 2010).

3. Narrativer Diskurs und Vorder- und Hintergrundierung

3.1 Vergangenheitstempora im Französischen

Im heutigen Französischen existieren laut Gasper fünf Vergangenheitstempora: *imparfait*, *passé simple*, *passé composé*, *plus-que-parfait* und *passé antérieur* (Gasper 1961: 76–77). Das *imparfait* wird in fünf unterschiedlichen Fällen verwendet: 1. bei Gleichzeitigkeit eines vergangenen andauernden oder punktuellen Ereignisses mit einem anderen solchen Ereignis, 2. bei Wiederholung eines Ereignisses in der Vergangenheit, 3. bei Zustandsbeschreibung in der Vergangenheit, 4. bei andauernder vergangener Handlung, 5. bei vergangener Handlung, die eben kurz vor einem Abschluss stand. All diese Fälle können so dargestellt werden, wie folgt.

(4) Fall Nr. 1

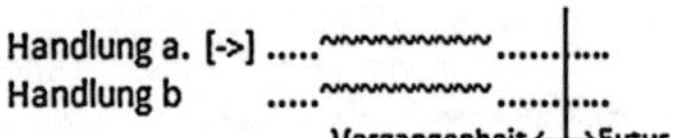

z.B. *Il* ***chantait*** *quand il était content.*

oder

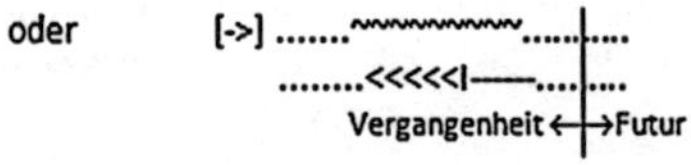

z.B. *Il* ***chantait*** *quand sa soeur entra dans la pièce.*

(5) Fall Nr. 2

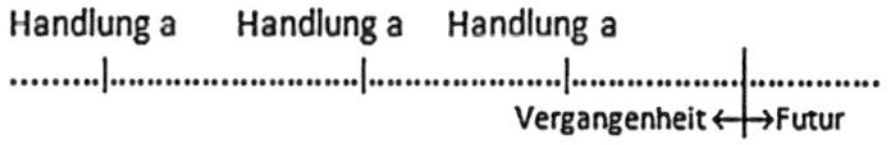

z.B. *Le voisin* ***venait*** *le voir tous les jours.*

(6) Fall Nr. 3

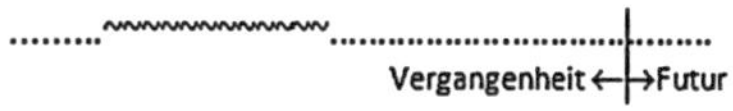

z.B. *Il* ***était*** *grand et beau.*

(7) Fall Nr. 4

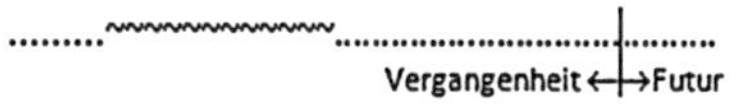

z.B. *Il* ***chantait****.*

(8) Fall Nr. 5

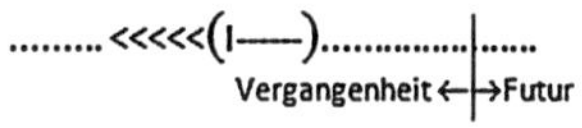

z.B. *Un pas de plus et je* ***tombais****.*

Das *passé simple* wird für eine abgeschlossene in der Zeit abgegrenzte Handlung verwendet.

(9)

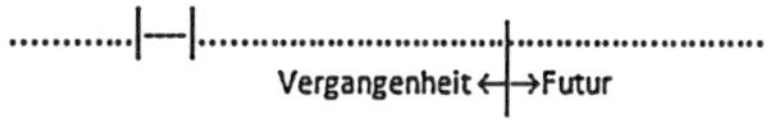

z.B. *Il* ***courut*** *pendant une heure.*

Das *passé composé* wird für abgeschlossene Handlungen verwendet, die nicht lange her sind und in der Gegenwart noch aktuell sein können.

(10)

z.B. *Il* ***a chanté*** *toute la journée. Elle* ***est partie*** *hier.*

Das *plus-que-parfait* bzw. das *passé antérieur* drücken die Vorzeitigkeit einer Handlung gegenüber einer anderen im *imparfait* bzw. *passé simple* aus, wobei das *passé antérieur* nur zur gehobenen schriftlichen Sprache gehört. Dies hat zur Folge, dass die Vorzeitigkeit zum *passé simple* auch im *plus-que-parfait* stehen kann.

(11) Vorzeitigkeit zum imparfait

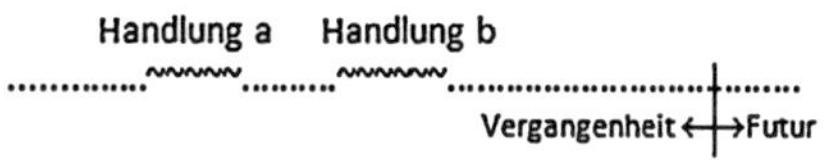

z.B. *Il* ***avait fini*** *(a) ses devoirs quand son ami* ***venait*** *(b) le voir.*

(12) Vorzeitigkeit zum passé simple

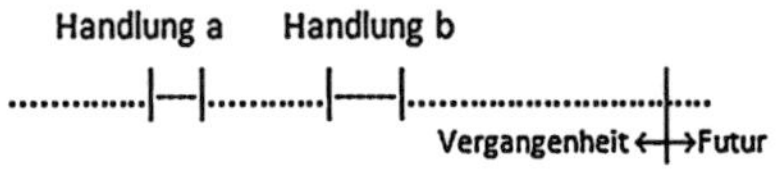

z.B. *Quand il* ***eut terminé*** */* ***avait terminé*** *(a), il* ***partit*** *(b).*

3.2 Die Tempora des narrativen Diskurses im Französischen

Unter den Vergangenheitstempora werden für uns drei relevant sein: *Imparfait/* Imperfekt, *Passé simple/*Perfekt und *Passé composé/*periphrastisches Perfekt. Präteritum und Imperfekt gelten im Gegensatz zum Perfekt als die üblichsten Vergangenheitstempora des narrativen Diskurses (Fleischman 1990:24). Fleischman versteht unter *Präteritum* eine perfektive Vergangenheitsform, die als prototypisches Tempus des narrativen Diskurses gelte. Dieses Tempus sei auch das nicht markierte Tempus des narrativen Diskurses (im Gegensatz zum historischen Präsens) und werde an einem anderen Ereignis mit Blick auf deren VG- und HG-Funktion gespiegelt. Man hat sich in der Fachliteratur auf die Tatsache geeinigt, dass das Präteritum bzw. die perfektive Vergangenheitsform die Vordergrundfunktion eines Textes markiert, während das Imperfekt, welches eine imperfektive Vergangenheitsform definiert, die Texthintergrundfunktion markiert (Fleischman 1990:24). Außerdem werde das Imperfekt vor allem dazu verwendet, um eine Gewohnheit und eine andauernde Handlung zu beschreiben. Die Vorliebe des Imperfekts für nicht wesentliche Textelemente („commentary, explanation, and description" (Fleischman 1990:25)) liegt darin, dass mit seiner Hilfe eine Situation als unvollständig betrachtet werde, so dass nur ausgewählte Elemente, die nicht zur Weiterführung der Handlung beitragen, beschrieben werden können. Das Perfekt schließlich wird als resultative perfektive Vergangenheitsform definiert, somit als Form für eine vergangene, in der Gegenwart abgeschlossene Handlung und für eine vergangene Handlung mit Folgen in der Gegenwart (Fleischman 1990:29). Die beiden perfektiven Vergangenheitsformen unterscheiden sich wie folgt (mit den Reichenbachschen Zeitreferenzpunkten E(reignis), S(prechaktzeitpunkt) sowie R(eferenzzeitpunkt):

(13) [Präteritum] R/E>S
(14) [Perfekt] E>R/S

In unserer Untersuchung dient also das *Imparfait* als imperfektives Vergangenheitstempus zur Hintergrundierung, das *Passé simple* als perfektives Vergangenheitstempus dagegen zur Vordergrundierung. Das *Passé composé* ist ebenfalls ein perfektives Vergangenheitstempus, zählt jedoch nicht zu den klassischen Erzähltempora der Schriftsprache.

3.3 Vorder- und Hintergrundierung eines Textes

„In diesem Absatz wird das Konzept von Vorder- und Hintergrund erklärt und in Verbindung mit den Erzähltempora gebracht. In ihrem Werk führt Fleischman die Definition von *background* (*Hintergrund*) und *foreground* (*Vordergrund*) unter Berufung auf Hopper & Thompson (1980) ein:

> „In any communicative situation, narrative or non-narrative, some parts of what is stated are more relevant or central than others. That part of a discourse that does not immediately contribute to a speaker's goal, but which merely assists, amplifies, or comments on it, is referred to as BACKGROUND. By contrast, that material which supplies the main points of the discourse is known as FOREGROUND.... The foregrounded portions together comprise the backbone or skeleton of the text, forming its basic structure; the backgrounded clauses put flesh on the skeleton, but are extraneous to its structural coherence". (Fleischman 1990:168f.)

Die Unterscheidung zwischen Vorder- und Hintergrund hat neben anderen Mitteln (Abraham 2007) also als Ziel die Strukturierung eines Textes. Vorder- und Hintergrundierung eines Textes (im narrativen Diskurs) erfolgt im Französischen durch den Tempus-Aspekt-Kontrast. Die Vordergrundfunktion besteht aus einer Reihenfolge von Ereignissen, die die Handlung entscheidend weiterführen. Sie werden kanonisch mit perfektiven Verben des wiederholten und punktuellen Zielgeschehens und dementsprechend mit dem *Passé simple* markiert. Hintergrundierende Textteile dagegen gelten ereignisbegleitenden Erscheinungen der Erzählung, und sie werden mittels imperfektiver Zustands- und Handlungsverben und im *Imparfait* wiedergegeben (Fleischman 1990:169f.). Freilich kann auch mittels imperfektiver Verben vordergrundiert werden – vgl. (17) mit *fut* und *demeura*. Beispiele dieser Art sind sehr häufig (E. Mayerthaler persönlich).

Es folgen zur Illustration ausgewählte Auszüge aus der französischen klassischen Literatur (*A la recherche du temps perdu* von Proust, *Bel-ami* von Maupassant und *Rhinocéros* von Ionesco) Sie finden sich hier kommentiert in der Absicht, die Mechanismen der Strukturierung eines Textes durch die Vorder- und Hintergrundierung erkennbar zu machen. [Abkürzungen: IMP = Imparfait, PS = Passé simple, PC = Passé composé, P-Q-P = Plus-que-parfait, PA = passé antérieur , PR = présent, PRÄT = dt. Präteritum.]

(15a) [Ionesco] „Nous discutions **[IMP]** tranquillement de choses et d'autres, à la terrasse d'un café, mon ami Jean et moi, lorsque nous aperçûmes **[PS¹]**, sur le trottoir d'en face, énorme, puissant, soufflant bruyamment, fonçant droit devant lui, frôlant les étalages, un rhinocéros. A son passage, les promeneurs s'écartèrent **[PS²]** vivement pour lui laisser le chemin libre. Une ménagère poussa **[PS³]** un cri d'effroi, son panier lui échappa **[PS⁴]** des mains, le vin d'une bouteille brisée se répandit **[PS⁵]** sur le pavé quelques promeneurs, dont un vieillard entrèrent **[PS⁶]** précipitamment dans les boutiques."

[Ionesco] „Wir plauderten **[PRÄT]** über dies und jenes auf der Terrasse des Cafés, mein Freund Jean und ich, als wir auf dem gegenüberlegenen Trottoir, riesig, mächtig, laut schnaufend, vorwärtsstürmend, die Warenstände umreißend, ein Nashorn erblickten

[PRÄT]. Die Passanten stoben **[PRÄT]** heftig auseinander, um ihm den Weg freizugeben. Eine Frau stieß **[PRÄT]** einen Angstschrei aus, ihre Hände ließen **[PRÄT]** die Einkaufstasche fallen, und Wein ergoß sich **[PRÄT]** aus einer zerschellten Flasche über das Pflaster; einige Spaziergänger, unter ihnen ein Greis, traten **[PRÄT]** hastig in die Läden."

Textauszug (15a) kann als typisches Beispiel für die Verwendung von IMP und PS als textverschichtende („reliefgebende„; vgl. Hartmann 1984) Erzähltempora fungieren. Er beginnt mit dem Rahmen, in dem sich die Handlung entwickeln wird. Dieser Rahmen bzw. Hintergrund ('Kulisse', dabei das Bild der Theaterbühne benutzend) wird kodiert mithilfe des das Geschehen auseinanderziehenden (nach (2) oben „das Hauptgeschehen überflutenden„) imperfektiven Handlungsverbs *discuter* 'plaudern', also mittels des IMP. Diese andauernde Handlung wird durch ein punktuelles Zielgeschehen (perfektives Verb) *apercevoir* 'erblicken' (PS^1) im PS unterbrochen, welches sich in einem subordinierenden, durch die Temporalkonjunktion *lorsque* ('als') eingeleiteten Satz befindet. Zwischen dem Eintritt des Nashorns und der Handlung des perfektiven Verbs *s'écarter* 'sich entfernen' (PS^2) besteht ein Ursache-Folge-Verhältnis; deshalb steht *s'écarter* im PS. Die weiteren punktuellen Handlungen PS^{3-6} gehören zu einer Reihenfolge von Handlungen; deshalb stehen die entsprechenden Verben im PS. Mit Hilfe des PS zur VG-Kodierung kann der Autor den Text mit parataktischen Sätzen weiterführen (in einer Art von Topik-/Themakontinuierung), ohne dass es zu Missverständnissen – d.h. zum Wechsel zum HG – kommen kann. Das PS bildet das Ursache-Folge-Verhältnis zwischen den Elementen. Dadurch wird auch ein Beschleunigungseffekt in der Handlungsführung herbeigeführt, der ja für sich alleine bereits die nötige Opposition zum HG und deren Kodierung herstellt und sichert. Siehe den graphischen Übersichtsversuch in (15b).

(15b)

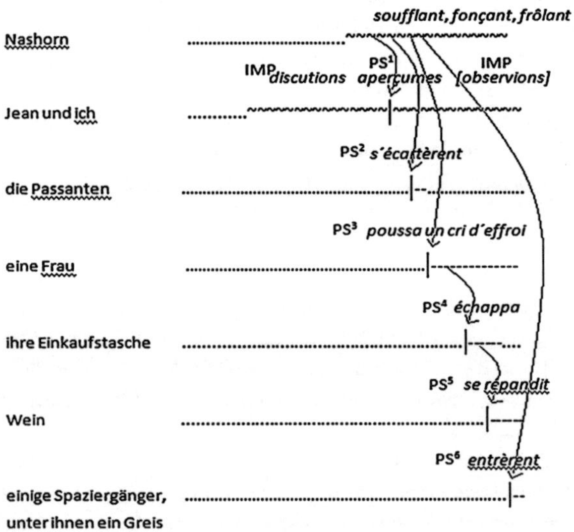

[Die Pfeile weisen auf das Ursache-Folge-Verhältnis zwischen zwei Ereignissen hin.]

(16)[Proust] „Il était **[IMP]** bien différent de ce que je l'avais connu **[P-Q-P]**."

In Auszug (16) handelt es sich um einen Kommentar, in dessen Hauptsatz das Kopulaverb im IMP konjungiert wurde.

(17) [Maupassant] „Lorsqu'il fut **[PS]** sur le trottoir, il demeura **[PS]** un instant immobile, se demandant ce qu'il allait **[IMP]** faire. On était **[IMP]** au 28 juin, il lui restait **[IMP]** juste en poche trois francs quarante pour finir le mois. Cela représentait **[IMP]** deux dîners sans déjeuners, ou deux déjeuners sans dîners, au choix."
[Maupassant] „Als er auf der Straße war **[PRÄT]**, stand **[PRÄT]** er einen Augenblick still und fragte sich **[PRÄT]**, was er nun tun sollte **[PRÄT]**. Es war **[PRÄT]** der 28. Juni, und er hatte **[PRÄT]** gerade noch drei Francs vierzig in der Tasche bis zum Ersten. Das hieß **[PRÄT]** so viel wie zwei Mittagessen ohne Frühstück oder zwei Frühstück ohne Mittagessen, je nachdem."

Im Maupassantauszug (17) wird zuerst die Handlung vorgeführt – die plötzlich durch die Überlegungen der Figur gestoppt erscheint. Die Handlung wird durch zwei aufeinander folgende Ereignisse im PS dargestellt. Die Überlegungen finden sich in der freien indirekten Rede wiedergegeben: D.h. die Verben werden im IMP kodiert. Durch den Wechsel zwischen PS und IMP gehen wir vom VG mit der Handlung zum HG über, in welchem die Figuren wie in einer Parenthese (= formal typische HG-Setzung) ihren Gedanken freien Lauf lassen.

(18) [Maupassant] „Quand Georges Duroy parvint **[PS]** au boulevard, il s'arrêta **[PS]** encore, indécis sur ce qu'il allait **[IMP¹]** faire. Il avait **[IMP²]** envie maintenant de gagner les Champs-Élysées et l'avenue du bois de Boulogne [...]. La poche vide et le sang bouillant, il s'allumait **[IMP³]** au contact des rôdeuses qui murmurent **[PR]** à l'angle des rues [...]."
[Maupassant] „Als Georges Duroy auf den Boulevard kam **[PRÄT]**, blieb **[PRÄT]** er abermals stehen, unschlüssig, was er anfangen sollte **[PRÄT]**. Er hatte **[PRÄT]** jetzt eigentlich Lust, die Champs-Élysées und die Avenue du Bois de Boulogne entlangzubummeln [...]. Mit leerer Tasche und mit kochendem Blut erregte **[PRÄT]** er sich an der Berührung mit den Strichmädchen, die an den Straßenecken herumlungerten **[PRÄT]** und flüsterten **[PRÄT]** [...]."

Auszug (18) beginnt wie (17) mit zwei aufeinander folgenden Ereignissen im PS: den perfektiven Verben des punktuellen Zielgeschehens *parvenir* und *s'arrêter*. Darauf folgen drei Verben im IMP mit drei unterschiedlichen Funktionen: *allait* (IMP¹) wird im narrativen Diskurs als Hilfsverb gebraucht, um das sogenannte *futur du passé* ('Zukunft der Vergangenheit') zu bilden: „*aller* im IMP + Verb im Infinitiv„. *Avait [envie]* (IMP²) ist ein imperfektives Verbgefüge und trägt nicht direkt zum Fortgang der gesamten Handlung bei, deshalb steht es im IMP. Kurz nach diesen zwei Geschehenskodierungen erscheint eine neue Handlung nicht im PS, wie man erwarten würde, sondern im IMP. *s'allumer* ist der Aktionsart nach wohl ein perfektives Verb, welches im narrativen Diskurs normalerweise im PS stehen sollte, sofern es eine neue Handlung bzw. eine Reaktion auf ein anderes Ereignis kodieren sollte: ein *Imparfait de narration* (Fleischman 1990: 28). Das *Imparfait de narration* kann als Verstoß oder Abweichung von der Regel gelten, da ja regelhaft *Imparfait* und *Passé simple* zur Kodierung von HG bzw. VG verwendet werden. Im Fall von (IMP³) gehört diese punktuelle Handlung zum Vordergrund, wird aber im IMP geschrieben, so dass *s'allumait* hochmarkiert erscheint. Der punktuelle Aspekt von *s'allumer* wird also sozusagen gedehnt und mit einem offenen Ende versehen; es ist fast, als ob das Verb plötzlich teilbar wäre, und der Leser fragt sich in der Folge: Was folgt jetzt aus dieser hohen Erregung?[3]

In den Auszügen (15), (17) und (18) wurde die deutsche Übersetzung des jeweiligen Texts hinzugefügt. Aus dem Vergleich zwischen beiden Fassungen können wir schließen, dass es im Deutschen keine kanonischen VG- und HG-Kodierungen gibt. PS und IMP werden ja beide mit dem Präteritum wiedergegeben. Das Deutsche kennt allerdings Aktionsarten, die dem Sprecher entsprechende Kodierungen erlauben sollten (siehe auch Abraham 2009:296f.).

Die Ergebnisse aus 3.1., 3.2. und 3.3. werden im nächsten Absatz zusammengefasst und erweitert.

3.4 Zusammenfassung

Wie gesehen sind die „normalen" Erzähltempora im Französischen das *Imparfait* und das *Passé simple*. Im Tempussystem stehen noch das *Plus-que-parfait* und das *Passé antérieur* zum Ausdruck der Vorzeitigkeit zur Verfügung. *Imparfait* und *Passé simple* bilden ein komplementäres Paar, für welche die morphologische Opposition von imperfektivem und perfektivem Aspekt steht. Beide Erzähltempora tragen aktiv zur Vorder- und Hintergrundierung des Textes bei. Nochmals zusammengefasst

Die Funktionen des *Imparfait*:

- IMP markiert den Erzählhintergrund.
- IMP ist das imperfektive Erzähltempus.
- IMP drückt die Gleichzeitigkeit eines vergangenen andauernden oder punktuellen Ereignisses zu einem anderen aus.
- IMP weist auf die Wiederholung bzw. Iterativität eines Ereignisses in der Vergangenheit hin.
- IMP wird für die Wiedergabe von Zuständen und Beschreibungen, Kommentare und Erklärungen in der Vergangenheit verwendet.
- IMP wird für andauernde atelische Handlungen eingesetzt.
- IMP kodiert vergangene Handlungen, die sich eben fast abgeschlossen hätten.
- Mit dem IMP wird eine Situation von innen aus betrachtet (siehe auch Hewson 1997:100).

3 Hinweis von E. Mayerthaler.

- IMP kann im Fall des *Imparfait de narration* den Vordergrund hochmarkieren und das hat als Ergebnis „a blurred flurry of movement" (Hewson 1997:105).
- Die Wirkung des narrativen Imperfekts wird von traditionellen Romanisten oft als Wechsel von der Außen- zur Innenperspektive beschrieben, wodurch der Leser praktisch als Teilnehmer in die Handlung hineingezogen wird; dadurch wird ein Spannungseffekt (suspense) erzeugt: „wie geht's jetzt weiter?" – welche dem PS genau entgegengesetzt ist. Dieser Effekt entsteht offenbar genau durch die „hochmarkierte" Kodierung (IMP für VG; *Imparfait de narration*) (Hinweis von E. Mayerthaler).

Die Funktionen des *Passé simple*:
- PS markiert den Erzählvordergrund.
- PS ist das perfektive Erzähltempus.
- PS wird für punktuelle, abgeschlossene und telische Handlungen eingesetzt.
- PS bildet Ursache-Folge-Verhältnisse zwischen mehreren Ereignissen.
- Mit dem PS werden Situationen von außen aus und objektiv betrachtet (zur Objektivität des PS siehe Fleischman 1990:31).
- PS ist der französische Aorist (siehe Caudal/Vetters 2007:143).
- Die PS-Funktion „objektiv" beinhaltet auch „deiktisch", dies im Gegensatz zum *Passé Composé* (Hinweis von E. Mayerthaler).

In 3.1. und 3.2. wurde kurz das zusammengesetzte *Passé composé* behandelt. Dieses Vergangenheitstempus verdient seinen eigenen Fokus.

4. (Re)Oralisierung und Erzähltempora

Dieser Abschnitt sei mit einem Textauszug begonnen, in dem die kanonischen erzählaoristischen Setzungen durch das periphrastische *Passé composé* ersetzt sind.

(19) [Camus] „J'**ai pris** l'autobus à deux heures. Il faisait très chaud. J'**ai mangé** au restaurant, chez Céleste, comme d'habitude. Ils avaient tous beaucoup de peine pour moi et Céleste m'**a dit**: 'On n'a qu'une mère.' Quand je **suis parti**, ils m'**ont accompagné** à la porte. J'**étais** un peu **étourdi** parce qu'il **a fallu** que je monte chez Emmanuel pour lui emprunter une cravate noire et un brassard. Il **a perdu** son oncle, il y a quelques mois."

Wie haben wir diesen Kodierungswechsel bei Camus vor dem Hintergrund der klassischen französischen Literaturschreibung (nach Proust, Maupassant, Ionesco) zu sehen?

4.1 Oralisierung und Reoralisierung

Erzählungen jedweden Genres fanden in der frühesten Menschheitsgeschichte wohl in mündlicher Form statt: in der allgemeinsten Form vorgetragen durch Berufserzähler. Für die später Überlieferung fand nach Fleischman (1990:85ff.)

historisch-sekundäre Oralisierung in der mittelalterlichen Literatur statt. Mündliche Konzeption ist die Konzeption von mündlicher Dichtung, auch *oral poetry* genannt (Wilpert 2001:576). Diese wird als „kulturelle[s] Phänomen der schriftlosen Sprachkunst (als Vorstufe literarischer Erzählkunst) zwischen Altertum und europäischem Mittelalter" (Habicht u.a. 1988:657) definiert, vor allem in Form von Epen und Erzählliedern (Wilpert 2001:576). Oralisierung betraf die Form der Syntax, den Rhythmus, die Satzmelodie, die Semantik und auch natürlich die Tempora. Das Präsens war im narrativen Diskurs bis ins 13. Jahrhundert vorherrschend. Zwischen 1100 und 1400 wurden *Imparfait* und *Passé simple* immer präsenter, während *Présent* und *Passé composé* zurückgedrängt wurden. Diese Ergebnisse weisen darauf hin, dass oralisierte Erzählungen bis 1400 beherrschend waren. Nach Fleischman (1990) war dies die Periode mündlicher Konzeption in den schriftlichen Werken mit dem Präsens und dem periphrastischen *Passé*. Erst danach haben sich die Erzähltempora IMP und PS durchgesetzt.

Eine Reoralisierung, eine sekundäre Oralisierung in der romanischen Literaturgeschichte fand im *Nouveau réalisme* mit Camus' *L'Étranger* (1942) statt (Couty 2004: 647). Die Spuren der mündlichen Konzeption, die in den mittelalterlichen Epen sowie in den *nouveaux romans* (des 20. Jahrhunderts) zu finden sind, ähneln sich sehr. Hauptmerkmal dieser Spuren ist Folgendes: „to move the language of fiction in the direction of ordinary conversation" (Fleischman 1990:306). Diesen Wechsel vollzog Camus ganz bewusst gegen die elitäre Literatursprache der klassischen Überlieferung.

4.2 Das Phänomen der Reoralisierung in Camus' *L'Étranger*

Es ist jetzt adäquat, den Textauszug (19) wieder aufzugreifen und die entsprechende deutsche Übersetzung hinzuzufügen. [PERF für das deutsche Perfekt; SUBJ für *subjonctif*]

(19) [Camus] „J'ai pris **[PC]** l'autobus à deux heures. Il faisait **[IMP]** très chaud. J'ai mangé **[PC]** au restaurant, chez Céleste, comme d'habitude. Ils avaient **[IMP]** tous beaucoup de peine pour moi et Céleste m'a dit **[PC]**: 'On n'a **[PR]** qu'une mère.' Quand je suis parti **[PC]**, ils m'ont accompagné **[PC]** à la porte. J'étais **[IMP]** un peu étourdi parce qu'il a fallu **[PC]** que je monte **[PR SUBJ]** chez Emmanuel pour lui emprunter une cravate noire et un brassard. Il a perdu **[PC]** son oncle, il y a **[PR]** quelques mois."

[Camus] „Ich habe den Bus um zwei genommen **[PERF]**. Es war **[PRÄT]** sehr heiß. Ich habe im Restaurant von Céleste gegessen **[PERF]**, wie gewöhnlich. Sie hatten **[PRÄT]** alle viel Mitgefühl mit mir, und Céleste hat gesagt **[PERF]**: ‚Man hat **[PR]** nur eine Mutter.' Als ich gegangen bin **[PERF]**, haben sie mich zu Tür begleitet **[PERF]**. Ich war **[PRÄT]** etwas abgelenkt, weil ich noch zu Emmanuel hinauf mußte **[PRÄT]**, um mir einen schwarzen Schlips und eine Trauerbinde von ihm zu borgen. Er hat vor ein paar Monaten seinen Onkel verloren **[PERF]**."

In der Originalfassung fällt sofort auf, dass die Erzähltempora nicht die gleichen sind wie in Maupassants Text. In Camus' Text werden nicht *Imparfait* und *Passé simple* in funktionalem Wechsel miteinander kombiniert, sondern *Imparfait* und *Passé composé*. Bei der modernen deutschen Übersetzung fällt die Verwendung des analytischen Perfekts auf, sofern wir die Übersetzungen der früher behandelten Auszüge vergleichen.

Die diachrone Entwicklung beider Erzähltempora war nach Caudal/Vetters folgende: Während der Klassik war das *Passé composé* halb semantisch resultativ, halb perfektiv resultativ und wurde nur selten durch Zeitadverbiale unterstützt (Caudal/Vetters 2007:132). Erst ab der zweiten Hälfte des 17. Jahrhunderts erweiterten sich die Verwendungsmöglichkeiten des *Passé composé*: Das *Passé composé* wurde immer häufiger mit den Temporaladverbialen kompatibel (Caudal/Vetters 2007:133f.). Auch heute ist, so Caudal/Vetters, der Wandel des *Passé composé* von einem resultativen Tempus zum Aorist noch nicht beendet, da noch Merkmale eines resultativen Tempus vorliegen. Dafür gibt es folgende Nachweise:

- sa capacité à générer des discours où les relations de causalité sont inversées [...], y compris dans des narrations, ce dont le PS est incapable [...]
- sa facilité d'apparition dans des discours au présent, là où le PS ne se rencontre qu'avec des usages très marqués [...]
- [...] une compatibilité très différentes [sic] de ces deux temps avec un grand nombre de phénomènes relevant peu ou prou du domaine de la force illocutoire et de l'intéraction inter-personnelle [...] (Caudal/Vetters 2007:134f.)

Das *Passé composé* steht also in enger Verbindung zur Erzählgegenwart des Dialogs, die das *Passé simple* unmöglich erfüllen kann. Fleischman nennt das *Passé composé* sogar „tense of an eyewitness narrator" (Fleischman 1990:31), überlässt ihm somit die funktionale Kennzeichnung des „discourse of a speaker-observer" (Fleischman 1990: 31). Die Beobachtungen von Caudal/Vetters und von Fleischman spiegeln sich in (20)–(21) (Abraham 2009:292). [S für Sprechzeit, r für Referenzzeitpunkt und ev für event/ Ereignis]

(20) [passé composé] ev<r(,S)
(21) [passé simple] ev,r<S

Unter Bezug auf (19) lassen sich nun Funktion und praktischer Erzählzweck des *Passé composé* besser einschätzen. Wie gesehen ist das *Passé composé* eine „Zwischenform" zwischen Resultativ und Aorist, kann aber nicht beide Funktionen vollständig absättigen. In (19) ersetzt das *Passé composé* zwar das *Passé simple*, aber es kann die erzählerischen Übergänge der parataktischen Erzählabfolge nicht übernehmen, so wie das PS es getan hat. Für diesen letzteren Zweck bietet das *Passé composé* kaum jene narrativen Kompensationsmöglichkeiten, die dem PS eignen. Allerdings vermögen Junktoren, Konjunktionen und Zeitadverbiale bei fehlendem PS, also bei PC Vorder- gegen Hintergrundiertes zu kodieren. Tatsächlich ist in Corpora gesprochener Sprache die Tokenfrequenz von *alors* und *puis* höher als normal (Hinweis von E. Mayerthaler).

Im verwendeten Auszug wird gleich im ersten Satz der Kompatibilitätsversuch des PC über Temporaladverbiale (*à deux heures*) bestätigt. Der Effekt, der durch die Verwendung von *Imparfait* gegenüber *Passé composé* als Erzähltempora erzielt wird, ist der Eindruck eines Kohärenz- und Textkohäsionsdefizits. Dieser Effekt spiegelt die Gestalt dieser neuen, dem Diskurscharakter nahen Gattung und dieser neurealistischen Bewegung „Récit plat, amorphe, dépouillé de tous effets autres que ceux qui peuvent gommer l'effet." (Couty 2004:646).

Wir wenden uns nun kurz VG-HG-Gliedrungen in anderen Sprachen bzw. deren diachronen Sprachständen zu und prüfen, in welcher Kodierung sie auftauchen.

5. Zum Begriff der Vorder- und Hintergrundierung unter anderer Kodierung

5.1 Gestaltpsychologie und seine sprachliche Realisierung

VG und HG sind feste gestaltpsychologische Begriffe. Ihre sprachliche Realität ist dem Diskurskategorienpaar <Thema> und <Rhema> verwandt; sie unterscheiden sich insofern, als TH/RH auf Satzebene, VG/HG dagegen auf Textebene anzusetzen sind. Jedwede sprachliche Realisierung ist offenbar über die vereinenden mereologischen Merkmale [±homogen, ±additiv, ±divisiv] hinsichtlich der Ereignispunkte erklärbar. TH/HG haben danach im Einklang mit (1) oben die Merkmale [+homogen, +additiv, +divisiv], RH/VG zusammen mit (2) oben die entgegengesetzten, nämlich [-homogen, -additiv, -divisiv] (vgl. Leiss 2000/2011, Abraham 2009). Die wesentliche Aspektopposition der (Im)Perfektivität sowie der referentiellen (In)Definitheit sind über dieselben Eigenschaftsbündel charakterisierbar. Hinterhölzl (2009) verwendet zwar bei seiner Diskussion althochdeutscher Textgliederung die Begriffe VG und HG nicht. Er stellt aber bestimmte Wortstellungen wie Prädikatssatzspitzenstellung (= V1) im Satz als kohärenzfördernde Diskursrelationen dar: V1 treibe den Diskurs auf dessen Hauptniveau und lenke den Fokus von der Nebenerzähllinie auf den Hauptdiskurs. In der hier verwendeten Terminologie sind dies genau die textgliedernden Begriffe „Vorder- und Hintergrundierung".

Wir haben oben gesehen, wie das Französische kanonisch VG gegen HG morphologisch kennzeichnet. Im Althochdeutschen dagegen finden sich andere Kodierungen: V1 sowie die Verwendung bestimmter Diskurspartikeln. Zu V1 (= VG) vgl. man (22).

(22) ***uuas*** *aum siocher /lazarus fon bethaniu*
Es war einmal ein kranker Mann, Lazarus von Bethanien.
(Tatian 228, 27 f.; nach Hinterhölzl/Petrova 2009:151)

Die V1-Fügung in (22) gleicht einer thetischen Satzstruktur, in der neuhochdeutsch ein expletives *es* an der Satzspitze steht und in der ausschließlich rhematisches Material in den Text eingeführt wird. Dagegen ist die Funktion des V2-Deklarativs gemünzt auf bekannte Situationen oder Diskursreferenten (HG) – eine subordinierende Diskursrelation: etwa nähere Beschreibung des Diskurses durch Einzelheiten und Erklärungen. Man vgl. den zweiten Satz in (23), der mit einer Thema- bzw. Subjektellipse beginnt: *tuot sine sela ...* .

(23) *ih bin guot hirti. guot hirti/**tuot** sina sela furi siniu scaph.*
Ich bin ein guter Hirte. (Der gute Hirte) gibt seine Seele für seine Schafe.
(Tatian 225, 16–17; zitiert bei Hinterhölzl/Petrova 2009: 2)

(24) ***uuas** In tagun herodes thes cuninges/[...] sumer biscof [...]/ Inti quena Imo [...] / siu **uuarun** rehtiu beida for a gote*
Es gab zu Zeiten des Königs Herodes [...] einen gewissen Priester [...] und seine Frau [...] sie beide waren rechtsschaffend vor Gott.
(Tatian 26, 3; nach Hinterhölzl/Petrova 2009: 2)

Dazu lässt sich mit dem zweiten Satz in (24), *siu **uuarun** rehtiu...*, ein treffliches Minimalpaarelement setzen. V2 dient, im Gegensatz zu V1 zur Einführung von Diskursreferenten, dazu, um eine Aussage über die soeben eingeführten Diskursreferenten zu treffen – sozusagen eine Erzählnebenlinie zu führen, die selbst den Geschehensablauf nicht fördert, sondern sozusagen im Geschehenslauf verharrt. Andere Mittel zur VG-Kodierung eines Satzes sind bestimmte Diskurspartikeln wie ahd. *tho* – wohl in Entsprechung von nhd. *da(nn)*, womit auf einer Textmetaebene jeweils neue Information (=VG) ankündigt wird (vgl. Axel 2005).

5.2 Versteckte Definitheits- und Perfektivitätseffekte für VG und HG: zwei verschiedene Ausdrucksmittel für ein und dieselbe Textgestaltungsfunktion

Das Altisländische zeigt die folgenden zwei Satzbeginnmuster: V1 wie in (27) sowie Diskurspartikel wie in (25)–(26) (nach Leiss 2000/2011, die auf Marez 1976 zurückgreift; vgl. auch Abraham 2011).

(25) *þa verþr hann varr viþ griþungenn .... griþungr snýr*
da wird.PRÄS er gewahr PRÄP Stier.DEF der Stier wendet.PRÄS
í mote ... griþungr stakk horn onom í siþo
PRÄP Zusammenstoß der Stier stieß die Hörner in die Seite
hestenom ... konungs men drópo griþungenn
des Pferdes ... des Königs Männer töteten den Stier
Da wird er des Stiers gewahr ... der Stier wendet sich gegen ihn ... der Stier stieß seine Hörner in des Hengsts Leib ... des Königs Mannen töteten ihn.

(26) *Nú líðr sumar, ok kemr vetr ok er snimma nauðamikill norðr um*
nun vergeht.PRÄS Sommer, und kommt Winter und ist früh heftig nordens am
viðrbúningr lítill; fellr mǫnnum þungt. Ferr svá fram um jól;
Berg, aber Vorbereitung böse; fällt Mannen schwer. Geht so weiter bis Jul;
ok er þorri kemr, þá ekr harð at mǫnnum, ok eru margir þá upp tefldir.
und als Monat kommt ergeht hart Präp Mannen, und waren viele da am Ende.
Der Sommer vergeht, und der Winter bricht herein, und es ist schwer früh im Norden am Berg, die Vorbereitungen zeigten sich als ungenügend; die Mannen werden hart getroffen.

Das geht so weiter bis nach Jul, und als der 4. Monat beginnt, sind die Mannen hart getroffen, und viele von ihnen finden den Tod.

(27) *Liðr stund ok kemr* *gói; þá koma tveir landwetar hans ok [...]*
Geht Weile und kommt.PRÄS Gói; da treffen zwei der Landpächter ein und [...]
Es geht eine Weile vorbei, und der letzte Wintermonat bricht an; da treffen zwei der Landpächter ein und ...

Halten wir zuerst die 2 Typen von Satzanfängen fest: In (25)–(27) stehen *nú* und *þa* vor dem finiten Prädikat, während (27) mit dem finiten Verb, *liðr*, beginnt. Setzen wir nach dem Muster des Neuhochdeutschen: Reines Deklarativ-V1/DV1 wie in (27) stellt einen kurzen (nämlich TP-) Satz[4] dar; temporales *nú* sowie lokales *þa* in (25) und (26) sind nicht deutlich expletiv und damit ebenso wenig eindeutig thetisch, eventuell metakoordinativ reihend und temporal bzw. lokal referierend – sie setzen also entweder Vorfeldfüllung mittels SpezCP[5] oder mittels SpezTP (= Vorfeldbesetzung mit expletivem *Es*) voraus. Ferner nehmen wir von Leiss zur Kenntnis, dass genau dieses pradikatsfrühe Satzmuster vordergrundiert – also für den Leser/Hörer stark aufmerksamkeitsheischend ist (etwa im Sinne des altgriechischen bzw. altkirchenslawischen Aorists).

Fassen wir die formalen Eigenschaften der altisländischen Beispiele unter dem Kriterium der Vordergrundkodierung wie in Abschnitt 5.1 zusammen. Das Altisländische folgt zwei Strategien zur Auslösung von kohärenter Reihung bzw. Vordergrundierung: einer durch pronominale Anaphorik und Subjektvoranstellung wie in (25)–(26) und einer zweiten durch Verbsatzspitzenstellung, deklarativem V1, illustriert in (27). Satzfrühes DP ist referentiell definit über Positionsmarkierung: *griþungr* im 2. Satz in (25) ohne sichtbaren Definitheitsmarker – das Definitheitssuffix *-enn/-inn* (wie im Satz davor *griþungenn* in satzfinaler, nämlich Rhemastellung) erübrigt sich satzinitial, weil diese Position – die unmarkierte Themaposition – die unmarkierte Definitheitsposition darstellt.

(25)–(27) zeigen, dass das Altisländische eine diskursprominente Sprache ist, indem den linearen Positionen unmarkiert im Satz thematische Definitheit bzw. rhematische Indefinitheit zukommt. Wenn nominale Elemente diese positionellen Definitheitsdomänen wechseln, sind sie wie im Deutschen (Abraham 1995/[2]2000) durch kontrastiven Fokus markiert. (27) zeigt, dass aspektdefinites V1 einhergehen kann mit extra markiertem historischem Präsens. Dessen Zeitreferenz ist deutlich die erzählerische Vergangenheit, unterstützt durch Lexeme der Zeitspanne wie *stund* und *gói*. Das historische Präsens in (27) wechselt mit dem Erzählpräteritum ab. Wäre das Altisländische eine Aspektsprache, würde man hier den perfektiven Aorist oder ein *Passé simple* wie in den modernen romanischen Sprachen erwarten.

4 Vergleichbar thetischem Satz, d.h. Hauptsatz ohne Vorfeldbesetzung bzw. mit Besetzung durch expletives *Es*.

5 Hauptsatz mit volllexikalischer Vorfeldbesetzung.

5.3 Der vereinende empirische Nachweis für verbal kodierte Deixis = VG/HG

Der Zusammenhang zwischen den VG-HG-Kodierungen durch (Im)Perfektivität, (In)Definitheit bzw. Deixis und Wortstellung (V1 gegen V2) lässt sich wie folgt feststellen. V1 in altisländischen Sagas und im Ahd.: früher Verlust der morphologisch kodierten Aspektoppositionen – alle Verben in V1 werden perfektiviert (Leiss 2000/2011) aus folgenden Gründen:

(28) a V1 als Position definiert, die Verben, die formal nicht mehr aspektuell markiert und inhaltlich aspektuell ambig sind, perfektiviert.
b mögliche Erklärung für typische Verwendungsweisen und Funktionen von V1, da perfektive Verben ähnliche Eigenschaften aufweisen wie V1.
c Altisländisch und Althochdeutsch gehörten zu den germanischen Sprachen, bei denen weitgehender Abbau der perfektivierenden Verbpräfixe erfolgte (Leiss 2011).
d Ersetzung der Perfektivierungsfunktion nach schwindenden Verbalpräfixen und -partikeln durch ikonisierende Wortstellung, um Aspektrealisierung zu erhalten: Dies führt zu deklarativem V1/DV1. Man beachte, dass diese Voraussetzungen für das Nhd. nicht vorliegen; d.h. dass orales DV1 nicht denselben Erklärungen folgen kann.

Überschneidungen von DV1 und perfektiven Verben – Textgliederung und -kohärenz:

(29) a perfektive Verben (vgl. das *Passé simple* des Französischen) drücken eine abgeschlossene Handlung aus, Aktualisierung der Grenzen derselben und Entstehung von Konturen der Handlung;
b perfektive Verben kodieren Vordergrundierung der Verbalhandlung.

Durch Abgeschlossenheit einer Handlung ist implizit Anreihung einer neuen Handlung möglich:

(30) a Voraussetzung der Serialisierung mehrerer Handlungen
b Beschleunigung der Abfolge der Ereignisse bzw. Handlungen

Man vgl. zur Übersicht nochmals die perfektivierenden – aber nicht anaphorisch-definiten, sondern origo-deiktischen – Illustrationen zu DV1 in (31)–(33) unten (s. auch Kiss 1995). Man beachte die (unterstrichenen) perfektiven Übersetzungen in den DV1-Stellungen: *brachte* statt des imperfektiven *fuhr*, *brachte* statt *hatte* sowie *erwies sich* statt *war*.

(31) Hennar fekk Úlfr; for hann þá ok til búa sinna
Ulfr heiratete sie und führte/brachte sie auf seine Farm
(32) Hafði Þórólfr heim margu dýrgripi ok [...]
Þórólfr brachte dann viel Geschmeide nachhause und...
(33) Var Þórólfr manna vænstr ok gørviligastr;
Þórólfr erwies sich als imposanter und fähiger Mann

Es würde der grammatischen und narrativ-vordergrundierenden Funktion des altisländischen DV1 nicht gerecht, in die deutschen Entsprechungen die sich plausibel anbietenden imperfektiven Verben einzusetzen.

6 Schluss

Mit dieser Arbeit ließ sich eine Verbindung zwischen den Erzähltempora *Imparfait/ Passé simple* und *Imparfait/Passé composé* und der Vorder- und Hintergrundierung eines Textes durch die Konzeption des imperfektiven und perfektiven Aspekts herstellen. Die Verweise aufs Althochdeutsche und Altisländische haben gezeigt, dass auch andere Kodierungsmittel dazu einsetzbar sind, wofür aber allemal vereinnahmende Charakterisierungen auf mereologischer Basis herstellbar sind. Was Mündlichkeit bzw. Reoralisierung angeht, hat dieses Phänomen an der Gliederung von Vorder- und Hintergrund kaum etwas geändert. *Passé simple* und *Passé composé* sind jedoch in dieser textgliedernden Funktion nicht gleichzusetzen. Das *Passé composé* hat keine aoristische Erzählfunktion; es tendiert bestenfalls dazu, vor allem in der Mündlichkeit. Wir können aus unseren Untersuchungen schließen, dass durch die Reoralisierung (durch Camus) sowohl Gewinn als auch Verlust zu melden sind: Dass Sprechsprache und mündliche Konzeption die Schriftsprache bereichern, mag von vielen als Vorteil erfahren werden.

Dass es aber aus diesem Grund zu Kohärenzdefiziten in der Textgliederung kommt, ist zweifellos ein Verlust.

Bibliographische Nachweise

Abraham, Werner 1995 / ²2000/ ³2013. *Deutsche Syntax im Sprachenvergleich. Grundlegung einer typologischen Syntax des Deutschen.* 3., erweiterte Auflage. [Studien zur deutschen Grammatik 41]. Tübingen: Stauffenburg.

Abraham, Werner 2007. Discourse binding: DP and pronouns in German, Dutch, and English. In: E. Stark, E. Leiss & W. Abraham (eds.) *Nominal determination. Typology, context constraints, and historical emergence.* [Studies in Language Complementary Series 89]. Amsterdam: J. Benjamins, 21–48.

Abraham, Werner 2009. Tempus- und Aspektkodierung als Textverketter: Vordergrund und Hintergrund. *Deutsche Sprache* 36: 287–304.

Abraham, Werner 2011 (eingereicht). Fremdbewusstseinsabgleich in Syntax und Semantik. Ms. München.

Asher, Nicolas & Alex Lascarides 2003. *Logics of conversation.* [Studies in Natural Language Processing]. Cambridge: CUP.

Axel, Katrin 2009. *The verb-second-property in Old High German.* In: R. Hinterhölzl & S. Petrova (eds.), 17–44.

Camus, Albert 1962.*Théâtre, récits, nouvelles.* Hg. R. Quilliot. Paris : Gallimard.

Camus, Albert 1994. *Der Fremde.* Reinbek bei Hamburg: Rowohlt.

Caudal, Patrick & Carl Vetters 2007. Passé composé et passé simple: Sémantique diachronique et formelle. In : E. Labeau, C. Vetters & P. Caudal (eds.) *Sémantique et diachronie du système verbal français.* Amsterdam: Rodopi, 121–151.

Chu, Chauncey C. 1998. *A discourse grammar of Mandarin Chinese*. New York u.a.: Peter Lang.
Couty, Daniel (Hg.) 2004. *Histoire de la littérature française*. Sejer: Bordas.
Fleischman, Suzanne 1990. *Tense and Narrativity. From Medieval performance to modern fiction*. Austin: University of Texas Press.
Gasper, Karl 1961. *Précis de grammaire française*. Dortmund: Lambert Lensing.
Habicht, Werner u.a. (Hg.) 1988. Mündlichkeit. In: *Der Literatur-Brockhaus*. 2. Band, *Fu-Of*. Mannheim: F.A. Brockhaus, 657.
Hartmann, Dieter 1984. Reliefgebung: Informationsvordergrund und Informationshintergrund in Texten als Problem von Textlinguistik und Stilistik. *Wirkendes Wort* 34, 305–323.
Hewson, John 1997. *The cognitive system of the French verb*. Amsterdam: J. Benjamins.
Hinterhölzl, Roland 2009. The role of information structure in word order variation and word order change. In: R. Hinterhölzl & S. Petrova (eds.), 45–66.
Hinterhölzl, Roland & Svetlana Petrova (eds.) 2009. *Information structure and language change. New approaches to word order variation in Germanic*. [Trends in Linguistics. Studies and Monographs 203]. Berlin: de Gruyter.
Hopper, Paul J. & Sandra A. Thompson 1980. Transitivity in grammar and discourse. *Language* 56, 251–299.
Ionesco, Eugène 1962. *La photo du colonel. Récits*. Paris: Gallimard.
Ionesco, Eugène 1985. *Werke*. 5. Prosa I. München: C. Bertelsmann Verlag.
Kiss, Katalin É. 1995. Definiteness revisited. In: I. Kenesei (eds.): *Approaches to Hungarian*. Vol. 5: *Levels and structures*. Szeged: Jate, 63–88.
Leiss, Elisabeth 2000. *Verb-first as covert marker of perfectivity in Old Icelandic*. Vortrag auf der Konferenz *The glory of Babel*. Reykjavík, 7. Dez. 2008.
Leiss, Elisabeth 2011. Die aspektuelle Funktion von Verberststellung (V1) im Altisländischen und Althochdeutschen. In: M. L. Kotin & E. G. Kotorova (Hg.) *Geschichte und Typologie der Sprachsysteme*. [Germanistische Bibliothek 39]. Heidelberg: Winter, 71–80.
Marez, Alain 1976. La saga de Thorir aux poules. Textes islandais avec introduction, traduction, notes et index des noms propres, apparat critique et 2 cartes. Thèse de troisième cycle. Paris [pas publiée].
Maupassant (de), Guy 1987. *Romans*. Hg. L. Forestier. Paris: Gallimard.
Maupassant (de), Guy 1957. *Werke*. Wien, München, Basel: Verlag Kurt Desch.
Proust, Marcel 1927. *A la recherche du temps perdu*. VII. *Le temps retrouvé*. Paris: Gallimard.
Reichenbach, Hans 1947. *Elements of symbolic logic*. New York: The Free Press.
Tomlin, Russell S. (ed.) 1987. *Coherence and grounding in discourse*. [Typological Studies in Language 11]. Amsterdam: John Benjamins.
Vendler, Zeno [2]1968. *Linguistics in philosophy*. Ithaca/N.Y.: Cornell University Press.
Wilpert (von), Gero [8]2001. Oral poetry, oral literature. In: *Sachwörterbuch der Literatur*. Stuttgart: Kröner, 576.
Zeman, Sonja 2010. *Tempus und „Mündlichkeit" im Mittelhochdeutschen. Zur Interdependenz grammatischer Perspektivensetzung und „historischer Mündlichkeit" im mittelhochdeutschen Tempussystem*. [Studia Linguistica Germanica 102]. Berlin: W. de Gruyter.

3. Modalität – Sprecherdeixis und Fremdbewusstseinsabgleich

Diskurspartikel zwischen Modalität, Modus und Fremdbewusstseinsabgleich (Theory of Mind)*

„A person who has not studied German
can form no idea of what a perplexing language it is".
(Mark Twain)

1. Kurze Vorrede – und Widmung für Harald Weydt

Es ist ja nicht zu übersehen – und es hat dazu auch diesbezügliche Auszählungen gegeben (Helbig/Kötz 1985: 7) –, dass die gesprochene Sprache Modalpartikeln (MP) in weitaus reicherem Maße einsetzt als die Schriftsprache. So kommt auch Weydt (1969: 95f.) zu dem generalisierenden Schluss: „Je umgangssprachlicher ein Text ist, desto partikelreicher ist er in der Regel auch." Und nach Harden (1983a,b) und Harden & Rösler (1981) wirken gesprochene Texte mit 'Abtönungspartikeln' (Terminus geprägt durch Weydt 1969, hier stattdessen allgemein 'MP') anders als ohne sie; d.h. die Rede wirke mit MP rhythmischer und emotionaler.

Dieser empirische Grundbefund zusammen mit der bereits intuitiv nachvollziehbaren thematischen Marke, dass die Frequenz der Kategorie MP im Deutschen weit häufiger ist als in anderen Sprachen, bildet den Faktenhintergrund für die folgende Auseinandersetzung zu dem Thema der Modalität schlechthin – also unter Einbezug jener Modalität, die durch Modalverben zum Ausdruck kommt, wenn letzteres auch bloß marginal: eben so viel, wie nötig ist, um auf die gesprochener Rede eigenen, ja unverzichtbaren Eigenschaften gegenüber Schriftsprachlichem hinzuweisen (dazu sehr viel eingehender Abraham 2009a,b,c). Daher seien an den Anfang eine Reihe besonders bedeutsamer Einsichten zu MP und Modalität im Allgemeinen gestellt – solcher Einsichten, die an die beiden Grundfesten direkt anschließen: 1. Warum MP-Frequenz in der Schriftsprache verzichtbarer ist als in der gesprochenen Rede; und 2. Wieso das Deutsche (und vielleicht wenige andere, vor allem genetische verwandte) Sprachen über so viel mehr MP verfügen – genauer vielleicht: Wieso andere Sprachen über diese Wortart insgesamt verzichten (können)? – als das Deutsche. Wir zögern ja in jedem Falle, uns der von vornherein verfehlten kultur-soziologischen Nullhypothese anzuvertrauen, dass dies mit der größeren „Redseligkeit" der Deutschen zusammenhängt. Wir suchen vielmehr nach einer in der Sprachstruktur angelegten Voraussetzung für diesen empirischen Befund.

---

* Ersterscheinung in: Theo Harden & Elke Hentschel (Hg.) 2010. *40 Jahre Partikelforschung*. Tübingen: Stauffenburg, 33–77.

2. Zwei neurologische Generalisierungen über die „Klasse" der Modalpartikel (MP)

Bayer (1991) hat einmal die Verarbeitung von Modalpartikeln im Unterschied zu ihren (stärker) lexikalischen Homophonen in der rechten (Wernicke) Hirnhälfte angesetzt, diesen also eine diffusere, weniger systematisierbare und unanalytischere Funktion zugeteilt. Zum anderen hat sich zeigen lassen (Abraham 1995), dass Stellungsbeschränkungen und kategorisch-inhaltliche Klassifikation der MPn zusammengehen und eine auch für Konjunktionstripletten gültige Systematik erlauben. Diese beiden Generalisierungen stehen im Widerspruch zueinander: Systematisches sollte in der linken Hemisphäre (im Brocazentrum) verarbeitet werden.[1] Würden die lexikalischen homophonen Entsprechungen der MP dann verarbeitungsstrategisch zur rechten Hemisphäre gehören? Dies würde die bisher gängigen Annahmen aus der Neurolinguistik umkehren. Um diese Fragestellung einer neuen, eventuell entscheidenden Grundlage zuzuführen, erörtern wir Satzmodus und Modalität anhand von Modalverben und Modalpartikeln im Unterschied zu allgemeinen Modalitätswörtern und -adverbien anhand des *Fremdbewusstseinsabgleichs* (FBA; = *Theory of Mind*). Es zeigt sich, dass MV und MP einen höheren Grad an Systematik und Analysezugriff erfordern als rein lexikalische Elemente wie Modalwörter (vor allem in Sprachen, die über keine eigentlichen Modalpartikeln (mit grundsätzlicher Polyfunktionalität)) verfügen. Daraus ist spekulativ, aber logisch bündig zu erschließen, dass die oben gestellte Frage nach dem relativen Systematisierungsgrad der MP so zu entscheiden ist, dass MP linkshemisphärisch verarbeitet werden – was natürlich experimentell nachzuweisen wäre. Aber eine bündige Theorie dazu liegt hiermit vor. Immerhin spricht für diese Annahme ja auch, dass die Spiegelneuronen mit ihrer unzweifelhaften emotiven Leistung ebenfalls im Brocazentrum lokalisiert sind (Stamenov & Gallese (2002), Bråten (2007).

Was Hirnerkrankte mit einer Läsion in der nicht-sprachdominanten Hemisphäre (meist einer Rechtshirn-Läsion) an Problemen haben, ist vermutlich, dass sie Sprache nicht gut kontextualisieren können. Wenn MP die Äußerungsebene betreffen, dann könnte dies genau so ein Defizit sein. Bei Gradpartikeln (GP) ist das anders. Eine GP muss man normalerweise mit einem Fokus und einem Skopus versehen, aber nicht mit diesem oder jenem Sprechakt bzw. Satzmodus. Vgl. dazu Bayer (2008).

---

1 Das bedeutet natürlich nicht, dass sich Modalpartikeln unsystematisch und diffus verhalten. Vielmehr ist im Sinne der jüngsten Veröffentlichungen (worunter Bayer und Coniglio) davon daran zu denken, dass es engste Zusammenhänge zwischen MP, GP und Adverbien gibt, die sich nicht gut verstehen lassen, wenn man davon ausgeht, dass MP eine gänzlich andersartige Kategorie (mit „zufälligen" Homophonien) darstellen – so Bayer (2008). Andererseits vgl. Abschnitt 2.1 hier unten, wo grundsätzliche Unterschiede zwischen MPn und Satzadverbien angenommen werden. Es ist im Moment unklar, unter welchem Grundgedanken die beiden aufs erste unvereinbaren Positionen doch vereinbar sind.

2.1. Was hat MP mit FBA zu tun? Wieso muss dieser neue (neurologische) Begriff in die linguistische MP-Diskussion hinein? Wieso muss sich der MP-Linguist mit FBA beschäftigen?

Denken wir grammatisch-systematisch: Wir wollen einen Satzoperator mit illokutiver Kraft erreichen, FORCEP (dies im Rahmen der syntaktischen Minimalismustheorie). Dieser grammatische Prozess ist nur über klare Merkmalsanweisungen möglich, die sich aus ebenso klaren Distributionseigenschaften ergeben. Für epistemische Modalverben (EMV), Epistemik- und Evidentialadverbien sowie Modalpartikel (MP) sehen solche Merkmalsbündel nach unseren Vorstellungen folgendermaßen aus (Sperber/Wilsons 1986 Relevanzdimension nachgedacht):

(1) a epistemisches Modalverb/EMV kodieren zweifache Deixis: unter Bezug auf die Quelle von p und eine bezüglich der Sprechereinschätzung von p.
b Haider *soll* betrunken gewesen sein (wo p=*Haider betrunken gewesen sein*)
c *soll*(p)

Quelle von p — Spr-Einschätzung[2]
<3. Person> — <Abstand zu p-Wahrheit>
<relative Festlegung zur Wahrheit von p>
<Geltungswahrscheinlichkeit von p>

Ausgangspunkt ist dabei Davidson (2001) Dreifachunterscheidung innerhalb eines Bewusstseinsstandes (*Mind awareness*; vgl. Leiss 2009).

(2) Davidsons 'Bewusstseinsstandsdreieck':

'Fremd/-3. Personsbewusstseinsstand'

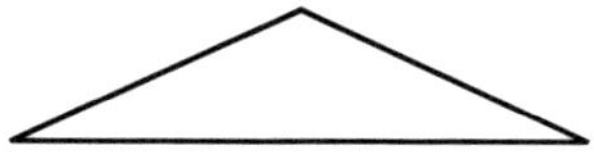

Sprecherkenntnisstands- (=*Ich*)-Bewusstsein — Adressatenkenntnisstands-(=Dein)-Bewusstsein

'Fremdpersonsbewusstseinsstand' lässt sich auch verstehen als „sozialer/objektiver/ intersubjektiver Kenntnisstand„.

2 Spr = Sprecher. Bei den Merkmalslisten wurde nicht darauf geachtet, ob semantische Überlappungen vermeidbar wären.

(3) a epistemische Adverbiale/epAdv entfalten bloß einfache Deixis – eine wo der Quellast in (1c) fehlt.

b Haider ist *wahrscheinlich/vermutlich* betrunken gewesen

c eAdv

Spr-Einschätzung
< Abstand zu p-Wahrheit >
<relative Festlegung zur Wahrheit von p>
<Geltungswahrscheinlichkeit von p>

(4) a Evidentialadverbiale/evAdv haben gleichfalls bloß einfache Deixis – nämlich eine solche, wo die Spr-Deixis fehlt.

b Haider ist *offensichtlich* betrunken gewesen.(wo p=*Haider betrunken gewesen sein*)

c *offensichtlich* (p)

Quelle von p
<3. Person>

(5) a MP dagegen kodieren eine andere Deixis und zwar folgendermaßen: Der Sprecher (Spr) schätzt den aktuellen Kenntnisstand des Adressaten (Adr) ab, lässt ihn das auch wissen, eröffnet ihm aber weiter noch Gelegenheit, seine Position zu p zu relativieren bzw. zu ergänzen. Danach sind aufgehend von der Quelle für p die Merkmale der Spr-Abschätzung von p reicher als die von EMV und auch reicher als die der Adr-Abschätzung von p (genauer eigentlich: reicher als die Spr-Abschätzung der Adr-Abschätzung von p).

b Haider *soll ja* (nicht) betrunken (gewesen) sein (wo p=*Haider (nicht) betrunken gewesen sein*)

c *ja*(*soll*(p))

Quelle von p — Spr-Einschätzung des zw. Spr & Adr geteilten Kenntnisstandes
<3. Person> — < Abstand zu p-Wahrheit >
<relative Festlegung zur Wahrheit von p>
<Geltungswahrscheinlichkeit von p>

<+Kenntnisteilungsbewusstsein> <– Kenntnisteilungsbewusstsein>

Dabei kodiert die MP 'Besorgnis' (im besonderen die MP *denn*, die ja nur in Fragen vorkommt) oder, allgemein für alle MP zusammengefasst, 'besonders begründetes Interesse', hier für *ja* die Spr-Annahme, dass diese Einschätzung vom Ang(esprochenen) geteilt wird oder zumindest zu seinem Kenntnisstand gehören sollte.

(5) d Haider *soll JA* nicht betrunken sein (mit p=*Haider nicht betrunken sein*)

JA(*soll*(p))

Quelle von p — Spr-Einschätzung des zw. Spr & Adr geteilten Kenntnisstandes
<3. Person> — < Abstand zu p-Wahrheit >
<relative Festlegung zur Wahrheit von p>
<Geltungswahrscheinlichkeit von p>

<+Kenntnisteilungsbewusstsein> <– Kenntnisteilungsbewusstsein>

Modalitätswechsel von (5c) zu (5d): Während (5c) nur epistemisch gelesen werden kann, hat (5d) eine klare grundmodale (DMV-)Interpretation, ohne jegliches epistemisches Signal beim DMV *soll*. Damit fällt nicht nur der linke Ast zur Informationsquelle völlig weg, sondern auch die sprechaktbewertenden Parameter des rechten Astes in (5c): Es handelt sich nicht mehr um eine Assertion, sondern um einen indirekten Imperativ. Die betonte MP JA unterscheidet sich vom Assertions-*ja* sehr wesentlich: nicht nur durch die Sprechaktbedingung, sondern auch hinsichtlich der dialogischen Vorbedingungen. Dazu weiter unten mehr.

Wie abzulesen in (5c) und (5d), kodieren MP Deixis auf dreifache Weise. Verallgemeinernd gesagt kodieren MP den höchsten Grad an Fremdbewusstseinsabgleich (indem die Deixismarke des Spr = des Spr Abschätzung der Adr-Abschätzung), insoweit nämlich als MP – und nur diese im Unterschied zu MV und noch mehr E-Adverbialen – Kenntnisstandteilung zwischen Sp und Adr herstellen, ohne diesen Kenntnisaustausch lexikalische direkt anzuzeigen. Keine andere Wortart besitzt diese interkommunikative Potenz; und was typologisch noch interessanter ist: Keine Sprache vermag dies auf dieselbe direkt deiktische, diskursprominente Weise, es sei denn, sie verfügt über eine solche MP-Wortart (siehe Abraham 1991, 1995).

Im Folgenden soll gezeigt werden, wie grammatische Person als Subjekt in MV Sätzen mit Spr- und Adr-Deixis genauer zusammenhängt.

2.2. Sprecher- und Subjektabhängigkeit bei EMV nach dem Fremdbewusstseinsabgleich

Prüfen wir alle drei grammatischen Personen daraufhin, was sie zur epistemischen Lesart von MV beitragen. Diese Prüfung erfolgt nach folgenden Variablen: Präsens und analytisches Präteritum („Perfekt"). „Entpersönlichung" (nach # in Spalte 3) notiert, dass Spr unter MV eingebettetes p wahrheitsbewerten kann, dies selbst bei oberflächlicher Identität mit dem *Ich*-Subjekt – etwa wenn Spr entpersönlicht (etwa im Traum) über *Ich* berichten kann. # signalisiert, dass die E-Lesart nur unter *Ich*-Referenz-Entpersönlichung (Berichter-Origo als Berichteterreferenz) möglich ist.

Abb. 1: Grundmodale (*root*) und epistemische MV-Lesarten nach Person- und Tempusvariablen

W-Ein-schätzung der E-Lesart durch		Personsvariable: 3., 1. und 2. Person	E-Lesart	Grund-modal: Perfekt	Grund-modal: Präsens	E-Lesart möglich (bei #) nur unter Entpersönlichung
Spr≠Subj	1	**Er** ist in Grönland (gewesen)				
	2	**Ich** bin in Grönland (gewesen)				
	3	**Du** bist in Grönland (gewesen)				
Spr≠Subj	4	**Er** *muss* in Grönland (gewesen) sein	+	*	+	
Evid./Spr	5	**Ich** *muss* in Grönland (gewesen) sein	#	*	+	+
	6	**Du** *musst* in Grönland (gewesen) sein	+	*	+	
Spr≠Subj	7	**Er** *soll* in Grönland (gewesen) sein	+	*	+	
# 3. Pl.	8	**Ich** *soll* in Grönland (gewesen) sein	#	*	+	+
Spr≠Subj	9	**Du** *sollst* in Grönland (gewesen) sein	+	*	+	
Spr≠Subj	10	**Er** *mag* in Grönland (gewesen) sein	+	*	+	
Evid./3. Pl.	11	**Ich** *mag* in Grönland (gewesen) sein	#	*	+	+
Spr≠Subj	12	**Du** *magst* in Grönland (gewesen) sein	+	*	+	
Spr=Subj	13	**Er** *will* in Grönland (gewesen) sein	+	*	+	
*	14	**Ich** *will* in Grönland (gewesen) sein	*	*	+	+?
Spr=Subj	15	**Du** *willst* in Grönland (gewesen)sein	+	*	+	

2.3. Plausible Voraussetzungen für Abbildung 1

Gehen wir davon aus, dass das Subjekt in E-Lesarten von MV nicht über den Kenntnisstand verfügt, den wir für den Spr annehmen. Gehen wir weiter davon aus, dass in der E-Lesart Sprechaktzeit, t_S, und Ereigniszeit, t_E, zusammenfallen. Dann sind folgende Verallgemeinerungen gerechtfertigt.

(6) Epistemische Universalhypothese/EUH:

Sobald Spr-/Wahrheitswertbeurteiler und Satzsubjekt in p koreferent sind, schließt sich die E-Lesart von p aus.

Dies bestätigt sich in 5, 8, 11 und 14 in Tab. 1 oben. Allerdings ist für (6) vorauszusetzen, dass ein hoher Grad an intersubjektive Wahrheitsbewertung vorliegt.

(7) Intersubjektive Wahrheitsbewertungsvoraussetzung/IWBV:

Sobald EUH gilt, gilt Objektivität bzw. hoher Grad an intersubjektiver W-Beurteilbarkeit.

EUH ist, wie (6) besagt, nicht gewährleistet, sofern Sprecher- bzw. Wahrheitswertabschätzer koreferent mit dem Subjekt unter MV-p ist. Eine solche Koreferenz kennzeichnet Diskursimplausibilität.

Zur Distribution der Personsvariablen bei epistemischen Lesarten (Spalte 2 in Abb. 1): EUH, die Universalhypothese in (6), haben gegen die Beurteilung in Abb. 1 Bestand dann bei E-Lesart und Referenz auf die 1. Person (Ich-Referenz in jenen Fällen, wenn Spr und grammatisches Subjekt unter Berufung auf Evidence („Evid.") oder (über dritte Personen(„3. sg./ pl.") auf Hörensagen nicht zusammenfallen – mit anderen Worten, wenn Wahrheitsbewertungsabschätzer und W-Beurteiltes nicht koreferent gelesen werden. Dies ist möglich bei Entpersönlichung und ergibt hochmarkierte E-Lesarten.

Zur Verteilung der Tempusvariablen bei Grundmodallesarten (Spalten 4+5 in Abb. 1): Nach Beobachtungen bei Abraham (1991a,b; 2000, 2009a) verhalten sich Grundmodalverben wie Perfektiva. (Prospektive) Perfectiva projizieren futurische Ereigniszeit, t_E – d.h. es gilt zeitreferentiell $t_S/t_R < t_E$. Jegliches $t_E < t_S/t_R$ ist damit nicht vereinbar. Ungrammatikalität unter solchen Voraussetzungen ($t_S/t_R < t_E$) ist somit errechenbar, sofern nicht kontextuell Gleichzeitigkeit, also $t_S/t_R = t_E$ interpretierbar wird.

Zur Sicherstellung des Wahrheitswertes von E-Lesarten (Spalte 1 in Abb. 1): Wahrheitsbestätigung, eine der Voraussetzungen für E-Lesarten, liegt vornehmlich bei der 3.sg./pl.; sie ist am geringsten gewährleistet bei der 1.sg. Dies liegt den inakzeptablen E-Lesarten bei der 1. Person, „*Ich*„ bei jedem EMV zugrunde. Wird eine E-Lesart kontextuell erzwungen, verschiebt sich die *Ich*-Referenz zu einer des beurteilten *Ich* (man vgl. die #-Fälle unter den E-Lesarten in Abb. 1). Zudem unterscheiden wir Gradunterschiede der Wahrheitsgewährleistung. Am höchsten rangiert Sprecherevidenz (mit Spr als W-Bewerter) kodiert durch *MUSS* – also wo die Spr-Evidenz am höchsten ist, vergleichbar der W-Gewährleistung im Deklarativ in Tab. 1; es folgt Gewährleistung durch die soziale Umgebung („3.sg./pl.") wie bei *SOLL*; und die Skala der Modalverbindlichkeit endet mit *MAG*, wo alle Alternativen offen bleiben.

2.4. FBA in der empirischen L1-Forschung

Ramge (1987) stellt fest, dass der Modalverb- und -partikelerwerb nicht isoliert von anderen Modalausdrücken betrachtet werden kann, vor allem was den epistemischen Gebrauch betrifft. Er nimmt diesbezüglich folgende Erwerbsreihenfolge an:

(8) a Modalpartikel: *auch*, *schon*, *denn*
b erste Konjunktivformen (in Rollenspielen)
c erste Satzmodale: *vielleicht*, *wahrscheinlich*, *eigentlich*
d epistemische Modalverb-Formen

Diese Annahme beruht jedoch auf keiner systematischen empirischen Analyse. Ehrich (2004, 2005) untersucht in einer Einzelfall-Studie alle Modalverb-Vorkommen im CAROLINE-Korpus aus der CHILDES-Datenbank. Grundsätzlich bestätigt ihre Ergebnisse die von Ramge (1987) beobachtete Erwerbsreihenfolge, wobei im Unterschied zu diesen Ergebnissen im CAROLINE-Korpus einige Belege von Modalverben in epistemischer Verwendung zu finden sind. Ein erster „proto-epistemischer" Beleg wird von Caroline bereits mit 2;3 produziert:

(9) FileF:\11\caroline\bcdata\caroline1\annotations\CHI020322.cha (line 260).
*MOT: nicht diese da oben.

*MOT: die da bei dir hanegen # da sind doch Delphine #1.
*CHI: nicht fine # **ich glaube ich** # dieses auf dem xx totdemacht #1.
*CHI: nage scheinlich eine reht [?]#.
*MOT: Nagel wahrscheinlich eingetreten?
*CHI: ja # **scheinlich** # **vielleicht** #1 **soll** sein #.
*MOT: das soll so sein #?
*CHI: ja. CAROLINE (2;3)

Ehrich (2004, 2005) untersucht neben den Modalverben auch das Vorkommen verschiedener epistemischer Modalverb-Konkurrenten. Dabei kann vielleicht in epistemischer Verwendung schon ab 2;5 belegt werden:

(10) FileF:\11\caroline\bcdata\caroline1\annotations\CHI020525.cha (line 102).
*MOT: der sagt # irgendjemand hat an meinem Fuß geknabbert.
*CHI: sag ich #2.
*MOT: Ich weiß nich wer das war #2.
*CHI: **vielleicht** des # schwarze Pferd #1. CAROLINE (2;5)

Zusammengefasst lässt sich sagen, dass die Daten zum Erwerb der Modalverben im Deutschen relativ eindeutige Ergebnisse liefern, die von verschiedenen Autoren bestätigt werden. Die Tatsache, dass Modalverben in epistemischer Lesart (EMV) erst nach der zirkumstantiellen Lesart (DMV) erworben werden, stellt keine Besonderheit des Deutschen dar, sondern lässt sich auch in anderen Sprachen beobachten.

Abb 2: Erwerbsphasen nach Ramge (1987)

Phase I (2;3 – 2;5)	**Phase II** (2;5 – 2;7)	**Phase III** (2;7 – 2;11)	**Phase IV** (2;11 – 3;2)
müssen, wollen, können als erste MV (ohne erkennbare Regelmäßigkeit)	*können* und *wollen* dominieren; *wollen* an buletische Lesart gebunden, *können* zeigt hingegen Variabilität (Hauptanteil ist der Ausdruck von Wünschen); *ich kann haben*-Äußerungen werden synonym für *ich will haben*-Äußerungen verwendet	*können*-Anteil an MV-Äußerungen nimmt ab (zugunsten *wollen*- und *dürfen*-Äußerungen) Übergang von Phase II zu III ist Überwindung einer Übergeneralisierung am Ende der Phase werden *wollen, können, müssen* und *dürfen* regelmäßig produktiv verwendet	Prozess der Ausdifferenzierung setzt sich fort MV *sollen, mögen, möchte*- kommen hinzu spätes Auftreten aufgrund der bei markierten MV vorliegenden speziellen Bedingungen in der Verwendung
Gebrauch der MV weitgehend an die *ich*-Form gebunden	Gebrauch der MV weitgehend an die *ich*-Form gebunden	Gebrauch der MV weitgehend an die *ich*-Form gebunden	*dürfen-, müssen-* und *sollen*-Formen werden vermehrt in der 2. bzw. 3. Person verwendet *ich will/ich möchte* drückt weiterhin eigene Wünsche/ Absichten aus

Interessant und auffällig ist Ramge (1987) zufolge weiters der zeitliche Zusammenhang zwischen den ersten Modalverb-Äußerungen und dem Auftreten der Pronominalform *ich*. Ramge (1987:146) erklärt sich diese Verschiebung mit der kognitiven Entwicklung des Kindes:

> „…insgesamt beginnt sich hier eine Differenzierung in eine Fremddomäne und eine Eigendomäne abzuzeichnen, die an bestimmte Modalverben gebunden ist. Als Hauptergebnis können wir festhalten, dass in Phase IV eigene kognitive Differenzierung durchscheint, die über die Differenzierung in Fremd- und Eigendomäne allmählich semantische Modalverbkonzepte herausbildet."

2.5. Fremdbewusstseinsabgleich/FBA (Theory of Mind/ToM) und L1

Neben vielen Autoren beschreibt auch Papafragou (1997) einen engen Zusammenhang zwischen der Entwicklung des FBAs und dem Erwerb epistemischer Ausdrücke. Kinder können epistemische Ausdrücke weder korrekt verstehen noch richtig gebrauchen, wenn sie nicht zwischen der Realität und der mentalen Welt unterscheiden können. Diese Annahme scheint sinnvoll, wenn man bedenkt, dass Modalverben in ihrem epistemischen Gebrauch gerade zum Ausdruck bringen, dass eine gegebene Proposition verträglich ist mit der Menge der Propositionen, die den Glaubensinhalt des Sprechers bilden bzw., dass sie aus dieser Menge notwendigerweise folgt. Eine zielsprachliche Verwendung der epistemischen Modalverben ebenso wie EAdv und Modalpartikel beruht also auf der Fähigkeit, dass Glaubensinhalte als solche erkannt werden und über ihre Zuverlässigkeit reflektiert werden kann.

Evidenz hierfür liefern Studien zum Erwerb des FBAs. Die dabei auftretende Frage ist dabei, wie und ab wann Kinder lernen, eigene Annahmen und die anderen Personen als solche zu erkennen und den ontologischen Unterschied zwischen ihnen und den Sachverhalten der äußeren Welt annähernd zu bewerten. Die Studien zeigen, dass 3-jährige Kinder kaum zwischen der realen und der mentalen Welt unterscheiden können. Kinder in diesem Alter gehen noch davon aus, dass mentale Inhalte die reale Welt unmittelbar widerspiegeln.

Der Haupttenor der modernen Forschung zum FBA lautet, dass die entscheidenden Schritte in Richtung des FBAs zwischen 3;0 und 5;0 gemacht werden. Gestützt wird diese Annahme durch zwei empirische Forschungsansätze: *false-belief tasks* (Wimmer & Perner 1983) und *appearance-reality tasks* (Flavell et al. 2000). Die Ergebnisse der beiden experimentellen Ansätze deuten darauf hin, dass in der Periode zwischen 3;0 und 4;0 entscheidende Fortschritte in Richtung FBA-Ausformung vollzogen werden. Die Interpretation dieser Daten führen jedoch zu weit auseinanderliegenden Meinungen.

Papafragou (1997) führt das späte Auftreten epistemischer Ausdrücke auf die späte Entwicklung des FBAs zurück, der Folgendes umfasst: Kinder unter 3;0 Jahren sind zwar in der Lage, Wünsche als mentale Zustände zu erkennen, so dass – wenig erstaunlich – zirkumstantielle Modalverben (DMV; Grundmodalverben) – vor allem mit buletischem (volitivem) Hintergrund – ab Mitte des dritten Lebensjahres regelmäßig verwendet werden. Da Kinder erst mit 3;0 Annahmen über die Welt als solche erkennen, sind sie folglich auch erst ab diesem Alter dazu fähig, epistemische Ausdrücke zu verwenden.

Kinder verfügen demnach erst mit 4;0 oder 5;0 über repräsentativen FBA, was nach Papafragou (2000:164) mit zwei Konsequenzen einhergeht: Epistemische Modalausdrücke (EMV, MP, EAdv) treten vor dem fünften Lebensjahr nur spärlich auf, und Kinder verfügen in diesem Alter nur über eine partiell adäquate Semantik dieser Ausdrücke. Es liegt jedoch keine gerichtete empirische Untersuchung im Bereich der kindlichen Entwicklung vor, die Papafragous Analyse empirisch bestätigen könnte.

Zusammengefasst lässt sich sagen, dass das Auftreten von epistemischen Ausdrücken im Wortschatz der Kinder stark von den Fortschritten der Entwicklung des repräsentativen FBAs abhängt. Papafragous Hypothese erklärt zwar eindeutig, dass die epistemische MV-Lesart erst nach der zirkumstantiellen Lesart (EMV erwerbszeitlich vor DMV) erworben wird, sie kann jedoch nicht erklären, warum andere epistemische Ausdrücke deutlich vor den epistemischen Modalverben und erst recht vor den MPn erworben werden.

3. In welchen Sprachen gibt es keine MP, wohl aber etwas Ähnliches – WIE ähnlich?

Ich stelle im Folgenden MP-ähnliche Partikel im Japanischen und Chinesischen vor und verfolge damit folgende Ziele: 1. Um darzustellen, in welcher Breite und Tiefe FBA in diesen Sprachen mit dieser Wortart verfolgt wird; 2. um jenen syntaktischen Beschränkungen übereinzelsprachliche Qualität zumessen zu können, die im Deutschen gültig sind: zur linearen Abfolge der Partikel untereinander, zu Stellungsbeschränkungen, die sich auf den Satzgliedstatus auswirken, zu prosodischen Eigenschaften dieser Partikel und schließlich zum Vorkommen in Haupt- und Nebensätzen. Allgemeiner noch will damit gezeigt werden, wie wichtig und übereinzelsprachlich verbindlich FBA-Kodierung zur linguistischen Beschreibung und analytischen Erklärung zu sehen ist.

3.1. Japanische Satzendpartikel (Schanz 2008)

Es wird im Folgenden auf diese Erscheinungen im Japanischen hingewiesen, weil die Verwendungs- und Verstehensbedingungen im Japanischen mit jenen des Deutschen mit geringen Ausnahmen deckungsgleich sind. Im gesprochenen Japanisch finden sich häufig satzfinale Partikel, deren Bedeutung und interkommunikative Funktion jenen der deutschen MP sehr ähnelt (Partikel in (11)–(12) unterstrichen):

(11)	Kyoo	wa	ii	tenki	desu	ne.
	heute	TOP	gut	Wetter	ist	NE
	„Heute ist das Wetter schön NE?“					
(12)	Matte	yo.				
	warte	YO				
	„Warte (auf mich) YO!“					

Angenähert besagen *yo* und *ne* Folgendes: In (11) scheint mit *ne* eine Art impliziter Absprache zwischen Sprecher und Adressaten inbezug auf p vorzuliegen. *yo* in (12) hebt sich davon insofern ab, als der Sprecher davon ausgeht, dass die Information, die p vermittelt, dem Angesprochenen unbekannt ist. Ganz deutlich bringen sowohl *yo* wie auch *ne* etwas zum Ausdruck, was mit der Sprecherabschätzung des Hörerbewusstseins zu tun hat. Es handelt sich also um modalitätsvermittelten FBA (vgl. Kamio 1997, neben anderen), durchaus im Einklang mit dem Chinesischen (Li 2006), wo ebenfalls eine Vielzahl satzfinaler Partikel existieren, deren interkommunikative Funktionen aufgrund ihrer Komplexität allerdings bisher noch auf eine deutliche syntaktisch-semantische Einordnung warten.

Satzfinale Partikel im Japanischen stellen mit Blick auf deren Semantik eine heterogene Wortart dar. Modalfunktionen im Sinne der deutschen (oder niederländischen) MP stellen nur eine Untermenge zum Funktionsinventar im Japanischen dar. Die Restmenge lässt sich folgendermaßen festlegen: Im Japanischen ist eine satzfinale Partikel nur dann eine MP, wenn sie eine Beziehung zwischen dem Sprecherbewusstsein und seiner Abschätzung über das Hörerbewusstsein über p darstellt. Die Charakteristik dieser Untermenge der japanischen satzfinalen Partikel und ihrer spezifischen Funktionen ist bestimmt durch die folgenden weiteren Charakteristiken bzw. Subziele:

(13) a Bewusstseinsabgleich: Es handelt sich um Information über die Erwartung des Sprechers über den Kenntnisabgleich des Hörers über den Inhalt der Äußerung (der Proposition) *p*.

b Interaktion zwischen p und dem Hörerbewusstsein: Repräsentiert die Sprechererwartung dazu, wie der Adressat unter dem Einfluss seiner eigenen Kenntnisse und Erfahrung mit p umgeht.

c Erwartungsstärke: In Verbindung mit dem Erwartungskriterien oben liegt ein gewisser Relevanzdruck beim Hörer/Adressaten, was die Einlösung der Sprecherabsicht anlangt.

d Relevanzgewicht: drückt aus, wie bedeutsam die aktuelle Thematik der Proposition p ausgedrückt durch den Spr ist.

Diese Kriterienliste ergänzt um wenige Randbedingungen versetzt uns in die Lage, ein ausführliches Profil der satzfinalen Partikel im Japanischen zu erstellen (Schanz 2008). Es ist keine Frage, das diese Liste in weiten Zügen das abdeckt, was zu MP und E-Adverbien im Deutsche soziale Unterscheidungen (vergleichbar den Honorifika bei den Pronomina) zugrundelegt Deutschen gilt. Unterschiede ergeben sich allenfalls dort, wo das Japanische stärker als das, die dem Deutschen nicht eigen sind. Diese Unterschiede zum Deutschen bringen sich vor allem mit (13c-d) ein.

3.2. Chinesisch (Li 2006)

3.2.1. *ne* als Hervorhebungs- bzw. Bedeutsamkeitsmarke

Die grammatisch-funktionale Beschäftigung mit den satzfinalen Partikeln im Chinesischen hat eine lange und z.T. sehr divergent verlaufende Tradition. Dies liegt vor allem daran, dass diese Morpheme so vielfältig und keineswegs einheitlich funktionierend auftreten und weil die herkömmliche Grammatik keine entscheidenden Distributionstechniken für sauberere (vor allem semantisch-funktional nicht zu allgemeine; man denke an Ockhams methodisches Klingenprinzip) Analysen bereitgestellt hat. Gegen die herkömmliche Interpretation von satzfinalem *ne* allgemein als „Diskurspartikel" schlägt King (1986) vor, dass die Partikel evaluativ eingesetzt wird. Wird bei einem Satz *ne* hinzugefügt, dann ist die Propositionsinformation für den Zuhörer wichtig, ohne solche Partikel gilt die Proposition dagegen als relativ unwichtig für den Angesprochenen (Li 2006: 11). Nach King hat die Partikel diese Funktion in Fragen, rhetorischen Fragen sowie bei der direkten Anrede. Siehe (18)–(19) (nach King 1986: 35–6).

(14) „rhetorische Frage„
... shíjì shàng jiù shì 'politische Verwestlichung'.
tatsächlich über dann sein politische Verwestlichung
Zhè gè 'political westernization' yìsī shì shénme **ne**?
dies CL politische Verwestlichung Bedeutung sein was NE
Das ist wirklich „politische Verwestlichung". Was bedeutet dieser Ausdruck?

(15) „direkte Anrede„
Wǒ zěnyàng cái néng zhìzhǐ tā de xuányào **ne**?
ich wie nun kann stopp- sie DE angeb- NE
Was kann ich tun, um sie von der Angeberei abzuhalten?

Auch Chu (1998) sieht bei allen unterschiedlichen Verwendungen von *ne* die Verallgemeinerung der Wichtigkeitsmarkierung eines propositionalen Satzinhalts. Ich stelle eine Bewertung nach Ähnlichkeiten mit deutschen MPn eben noch aus. Aber *ja*, nicht so sehr jedoch *eben*, *halt* erscheinen als gute Kandidaten.

3.2.2. *ba* und *ma* in Deklarativsätzen (Li 2006: 31f.)

Aus guten Gründen sollen *ba* und *ma* als Paare untersucht werden. Wir beginnen mit Deklarativen. Sowohl *ba* als auch *ma* erscheinen in Deklarativsätzen am Satzende. Vgl. (16a-c).

(16) a. Hóngjiàn zài bàngōngshì.
Hongjian im Büro
Hongjian ist im Büro.

b. Hóngjiàn zài bàngōngshì **ba**.
Hongjian im Büro BA

Vermutlich ist Hongjian in seinem Büro.
c. Hóngjiàn zài bàngōngshì **ma**.
Hongjian im Büro MA
Ganz offensichtlich ist Hongjian in seinem Büro.

Im Mandarin lässt sich epistemische Modalität unterschiedlich zum Ausdruckbringen. Alle drei Sätze des Mandarin in (17) übersetzen Epistemik mittels der Modaladverbien *kěnéng* 'wahrscheinlich/vermutlich', *kěndìng* 'sicherlich' sowie des Modalverbs *huì* 'wird'.

(17) a. Hóngjiàn kěnéng zài bàngōngshì.
Hongjian vermutlich/wahrscheinlich in Büro
Hongjian ist vermutlich/wahrscheinlich in seinem Büro.
b. Hóngjiàn kěndìng zài bàngōngshì.
Hongjian sicher in Büro
Hongjian ist sicherlich in seinem Büro.
c. Hóngjiàn (zhè-gè shíhòu) huì zài bàngōngshì.
Hongjian dies-CL Zeit werd in Büro
Diesmal wird Hongjian in seinem Büro sein.

Werden nun *ba* und *ma* bei Deklarativen eingesetzt, dann erzielen sie einen Effekt ganz ähnlich dem der Modaladverbien in (16c) und (17a).[19] Während (16a) eine einfache Assertion denotiert, ohne dass eine Sprecherverpflichtung dabei anklingt, vermittelt (16b) mit der Partikel *ba*, dass der Sprecher seine Wahrheitshaftung für die Assertion nur schwach ausgedrückt sehen will. Dagegen besagt (16c) mit *ma*, dass sich der Sprecher seiner vollen Wahrheitshaftung bewusst ist und dass er seine Feststellung selbst als Tatsache nimmt.

Ausgehend von der Semantik drücken die MP *ba* und *ma* in den Deklarativen verschiedene der Sprecherhaftung für die Feststellung in p aus. Im besonderen kodiert *ba* einen niedrigen Haftungsgrad, mit dem der Spr zum Ausdruck bringt, dass er sich des in p ausgedrückten Sachverhalts nicht ganz sicher ist. Im Deutschen steht dafür *wohl.* Chinesisch *ma* dagegen steht für hochgradige Haftung: Der Sprecher drückt seine feste Sicherheit zu p aus. Im Deutschen tut dies die MP *ja.*

3.2.3. *ba* und *ma* in Imperativsätzen (Li 2006: 32f.)

ba und *ma* treten auch in Imperativen auf. Es zeigt sich, dass sich die Funktionsleistungen von *ba*- und *ma*-Imperativen mit denen in Deklarativen decken. Vgl. (18).

(18) a. Jìn lái!
herein kommen
Komm herein!
b. Jìn lái **ba**!
herein kommen BA
Ich schlage vor: Komm herein!

c. Jìn lái **ma**!
herein kommen MA
Ich bestehe darauf: Komm herein!

Wie einfache Deklarative ohne Endpartikel sind Imperatives wie (18a) diskursneutral und modalitätsunmarkiert. Äußert der Sprecher (18a), dann fehlt beim Befehl jegliches Eingehen auf Adressatenwünsche. Verglichen mit (18a) sind (18b,c) nicht in derselben Weise neutral. (18b) mit *ba* liest sich als Vorschlag oder Ratschlag, wo aber auch Akzeptabilität heraushörbar ist, dass die Ablehnung des Angesprochenen akzeptiert würde. (18c) ist stark persuasiv. Es wird dann gebraucht, wenn der Sprecher vermutet, dass der Hörer ablehnt; aber Spr drängt trotzdem. In Imperativen schwächt also *ba* den illokutiven Aufforderungseffekt, wogegen *ma* ihn drängender zum Ausdruck bringt.

In Imperativsätzen kodieren *ba* und *ma* unterschiedlich starkes Drängen des Sprechers, die befohlene Handlung auszuführen. *ba* ist eine Marke niedrigen Drängens auf Sprecherseite; *ma* dagegen steht für hochgradiges Drängen – mehr noch: Spr ist nicht willens die Ablehnung durch den Adressaten zu akzeptieren.

3.2.4. Hervorhebungspartikel

ba und *ma* sind paarige Hervorhebungsmarkierer. Abb. 3 vermittelt dies unter Bezug auf unterschiedliche Satztypen. (Li 2006: 36f.). Vgl. Abb. 3.

Abb. 3: Die Diskurspartikel *ba* und *ma* – bereits FBA-Phänomene im Sinne deutscher MP?

<table>
<tr><td></td><td colspan="2">Deklarativ</td><td colspan="2">Imperativ</td><td colspan="2">Wort bzw. Entscheidungsfrage</td></tr>
<tr><td>ba</td><td>zurückhaltend ausgedrückte</td><td rowspan="2">Sprecher-haftung für S-Assertion</td><td>zurückhaltend ausgedrückte</td><td rowspan="2">Spr-Ab-sicht, die S-denotierte Handlung auszuführen</td><td>zurückhaltend ausgedrückte</td><td rowspan="2">Spr-Auffor-derung an Adressaten um Reak-tion/ An-twort</td></tr>
<tr><td>ma</td><td>nachdrücklich ausgedrückte</td><td>nachdrücklich ausgedrückte</td><td>nachdrücklich ausgedrückte</td></tr>
</table>

Einordnungsprobleme, welche die traditionelle chinesische Grammatik mit ma_I als a *ja/nein*-Fragepartikel hat, lösen sich damit: einmal mit dem fakultativen Auftreten von ma_I in Entscheidungsfragen, da es sich nicht um eine illokutive, sondern eine Gradpartikel handelt. Es wurde aber nachgewiesen, dass Entscheidungsfragen im Mandarin mit verschiedenen satzfinalen Partikeln vorkommen. Die Bedeutungsunterschiede lassen sich von den spezifischen Beiträgen der Partikel ableiten.

ma_I hat definitive Hauptsatzeigenschaften – dies trifft – Li (2006: 36) ist bei dieser Verallgemeinerung etwas vorsichtig – für alle Endpartikel zu: Dies gilt mit Sicherheit für *ne*, *ba* (vgl. (66) unten) und *a*. Das heißt ja, dass jedes derartige Partikelvorkommen im Chinesischen sprecherdeiktisch (und damit syntaxstrukturell in ForceP, also mit maximalem Satzskopus, weitaus über CP (vgl. Abraham 2008, Coniglio 2009) verankert ist. Nach Haegeman 2002 sind ja nur (unabhängige) Hauptsatzstrukturen regelhaft sprecher- und sprachaktdeiktisch verankert; bei abhängigen Sätzen gilt dies nicht durchwegs.

(19) Hóngjiàn rènwéi Xiǎofú huì zuò yú **ba**
Hongjian glaub Xiaofu kann koch Fisch PRT
(i) *Hongjian glaubt, dass Xiaofu wahrscheinlich Fisch kochen kann.
(ii) Wahrscheinlich glaubt Hongjian, dass Xiaofu Fisch kochen kann.

Das chinesische epistemische Adverb für „wahrscheinlich" erlaubt keine Einbettung im „dass„-Nebensatz wie in (19i), wohl aber im unabhängigen Satz wie in (19ii). Solche adverbiale Einschränkungen gelten wohl fürs Deutsche in geringerem Maße (ist die deutsche Version in (19i) schlecht?); und sie gilt für abhängige Sätze in interessanter und keineswegs geklärter Weise für deutsche MP-Verteilungen noch weniger (dazu Abb. 4; Coniglio 2007b: 25, Abraham 2008).

Abb. 4: Distribution der chinesischen MP in Haupt- und Nebensätzen

Satztypen	MPn
Nebensätze mit verkürzter CP-Domäne	–
Nebensätze mit vollständiger CP-Domäne	+
Hauptsätze	+

MP im Deutschen zeigen sich demnach in verlässlicher Schibbolethfunktion, was echte und nicht so echte Nebensatzstrukturen anlangt – gewiss eine bedeutsame und, soweit ich das übersehe, für die Grammatikschreibung des Deutschen absolut innovative Einsicht.

3.2.5. Schlussfolgerung: Vergleich – FBA bei deutschen MPn und chinesischen satzfinalen Diskurspartikeln

Li (2006) geht in ihrer Diskussion der chinesischen Satzendpartikel, die den germanischen und besonders MPn so ähneln, unter minimalistischem Einordungsvorzeichen zu Werke. D.h. wo die traditionelle Grammatikschreibung zum Chinesischen je nach Kontext etwa für die Entscheidungsfragepartikel ma_1 und die Modalpartikel ma_2 getrennte Lexikoneinträge vorsieht, geht sie von einer wohl stark unterspezifizierten, aber doch einheitlichen Partikelfunktion für beide Morpheme aus und legt diese gemeinsamen Merkmale und die trennenden Kontexte ein für allemal fest. Dasselbe gilt für die Satzendpartikeln *ba* und *ma*, wo paarige Zusammenhänge erkannt wurden, die ebenfalls ausgehend von einer Grundbedeutung über unterschiedliche (Satztyp- und Sprechakt-)Kontexte dichotomische Stärkeunterschiede festgemacht wurden. Dies war Anlass, bei *ba* und *ma* von einem modalen Stärkegradpaar zu sprechen. Und Li zeigte, dass sich die unterschiedlichen sprechaktgebundenen Bedeutungen der Partikeln[3] auf natürliche Weise aus den einheitlichen Unterspezifikationen ableiten lassen – vgl. Abb. 3. Die traditionellen Beschreibungen sind oft verständlich und plausibel und gehen trotzdem im Vergleich mit Lis vereinheitlichendem Vorgehen am

3 Frühere Arbeiten wie Li & Thompson (1981) zählen zu den Diskursfunktionen von *ba* 'solicit agreement', nach Chu (1998) drückt *ba* 'speaker's uncertainty' aus.

methodisch minimalistischen Ziel und damit an der Sache vorbei. Nach Chu (1998) hat *ma* in Deklarativen präsuppositionelle Funktion, die andeutet, dass der Sprecher den propositionalen Inhalt als gegeben betrachtet. Nach Li (2006: 36 *et passim*) geht dies dagegen darauf zurück, dass *ma* hohe propositionale Nachweishaftung durch den Sprecher trägt. Vgl. nochmals Abb. 3 oben.

Was lernen wir aus der Diskussion zu den chinesischen „Diskurspartikeln"? Einmal darf die Terminologie nicht täuschen: „Modal-/Abtönungspartikeln" im Deutschen und „Diskurspartikeln" in der chinesischen Tradition der Grammatikschreibung haben weitaus mehr gemeinsam als die Bezeichnungen aussagen – es geht eben um die charakterisierenden sprachlich-linguistischen Tests, anhand welcher sich die entscheidenden Vergleichsresultate ergeben können.

3.2.6. Sprechakt- und Reihungs- bzw. Skopusbeschränkungen der chinesischen Satzendpartikeln: Struktureinordnung

In letzter Instanz geht es bei der Analyse der chinesischen Endpartikeln um die spezifischen illokutiven Funktionen und danach um die entsprechenden syntaktischen Unterscheidungen. In Übereinstimmung mit universellen Annahmen zur funktionalen Satzstruktur lassen sich die satzfinalen Diskurspartikel des Kanton-Chinesischen nach Li (2008) in den funktionalen Projektionen der CP-Domäne projizieren. Vgl. Abraham (2009a) zur grundsätzlichen Dreiteilung der Satzstruktur im Deutschen. In FinP steht das finite Satzprädikat, TopP und FokP sind aus ihren Basispositionen nach links verschobene Satzglieder. (20a-c) besagt, dass MP nur in bestimmten Nebensätzen – nämlich 'abhängigen Periphersätzen' – stehen können, sonst ausschließlich in unabhängigen Hauptsätzen (*root clauses*). In ForceP – fürs Deutsche auch als IllokP oder Sprecherdeixis-P eingeführt (Abraham 2009b im Anschluss an Haegeman 2002, 2004a,b, 2006 und Coniglio 2009 – steht der modale Satzoperator, der für die illokutive Wirkung der MP verantwortlich ist.

(20)	a	abhängiger Kernsatz:	Subj	–	–	–	TopP FinP …	***MP**
	b	abhängiger Periphersatz:	Subj	**ForceP**	TopP	FokusP	TopP FinP …	**MP**
	c	unabhängiger Satz:	–	**Force P**	TopP	FokusP	TopP FinP …	**MP**

Der Illokutionsträger ForceP ist die Bedingung für das Vorkommen von MP in einem Satz, und das Überraschende ist, dass es auch Nebensätze gibt, die MP-verträglich sind – d.h. die ebenfalls illokutiv modalisiert sind. In Abraham (2009b) werden in Einzelheiten die besonderen Eigenschaften des Satztyps (20b) erörtert, der obwohl abhängig doch eigenständige illokutive Wirkung zeigt – d.h. mit MP-Setzung verträglich ist. In den deutschen Grammatiken findet sich keine derartige Diskussion zu diesem unübersehbaren Phänomen.

Zurück zum Chinesischen, in dem dieselbe Erscheinung vorliegt – vgl. dazu (19) oben sowie Abb. 4. Dabei gelten für (21) unten folgende Partikelwurzeln: Initiale, Reime, Koda und Töne. Danach hat das Kantonesische die folgenden Partikelwurzeln.

Minimaleinheiten als Partikelsimplicia im Kantonesischen:
Die Ziffern kodieren Töne im kantonesischen Chinesisch.

(21)	***ge3***:	Sachverhaltshaftigkeit feststellend
	le:	Ergebnis markierend
	ze:	zeigt Beschränkung an
	me:	zeigt *ja/nein*-Fragen an
	ne:	evaluativer Modus
	aa:	Relevanz
	o:	besonders Bemerkenswertes
	k:	Emotionsverstärker
	1:	Zuwendung zum Angesprochenen
	4:	Zuwendung zum Sprecher
	5:	Evidentialität

Man vergleiche, um wie viel mehr Diskurs- und Emotionshaftes sich in den chinesischen Satzendpartikeln vereinigt als im Deutschen.

3.2.7. Eine Hierarchie von funktionalen Köpfen: relative Syntax

Chinesische Satzendpartikeln haben wie die deutschen MP klare lineare Abfolgebeschränkungen untereinander (Li 2006: 116). Nach Law (1990: 207–210) gelten im Kantonchinesischen folgende Abfolgen innerhalb Zweier- bzw. Dreierkomplexe von Partikeln in Satzendstellung – wobei gilt, dass manche Kookkurrenzen überhaupt nicht möglich sind. Die Abfolgeregel wird hier nur mit beginnender Partikel *ge3* dargestellt. Der grammatische Status von *ge3* gilt innerhalb von ForceP als funktionaler Kopf. Ziffern bezeichnen wieder Ton.

(22)	*ge3 laa1*	*ge3 lo4*
	ge3 laa3	*ge3 zaa3*
	ge3 laa4	*ge3 zaa4*
	ge3 laa5	*ge3 ze1*
	ge3 lo1	*ge3 zek1*
	ge3 lo3	

Nach (22) kann *ge3* also zusammen mit *le* und *ze* erscheinen, wobei *ge3* sowohl vor *le* als auch vor ze auftritt.

Nach Law (1990) gilt als ausgemacht, dass es folgende Partikelkookkurrenzen nicht gibt – hier wieder mit der Beschränkung auf *aa*.

(23)	**aa wo3*	**wo aa3*
	**aa wo4*	**wo aak3*
	**aa wo5*	**wo aa4*
	**wo aa1*	**wo aa5*

Um solche Beschränkungen zu erklären, kommt Wettbewerb für ein und dieselbe syntaktische Position in Frage: etwa für *aa* und *o*, die beide auf Diskursniveau für ein und dieselbe Funktion kämpfen.

Die Beschränkungen gehen weiter als im Deutschen, da ja auch Tonunterschiede verdiskontiert werden müssen. Wie aus (24) ersichtlich, „kämpfen" Ton 1 und 4 um dieselbe Abfolgeposition in Partikelkomplexen. Die Reihen der Komplexe *aa5*, *gaa5*, *laa5*, und *zaa5* wiederum verraten, dass das Evidentialprosodem, Ton *5*, vor dem hohen Grenzton *1* stehen muss (Li 2006: 117). Es ist angebracht zu fragen, ob in Prosodieuntersuchungen zu deutschen Modalpartikeln (Ikoma & Werner 2009) ähnliche klare Beschränkungen zum Ausdruck gebracht werden können.

(24)	*aa5*:		*aa*	+ *5* + *1*
	gaa5:	*ge3*	+ *aa*	+ *5* + *1*
	laa5:	*le*	+ *aa*	+ *5* + *1*
	zaa5:	*ze*	+ *aa*	+ *5* + *1*

3.2.8. Funktionale Positionssyntax der chinesischen Diskurspartikeln

Die kantonesischen Partikeln folgen derselben Abfolge wie die des Mandarin (Li 2006: 118): *me* steht vor *ne*, und *ne* wiederum steht vor *aa* und *o*. Insgesamt gilt folgende relative Abfolge:

(25) **Abfolgehierachie der chinesischen Diskurspartikeln**
ge3 < *ze* < *le* < *me* < *ne* < <*aa* / *o*> < *aa* < *o* < *k* < Ton *5* < <Ton *1* / *4* >.

Es ist nun bedeutsam, den einzelnen Partikeln und ihren syntaktischen Abfolgepositionen semantische und funktionale Werte zuzuordnen. Vgl. dazu (26).

(26) **Funktionshierachie der chinesischen Diskurspartikeln**

ge3: niedrigstes Element der Abfolgehierarchie; nach Sybesma (2004) gehört es als Kopf in die Satz-C-Domäne, deren Spezifikatorposition einen tempusbezogenen Operator besetzt. Wir sagen, *ge3* steht in FinP (vgl. (20) oben).

ze: kodiert Beschränkung in Bezug auf ein DP wie die Gradpartikel *nur*; gehört entsprechend in FokP.

le: im Mandarin, Entsprechung von Kantonesisch *le*; nach Sybesma (2004) strukturell wie T(empus) im Niederländischen und Englischen anzusetzen, da es den Satz in der Zeitachse der wirklichen Welt verankert, daher satz- und illokutionsstrukturell in DeikP.

me: Typenpartikel für Entscheidungs-/*ja*-nein-Fragen; daher in ModusP.

ne: Evaluativmarker: in EvaluativP.

aa, ***o***: *aa* steht für Diskursrelevanz, während *o* Bemerkenswertheit kodiert; daher in DiskursP.

k: Emotionsintensivierer: in EpistemikP.

5: Evidentialmarker: in EvidentialP

1, ***4***: signalisieren Orientierung für Adressaten und Sprecher: in EpistemikP.

3.3. Schluss und Folgerungen

Chincsische satzfinale Partikeln lassen sich also in atomare Bedeutungseinheiten zerlegen: Initiale, Reime, Koden und Töne, in denen sich jeweils eine Kern- oder Wurzelsemantik bündelt (Li 2006: 119). Diesen Partikelwurzeln lassen sich wiederum nach deren relativer Linearität Positionen zuordnen. Die Funktionen dieser Partikelwurzeln ordnen sich demgemäß in einer hierarchischen Ordnung wie in (27). Ziffern bezeichnen Tonhöhen. Wir fragen uns natürlich, inwiefern hiermit eine nur fürs Chinesische gültige hierarchische Modalitätskodierung vorliegt oder ob dahinter mehr, etwa eine universelle Ordnung vorliegt.

(27)	Epist1 >	Evid >	Epist2 >	Disk >	Eval >	Mood >	Deik >	Fok >	Fin
	1, 4	*5*	*k*	*aa, o*	*ne*	*me*	*le*	*ze*	*ge3*

Zu diesem strukturellsemantischen Bild der kantonesischen Diskurspartikeln ist mindestens zweierlei anzumerken: einmal dass es möglicherweise lohnen würde, die Tonbeschränkungen in (24), (25) und (27) auf prosodische Charakteristiken im Deutschen abzuprüfen. Meines Wissens gibt es zu prosodischen Merkmalen deutscher Modalpartikeln erst eine einzige Arbeit: die von Ikoma (2007) sowie daraus hergeleitet Ikoma & Werner (2009). Zum Zweiten geht es um Abfolge von MP und die daraus ableitbaren Skopi innerhalb des Satzes – z.B. um die Frage, wie solche Anfolgen vereinigbar sind mit den 6 Adverbpositionen im Deutschen (nach Frey & Pittner 1998). Einen solchen Abgleich hat meines Wissens noch niemand versucht, wiewohl zu den Abfolgebeschränkungen schon einiges Konkretes vorliegt (sicherlich seit Thurmair 1989). Bei Abraham (2000) sind Abgleiche anhand von dreifacher CP-Besetzung (s. Abschnitt 4.3 unten) in den süddeutschen Dialekten und damit kategoriale Festlegungen vorgenommen worden, die sich auch etymologisch – also nach der Herkunft der MP-Lexeme – bestätigen lassen. Coniglio (2009) schließlich zeigt, das die MP nicht nur am rechten Rand des deutschen Mittelfelds lokalisierbar sind, sondern in der Tat eine den Annahmen von Frey & Pittner (1998) entsprechende, über einen Großteil des deutschen Mittelfelds reichende Verteilung haben.

4. MP = Illokution: ähnlich und doch anders als GP/FP, EMV und epistemische Adverbien

Es war unser Ziel, anhand des Chinesischen auf Analyseniveaus und Ergebnisse hinzuweisen, die auch für das Deutsche verbindlich zu machen sind bzw. die bereits vorliegen, die aber in der Literatur zu wenig Beachtung gefunden haben, die wir aber für unverzichtbar halten. Zu diesen Analyseeckpunkten, das sei noch einmal zusammengefasst, gehören: relative syntaktische Position in MP-Komplexen mit Blick auf die VSVOV-Typologie, damit in Verbindung deren funktionshierarchischen Beziehungen, prosodische Merkmale, die genauen FBA-Marken. All dies soll mit bereits existierenden Ergebnissen abgeglichen und verglichen werden. Wir wollen dabei die Kernfrage im Auge behalten, was an Satzstruktur vorliegen muss, um derartigen FBA-Kodierungen zu ihrem Recht zu verhelfen – wir erinnern uns, dass eine Reihe von europäischen Sprachen (das Englische, die Romania) MPs sozusagen in ihrer Satzstruktur (SVO?) keinen Platz einräumt.

4.1. FBA -Vergleich zwischen epistAdv, EMV und MP

Es gibt Linguisten und Typologen, die sich damit bescheiden festzuhalten, dass die Frage, ob manche Sprachen überhaupt eine Kategorie wie MP[4] besitzen, ein rhetorisches Spiel und damit völlig unbedeutsam ist, gäbe es doch epistemische Adverbien, mit denen dasselbe erreichbar sei. Damit erübrigt sich natürlich auch die Frage, ob – sofern MP (ebenso wie EMV und der Konjunktivmodus) unter FBA-Erwerbsverzögerungen in L1 fallen – bestimmte Sprachen stärker FBA/ToM-klassifizierbar sind als andere Sprachen (und was dies etwa typologisch implizieren würde). Es ist zu zeigen, dass eine solche Position empirisch falsch ist – was eben für typologische Überlegungen von tiefer Bedeutung sein könnte.

Nach minimalistischen Grundgedanken muss die Erfüllung der illokutiven Funktion in ForceP durch entsprechende distributiv-komplementäre Eigenschaften legitimiert sein. Man vergleiche noch einmal (1)–(5) ganz oben. Wir wollen dies für Epist- und Evid(ential-)Adverbiale sowie für MPs erneut mit sprachlichem Material darstellen. Dabei sollen uns bloß die realen FBA-Inhalte, also sprecher- und angesprochenendeiktischen Inhalte interessieren, nicht jedoch Grad- bzw. Fokuspartikel, die ja keinen Satzskopus ausdehnen.

MPs entfalten dreifache Deixis im Sinne von (5c). Sie kodieren den komplexesten Bewusstseinsstand (Sprecherdeixis markiert die Sprecherabschätzung der Adressatenabschätzung von p) in dem Sinne, dass MP – und zwar nur diese im Unterschied zu EMV und mehr noch E-Adverbialen – Interkommunikation zwischen Spr und Adr induzieren, ohne dies lexikalisch direkt anzudeuten. Offenbar verfügt keine andere Wortart über diese FBA-Potenz. Wir haben anhand des Japanischen und Chinesischen gesehen, dass auch andere, typologisch ganz verschieden gebaute Sprachen über diese illokutive Fähigkeit in derselben direkt-deiktischen, diskursprominenten Weise verfügen wie das Deutsche, das dies aber längst nicht für alle Sprachen gilt (vgl. Abraham 1991, 1995).

4.2. Nebensätze als MP-Schibboleth – selbständige Illokution in abhängigen Sätzen?

Es ist absolute nichttrivial zu fragen, was hinter den beiden Nebensatztypen steckt: den einen, die wie Hauptsätze über eigene illokutive Kraft verfügen und demgemäß

4 Wenn MP überhaupt eine eigene Wortart darstellt und nicht bloß „schwächere" Modaladverbiale (im grammatischen Status vergleichbar den klitischen Formen der Personalpronomina) umfasst, wovon etwa Coniglio (2009) ausgeht.

MP legitimieren, und andere, in denen die MP-Setzung unerlaubt ist. Siehe (28) in entsprechender Minimalformulierung.

(28) a Kernabhängigkeit: Subj – – – Fin... *MP
b Peripherabhängigkeit: Subj Top Fok **Force/SprDeix**Fin... MP

Die eigentliche Frage ist also, welche tieferen Eigenschaften hinter kernabhängigen und peripherabhängigen Dependenzen stecken derart, dass nur die zweiten Nebensätze eigene illokutive Kraft kodieren und folglich MP-modalisiert erscheinen.

Um diesem tieferen Unterschied syntaktischer Abhängigkeit Spur zu kommen, betrachten wir die bekannten zwei Relativsatztypen. Restriktive Relative kodieren eine Wahlfunktion (choice function) über den DP-Kopf und heben ein Individuum heraus, das durch den Relativsatz umschrieben wird. Die Individuenreferenz unterscheidet sich von der Referenz des DP-Kopfes, obwohl die Extension des Relativs eine Untermenge der Extension des DP-Kopfes ist. Zum Unterschied davon ist die Referenz erweiternder (nichtrestriktiver) Relativsätze identisch mit der des DP-Kopfes. Ein solcher Relativsatz hebt ausschließlich eine Eigenschaft hervor, die dem DP-Kopf bereits eignet. Eigennamen wie *Hans* in (29a,b) denotieren üblicherweise ein einziges Individuum; Artikelwörter und Akzent eröffnen andererseits den Bezug auf eine Individuenmenge mit identischem Namen wie in (29a) und ermöglichen damit eine restriktive attributive Modifikation. Man vergleiche die entsprechenden Eigenschaften der zwei Relativtypen in Abb. 5.

Abb. 5: Komplementärverteilung für die beiden Relativsatztypen

Relativsatz	Vordergrund	Unabhängige Erweiterung	Fokus	Koordination	Parenthese	Epist. Adverb
+einschränkend	+	+	+	-	-	-
-erweiternd	-	-	-	+	+	+

Dies illustrieren die folgenden Beispiele. Restriktive Relativsätze verhalten sich wie vordergrundierte und fokussierte Attribute, erweiternde Relativsätze dagegen wie appositive Modifikationen des Kopfes: hintergrundiert und unfokussiert.

(29)
a Der **ja* dort DRÜBEN wohnende Hans ist blind. ... restriktiv/vordergrundiert/ fokussiert / Extension unabhängig
b Der *ja* dort drüben wohnende HANS ist blind. ... nichtrestriktiv/hintergrundiert/ unfokussiert (defaultfokussiert) / Extension impliziert
c Hans ist blind. Er wohnt *wohl/ja* dort drüben. ...Koordinierbarkeit nur für Nichtrestriktive
d Hans – er wohnt *wohl* dort drüben – ist blind. ... Parenthese nur für Nichtrestriktive
e ..., der den Schlüssel *wohl* finden wird. ... MP
„... who will find the keys alright“

f ..., der den Schlüssel *sehr wohl* finden wird. ... äquivalentes epistemisches Adverb
g ..., der den Schlüssel *sehr wahrscheinlich* finden wird ... paenäquivalentes epistemisches Adv

Deutsch verfügt über lexikalische und grammatische Mittel zur Unterscheidung von restriktiven und nichtrestriktiven Relativsätzen. Determinatoren in der Kopfkonstituente des Hauptsatzkorrelats wie *(der)jenig-*, *ein solch-*, *DER/DIE/ DAS*, *EIN-* sondern Individuen aus und lösen damit die restriktive Lesart aus. Fehlen solche Auswahlfunktionen, dann können Relativsätze zwischen den beiden Lesarten ambig bleiben. Der Einsatz von Modalpartikeln löst diese Ambiguität wie in (30).

(30) a Voyeurs, die *ja* nichts verpassen wollen, stellen sich an jedes Guckloch. ...nichtrestriktiv
b Voyeurs, die *JA* nichts verpassen wollen, stellen sich an jedes Guckloch. ...(nicht)restriktiv
c Jene Voyeurs, die *JA* /**ja* nichts verpassen wollen, stellen sich an jedes Guckloch.

Nebenbei zeigt (30c), dass betontes *JA* keinen illokutionspotenten MP-Status haben kann, dies im Unterschied zu *ja*.

4.3. MP und Illokutionspotential

Wenn mich meine Literaturübersicht nicht im Stich lässt, ist Wechsler die Einsicht zuzuschreiben, dass Verbzweit (V2) als syntaktischer Nachweis für die Existenz von illokutiver Stärke gilt. Wechsler (1990; 1991) hat dies für V2 im Schwedischen untersucht; sein Fund lässt sich aufs Deutsche übertragen, wie in der Folge dargestellt (nach Bayer 2008b: 14f.). Die deutschen Beispiele in (31)–(35) führen zu dem Schluss, dass V2 eine syntaktische Kerneigenschaft ist, die für abhängige Sätze mit Vletzt nicht gilt. [V2 im Hauptsatz, V1 (nicht nur in der Satzfrage!) und Vletzt im abhängigen Satz hervorgehoben; kleine Versalie für kontrastiven Akzent]

(31) a Die Frage, ob das Experiment gelingen **wird**, ist von entscheidender Bedeutung.
b * Die Frage, **wird** das Experiment ***denn*** gelingen/*V-in-Comp, ist von entscheidender Bedeutung.
c **Wird** *denn* das Experiment gelingen?

(32) a. Die Frage, welches Experiment gelingen **wird**, ist von entscheidender Bedeutung.
b* Die Frage, welches Experiment **wird *denn*** gelingen/*V2, ist von entscheidender Bedeutung.
c Welches Experiment **wird *denn*** gelingen?

(33) a Dem Befehl, zwei Schritte nach links zu **gehen**, wurde nicht nachgekommen.
b *Dem Befehl, **gehe *bloß*** von hier aus zwei Schritte nach links/*V-in-Comp, wurde nicht nachgekommen.
c **Gehe *bloß*** von hier aus zwei Schritte nach links!

(34) a Der Ausruf, dass das Ableben des Königs eine Freude **sei**, ist zu unterlassen.
b. *Der Ausruf, **ist** DAS ***bloß*** eine Freude, dass der König gestorben ist/*V-in-Comp, ist zu unterlassen.
c. **Ist** DAS ***bloß*** eine Freude, dass der König gestorben ist!

(35) a. Der Wunsch, dass das Experiment ***doch*** endlich gelingen **möge**, blieb unerfüllt.
b *Der Wunsch, **möge** das Experiment ***doch*** endlich gelingen/*V-in-Comp, blieb unerfüllt.
c. **Möge** das Experiment ***doch*** endlich gelingen!

Das Verb steht in den a-Beispielen der Satzeinschübe in Satzletztstellung, Vletzt. (31a), (34a) und (35a) haben abhängige Sätze mit unterordnender Konjunktion: *ob*, *dass*, *dass* – d.h. sie sind durch ein Element an einer Stelle eingeleitet, wo sonst das finite Verb stehen sollte, dass infolge dieser Konjunktionsbesetzung an letzter Stelle, seiner Basisstelle im Satzstehen bleibt. In (33a) ist die Verbform infinitivisch, was ja nicht direkt auf V2 hinweist. Die Einschubsätze haben allesamt nur kurze Satzstruktur, also IP bzw. TP. Vgl. Abb. 5. Wir ziehen aus diesen Beispielen also den Schluss, dass MP nicht in strukturkurzen Sätzen wie IP oder TP wie den b-Sätzen in (31)–(35) stehen können – MP müssen in der um ForceP/SprecherdeixisP erweiterten Satzstruktur stehen, also müssen vollen CP-Strukturcharakter haben.

Das ist auch der Grund dafür, dass (32b) ungrammatisch ist. Gehen wir davon aus, dass das Fragewort *welches* im Spezifikator zu Comp in der Satzstruktur CP stehen muss. Das aber sollte eine grammatische Version liefern – (32b) ist aber ungrammatisch! Der Blick auf die anderen ungrammatischen b-Beispiele in (31)–(35) jedoch liefert einen eindeutigen Hinweis: Diese Sätze erfüllen nicht die CP-Stukturbedingung, damit eben auch nicht den Einschluss von ForceP/SprecherdeixisP – d.h. die Möglichkeit MP sinnvoll einzusetzen.

Die Frage ist nun: Bisher ist man davon ausgegangen, dass MP überhaupt nur im rechten Mittelfeld stehen („Hentschels Hypothese: MP stehen zwischen Thema- und Rhemamaterial im Mittelfeld„). Wenn sie jetzt auch noch in der linken Satzperipherie stehen können: Was ist denn dann ihre Basisposition, von der aus in der Logischen Form die Semantik berechnet wird? Zeigen wir zuerst, dass MP tatsächlich am linken Satzrand stehen können.

5. MP im Vorfeld (SpecC/IP(?)) UND im Mittelfeld (vP⌒vP(?)) – wo nun wirklich?

5.1. Elementare Satzarchitektur – ist die C-Domäne so einfach, wie sie aussieht?

Wir gehen von folgender Satzschichtenannahme aus: In der niedrigsten Strukturschichte stehen die lexikalischen Projektionen mit V als Kopf (also Verb mit seinen Aktanten in hierarchisch vertikaler Ordnung); in der zweithöchsten Schicht sind die Flexionsfunktionen beherbergt, ihr Kopf ist I(nflexion); und die höchste Strukturebene mit dem C(omp)-Kopf enthält jene Elemente, über welche die Verbindung zum übergeordneten Satz bzw. zum benachbarten Diskurs hergestellt wird. Siehe Abb. 6.

Abb. 6: Valenzbereichserweiterung in formalisierten Satzstrukturen

Regens	Recta	Propositions-Diskursorientierung
V-PROJEKTION	V + Argumente/Direktionaladverbien	KERNORIENTIERUNG
I-PROJEKTION	Temp., Num., Person, strukt. Kasus	SATZBINNENORIENTIERUNG
C-PROJEKTION	Sprechakt- bzw. Diskursanbindung	SATZAUSSENORIENTIERUNG

Jede dieser Strukturschichten wird untergegliedert. Die historische Entwicklung dieses Strukturgrundgedankens reicht von Larson (1988), der VP in VP-Subschalen untergliederte, über Hale & Keyser (1993) mit der Idee eines V übergeordneten Verbkomplexknotens bis hin zur Einführung des sog. 'funktionalen Strukturbereichs' durch Pollock (1989), der, statt wie Platzack I(nfl) aufzuspalten, eine feiner strukturierte IP-Architektur mit eigenen Projektionen für T(empus) P, Agreement (AGRsubjP, AGRobjP) für Rektionskongruenz, Negation (NegP) und andere vorschlug. Nach Rizzi (1997) wird auch die höchste linksperiphere Ebene, das C-System, weiter untergegliedert und zwar, was uns hier am vordringlichsten interessiert, mit ForceP für den syntaktischen Niederschlag der illokutiven Wirkung eines Satzes im Diskurs, TopP für topikalisiertes (an die Satzspitze verschobenes) Material, FokP für fokussiertes (kontrastbetontes) Material und schließlich Fin(itheits)P; letzteres trägt dem Distributionsfaktum Rechnung, dass Complementizer (unterordnende Konjunktionen) und das finite Prädikat komplementär verteilt sind – d.h. ein und dieselbe Satzposition in V2/Comp besetzen wollen – und damit finitheitssensitiv sind (man denke an die bairische Konjunktionsflexion zumindest bei bestimmten Personen und Numeri). Solche morphologischen Finitheitsmerkmale finden sich ausschließlich in C ausbuchstabiert.

Erstens also ist die linke Satzperipherie keineswegs einfach strukturiert; zum Zweiten aber ist nun die Frage zu lösen, was die Basisposition der deutschen MPs ist: Mittelfeld oder linke Peripherie – dies selbst wenn, wie zu zeigen ist, beide Positionen MP-vertreten sind.

5.2. MP nicht nur im MF, sondern auch satzlinksperipher

Zwei ganz wesentlich zusammenhängenden Positionen: beim w-Wort (nur in Fragen) (Bayer 2004) und im MF.

(36) *[**Wohin** <nur/bloß>]*$_{\text{SpecCP(?)}}$ könnte *<*nur/bloß*> ich <*nur/bloß*> meine Brille <*nur/bloß*>$_{\text{vP}\cap\text{vP}}$ gelegt haben **<*nur/bloß*>?

(37) *[**Von wem** <denn>]*$_{\text{SpecCP(?)}}$ habe *<*denn*> ich $^{??}$<*denn*> mir <*denn*> diesen Hinweis <*denn*$_{\text{vP}\cap\text{vP}}$ geholt **<*denn*>?

(38) a Das Satzfeld ModP (vgl. Abb. 5) gilt nur fürs Englische. Es ist insofern unvollständig, als ja zwischen ModP und Fin/Comp noch Platz für das Subjekt-DP in SpezCP sowie zwischen SpezCP und Comp noch ein Knoten für kurze Adverbien wie *hardly*, *always* etc. geschaffen werden müsste.

b Die Zahl der im deutschen Mittelfeld zu reihenden Adverbiale ist mit Frey & Pittner

(1998) entsprechend zu ergänzen. Frage: Haben die MP-Positionen damit etwas zu tun?

c +/- vor dem Merkmal <+Spr-bewusst> der MPn bzw. <-faktiv> kürzt hier die Ableitungsaktivierungssignale„bewertbar/valued“bzw.„unbewertbar/unvalued“derMinimalismussyntaxtheorie ab.

Das Endsatzfeld 'Extraposition' beherbergt (nach Averintseva-Klisch 2006) thematische „Nachgedanken„ deren anaphorische Präzedensposition hier allerdings nicht eingesetzt ist.

Abb. 7: Adverbposition, Informationsfluss „Thema vor/nach Rhema" und die Existenz von MP

	Default-Fok-Position	Thema vor Rhema	**Modalpartikel**
Englisch	V– Fok– Adv/TH	–	–
Deutsch	TH/Adv – Fok– V	+	+

Die für den MP-Strukturplatz nötigen Klammerpole sind in (39) fett hervorgehoben. Die Satzstruktur in (39) bezieht sich auf das Beispiel in (36). TH ist strukturell wie in (39) in TopP verortet.

(39)

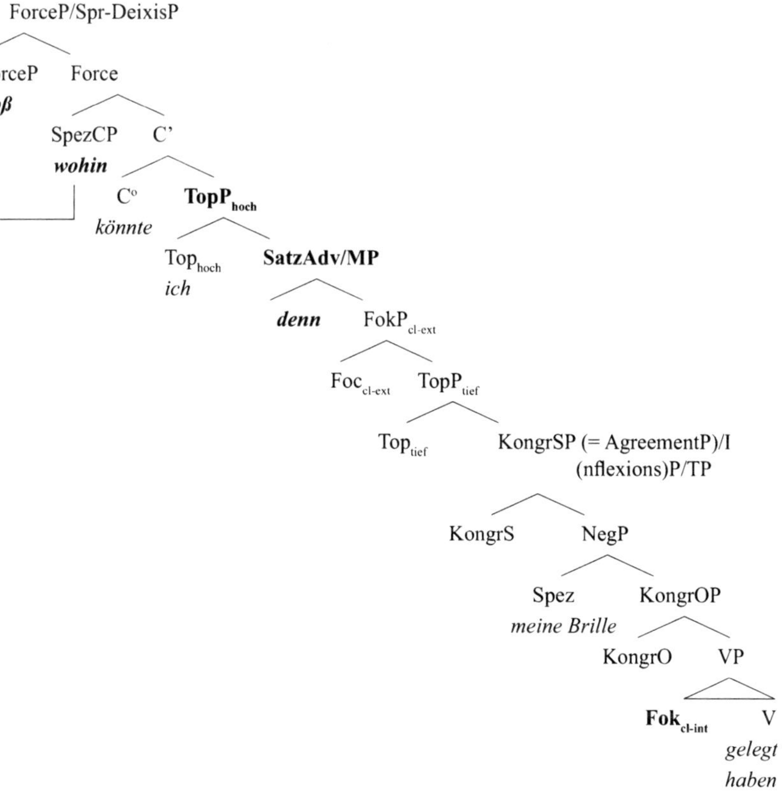

MP kommen also auch am linken Satzrand vor und zwar in Verbindung mit *w*-Fragewörtern in CP bzw. höher. Da diese *w*-Wörter in SpezCP stehen und das finite Satzprädikat direkt folgt – also in V2/C(omp)° steht, hat ein solcher Satz erweiterte Struktur, beherbergt also die illokutive ForceP-Funktion und erlaubt demgemäß die Setzung eines MP.

5.3. MP-Kombinationen und deren tiefere Logik

Wir haben gesehen, dass Diskurspartikeln im Chinesischen in strengen relativen Ordnungen vorkommen. Auch im Deutschen gelten für Modalpartikeln die folgenden relativen Positionsbeschränkungen: vgl. (40) – Umstellungen unter Akzentuierung hier vorbehalten wie für *JA DOCH*. Die Frage ist, ob sie dann noch als MP gelten können.

(40)	**C1-KOORD**	**C2-ADV**	**C3-FP**
a	*denn*	*auch*	*bloß/nur*
b		doch	JA
c		*eigentlich*	*schon*
d		*etwa*	*wohl*
e	*aber*	*ja*	*auch*

Diese relative Reihungsbeschränkung ist kategorial nicht willkürlich insofern, als diachrone Kategorienzugehörigkeit die heutige Verteilung und Reihung bestimmt.

Doppelte Comp-Besetzung (nach Bayer 2008a):

(41) a men shal wel knowe **who that** I am — Mittelenglisch
Man wird wohl wissen, **wer dass** ich bin
b nu hoert … **wa daz** er mir lougent niht aller mîner leide — Mittelhochdeutsch
Nun hört zu … **wie viele** meiner Schmerzen **dass** er mir abstreitet
c Je ne sais pas **quand que** Marie arrivera — Substandardfranzösisch
Ich weiß nicht, **wann dass** Marie ankommt
d Non so **quando che** Mario arriverà — Substandarditalienisch
e West duu öpper, [$_{SpezComp}$ **wi lang** [$_{Comp}$ **dass** di walt [$_{vP}$ beschtenna wörd]]]? — Südthüringisch
f Frog's doch, **wia lang daß**'s no dobleim woin! — Bairisch
Frag sie doch, [$_{SpezComp}$ **wie lange** [$_{Comp}$ **dass** sie [$_{vP}$ noch [$_{vP}$ da bleiben wollen]]]]!

5.4. Niederländische CP-Rekursion

Im Substandard des Niederländischen kann *of* 'ob' für das syntaktische Merkmal <C(omp)> unspezifiziert sein. Damit kann *of* zusammen mit *dat* 'dass' vorkommen, welches für <C> spezifiziert ist (Bayer 2008b). Vgl. (42).

(42) Ik vraag me af [**of** [**dat** [Ajax de volgende ronde haalt]]]
*Ich frage mich, **ob dass** Ajax in die nächste Runde aufsteigt*

Das CP-Komplement von (42) ist dann syntaktisch dargestellt wie in (43):

(43)

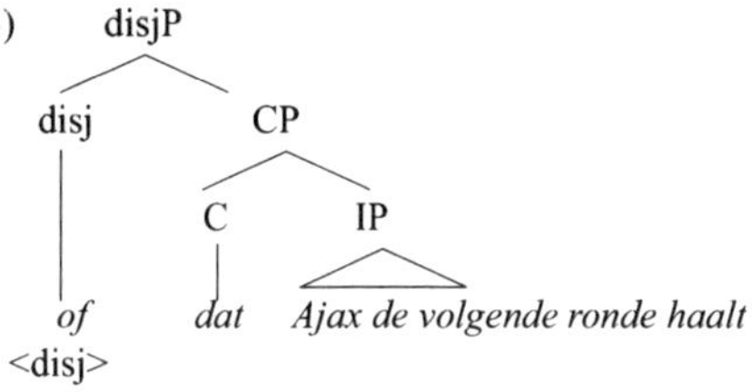

Markieren wir (mit Bayer 2008a) die *w*-Konstituente mittels des Merkmals <disj(oint)> als unspezifiziert. Dann lässt sich sagen, das w-Wort kann mit ndl. *of* in einer Konstruktion zusammen vorkommen, weil dieses hinsichtlich <disj> spezifiziert ist, welches allerdings andererseits für <C> unspezifiziert ist:

(44) Ze weet [**wie** [**of** [**dat** [hij had willen opbellen]]]]
Sie weiß, wen ob dass er hat wollen anrufen

Solche Mehrfachbesetzungen in und zusammen mit Comp finden sich auch in anderen Sprachen – nicht nur im Niederländischen und Bairisch-Österreichischen, wie zu zeigen ist.

5.5. *wh*-in-situ in Koran

Bayer (2008b) weist darauf hin, dass die ost- und z.T. auch westasiatischen Sprachen die *w*-Konstituente nicht an die Satzperipherie verschieben wie das Deutsche oder Englische. Diese *w*-Konstituente bleibt vielmehr in der Basisposition („in situ„, in (45)–(46) fett hervorgehoben) stehen. Dieses Faktum geht offenbar einher mit Morphemen, die auf die Merkmale <disj> und <C> verweisen. Dazu nennt Bayer die Daten in (45) und (46) aus Koran, einer ostasiatischen Sprache.

(45)	akasi -nun [[[ku-ka	**mwues**-ul mek-kess]	-**nya**]	-**ko**]	mwulessta
	Kellnerin-TOP *er*-NOM	*was*-AKK *ess-wollt*	-Q	-QUOT	*fragte*
	Die Kellnerin fragte, was er essen wollte				
(46)	Bill-um [[[John -i	wa -ss] -**nya**]	-**ko**]	mwulessta	
	Bill-TOP *John*-NOM	*komm*-PAST	-Q	-QUOT	*fragte*
	Bill fragte, ob John gekommen war				

Die Satzergänzung in (45) ist das Spiegelbild von ndl. (42) und (44), was die Stellung der Fragewörter betrifft: Die *w*- und Comp-Wörter stehen im Ndl. an der linken Satzperipherie, in Koran dagegen an der rechten, wo die entsprechenden Appellative stehen würden (nach denen gefragt wird). Die Glosse Q entspricht dem Merkmal <disj> und hat Skopus über IP (vgl. (47) unten). QUOT entspricht C. Von Details abgesehen (auf welche Bayer sehr scharfsinnig eingeht) zeigt sich die Struktur für (45) des Koran identisch mit der des Niederländischen (und, was hier nicht gezeigt wurde, des Substandards im Bairisch-Österreichischen) – nur ist die Abfolge spiegelbildlich.

(47)

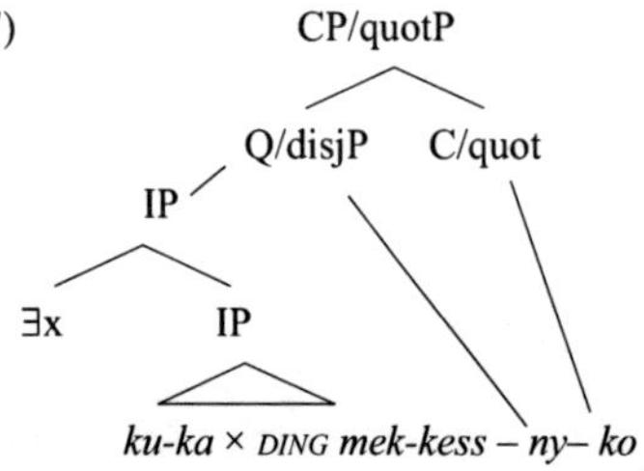

Damit ist gezeigt, dass solche Mehrfachbesetzungen übereinzelsprachlich registriert sind, gleichgültig ob sie an der linken Satzperipherie auftauchen oder unverschoben in ihren Basispositionen stehen.

5.6. Speziell zu *denn*

denn steht, wie wir wissen, nur in Fragen.

(48) a *[Wohin* ***nur/bloß****]* könnte ich meine Brille gelegt haben?
b *[Von wem* ***denn****]* sollte dieser Hinweis gekommen sein?

Suchen wir nun in (49) nach den allgemeinen Grundbedingungen der MP-Setzung (z.T. im Anschluss an Bayer 2008b).

(49) a *denn* stellt einen Beziehung her zur situativen bzw. kontextuellen Rundumkenntnis zwischen den Interlokutoren, Spr und Ang. Im Besonderen kodiert *denn* ähnlich wie jede andere MP, dass der Sprecher besorgt ist bzw. ein besonders begründetes Interesse zeigt. Vgl. das Merkmal „[Besorgnis]/[besonders begründetes Interesse]", das wir am Anfang eingeführt haben; vgl. den Kommentar zu (4) ganz am Anfang oben.
b Wie bereits in (40) verallgemeinert ist *denn* die höchste in der Partikelhierarchie des Deutschen; sie steht strukturell höher als die hohen Adverbien (es sei denn, diese sind aus Kontrastgründen nach oben/weiter links verschoben).
c Die formale Nullhypothese ist, dass *denn* Kopfstatus in einer eigenen Partikelkonstituente, PartP, einnimmt.
d *denn* ist semantisch – d.h. unter Bezug auf ihre illokutive Wirkung auf den ganzen Satz – hoch links in der ForceP-Projektion (der Ebene der Äußerung) situiert; phonetisch („auf PF„) kann sie dessen unbeschadet unterhalb im Mittelfeld stehen.
e Das für *denn* besondere Merkmal [Besorgnis]/[besonders begründetes Interesse] der PartP mit dem *den*-Kopf steigt über eine Kongruenzrelation zwischen der Interrogativevalenz (‚probe‘) zur Force/SprDeixis-Projektion und zur PartP als Endposition auf.

f *denn* kann phonetisch – also in der Oberflächenstruktur – weit weg von seiner Basis erscheinen, solange nur sein Merkmal [Besorgnis]/[besonders begründetes Interesse] durch eine *w*-Konstituente in einer zyklischen Versetzungsphase aufgenommen wird.

Mit entsprechenden Modifikationen gilt (49) für alle MPs, z.B. auch für *nur* und *bloß* in Emphasestellung.

5.7. MP-Abfolge bei unterschiedlichen Satztypen

Die Anordnung der MPn innerhalb von Deklarativsätzen ist in der Regel die folgende:

(50) Reihenfolge der MPn in **Deklarativsätzen** (Coniglio 2007b: 23)
ja > denn > doch > halt/eben > wohl > … > DOCH > schon > mal

(51) Reihenfolge der MPn in **Entscheidungsfragesätzen**:
denn > wohl/eigentlich/vielleicht > etwa > einfach > mal auch > JA

(52) Reihenfolge der MPn in ***w*-Fragesätzen**:
denn > doch > auch > schon
eigentlich/wohl > bloß/nur

(53) Reihenfolge der MPn in **Imperativsätzen**:
doch > halt > (bitte >) eben > auch > einfach > nur > schon > ruhig > mal >bloß > JA

(54) Reihenfolge der MPn in **Wunschsätzen**:
doch > nur > bloß

(55) Reihenfolge der MPn in **Exklamativsätzen**:
aber > vielleicht

(56) Reihenfolge der MPn in ***w*-Exklamativsätzen**:
aber/doch > auch > nur

5.8. Tiefere Logik der MP-Abfolge- und Kombinationsbeschränkungen

Außer unter *w*-Wortlizensierung stehen MP im Deutschen im Mittelfeld, welches ja nur im Deutschen – mit SVOV – vorhanden ist; dabei gelten die folgenden relativen Positionsbeschränkungen: vgl. (57) – Umstellungen unter Akzentuierung zuweilen notwendig (etwa *ja DOCH*); vgl. Abraham (1995).

(57)	**C1-KOORD**	**C2-ADV**	**C3-FP**
a	*denn*	*auch*	*bloß/nur*
b	doch	JA	
c		*eigentlich*	*schon*
d		*etwa*	*wohl*
e	*aber*	*ja*	*auch*

D.h. die Reihung ist kategorial nicht willkürlich insofern, als diachrone Kategorienzugehörigkeit die heutige Verteilung und Reihung bestimmt. Allerdings muss dem jeweils weiten Skopus der illokutiven MP in einer Logischen Form Rechnung getragen werden – sie stehen dort in einer C(omp)-Extension:

(58) a der Umstand, *daß*-**C3**/**ob*- **C2**/**wie*-**C1** er pünktlich ist
C1 in deklarativem Sprechaktkontext
b die Frage, *ob*- **C2**/**daß*-**C3**/**wie*-**C1** er pünktlich ist
C2 in interrogativem Sprechaktkontext
c nicht so dumm, *wie*-**C3**/**ob*- **C2**/**daß*-**C1** ich gedacht hatte
C3 in Vergleichskontexten

Zweifaches C–Vorkommen:

(59) a Er weiß, ***wie ob*** du das tun musst bair.-österr.: *wie dass…*
b Er weiß nicht, ***wen dass*** er gesehen hat
c Er weiß nicht, ***wann dass*** er kommt
d Er weiß nicht, ***wie dass*** das aussieht

Dreifaches C–Vorkommen:

(60) a das ist nicht so dumm, **als/wie-C1 ob/wenn-C2 daß-C3** er gedacht hat
bair.-österr. etwa: *wie daß…*
b das ist, ***als ob dass*** er gedacht hat *wie wenn daß…* (?)
c Er schaut aus, ***wie wann (dass)*** er Masern hätte
(61) a *Er weiß (nicht), ***dass wen*** er gesehen hat weder als indirekter *w*-Fragesatz noch als Objektinhaltssatz interpretierbar!
b *Er schaut aus, ***dass wie wann*** er Masern hätte was für eine Satzart?
c *Er schaut aus, ***wann dass wie*** er Masern hätte was für eine Satzart?

Syntaktische Nullhypothese (Abraham 1995)

(62) a Die MPn lassen sich in 3 syntaktische Stellungsklassen einteilen: **C1, C2** und **C3**.
b Die Klassenzugehörigkeit zu **C1, C2** und **C3** ist von syntaktischen Eigenschaften der lexikalischen MP-Homonyme abhängig.
(63) a ***Und/denn/aber wie*** hat er das gesehen? *w*-Fragekontext
b ***Und/denn/aber wie dass*** er sie gesehen hat! *w*-Ausrufekontext

5.9. Vergleich MPn und paen-synsemantische (aber nicht syn-illokutive) Modaladverbiale

(64) Sind die Vorkommensrestriktionen grammatisch oder sprechakttypisch bestimmbar?
(65) Woher stammt diese spezifische Restriktion: aus der Bedeutung des allokategorialen

Homonyms? aus der Bedeutung der Modalpartikel selbst? Hat diese überhaupt eine eigene ‘Bedeutung’?

(66) Aufgrund welcher Bedingungen ist die Modalpartikel-Funktion mit ihrer spezifischen Einschränkung überhaupt entstanden? Was sind die kausalen Auslöser der Modalpartikel-Genese derart, dass sich genau die sprechaktspezifischen Einschränkungen herausgebildet haben?

(67) **Allgemeine Syntaktische Nullhypothese (Abraham 1995):**
So wie das *w*-Wort als Satzoperator in [Spez, CP] und über c-Kommandierung die Fragefunktion des Satzes festlegt, so legt das Modalpartikel-Element als Satzoperator in [Spez, CP] oder allgemeiner [Spez, TopP] seine spezifische Sprechaktfunktion fest. Dies geschieht allerdings nicht in der Satzoberfläche – die Modalpartikel verbleibt ja sichtbar im Satzmittelfeld und kann in der Oberflächensyntax nie an die Satzspitze rücken -, sondern in der Logischen Form (LF). Es muss ja nach wie vor beim Faktenbefund bleiben, da nicht klar ist, aus welchem guten Grunde Modalpartikeln nicht an die Satzspitze rücken können. Der diskursfunktionale Status als topikalisiertes Thema oder topikalisiertes Rhema kann dafür nicht herhalten, da es ja betonte Modalpartikeln gibt. Ebenso unklar ist, wofür genau der Anspruch auf die neutrale Position zwischen Thema und Rhema – im neutralen Bereich zwischen Thema und Rhema im Satzmittelfeld (Hentschel 2003 – in einem erklärenden Sinne herhalten soll.

(68) **Spezifische Syntaktische Nullhypothese (Abraham 1995)**
a $[_{\text{TopP}}$ – $[_{\text{TopP}}$ – $[_{\text{TopP}}$ $[_{\text{CP}}$ ob $[_{\text{IP}}$ er $[_{\text{VP}}$ *denn* $[_{\text{VP}}$ wohl $[_{\text{VP}}$ *schon* $[_{\text{PP}}$ zuhause $[_{\text{V'}}$ sei]]]]]]]]]]
b Eine Top-Kopfposition mit Satzwertebereich für Satzoperatoren (vergleichbar *w*-Operatoren) wird auf LF angesteuert aus den sichtbaren Satzmittelstellungen wie Adverbien (*vielleicht*, *wohl* in einer Adjunktionsposition zu VP, V' oder V^{o}), von einer Fokuspartikel mit lokalem Werte- bzw. c-Kommandobereich (*nur/bloß*, *schon*; in D^{o} einer DP) sowie von der Koordinatorposition (Konjunktion mit beiordnender Funktion) wie *denn*, *aber* (also in Top^{o} oberhalb von CP) zu einem der Top-Knoten.

Die Forschungsgeschichte zu diesem Thema hat gezeigt, dass sich diese Fragen zu folgenden Antworten führen lassen:

(ad 66) Die Restriktionen sind jedenfalls sprechakttypisch festlegbar.
(ad 67) Wir nehmen methodisch eine minimalistische Grundposition ein, gehen soz. von einer methodisch-semantischen Nullhypothese aus. Diese lautet: gehe in Ermanglung genauerer Bedingungen davon aus, dass sich die spezifischen Modalpartikel-Funktionen aus der lexikalischen und/oder grammatisch-funktionalen Bedeutung des Modalpartikel-Homonyms – wir sprechen auch von allokategorematischen Bedeutungen der Modalpartikeln – ergeben.
(ad 68) Kausale Relationen zwischen Modalpartikel und historischen Vorläufern lassen sich oft synchron, manchmal allerdings nur diachron nachvollziehen. Die zu Modalpartikel-Funktionen führenden Prozesse gehören zum Großbereich der Grammatikalisierung (wie gezeigt bei Hentschel 1986, Abraham 1991, Meibauer 1994). Solche Prozesse lassen, wie es scheint, keine Systematisierung mit vorhersagbarer Kraft – in einem starken, generativen Sinne – zu.

Dass in (68a) drei TopP-Positionen (als motivierte Erweiterung zu Abb. 5 oben) gewählt wurden, hängt vorerst mit den drei Vormodalpartikelkategorien – Illokutionsoperatoren, Fokuspartikeln und Koordinatoren – zusammen. (Modale Satz) Adverbien sind ja keine Illokutionsoperatoren, können somit nie im linksperipheren Illokutionsbereich stehen. Damit ist der Unterschied zwischen modalen Adverbien und MP-Shiftern auch syntaktisch zum Ausdruck gebracht (vgl. Leiss 2009).

5.10. Satzartrestriktionen der Modalpartikeln – Interaktionslogik mit MP

Um Antworten auf diese Frage, ob denn die den Nullhypothesen zugrundeliegenden Generalisierungen stimmen, näher zu kommen, mögen die folgenden methodischen Hinweise zur Festsetzung der Modalpartikel-Bedeutung helfen.

(69) Welche spezifische illokutive Situation (nicht Satztyp) setzt die Verwendung der einzelnen Partikeln voraus?
(70) Grundfrage: Welche Opposition besteht zwischen Partikelsatz und Satz ohne Partikel?
(71) Welcher Nach- bzw. Vorkontext lässt den illokutiven Wert der Partikel erschließen, welcher schließt ihn aus?
(72) Wie sind die spezifischen Nichtverwendbarkeiten der Partikel nach Äußerungstyp und illokutivem Typ zu erklären?

Auf Eigenschaften dieser Dimensionen wollen wir die einzelnen Modalpartikeln befragen und dabei die Beschränkung auf die Sprechaktfunktion und Satzform im Auge behalten.

(73) a Wie spät ist es? ... w-Frage
b Wie spät ist es *denn*?
c Wie spät ist es *DENN*?
(74) a Warte {*bloß*, *doch*, *eben/halt*, *nur* – **aber*, **denn*}! ... Imperativ
b Der HAT/DER hat {**bloß*, **denn* – *aber*, *doch*, *eben/halt*, nur} aber Mut/*MUT! ... emphatische Kundgabe
c Der hat {*aber, *doch – aber, bloß, eben/halt, nur, wohl} MUT (, keinen Verstand) ... Feststellung
(75) Wie spät ist es {*denn*, *bloß/nur*, *eigentlich*, *überhaupt*, *wohl*}?

Die ursprüngliche MP *denn* in (73b) erweitert den Interaktionsbereich der bloßen Proposition über (73a) hinaus dadurch, dass ein besonderer Grund für die Frage hervorgehoben wird: etwa dass Sprecher oder Interaktionspartner nicht zu spät kommen dürfen und Spr gerade nicht auf die Zeit aufpasst. Fehlen derartige interaktive Voraussetzungen, ist *denn* fehleingesetzt. All dies gilt im Wesentlichen für alle MP in (75). Verallgemeinern wir dies mit dem Merkmal [Besorgnis] bzw. [besonderes begründetes Interesse]. Die MP *bloß/nur*, *eigentlich*, *überhaupt*, *wohl* thematisieren diese interaktive Verallgemeinerung über metabegründendes *denn* hinaus nur noch etwas spezifischer, setzen aber die durch *denn* kodierte Metabegründung voraus. Betontes *DENN* in (73c) dagegen erweitert die Erweiterung für (73b) noch ein andermal: Es liegt bereits eine Antwort auf (73a) vor, aber der Sprecher sieht Anlass, diese Antwort zu bezweifeln und fragt um [begründete Berichtigung] dieser offenbar falschen Antwort.

Die MP beim Imperativsprechakt in (74a) leisten die Generalisierung [Interaktionseinschränkung]. Die emphatische Kundgabe in (74b) erhält durch die MP so etwas wie [Gegenerwartung]. Die MP in der Feststellung (74c) verleihen der Proposition diskursiv [vorausgesetzte Gegenerwartung]. Und (75) gewinnt mit all diesen Modalpartikeln Kundgabecharakter mit der interaktiven Färbung [solipsistische Vergewisserungsaufforderung]. Wir halten vorerst eine weitere wichtiges Generalisierung fest, nämlich dass die Modalpartikel *denn* in MP-Kombinationen den wichtigsten Interaktionsanteil setzt, zu welchem die anderen MP bloß feine Spezifikationen hinzusetzen – und deshalb stets an der Spitze steht.

Abb. 6: Die diskursiven Interaktionsleistungen der MP: verallgemeinernde Merkmale

	[Besorgnis] [besonders begründetes Interesse]	[begründete Berichtigung]	[Interaktions-einschränkung]	[vorausgesetzte Gegenerwartung]
Wortfrage	*denn* *bloß/nur,eigentlich, überhaupt, wohl*	*DENN* **bloß/*nur, *eigentlich, *überhaupt, *wohl*		
Entscheidungsfrage	denn	*DENN		
Imperativ			*bloß, doch, eben, halt*	
Feststellung				*aber, bloß, eben/ halt, nur, wohl*

Integrierte Nullhypothese (Abraham 1995):

(76) a Die spezifischen illokutiven MP-Funktionen ergeben sich aus den lexikalischen Bedeutungen der MP-Homonyme (aus den allokategorialen Verwendungen der MP-Lexeme).

b Die MPn lassen sich aufgrund ihres eingeschränkten Stellungsverhaltens in MP-Kombinationen in drei syntaktische Stellungsklassen einteilen: **C1, C2** und **C3**. Diese syntaktischen Klassen sind durch rein syntaktisch und vom Faktenbereich völlig unabhängig begründete COMP(lementizer) mit ebensolchen Stellungseinschränkungen legitimiert. Solche Zusammenhänge verstärken die Berechtigung in einem erklärenden Szenario.

c Die Klassenzugehörigkeit zu **C1, C2** und **C3** ist ausschließlich von den syntaktischen Distributionseigenschaften der lexikalischen MP-Homonyme abhängig.

d Zwischen MPn und semantisch ähnlichen Adverbien (vgl. etwa die formvereinenden, aber nicht synsemantischen Funktionen des Lexems vielleicht, schon etc.) besteht grundsätzlich folgender Unterschied: MPn sind Shifter (im jakobsonschen Sinne) insofern, als sie neben einer Grundbedeutung auch Hörer-/Adressatenpräsuppositionen miteinbeziehen, was Adverbien grundsätzlich nicht tun.

Unter diesen Prämissen wird hier die allgemeine Hierarchie der MPn präsentiert, die auf den vorangegangenen Daten aufbaut (Coniglio 2007b: 26).

(77) Allgemeine Reihenfolge der MPn:

$$\text{ja} > \text{denn} > \text{doch} > \text{halt} > \text{eben} > \left\{\begin{matrix}\text{wohl}\\ \text{eigentlich}\end{matrix}\right\} > \left\{\begin{matrix}\text{auch} > \text{einfach}\\ \text{eh/sowieso}\end{matrix}\right\} > \left\{\begin{matrix}\text{nur}\\ \text{DOCH}\end{matrix}\right\} \begin{matrix}> \text{schon} > \text{ruhig} > \text{mal}\\ > \text{bloß} > \text{JA}\end{matrix}$$

6. Modale Urmasse: MP und Modus: Epistemizität und Konjunktiv II – *soll*$_{EvMV}$ – *wahrscheinlich*$_{EvAdv}$ – *wohl*$_{EvMP}$

6.1. Epistemische Modalverben und Konjunktiv II

Dagegen dass Modalpartikeln sich unsystematisch und diffus verhalten, spricht einiges: so dass sie mit relativ verlässlichen Distributionsbeschränkungen auftreten (Beschränkungen hinsichtlich Position, Satzgliedstatus/Erfragbarkeit, Betonbarkeit (partiell), grundsätzliche Polyfunktionalität etc.). Es ist vielmehr davon auszugehen, dass es engste Zusammenhänge zwischen MP, GP und Adverbien gibt, die sich nicht gut verstehen lassen, wenn man davon ausgeht, dass MP eine gänzlich andersartige Kategorie (mit „zufälligen" Homophonien) darstellen. Vergleichen wir dazu kurz Modalverben.

(78) a Mitja ***muss*** der Mörder sein.
b *kann, könnte, muss, müsste, dürfte, sollte, mag,* (*will*), (*möchte*)

„muss$_{EPISTEM}$ (p)" in bedeutet nichts anderes, als dass all die Fakten, über die der Sprecher verfügt, ihn zur Annahme zwingen, dass p. An die Stelle des Modalverbs in (78a) lassen sich nun alle Elemente aus der unter (78b) angeführten Menge setzen. Diese Ersetzungen gehen jeweils mit einer geringfügigen Bedeutungsverschiebung einher, die zumeist den Grad der Wahrscheinlichkeit betrifft. In manchen Fällen steuert aber auch die lexikalische Grundbedeutung des Modalverbs spezifische semantische Aspekte bei. Mögen zum Beispiel trägt stets eine konzessive Färbung, was sich auf ein Merkmal [+reaktiv] zurückführen lässt, wie Diewald (1999: 232ff.) vorschlägt.

Ein verblüffender Umstand, der hier nicht unerwähnt bleiben sollte, ist, dass manche Modalverben nur mit Konjunktiv-II-Morphologie eine epistemische Interpretation zulassen. Das betrifft vor allem die beiden Verben dürfen und sollen. Ohne sich dieser eben genannten Besonderheit bewusst zu sein, hat Bech (1949: 28) bereits in seiner Systematik auf die große Verwandtschaft zwischen diesen beiden Elementen hingewiesen. Beiden liegt eine Form des volitiven Verbs wollen zugrunde. Im Gegensatz zu wollen aber, wo der Willensträger stets mit dem Subjekt gleichgesetzt wird, bleibt in Sätzen mit *sollen* und *dürfen* der Träger des Willens ungenannt. Genauer gesagt, das Subjekt darf in diesen Fällen gar nicht mit dem Willensträger identifiziert werden. Somit verweist *sollen* auf den Willen eines anderen (aufbauend auf einer inneren Notwendigkeit), *dürfen* auf einen „schwachen" Willen eines anderen (aufbauend auf einer inneren Möglichkeit). Womöglich ist es genau diese volitive Komponente, die für das abweichende Verhalten von *sollen* und *dürfen* verantwortlich ist.

Die Vorliebe der epistemischen Modalität für subjunktive Verbformen ist aber nicht auf das Deutsche beschränkt und findet auch in anderen Sprachen Entsprechung, so auch im Englischen (vgl. *should* vs. *shall*, *could* vs. *can*). Es ist nicht auszuschließen, dass der Konjunktiv II aufgrund seiner kontrafaktischen Präsupposition, wie auch andere negative Kontexte überhaupt eine wichtige Katalysatorenfunktion darstellen, die in der diachronen Entstehung der epistemischen Modalverben eine entscheidende Rolle spielt.

6.2. Evidentialparadigma im Lettischen ('balto-türkischer Evidentialgürtel')

Das Lettische kennt kein MV-Paradigma, demnach auch keine epistemischen MV, zu denen ja auch die Evidentialbedeutungen der EMV gezählt werden. Dafür aber gibt es (wie im Georgischen und anderen baltisch-türkischen Sprachen) neben evidentiellen Adverbien ein verbales Evidentialparadigma, den (in der lettischen Grammatikschreibung sogenannten) 'Modus relativus'. Der Modus relativus ist deshalb von Bedeutung, da man mit dieser Form eine Vermutung bzw. eine Aussage des Anderen darstellen kann, die ins Deutsche meistens mithilfe des Verbs *sollen* oder mittels der MP *wohl* übersetzt wird.

Der Modus relativus wird gebraucht, wenn der Sprecher etwas erzählt, was er gehört hat oder vermutet, jedoch nicht gesehen hat und auch nicht beweisen kann, bzw. für dessen Wahrheitsgehalt er sich nicht definitiv verbürgen kann oder will.

(79) Jānis esot ļoti slims
Jan ***soll*** *sehr krank sein – Jan ist* ***wohl*** *sehr krank – Jan ist* ***vermutlich*** *sehr krank*

(80) Jānis bijis ļoti slims
Jan ***soll*** *sehr krank gewesen sein – ...ist* ***wohl/angeblich*** *sehr krank gewesen*

Was hat der perfektive Aspekt (der den Evidential steuert) mit epistemischer Modalität zu tun? Vgl. die romanischen Sprachen, wo Perfektiv (*passé simple*) und Imperfektiv (*Imparfait*) konsequent genutzt werden, um Vordergrundierung und Hintergrundierung zu kodieren (Abraham 2008).

7. Interaktive Funktion der Modalpartikel – was haben MP mit „Höflichkeit“ zu tun? Hat Sprache etwas mit gesellschaftlichem Benehmen zu tun? „Denken vor Sprache“ oder „Sprache vor Denken“?

Allgemeine Funktionen:

(81) a Modalpartikeln schaffen wechselseitige Wahrnehmung und kommunikative Gemeinsamkeit, beispielsweise durch Andeuten von Vorwissen, Verstärken des Bekannten, Setzen von Relevanzen, Förderung diskursiver Kohärenz (Held 2003: 7).

b Sie fungieren auf Inhaltsebene als Orientierungshilfen im Gesprächsverlauf, da sie ein Nachhaken oder Zurückgreifen auf bereits Erwähntes ermöglichen und so für eine reibungslose und störungsfreie Konversation sorgen (Ankenbrand 2006: 1).

c Modalpartikeln wird oft die Wirkung zugeschrieben, Äußerungen verbindlich, freundlich und persönlich klingen zu lassen. Äußerungen ohne Modalpartikeln sind hingegen abrupt und schroff (Weydt 2003: 16) und klingen distanziert und hölzern (Ankenbrand 2006: 1).

d drei unabhängige Variablen, anhand derer die Stärke eines *gesichtsbedrohenden*

Aktes berechnet werden kann:
i. soziale Distanz zwischen Sprecher und Adressat (abgekürzt D)
ii. relative Macht (P) des Adressaten über den Sprecher
iii. absolute Rangfolge (R) der beiden Beteiligten in der jeweiligen Kultur (Huang 2007: 117).
So kann der Sprecher berechnen, wie stark ein FTA ist und mit wie viel Höflichkeit er abgeschwächt werden muss, um das *Gesicht* trotzdem wahren zu können (Weydt 2003: 15). Je stärker eine Äußerung also das *Gesicht* des Sprechers oder des Adressaten bedroht, desto höflicher muss die entsprechende Äußerung gemacht werden (Brown & Levinson 1987: 60).

e kulturspezifische Unterschiede: Höflichkeit ist im Griechischen eher am positiven *Gesicht* orientiert (Huang 2007: 119), das britische Englisch tendiert eher zum Gebrauch negativer Höflichkeit (Youmans 2001: 59).

(82) Höflichkeit wird mit verschiedenen sprachlichen Phänomenen in Verbindung gebracht. Huang (2007) beschreibt beispielsweise indirekte Sprechakte als Mittel zur *Gesichtswahrung*.

(83) Das Modell des *Face-saving* bzw. der *Gesichtswahrung* ist nach Brown & Levinson (1987) am einflussreichsten und weitestgehend als das beste Modell zur Höflichkeit akzeptiert (Beeching 2004: 63).

(84) Äußerungen die das positive *Gesicht* und/oder negative *Gesicht* bedrohen = ***face-threatening acts (FTAs)*** bzw. ***gesichtsbedrohende Akte***. *Gesichtsbedrohende Akte*, die vor allem das positive *Gesicht* bedrohen, sind beispielsweise Anschuldigungen, Widerspruch, Beleidigungen oder Kritik. Das negative *Gesicht* wird von Ratschlägen, Befehlen, Bitten, Vorschlägen und Warnungen bedroht. Beschwerden, Unterbrechungen oder Drohungen bedeuten für beide eine Bedrohung (Huang 2007: 117; Ankenbrand 2006: 3).

8. MP, EMV und epistemische Adverbien

8.1. Die syntaktischen Spuren der über Grammatikalisierung verschütteten MP-Ursprünge – nämlich Adverbien

Cinque (1999) geht davon aus, dass Adverbien als maximale Projektionen zu betrachten sind, welche die Spezifiziererpositionen funktionaler Projektionen in der IP-Domäne belegen. Da auch MPn ursprünglich Adverbien waren, die sich grammatikalisiert haben und in manchen Fällen immer noch eine adverbiale Natur aufweisen, kann man dementsprechend vermuten, dass sie ebenfalls maximale Projektionen (MP-Phrasen oder MPPs) sind, welche die Spezifiziererpositionen IP-interner funktionaler Projektionen belegen. An dieser Stelle werden diese funktionalen Projektionen generisch MoodPs genannt (Coniglio 2007b: 32).

(85) Die Struktur von MoodP: … $[_{\text{ModusP}}$ MPP $[_{\text{ModusP'}}$ Mood° […]]]

MoodP ist daher jenen modalen, temporalen und aspektuellen Satzprojektionen ähnlich, in denen nach Cinque (1999) Adverbien und die verbale Morphologie anzusiedeln sind. Der Grammatikalisierungsprozess hätte sie demnach von full-fledged XPs in defiziente maximale Projektionen umgewandelt. Sie weisen daher eine stark reduzierte syntaktische Struktur auf.

(86) Die defiziente Struktur der MPPs: $[_{\text{MPP}}\ \text{MP}°\ ]$

Die Partikeln besetzen folglich Kopfpositionen, was eine Erklärung für ihre besonderen Eigenschaften wäre. Sie wären nichtsdestotrotz gleichzeitig maximale (wenn auch nicht verzweigende) Projektionen in der Spezifiziererposition funktionaler Satzprojektionen.

8.2. Abfolgevariationen

Es ist beobachtet worden, dass MPn, falls sie betont sind, normalerweise auf Adverbien folgen. Andernfalls stehen sie in der Regel vor den Adverbien, können ihnen aber z.T. auch folgen. In früheren Arbeiten (Coniglio 2005, 2006, 2007a,b) wurde festgestellt, dass die Positionierung von Partikeln und Adverbien zueinander bestimmten Regelmäßigkeiten unterliegt. Betrachten wir die folgenden Beispiele aus Coniglio (2006: 67f.), in denen drei Varianten der Partikeln JA, schon und wohl mit denselben drei Adverbien kombiniert worden sind:

(87) a. Er soll | *JA | notwendigerweise | JA | auf den Schadenersatz verzichten.
b. Er soll | *JA | unvermeidlicherweise | JA | auf den Schadenersatz verzichten.
c. Er soll | JA | nochmals | ??JA | auf den Schadenersatz verzichten.

(88) a. Nun melden Sie | *schon | notwendigerweise | schon | Köln an!
b. Nun melden Sie | schon | unvermeidlicherweise | schon | Köln an!
c. Nun melden Sie | schon | nochmals | *schon | Köln an!

(89) a. Die Polizei wird | wohl | notwendigerweise | wohl | von der Verhaftung berichten.
b. Die Polizei wird | wohl | unvermeidlicherweise | wohl | von der Verhaftung berichten.
c. Die Polizei wird | wohl | nochmals | *wohl | von der Verhaftung berichten.

Die komplette interne Aufgliederung der IP besteht aus ungefähr dreißig funktionalen Projektionen, die unten entsprechend ihrer hierarchischen Abfolge aufgelistet werden. In der Spezifikatorposition jeder Projektion erwähnt Cinque ein Beispiel aus der entsprechenden Adverbienklasse (Coniglio 2007b: 36).

(90) Universelle Hierarchie der funktionalen Projektionen des Satzes (Cinque 1999: 106ff.):
(91) Hierarchie der funktionalen Projektionen für das Deutsche (Cinque 1999: 106ff.; „Mod" =Modus):

[*ehrlich gesagt*$_{\text{Modspeech act}}$ [*glücklicherweise*$_{\text{Modevaluative}}$ [*offensichtlich*$_{\text{Modevidential}}$ [*vermutlich*$_{\text{Modepistemic}}$ [*damals*$_{\text{(?)T(Past)}}$ [*jetzt*$_{\text{T(Future)}}$ [*vielleicht*$_{\text{Modirrealis}}$ [*notwendigerweise*$_{\text{Modnecessity}}$ [*möglicherweise*$_{\text{Modpossibility}}$ [*absichtlich*$_{\text{Modvolition}}$ [*unvermeidlicherweise*$_{\text{Modobligation}}$ [*klugerweise*$_{\text{Modability/Permission}}$ [*normalerweise*$_{\text{Asp-habituell}}$ [*wieder*$_{\text{Asprepetitiv(I)}}$ [*oft*$_{\text{Aspfrequentativ(I)}}$ [*schnell*$_{\text{Aspcelerative(I)}}$ [*schon*$_{\text{T(Anterior)}}$) [*(nicht) mehr*$_{\text{Aspterminativ}}$ [*(immer) noch*$_{\text{Aspcontinuative}}$ [*immer*$_{\text{Aspperfekt}}$ [*(so)eben*$_{\text{Aspretrospektiv}}$ [*bald*$_{\text{Aspproximativ}}$ [*kurz*$_{\text{Aspdurativ}}$ [*fast*$_{\text{?Aspgenerisch/}}$

$_{\text{progressiv}}$ [*fast*$_{\text{Aspprospektiv}}$ [*vollständig*$_{\text{AspSgCompletive(I)}}$ [(alles)$_{\text{AspPlCompletive}}$ [*wohl*$_{\text{Passiv}}$ [*schnell*$_{\text{Aspcelerativ(II)}}$ [*wieder*$_{\text{Asprepetitiv(II)}}$ [*oft*$_{\text{Aspfrequentativ(II)}}$ [*vollständig*$_{\text{Aspkompletiv(II)}}$

Eigentlich weichen die oben vorgeschlagenen Sequenzen leicht von Cinques Abfolge ab, was die Projektionen der Grundmodalverben (*root modals*) und der subjektorientierten Adverbien anbelangt, die anscheinend mit Grundmodalen verbunden sind. Mod$_{\text{volition}}$, Mod$_{\text{obligation}}$ und Mod$_{\text{ability/permission}}$ sind hier direkt unter den alethischen Adverbien (*necessarily*, *possibly* etc.) angesiedelt worden. Dies wurde in Cinque (1999: 78ff.) bereits angedeutet, obwohl er es trotzdem vorgezogen hat, diese Projektionen nicht explizit in seine Hierarchie einzustufen. Cinque schlägt vor, dass sie nach den aspektuellen Köpfen anzusiedeln seien. Grundmodalverben (*root modals*) stünden daher im tieferen Teil der IP-Domäne (Coniglio 2007b: 37f.). Cinque (1999) kommt auf diesen Punkt zurück und findet eine Lösung für das Problem, indem er die *restructuring verbs* der romanischen Sprachen heranzieht. Die Abfolge dieser Verben erlaubt ihm, eine präzisere Hierarchie der niedrigeren Projektionen der IP-Domäne zu konstruieren. (92) setzt die Reihenfolge der Projektionen im tiefsten Abschnitt der IP, die Cinque (2001: 153) auf Grund der Daten über *restructuring verbs* vorgeschlagen hat, fort:

(92) Revidierte Hierarchie der funktionalen Satzprojektionen unterhalb von Asp$_{\text{habituell}}$ (Cinque 1999:153):

… Asp$_{\text{habituell}}$ > Asp$_{\text{delayed/final}}$ > Asp$_{\text{prädispositionell}}$ > Asp$_{\text{repetitiv(I)}}$ > Asp$_{\text{frequentativ(I)}}$ > **Mod**$_{\textbf{volitiv}}$ >Asp$_{\text{celerativ(I)}}$ > Asp$_{\text{terminativ}}$ > Asp$_{\text{kontinuativ}}$ > Asp$_{\text{perfekt}}$ > Asp$_{\text{retrospektiv}}$ > Asp$_{\text{proximativ}}$ > Asp$_{\text{durativ}}$ > Asp$_{\text{progressiv}}$ > Asp$_{\text{prospektiv}}$ > Asp$_{\text{inzeptiv}}$ > Mod$_{\text{obligative}}$ > Mod$_{\text{abilitas}}$ > Asp$_{\text{frustrativ/success}}$ > Mod$_{\text{permission}}$ > Asp$_{\text{conativ}}$ > Asp$_{\text{kompletiv(I)}}$ > Voice > Asp$_{\text{celerativ(II)}}$ > Asp$_{\text{inzeptiv(II)}}$ > Asp$_{\text{kompletiv(II)}}$ >Asp$_{\text{repetitiv(II)}}$ > Asp$_{\text{frequentativ(II)}}$ … Mod$_{\textbf{obligativ}}$, Mod$_{\textbf{abilitas}}$ und Mod$_{\textbf{permission}}$

Mod$_{\text{obligation}}$, Mod$_{\text{ability}}$ und Mod$_{\text{permission}}$, in denen sich die Vollmodalverben (*root modals*) und die damit verbundenen subjektorientierten Adverbien befinden sollen, werden hier von Cinque in strukturell tiefen Positionen angesiedelt.

8.3. Stichproben zu den Verallgemeinerungen

Für jede Partikel wurden alle Satztypen berücksichtigt, in denen sie vorkommen kann. Das syntaktische Verhalten der jeweiligen Partikel wird anscheinend auch durch den Satztyp bestimmt. Betrachten wir beispielsweise die Partikel *ja*, die auch eine betonte Variante *JA* mit einer anderen Bedeutung und Funktion aufweist. *JA* kann in verschiedenen Satzarten auftreten, während die unbetonte Variante nur in Deklarativsätzen zu finden ist.

Es ist übrigens die Frage, ob sich im Deutschen echte **Sprechaktadverbien** finden wie *frankly*, *honestly*, usw. im Englischen, oder ob es vielmehr bloß **Adverbiale** wie z.B. *ehrlich gesagt*, *offen heraus* etc. gibt.

Die unbetonte Partikel *ja* mit verschiedenen Typen von Adverbien kombiniert werden, darunter auch die höchsten Adverbien in Cinques (1999) Hierarchie. *ja* kann beispielsweise Sprechaktadverbien und evaluativen Adverbien entweder vorangehen oder folgen.

(93) *ja* > $\text{Mood}_{\text{speech act}}$ / $\text{Mood}_{\text{speech act}}$ > *ja*

a. Der Attentäter ist ***ja ehrlich gesagt*** von der Polizei festgehalten worden.
b. Der Attentäter ist ehrlich gesagt ja von der Polizei festgehalten worden.

(94) *ja* > $\text{Mood}_{\text{evaluative}}$ / $\text{Mood}_{\text{evaluative}}$ > *ja*

a. Der Attentäter ist **ja glücklicherweise** von der Polizei festgehalten worden.
b. Der Attentäter ist **glücklicherweise ja** von der Polizei festgehalten worden.

In der strukturell tiefsten Position, welche die Partikel belegen kann, steht sie direkt nach habituellen Adverbien. Sie kann aber nicht nach den Adverbien in der $\text{Asp}_{\text{repetitive(I)-}}$P vorkommen.

(95) *ja* >$\text{Asp}_{\text{habitual}}$ / $\text{Asp}_{\text{habitual}}$ > *ja*

a. Der Attentäter wird **ja normalerweise** von der Polizei festgehalten.
b. Der Attentäter wird **normalerweise ja** von der Polizei festgehalten.

(96) *ja* > $\text{Asp}_{\text{repetitive(I)}}$ / * $\text{Asp}_{\text{repetitive(I)}}$ > *ja*

a. Der Attentäter ist **ja nochmals** von der Polizei festgehalten worden.
b. * Der Attentäter ist **nochmals ja** von der Polizei festgehalten worden.

Die unbetonte Partikel *ja* kann daher nur mit bestimmten Adverbialklassen interagieren. Sie kann Cinques höheren Adverbien und der Klasse der habituellen Adverbien vorangehen bzw. folgen. Man beachte, dass diese letzte Klasse laut Cinque (1999) zur Gruppe der strukturell tieferen Adverbien gehört.

9. Was ist aus der typologischen Übersicht abzuleiten, dass nur wenige Sprachen über eine Kategorie „MP“ verfügen?

Stimmt das überhaupt? Gibt es interaktiv stärkere und weniger starke Sprachen? Ist dies eines der Kriterien, die eventuell neu für die Klassifikation „reiferer“ Sprachen herangezogen wird (vgl. neuere Arbeiten wie Dahl 2004, Everett 2005, Gil 2008, McWhorter 2001a,b, 2007, 2008) bzw. herangezogen werden kann? Wollen wir überhaupt reifere von weniger reifen Sprachen unterscheiden? Müssen wir das wollen? Kehren wir damit zu Positionen wie der von Schleicher (1863, 1865) zurück?

10. Schluss

Wir haben einen weiten Bogen geschlagen ausgehend von zwei Fragen: Wieso hat gesprochene Sprache (im Deutschen) so viel mehr Verwendung für die Setzung von MPn als der Schriftkode des Deutschen?

Ich habe selbst unter der Fragestellung „Wieso verfügen nur die germanischen Sprachen über die Kategorie MP?“ den Schluss gezogen, dass dies mit dem weiten Mittelfeld (generativ dem Strukturfeld zwischen Comp/WP und dem linken Rand von vP) zusammenhängt Abraham 1986, 1991, 2000). Keine andere Sprache ist ja so aufgebaut wie das Deutsche mit V2 ebenso wie Vletzt; nur das Niederländische zeigt dieselbe Basisstruktur und etwas modifiziert und nicht mit gleicher Mittelfeldreichweite die skandinavischen Sprachen. Aber das kann so nicht stimmen, haben doch auch das Russische sowie südostasiatische Sprachen starke MP- und Diskursinventare (vgl. zum Chinesischen Li 2006 in Abschnitt 3.2 oben). Das Russische hat wesentlich SVO, ebenso das Chinesische; die MP-artigen Adverbien des Russischen haben keine feste Stellung, die des Chinesischen (SV=), Japanischen (streng SOV) und des Thai (SOV) stehen fest am Rechtsrand, unabhängig von ihrer Bedeutung. Wir haben allerdings gesehen, dass es auch in diesen Randpositionen relative Positionsunterschiede (siehe (35) oben) und Abfolgebeschränkungen (vgl. (32)–(33) oben) gibt. Verallgemeinernd lässt sich also sagen, dass es Strukturorte für die Setzung von MP gibt, nach denen sich die einzelnen Sprachen unterscheiden, die aber allemal angewiesene Orte für illokutive Operatoren, in die der gesamte Satz eingebettet ist: Rechtsrand bei den einen, Mittelfeld bei SVOV-Sprachen. Das Russische ist mit seinen rein nach Thema und Rhema verteilten linearen Positionsverteilungen der MP-artigen Adverbien freier in der MP-Setzung. Was wir definitiver sagen können, ist Folgendes. Das Deutsche behält eine strengere Positionsstruktur eigenen Operatorklassen vor: den linken Satzrand Diskursspezifikatoren, das Mittelfeld in weiter strukturräumlicher Verteilung Adverbien (siehe schon Frey & Pittner 1998 für Volladverbien in ebensolch strenger relativer Reihung)

Bibliographien (ausgewählt und nach Subthematik klassifiziert)

Linguistisch formale und typologische Erklärungsposition

Abraham, Werner 1986. Die Bedeutungsgenese von Modalpartikeln. Die bedeutungskonstituierenden Variablen: Kontrastdomäne und Kontext. *Groninger Arbeiten zur germanistischen Linguistik (GAGL)* 27, 1–44.

Abraham, Werner 1991. Discourse Particles in German: how does their illokutiv force come about? Between a maximalist and a minimalistic position. In: W. Abraham (ed.) *Discourse Particles. Descriptive and theoretical investigations on the logical, syntactic and pragmatic properties of discourse Particles in German and English.* [Pragmatics & Beyond New Series, 12]. Amsterdam: Benjamins, 220–272.

Abraham, Werner 1991a. Rezensionsartikel zu Maria Thurmair 1989. *Modalpartikeln und ihre Kombinationen.* [Linguistische Arbeiten 223]. Tübingen: Max Niemeyer. *Linguistics* 29, 103–122.

Abraham, Werner 1991b. The grammaticalization of German modal Particles. In: E. C. Traugott & B. Heine (Hg.) *Grammaticalization*, Bd. 2. Amsterdam: John Benjamins, 331–380.

Abraham, Werner 1995. Wieso stehen nicht alle Modalpartikel in allen Satzformen? Die Nullhypothese. *Deutsche Sprache* 23, 124–146.

Abraham, Werner 2000. Modal particles in German: word classification and legacy beyond grammaticalization. In: P. M. Vogel & B. Comrie (eds.) *Approaches to the typology of word classes*. [Empirical Approaches to Language Typology 23]. Berlin: Mouton de Gruyter, 321–350.

Abraham, Werner 2009a: Die Urmasse von Modalität und ihre Ausgliederung. Modalpartikel anhand von Modalverben, Modalpartikeln und Modus. Was ist das Gemeinsame, was das Trennende, und was steckt dahinter. In: W. Abraham & E. Leiss (Hg.), 251–302.

Abraham, Werner 2009b: Aspektuelle und sprecher- bzw. persongebundene Bestimmungskomponenten deutscher Modalverben. In: H. Niebaum & A. MacDonald (eds.) *Northern voices. Essays on Old Germanic and related topics. Offered to Professor Tette Hofstra*. Leuven: Peeters, 327–347.

Abraham, Werner 2009c: Zeitreferenz bei Modalverbeinbettungen: das Past-Gleichzeitigkeitsparadoxon, Double Access und Aspektsyntax. In: W. Abraham & E. Leiss (Hg.), 57–78.

Abraham, Werner 2009d: Vorwort. In: W. Abraham & E. Leiss (Hg.), VII–VIII.

Abraham, Werner & Elisabeth Leiss (Hg.) 2009. *Modalität. Epistemik and Evidentialität bei Modalverb, Adverb, Modalpartikel und Modus*. [Studien zur deutschen Grammatik 77]. Tübingen: Stauffenburg.

Averintseva-Klisch, Maria 2006. The 'separate performative' account of the German right dislocation. *ZAS Papers in Linguistics* 44/1, 15–28.

Bayer, Josef 1999. Final complementizers in hybrid languages. *Journal of Linguistics* 35, 233–271.

Bayer, Josef 2004. Decomposing the left periphery: dialectal and cross-linguistic evidence. In: H. Lohnstein & S. Trissler (eds.) *The syntax and semantics of the left periphery*. Berlin: Mouton de Gruyter, 59–95.

Bayer, Josef 2008a. From modal particle to interrogative marker: A study of *denn*. Ms. University of Konstanz.

Bayer, Josef 2008b. *Decomposing the left periphery. Dialectal and cross-linguistic evidence*. Ms. prepared for IATL 18 June 24/25, Bar-Ilan University, Ramat Gan.

Chu, Chauncey C. 1998. *A discourse grammar of Mandarin Chinese*. Bern: P. Lang.

Cinque, Guglielmo 1999. *Adverbs and functional heads*. [Oxford Studies in Comparative Linguistics]. New York: Oxford University Press.

Coniglio, Marco 2005. Deutsche Modalpartikeln: eine syntaktische Analyse. Unveröffentlichte Diplomarbeit Universität Venedig.

Coniglio, Marco 2006. German modal particles in the functional structure of IP. *University of Venice Working Papers in Linguistics* 16, 57–95.

Coniglio, Marco 2007a. Deutsche Modalpartikeln: ein Vorschlag zu ihrer syntaktischen Analyse. In: E.M. Thüne & O. Franca (Hg.) *Gesprochene Sprache und Partikeln*. Frankfurt/M.: Lang, 103–113.

Coniglio, Marco 2007b. German modal particles in the IP-domain. *Rivista di grammatica generativa* 32, 3–37.

Coniglio, Marco 2009. Deutsche Modalpartikeln in Haupt- und Nebensätzen. In: W. Abraham & E. Leiss (Hg.), 191–222.

Davidson, Donald 2001. *Subjective, intersubjective, objective*. Oxford: Clarendon Press.

Diewald, Gabriele 1991. *Deixis und Textsorten im Deutschen*. [Reihe Germanistische Linguistik 118]. Tübingen: Niemeyer.

Diewald, Gabriele 1999. *Die Modalverben im Deutschen*. [Reihe Germanistische Linguistik 208]. Tübingen: Niemeyer.

Ehrich, Veronika 2004. Modalverben in der frühen Kindersprache – grammatische und kognitive Voraussetzungen des Erwerbs episemischer Lesarten. In: O. Letnes & H. Vater (Hg.) *Modalität und Übersetzung / Modality and translation*, 119–150. [*FOKUS* 29]. Trier: Wissenschaftlicher Verlag.

Ehrich, Veronika 2005. Verstößt die Kindersprache gegen die Grammatik? Zum Erwerb der Modalverben im Deutschen. *Cahiers d'Études Germaniques* 48/1,: 115–130.

Flavell, John H., Frances L. Green & Eleanor R. Flavell 2000. Development of children's awareness of their own thoughts. *Journal of Cognition and Development* 1, 97–212.

Frey, Werner & Karin Pittner 1998. Zur Positionierung der Adverbiale im deutschen Mittelfeld. *Linguistische Berichte* 176, 489–534.

Haegeman, Liliane 2002. Anchoring to speaker, adverbial clauses, and the structure of CP. *Georgetown University Working Papers in Linguistics* 17, 109–141.

Haegeman, Liliane 2004a. Topicalization, CLLD, and the left periphery. *ZAS Papers in Linguistics* 35. [*Proceedings of the dislocated elements Workshop*, ZAS Berlin. November 2003, vol. 1.], 157–192.

Haegeman, Liliane 2004b. The syntax of adverbial clauses and its consequences for topicalization. *Antwerp Papers in Linguistics* 107, 61–90.

Haegeman, Liliane 2006. Conditionals, factives, and the left periphery. *Lingua* 116, 1651–1669.

Hale, Kenneth L. & Jay Keyser 1993. On argument structure and the lexical expression of syntactic relations. In: K. Hale & J. Keyser (eds.) *The View from Building 20: A Festschrift for Sylvain Bromberger*. Cambridge, Mass.: MIT Press, 53–108.

Harden, Theo 1983a. *An analysis of the semantic field of the German particles „überhaupt" and „eigentlich"*. Frankfurt/M.: Lang.

Harden, Theo 1983b. *Die subjektive Modalität in der zweiten Sprache*. Tübingen: Narr.

Harden, Theo & D. Rösler 1981. Partikeln und Emotionen: zwei vernachlässigte Aspekte des gesteuerten Fremdsprachenunterrichts. In: H. Weydt (Hg.), 67–80.

Helbig, Gerhard & Kötz, Werner ²1985. *Die Partikeln zur Theorie und Praxis des Deutschunterrichts für Ausländer*. Leipzig: Langenscheidt/Verlag Enzyklopädie.

Ikoma, Miki & Angelika Werner 2009. Prosodische Eigenschaften der modalen und temporalen Funktionen der Partikel *schon*. In: W. Abraham & E. Leiss (Hg.), 223–250.

Kamio, Akio 1997. *Territory of information*. [Pragmatics & Beyond New Series 48]. Amsterdam: John Benjamins.

King, Brian 1986. *ne* – a discourse analysis. *JCLTA* 21/1, 21–46.

Larson, Richard K. 1988. On the double object construction. *Linguistic Inquiry* 19, 335–391.

Law, Sam-Po 1990. The syntax and phonology of Cantonese sentence-final particles. Doctoral dissertation. Boston University.

Leiss, Elisabeth 2008: The silent and aspect-driven patterns of deonticity and epistemicity. A chapter in diachronic typology. In: W. Abraham & E. Leiss (eds.) (2008): *Modality-aspect interfaces – implications and typological solutions*. [Typological Studies in Language 79]. Amsterdam: Benjamins, 15-41.

Leiss, Elisabeth 2009: Drei Spielarten der Epistemizität, drei Spielarten der Evidentialität und drei Spielarten des Wissens. In: W. Abraham & E. Leiss (Hg.), 3–24.

Li, Boya 2006. Chinese final Particles and the syntax of the periphery. Ph.D. thesis Univ. Leyden, NL.

Li, Charles N. & Sandra A. Thompson 1981. *Mandarin Chinese: A Functional Reference Grammar*, Berkeley: University of California Press. Translated into Chinese as *Hanyu Yufa*. 1983. Huang Shuan-fan, trans., Taipei: Crane Publishing.

Meibauer, Jörg 1994. *Modaler Kontrast und konzeptuelle Verschiebung. Studien zur Syntax und Semantik deutscher Modalpartikeln*. [Linguistische Arbeiten 314]. Tübingen: Niemeyer.

Rizzi, Luigi 1997. The fine structure of the left periphery. In: L. Haegeman (ed.) *Elements of grammar. Handbook of Generative Grammar*. Dordrecht: Kluwer, 281–337.

Schanz, Eric 2008. Japanese modal particles as relators between speaker's and hearer's mind – a semantic analysis. Seminararbeit SoSe 2008 LM-Universität München.

Schleicher, August 1858. *Volkstümliches aus Sonneberg im Meininger Oberlande*. Weimar: Böhlau.

Sperber, Dan & Deirdre Wilson 1986. *Relevance. Communication and cognition*. Oxford: Blackwell.

Sybesma, Rint 2004. Exploring Cantonese tense. In: L. Cornips & J. Doetjes (eds.) *Linguistics in the Netherlands 2004*. Amsterdam: John Benjamins, 169–180.

Thurmair, Maria 1989. *Modalpartikeln und ihre Kombinationen*. [Linguistische Arbeiten 223]. Tübingen: Niemeyer.

Wechsler, Stephen 1990. Verb second and illocutionary force in Swedish. In: E. Engdahl, M. Reape, M. Mellor & R. Cooper (eds.). *Parametric variation in Germanic and Romance. Edinburgh Working Papers in Cognitive Science* #6, 229–244.

Wechsler, Stephen 1991. Verb second and illocutionary force. In: K. Leffel & D. Bouchard (eds.) *Views on phrase structure*. Dordrecht: Kluwer.

Weydt, Harald 1969. *Abtönungspartikel. Die deutschen Modalwörter und ihre französischen Entsprechungen*. Bad Homburg: Gehlen.

Weydt, Harald (Hg.) 1981. *Partikeln und Deutschunterricht. Abtönungspartikeln für Lerner des Deutschen*. Heidelberg: Groos.

Wimmer, Heinz & Josef Perner 1983. Beliefs about beliefs: Representation and constraining function of wrong beliefs in young children's understanding of deception. *Cognition* 13/1, 103–128.

Was ist aus der typologischen Übersicht abzuleiten, dass nur wenige Sprachen über eine Kategorie „MP" verfügen? Typologische Übersicht

Dahl, Östen. 2004. *The growth and maintenance of linguistic complexity*. [Studies in Language Companion Series 71]. Amsterdam: Benjamins.

Everett, Daniel L. 2005. Cultural constraints on grammar and cognition in Pirahã. *Current Anthropology* 46, 621–646.

Gil, David. 2008. How complex are isolating languages? In: M. Miestamo, K. Sinnemäki & F. Karlson (eds.), 109–131.

Mc Whorter, John H. 2001a. The world's simplest grammars are creole grammars. *Linguistic Typology* 5, 125–175.

McWhorter, John H. 2001b. What people ask David Gil and why: Rejoinder to the replies. *Linguistic Typology* 5, 388–412.

McWhorter, John H. 2007. *Language interrupted. Signs of non-native acquisition in standard language grammars*. Oxford: Oxford University Press.

McWhorter, John H. 2008. Why does a language undress? Strange cases in Indonesia. In: M. Miestamo, K. Sinnemäki & F. Karlson (eds.), 167–190.

Miestamo, Matti, Kaius Sinnemäki & Fred Karlson (eds.) 2008. *Language complexity. Typology, contact, change*. [Studies in Language Companion Series 71]. Amsterdam: Benjamins.

Schleicher, August 1863. *Die Darwinsche Theorie und die Sprachwissenschaft. Offenes Sendschreiben an Herrn Dr. Ernst Häckel*. Weimar: Böhlau.

Schleicher, August 1865. *Über die Bedeutung der Sprache für die Naturgesetze des Menschen*. Weimar: Böhlau.

Neurologische Überlegungen

Bayer, Josef 1991. German Particles in modular grammar: neurolinguistic evidence. In: W. Abraham (ed.) *Discourse Particles. Descriptive and theoretical investigations on the logical, syntactic and pragmatic properties of discourse Particles in German and English.* [Pragmatics & Beyond New Series, 12]. Amsterdam: Benjamins, 253–302.

Bråten, Stein (ed.) 2007. *On being moved. From mirror neurons to empathy.* [Advances in Consciousness Research 68]. Amsterdam: John Benjamins.

Haid, Andrea 2009. Erstspracherwerb von Modalverben in zirkumstantieller und epistemischer Lesart. Seminararbeit Univ. Wien WS 2008/09.

Papafragou, Anna 1997. Modality in language development: a reconsideration of the evidence. *UCL Working Papers in Linguistics* 9.

Papafragou, Anna 2002. Modality and theory of mind. Perspectives from language development and autism. In: Sj. Barbiers, F. Beukema & W.v.d. Wurff (eds.) *Modality and its interaction with the verbal system.* [Linguistik Aktuell/Linguistics Today 47]. Amsterdam: John Benjamins, 185–204.

Ramge, Hans 1987. Quantitative Beobachtungen zur Ontogenese der Modalverben im Deutschen. In: E. Oksaar (Hg.) *Soziokulturelle Perspektiven von Mehrsprachigkeit und Spracherwerb/ Sociocultural Perspectives of Mulitlingualism and Language Acquisition.* [Tübinger Beiträge zur Linguistik; 320]. Tübingen: Narr, 127–157.

Stamenov, Maxim I. & Vittorio Gellese (eds.) 2002. *Mirror neurons and the evolution of brain and language.* [Advances in Consciousness Research 42]. Amsterdam: John Benjamins.

Soziale Vermittlung: Gesichtswahrung

Ankenbrand, Katrin 2006. Modalpartikeln und Höflichkeit. Beiträge zum *Kongress Deutsche Grammatik im europäischen Dialog*, 1–8. Krakau 2006. http://krakau2006.anaman.de/beitraege/ankenbrand.pdf (Abgerufen am 1.2.2009).

Beeching, Kate 2004. Pragmatic Particles – polite but powerless? Tone-group terminal *hein* and *quoi* in contemporary spoken French. *Multilingua* 23, 61–84.

Brown, Penelope & Stephen Levinson 1987. *Politeness. Some Universals in Language Usage.* Cambridge: Cambridge University Press.

Bublitz, Wolfram 2003. *Nur ganz kurz mal*: Abschwächungsintensivierung durch feste Muster mit *mal.* In: G. Held (Hg.), 179–201.

Diesendorf, Christine 2008. Die Besonderheit der Modalverben im Lettischen. Seminararbeit LMU München.

Forssman, Berthold 2001. *Lettische Grammatik.* Dettelbach: J.H. Röll.

Held, Gudrun 2003. Partikeln und Höflichkeit – oder: wie problematisch ist die Symbiose wirklich? In: G. Held (Hg.), 3–7.

Held, Gudrun (Hg.) 2003. *Partikeln und Höflichkeit.* Frankfurt/M.: P. Lang.

Hentschel, Elke 2003. Wenn Partikeln frech werden. In: G. Held, G. (Hg.), 55–71

Holst, Jan Henrik 2001. *Lettische Grammatik.* Hamburg: Helmut Buske.

Huang, Yan 2007. *Pragmatics.* Oxford: Oxford University Press.

Kienpointner, Manfred 2003. Unhöfliche Partikeln? Kompetitive Verwendungen von Partikeln in der Alltagskonversation. In: G. Held (Hg.), 73–94.

Klotz, Peter 2003. Interaktionale Höflichkeitsaspekte der Partikel *fei(n)* und *vielleicht.* In: G. Held, 121–129.

Ortu, Franca 2003. Wie höflich lässt sich mit Partikeln zustimmen? In: G. Held (Hg.), 367–382.

Wermke, Matthias (Hg.) 2005. *Duden. Die Grammatik.* 7. erweiterte Auflage. Mannheim: Dudenverlag.

Weydt, Haraldt 2003. (Warum) Spricht man mit Partikeln überhaupt höflich? In: G. Held(Hg.), 13–37.

Youmans, Madeleine 2001. Cross-cultural differences in polite epistemic modal use in American English. *Journal of Multilingual and Multicultural Development* 22/1, 57–72.

MP und Modus

Abraham, Werner 2002. Modal verbs: epistemics in German and English. In: Sj. Barbiers & F. Beukema (eds.) *Modalität and its Interaktion with the verbal system*. [Linguistik Aktuell/Linguistics Today 47]. Amsterdam: John Benjamins, 19–50.

Abraham, Werner 2008. Tempus- und Aspektkodierung als Textverketter: Vorder- und Hintergrundierung. In: A.-F. Macris-Ehrhard, E. Krumrey & G. Magnus (Hg.) *Temporalsemantik und Textkohärenz. Zur Versprachlichung zeitlicher Kategorien im heutigen Deutsch*. [Eurogermanistik 27]. Tübingen: Stauffenburg, 161–176.

Ágel, Vilmos 1999. Grammatik und Kulturgeschichte. Die raison graphique am Beispiel der Epistemik. In: A. Gardt, & U. Haß-Zumkehr (Hg.) *Sprachgeschichte als Kulturgeschichte*. [Studia Linguistica Germanica 54]. Berlin: De Gruyter, 171–223.

Axel, Katrin 2001. Althochdeutsche Modalverben als Anhebungsverben. In: R. Müller & M. Reis (Hg.) *Modalität und Modalverben im Deutschen*. Hamburg: H. Buske, 37–60.

Bech, Gunnar 1949. *Das semantische System der deutschen Modalverben*. [Travaux du Cercle Linguistique de Copenhague Vol. IV]. Kopenhagen: Einar Munksgaard, 3–46.

Bech, Gunnar 1951. *Grundzüge der semantischen Entwicklungsgeschichte der hochdeutschen Modalverba*. [Historisk-filologiske meddelelser 32, 6]. Kopenhagen: Munksgaard.

Bech, Gunnar 1955/57. *Studien über das deutsche Verbum infinitivum*. Kopenhagen: Munksgard.

Forssman, Berthold 2001. *Lettische Grammatik*. Dettelbach: J.H. Röll.

Lele-Rozentāle, Dzintra 2004. Modalitätsverbkomplexe in der lettischen Übersetzung der „Blechtrommel" von Günter Grass. In: O. Letnes & H. Vater (Hg.) *Modalität und Übersetzung. Modality and translation*. Trier: Wissenschaftlicher Verlag, 73–92.

Lele-Rozentāle, Dzintra 2008. Dt. *können* und *dürfen*, lett. *varēt* und *drīkstēt:* Einige Beobachtungen aus kontrastiver Sicht. In: E. Maagerø, O. Letnes & H. Vater (Hg.) *Modalität und Grammatikalisierung. Modality and grammaticalization*. Trier: Wissenschaftlicher Verlag , 73–90.

Maché, Jakob 2005. Das Wesen epistemischer Modalität. In : W. Abraham & E. Leiss (Hg.) *Modalität. Epistemik und Evidentialität bei Modalverb, Adverb, Modalpartikel und Modus*. Tübingen: Stauffenburg, 25–56.

Evidential

Diesendorf, Christine 2008. Die Besonderheit der Modalverben im Lettischen. Seminararbeit LMU München.

Prosodie

Ikoma, Miki 2007. *Prosodische Eigenschaften der deutschen Modalpartikeln*. [PHONOLOGIA 103]. Hamburg: Dr. Kovač.

Ikoma, Miki & Angelika Werner 2009. Prosodische Eigenschaften der modalen und temporalen Funktionen der Partikel *schon*. In: W. Abraham & E. Leiss (Hg.) *Modalität. Epistemik und Evidentialität bei Modalverb, Adverb, Modalpartikel und Modus*. Tübingen: Stauffenburg, 223–250.

Fremdbewusstseinsabgleich in Syntax und Semantik*

Abstract: As soon as a(n) German (in)dependent clause licenses a modal particle (MP) it carries autonomous speech act potential. MP signals speaker activity at assessing a proposition in relation to the addressee's knowledge assessment by the speaker. Such speaker status relates to ForceP, the highest clausal category in the syntactic representation of a sentence. Given its specific task we call the function of this category Speaker deixis. This article deals with the question which types of dependent clauses carry autonomous Speaker deixis and whether MP encodes such Speaker deixis. Furthermore, it is discussed whether adverbials of modality are on a par with MP in terms of such Speaker deixis and how the respective speaker-hearer-deictic differences project syntactically.

1. Nebensätze als MP-Schibboleth – selbständige Illokution in abhängigen Sätzen?

Herkömmlich gilt für die Grammatikschreibung im Deutschen ebenso in anderen Sprachen (sofern sie dieses Thema überhaupt direkt ansprechen – d.h. sich des Problems überhaupt bewusst sind: ich vermisse es z.B. in Zifonun et al. (1997), in Eisenberg (2001), dass nur unabhängige Sätze selbständige Illokutionskraft haben – d.h. unabhängige Sprechakte zum Ausdruck bringen können. Das scheint auch plausibel.

(1) a Er leugnete unglückseligerweise, dass er Zeit hätte.
b *Er leugnete, dass er unglückseligerweise Zeit hätte.
(2) a Sie spielte leider mit dem Feuerzeug, als Mutter im Holzofen nachlegte.
b *Sie spielte mit dem Feuerzeug, als Mutter leider im Holzofen nachlegte.

Wenn mich meine Literaturübersicht nicht im Stich lässt, ist Wechsler die Einsicht zuzuschreiben, dass Verbzweit (V2) als syntaktischer Nachweis für die Existenz von illokutiver Stärke gilt. Wechsler (1990, 1991) hat dies für V2 im Schwedischen untersucht; sein Fund lässt sich aufs Deutsche übertragen (Bayer 2008). Vgl. neuerdings Frey (2010) zum Deutschen mit anderen Distributionsargumenten. In diesem Aufsatz gehe ich den folgenden Fragen nach: 1. Ich prüfe, ob gewisse HS-/Rooteigenschaften auch in abhängigen Sätzen/NS gelten: etwa die TH-RH-Gliederung, das Illokutionspotential sowie Wahrheitsbewertbarkeit. 2. Ich prüfe, was die HS-ähnlichen NS gemeinsam haben und womit sie sich von „echten", also illokutionsfreien Subordinationen unterscheiden. Und ich folge mit (3) zuerst einer nicht unplausiblen, oft vertretenen Annahme.

(3) Syntaktische Sprechakthypothese 1: Nur unabhängige Assertionen haben eigenen Sprechaktstatus/eigene SprDeixis; abhängige assertive Sätze haben keine sprecherdeiktische Kraft;

* In dieser Form noch nirgends erschienen. Teile der Abhandlung sind verteilt auf *Deutsche Sprache* 40 (2012: 72–95) und auf: Johan Brandtler, Stefan Huber, David Håkansson & Eva Klingvall (eds.) 2012. *Discourse and grammar. Essays in Honor of Valéria Molnár*. Lund: University of Lund, 1–27 (Satzabhängigkeit und Fremdbewusstseinsabgleich).

somit bleibt das Erscheinen von sprechaktspezifischen Adverbien und MP auf unabhängige Assertionen beschränkt.

Dabei gilt als Voraussetzung für jegliche Lösungshypothese:

(4) MP sind ebenso wie Sprechaktadverbien durch satzlokale sprecherdeiktische Kraft lizensiert.

Nun hat aber bereits Thurmair (1989: 81) beobachtet, dass MP auch in Nebensätzen erscheinen können. Zudem bindet sich nach Haegeman (2002, 2004) die Unterscheidung von zweierlei untergeordneten Adverbialsatztypen an bestimmende distributionelle Eigenschaften: solche, die im Englischen Topikalisierung erlauben, besitzen eigene Illokutions-/Sprechaktkraft; Haegeman nennt diese Nebensätze **periphere adverbiale Nebensätze**. Nebensätze, die keine solche Topikalisierung zugestehen, verfügen über keine unabhängige Sprechaktkraft; Haegeman nennt diese Nebensätze **adverbiale Kernnebensätze**. Der grundlegende Unterschied lässt sich auch an (5a,b) festmachen (Haegeman 2002:117; die entsprechenden Beispielsätze sind bei Haegeman englisch). Man beachte, dass *sofern* stärker prämissenbedingend wirkt, *wenn* dagegen stärker ereignissetzend, durchaus im temporal-simultanen Sinne. Wir erwarten demgemäß, dass sich bei Ereignisfolgen *wenn*, bei Prämissenfolgen *sofern* besser einpassen lässt.

(5) a. Wenn/*Sofern **a**: es regnet, **b**: werden wir alle schrecklich nass
… Ereignisbedingung, Ereignisfolge; **Kernnebensatz/KNS**
b. Wenn/Sofern **a:** es heute Nachmittag regnet, warum **b:** bleiben wir dann nicht einfach zuhause? … Prämissenbedingung, Sprechaktfolge; **Periphernebensatz/PNS**

Die Ereignisfolge **b:** nach **a:** in (5a) ist eine notwendige, die in (5b) dagegen lässt sich nicht als notwendige Ereignisfolge lesen – vgl. den Vorschlag, den jemand angesichts zu erwartender Folgen macht: *warum bleiben wir dann nicht zuhause*. **b:** folgt aus **a:** als Sprechaktfolge, nicht als Ereignisfolge.

(6) a. Wenn/Sofern es heute regnen würde: Würden wir dann alle schrecklich nass? …KNS
b. Wenn/?Sofern es heute regnen würde: Würden wir dann einfach daheim bleiben? ... PNS

(6a,b) sind in (5a,b) identisch mit hypothetischem Modus verändert; aber im Unterschied zu **b:** in (6a) wird die Frage statt des eingebetteten Satzes stärker prämissenhaft. Vgl. dass *sofern* sich besser eignet und ereignisimplizierendes *wenn* zurücktritt. In (6b) dagegen drückt die Modushypothese bereits Prämissenbedingung aus, *sofern* wird damit redundant.

Setzen wir in diesen Bedingungssätzen jetzt Modalpartikel, um wie vorausgesagt MP-Einsetzbarkeit zu prüfen. Was erwarten wir? In kommunikativ gewichtigeren, präsuppositionslosen Nebensätzen, also den peripher adverbialen Nebensätzen sollten MP leichter einzufügen sein, in den Kernnebensätzen – mit stärkerer Matrixsatzabhängigkeit und damit geringerem kommunikativem Gewicht – verbietet sich dagegen MP-Einsatz.

Von Coniglio (2009b) stammen die folgenden Konditionalbeispielsätze in den a-Versionen – es gilt die modale MP-Lesart für *schon*, nicht die temporale Partikellesart.

(7) a Wenn es (*schon) Frost gibt, erfrieren die Rosen. ... Ereignisfolge
(8) b #Wenn es (*schon) Frost gibt: Ach, würden die Rosen doch erfrieren!
(9) a Wenn es *(schon) Frost gibt, könnte es wenigstens auch schneien. ... Sprechaktfolge
b Wenn es *schon* Frost gibt: Ach, könnte es doch wenigstens auch schneien!

In (7a) folgt **b:** aus **a:** anhand unserer Welterfahrung; es handelt sich demgemäß um eine notwendige Grund-Wirkung-Beziehung – in Haegemans Konzeption und Terminologie um einen Kernnebensatz, einen ohne Illokutionseigenständigkeit: die MP-Setzung im untergeordneten Satz **b:** verbietet sich erwartungsgemäß. Die Variante in (7b) entspricht sinngemäß nicht (7a). In (8) dagegen denotiert **b:** einen Wunsch, was die b-Variante zum Ausdruck bringt. Es handelt sich um einen peripheren Nebensatz – einen, der eigenen Illokutionsstatus besitzt. Die Varianten (7b) und (8b) zeigen dies deutlich. Die Sprecherdeixis der MP ist lizensiert: sie legitimiert den Wunsch in **b:**, nicht das Ereignis als solches.

Wenn wir davon ausgehen, dass unabhängige (Root-) Sätze Sprecherdeixis-Force aktivieren und über den gesamten Satz, d.h. den untergeordneten Satz miterfassend operabel machen, dann erklärt sich, dass die MP-Setzung eher in einem syntaktisch-semantisch unabhängigeren – „rootigeren" – Nebensatz möglich ist.

Es bleiben dreierlei Fragen nach Lösungslücken:

(10) Worin genau liegt die semantisch-syntaktische Unterlegenheit der temporalen und lokativen Nebensätze?
(11) Wie passen zu dem syntaktisch-semantischen Lösungsbild die Nichtverbadicendi und die restriktiven Relativsätze?
(12) Gibt es keine weiteren Unterschiede zwischen Adverbialsätzen und Modalpartikelsätzen derart, dass unterschiedliche Lösungen zu den MP-fähigeren untergeordneten Sätzen ausfallen als bei adverbialfähigen Nebensätzen? Das ist ja laut der FBA-Analyse nicht zu erwarten.

Die folgende Diskussion orientiert sich an diesen Fragen.

2. Externe Syntax des Adverbialnebensatzes

Ereignisbezug und Sprechaktbezug in den komplexen Adverbialsätzen fordern syntaktisch-strukturell unterschiedliche adverbiale Adjunktionen: Ereignisse an die grammatisch-lexikalische Kernsyntax IP/TP/FinP, Sprechakte dagegen an ForceP bzw. CP. Alles was nicht ForceP/CP-Satzeigenständigkeit aufweist, teilt ForceP mit dem übergeordneten Matrixsatz und erlaubt demgemäß keine eigene MP-Setzung.

(13) a [ForceP [IP [IP *MP [VP]] [VP]]] nicht MP-fähig/KNS/Fakt-Temp-Restr

b $[_{ForceP}$ $[_{ForceP}$ $[_{IP}$ ^{ok}MP $[_{VP}$]] $[_{VP}$]]] MP-fähig/**PNS/Nichtfakt-Kaus-Erweit**

Pfeile und große Klammern markieren die Adjunktionsbeziehung: Nebensatzadjunktion an IP schließt MP-Setzung aus, Adjunktion an ForceP legitimiert MP-Setzung. [„(Nicht)Fakt“ etc. kürzen die Verbklassen in (18) unten ab.]

Wir setzen somit als erste Voraussetzung zur Scheidung von MP-Nebensatzfähigkeit:

(14) Jeglicher MP-fähiger Satz muss ein eigenständiges ForceP/Spr-DeixP aufweisen.

Die in (13a,b) durch unterschiedliche Adjunktionskategorien ausgedrückten adverbialen Nebensatzstrukturen binden sich nach Haegeman (2002) und Hinterhölzl & Krifka (2009) an unterschiedliche Operatorsyntaxen aus dem Matrixsatz heraus: Negation, Fokus- und Frageoperatoren sowie Quantorbindung von Pronomina. Die nebensatzmiterfassenden Operationen gelten für Kernnebensätze (des Typs Ereignisbedingungen wie in (5a) und (7b) oben), nicht jedoch für periphere Nebensätze (etwa des Typs Prämissenbedingung in (5b) und (7a) oben). (15)–(16) zeigen, wie Pronomina (im vorliegenden Falle *er* und *sein*) im Kernadverbialnebensatz durch Quantoren im übergeordneten Satz gebunden sein können. Signalisierte Ungrammatikalität bezieht sich auf die durch Subindices angedeutete Koreferenz zwischen Hauptsatzquantor und Nebensatzpronomina.

(15) *Niemand$_i$ reagierte, als er$_i$ glaubte, es sei sein$_i$ Lehrer.
... Temporalkernadverbialsatz auf als/KSN?

(16) Wieso reagiert niemand$_i$ am Telephon, sobald/wenn er$_i$ glaubt, es ist sein$_i$ Lehrer?
... Konditionalkernsatz auf sobald/wenn/PNS?
(nach dem Englischen bei Haegeman 2002:130)

Wir generalisieren aus diesen letzten Befunden folgende Lösungshypothese:

(17) Syntaktische Sprechakthypothese 2: Adverbiale Kern- und Periphernebensätze lassen sich durch nichtlokale syntaktische Operationen wie Negations- und Quantorfokus sowie Quantor-Pronominal-Bindung unterscheiden. Kernnebensätze sind durch solche vom Matrixsatz ausgehenden Operationen miterfasst, Periphernebensätze sind dies nicht.

Damit sind konkrete Kriterien für das gesetzt, was man intuitiv als kommunikative Satzunabhängigkeit bzw. -abhängigkeit erfassen würde.

Damit ist freilich noch nicht die Frage beantwortet, wie ForceP-Eigenständigkeit eines untergeordneten Satzes identifizierbar ist. Es ist ja nach Voraussetzung (14) oben naheliegend, epistemische Adverbiale und MP auf ihre Verteilbarkeit in den zwei Nebensatztypen zu prüfen. Nun hat Coniglio (2009b) eine solche Prüfung in Bezug auf Haegemans grundlegende Nebensatzunterscheidung vorgenommen und ist zu dem Ergebnis in (18) unten gelangt.

3. Nebensatztypen und deren Modaladverbial- bzw. MP-Fähigkeiten

Distribution von MP in semantisch-syntaktisch spezifischer Subordination (Coniglio 2009b, weiterführend über Thurmair 1989: 81 und Hentschel 1986: 201 hinaus; vgl. (18)).

(18) Nebensatztypen und deren Modaladverbial- bzw. MP-Fähigkeiten

Nebensatztyp	**MP?**	**welche MP?**	**Nebensatztyp**	**Sprechakttyp**
Komplementsätze:				
verba dicendi/nichtfaktiv	+	alle	PNS	Assertion
verba dicendi/faktiv	–		KNS	
adverbiale Nebensätze:				
temporal	–		KNS	
lokativ	–		KNS	
modal-kausal	+	ja, doch, eben, halt	PNS	Assertion
konzessiv	+	doch, ja	PNS	Assertion
adversativ	+	ja, doch, eben, halt	PNS	Assertion
konditional	(+)	eben, halt	PNS	Assertion
konsekutiv	+	ja, ja auch, doch	PNS	Assertion
adnominale Nebensätze: Relativsatz				
restriktiv/einschränkend	(–)		KNS	
appositiv/erweiternd	+	ja, doch, eben, auch	PNS	Assertion

In (18) sind die Sprechakterscheinungen auf Assertionen beschränkt. '(Nicht)Faktiv' gilt nach Kiparsky & Kiparsky (1971: 348; Beispiele dort – auf Englisch) aufgrund folgender Verteilungen:

(19)	a	Es ist seltsam, dass es regnet.	faktiv
	b	Es ist wahrscheinlich, dass es regnet.	nichtfaktiv
	c	Ich bedaure, dass es regnet.	faktiv
	d	Ich glaube, dass es regnet.	nichtfaktiv

„The first sentence in each pair (the factive sentence) carries with it the presupposition 'it is raining'. The speaker presupposes that the embedded clause expresses a true proposition, and makes some assertion about that proposition.“ (Kiparsky & Kiparsky 1971: 348)

Nun lassen sich nach Haegeman (2002:159) zwei Nebensatztypen mit grundlegend unterschiedlicher externer Syntax unterscheiden. Nach (18) erscheinen MP nur in solchen Nebensätzen, in denen die Sprechaktkategorie Force (=SprDeix) erscheint. Vgl. (20a-c).

(20) a	Kernabhängigkeit:	Subord	–	–	–	Mod	Fin ...	*MP
b	Peripherabhängigkeit:	Subord	Force	Top	Fok	Mod*	Fin ...	MP
c	unabhängiger Satz:	–	Force	Top*	Focus	Mod*	Fin ...	MP

Der Vergleich von (19) und (20) ergibt, dass Matrixprädikate mit faktiven Dicendiverben, temporale und lokale Einbettungen sowie restriktive Relativsätze den Einsatz von MP verbieten. Die eigentliche Frage ist also, welche tieferen Eigenschaften hinter kernabhängigen und peripher abhängigen Dependenzen stecken derart, dass nur die peripheren Nebensätze eigene illokutive Kraft kodieren und folglich MP-modalisiert erscheinen können. Konkret ist also zu fragen: Welche der kanonischen Nebensätze gehören zu den kernabhängigen, welche zu den peripher abhängigen? Und wie ist dieser Unterschied begründet? Wir untersuchen in der Folge die Adverbialsätze in (18), die Dicendiverben und schließlich die Relativsätze mit dem Ziel, eine gemeinsame Grundlage für deren syntaktischen Peripherabhängigkeitsstatus zu eruieren.

Zu beachten zu (20) ist allerdings, dass der Subordinator nicht zwischen dem Matrixprädikat – welches ja ForceP im abhängigen Satz c-kommandiert – diese strukturelle Beziehung zwischen ForceP und dem Matrixprädikat unterbrechen darf. Wir formulieren für den hier interessierenden Nebensatztyp mit autonomer Sprecherdeixis/ForceP also entsprechend um.

(20') b **Peripherabhängigkeit: [...VMatrix [Comp' Force Subord/Comp ...]] ... MP**

Ich lasse es damit völlig dahingestellt, ob der abhängige Satz im Deutschen dieselbe Top-Fok-Struktur besitzt wie der unabhängige Satz – ob im Besonderen wie die von Haegeman für das Englische erwogene Struktur des Nebensatzes in (20).

3.1. MP-Fähigkeit bei Adverbialsätzen

Nach der Klasse der adverbialen Nebensätze, die MP lizensieren, ist das inhaltliche Kriterium das der inhaltlichen, kommunikativen Unabhängigkeit. Können wir dies präziser fassen?

(21) Syntaktische Sprechakthypothese 3: Die temporalen und lokativen Adverbialnebensätze sind matrixprädikatsereignisnäher und damit abhängiger als die modal-kausativen Adverbialnebensätze.

Modal-kausative Adverbialnebensätze sind also nach lexikalisch-pragmatischem Inhalt und Sprechaktskopus den Modalpartikeln näher und damit syntaktisch-semantisch unabhängiger derart, dass sie eigenen Sprecherdeixisstatus besitzen. Vgl. dazu (22).

(22) Syntaktische Sprechakthypothese 3a: Modal-kausative Adverbialnebensätze sind deshalb MP-fähiger, weil modal-kausative Adverbiale nach Skopus und Bedeutung den Modalpartikeln näher sind. Dies drückt sich auch in den folgenden Basisserialisierungen und Skopusbeziehungen aus: [IP<[MP<[Satzmodal<[Zielmodal<[Zeit<[Ort] VP]]]]].

Die Basisabfolge der Adverbiale unter Einschluss der MP *halt/eben* ist die folgende (Frey & Pittner 1998).

(23) Er wünschte sich halt unseligerweise absichtlich gestern gerade dort das Treffen.
MP <Satzmodal< Zielmodal < Zeit< Ort

Die MP *halt/eben* ist wohl auch in tieferen Positionen möglich, erhält aber nach Maßgabe solcher tieferer Positionen stets stärker Grad-/Fokuspartikelstatus.

3.2. MP-Fähigkeit bei Dicendisätzen (Faktiva und Nichtfaktiva)

Orientieren wir uns zum zweiten an den Inhaltsnebensätzen nach faktiven bzw. nicht-faktiven Matrixverben. Zu den faktiven Verben gehören (Kiparsky & Kiparsky 1970): *bedauern, einfallen, ignorieren, verübeln, wissen, erkennen, in Betracht ziehen, klar machen, herausfinden, bezeichnend/tragisch/bedeutsam/merkwürdig sein* etc. (zum Deutschen vgl. Abraham 1988: 953). Nichtfaktive Ergänzungssätze erlauben im Allgemeinen MP-Einsetzung, faktive dagegen nicht (Hale & Keyser 1993, Haegeman 2002, Coniglio 2009b). Faktive Prädikate zeichnen sich dadurch aus, das sie den Inhalt der Ergänzung voraussetzen. Sie tun dies unabhängig davon, ob das faktive Matrixprädikate positiv oder negativ assertiert wird. Vgl. die Sternchensignale bei faktiven Matrixverben zu MP im eingebetteten Satz.

(24) a Mir ist (nicht) eingefallen,
b * Ich weiß (nicht),
c * Ich habe (nicht) miterlebt, dass Petra *ja eben* Mitarbeiterin bei der Stasi war.

(25) a Schmidt hat gesagt,
b * geleugnet,
c * bedauert, dass die SPD *halt SCHON* Sympathie verdient.

Bei den Verben des Sagens faktiver wie nichtfaktiver Varianz fallen Äußerungssprecher und Satzsubjekt zwar nicht zusammen, aber das Subjekt übernimmt an Stelle des Sprechers den deiktischen Gehalt. Es verschiebt sich die Sprecherdeixis auf die Deixis des Subjekts als Äußerungsverantwortlichen.

Bei faktiver Einbettung werden die Operatorwirkungen des Matrixsatzes wie bei den temporal-lokativen Adverbialsätzen im Nebensatz wirksam, daher verbieten sich MP. Die Sprechaktmarkierungen des übergeordneten Satzes können im untergeordneten Satz nicht überschrieben werden. Nur bei nichtfaktiver Einbettung wird eigener Illokutionsstatus im Nebensatz frei derart, dass MP einsetzbar wird. Haegeman (2002: 159f.) spricht von „verschobener Sprecherinterpretation" (*shifted interpretation*) bzw. von einem „potentiellen Sprecher" (*potential speaker*) insofern, als die modale Modifikation nicht dem aktuellen Sprecher, sondern vielmehr dem Subjekt des Matrixsatzes zugewiesen wird.

(26) Syntaktische Sprechakthypothese 4: In nichtfaktiven Komplementsätzen zu den Sagenverben verschiebt sich die Verankerung des Sprecherbezugs der MP auf das Subjekt des Dicendi- bzw. Nichtfaktivprädikats.

Wir erwarten demnach, dass in Gegensatz zu faktiven Ergänzungssätzen MP nur in nichtfaktiven lizensiert sind. Nur (weniger abhängige) nichtfaktive Nebensätze verfügen über jene Sprecherdeixiskategorie, an der die Bewertungsinstanz des Sprechers verankert werden kann. Man siehe die folgende Illustration.

(27) Sophie leugnet/bedauert, dass der FC (*wohl/*schon) gewonnen hat .... faktiv-*MP
(28) Sophie sagte/meinte, dass der FC wohl/schon gewonnen hat. .... nichtfaktiv-MP

Vermutendes *wohl* bzw. widersprechend-betonendes *SCHON* sind in faktiven Ergänzungssätzen wie (26) nicht lizensiert, da die den Nebensatztyp selegierenden Prädikate *leugnen/bedauern* als faktive Verben eigenen illokutiven Status des Ergänzungssatzes ausschließen. Faktive Ergänzungen zeichnen sich dadurch aus, dass das selegierende Matrixprädikat die Sprecherbewertung des eingebetteten Satzes als Vorweggegebenheit (als *Faktum*) vorwegnimmt (präsupponiert). Da die MP-Setzung satzeigene, lokale Sprecherdeixis als Lizensierbedingung voraussetzt, verbietet sich eine modalitätslizensierte MP in (26) – dies zum Unterschied zu (27), wo die (vermittels *sagen/meinen*) nichtfaktiv präsupponierte Ergänzung des Nebensatzes einen Sprecherbezug kodiert derart, dass die sprecherdeiktischen MP *wohl* und *schon* lizensiert sind.

Wenn periphere und Kernnebensätze sich durch den Illokutionsstatus unterscheiden, dann ist der syntaktische Unterschied durch (19) hinreichend signalisiert. Wie jedoch trifft die syntaktische Unterscheidbarkeit auf Ergänzungssätze zu, die ja in jedem Falle valenzselegiert sind. Lässt sich deren semantische-illokutive Unterscheidung syntaktisch nachvollziehen? Worin drückt sich die geringere semantische Voraussetzbarkeit bei peripheren Ergänzungssätzen syntaktisch aus? Vgl. wiederum (17) oben mit den Quantortransfereigenschaften für periphere Nebensätze (dazu auch Coniglio 2009b).

(29) a Jederi zweite Student meint/behauptet, dass eri ja/wohl/schon lieber ein anderes Fach studiert hätte.
b *Jederi zweite Student bedauert/bestreitet, dass eri ja/wohl/schon lieber ein anderes Fach studiert hätte.

meinen/behaupten sind nichtfaktive Verben. Entsprechend dem Quantortransfer zwischen *jeder* im Hauptsatz und der Variablen *er* im eingebetteten Satz herrscht Koreferentialität. Gleichzeitig gilt bei solchen Referenztransfers, dass echte syntaktische Nebensatzabhängigkeit besteht. *bedauern/bestreiten* dagegen sind faktive Prädikate, die voraussetzen, dass der Komplementinhalt Faktum ist. Es macht somit nicht der für jedes der beiden eingebetteten Sätze geltende Abhängigkeitsstatus den MP-Fähigkeitsunterschied aus, sondern das Präsuppositionsverhältnis zwischen wechselndem Matrixprädikat und dem – vom Matrixprädikat völlig unabhängigen – Nebensatzinhalt.

In (28a) ist es wiederum nicht ein zu identifizierender Sprecher, dessen Wissen oder Absicht die MP lizensiert. Vielmehr ist es *jeder zweite Student*, das Matrixsubjekt, dem die Vermutung (bei *wohl*), die Wissensvoraussetzung durch den Sprecher beim Adressaten (bei *ja*) bzw. der Positionswiderspruch (bei *schon*) zugeschrieben wird. Immer ist in Bezug auf eine solche Sprechakthaltung der Sprecher bzw. das für den Sprecher herhaltende Matrixsubjekt verantwortlich gemacht. Dabei tritt entscheidend nicht der Inhalt des Nebensatzes, sondern das Matrixprädikat als Vermittler zum Sprecherstatus ein. Vgl. zu dieser Position in Zusammenhang mit der Setzung von MP auch Döring (2007).

3.3. Homonyme bei den unterordnenden Adverbialkonjunktionen

Das Schwanken der MP-Einsetzbarkeit sollte sich dort zeigen, wo logische und temporal-lokale Konjunktionen homonym verwendet werden. MP-Setzung sollte bei temporal-lokaler Satzlesart unmöglich sein, bei logischer Lesart dagegen lizensiert sein.

(30) a Nachdem ich (*halt) gebremst hatte, bin ich ausgestiegen. … bei temporaler Lesart
b Nachdem ich *doch* alles schon dreimal erklärt hatte, wurde es mir zu dumm.
(Hentschel 1986:203) … bei kausaler Lesart, nicht bei temporaler
c Sie setzten über den Fluss, während (*um 1 Uhr) der Pegel wohl schon hoch stand.
… nur bei advers. Lesart, nicht bei temporaler
d Hans lebt gern in Floridsdorf, wo es *{*ja / *wohl / *doch / *halt}* am gemütlichsten ist.

Es bietet sich nach den bisherigen Überlegungen sowie (18) folgender gemeinsamer Nenner für die MP-Fähigkeit peripherer Nebensätze an. Vgl. (31).

(31) Syntaktische Sprechakthypothese 5:
a Je syntaktisch-semantisch unabhängiger – 'rootiger'– ein Nebensatz ist, desto force-fähiger, d.h. sprecherdeiktischer und desto MP-fähiger (= unabhängiger von Force des Matrixsatzes) ist er: Das sind die modal-kausalen, konzessiven, adversativen, konditionalen

und konsekutiven Adverbialnebensätze. Je „syntaktisch-semantisch schwächer"/stärker matrixabhängig Nebenätze sind, desto unwahrscheinlicher lizensieren sie MP: Das sind die temporalen und lokalen Adverbialnebensätze.

b Bei den Dicendikomplementprädikaten bietet sich allerdings ein anderes Bild: Die oberflächlich von Nichtfaktiven abhängigen Einbettungen sind insofern nicht eigentlich Nebensätze, als das Matrixprädikat bloß ein inhaltsneutrales Sprechaktverb darstellt (also IllokP setzt) und den vollen lexikalisch-referentiellen Inhalt des Komplementsatzes übernimmt, so bereits (26) oben. Vgl. nach (17) vom Matrixsatz ausgehende semantische Operationen, die den Inhalt der Einbettung miterfassen. Es ist davon auszugehen, dass Einbettungen unter nichtfaktiven Prädikaten syntaktisch-semantischen Matrixstatus haben – und insofern semantisch-syntaktischer unabhängiger sind als die Faktiven. MP-Fähigkeit ergibt sich somit aufgrund der Hauptsatzwertigkeit der nichtfaktiven Nebensätze.

c Der Umstand, dass epistemisch-modale Markierungen im (Kern-)NS wie in den faktiven Dicendi- und Temporal-/Lokaladverbialeinbettungen nicht akzeptabel sind, zeigt, dass ihr propositionaler Inhalt vom Sprecher vorausgesetzt wird und nicht weiter modal disponibel ist – d.h. qua Wahrheitsbewertung nicht diskussionswürdig ist.

(30b) gilt nicht zuletzt deshalb, weil bei den „reinen" (= nichtfaktiven) Sagenverben Subjekt-Sprecher-Transfer stattfindet derart, dass der Inhalt des eingebetteten Komplementsatzes matrixsatzartig gilt mit dem Sprecherindex des Sagenmatrixsatzes. Das gilt zwar für die faktiven Sagenkomplementsätze in gleicher Weise, aber mit dem Unterschied, dass die faktiven Matrixsätze illokutiv schwerer sind als die reinen Sagenmatrixsätze und deshalb nicht davon auszugehen ist, dass ebenso Subjekt-Sprecher-Transfer stattfindet.

Beziehen wir jetzt den letzten Nebensatztypus mit peripheren Eigenschaften, die Relativsätze, in die Diskussion mit ein.

3.4. MP-Lizenz bei Relativsätzen – der entscheidende verallgemeinernde Nenner

Um diesem tieferen Unterschied syntaktischer Abhängigkeit Spur zu kommen, betrachten wir die bekannten zwei Relativsatztypen. Restriktive Relative kodieren eine Wahlfunktion (*choice function*) über den DP-Kopf und heben ein Individuum heraus, das durch den Relativsatz umschrieben wird. Die Individuenreferenz unterscheidet sich von der Referenz des DP-Kopfes, obwohl die Extension des Relativs eine Untermenge der Extension des DP-Kopfes ist. Zum Unterschied davon ist die Referenz erweiternder (nichtrestriktiver) Relativsätze identisch mit der des DP-Kopfes. Ein solcher Relativsatz hebt ausschließlich eine Eigenschaft hervor, die dem DP-Kopf bereits eignet. Eigennamen wie *Hans* in (33a,b) unten denotieren üblicherweise ein einziges Individuum; Artikelwörter und Akzent eröffnen andererseits den Bezug auf eine Individuenmenge mit identischem Namen wie in (33a) unten und ermöglichen damit eine restriktive attributive Modifikation. Man vergleiche die entsprechenden Eigenschaften der zwei Relativtypen in (32).

(32) Komplementärverteilung für die beiden Relativsatztypen

Relativsatz	±Vordergrund	unabhängige Erweiterung	Fokus	Koordination	Parenthese	epistem. Adverb
+einschränkend	+	+	+	–	–	–
+erweiternd	–	–	–	+	+	+

Dies illustrieren die folgenden Beispiele, (33)–(34). Restriktive Relativsätze verhalten sich wie vordergrundierte und fokussierte Attribute, erweiternde Relativsätze dagegen wie appositive Modifikationen des Kopfes: unfokussiert und hintergrundiert. Diese sog. 'erzählerische Reliefgebung' (Hartmann 1984, Brandt 1996) kommt also zustande aufgrund von rein grammatisch-kategorialen und distributionellen Kriterien.

(33) a Der *ja dort drüben wohnende Hans ist blind. … restriktiv / vordergrundiert/ fokussiert / Extension unabhängig
b Der ja dort drüben wohnende Hans ist blind. … nichtrestriktiv/hintergrundiert/ unfokussiert (defaultfokussiert) / Extension impliziert
c Hans ist blind. Er wohnt wohl/ja dort drüben. …Koordinierbarkeit nur für Nichtrestriktive
d Hans – er wohnt wohl dort drüben – ist blind. … Parenthese nur für Nichtrestriktive
e ..., der den Schlüssel wohl finden wird. … MP
f ..., der den Schlüssel sehr wohl finden wird. … äquivalentes epistemisches Adverb
g ..., der den Schlüssel sehr wahrscheinlich finden wird. … pänäquivalentes epistemisches Adv

Deutsch verfügt über lexikalische und grammatische Mittel zur Unterscheidung von restriktiven und nichtrestriktiven Relativsätzen. Determinatoren in der Kopfkonstituente des Hauptsatzkorrelats wie *(der)jenig-, ein solch-,* DER/DIE/ DAS, *EIN-* sondern Individuen aus und lösen damit die restriktive Lesart aus. Fehlen solche Auswahlfunktionen, dann können Relativsätze zwischen den beiden Lesarten ambig bleiben. Der Einsatz von Modalpartikeln löst diese Ambiguität wie in (32).

(34) a Voyeurs, die ja nichts verpassen wollen, stellen sich an jedes Guckloch … [-restriktiv]
b Voyeurs, die ja nichts verpassen wollen, stellen sich an jedes Guckloch …[±restriktiv]
c Jene Voyeurs, die ja /*ja nichts verpassen wollen, stellen sich an jedes Guckloch … [+restriktiv]

(34b,c) teilen Restriktivität. Nebenbei zeigt (34c), dass betontes *JA* zumindest von anderer MP-Lizensierung ist, dies im Unterschied zu *ja*. Restriktive Sätze haben andere implikative Distributionen als Nichtrestriktive. Restriktives (34a) entspricht bedeutungsmäßig (35a). Nichtrestriktives (34c) dagegen steht zu (35b).

(35) a *Wer ja nichts verpassen will, ist ein Voyeur und stellt sich an jedes Guckloch
b Jener, der ja nichts verpassen will, ist ein Voyeur und stellt sich an jedes Guckloch [±restr]
… * als [-restr], dagegen ok als [+restr]

c Wer ja nichts verpassen will, ist ein Voyeur und stellt sich an jedes Guckloch [+restr]
d Jener, der ja nichts verpassen will, ist ein Voyeur und stellt sich an jedes Guckloch [+restr]

In (35b) hat der freie Relativsatz Definitionscharakter zum nominalen Kopf. Nichtrestriktive haben keinen definierenden Charakter im Unterschied zu Restriktiven. Restriktive gehören in diesem Sinne qua syntaktischer Konstruktion näher zum Kopfnominal des Relativsatzes als Nichtrestriktive; sie sind nicht präsupponiert. Nichtrestriktive sind präsupponiert. Da die MP *ja* die Erwartung des Sprechers zum Ausdruck bringt, dass der Adressat die Sprechermeinung teilt, decken sich relativappositive Nichtrestriktivität und die Sprechaktbedeutung von *ja*, nicht aber relativattributive Restriktivität und die Sprechaktbedeutung von *JA*.

(36)	A:	Ist das C?		
	B:	ja(/schon), das ist C.	...	bestätigende Antwort
(37)	B:	Das ist C.		
	A:	Das ist nicht C.		
	B:	Das ist ja(/schon) C.	...	korrigierende Reaktion
(38)	A:	Was ist das?		
	A/B:	Das ist ja(/*schon) C!	...	erstaunte Kundgabe

All dies führt zur Generalisierung in (39a-d).

(39) **Syntaktische Sprechakthypothese 6a-d:**

a Der appositive, nichtrestriktive Relativsatz ergänzt gemäß allgemein vorausgesetztem Weltwissen den übergeordneten Matrixsatz. Appositionssätze sind ähnlich spezifischen parenthetischen Satzeinschüben (Brandt). Sie tragen geringeres kommunikatives Gewicht, sind präsupponiert/hintergrundiert, sind MP sowie E-Adverb-fähig und damit wahrheitswertdispositiv.

b Der attributive, restriktive Relativsatz dagegen ist kommunikativ gewichtig/vordergrundiert und informationsstrukturell neu. Er ist nicht MP- sowie E-Adverb-fähig und damit nicht wahrheitswertdispositiv.

c Ich gehe davon aus, dass der appositive, nichtrestriktive Relativsatz ist wie jeglicher kategorische (CP-)Matrixsatz TH-RH-strukturiert; der attributive, restriktive Relativsatz dagegen ähnelt einem thetischen Satz– ist also ein allrhematischer/präsentativer Satz (in dem es auch kein Thema gibt).

d Wiederum erweist sich der biimplikative Gleichlauf von IllokP und Wahrheitswertdisponibilität. Bei modaler Füllung von IllokP durch MP bzw. epistemische Satzadverbiale steht der assertive Charakter der Gesamtproposition im veridikalischen Sinne zur Disposition von Sprecher bzw. Hörer.

4. Der gemeinsame Nenner der drei MP-würdigen Nebensatztypen

Die Komplementärverteilung der Relativsätze nach Diskurskriterien in (30) oben lenkt unseren Blick zurück auf die anderen beiden Nebensatztypen, deren MP-Würdigkeit wir diskutiert haben. Während die restriktiven Relativsätze etwas hervorheben, was in der Text- und Redeführung noch nicht zum gemeinsamen Rede- und Texthintergrund (*common ground*) gehört, so beziehen sich die nichtrestriktiven Relativsätze such auf den Sprecher und Zuhörer gemeinsamen Wissensstand. Dies scheint auch den grundlegenden Unterschied zwischen Kernnebensätzen und peripheren Nebensätzen zu erfassen: Alle peripheren Nebensätze der Haegemanumschreibung sind sprechakttechnisch ('kommunikativ') unabhängiger vom einbettenden Matrixsatz als die Kernnebensätze. Wir schalten damit parallel zur Merkmalsbündelung in (30): Nichtfaktiva, die starken Adverbialsätze sowie Nichtrestriktiva setzen den gemeinsamen Redehintergrund, während Faktiva, die schwachen (temporal-lokativen) Adverbiale sowie die Restriktiva Vordergründiges kodieren. Wir schließen daraus Folgendes.

(40) Syntaktische Sprechakthypothese 7: Kernnebensätze sind deshalb nicht MP-würdig, weil sie Vordergründiges kodieren. MP-Würdigkeit dagegen setzt ein hintergrundierendes CP voraus, was nur periphere Nebensätze kodieren.

(41) Syntaktische Sprechakthypothese 8: Syntaktische Vordergrundkodierung blockiert Sprechaktautonomie (eigenen Sprecherdeixisknoten) deshalb, weil Vordergrundkodierung und Modalität gleichen Sprechaktstatus haben. Sie sind sprechaktstrukturell komplementär zueinander. Defaultnarrative Satzhintergrundierung aktiviert keine eigene Sprechaktoperation, die MP-Setzung blockiert.

(42) Es ist mit (39) davon auszugehen, dass auch andere Fokusoperationen im Satz wie Kontrastfokussierung und Grad-/Fokuspartikelsetzung sowie MP-Setzung vordergrundstiftend sind und Nichtdefaultverwendungen des Satzes kodieren – d.h. Information über den gemeinsamen Hintergrund hinaus zur Verfügung stellen (so auch Hinterhölzl & Krifka 2009: 9).

Tabelle (43) stellt die bisher getroffenen Unterscheidungen zusammen.

(43) Nebensatztypen und deren Modaladverbial- bzw. MP-Fähigkeiten

Nebensatztyp	**IllokP**	**TH–RH–Gliederung**	**Wahrheitswertdisposition**	**Nebensatztyp**	**Sprechakttyp**
Komplementsätze:					
verba dicendi-nichtfaktiv	+	+	+	PNS	Assertion
verba dicendi-faktiv	–	+	–	KNS	
Adverbiale Nebensätze:					
Temporal	–	+	–	KNS	
Lokativ	–	+	–	KNS	
modal-kausal	+	+	+	PNS	Assertion
Nebensatztyp	**IllokP**	**TH–RH–Gliederung**	**Wahrheitswertdisposition**	**Nebensatztyp**	**Sprechakttyp**
Konzessiv	+	+	+	PNS	Assertion
Adversativ	+	+	+	PNS	Assertion
Konditional	(+)	+	+	PNS	Assertion
Konsekutiv	+	+	+	PNS	Assertion
Adnominale Nebensätze: Relativsatz					
restriktiv/einschränkend	(–)	+	–	KNS	
appositiv/erweiternd	+	+	+	PNS	Assertion

Eine ganz ähnliche Verteilung von Illokutionspotential über Verbklassen wie in (43) trifft Lahousse (2010) auch fürs Französische. Gilt (41) für alle Fälle von Markiertheit (mit Satzskopus) – etwa auch Aspekt (Perfektivität/ Telizität gegenüber unmarkiertem Imperfektiv), welcher ja in der Romania klar zur Textstrukturierung im Sinne von Vorder- und Hintergrundierung verwendet wir?

Wenn wie in der Folge dargestellt Modalpartikeln und Modalitäts- und Epistemikadverbiale sprecherdeiktisch unterschiedlich kodieren, lassen sich dann diese semantisch-pragmatischen Deixisunterschiede auch anhand der oben diskutierten Nebensatzunterscheidung Haegemans und Coniglios nachvollziehen? Diese letzte Frage versuchen wir zuerst zu klären.

5. MP vs. Modalitätsadverbiale

Es gibt kaum Literatur dazu, ob und wenn wie sich Modaladverbiale syntaktisch (Nebensatzeinsetzbarkeit) und sprecher-hörer-deiktisch von MP unterscheiden. Coniglio (2009b) setzt MP und Modaladverbiale mit Blick auf die Nebensatzwürdigkeit gleich. Gehen wir vor allem den intuitiv nachvollziehbaren Merkmalsbündelungen zur Sprecher-Hörer-Deixis nach.

5.1 Sprecherdeixis und Merkmaldistributionsdifferential (MDD)

„Zeitgemäßes" syntaktisches Analysebewusstsein erfordert merkmalunterstützte Versetzungsoperationen zum höchsten illokutiven Strukturknoten ForceP. Dabei lassen wir uns von Davidsons (2004) dreifacher Bewusstseinsunterscheidung leiten.

(44) Davidsons 'Bewusstseinsdreieck' (mind awareness triangle) (weiterführend zu Carnap):

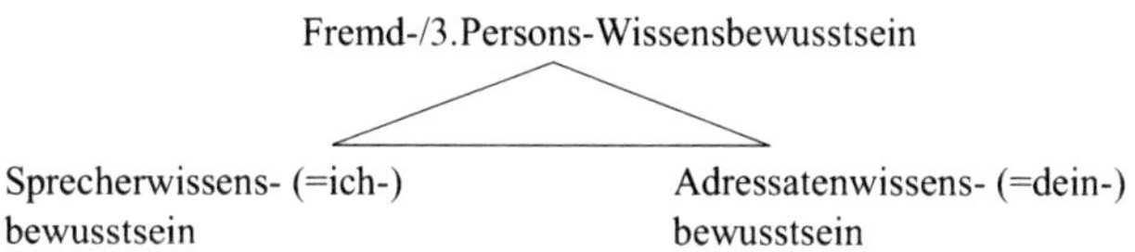

„Fremd/3. Persons-Wissensbewusstsein" ist äquivalent mit „sozialer/objektiver/intersubjektiver Kompetenz".

(45) a **epistemische Modalverben**/EMV denotieren zweifache illokutive Deixis: nach der Quelle von p sowie aufgrund der Sprecherbewertung von p.

b Haider **soll** betrunken gewesen sein (wo p = Haider betrunken gewesen sein) c soll(p)

Quelle von p Sp-Bewertung
<3. Person> <Distanz zur p-Wahrheit>
<relative Wahrheitsassertion von p>
<Normwahrscheinlichkeit von p>

(46) a **epistemische** Adverbiale/epAdv entfalten nur einfache Deixis – der Quellast in (46c) fehlt.
b Haider ist **wahrscheinlich/vermutlich** betrunken gewesen
c eAdv

Sp-Bewertung
<Distanz>
<relative Wahrheitsassertion>
<Normwahrscheinlichkeit von p>

(47) a **Evidentialadverbiale**/evAdv entfalten ebenfalls nur einfache Deixis – Sprecherdeixisast in
(47c) fehlt.
b Haider ist **offensichtlich** betrunken gewesen.(wo p=Haider betrunken gewesen sein)

c offensichtlich (p)

Quelle von p
<3. Person>

5.2 Summe zum Merkmaldistributionsdifferential: dreifache Sprecherdeixis der MP

Wir stellen hier die mittels der frembewusstseinsabgleichenden Merkmale charakterisierte Kategorie der Modalpartikel noch einmal vor. In (45)–(47) wurde gezeigt, wie sich die 3 untersuchten Wortarten nach solcher Charakteristik unterscheiden.

(48) a **Modalpartikeln/MP** kodieren unterschiedliche Deixis im folgenden Sinne: Der Sprecher schätzt den Stand des Hörerwissensbewusstseins ab, lässt den Hörer von diesem Einschätzungsakt wissen und lädt ihn ein, zu dieser seiner (des Sprechers) Einschätzung von p Stellung zu nehmen (zu bestätigen, zu korrigieren, zu modifizieren). In diesem Sinne sind die Merkmale der Spr(echer)-Bewertung reicher als jene für die Kategorie der EMV und zwar nach Maßgabe der Quelle von p sowie hinsichtlich der Sprecherbewertung von p.

b Haider soll **ja** betrunken gewesen sein (wo p = Haider betrunken gewesen sein)

c ja(soll(p))

Quelle von p <3. Person>

Spr-Bewertung des für Spr & Adr gemeinsamen Wissens
<Distanz bzgl. p-Wahrheit>
<relative Wahrheitsassertion von p>
<Normwahrscheinlichkeit von p>

<+einheitl. Wissens-bewusstsein> <–einheitl. Wissens-bewusstsein>

MP entfaltet somit eine dreifache Deixis im Sinne von (48c). MP haben somit den höchsten ToM-Status (Sprecherdeixisstatus – d.h. Status der Bewertung der Hörerbewertung durch den Sprecher). MP induzieren also – stärker als epistemische Modalverben und noch starker als E-Adverbiale – eine oszillierende Interkommunikation zwischen Sprecher und Hörer, ohne diesem Austausch direkte lexikalische Kodierung zu verleihen. Keine andere grammatische Kategorie (Wortart) vermag dies. Und, typologisch interessant: keine der Sprachen tut dies in derselben direkt-deiktischen, diskursprominenten Weise, sofern sie nicht über Lexeme mit den Eigenschaften der deutschen MP-Kategorie verfügt (siehe Abraham 1991, 1995, 2008a, b, c; Abraham & Leiss 2009a).

5.3 Epistemik und MP

Gehen wir vom Ergebnis des Vergleichs in Abschnitt 5.2 oben aus. Wir wissen nicht, ob sich tatsächlich zeigen lässt, dass MP und Modalitätsadverbiale (≠ Modaladverbiale) gleiche oder unterschiedliche Periphernebensatztauglichkeit haben. Jedenfalls aber sind EMV und Modalitätsadverbiale gleich nebensatztauglich. Man beachte, dass die Matrixprädikate in (49a-c) nichtfaktiv ebenso wie faktiv sind.

(49) a Er glaubte/freute sich, das möglicherweise können zu müssen … *EMV/DMV
b Er glaubte/freute sich, dass er das möglicherweise können muss … EMV/DMV
c Er glaubte/freute sich, dass er das möglicherweise gesehen/geschrieben haben muss … EMV/DMV

Die finiten Formen von *müssen* haben alle epistemische Lesarten im peripheren Nebensatz ebenso wie im Kernnebensatz wie eben in (49b,c). Merkmalstechnisch entsprechen nach (45)–(47) auch nach den Distributionseigenschaften in (49) Modalitätsadverbiale wie unglücklicherweise und möglicherweise den epistemischen Modalverben. Das Merkmalsbündel der Modalpartikeln, also deren Intension ist dagegen reicher. Daran ist folgender Schluss zu knüpfen.

(50) Wenn EMV ebenso wie Modalitätsadverbiale unabhängig vom Nebensatztyp einbettbar sind, dann steht MP kraft ihrer Epistemik höher als EMV und das Modalitätsadverbial. Damit ergibt sich auf indirekte Weise der Nachweis für höheren Operatorstatus von MP.

Mit (50) ergibt sich auch weiterer Strukturskopus für Modalitätspartikel als für die wahrheitsbewertende Kategorie des EMV. D.h. wenn der Epistemik der Modalverben im Satzstrukturknoten *ForceP* Rechnung getragen wird, dann sitzt der Modalitätsoperator der MP höher. Dies lässt sich am besten durch die Parallele zum Veridikalitätsbegriff nach Giannakidou (1998, 2001) erfassen.

5.4 Veridikalität und MP-Modalität

Veridikalität und Nicht- bzw. Antiveridikalität sind Begriffe, die intensionale Eigenschaften von Prädikaten differenziert berücksichtigen. Mit anderen Worten, Veridikalität weicht vom allgemeinen Wahrheitsbegriff dadurch ab, dass Bezugswelten von Individuen und deren idiosynkratrischen Welt- und Referenzeinschätzungszuständen berücksichtigen. Das heißt auch, dass die Bindung der Wahrheitsbewertung an Prädikatsfinitheit unter Modalitätslizensierung nicht nur über der funktionalen Finitheitskodierung, sondern auch über der normalen Illokutionsebene liegen muss, in der die normalen Sprechakte verdiskontiert sind. Dies lässt sich am besten durch erhöhte Intension – ausgedrückt durch Merkmalsbündel und deren hierarchischer Struktur wie in (45)–(48) – zum Ausdruck bringen. Veridikalität von Prädikaten wie *glauben, träumen, sagen, behaupten* – also Nichtfaktiven – setzt bloß voraus, dass die modalisierte Proposition *p* in einem der möglichen Weltmodelle wahr ist, gleichgültig in welchem der Alternativen – also keinesfalls in allen wie bei angenommener *Normwahrheit* (siehe das entsprechende Merkmal in (47)–(48) oben. D.h. auch, dass Veridikalität in Bezug auf das Sprecherweltenmodell bzw. – bei *Sprechershift* – in Bezug auf das entsprechende Subjektweltenmodell eruiert wird. Da stark veridikale Prädikate – *p* ist wahr sowohl im Normweltenmodell $_{MB(s)}$ als auch im mit dem subjektassoziierten individuellen Weltenmodell, $M_{MB(su)}$ – wie *wissen* faktiv sind und da weiter zu den stark veridikalen Eigenschaftsträgern auch aspektuelle, kommissive und implikative Prädikate gehören (Giannakidou 1998: 114f.) und deshalb MP im Komplementsatz nicht erlauben, sind die MP-würdigen Prädikate den schwach veridikalen Prädikationen zuzurechnen: Weltbeschränkungen somit, wo *p* nur im eingebetteten Modell wahr ist – somit bei Epistemika und bei Traum- und Fiktivwelten.[1]

1 Stark intensionale Verben sind nichtveridikal. Dazu gehören *wünschen, wollen*. Das entsprechende Lizensierungs- und Ankermodell ist das Glaubensmodell des Subjekts, welches Zukunftsrealisierungen in der wirklichen Welt repräsentiert: $M_{Bfut(}$(su) – was plausiblerweise für Direktive schlechthin gilt: also neben *wünschen, wollen* auch für *raten, vorschlagen, bitten*.

Überlegen wir, welche MP welchen schwach veridikalen Modalitätsoperatoren entsprechen. Modalpartikeln spezifizieren den Sprechakt des Sprechers über dem Satz (der Proposition) *p*: etwa mittels *halt, eben, schon, ja, wohl, nur, bloß, doch* in einem Satz wie (51).

(51) Paul soll Maria halt / eben / schon / ja / ja / wohl / nur / bloß / doch zu einer Aussprache einladen.

Mit dem Satz in (51) assertiert der Sprecher, dass Paul Maria zu einer Aussprache einladen soll und dass er diese Assertion gegenüber dem Hörer/Adressaten/Gesprächsteilnehmer so modifiziert, dass

(52) a) er mit wohl seine Feststellung als weniger gesichert (etwa: als bloß durch andere berichtet) betrachtet;
b) mit doch seine Feststellung der Annahme beim Hörer/Adressaten nicht entspricht;
c) mit ja seine Feststellung auf der Grundlage allgemein gültiger Voraussetzungen und vor allem geteilter Voraussetzungen beim Hörer trifft;
d) er mit halt und eben seine Feststellung einen Umstand in den Vordergrund schiebt, dem angesichts des Redekontexts eigentlich nicht der Vorzug gebührt;
e) er mit nur bzw. bloß dem Inhalt seiner Feststellung p in Bezug auf deren daran geknüpften Erwartung bzw. Wertung keinen hohen Status einräumt;
f) er mit schon seiner Feststellung den Status einer Widerrede gegenüber dem Adressaten verleiht;
g) mit ja seiner Feststellung p in Bezug auf dessen daran geknüpften Erwartungen bzw. Wertung durch den Angesprochenen sehr hohen kommissiven Status einräumt.

Im Sinne der dynamischen Semantik (Stalnaker 1978) lassen sich nach (52a-g) folgende exhaustiven Modelle aufstellen: hier beschränkt auf die MP *wohl* sowie das EMV *sollen*.

(53) Vermutensmodell: gültig für die MP wohl
Es sei c = <cg(c) W(c), M, s, h, wo, f, ...> ein Kontext (die sog. Kaplanparameter)
Ein Modell MB(x)ÎM ist eine Weltenmenge assoziiert mit einem Individuum x, welche jene Welten, die mit dem Glauben von x kompatibel sind, repräsentiert. [B=believe state, RC= report communication, W=Welt, cg=common ground, s=Sprecher, h=Hörer/ Adressat, wo=Welt, in der die Äußerung stattfindet, f=Funktion zur Valuierung von Variablen, worunter Zeit und Ort der Äußerung, W(c)= Kontextmenge, c=Kontext].

(54) Reportativmodell: gültig für das EMV sollen
Es sei c = <cg(c) W(c), M, s, h, wo, f, ...> ein Kontext.
Ein Modell MRC(x)ÎM ist eine Weltenmenge assoziiert mit einem Individuum x, welche x für mit berichteten Welten kompatibel hält.

Ich gehe davon aus, dass schwach veridikalische Prädikate wie Nichtfaktive, Modalitätsadverbialnebensätze sowie appositive Relativsätze mit einem auf individuelle Sprechernannahmen eingeschränkten Bezugsmodell höheren Satzskopus haben als auf *Common ground* basierende Weltenmodelle – dies einfach deshalb, weil die intensionalen Merkmalhäufungen individueller Sprecherwelten größer sind als bei *cg*-Weltenmodellen. Dabei wird folgende relativierte Veridikalität ins Spiel gebracht (Giannakidou 1998: 112).

(55) Relativierte (Nicht)Veridikalität für MP:
Es sei c = <cg(c) W(c), M, s, h, wo, f, …> ein Kontext.

i. Ein Propositionsparameter ist veridikal, ww gilt: [[Op p]]c = 1 ® [[p]] = 1 in einem der epistemischen Modelle, M(x)Îc; ansonsten ist Op nicht veridikal.

ii. Ein nichtveridikaler Operator Op ist antiveridikal, ww gilt: [[Op p]]c = 1 ® [[p]] = 0 in einem der epistemischen Modelle, MB(x)Îc.

iii. Epistemische Modelle sind u.a.: Vermutens-/Glaubensmodelle MB(x), berichtete Konversationsmodelle MRC(x).

Vgl. (53) und (54).

Diese Überlegungen zum schwach veridikalischen Charakter der MP und zu deren hochintensionalem Merkmalsstatus unter Einschluss von Sprecher- und Hörerwelten berechtigen uns davon auszugehen, dass der syntaktische Status von MP in ForceP kartographisch über dem von Modalitätsadverbialen, aber gleich dem von EMV (im Unterschied zu DMV) steht. Da oberflächendistributionelle Unterscheidungen bisher ausstehen, schien es wichtig, auf diese semantisch motivierte Möglichkeit hinzuweisen.

6. Elementare Satzarchitektur

6.1. struktureller MP-Status

Es geht in diesem letzten Abschnitt darum, wie Sprecher und Hörer syntaktisch genau im Illokutions-/Sprechaktknoten abgleichbar sind. MP stehen ja nicht an der linken Kante der Satzstruktur – d.h. sie müssen per Ableitung in den höchsten Knoten der Sprechaktstruktur gelangen.

Wir gehen dazu von folgender Satzschichtenannahme aus: In der niedrigsten Strukturschichte stehen die lexikalischen Projektionen mit V als Kopf (also Verb mit seinen Aktanten in hierarchisch vertikaler Ordnung); in der zweithöchsten Schicht sind die Flexionsfunktionen beherbergt, ihr Kopf ist I(nflexion); und die höchste Strukturebene mit dem C(omp)-Kopf enthält jene Elemente, über welche die Verbindung zum übergeordneten Satz bzw. zum benachbarten Diskurs hergestellt wird. Siehe Abb. 1.

Abb. 1: Valenzbereichserweiterung in formalisierten Satzstrukturen

Regens	Rectum	Propositions-Diskursorientierung
V-Projektion	V + Argumente/Direktionaladverbien	Kernorientierung
I-Projektion	Temp., Num., Person, strukt. Kasus	Satzbinnenorientierung
C-Projektion	Sprechakt- bzw. Diskursanbindung	Satzaussenorientierung

Jede dieser Strukturschichten wird untergegliedert. Die historische Entwicklung dieses Strukturgrundgedankens reicht von Larson (1988), der VP in VP-Subschalen untergliederte, über Hale & Keyser (1993) mit der Idee eines V-übergeordneten Verbkomplexknotens bis hin zur Einführung des sog. ‘funktionalen Strukturbereichs’ durch Pollock (1989), der, statt wie Platzack (1986) I(nfl) aufzuspalten, eine feiner strukturierte IP-Architektur mit eigenen Projektionen für T(empus)P, Agreement (AGRsubjP, AGRobjP) für Rektionskongruenz, Negation (NegP) und andere vorschlug. Nach Rizzi (1997) wird auch die höchste linksperiphere Ebene, das C-System, weiter untergegliedert und zwar, was uns hier am vordringlichsten interessiert, mit ForceP für den syntaktischen Niederschlag der illokutiven Wirkung eines Satzes im Diskurs, TopP für topikalisiertes (an die Satzspitze verschobenes) Material, FokP für fokussiertes (kontrastbetontes) Material und schließlich Fin(itheits)P; Letzteres trägt dem Distributionsfaktum Rechnung, dass Komplementierer (unterordnende Konjunktionen) und das finite Prädikat komplementär verteilt sind – d.h. eine und dieselbe Satzposition in V2/Comp besetzen wollen – und damit finitheitssensitiv sind (man denke an die bairische Konjunktionsflexion zumindest bei bestimmten Personen und Numeri). Solche morphologischen Finitheitsmerkmale finden sich ausschließlich in C ausbuchstabiert.

Erstens also ist die linke Satzperipherie keineswegs einfach strukturiert; zum zweiten aber ist nun die Frage zu lösen, was die Basisposition der deutschen MP ist: Mittelfeld oder linke Peripherie – dies selbst wenn, wie zu zeigen ist, beide Positionen MP-vertreten sind.

Abb. 2: Adverbposition, Informationsfluss „Thema vor/nach Rhema“ und die motivierte Existenz von MP

	Default-Fokus-Position	Thema vor Rhema	Modalpartikel
Englisch	V– Fokus– Adv/TH	–	–
Deutsch	TH/Adv – Fokus– V	+	+

Die für den MP-Strukturplatz nötigen Klammerpole sind in (54) fett hervorgehoben. Die Satzstruktur in (57) bezieht sich auf das Beispiel in (56). TH ist strukturell wie in (57) in TopP verortet. Die Positionen der MP *bloß/denn* sind semantisch unterschiedslos variabel, die hohe Position unter ForceP allerdings ist durch das *w*-Wort und den Fragesprechakt lizensiert

(56) Wohin <denn/bloß> könnte ich <denn/ bloß> meine Brille gelegt haben?

(57)

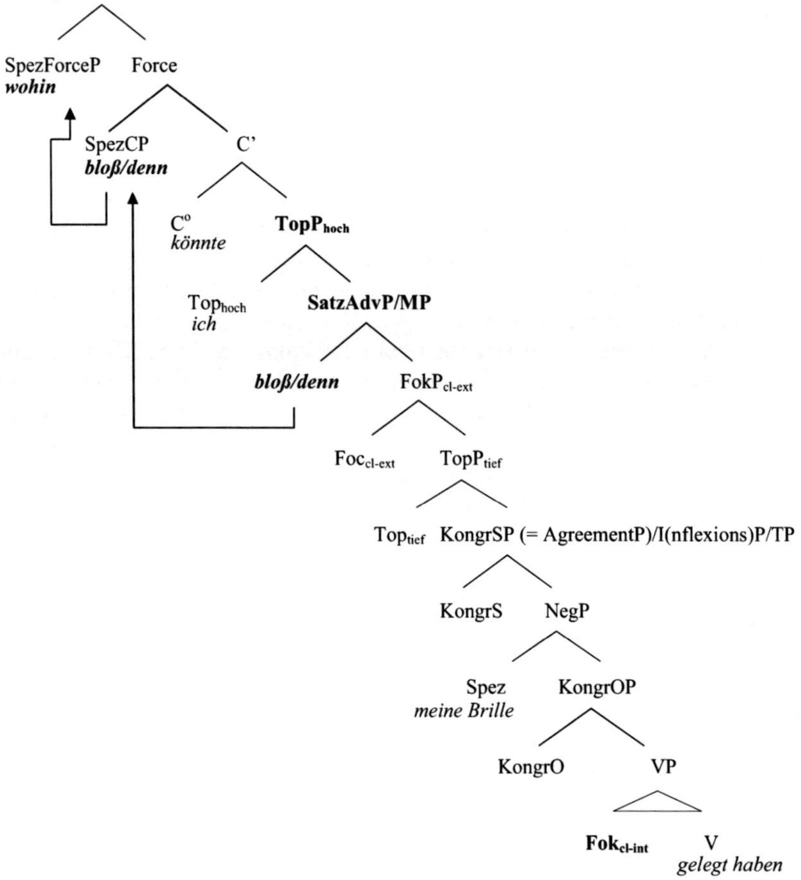

(57') [$_{\text{Force}}$P wohin [$_{\text{Force'}}$ bloß/denn [$_{\text{CP}}$ könnte [$_{\text{TopP}}$ ich [$_{\text{SatzAdvP}}$ bloß/denn … [$_{\text{KongrSP}}$ meine Brille [$_{\text{VP}}$ [$_{\text{V'}}$ gelegt haben]]]]]]]]

Bestimmte MP wie *bloß, nur* und *denn* kommen also auch am linken Satzrand vor und zwar in Verbindung mit *w*-Fragewörtern in CP bzw. höher. Da diese *w*-Wörter in SpezCP stehen und das finite Satzprädikat direkt folgt – also in V2/C(omp)° steht –, hat ein solcher Satz erweiterte Struktur, beherbergt also die illokutive ForceP-Funktion und erlaubt demgemäß die Setzung einer MP.

6.2 Struktureller MP-Status und Sprecherstatus: die Ableitung

Das Hauptargument bisher war, dass Modalpartikeln (MP) intensional reicher ausgestattet sind als andere Modalitätskategorien und im besonderen als Modalitätsadverbiale. In dieser Hinsicht ähneln sie den epistemischen Modalverben (EMV). Die MP und EMV vereinigende Charakteristik ist, dass der Bewusstseins- und Kenntnisstand von Sprecher und Hörer indirekt kodiert sind. Bei Modalitätsadverbien ist dies nicht der Fall, ebensowenig wie bei deontischen/Root-Modalverben. Das Hauptaugenmerk galt dabei der Frage, ob – und wenn wie – sich MP und Modalitätsadverbien nach distributionellen Verhaltensmustern trennen ließen. Dies ist offensichtlich nicht der Fall. Weder schließen sich MP und ModAdv komplementär aus, noch bleiben in Haegemans schibbolethischen peripheren (gegenüber dem einbettenden Satz selbständigeren) Nebensätzen MP im Gegensatz zu ModAdv ausgeschlossen – und umgekehrt.

Wir halten zuerst fest: MP rangieren in der erweiterten Satzstruktur höher als Sprechaktoperatoren und als Satzmodalitätsadverbiale – dies aus dem einfachen Grund, dass Information über deren Quelle sowie über die *p*-Bewertung durch den Sprecher und eventuell Annahmen der Bewertung von *p* durch den Hörer impliziert ist (Abraham 2008a; 2009b, c). Die für Sprechakte reservierte Strukturschicht ForceP, reicht dafür nicht aus; es ist eine höhere Strukturschicht nötig, damit MP ihren mit ihren tieferen Sprechaktauslotungen lizensiert ist. Dieser Weg ist im Unterschied zu (57) in (58) angedeutet.

(58) Sprecherdeixis-MP-Knoten hat Skopus über ForceP

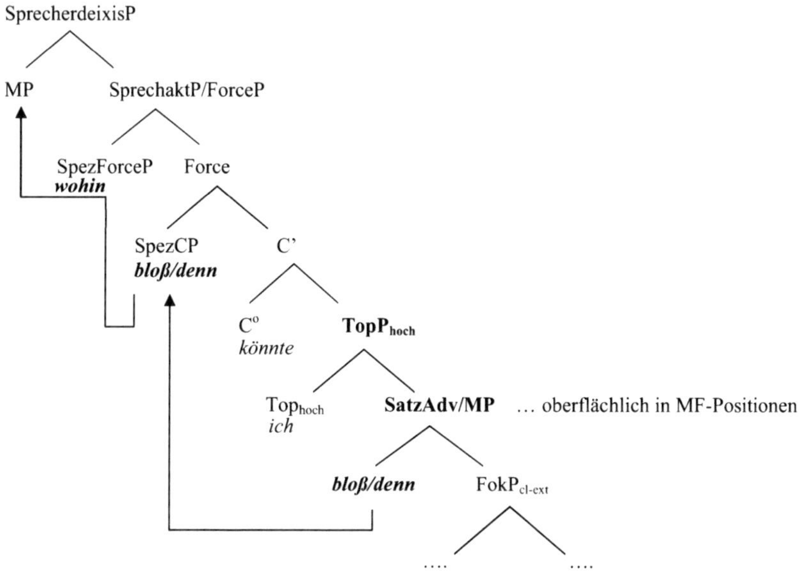

(58')

[$_{\text{SprDeixP}}$ wohin bloß [$_{\text{ForceP}}$ ~~wohin~~ [$_{\text{Force'}}$ ~~bloß/denn~~ [$_{\text{CP}}$ könnte [$_{\text{TopP}}$ ich [$_{\text{SatzAdvP}}$ ~~bloß/denn~~ … [$_{\text{KongrSP}}$ meine Brille [$_{\text{VP}}$ [$_{\text{V'}}$ gelegt haben]]]]]]]]]

MP muss zu seiner Lizensierung an einem Sprecherknoten verankert sein. Dazu ist die Strukturprojektion der Sprecherdeixis notwendig. Nur über die Kategorie SprecherdeixisP entfaltet sich die Einsetzbarkeit von MP – eine Vorbedingung für unabhängige Sätze ebenso wie abhängige. Für jede MP muss untechnisch gesprochen der Sprecherdeixisknoten verfügbar sein – sonst ist die MP nicht lizensiert.

Die Gesamtstruktur des Satzes ist somit gegenüber Abb. 1 um zwei Projektionen erweitert. Vgl. Abb. 3.

Abb. 3: Satzstrukturerweiterung nach Sprechakt und Fremdbewusstseinsabgleich

Regens	**Rectum**	**Propositions-Diskursorientierung**
V-PROJEKTION	V + Argumente/Direktionaladverbien	Kernorientierung
I-PROJEKTIO N	Temp., Num., Person, strukt. Kasus	SATZBINNENORIENTIERUNG
C-PROJEKTION	Sprechakt- bzw. Diskursanbindung	SATZAUSSENORIENTIERUNG
Force- PROJEKTION	Assertion, Interrogation, Imperativ	Sprechaktorientierung
SprDeix- PROJEKTION	Spr-Hörer-Modalisierung (durch MP)	Fremdbewusstseinsabgleich

Lizensierung einer lexikalischen Kategorie setzt im Sinne des Minimalismus voraus, dass eine syntaktische Verbindung zwischen MP und der lizensierenden Kategorie SprecherdeixisP hergestellt wird. Mit Bayer (2008) nehmen wir an, dass eine solche lizensierende Verbindung über eine Kongruenzableitungskette wie in (59) mit einem SprDeixkopf, SprDeix°, hergestellt wird.

Um die richtigen Lizensierungsschritte vor Augen zu führen, benötigen wir zwei Merkmale, die zwischen MP und den lizensierenden Kategorien abgeglichen werden müssen: ein interpretierbares Illokutionsmerkmal (welches für jede MP verschieden ist, konkretisiert etwa nach (52a-g) oben) sowie ein Merkmal für den Sprecherbezug, das so lange noch uninterpretiert („uMerkmal") ist, solange es nicht mit dem lizensierenden Knoten – also dem SprDeixknoten als Kopfprojektion – abgleichbar ist. Wir haben dafür plädiert, dass Force° dabei nur ein Zwischenschritt ist und dass die Ableitung zur Lizensierung noch höher führen muss. Das führt (in Anlehnung an Bayer 2009) zu (59).

(59) Kongruenzrelation zwischen MP und SprDeix:

a. SprDeix°$_{\text{<Sprecher>}}$ …[Force°$_{\text{<Sprecher>}}$ …[$_{\text{IP}}$… MP$_{\text{<uSprecher, Illokutionsmerkmal>}}$ … [$_{\text{VP}}$ …]]
KONGRUENZ →

b. SprDeix°$_{\text{< Sprecher >}}$ …[Force°$_{\text{<uSprecher, Illokutionsmerkmal}}$> … [$_{\text{IP}}$… MP$_{\text{<u Sprecher, }\cancel{\text{Illokutionsmerkmal}}}$ … [$_{\text{VP}}$ …]]

Force muss in Abhängigkeit vom Satzstatus (unabhängiger Satz bzw. peripherer Nebensatz) eigens in die Kette eingebracht („gemerged") werden. Schließlich kodiert erst SprDeix° mit seinem inhärenten Merkmal <Sprecher> die Information über die Sprecherzuordnung des Sprechakts. Erst hier erhält das bisher uninterpretierbare Merkmal <uSprecher> seine Valuierung – d.h. es wird aufgrund seiner Sprecherverankerung interpretierbar. Auch das durch MP eingebrachte interpretierbare Illokutionsmerkmal (<Annahme des Sprechers> für *wohl*, <Kontrafeststellung gegenüber Adressat> bei *doch*, <mit Adressat geteilte Voraussetzung> bei *ja* usw.; vgl. (52a-g)) muss an den lizensierenden Knoten (Sprechakt)Force° weitergegeben werden.[2] Der illokutive Charakter der MP-Wortart ist also durch die Kategorie '(Sprechakt) Force°' lizensiert, der spezifisch-lexikalische der individuellen MP hingegen durch die Kategorie 'SprecherDeixis°'.

7. Schluss und Zusammenschau

Im Zentrum der Diskussion stand die Trennung von syntaktisch abhängigen Sätzen in solche mit und solche ohne eigene Sprechaktpotenz – die zentralen und die peripheren Nebensätze nach Haegeman. Da MP starke Modalitätspotenz aufweisen, eignen sie sich als Schibboleth für Nebensätze mit eigener Modalitätspotenz und eigenen Sprechaktstatus und solche ohne diese Eigenständigkeit.

Das Hauptaugenmerk lag in der Folge auf der Frage, was den drei Klassen von MP-lizensierenden Nebensätzen – nichtfaktiven Komplementen, Modalitätsadverbialen und erweiternden Relativsätzen – gemeinsam ist und wie diese Gemeinsamkeit gerade die Eigenschaft der Nebensätze mit eigenem Illokutivpotential plausibel macht. Es wurde in Sprechakthypothese 8 Folgendes erwogen: Syntaktische Vordergrundkodierung blockiert Sprechaktautonomie (eigenen Sprecherdeixisknoten) deshalb, weil Vordergrundkodierung und Modalität denselben Sprechaktstatus haben. Sie sind sprechaktstrukturell komplementär zueinander. Defaultnarrative Satzhintergrundierung hingegen aktiviert keine eigene Sprechaktoperation, die MP-Setzung blockiert. D.h. auch, dass Redehintergrundierung und MP-Setzung diskursaffine Operationen charakterisieren. Das theoretische Modell, das derartige Erscheinungen wortartübergreifend zum Gegenstand seiner Erklärungen macht, ist das Modell der Veridikalität. Veridikale Prädikationen unterscheiden sich von wahrheitswertigen Prädikationen dadurch, dass Glaubensbewertungen in virtuellen individuenbezogenen Welten vorgenommen werden. Modalpartikeln sind in ihren spezifischen Sprecher-Hörer-Propositions-Bezügen außerordentlich geeignete Phänomene für ein solches Modalitätslogikmodell.

Die Tatsache schließlich, dass MP stärkeres Fremdbewusstseinspotenzial haben als die entsprechenden Lexeme im Adverbialstatus, hat uns dazu gezwungen, den Satzoperatorenbereich mit einem eigenen Sprecher-Adressaten-Deixisbereich über

2 Ich selbst hatte (Abraham 1995) noch vorgeschlagen, die MP auf LF an die Spitze der gesamten Satzstruktur wandern zu lassen, um den entsprechenden modalisierenden Skopus über den ganzen Satz auszudehnen. Der im Minimalismus entwickelte Mechanismus der Kongruenzkette verzichtet auf solche LF-Verschiebung.

den reinen Illokutions- bzw. Sprechaktbereich hinaus zu erweitern. Auf diese Weise kann den zwischen Illokutionspotential und individuellem MP-Sprecherdeixispotential gespaltenen Lizensierungsbedingungen entsprechend Rechnung getragen werden.

Literatur

Abraham, Werner 1988. *Terminologie der neueren Linguistik*. [Germanistische Arbeitshefte. Ergänzungsreihe 1]. Tübingen: Niemeyer.

Abraham, Werner 1991. The grammaticization of the German modal particles. In: E. C. Traugott & B. Heine (eds.) *Approaches to grammaticalization*, vol. 2. [Typological Studies in Languages 19; 2]. Amsterdam, Philadelphia: John Benjamins, 331–380.

Abraham, Werner 1995. Wieso stehen nicht alle Modalpartikel in allen Satzformen? Die Nullhypothese. *Deutsche Sprache* 23, 124–146.

Abraham, Werner 2008a. Aspektuelle und sprecher- bzw. personsgebundene Bestimmungskomponenten deutscher Modalverben. In: K. Dekker, A. MacDonald & H. Niebaum (eds.) *Northern voices. Essays on Old Germanic and related topics. Offered to Professor Tette Hofstra*. Leuven: Peeters, 327–347.

Abraham, Werner 2008b. On the logic of generalizations about cross-linguistic aspect-modality links. In: W. Abraham & E. Leiss (eds.) *Modality-aspect interfaces. Implications and typological solutions*. [Typological Studies in Languages 79]. Amsterdam, Philadelphia: John Benjamins, 3–14.

Abraham, Werner 2008c. Wie ist die historisch spezifische Ausgliederung der Modalitäten bei den deutschen Modalverben denkbar? *Linguistische Berichte* 214, 183–210.

Abraham, Werner 2009a. Zeitreferenz bei Modalverbeinbettungen: das Past-Gleichzeitigkeitsparadoxon, Double Access und Aspektsyntax. In: W. Abraham & E. Leiss (Hg.), 57–78.

Abraham, Werner 2009b. Die Urmasse von Modalität und ihre Ausgliederung. Modalität anhand von Modalverben, Modalpartikel und Modus. Was ist das Gemeinsame, was das Trennende, und was steckt dahinter? In: W. Abraham & E. Leiss (Hg.), 251–302.

Abraham, Werner 2009c. Illocutive force is speaker and information source concern. What type of syntax does the representation of speaker pragmatics require: "constructions" or deep structural analysis? Paper prepared for the Workshop on ToM, SLE 2009 in Lisbon.

Abraham, Werner & Elisabeth Leiss (eds.) 2008. *Modality-aspect interfaces. Implications and typological solutions*. [Typological Studies in Languages 79]. Amsterdam, Philadelphia: John Benjamins.

Abraham, Werner & Elisabeth Leiss 2008a. Introduction. In: W. Abraham & E. Leiss (eds.), XI–XXIV.

Abraham, Werner & Elisabeth Leiss (Hg.) 2009. *Modalität. Epistemik und Evidentialität bei Modalverb, Adverb, Modalpartikel und Modus*. [Studien zur deutschen Grammatik 77]. Tübingen: Stauffenburg.

Abraham, Werner & Elisabeth Leiss 2009a. Vorwort. In: W. Abraham & E. Leiss (Hg.), VII–VIII.

Bayer, Josef 2008. Decomposing the left periphery. Dialectal and cross-linguistic evidence. Ms. prepared for IATL 18 June 24/25, Bar-Ilan University, Ramat Gan.

Brandt, Margarete 1996. Subordination und Parenthese als Mittel der Informationsstrukturierung in Texten. In: W. Motsch (Hg.) *Ebenen der Textstruktur. Sprachliche und kommunikative Prinzipien*. [Reihe germanistische Linguistik 164]. Tübingen: Niemeyer, 211–240.

Coniglio, Marco 2009a. Modal particles, speaker–hearer links, and illocutionary force. Doctoral dissertation Univ. of Venice.

Coniglio, Marco 2009b. Deutsche Modalpartikeln in Haupt- und Nebensätzen. In: W. Abraham & E. Leiss (Hg.), 191–222.

Davidson, David 2004. *Subjektiv, intersubjektiv, objektiv*. Translated by Joachim Schulte. Frankfurt am Main: Suhrkamp [Original 2001: *Subjective, intersubjective, objective*].

Döring, Sandra 2007. Zur Kontextverschiebung bei deutschen Diskurspartikeln. Bachelorarbeit, Humboldt-Universität zu Berlin.

Eisenberg, Peter 2001. *Grundriss der deutschen Grammatik. Der Satz*. Stuttgart: Metzler.

Frey, Werner & Karin Pittner 1998. Zur Positionierung der Adverbiale im deutschen Mittelfeld. *Linguistische Berichte* 176, 489–534.

Frey, Werner 2010. Zur strukturellen Komplexität eingebetteter Sätze mit Hauptsatzeigenschaften. Vortragshandout zur DSWI-Tagung Rom 5.2.2010.

Giannakidou, Anastasia 1998. *Polarity sensitivity as (non)veridical dependency*. [Linguistik Aktuell / Linguistics Today 23]. Amsterdam, Philadelphia: John Benjamins.

Giannakidou, Anastasia 2001. The meaning of free choice. *Linguistics and Philosophy* 24, 367–421.

Haegeman, Liliane 2002. Anchoring to speaker, adverbial clauses and the structure of CP. *Georgetown University Working Papers in Theoretical Linguistics* 2, 117–180.

Haegeman, Liliane 2004. Topicalization, CLLD and the left periphery. *ZAS Papers in Linguistics 35. Proceedings of the Dislocated Elements Workshop, ZAS Berlin, November 2003*, vol. 1, 157–192.

Hale, Kenneth & Samuel J. Keyser 1993. On argument structure and the lexical expression of syntactic relations. In: K. Hale & S.J. Keyser (eds.) *The View from Building 20. Essays in Linguistics in Honor of Sylvain Bromberger*. Cambridge/Mass.: The MIT Press., 53–109

Hartmann, Dieter 1984. Reliefgebung: Informationsvordergrund und Informationshintergrund in Texten als Problem von Textlinguistik und Stilistik. *Wirkendes Wort* 34, 305–323.

Hentschel, Elke 1986. *Funktion und Geschichte deutscher Partikeln*: ja, doch, halt und eben. [Reihe Germanistische Linguistik 63]. Tübingen: Niemeyer.

Hinterhölzl, Roland & Manfred Krifka 2009. Modal particles in adverbial and adnominal clauses. Ms. Humboldt-Universität zu Berlin/ZAS.

Kiparsky, Paul & Carol Kiparsky 1970. Fact. In: M. Bierwisch & K. E. Heidolph (eds.) *Progress in linguistics*. Den Haag: Mouton, 143–173.

Lahousse, Karen 2010. Information structure and epistemic modality in adverbial clauses. *Studies in Language* 34/2, 298–326.

Larson, Richard K. 1988. On the double object construction. *Linguistic Inquiry* 19, 335–391.

Platzack, Christer 1986. COMP, INFL, and Germanic word order. In: L. Hellan & K. Koch Christensen (eds.) *Topics in Scandinavian syntax*. Dordrecht: Reidel, 185–234.

Pollock, Jean Yves 1989. Verb movement, Universal Grammar, and the structure of IP. *Linguistic Inquiry* 20, 365–424.

Rizzi, Luigi 1997. The fine structure of the left periphery. In: L. Haegeman (ed.) *Elements of grammar*. Amsterdam: Kluwer, 281–373.

Stalnaker, Robert 1978. Assertion. In: P. Cole (ed.) *Syntax and semantics* 9: *Pragmatics*. New York: Academic Press, 315–332.

Thurmair, Maria 1989. *Modalpartikeln und ihre Kombinationen*. [Linguistische Arbeiten 223]. Tübingen: Niemeyer.

Wechsler, Stephen 1990. Verb Second and Illocutionary Force in Swedish. In: E. Engdahl, M. Reape, M. Mellor & R. Cooper (eds.) *Edinburgh Working Papers in Cognitive Science*, vol. 6: *Parametric Variation in Germanic and Romance*, 229–244.

Wechsler, Stephen 1991. Verb second and illocutionary force. In: D. Bouchard & K. Leffel (eds.) *Views on phrase structure*. Dordrecht: Kluwer, 177–191.

Zifonun, Gisela, Ludger Hoffmann, Bruno Strecker et al. 1997. *Grammatik der deutschen Sprache*. Band 1–3. Berlin: de Gruyter.

Aspektuelle und sprecher- bzw. persongebundene Bestimmungskomponenten deutscher Modalverben*

1. Zielstellung und Methodikeinklage

Es sind nicht alle Modalverben (MVn) semantisch gleich zusammengesetzt. Mehr noch: Es ist kein einziges Modalverblexem aus denselben semantischen Komponenten gebildet. Das legitimiert die Frage, was denn dann die MVn gemeinsam klassifiziert. Die Antwort von Reis (2001) ist deutlich, wenngleich enttäuschend[1]: MVn seien ausschließlich durch ihre Polyfunktionalität (also die Tatsache, daß sie gleichermaßen Lesarten der Grundmodalität (Deontik, Permissivität, Voluntativität) und Epistemik tragen, wobei Reis völlig offen läßt, aufgrund welcher Distributionskriterien diese Lesarten ausgelöst werden. Dagegen hat sich Abraham (seit 1990; siehe Abraham 2005) dafür stark gemacht, daß kontextuell-aspektuelle Selektionskriterien den Lesartwechsel bewirken: die Grundmodalitäten seien mit perfektiven Infinitivkomplementen verträglich, die epistemischen Lesarten dagegen mit imperfektiven.[2] Die vorliegende Arbeit geht neuen empirischen Argumenten nach, welche die ursprünglichen Positionen zur aspektuellen Begründung der alternativen MV-Lesarten unterstützen. Zu beachten ist, daß Reis zu den Illustrationen, die für die Aspektbrücke sprechen, jeweils Gegenbeispiele erbringt und damit meint, die Linkthese verwerfen zu können. Ich halte dies für eine grundlegend falsche, da empirischen Gegebenheiten grundsätzlich nicht gerecht werdende Methodik – dies deshalb, weil die behaupteten Aspekt-Modalitätszusammenhänge jeweils Markiertheitsalternativen gehorchen, denen sich die jeweiligen (reisschen) Gegenbeispiele nicht unterwerfen bzw. worauf diese keinerlei Rücksicht nehmen. Ein Beispiel soll dies untermauern.

---

* Erstabdruck in: Kees Dekker, Alasdair MacDonald & Hermann Niebaum 2008 (eds.) *Northern Voices. Essays on Old Germanic and Related Topics Offered to Professor Tette Hofstra.* [Mediaevalia Groningana vol. 11, Germania Latina 6]. Leuven: Peeters, 327–347.

1 Polyfunktionalität koklassifiziert nicht nur Modalverben, sondern eine Vielzahl anderer Phänomene. Das zweite Reissche Identifikat deutscher MVn, nämlich syntaktische Kohärenz (Reis 2001: 311; 313), ist – sofern nicht ebenfalls durch andere Phänomene geteilt – völlig nichtssagend, wenn nicht in aspektuelle Zusammenhänge gestellt, in denen die Infinitivpräposition zu etwas mit Perfektivität teilt, nämlich Allativität. Vgl. zu solchen Zusammenhängen Abraham (1999). Der vorliegende Ansatz geht davon aus, daß allen MVn des Deutschen das Merkmal der Projektivität eignet, das sie alleine mit der Verbdiathese der Perfektivität/ Telizität teilen. Das ist ein eindeutiges Identifikat. Diese Annahme scheint heute allgemein üblich (vgl. Reis 2003, Bhatt 2006, Ziegeler 2007).

2 M. Reis hat die empirische Gültigkeit einer solchen Argumentation bei verschiedenen Gelegenheiten als DFG- und Zeitschriftengutachterin (mit entsprechenden Folgen für die Bewerber bzw. Autoren) zurückgewiesen und keinen Raum für empirische Bestätigungen dieser Thesen gelassen. Insbesondere wurde dabei unterlassen, auf Reinterpretationen unter speziellen Bedingungen hinzuweisen derart, dass die postulierten und logisch begründeten Generalisierungen unbeschadet bleiben. Zum allgemeinen Status derartiger Reparaturmechanismen vgl. Maienborn (2004).

(1) a. Der Wärter *muß* ihn *durchlassen*[+perfektiv]

Nach der Aspektbegründung (Abraham 1998, 2001a,) gilt für (1a) mit der perfektiven Infinitiveinbettung bevorzugt die projektiv-deontische, die unmarkierte grundmodale Lesart (bei *MUSS* hinfort „D-Lesart" für die Obligatoriklesart) in (1b). Die epistemische Lesart (E-Lesart: bei *MUSS* die vermutende, aus den Umständen schließende Lesart) ist allerdings nicht völlig ausgeschlossen. [t_E = Zeitpunkt („Tempus") des Ereignisablaufs, nach Klein 1984 auch 'Topikzeit'; t_S = Zeitpunkt des Sprechakts].

(1) b. D-Lesart für (1a) oben:
$\lambda m\ \lambda d\ \lambda w\ \lambda i\ \exists t_S\ \exists t_E$: $[m(w, t_S)\ [d(w,i, t_E)]]$, wobei m=OBLIG und $[t_S < t_E]$.

Für die Grundmodallesart (bei *müssen* also die Obligatoriklesart) gilt grundsätzlich, daß t_S nicht mit t_E zusammenfällt. Für epistemische Lesarten hingegen gilt ebenso grundsätzlich, daß $t_S = t_E$. Es ist nun aber leicht zu sehen, daß die modale Grundlesart mittels eines Zeitadverbs wie *jetzt* die E-Lesart lexikalisch erzwingt, daß somit $t_S = t_E$.

(1) c. Der Wärter *muß* ihn **jetzt** *durchlassen*

(1c) hat sowohl die D- und die E-Lesart, ganz deutlich gleicher Präferenz, anders also als bei (1a).

Im Folgenden geht es darum, die These zum Zusammenhang zwischen Aspekt und Modalität oben dekompositionell abzuleiten.

2. Konstitutive Komponenten deutscher MVn in ihren Grundmodallesarten: *Genera propria et differentiae specificae*

Es seien die MVn nach ihren Grundmodallesarten näher bestimmt. Dabei spielen aufs erste besehen die Komponenten 1–4 eine konstitutive Rolle. Komponente 5 ist bei *sollen* nur wegen dessen besonderer E-Lesart als Evidential hinzugefügt. Wir kommen erst später darauf zurück. 'Projektivität' bedeutet $t_S/t_R < t_E$. [t_R = Referenzzeitpunkt: Außenblickpunkt auf Ereignisablauf und Sprecherakt; 'Adressat' zu lesen als „Adressat einer Verpflichtung"].

Deontische MVn:

müssen

1 [+projektiv]
2 [+Adressat = MV-Subjekt]
3 [+externer Obligator/3.sg./pl.]
4 λOBL λobl λAdr λp: OBL(IGATION)(obl(igator), Adr, p]

sollen

1 [+projektiv]
2 [+Adressat = MV-Subjekt]
3 [+externer Obligator x]

4 λOBL λobl λAdr λp: OBL(IGATION)(obl(igator), Adr, p]
5 [+Opinio extern/3.sg/pl]

Was macht, daß die E-Lesarten bei den beiden deontischen MVn so verschieden sind?

Voluntatives MV:

wollen
1 [+projektiv]
2 [–Adressat]
3 [+interner Voluntator = Subjekt]
4 λVOL λx λp: VOL(UNTAS)(x, p]

Abilitas-MVn:

(ver)mögen
1 [+projektiv]
2 [–Adressat]
3 [+interner Voluntator = Subjekt]
4 λABIL λx λp: ABIL(ITAS)(x, p]

Abilitas- &Permissives MV: „Adressat" > „Adressat der Grundmodalität"

können
1 [+projektiv]
2 [±Adressat]
3 [+interner Könner] v [+externer Erlauber]
4 ABILITAS(Subjekt, p] v ERLAUBER(Adr, p)

Das bereits beim Modallexem vorhandene Lesartschwanken („v" = „oder") macht die alethische Sonderstellung und seine schwierige Entscheidbarkeit zwischen Modalgrundlesart und epistemischer Lesart dieses MV-Lexems aus.

Wieso sind die E-Lesarten der beiden voluntativen MVn so verschieden? Es ist von Folgendem auszugehen. *mögen* ist gar nicht die Grundmodalentsprechung zu E-verwendetem *mögen*. Diese ist vielmehr *vermögen*, was schon aus der semantischen Nähe von *vermögen* als Grund-MV (englisch „root modality") und *mögen* in seiner E-Lesart ableitbar ist. Voluntatives *mögen* gehört gar nicht zu den polyfunktionalen MV-Paaren, oder schwächer gesagt: voluntatives *mögen* hat keine E-Entsprechung. Ahd. *mugan*, mhd. *mugen* bedeuteten ja „vermögen" im physischen Sinne, während *kunnan*, *kunnen* das geistige Vermögen lexikalisierte.

3. Erste Abhängigkeiten deutscher MVn in ihren epistemischen Lesarten: Sprecher- gegen Subjektabhängigkeit

3.1. Plausible Thesen

Wenn die E-Lesart grundsätzlich auszeichnet, daß Sprechakt- und Ereigniszeit (Topikzeit) zusammenfallen, dann ergeben sich erste Schlussfolgerungen.

(2) Epistemische Universalthese:
Wenn Sprecher/Wahrheitswertbeurteiler und Subjektperson zusammenfallen, dann schließt sich die E-Lesart aus.

Allerdings ist zu (2) die Wahrheitsgewährleistungsthese (3) vorauszusetzen.

(3) Wahrheitsgewährleistungsthese:
Es muß Objektivität bzw. ein hohes Maß an Intersubjektivität des Wahrheitswerturteils (der Veridikalität) gegeben sein.

(3) ist bei Identität von Sprecher/Wahrheitswertbeurteiler und Subjekt nicht gegeben bzw. diskursiv unplausibel.

Es sollen im Folgenden die drei grammatischen Personen hinsichtlich ihres Beitrags zur E- und zur Grundmodallesart bei allen MVn überprüft werden. Eine weitere Variable ist Tempus: Präsens und analytisches Perfekt. „Entpersönlichung" steht für „Entpersönlichung" und ist in der 3. Spalte durch # abgekürzt symbolisiert. Es bedeutet, daß der Sprecher den Wahrheitswert von p-eingebettet-unter-MV auch dann beurteilen kann, wenn er mit dem *ich*-Subjekt oberflächlich identisch ist: nämlich wenn Spr das Ich (etwa wie im Traum) als detachiertes Objekt betrachtet. # will sagen, daß nur unter diesem Ich-Referenz-Detachment (Betrachter-Origo als Betrachteter) eine E-Lesart möglich ist. Ich bespreche die beiden Variablen, Person und Tempus, unten getrennt.[3]

Abb. 1: Distribution nach Persons- und Tempusvariablen

W-Gewähr-leistung bei E-Lesart liegt bei	Personsvariable: 1., 2. und 3. Pers.	E-Lesart	Grun-dmodal: Perfekt	Grun-dmodal: Präsens	E-Lesart (bei #) nur möglich unter
Spr≠Subj	Er ist in Grönland (gewesen) Ich bin in Grönland (gewesen) Du bist in Grönland (gewesen)				

3 Ich schließe mich dem englischen terminologischen Usus an und spreche von Grundmodalität (oder D-Lesart; nach Kratzer (1991) „zirkumstantiell" bzw. „Basismodal") und epistemischer Modalität (E-Lesart). Die einzelnen Grundmodalitäten sind: die deontische (verpflichtende), die boulemaische (voluntative), die permissive und die des Vermögens. Kratzer (1991) zählt noch weitere auf, die ja nicht genau an die 6 MV-Bedeutungen des Deutschen gebunden sind. Zu einer kritischen Sichtung von Kratzer (1991) vgl. Engerer (2005).

W-Gewährleistung bei E-Lesart liegt bei	Personsvariable: 1., 2. und 3. Pers.	E-Lesart	Grundmodal: Perfekt	Grundmodal: Präsens	E-Lesart (bei #) nur möglich unter
Spr≠Subj Evid./Spr	Er muß in Grönland (gewesen) sein Ich muß in Grönland (gewesen) sein Du mußt in Grönland (gewesen) sein	+ # +	* * *	+ + +	Entpersönlg.
Spr≠Subj # 3.pl. Spr≠Subj	Er soll in Grönland (gewesen) sein Ich soll in Grönland (gewesen) sein Du sollst in Grönland (gewesen) sein	+ # +	* * *	+ + +	Entpersönlg.
Spr≠Subj Evid./3.pl. Spr≠Subj	Er mag in Grönland (gewesen) sein Ich mag in Grönland (gewesen) sein Du magst in Grönland (gewesen) sein	+ # +	* * *	+ + +	Entpersönlg.
Spr=Subj * Spr=Subj	Er will in Grönland (gewesen) sein Ich will in Grönland (gewesen) sein Du willst in Grönland (gewesen) sein	+ * +	* * *	+ + +	Entpersönlg.?

(4) Personsvariablendistribution bei E-Lesarten (Spalte 2 in Abb. 1):
Die Universalthese in (2) bleibt unbeschadet durch die E-Lesarten unter der Ich-Person, in der nur scheinbar Spr und grammatisches Subjekt Evidenz („Evid.") bzw. Sagenhören (über dritte Personen: „3.(sg./)pl.") zusammenfallen – d.h. W-Beurteiler und Beurteilter fallen unter Personsdetachment (Entpersönlichung) nicht mehr zusammen und ermöglichen damit eine hochmarkierte E-Lesart.

(5) Tempusvariablendistribution bei Grundmodallesarten (Spalten 4+5 in Abb. 1):
Nach der Grundbeobachtung Abrahams (1990, 1991, 2001, 2005) verhalten sich Modalverben im Deutschen wie Perfektiva. Perfektiva projizieren t_E in die Zukunft – also unter $t_S/t_R < t_E$. Jegliches $t_E < t_S/t_R$ ist damit unvereinbar – die Ungrammatikalität/ Nichtlesbarkeit im Unterschied zum Präsens, das $t_S/t_R < t_E$ ermöglicht, damit errechenbar.

(6) Wahrheitswertgewährleistung bei E-Lesarten (Spalte 1 in Abb. 1):
Die Wahrheitswertgewährleistung, die bei E-Lesarten entscheidend ist, liegt bevorzugt in der Hand von 3.sg./pl., am schwächsten bei 1.sg. Daher die Unakzeptabilitäten bei E-Lesarten der 1. Person, „Ich", bei allen EMV. Wo sich eine E-Lesart doch durch setzt („coërcion"), wechselt das entsprechende *ICH* zum beurteilten *ICH* (vgl. die # Fälle der E-Lesarten). Weiter bestehen Stärkeunterschiede der Wahrheitswertgewähr- leistung: Am höchsten steht Spr-Evidenz (Spr=Beurteiler) wie bei *MUSS* – d.h. Spr-Evidenz ist die verläßlichste Bewertung, vergleichbar der Bewertung eines Deklarativs wie in Abb.1 –, dann folgen Eichung durch die soziale Mitwelt („3.sg./pl.") wie bei *SOLL* und, erst zum Schluß und am schwächsten, ist die Spr-Erwägung aus einer oder mehreren vorgegebenen Alternativen (bei *MAG*). Vgl. (3) oben.

3.2. Diagnosemethodik

Wie kann man sich einigermaßen intersubjektiv dagegen immunisieren, daß man Grundmodallesart und Epistemik durcheinander bringt, d.h. daß man Grundmodallesart und Epistemik verwechselt? Ich schlage vor, dafür zwei grundlegende Diagnosemethoden zu verwenden: eine allgemeine, die für alle MVn gleichermaßen gilt, und eine zweite, welche die spezielle Komponentialität der individuellen MVn zugrundelegt. Für beide methodischen Wege gilt, daß gewisse Plausibilitäten erfüllt sein müssen. Es soll gelten: Für E-Lesarten müssen diagnostische Proben derart aufgestellt werden, welche die Voraussetzung erfüllen, daß $t_S=t_E$, daß keine Aktualisierungsfolgerungen abgeleitet werden können und daß Evidentialität erfüllt ist; für D-Lesarten dagegen muß aufgrund von Projektivität gelten; d.h. daß $t_S<t_E$, daß grundsätzlich Aktualisierungsfolgerungen ableitbar sind und daß Evidentialität keine Rolle spielt.

Man vgl. die folgenden Testbeispiele. Die Ziffer neben D bzw. E bezeichnet Präferenzlesart gegenüber dem Lesartpartner: „D2 E1" bedeutet, daß die E-Lesart vor D (D2 = D ist zweitrangig) bevorzugt wird. „D*" bedeutet natürlich, daß es nur eine D-Lesart gibt. „D" steht für Grundmodalität ('Deontik'), „E" für Epistemik.

3.2.1. Allgemeine Testmethodik

Prüfen wir jetzt systematisch, ob Grundmodalität oder Epistemik oder beides – oder keines – vorliegt. Dabei variieren wir nach Tempus und Aspekt des eingebetteten Infinitivkomplements.

(7)	a	Er muß zuhause sein	D2	E1
	b	Er mußte zuhause sein	D1	E1
	c	Er hat zuhause sein müssen	D	*
	d	Er muß um 9h zuhause sein	D	*
	e	Er mußte um 9h zuhause sein	D1	E2
	f	Er hat um 9h zuhause sein müssen	D	*
(8)	a	Er muß die Fahrprüfung ablegen	D1	E2
	b	Er mußte die Fahrprüfung ablegen	D1	E2
	c	Er hat die Fahrprüfung ablegen müssen	D	*
	d	Er muß morgen die Fahrprüfung ablegen	D	??
	e	Er mußte morgen die Fahrprüfung ablegen	D	??
	f	Er hat morgen die Fahrprüfung ablegen müssen	D	*

E-Lesarten werden allgemein relativ sicher durch den Zusatz *nach allem, was ich/ man weiß* identifiziert. (7) unterscheidet sich von (8) durch die Aspektualität des eingebetteten Infinitivs: (7a-f) sind imperfektiv (PräP+*sein*), (8a-f) dagegen sind perfektiv (*Prüfung ablegen*). Die Beispiele unter (d)–(f) setzen zusätzlich ein Zeitadverb, *um 9h* bzw. *morgen*, die jeweils selbst Projektivität setzen – womit sich E-Lesarten schlechter einstellen. Das Zeitadverb setzt somit für E-Lesarten einen markierten Kontext, unter dem sich andere Akzeptabilitäten ergeben als unter den unmarkierten Bedingungen bei (a)–(c). Unter allen Lesarten stellen sich jene mit Infinitivkomplement am sichersten dar: Epistemik verträgt sich kategorial am schlechtesten (gar nicht?) mit Nichtfinitheit (vgl. Abraham 2001b: „Nichtfinitheitslücke bei Epistemika"; siehe auch Erb 2005 über MV hinaus).

Die die D-Lesarten in (8) legitimierenden **D-Kontexte** sind jeweils: Es ist zur Erfüllung von gesetzten Zielen bzw. von Vorschriften notwendig, daß er zuhause ist. **E-Kontexte** in (7)–(8) könnten sein: Er (Subjektreferenz in (7)–(8)) ist sehr vergeßlich; er durchmustert seine Erinnerung und kommt aufgrund der erinnerten Vorfälle

(Evidenz) zu dem Schluß, daß er zuhause sein muß. Die Kriterien für die E-Lesarten sind nach Bhatt (2006: 118ff.) im Englischen und Hindi-Urdu identisch.[4]

Die fett gedruckten Akzeptabilitätsentscheidungen unterscheiden sich von denen vorher unter (7) und (8).

(9)	a	Er soll zuhause sein	D2	E1
	b	Er sollte zuhause sein	D1	E1
	c	Er hat zuhause sein sollen	D	*
	d	Er soll um 9h zuhause sein	D	**E**
	e	Er sollte um 9h zuhause sein	**D**	**E**
	f	Er hat um 9h zuhause sein sollen	D	*
(10)	a	Er soll die Fahrprüfung ablegen	D1	**E2/??**
	b	Er sollte die Fahrprüfung ablegen	D1	**E2/??**
	c	Er hat die Fahrprüfung ablegen sollen	D	*
	d	Er soll morgen die Fahrprüfung ablegen	D1	**E2/??**
	e	Er sollte morgen die Fahrprüfung ablegen	D	??
	f	Er hat morgen die Fahrprüfung ablegen sollen	D	*

Die **D-Kontexte** sind jeweils: Es ist zur Erfüllung von gesetzten Zielen bzw. von Vorschriften notwendig oder zumindest erwünscht, daß er zuhause ist. **E-Kontexte** könnten sein: Er (Subjektreferenz in (7)–(8)) ist sehr vergeßlich; er durchmustert seine Erinnerung und kommt aufgrund der erinnerten Vorfälle (Evidenz) zu dem Schluß, daß er zuhause sein soll.

(11)	a	Er will zuhause sein	D2	E1
	b	Er wollte zuhause sein	D	E
	c	Er hat zuhause sein wollen	D	*
	d	Er will um 9h zuhause sein	D	*
	e	Er wollte um 9h zuhause sein	D1	E2
	f	Er hat um 9h zuhause sein wollen	D	*
(12)	a	Er will die Fahrprüfung ablegen	D1	**E2/??**
	b	Er wollte die Fahrprüfung ablegen	D1	**E2/??**
	c	Er hat die Fahrprüfung ablegen wollen	D	*
	d	Er will morgen die Fahrprüfung ablegen	D	*
	e	Er wollte morgen die Fahrprüfung ablegen	D	*
	f	Er hat morgen die Fahrprüfung ablegen wollen	D	*

D-Kontexte: Es entspricht den von ihm selbst gesteckten Zielen, daß er zuhause ist. **E-Kontexte**: Er (vgl. die Subjektreferenz in (7)–(8)) rechnet mit dem Nichtwissen von Adressaten bzw. sozialer Umwelt über ihn selbst und versucht, gegen die Wirklichkeit bestimmte Eindrücke zu vermitteln, nämlich daß er zuhause ist. „G“ =

4 Dazu gelten allerdings Vorbehalte meinerseits. Einmal unterscheidet Bhatt nicht unmarkierte und markierte Kontexte; und zum Zweiten bettet er ausschließlich imperfektivisches *to be* ein – seine Beweisführung erfolgt in erster Linie auf der Datengrundlage des Englischen. Zum Dritten bietet er keine Erklärung dafür, daß nichtfinite Einbettungen keine E-Lesarten erlauben.

generische Lesart (die weder grundmodal noch epistemisch ist, wohl aber die Voraussetzung für die projektive D-Lesart ist; vgl. Ziegeler 2007).

(13)	a	Er kann zuhause sein	D2	E1
	b	Er konnte zuhause sein	D1	E1
	c	Er hat zuhause sein können	D	*
	d	Er kann um 9h zuhause sein	D	*
	e	Er konnte um 9h zuhause sein	D1	E2
	f	Er hat um 9h zuhause sein können	D	*
	g	Er kann gut Englisch (sprechen)/Radfahren	G	–
(14)	a	Er kann die Fahrprüfung ablegen	D1	**E2/??**
	b	Er konnte die Fahrprüfung ablegen	D1	**E2/??**
	c	Er hat die Fahrprüfung ablegen können	D	*
	d	Er kann morgen die Fahrprüfung ablegen	D	**??**
	e	Er konnte morgen die Fahrprüfung ablegen	D	*
	f	Er hat morgen die Fahrprüfung ablegen können	D	*
	g	Er kann Hühner schlachten	G	–

D-Kontexte: Es ist zur Erfüllung der durch ihn selbst gesetzten Zielen hinreichend, daß er die Fähigkeit besitzt zuhause zu sein. **E-Kontexte**: Es ist mit den Tatsachen bzw. den Situationsumständen vereinbar (kurz: es ist möglich), daß er zuhause ist. **G-Kontexte**: Der Subjektreferent hat die zeitunverankerte Eigenschaft (oder schwächer: den Habitus) des Prädikats; es gilt somit: $\lambda gE/\lambda gR\exists x$: $\forall t_{1\text{-}n}\ (t_{(S)} \subset t_{1\text{-}n} \wedge gE/gR(t, x(er)))$ für $t_{(S)}$ als Subereigniszeit des gesamten Ereigniszeitspektrums $t_{1\text{-}n}$. G-Lesarten sind hinsichtlich des Aspekts des Infinitivkomplements nicht eingeschränkt, wie (13g) und (14g) zeigen.

3.2.2. MV-individuelle Testmethodik

Was sich in der Formulierung der D- und E-Kontexte unter 3.2.1 bereits angedeutet hat, nämlich eine auf die individuellen MV-Lexeme abgestimmte Kontextvoraussetzung, wird im Folgenden noch spezifischer verfolgt. Es geht um bestimmte Fortsetzungs- bzw. Aktualisierungsimplikationen zu den Beispielsätzen mit MVn, die folgenden Beispielen bei Hacquard (2006; nach Bhatt 2006: 174–176) nachgedacht sind. Es geht um das Zusammenspiel der Adverbien *assez* „genug, genügend“ bzw. *trop* „zu (sehr)“ und der Perfektivität bzw. Imperfektivität beim finiten Prädikat, *a été* bzw. *était*.

(15)	a	Jean a été	assez rapide pour s'enfuir, #mais il ne s'est pas enfui.
		Hans war.PERF	schnell genug um wegzulaufen, #aber er entkam nicht
	b	Jean était	assez rapide pour s'enfuir, mais il ne s'est pas enfui.
		Hans war.IMPERF	schnell genug um wegzulaufen, aber er entkam nicht
(16)	a	Jean a été	trop lent pour s'enfuir, #mais il s'est enfui.
		Hans war.PERF	zu träge um wegzulaufen, #aber er entkam
	b	Jean était	trop lent pour s'enfuir, mais il s'est enfui.
		Hans war. IMPERF	zu träge um wegzulaufen, aber er entkam

Wir notieren nur, daß die jeweiligen Imperfektivversionen des Französischen im Deutschen besser mit dem hypothetischen Konjunktiv wiederzugeben wären, um zum selben Aktualisierungsresultat zu führen: *wäre schnell genug/zu träge gewesen.*

Die Aktualisierungsimplikationen sind demnach die folgenden – „#" bedeutet, daß keine Textkohärenz zwischen den beiden Sätzen, p und q, herstellbar ist:

(17)	a	Perfektivaktualisierung:	*assez* p *pour* q	→ q bzw. # ¬q
	b	Imperfektivaktualisierung:	*assez* p *pour* q	ohne Aktualisierungsfolge
(18)	a	Perfektivaktualisierung:	*trop* p *pour* q	→ q bzw. # ¬q
	b	Imperfektivaktualisierung:	*trop* p *pour* q	ohne Aktualisierungsfolge

Bhatt (2006: 161–163) verzeichnet noch andere, unabhängige Illustrationen aus dem Griechischen und Hindi-Urdu für solch aspektuelle Interdependenzen – allemal aus Sprachen mit klaren morphologischen Aspektoppositionen.

Für die Beispiele für *müssen* unter (7a-f), also mit Imperfektiveinbettung, lassen sich folgende Folgesatzkohärenzen überprüfen:

(19)	a	p, q = **damit** Licht wird	D	*E
	b	p, **weil** das Licht angeht	*D	E
	c	p, **um** den Ofen abzudrehen	D	*E
	d	p, **weil sonst/sonst <kocht>** der Brei über<kocht>	D	*E

Eine finale Folge mit *damit/um zu*, (19a,c), ebenso wie die antifinale Folge *weil sonst* Verbieten sich für die E-Lesart, die begründende mit *weil* in (b) dagegen für die Grundmodallesart. Für die perfektiven Einbettungen in (8a-f) lassen sich folgende Entsprechungen verwenden.

(20)	a	p, q = **damit** er den Job annehmen kann	D	*E
	b	p, **um** den Job annehmen zu können	D	*E
	c	p, **weil** er sonst den Job nicht annehmen kann	D	*E
	d	p, **weil** er so fleißig einparken übt	*D	E

Verallgemeinernd läßt sich Folgendes sagen:

(21) E-Lesarten sind diagnostizierbar dadurch, daß der Folgesatz q p-ereignisbegleitende Umstände anführt und diese (etwa mit *weil*) p-begründend auswertet. Es geht also um eine Begründung, um hinreichende Evidenz für das epistemische Verständnis von p. Vgl. dazu (19b) sowie 20d).

(22) D-Lesarten sind diagnostizierbar dadurch, daß p u.a. für den Folgesatz q eine finale Voraussetzung darstellt. p formuliert also für q eine Absichtsrelation. Vgl. (19a, c, d) und (20a, b, c).

Ich gehe davon aus, daß (21) und (22) noch nicht die endgültigen Diagnosenformulierungen sind, d.h. daß diese noch allgemeiner aussagekräftig gemacht werden müssen. Aber als Diagnosetests zur Trennung spezifischer E- und D-Lesarten lassen sie sich allemal verwenden. Prüfen wir dies noch an den Beispielen für *können*, dem schwierigsten aller Modalverben.

(23)	a	p = Er kann kochen, q = **da** er eine Kochschule besuchte	D	*E
	b	p, **weil** sich vom Kochdunst die Fenster beschlagen	*D	E
	c	p, **da** seine Frau beglückt dreinschaut	*D	E
	d	p, **sonst** würde seine Frau streiken	D	*E
(24)	a	p = Er kann die Kochprüfung ablegen, q = **da** er genügend Semester belegt hat	D	*E
	b	p, **um** einen Restaurantjob anzunehmen	D	*E
	c	p, **weil** er sonst den Job nicht annehmen kann	D	*E
	d	p, **weil** er im Moment nicht zum Skatabend kommt	*D	E

Anders als die andern MVn setzt *können* als das Grund- und E-Modal offenbar eigene Gelingensbedingungen voraus.

(25) *können* als MV setzt p-begründendes q wie in (23a) und (24a) bzw. (23d); letzteres mit *sonst* ist ja ebenfalls begründend, wenn auch – wie in (24c) – ‚antibegründend'. Die p-motivierenden Aussagen in q sind also bei *können* – anders als in (22) – inhaltliche Voraussetzungen für das p-Ereignis.

(26) Auch die E-Lesarten (identifizierbar mit „nach aller meiner/allgemeiner Einschätzung von p") sind bei *können* p-begründend, aber doch in anderer Weise: nämlich urteilsbegründend (und damit eben nicht inhaltlich p-begründend). D.h. q liefert die Evidenz für die Aussage in p, nicht – wie in echten p-Begründungen – die inhaltliche Motivation für p. q ist mit (21) auch bei *können* motivierender Begleiter für das p-Ereignis.

Aus (22) mag man ableiten, daß aus Finalität und Folge als p-q-Relation der Einsatz bestimmter lexikalischer Sub- bzw. Koordinatoren folgt. Dies ist aber durchaus fraglich. (23)–(24) lassen sich jedenfalls lexikalisch nicht als generelle Muster annehmen. Trotzdem zeigen (23)–(24), daß die Diagnosekriterien mit unseren spezifischen Testvorschlägen erfüllbar sind – d.h. für alle MVn vergleichbare Resultate liefern. D-Lesarten setzen inhaltliche q-p-Begründungen voraus, E-Lesarten q-Begründungen für die Aussagebewertung von p. Auch die D-Lesarten unter (23a,c,d) sowie (24a-c) erfüllen Absichtskontexte zwischen q und p nach (24), denen die E-Lesarten mit wahrheitsurteilsbegründendem q gegenüberstehen, damit die Voraussetzung in (23) erfüllend. D-Lesarten scheinen somit implikative Beziehungen zwischen q und p vorauszusetzen (nach Karttunen 1971), E-Lesarten in der Regel dagegen faktive (nach Kiparsky & Kiparsky 1970). Sollte sich dies als haltbar erweisen, dann wäre das methodisch ein anständiges Ergebnis.

4. Die tieferführende Diskurspersonsabhängigkeit: *ich-du* gegen die ‚Nichtperson' der 3.sg./pl.

Es gilt in der (zu wenig beachteten) typologischen Literatur von Forchhammer (1929) und Benveniste (1974; vgl. auch Engel 1998) als ausgemacht, daß nur die ersten beiden grammatischen Personen als echte Personskategorien im diskursiven Sinne von Sprecher-*ich* und Adressaten-*du* gelten. Die grammatisch dritten Personen (3.sg./pl.) dagegen sind vor diesem Hintergrund „Nichtpersonen"; d.h. sie gehören nicht in dasselbe ontologische Referenzsystem.[5] Sie beherrschen als Anaphern den grammatischen Diskurs und dessen referentielle Kohärenzvoraussetzungen, sind jedoch unter Bühlers (1934) diskursiv-deiktischen Origovoraussetzungen wie referierte Appellative, die in den Diskurs direkt nicht eingreifen können und deshalb origodeiktische Eigenschaften nicht erfüllen. Origodeiktisches *ICH* ist der Sprecher, origodeiktisches *DU* ist der Adressat. Beide Diskurskategorien spielen in den Dekompositionslisten der deutschen MVn eine entscheidende Rolle. Vgl. Abschnitt 2 oben (Dekompositionsmerkmal 2) sowie Spalte 1 in Abb. 1.

Ausgehend von dieser bühlerschen Origoachse des *ICH-HIER-JETZT* sind die E-Lesarten der MV in folgender Weise weiter zu bestimmen. *HIER-JETZT* sind wegen $t_E = t_S/t_R$ bei E-Lesarten jeweils gleichermaßen vorauszusetzen.

(27) 'Sprecherspaltung' und Sprecher-Beurteiler-Identifikation:

a	Er muß in Grönland sein	←	*ICH*-Origoreferenz; Sprecher = Beurteiler (der Evidenzerhebung und -beurteilung)
b	Er soll in Grönland sein	←	*DU*-Origoreferenz; Quotativ: Beurteilung durch Dritte; Sprecher ≠ Beurteiler (der Evidenzerhebung und Wahrheitswerteichung).
c	Er will in Grönland sein	←	Subjekt-Origo: Sprecher≠Beurteiler (=Subjekt); Besprochenenmeinung, ohne Wahrheitsverbürgung durch Sprecher
d	Er kann/mag in G. sein	←	Neutralisation der Persons-Origo: Wahrheitsver bürgung völlig offen; Sprecher = Beurteiler vor dem Hintergrund mehrerer Möglichkeiten

Die Analyse nach (27) vermag aber nicht nur die MVn hinsichtlich ihrer E-Lesarten zu diversifizieren und ihre verschiedenen E-Leistungen zu begründen. Betrachten wir kurz die übliche *Tense-Aspekt-Mood-*, kurz TAM-Analyse (etwa nach Bybee 1985, Bybee/Perkins/Pagliuca 1994), bei der sich keine beobachteten und generalisierbaren Abfolgen grammatischer Morpheme in den Weltsprachen niederschlagen (nicht im Einklang mit Baker 1988, 1996 bzw. in klarem Widerspruch zu Cinque 1999, ebensowenig im Einklang mit dem Aufbau der funktionalen Dimension in der Minimalismussyntax).[6] Was aber mehr wiegt, ist die Tatsache, daß in den Weltsprachen und ihren Diachronien vor allem Aspekt und Modus unterschiedlichen

5 Dies spiegelt sich typologisch. Die reinen Personskategorien 1./2.Sg.Pl. sind in ostasiatischen Sprachen wie dem Japanischen und Koreanischen im normalen Sprachgebrauch durch eine Vielzahl 'honorifizierender' Appellative ersetzt.

6 Es ist fraglich, ob der Repertoiremethodik (die etwa der TAM-Konzeption unterliegt) der weithin angenommene methodische „konstruktionelle" Normalitätsstatus zukommt. Sowohl die generative Syntax wie die auf dem Merkmalsausbau aufbauende Erstspracherwerbsforschung ist wohl eher mit der guillaumeschen Inklusionsvoraussetzung vereinbar: In der Syntax baut man die Gesamtstruktur der lexikalischen und funktional-grammatischen Kategorien so auf, daß die strukturelle Komplexität schrittweise über das finite Satzprädikat hinauswächst. Im L1-Erwerb geht man davon aus, daß die Merkmalsliste der ersterworbenen Laute schrittweise vervollständigt wird und damit nächste, merkmalsreichere Laute und deren Kombinationen

Relationen derart genügen, daß bei deren Abbau andere grammatisch-morphologische Module deren Aufgaben übernehmen. Man muß demnach davon ausgehen, daß es tiefe Abhängigkeiten zwischen den TAM-Modulen gibt, deren Ausdruckswerte in Kontexten höherer Markiertheit von einem Modul zum anderen wechseln können. Zudem besteht Einhelligkeit dazu, daß Aspekt der stabilste Ausdrucksfaktor und Modus der flüchtigste ist. Vor diesem expliziten, typologisch-empirischen Hintergrund und einer Markiertheitstheorie hat Guillaume (1929; nach Leiss 1984, 1994[7]) folgenden Ausdrucksabbau schematisiert, der nach der ATM-Hierarchie verläuft: Wird bei Aspekt (räumlich: innerer vs. äußerer Aspekt) abgebaut, dann übernimmt das Tempusmodul (Sprechaktzeit vs. Nichtsprechaktzeit) und in der Folge bei Tempusabbau Modus bzw. Modalität (Wahrheits- und Evidenzbewertung; mögliche Realisierungswelten über die Sprechaktwelt hinaus). Hinter der Reihung ATM versteckt sich also ein theoretischer Ansatz, nach dem synchroner Markiertheitswechsel, diachronischer Wandel und Grammatikalisierung sowie morphologische Ausdrucksvertretung in ein systematisches Abhängigkeitsgefüge eingebaut werden. Es ist dabei wesentlich zu sehen, dass auch koverte Kategorien in einer solchen Systematik einen logischen Platz haben und daß erklärende Thesen zu großräumigen typologischen Veränderungen sowie Sprachkontaktveränderungen erstellt werden können. Erst anhand solcher Thesen kann vernünftige, zielhafte empirische Sammelarbeit unternommen und das reine Jäger- und Sammlertum – in modernerer Terminologie: *constructional approach* – auf ein Nebengeleis der Sprachwissenschaft geschoben werden. Ableitbarkeit auch innerhalb von A, T und M geleitet durch Markiertheitssteigerungen ist, sofern sich die Annahmen oben auf breiter und tiefer Basis bestätigen lassen, ein wesentlicher methodischer Fortschritt in der Sprachwissenschaft, nicht zuletzt auch um Gegenüberstellungen von Form und Interpretation ihre weithin übliche Willkür zu nehmen und Lösungsversuche dazu an methodisch systematische Folgerungsbahnen zu knüpfen.

Ein treffendes Beispiel stellt deutsch *werden* dar. *werden* ist historisch ein inchoatives (perfektives) Vollverb, heute in dieser grammatischen Verwendung noch für Verben und Nomina subkategorisiert, also für Stativereignisse, die das Resultat denotieren und den davorliegenden Inkrementvorgang implizieren (Abraham 1991, 1998). Bei Komplementselektion einer neuen, verbal nichtfiniten Form (Infinitiv; Anterior-, Passiv- und (eventuell) Präsenspartizip) wird es Tempusauxiliar unter Verlust der ursprünglichen Perfektivdiathese. Unter dem Druck bestimmter Adverbien, also lexikalischer Kontingenzen erhält es schließlich epistemisch modale Lesarten.

erreicht werden. Auch dies entspricht der Methodik der Kategorieninklusion und keinesfalls dem willkürlichen Nebeneinander.

7 Die Ausdrucksweise bei Guillaume (1992) ist wie folgt: Aspekt sei abgebrochenes Tempus ('abgebrochen' wohl im Sinne der Vollständigkeit der Merkmalskette), und Modalität sei die markierteste, d.h. unter speziellsten Bedingungen elizitierte Ausdrucksform (also die intensional reichst besetzte Merkmalsliste).

(28)	a	Der Sohn wird (in zwei Jahren/*zwei Jahre lang) fertig/Doktor	Inchoativaspekt; $t_R < t_E$
	b	Der Sohn wird (in zwei Jahren/zwei Jahre lang) Marathon laufen	Futurtempus; $t_S < t_E$
	c	Der Sohn wird (schon) alles richtig machen	E-Modal; $t_S = t_E/t_R$

Es ist wichtig zu sehen, daß bei den zwei Übergängen jeweils nur ein Merkmal verändert wird, d.h. zur Merkmalsmenge hinzukommt: Gegenüber der sprechaktzeitlosen Inchoativbedeutung in (28a) erfordert finites Tempus wie in (28b) die Einschaltung der Sprechaktzeit, t_S, in Vorzeitrelation zum Ereignis in der Zukunft: $t_S < t_E$. E-Lesarten wie in (28c), ausgelöst bzw. verstärkt durch das perfektive Modaladverb *schon* erfordern grundsätzlich Zusammenfall von Sprechakt- und Ereigniszeit: $t_S = t_E$; (28c) ist ja keine Aussage über ein Ereignis in der Zukunft. Zu beachten ist auch, daß sprechaktzeitloser Perfektivaspekt wie in (28a) das Ereignis ebenso für die Zukunft prognostiziert wie temporales *werden* in (28b). Daraus ist abzuleiten, daß perfektives Präsens ebenso futurische Ereignissetzung denotiert wie das tempusmorphologisch denotierte Futur. Dies bestätigt sich typologisch: In den slawischen Sprachen gibt es keine Präsensdenotation bei Perfektivverben – diese denotieren grundsätzlich das Futur (im Unterschied zu imperfektiven Verben). In der Sprachenevolution geht man übrigens davon aus, daß sich Aspekt lange vor Tempus ausbildete, ebenso im Erstspracherwerb (Hyams 2005). Synchron scheint Aspekt verbreiteter zu sein als Tempus, was dafür sprechen könnte, daß Aspekt – bei möglicherweise etwas beschränkterer Tempussetzung – gesamtsprachlich das grundlegendere System darstellt.

Ein Ausblick auf diachrone Fälle soll diese Diskussion abrunden.

5. Grundmodalität und Perfektivität aus historischer Perspektive

Im Folgenden wird auf eine Reihe von MV–Vorkommen im frühen Deutsch hingewiesen. Es gilt zu zeigen, daß in jenen Perioden, in denen morphologisch angezeigte Aspektpaare noch klare grammatische Aspektprominenz der Sprachen verrieten, Aspekt in der Tat jene selektiven Modalitätsimplikationen offen begleiteten, die fürs moderne Deutsch nur mehr anhand der Komplementdistributionen, also weitaus verdeckter nachweisbar sind. Dieser Abschnitt stützt sich vor allem auf Leiss (2006); siehe auch Leiss (2002).

5.1. Perfektivpräfix *ge-*

Historische Linguisten, die auch ein Auge für den grammatischen Aspektanteil der früheren Stufen der germanischen Sprachen haben, sind immer wieder überrascht davon, daß bei den Infinitiveinbettungen der MVn die perfektiven weit häufiger sind als die imperfektiven Infinitive und zwar unabhängig vom einbettenden Auxiliar. Perfektive Infinitive finden sich sogar dann bevorzugt, wenn die aspektuelle Semantik eigentlich imperfektiv ist. In diesem Sinne fragt Behaghel (1923/1989:103–104), warum die Aspektoppositionen in imperfektiven Kontexten formal neutralisiert erscheinen. Er erwägt metrische Gründe, scheint aber von dieser seiner Lösung selbst nicht überzeugt zu sein.

Ein genauerer Blick auf Behaghels Belege verrät, daß ausschließlich Grundmodale betroffen sind. Durch Modalverben eingebettete Perfektivverben lassen sich nur grundmodal (also mit Obligation wie bei *müssen*, Erlaubnis wie bei *dürfen*, usw., also eben nicht epistemisch) lesen. Vgl. (29) – „→“ bedeutet „impliziert“.

(29) MV + [+perf/ *-perf]V → D-Lesart

5.2. Gotisch (4. Jahrhundert)

Das Präteritopräsens *magan* mit der Bedeutung ‘können, fähig sein’ verbindet sich nahezu ausschließlich mit perfektiven Infinitiveinbettungen: “der abhängige Infinitiv [of *magan*] ist fast durchwegs perfektiv” (so Streitberg 1910/2000:87):

(30)

frauja,	*jabai*	*wileis,*	***magt***	*mik*	***ga-hrain-jan.***
Herr:NOM.SG	wenn	du willst (du)	kannst	mich:AKK	PF-rein-KAUS

‘Herr, so Du willst, vermagst Du mich rein zu machen’

Darüber hinaus finden sich die grundmodale Prädikation + eingebettete perfektive Infinitive bei solchen Verben bezeugt, die gar keine Präteritopräsentia (was ja alle Modalverben außer *wollen* sind) sein können. Dies bezeugt jenseits aller Zweifel, daß die Aspektselektionsbedingung über die MVn hinausreicht.

(31)

jah	*sokida*	*ga-saihvan*	*Jesu,*
KONJ	such:PAST	PERF-seh:INF	Jesus:ACC.SG.M
und	suchte	zu sehen	Jesus

‘und er wollte Jesus sehen’

sokida („wollte“) ist ein finites Verb, welches einen perfektiven Infinitiv selegiert und im vorliegenden Kontext grundmodal-voluntative Bedeutung hat. Wie aber kommt *sokida* als Nichtpräteritopräsens zu dieser grundmodalen Bedeutung? Nehmen wir einmal an, daß die Ereignissemantik perfektiver Verben, die ja annäherungsweise dieselbe wie die eines Präteritopräsens ist, dem Zweck dient, Verben zu funktionalen Äquivalenten von Präteritopräsentien zu transformieren.

Die Einsicht, daß GrundmodalVerben perfektive Infinitive selegieren, gilt fürs Altenglische ebenso wie das Althochdeutsche (vgl. van Gelderen 2004, Kap. 8 zum Ae. sowie Leiss 2002 zum Ahd.):

(32) OE

Swa	***sceal*** *geong guma*	*gode*	***ge-wyrcean***
so	soll junger Mann	gute-DAT	verrichten [PF-richten]

‘So soll ein junger Mann durch gute Werke Erfolg haben’ (*Beowulf* 20)

(33) OE

thaet	*ic*	*saenaessas*	***ge-seon***	***mihte***
daß	ich	Klippen	seh- [PF-seh]	vermochte

‘sodaß ich die Meeresklippen zu sehen vermochte’ (*Beowulf* 571)

Wir halten also fest: perfektiver Aspekt ist ein starker Auslöser für grundmodale Färbungen im infiniten Komplement des Aspektprädikats. Gibt es andere Einflüsse, die diese spezifische aspektabhängige Lösung verwässern oder vielleicht sogar umpolen?

5.3. Epistemik, Imperfektivität, Definitheit und Negation: Definitheitseffekte und Negation können die Distributionsmerkmale der Grundmodalität verbergen

Die folgenden Beispiele sollen zeigen, daß von einer Grundregel der modalen Aspektabhängigkeit nur im unmarkierten Fall zu sprechen ist. Unter die Markiertheitsbedingungen, unter denen diese Grundregel zu Änderungen, ja sogar zu Umpolungen führt, gehören Indefinitheit und Negation.

(34)	*ga-u-laubjats*	*þatei*	*magjau* (DMV)	*þata* [+def]	***taujan*** **[-perf]***?*
	PF-PRÄF-glauben:OPT.2PL	KONJ	kann:OPT.1SG	DEM:AKK.SG	tun:INF
	wirst du glauben	daß	ich kann	dies	tun

'Würdest du glauben, daß ich dies tun kann?'
(*Gotische Bibel; Matthäus* 9:28)

Die Semantik der Verbphrase '*tun*+Demonstrativpronomen' ist im vorliegenden Kontext deutlich perfektivisch. Genauer gesagt, es ist die Bedeutung des Gesamtverbkomplexes, MV + Vollverb perfektiv, völlig im Einklang mit dem einfachen *ga-taujan* 'erfüllen, vollenden'. Die Perfektivität des Verbalkomplexes geht auf das Demonstrativpronomen zurück, welches deutlich definit referiert und welches einen Aspekteffekt beim verbalen Prädikat induziert, nämlich Perfektivität. Mit anderen Worten: wenn ein neutrales Prädikat ein definites DP als Komplement (Infinitivergänzung) selegiert, dann wird der eingebettete Verbalkomplex perfektiv. Dies verallgemeinert (35):

(35) a DP[+def] + V[±perf] → Vmax[+perf]

b DP[-def] + V[±perf] → Vmax[+perf]

Überprüfen wir dies nun anhand größerer Zahlen. Im althochdeutschen *Isidor*text gibt es 8 Vorkommen des ersten, d.h. frühesten im Ahd. vorkommenden Modals, nämlich *magan:*

(36) ***magan*** **+ perfektiver Infinitiv** (5)

mac chi-rahhon	DMV/*EMV
mahta ar-rahhon ni mac uuesan	DMV/*EMV
mahti chi-frumman	DMV/*EMV
mahti chi-boran uuerdan	DMV/*EMV
mahti chi-garauuan	DMV/*EMV

(37) ***magan* + imperfektiver Infinitiv** (1)
mac uuesan *DMV/EMV

(38)

huues	**mac**	dhesiu	stimna	**uuesan**, [nibu dhes nerrendin druhtines?]
wes:GEN.SG	kann	dem	Stimme:NOM.SG	sein:INF[+IMPF]
wessen	kann	diese	Stimme	sein [wenn nicht die unseres Herrn und Erlösers]

'Diese Stimme muß die Stimme unseres Herrn und Erlösers sein'

(39) ***magan*+ imperfektiver Infinitiv + Negation** (2)
Haldan ni mahtun DMV/*EMV

ni mac uuesan DMV/*EMV

Die distributionellen Merkmale von *magan* spiegeln – wie von Abraham vorausgesagt – die Aspektsensibilität der Modalverben, wie von Abraham vorausgesagt wurde. Solche Merkmale charakterisieren aspektprominente Sprachen. Daß grundmodale Prädikative perfektive Infinitive selegieren, ist nicht nur für die historische Stufen des Germanischen, sondern auch fürs Russische bezeugt. Ebensolches gilt für die Funktionsaffinität zwischen Negation und imperfektivem Aspekt. Im Russischen selegieren negierte Verben regelmäßig den imperfektiven Aspekt im regierten Komplement (Tauscher & Kirschbaum 1983:251). Freilich: Ausnahmen zu dieser Verteilung sind nicht unhäufig in späteren Stufen des Germanischen. Trotzdem ist diesem letzteren, von der Regel abweichenden Phänomen noch nie eine befriedigende Erklärung zuteil geworden (zum Mittelniederländischen vgl. Postma 2002, der eine Reihe negierter Sätze auflistet, in denen MVn sich mit perfektiven Infinitiven kombinieren.) Ähnliches gilt für das Mittelhochdeutsche und Frühneuhochdeutsche.

In den früheren Stufen des Germanischen wie dem Gotischen, Ae., Ahd. sowie Mhd. wird das (analytische) Futur mittels Modalverb + Infinitiv eines imperfektiven Verbs gebildet. In dieser Beziehung ähneln die germanischen Sprachen den slawischen: perfektive Verben im Präsens haben Zukunftsbedeutung. Sie können aus diesem Grund kein analytisches Futur bilden. Ungeachtet dessen verbinden sich perfektive Infinitive regelhaft mit MVn. Diese Konstruktionen sind aber suboptimale Kodierungen des Futurtempus. Sie sind entweder ungrammatisch wie im Russischen, oder aber sie werden als Modalkonstruktionen auf der Grundlage des ATM-Grammatikalisierungspfades reinterpretiert.

(40) a Perfektive Verben im Präsens sind suboptimal eingesetzt. Es ergibt sich als Resultat: A > T („Aspektkonstruktion umgepolt zu Tempus").
b Perfektive Verben im analytischen Futurtempus: die Konstruktion ist suboptimal verwendet. Als Resultat ergibt sich: T > M („Tempuskonstruktion ergibt modale Färbung").

Man beachte, daß es im Mhd. (1050–1350) drei MVn gibt, die sich für die Bildung des analytischen Futurs anboten:

(41) a *sol* + Infinitiv
b *wil* + Infinitiv
c *muoz* + Infinitiv

Die Einsicht, daß die temporale Lesart durch den imperfektiven Infinitiv ausgelöst wird, geht auf Scaffidi-Abbate (1981) zurück. Scaffidi-Abbate war der erste, der beobachtete, daß im Ahd. (750–1050) ausschließlich imperfektive Verben in die analytische Futurbildung eintraten. Warum aber ist die epistemische Lesart so selten im Mhd.? Die epistemische Lesart erscheint im Normalfall und dies übereinzelsprachlich dann, wenn sich Modale mit dem imperfektiven Infinitiv verbinden und zwar ohne auf zukünftige Zeit zu referieren. Vgl. (42).

(42) swer sîne tage alsô gelebet, [...], der **muoz** ouch wider got **wesen**.
wer his days so PF-lived, [...], he **must** also against got **be.**
'Wer sein Leben so verlebt, der muß gegen Gott sein'.
[aus Der Stricker: *Erzählungen*, S. 66]

Was wir hier sehen, ist deutlich eine epistemische Lesart von *muoz* + Infinitiv. Die Epistemik der Konstruktion ergibt sich aus der generischen Satzlesart. Generische Lesarten und Zeitreferenz schließen einander aus. D.h. die Konstruktion *muoz* + imperfektiver Infinitiv verbietet die Zukunftslesart. Auch die grundmodale Lesart ist ausgeschlossen, denn die infinite Einbettung ist imperfektiv. Diese außerordentlich markierte Konstruktion wird als modal-epistemisch reinterpretiert. Somit geht die Epistemik auf die suboptimale Selektion des Verbalaspekts zurück. Tabelle 3 gibt eine Übersicht über den gesamten Reinterpretationsprozeß auf der Grundlage der ATM-Hierarchie.

Abb. 2: Reinterpretationsprozeß auf der Grundlage der ATM-Hierarchie

Modalverb + perfektiver Infinitiv	► Grundmodallesart	(D/GRUNDMODALITÄT)
Modalverb + imperfektiver Infinitiv	► Zukunftsreferenz	(TEMPUS)
Modalverb + imperfektiver Infinitiv (ohne Zeitreferenz)	► epistemische Lesart	(E-MODALITÄT)

6. Schluß und Folgerung

Ist die modale Vielfalt bzw. modale Unterspezifikation, die nach Reis (2003) und Bhatt (2006) Basisinfinitiven (*Milch holen*!) und *w*-Infinitiven (*Wen fortschicken*?), also nichtfiniten Prädikationen eigen sind und die einfach aus der Infinitheit (nach Bhatt aus dem präpositionalen Infinitiv, also *(Where) to go (next)*?) sowie gewissen pragmatischen Prinzipien ableitbar ist, vergleichbar der modalen Unbestimmtheit, die aus Aspektoppositionen erfließt und die jene Aspektsprachen ausnützen, die über kein MV-Paradigma verfügen (wie z.B. alle ostslawischen Sprachen)? Ist diese modale Unterspezifikation nicht bereits aus der Tatsache ableitbar, dass wohl die Distribution der Aspektmerkmale [±perfektiv] für alle 6 Grundmodal- und E-Lesarten verbindlich und relativ stabil ist, dass diese Aspektmerkmale aber eben nicht gleichlaufend mit den 6 MV-Semantiken variieren – d.h. dass es nach aspektuellen Distributionen bloß zwei Modalitäten gibt, in MV-Sprachen dagegen sechs? Demnach ist folgendes Grundszenario für den Übergang von einer reinen Aspektsprache ohne MVn zu einer MV-Sprache denkbar, in Synchronie (Sprachkontakt) ebenso wie in Diachronie: [p = Proposition/Satz; ~ = logische Negation, etwa svw. „Es ist nicht der Fall, daß p“; ◊p = „es ist möglich, daß p“].

(43) Die reinen Aspektsprachen lesen Modalität nach den beiden modalen Polen, Nezessität/~p, sowie sachliche Möglichkeit, ◊p, in die Gesamtaussage ein. Ko- und Kontext, möglicherweise auch Illokutivfunktion besorgen die weitere modale Ausdifferenzierung.

(44) Beim diachronen Übergang von Aspekt- zu MV-Sprache (bei Verlust der entscheidenden Aspektoppositionen, im (Althoch)Deutschen etwa der Perfektiv-Imperfektiv-Paare unter Verwendung des Perfektivpräfixes *ga-/gi-*V gegenüber V-Simplex) sind vorerst die beiden Polmodale erwartbar, Nezessität/~p, sowie sachliche Möglichkeit, ◊p. Diese binden sich an die lexikalisch nächsten Grundmodallexeme, die Vorgänger von *müssen* und *können*. Erst später schälen sich die anderen MV-Bedeutungen heraus, gefördert allerdings durch die Klassengemeinschaft der ursprünglichen Inchoativ-Präteritopräsentia.

(45) Die epistemischen Lesarten der MV-Lexeme entstehen unter erhöhten Markiertheitsbedingungen, sobald die Aspektprojektivität mit $t_R < t_E$ der neuen epistemischen Bedingung $t_S = t_E$ Platz macht. Die E-Lesarten variieren allerdings mit den Grundmodalvarietäten. Vgl. (25).

Dies – nämlich (43)–(45) – bringt alle synchronen und diachronen Einsichten und Daten, über die wir verfügen, unter ein gemeinsames Dach und zwar durch Ableitung, d.h. ohne weitere *ad hoc*-Annahmen (wie (Inter)Subjektifikation).

Bibliographie

Abraham, Werner 1989. Syntaktische Korrelate zum Lesartwechsel zwischen epistemischen und deontisch/volitiven Modalverben. *Groninger Arbeiten zur germanistischen Linguistik* 30, 145–166.

Abraham, Werner 1990. Modalverben in Germania. In: E. Iwasaki (Hg.) *Begegnung mit dem Fremden: Grenzen – Traditionen – Vergleiche. Akten des VIII. Internationalen Germanisten-Kongresses, Tokyo 1990*, Bd. 4, Sektion 4: *Kontrastive Syntax*. München: Iudicium, 109–118.

Abraham, Werner 1991. Syntaktische und semantische Korrelate zum Lesartwechsel zwischen epistemischen und deontisch/volitiven Modalverben. In: E. Klein, F. Pouradier Duteil & K.H. Wagner (Hg.) *Betriebslinguistik und Linguistikbetrieb. Akten des 24. Linguistischen Kolloquiums, Universität Bremen, 4.-6. Sept. 1989*. Tübingen: Niemeyer, 3–13.

Abraham, Werner 1998. The aspectual source of the epistemic-root distinction of modal verbs in German. In: W. Boeder, Chr. Schröder, K.H. Wagner & W. Wildgen (Hg.) *Sprache in Raum und Zeit. In memoriam Johannes Bechert*. Tübingen: Narr, 231–250.

Abraham, Werner 2001a. Syntax und semantics of modal verbs in German und their diachronic root: soft aspectual und robust finiteness constraints. In: H. Beisswenger et al. (Hg.) *Sprache im Alltag. Festschrift für H.E. Wiegand*. Berlin: Mouton de Gruyter, 1–15.

Abraham, Werner 2001b. Modals: toward explaining the 'epistemic non-finiteness gap'. In: R. Müller & M. Reis (Hg.) *Modalität und Modalverben im Deutschen.* [Linguistische Berichte, Sonderheft 9]. Hamburg: Buske, 7–36.

Abraham, Werner 2005. Event arguments and modal verbs. In: Cl. Maienborn & A. Wöllstein (eds.) *Event arguments: foundations und applications.* [Linguistische Arbeiten 501]. Tübingen: Niemeyer, 243–276.

Baker, Mark C. 1988. *Incorporation: A theory of grammatical function changing.* Chicago: The University of Chicago Press.

Baker, Mark C. 1996. *The polysynthesis parameter.* Illinois: University of Chicago Press.

Behaghel, Otto 1923/1989. *Deutsche Syntax. Eine geschichtliche Darstellung.* Band 2, 2. unbearbeitete Ausgabe 1989. Heidelberg: Winter.

Benveniste, Emile 1974. Les transformations des catégories linguistiques. In: E. Benveniste. *Problèmes de linguistique générale.* Paris: Gallimard, 126–36.

Bhatt, Rajesh 2006. *Covert modality in non-finite contexts.* [Interface Explorations 8]. Berlin: Mouton de Gruyter.

Bühler, Karl 1934. *Sprachtheorie: die Darstellungsfunktion der Sprache.* Jena. (Wiederabdruck 1982 Stuttgart: Gustav Fischer Verlag).

Bybee, Joan L. 1985. *Morphology. A study on the relation between meaning und form.* [Typological Studies in Language 9]. Amsterdam: Benjamins.

Bybee, Joan, Revere Perkins & William Pagliuca 1994. *The evolution of grammar: tense, aspect, und modality in the languages of the world.* Chicago und London: The University of Chicago Press.

Cinque, Guglielmo. 1999. *Adverbs und functional heads: a cross-linguistic perspective.* Oxford: Oxford University Press.

Erb, Christine 2001. Auxiliaries in German. Dissertation Univ. Tilburg.

Engel, Sabine 1998. *Das universale System der Personalpronomina. Das Fundament für Habermas' normative Begründung der menschlichen Vernunft?* Frankurt/M.: Lang.

Engerer, Volkmar 2005. Vorwort. In: *Modality. Linguistic, philosophical, und logical aspects of a universal category.* [Themenheft von *Tidskrift for Sprogforskning* 3/2]. Århus: Statsbibliotheket, 5–18.

Forchhammer, Paul 1953. *The category of person in language.* Berlin: de Gruyter.

Guillaume, Gustave 1929. *Temps et verbe. Théorie des aspects, des modes et des temps.* Paris: Klingsieck.

Hacquard, Valentine 2006. Aspects of modality. Ph.D. Dissertation MIT, Cambridge, Massachusetts.

Hyams, Nina 2005. Child non-finite clauses und the mood-Aspekt connection: Evidence from child Greek. In: P.M. Kempchinsky & R. Slabakova (eds.) *Aspektual inquiries.* [Studies in natural language und linguistic theory 62]. Dordrecht: Springer, 293–315.

Karttunen, Lauri 1971. Implicative verbs. *Language* 47/2, 340–358.

Kiparsky, Paul & Carol Kiparsky 1970. Fact. In: M. Bierwisch & K.E. Heidolph (eds.) *Progress in linguistics.* Den Haag: Mouton, 143–173.

Klein, Wolfgang 1994. *Time in language.* London: Routledge.

Kratzer, Angelika 1991. Modality. In: A. v. Stechow & D. Wunderlich (eds.) *Semantics. An international handbook of contemporary research.* [Handbücher zur Sprach- und Kommunikationswissenschaft 6]. Berlin: de Gruyter, 639–650.

Leiss, Elisabeth 1984. Gustave Guillaumes Sprachtheorie. Am Beispiel der grammatischen Kategorien der Verben. *Sprachwissenschaft* 9, 456–472.

Leiss, Elisabeth 1994. Markiertheitszunahme als natürliches Prinzip grammatischer Organisation. In: K.-M. Köpcke (Hg.) *Funktionale Untersuchungen zur deutschen Nominal- und Verbalmorphologie.* Tübingen: Niemeyer, 149–160.

Leiss, Elisabeth 2002. Explizite und implizite Kodierung von Deontizität und Epistemizität: über die grammatische Musterbildung vor der Entstehung von Modalverben. *Jezikoslovlje* 3, 69–98.

Leiss, Elisabeth 2006. Aspect, (in)definiteness, and modality. The invisible patterns of deonticity und epistemicity. Ms. LMU München. Vortrag SLE-Tagung 2006 Bremen.

Maienborn, Claudia 2004. A Pragmatic Explanation of the Stage Level/Individual Level Contrast in Combination with Locatives. In: B. Agbayani, V. Samiian & B. Tucker (eds.) *Proceedings of the Western Conference on Linguistics (WECOL) 15.* Fresno: CSU, 158 – 170.

Postma, Gertjan 2002. Negative polarity und modality in Middle Dutch *ghe*-particle constructions. In: S. Barbiers, F. Beukema & W. v. d. Wurff (eds.) *Modality und its interaction with the verbal system.* Amsterdam: Benjamins, 205–244.

Reis, Marga 2001. Bilden Modalverben im Deutschen eine syntaktische Klasse? In: R. Müller & M. Reis (Hg.) *Modalität und Modalverben im Deutschen.* [Linguistische Berichte, Sonderheft 9]. Hamburg: Buske, 287–318.

Reis, Marga 2003. On the form und interpretation of German *wh*-Infinitivs. *Journal of Germanic Linguistics* 15.2, 155–201.

Scaffidi-Abbate, B. Augusto 1981. Möglichkeiten der Futurbezeichnung im althochdeutschen Tatian und anderen althochdeutschen literarischen Denkmälern. *Sprachwissenschaft* 6, 288–234.

Streitberg, Wilhelm 1910/[6]2000. *Die gotische Bibel.* Band 2: *Gotisch-griechisch-deutsches Wörterbuch.* Heidelberg: Winter.

Stricker, Der 1992. *Erzählungen, Fabeln, Reden.* Mittelhochdeutsch / Neuhochdeutsch. Hg., übersetzt und kommentiert von Otfrid Ehrismann. [Reclam Universal-Bibliothek; 8797]. Stuttgart: Reclam.

Tauscher, Elisabeth & Ernst-Georg Kirschbaum 1983. *Grammatik der russischen Sprache.* Düsseldorf: Brückenverlag.

Ziegeler, Debra (2007). Propositional aspect and the development of modal inferences in English. In: W. Abraham & E. Leiss (eds.) *Aspect and modality interfaces.* [Typological Studies in Language 79]. Amsterdam: Benjamins, 43–80.

Modale, Tempus und Aspekt: Markiertheitsbefunde im Romanischen, Englischen und Deutschen*

Zusammenfassung

Der vorliegende Artikel nimmt eine innovative Fragestellung (von Stowell 2004 und Zagona 2007 neben anderen) auf und entwickelt sie mit Ergebnissen aus eigener Forschung am Deutschen und daran anknüpfenden Überlegungen weiter. Es geht darum, inwieweit Tempus und Aspekt die Setzung von Modalität bzw. Modus beeinflussen.

Der Vergleich von M(odus)T(empus)A(spekt)-Markierung und MTA-Referenz im Deutschen, Englischen und den romanischen Sprachen ist ein großes Desiderat angesichts der für Deutsch- und Englischsprecher auffallenden Verhältnisse in den romanischen Sprachen, wo das epistemische Modalverb unter einer Art *attractio* dazu tendiert, die MTA-Spezifizierung zu übernehmen, die logisch eigentlich dem Vollverb (nämlich der Ereignisreferenz) zukommt: (1) *Pedro **tuvo/ tenía** que estar presente*, zu übersetzen mit dt. (2) *Peter **muss** anwesend gewesen sein*, d. h.: modale Auswertung in der Gegenwart, Ereignis in der Vergangenheit. Dadurch entsteht in den romanischen Sprachen generelle Ambiguität zwischen solchen Modalausdrücken, deren modale Auswertung zum Sprechzeitpunkt oder in der Vergangenheit (zum Ereigniszeitpunkt) liegt: (1) z.B. ist auch übersetzbar als dt. (3) *Peter musste anwesend sein*.

Dieser bekannte Ausgangsbefund wird im vorliegenden Aufsatz in eine weitere, thematisch und sprachlich übergreifende, kontrastive Perspektive (mit Daten vor allem aus dem Deutschen, aber auch dem Niederländischen und Englischen) überführt: Es werden zunächst die Zusammenhänge zwischen verschiedenen modalen Lesarten (deontische bzw. Grund-Modalität vs. epistemische Modalität) systematisch untersucht, zwischen Tempus bzw. Zeitreferenz einerseits und Aspektualität andererseits. Dabei gibt es insbesondere Abhängigkeiten zwischen den verschiedenen Aspekten für dem Modal untergeordnete Proposition und der epistemischen/deontischen Lesart des Modalausdrucks sowie den zeitlichen Projektionen des referierten Ereignisses und der zeitlichen Verankerung der modalen Auswertung („Beurteilungszeitpunkt").

In einem weiteren Schritt wird die Frage der (Kontra-)Faktizität des referierten Ereignisses behandelt: Die verschiedenen Kombinationen (Modalverb im Präsens, Präteritum, Perfekt, Imperfekt) ergeben auch hier kontrastive Vielfalt und Anlass zur Frage nach den Faktoren, die die faktische oder kontrafaktische Auslegung für die eingebettete Proposition bedingen. Mit der Frage der Faktizität ist auch die Frage des Modus ins Spiel gebracht, der ähnlich wie Tempus zwar am Modalverb kodiert wird, aber ebenso Aussagen über die Faktizität der eingebetteten Proposition macht. Mit Modus ist darüber hinaus die Kategorie der Assertion bzw. genereller der Illokution und des Illokutionstyps aufgeworfen.

Abschließend wird eine Operatorenhierarchie vorgeschlagen, ausgedrückt in Form einer generativ gefassten syntaktischen Hierarchie, in der jeder der genannten Operatoren (Assertionstyp/ Illokutionskraft, Tempus, Modalität (wobei epistemische und Grund-Modalität auf verschiedene Knoten verteilt sind)) einen eigenen Phrasenknoten bildet – einer Hierarchie, die sich aus den vorher konstatierten gegenseitigen Abhängigkeiten der einzelnen Merkmale ergibt.[1]

* Zuerst erschienen in: *Romanistisches Jahrbuch* 59 (2008), 71–100.

1 Ich habe dies vor dem Hintergrund von Andersson (2004), Diewald (2004), Lohnstein/Bredel (2004) und Thieroff (2004) geschrieben.

0. Einführende Beobachtungen

Der Titel des gegenwärtigen Aufsatzes spricht die Frage an, inwieweit Modalität durch (=„nach“) Tempus und/oder Aspekt ausgelöst wird (= im Wertebereich von Tempus/Aspekt liegt) oder ob dies umgekehrt gilt (=„vor“, natürlich sofern getrennte Prädikationen vorliegen, etwa zwischen Haupt- und Nebensatz). Es geht grundsätzlich um die Modalitätsbeurteilung in komplexen Sätzen der Konfiguration ‘einbettende Prädikation gefolgt von eingebetteter infiniter Prädikation’. Dabei werden vornehmlich die Modalverben des Könnens, Müssens, Dürfens und Wollens in wenigen romanischen Sprachen illustrierend eingesetzt, dabei vor allem prüfend, ob Lesarten der Grundmodalität (engl. *root meaning*, bei *müssen/sollen* auch *deontisch* genannt) oder der Epistemik vorliegen.

Hauptsätze (unabhängige, einbettende Sätze) haben Zeitreferenz, ausgedrückt durch tr, te und ts[2]. Nebensätze (abhängige, eingebettete Sätze) haben dies z.T. auch – sie haben natürlich keine Sprechaktzeit, ts, aber sie haben dies oft (und eben nicht immer) in Abhängigkeit von der Zeitreferenz im übergeordneten Satz. Dieser Aufsatz geht über solche zeitreferentiellen Abhängigkeiten der eingebetteten Infinitivprädikation. Abhängige Infinitive gelten wie Nebensätze, d. h. ihnen wird wohl keine eigene Ereigniszeit, te, und Äußerungszeit, ts, wohl aber eine Referenzzeit, tr, zugemessen. Die Frage ist, welche tr für die gesamte Konstruktion gilt: die des Hauptsatzes oder die des Nebensatzes, und unter welchen Umständen der Nebensatz seine eigene Referenzzeit entwickelt. Diese allgemeine Frage soll beschränkt auf modale Prädikate im Hauptsatz bei eingebetteten Infinitiven geführt werden. Gegenstand der vorliegenden Diskussion soll also sein, welchen eigenen Beitrag Modalverben zur Zeitkonstitution des Gesamtsatzes, also der Verbalkomplex mit Modalverb, hindurchgeführt durch die verschiedenen Tempora und Modi, und davon abhängiger, eingebetteter Infinitiv leisten.

Fürs Englische gilt (so auch Stowell 2004), dass epistemische Modale (EMV) unter Bezug auf die Beurteilungszeit des Hauptsatzes (und damit des Gesamtsatzes) konstruiert werden: Für Hauptsätze gilt tr = ts, also Referenz-/Beurteilungszeit gleich Sprechaktzeit, und die Referenzzeit für EMV ist ebenfalls ts, die Sprechaktzeit. Grundmodale (oft „deontische“ Modale, daher DMV) dagegen referieren auch

---

2 Ich verwende die „alte“, reichenbachsche Begriffsbildung und Terminologie (Reichenbach 1947). In der neueren linguistischen Literatur zirkulieren auch UT (*utterance time*) für ts, Sprechaktzeit, und TT (*topic time*) für te, Ereigniszeit. tr, Referenzzeit, ist jenes Zeitintervall, zu welchem der Satz auf seine Verifizierbarkeit abgeschätzt wird – ich gebrauche deshalb lieber die Terminologie ‘Beurteilungszeit’. Statt des dem Englischen verpflichteten *Skopus* verwende ich auch (und völlig unterschiedslos) *Wertebereich*, welches in der deutschsprachigen Logikliteratur ebenfalls Eingang gefunden hat, aber offensichtlich heutzutage etwas aus dem terminologischen Blickpunkt gerückt ist.
Ich danke zwei Gutachtern für ihre außerordentlich sorgfältigen und hilfreichen Kommentare.
Zur Klärung der Datenlage und deren Beurteilung: Die romanischen Satzillustrationen und deren Lesarten sind ausnahmslos den zitierten Arbeiten von muttersprachlichen Romanisten und Linguisten entnommen. Die Beispiele zum Deutschen und Niederländischen (und zum Englischen) sind durch den (süddeutsch aufgewachsenen) Verfasser selbst verantwortet.

auf die Vergangenheit, also (tr, te) < ts. Stowells Beobachtungen wurden ausschließlich fürs Englische erbracht (wo es ja z.B. keine Modalinfinitive, also keine Modaleinbettungen gibt), und es gilt seine Ergebnisse an Beispielen in anderen Sprachen abzugleichen.

Prüfen wir zuerst, wie unterschiedlich sich EMV und DMV bei Tempuszuweisung verhalten (Beispiele nach Zagona (2007: 224) unter Bezug auf Stowell 2004). EMV-Lesarten beschränken sich auf ts, die Sprechaktzeit; bei DMV-Lesarten gelten Zeitbezüge sowohl zu ts als auch zu tr, also zu eventueller Vergangenheitszeit. [¬, ◊ sind bloß Abkürzungen der Logik für weite Satznegation bzw. modale Möglichkeit; MV = Modalverb, EMV = epistemische Modalverblesart, DMV = deontische MV-Lesart (eigentlich richtiger: Grundmodallesart da sich „deontisch" auf modale Obligatorik beschränkt)].

(1) a Jack's wife can't be very rich ¬◊ (ts, Jack's wife very rich) – EMV – Unmöglichkeit zu ts
b Jacks Frau kann nicht sehr reich sein¬◊ (ts, Jacks Frau sehr reich) –
EMV – Unmöglichkeit zu ts
c Jack's wife couldn't be very rich
„Es ist nicht möglich, dass JFsr ist"¬◊ (ts, Jack's wife very rich) –
EMV – Unmöglichkeit zu ts
„Es war nicht möglich, dass Jacks Frau reich ist"
¬◊ (tr, Jack's wife very rich) – EMV – Unmöglichkeit zu tr, also in der (Hauptsatz-)Vergangenheit

(2) a Carl can't move his arm ¬able (ts, Carl move his arm) – DMV – Unfähigkeit zu ts
b Karl kann seinen Arm nicht heben ¬able (ts, Karl Arm heben) – DMV – Unfähigkeit zu ts
c Carl couldn't move his arm ¬able (tr, Carl move his arm) – DMV – Unfähigkeit zu tr, also in der (Hauptsatz-)Vergangenheit
d Karl konnte seinen Arm nicht heben ¬able (tr, Karl Arm heben) – DMV – Unfähigkeit zu tr

Die Vergangenheitslesart bei EMV wie in (1c) oben geht nach Stowell auf die Vergangenheitsanzeige im Hauptsatz zurück: eine Art Zeitenanaphorik (also Tempuskoreferenz und keinesfalls „Zeitenfolge" (Consecutio temporum), wie Zagona (2007: 224) unter Bezug auf Stowell meint), aufgrund welcher wie auch in (3) die Zeitenlesart der Infinitiveinbettung die Zeitreferenz im Hauptsatz übernimmt. (3) macht die Zeitreferenzfragen komplexer, da die Modalverben selbst unter Verba sentiendi bzw. dicendi eingebettet sind, dies allerdings finit. Damit verbindet sich die Frage, erstens was sich an te, tr und ts aus dem Dicendisatz auf den finiten eingebetteten Satz überträgt, und zweitens davon noch in der durch das Modalverb eingebetteten Infinitivprädikation wiederfindet bzw. was unabhängig davon lesbar wird.

(3) a Cesar knew that his wife might be in Rome ◊(tr, his wife Rome) – EMV – Möglichkeit zu tr, also in der (Hauptsatz-)Vergangenheit

b …wusste, dass sie in Rom sein könnte ◊(tr, sie in Rom) – EMV – Möglichkeit zu tr, also in der (Hauptsatz-)Vergangenheit

c Susan told me that she ought to stay home □(tr, she stay home) – DMV – Verpflichtung zu tr

d S. sagte mir, sie müsse/müsste da bleiben □(tr, sie da bleiben) – DMV – Verpflichtung zu tr

e Max said that he should leave □(tr, he leave) – DMV – Verpflichtung zu tr

f Max sagte, er solle abhauen □(tr, he leave) – DMV – Verpflichtung zu tr

g Fred thought that it could be cold ◊(tr, it cold – EMV – Möglichkeit zu tr, also in der (Hauptsatz-)Vergangenheit

h Fred dachte, es könnte kalt sein ◊(tr, es kalt) – EMV – Möglichkeit zu tr, also in der (Hauptsatz-)Vergangenheit

Epistemische Konstruktionen verhalten sich bezüglich der in (3) illustrierten Zeitenanaphorik anders als Nichtepistemika. Vgl. das modallose (4a, b) mit zwei Lesarten: einer sprechaktzeitabhängigen, p(ts), und einer zweiten sprechaktzeitunabhängigen, p(tr-te):

(4) a John heard that Mary is pregnant – p(ts) ebenso wie p(tr-te)

b Hans hörte, dass Maria schwanger ist.

„Es gilt zur Sprechaktzeit/ts, dass M. schwanger ist" – p(ts)

„Es gilt zu Hans' Hörzeit/te-tr, dass M. schwanger ist" – p(tr-te)

c John heard that Mary must be pregnant – p(ts), nicht jedoch p(tr-te)

d Hans hörte, Maria müss(t)e schwanger sein

„Es gilt zur Sprechaktzeit/ts, dass M. schwanger ist" – p(ts)

~~„Es gilt zu Hans' Hörzeit/te-tr, dass M. schwanger ist"~~ – ~~p(tr-te)~~[3]

'Hörzeit' ist soviel wie „Beurteilungs- bzw. Referenzzeit"; der Terminus erscheint mir angesichts des einbettenden Verbum sentiendi in (4b) besonders einleuchtend. Durchstreichung besagt, dass die in (4b) nachprobierte Lesart ausgeschlossen ist. Für Nichtepistemika bleiben nach (4a-d) somit zwei Erfüllungszeiten für p, für Epistemika dagegen bloß die aus der Sprechaktperspektive. Dies zeigt deutlich, dass EMV-Lesarten zeitreferenzanaphorisch angelegt sind. Dies gilt im Englischen ebenso wie im Deutschen.

Diese ersten Beobachtungen zum Verhältnis zwischen dem Tempus des Modalverbs und dem des eingebetteten Vollverbs nehmen wir als Grundlage mit in die folgende Diskussion.

3 Einem der Gutachter kommt diese Lesart durchaus akzeptabel vor. Ich gehe davon aus, dass solche isolierten Urteile nur dann von Gewicht sind, wenn sich an den Schlussfolgerungen Grundsätzliches ändert. Ich gehe auch davon aus, dass sich der Neu- und Andersurteilende dann in die Bringschuld einer entsprechenden anderen Schlussfolgerung begibt.

1. Aspekte der Interaktion zwischen Tempus, Aspekt und Modalität

Es ist aufs Erste nicht von vornherein klar, wie Aktionsartkodierung eingebetteter Prädikate neben Tempus mit der paradigmatisch fixierten Aspektmorphologie in romanischen Sprachen interagiert. Im Deutschen und Englischen zeigt sich die epistemische Lesart verlässlicher bzw. präferenter bei Einbettung imperfektiven (IMPF) Aspekts (bzw. der entsprechenden Aktionsart)[4]. Vgl. (5a-e) (dazu zentral Abraham 1998; 2005): [D = deontisch, hier für Grundmodallesart; E = epistemisch; × < y = × zeitlich vor y; tr = Referenz- oder Beurteilungszeitpunkt; te = Ereigniszeitpunkt; ts = Sprechaktzeitpunkt; „^{2}DMV/^{1}EMV" bedeutet, dass „EMV" im Vergleich zu „DMV" die bevorzugte Lesart ist].

(5)	a	Sie muss	[nachhause rennen/die Tür öffnen] PERF	…	DMV/*EMV
	b	Sie muss	rennen/geduldig sein IMPF	…	DMV/EMV
	c	Sie muss	am Nachhausrennen sein IMPF	…	^{2}DMV/^{1}EMV
	d	She must	die PERF	…	DMV/*EMV
	e	She must	be dying IMPF	…	*DMV/EMV

Das Deutsche, das ja über keine direkt aspektkodierende Morphologie verfügt, gibt damit die ursprüngliche Aktionsart der MVn als Präteritopräsentia zu erkennen: *müssen* als historisches Perfektiv verhält sich im Einklang mit (5a), als modernes aperfektivisches MV dagegen wie in (5b, c). Das Englische folgt hier dem Deutschen – vgl. (5d, e).

Die Frage ist nun, ob sich diese aspektsensitiven Erscheinungen im Romanischen spiegeln. Diese Frage ist deshalb von besonderem Interesse, weil ja im Romanischen das Modalverb selbst Aspektmarkierung besitzt, und zwar in paradigmatisch gefestigter Weise. Die rein logischen Optionen sind vielfältig: Es kann sich die Aktionsart der eingebetteten Prädikation überschreibend bzw. modalitätsdegrammatikalisierend auf den komplexen Satz auswirken; es kann aber auch die Aspekt- und Tempusmarkierung am MV überschreibende – und damit auch degrammatikalisierende – Kraft entwickeln. Schließlich soll untersucht werden, ob die romanischen MVn Lesartabhängigkeiten für den Ereignistyp des eingebetteten Prädikatsinfinitivs (Abraham 2005) entwickeln – damit Ähnlichkeiten zum Deutschen zeigen oder sich doch dem

4 Ich gehe für die Zwecke dieses Aufsatzes – und nur diese – von Äquivalenz zwischen Aspekt und Aktionsart aus, da hier ausschließlich die Opposition zwischen Perfektivität und Imperfektivität ins Auge gefasst wird, völlig gleichgültig, ob diese ableitungsmorphologisch (wie im Deutschen) oder flektiv-grammatisch (wie in der Slawistik und im Romanischen) kodiert ist. Ich bin mir dabei der langen Diskussionstraditionen in der Germanistik, Slawistik und Romanistik durchaus bewusst.

unähnlichen Sprachtypus folgend ganz anders verhalten –, und was die Grundlage zu diesem bestimmten Verhalten ist.

2. Imperfektive Modale: spanisch und französisch

Die folgenden spanischen und französischen Illustrationen sind Borgonovo/Cummins (im Weiteren einfach B/C 2007: 2–3) entlehnt.

(6)	a	Pedro debía	estar en casa		
		Pierre devait	être à la maison		
		Peter muss.IMPF	sein zuhause		
		„Peter war mit Sicherheit zuhause"		…	EMV/*DMV
	b	Pedro podía	estar en casa		
		Pierre pouvait	être à la maison		
		Peter kann.IMPF	sein zuhause		
		„Peter war möglicherweise zuhause"		…	EMV/*DMV

(6) stellt ausschließlich epistemische Lesarten[5] dar – also die inferentielle, die Schlussfolgerungslesart zu *muss* bzw. *kann*. Diese ist gegeben, wenn die Sprechaktzeit, ts, mit tr und der Wahrheitswertbeurteilung der Proposition zusammenfällt. Das Ereignis liegt in der Vergangenheit; somit gilt: te < ts für M_E(s), das ereignisaktuelle, wahrheitswertige Welt-Modell verankert bzw. beurteilt bei S(precher) bzw. in der Sprechaktzeit. Zusätzlich denotieren (6a, b) den Imperfektiv, was sich in (7a, b) – nämlich an der Lesart der nichtfinit kodierten Komplementereignisse – zeigt: diese sind im Unterschied zu (6a, b) habituell bzw. progressiv zu lesen. Habitual ist ja auch bei Präteritum bzw. bei Vorzeitigkeit eine Lesartoption.

(7)	a	Pedro debía	trabajar/abrir la puerta	
		Pierre devait	travailler/ouvrir la porte	
		Peter muss.IMPF	arbeiten/öffnen die Tür	
		„Peter musste am Arbeiten/beim Türeöffnen gewesen sein"		… Progressivlesart
		„Peter musste gearbeitet/die Türe geöffnet haben"		… Habituallesart
	b	Pedro podía	trabajar/abrir la puerta	
		Pierre pouvait	travailler/ouvrir la porte	
		„Peter konnte am Arbeiten/beim Türeöffnen gewesen sein"		… Progressivlesart
		„Peter konnte gearbeitet/die Türe geöffnet haben"		… Habituallesart

5 Einer der Gutachter weist zurecht darauf hin, dass die deutschen Übersetzungen in (6a, b) hinsichtlich der Epistemik doppeldeutig sind. Die modalen Adverbiale (*mit Sicherheit /möglicherweise*) lassen sich als Episteme des Sprechers in der Sprechaktzeit („es IST sicher, dass Peter zuhause WAR") verstehen, also als „man konnte sicher sein, dass Peter zuhause war" mit te < ts – worauf es hier alleine ankommt. Das ist das eine. Das andere, nämlich die Frage, WER hier sicher war – entweder der Sprecher in der Erinnerung an den Ereigniszeitpunkt oder ein zitierter Sprecher/Denker zeitgleich zum Ereigniszeitpunkt ist wohl nicht uninteressant, spielt aber mit Blick auf die Schlussfolgerungen keine Rolle.

Die epistemische Lesart liegt in der für das Komplementereignis und für die Infinitivprädikation gültigen Lesart. Und dies ist mit der EMV-Syntax im Einklang: Als Anhebungsverb übergibt EMV Subjektzuweisung, Zeitreferenz und Aspekt an das eingebettete volle Prädikat.

Die Illustrationen in (8) unten zeigen nun, dass sich – in Abweichung vom Deutschen – keine Aspektsensibilitäten darstellen lassen. Trotzdem ergibt sich eine wesentliche Übereinstimmung, die den Vergleich zwischen dem Germanischen und dem Romanischen rechtfertigt.

(8)	a	Pedro debía	ser paciente/trabajar/abrir la puerta
		Pierre devait	être patient/travailler/ouvrir la porte
		Peter muss.IMPF	sein.IMPF geduldig/arbeiten.IMPF/öffnen.PERF die Tür
		„Peter musste geduldig sein/arbeiten/die Türe öffnen"	
	b	Pedro podía	ser paciente/trabajar/abrir la puerta
		Pierre pouvait	être patient/travailler/ouvrir la porte
		„Peter konnte geduldig sein/arbeiten/die Türe öffnen"	

Die romanischen MVn betten sowohl perfektive wie imperfektive Prädikatsinfinitive ein; es zeigt sich aber keine modale Lesartdistribution im Sinne von deutsch--englisch (5a-e). Aber, was ebenso wichtig ist, es zeigt sich Folgendes: Die E-Lesarten in (8a, b) schauen bei der Ereignisbeurteilung, tr, von der Sprechaktzeit, ts, zurück zur Ereigniszeit, te, – vgl. (9a) unten –, wogegen die Grundmodallesarten das Ereignis aus tr projektiv in die Zukunft legen – somit (9b). Dies gilt sprachübergreifend, nicht nur für das Deutsche und Spanische. [nochmals: D = deontisch, hier für Grundmodallesart; E = epistemisch; $\times < y = \times$ zeitlich vor y; tr = Referenz- oder Beurteilungszeitpunkt; te = Ereigniszeitpunkt; ts = Sprechaktzeitpunkt].

(9)	a	E-Zustand:	ts $\in$ te	…	muss Arzt <u>sein</u>
	b	D-Ereignis:	ts $\not\subset$ te/ts < te	…	muss Arzt <u>werden</u>
(10)	a	Imperfektiv: mit E-Lesart	tr,s $\in$ te	…	Referenz-/Sprechzeit sind innerhalb der Ereigniszeit
	b	Perfektiv: D-Lesart	ts $\not\subset$ te	…	Referenz-/Sprechzeit ist außerhalb der mit Ereigniszeit

(Zum Deutschen vgl. auch Abraham 2008.) Der Unterschied des Spanischen wie in (8a, b) zum Deutschen liegt nur im Umstand, dass sich bei Einbettung von Perfektiven ebenso wie Imperfektiven in den spanischen und französischen Beispielen oben keine Modalitätsbeschränkung wie in (9a) und (9b) ergibt (anders, und zwar im Sinne der deutschen aspektuellen Einbettungssensibilitäten[6], allerdings Pietrandrea 2005 zum Italienischen). Und daraus ist die wesentliche, aber alte Schlussfolgerung zu ziehen, dass MV in E-Lesarten Skopus über Tempus nehmen,

6 Dies ließe sich, wie einer der Gutachter bestätigt, auch leicht für das Span. u. Frz. zeigen.

während bei D-Lesarten Tempus einen höheren Strukturplatz einnimmt und somit die Grundmodalitäten, DMV, in ihren Skopus aufnimmt. (Zum Deutschen und Englischen vgl. dazu Abraham 2002.)

Auch in den romanischen Vergangenheitszeiten, dem spanischen *pretérito simple* (*indefinido*[7]) – wie in (8) eben gezeigt – und dem frz. *passé simple* stellt sich E-Lesart ein. Die Modalinterpretation gilt für die Sprechaktzeit, ts, mit te < ts. [PART = Anterior-Partizip]

(11)	a	Pedro pudo		abrir la puerta		
		konnte.PRÄT		öffnen die Tür		
		„P. öffnete möglicherweise die Türe“			…	EMV
	b	Pierre a	pu	ouvrir la porte	…	EMV/DMV
		hat.PRÄS	können.PART			

(12)	a	Pedro debió		conocer a Marta en la fiesta		
		P. muss.PRÄT		kennen Marta auf der Party		
		„Sicherlich hat P. Marta auf der Party gekannt“			…	EMV
	b	Pierre a	dû	connaître Marthe à la fête	…	EMV/DMV
		hat.PRÄS	müssen.PART	kennen		

Die Modalbedeutung bezieht sich auf das Komplement, was ja nur so ausgelegt werden kann, dass Tempus ebenso wie Aspekt im Wertebereich (Skopus) der Modalität – strukturell also niedriger als das MV – sind[8].

Pretérito und *passé composé*, beides perfektive Aspekte, verhalten sich anders als der präteritale Imperfektiv in den grundmodalen Lesarten, also bei DMV.

(13)	a	Pedro	pudo	ganar la carrera		
			konnte.PRÄT	gewinnen das Rennen		
		„P. war in der Lage das Rennen zu gewinnen“			…	Nicht-E-Lesart 1
		„P. hätte das Rennen gewinnen können“			…	Nicht-E-Lesart 2 (keine Irrealislesart)
	b	Pierre a	pu	gagner la course		
		P. hat.PRÄS	können.PART			
		„P. konnte das Rennen gewinnen und hat auch gewonnen“			…	keine Nicht-E-Lesart 2 (keine Irrealislesart)
(14)	a	Pedro debió	pagar	la cuenta		
		P. muss.PRÄT	bezahlen	die Rechnung		
		„P. war verpflichtet die Rechnung zu bezahlen“			…	Nicht-E-Lesart 1
		„P. hätte die Rechnung bezahlen müssen“			…	Nicht-E-Lesart 2

7 Terminologischer Hinweis durch einen der Gutachter.

8 Ich setze M(odus/Modalität) über Tempus über Aspekt in der Zuweisungs- und Affixordnungshierarchie, also ATM an – dies somit anders als üblicherweise TAM in der typologischen Forschung. Vgl. zur tieferen Begründung sowie zum empirischen Nachweis dessen Leiss (1992) sowie Abraham/Leiss (2008) – und ganz konkret:
IllokP < CP/Satz < ModusP/Epistemik < TempusP < AspektP < VP (und eben nicht T < A < M!).

b Pierre a dû payer la facture
hat.PRÄS müssen.PART
„P. musste die Rechnung bezahlen und hat auch bezahlt"
… keine Nicht-E-Lesart 2
(keine Irrealislesart)

Diese Lesartambiguitäten existieren im Deutschen ebenfalls, worauf gleich hinzuweisen sein wird. Vorerst bleiben wir beim Spanischen. Wir hatten gesehen, dass die grundmodalen Lesarten der imperfektiven Vergangenheit, (4a, b), einfach die modalisierte Vergangenheit kodieren. Die grundmodalen Lesarten des *pretérito* und *passé composé*, (13) und (14), dagegen kodieren nicht einfach vergangenes Inderlagesein bzw. Verpflichtung zu einer Proposition im Komplement, sondern vielmehr, dass die Proposition im Komplement eingetreten ist.

Was jedoch (13) und (14) darüber hinaus – allerdings bloß im Spanischen, nicht jedoch im Französischen (wieso gerade hier?) – als nichtepistemische Lesart kodieren, ist Kontrafaktizität: vgl. die zweiten Übersetzungszeilen zu spanisch (13a) und (14a) jeweils unter „Nicht-E-Lesart 2". (13a) und (14a) vermitteln die Bedeutung, dass Pedro das Rennen nicht gewonnen hat bzw. die Rechnung nicht bezahlt hat. Die Frage ist, was die beiden Lesarten, „Nicht-E-Lesart 1" und „Nicht-E-Lesart 2" – immerhin eine grundmodale des Vermögens bzw. einer Verpflichtung – gemeinsam haben bzw. was sie genau unterscheidet derart, dass die beiden Lesarten von einer einzigen Form her bestimmt sind. Für beide Lesarten gilt tr < ts – also dass die modale Lesart vor der Sprechaktzeit gilt. Modalität bezieht demnach in beiden Fällen Tempus in ihren Wertebereich mit ein. Wo liegt denn dann der Unterschied, der für die unterschiedlichen Lesarten haftbar zu machen wäre?

Im Deutschen gelten für (13a) und (14a) die folgenden Übersetzungen – wir sehen von den grundmodalen Interpretationen unter „Nicht-E-Lesart 1" völlig ab; auf die kommt es nicht an, sie dient bloß der Setzung der vergangenen Zeitreferenz, die ja allen Versionen gemeinsam ist.

(15)	a	P. <u>konnte</u>/<u>war</u> in der Lage das Rennen zu gewinnen	…	grundmodale Lesart
		P. <u>hätte</u> das Rennen gewinnen können	…	Irrealis in Form und Bedeutung
		P. <u>hat</u> das Rennen gewinnen können	…	Irrealis nicht nach Form, nur nach Bedeutung[9]
	b	P. <u>musste</u>/<u>war</u> verpflichtet die Rechnung zu bezahlen	…	grundmodale Lesart
		P. <u>hätte</u> die Rechnung bezahlen müssen	…	Irrealis in Form und Bedeutung
		P. <u>hat</u> die Rechnung bezahlen müssen	…	Irrealis nicht nach Form, nur nach Bedeutung[10]

9 Nach der süddeutschen Kompetenz eines Gutachters verhält es sich genau umgekehrt: das Perfekt der 3. Zeile impliziert Faktizität (also: neutral nach Form, Faktizität nach Bedeutung), während in der 1. Zeile das Präteritum (und noch mehr das andere MV *war in der Lage*) auch die Irrealis-Lesart zulässt: das Süddeutsche also analog zum Romanischen? Zu beachten ist, dass der Autor dieses Aufsatzes ebenfalls süddeutsch voreingenommen ist.

10 Siehe Fn. 9.

Es gibt klare regionale Verteilungen zwischen den beiden deutschen Irrealisformen: im Norden die indikativische Form, im Süden die des 2. Konjunktivs. Zur Form im Süden gibt es keine nördliche Toleranz zur Bedeutung: die *hat*-Form ist mit dieser Irrealisbedeutung einfach nicht vereinbar. Zum Norden des Deutschen steht interessanterweise das Niederländische, das keinen Umlaut setzt – in seiner Geschichte nie einen gesetzt hat.

(16) a P. kon/was in staat te overwinnen
P. had kunnen overwinnen
b P. was verplicht (om) te betalen
P. had moeten betalen

Intuitiv würde man sagen, dass das MV dieselbe Modalität zum Ausdruck bringt wie der 2. Konjunktiv – im Spanischen wie im Süddeutschen. Aber wie steht die indikativische Form mit der Irrealisbedeutung dazu? Wie kommt beim Indikativ überhaupt die Irrealisbedeutung zustande? Wir gehen auf solche Fragen später (vgl. Abschnitt 4.3.) noch einmal tiefer ein.

Gehen wir analytisch vor. In allen Fällen projiziert die MV-Bedeutung, von der Beurteilungszeit, tr, aus Zukünftiges: tr < te. te ist also aufgrund der Grundmodalbedeutung noch nicht eingetreten – dies hat das MV in seiner Grundmodalbedeutung mit dem Perfektiv[11] gemein –, und aufgrund des Präteritums am MV, te < ts, also Ereigniszeit liegt vor der Sprechaktzeit: insgesamt für präterital kodiertes DMV ebenso wie perfektiven (nicht jedoch imperfektiven) Aspekt: tr < te < ts; und darauf alleine kommt es an. Wir kommen darauf gleich noch genauer zurück.

3. Modale und Präteritum

Eigentlich liegt der Hauptfrage, warum die Lesartverteilungen zwischen Imperfektiv und Perfektiv so weit auseinander liegen, der Zeitreferenzunterschied zwischen Präsens und Präteritum zugrunde. Was macht die Vergangenheitsreferenz des Präteritums am Modal so anders als der Gegenwartsbezug am Modal? Sind Modale im Präteritum anders als andere Verben im Präteritum? Und: ergeben das synthetische und das periphrastische Präteritum im Deutschen verschiedene Lesarten, parallel etwa zum Spanischen in (17a, b) und (18) unten?

MV-Präteritum+Infinitiv:

(17) a Pedro pudo ganar la carrera
konnte.PRÄT gewinnen.INF das Rennen
„P. kann/könnte das Rennen gewonnen haben“ … E-Lesart
„Es gelang P. das Rennen zu gewinnen“ … implikative Lesart
„P. hätte das Rennen gewinnen können“ … kontrafaktische Lesart

11 Die von mir gewählte Terminologie gibt offenbar Anlass zu Missverständnis, worauf mich ein Gutachter aufmerksam macht: ‘Perfektiv’ – als Aspekt – weist voraus (ist projektiv: ts < te), ‘Perfekt’ – als Tempus – verweist zurück (te < ts).

	b	Pedro debió	ganar la carrera		
		P. muss.PRÄT	gewinnen.INF		
		„P. muss das Rennen gewonnen haben"		…	E-Lesart
		„P. war gezwungen das Rennen zu gewinnen"		…	implikative Lesart
		„P. hätte das Rennen gewinnen müssen"		…	kontrafaktische Lesart

MV-Präsens+Perfektinfinitiv:

(18)	a	Pedro puede	haber	ganado	la carrera		
		P. kann.PRÄS	haben	gewinn.PART	das Rennen		
		„P. kann das Rennen gewonnen haben"				…	E-Lesart wie in (17a)
	b	Pedro debe	haber	ganado	la carrera		
		P. muss.PRÄS	haben	gewinn.PART	das Rennen		
		„P. muss das Rennen gewonnen haben"				…	E-Lesart wie in (17b)

MV-Perfecto+Infinitiv:

(19)	a	Pedro ha	podido ganar	la carrera			
		P. hat.PRÄS	gekonnt gewinnen	das Rennen			
		„P. kann das Rennen gewonnen haben"				…	E-Lesart wie in (17a)
		„Es gelang P. das Rennen zu gewinnen"				…	implikative Lesart wie (17a)
		„P. hätte das Rennen gewinnen können"				…	kontrafakt. Lesart = (17a)
	b	Pedro ha	debido pagar	la cuenta			
		P. hat.PRÄS	gemusst bezahlen	die Rechnung			
		„P. muss die Rechnung bezahlt haben"				…	E-Lesart wie in (17b)
		„P. musste die Rechnung bezahlen"				…	implikative Lesart wie (17b)
		„P. hätte die Rechnung bezahlen müssen"				…	kontrafakt. Lesart = (17b)

Die E-Lesart gilt für alle drei Fälle der Vergangenheitskodierung, (17)–(19), in gleicher Weise. Die modale Beurteilung geschieht gleichermaßen zum Sprechaktzeitpunkt: tr = ts; das Ereignis liegt in der Vergangenheit: te < ts/tr. Sie besagt, dass es möglich bzw. notwendig ableitbar oder erschließbar ist, dass P. gewonnen hat. Das Ereignis hat stattgefunden (te < ts), aber der Sprecher ist dazu nicht im Besitz voller Sicherheit. Modalität nimmt Tempus in ihren Wertebereich auf – d. h. Tempus interpretiert die eingebettete Proposition, nicht die Modalität des MV. Letzteres zeigt sich in (14) deutlicher als in (17) und (19).

Umgekehrt operiert Tempus, wie wir in (13)–(14) gesehen haben, über Modalität in der grundmodalen Lesart – aber nicht nur dort, sondern auch in den kontrafaktischen Lesarten in (17)–(19); vgl. auch die deutsch-niederländischen Entsprechungen in (15)–(16). Ausgehend davon, dass die Operatorenhierarchie „Modus-Tempus-Aspekt" die voraussetzungsloseste (die Wertebereichsabfolge als Default, unmarkiert) ist und mit den epistemischen Lesarten ohne Abstriche erfüllt ist, entsteht bei Abweichung – also Tempus über Modus – ein Konfliktszenario: entweder es gewinnt Tempus – dann entsteht die kontrafaktische Lesart; oder es überschreibt Modalität Tempus: dann ergibt sich die implikative Lesart (so B/C 2007: 6), beide nach den Beispielen in (17)–(19) oben. Im Folgenden diskutieren wir die beiden getrennt.

3.1 Die implikative Lesart

Das Paradoxe ist ja, dass Implikation und Kontrafakt an ein und dieselbe Form geknüpft sind. Wir gehen die Diskussion mit Blick auf dieses Paradoxon an.

Die implikative Bedeutung einer Konstruktion lässt sich anhand einiger diagnostischer Tests sichern.

(20) a P. konnte das Rennen gewinnen,
*er hat das Rennen aber nicht gewonnen.
und er hat das Rennen auch gewonnen.
b P. musste die Rechnung bezahlen,
*aber er hat die Rechnung nicht bezahlt.
#und er hat auch bezahlt.
c P. konnte das Rennen nicht gewinnen
→ P. hat das Rennen nicht gewonnen.
d P. musste die Rechnung nicht bezahlen
→ P. hat die Rechnung nicht bezahlt.

Die MVn *konnte/musste* wirken wie implikative Prädikate (Karttunen 1971) über die eingebettete Proposition *P. das Rennen gewinnen/P. die Rechnung bezahlen*: Wenn der modalisierte Satz wahr ist, dann ist es auch der unmodalisierte. Der jeweilige erste Folgesatz im Test (20a, b) ist kontradiktorisch, der jeweilige zweite ist redundant. Alle so zusammengestellten Texte sind inkohärent. Auch der negierte modalisierte Satz impliziert die Negation der eingebetteten Proposition, wie (20c, d) zeigen. B/C (2007: 7) folgern anhand der (20a-d) entsprechenden spanischen Testsätze zu Recht, dass dieselben implikativen Strukturen bei Perfektivkonstruktionen zustande kommen, dass somit Tempus die Modalität des MVs überschreibt[12], d. h. auch, dass Tempus über einen einzelnen Ereignispunkt existentiell quantifiziert. Modalität ist allerdings nicht ignoriert; sie drückt sich nur gleichsam adverbiell aus: zu *es gelang p* bzw. *wurde gezwungen p* also *p nicht ohne Mühe* bzw. *p nicht ohne Widerstreben*. Wenn dieser Typus von Adverbien als *v*P-Adjunkt anzusetzen ist (keinesfalls höher), dann wäre von einer Anhebung von MV aus seiner Grundmodalposition in V^0 nur aufgrund seiner modalen Merkmale und ohne V-Realisierungsoption unterhalb von T(empus)P auszugehen[13].

12 Vgl. Fn. 11.

13 Die strukturellen Verhältnisse sind in folgendem Baum darstellbar – vgl. auch Fn. 11.

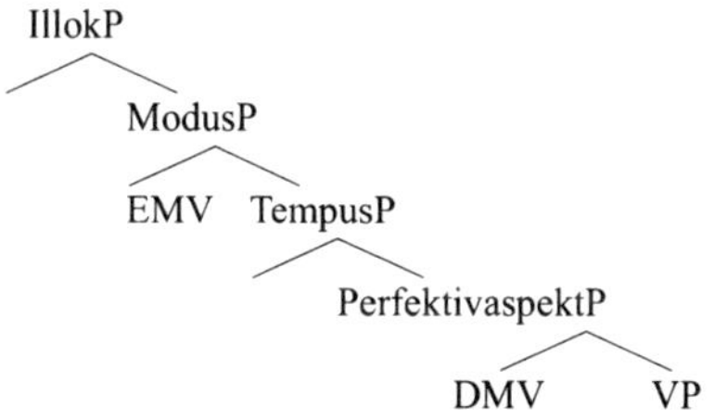

Wesentlich sind aber noch die folgenden zwei Punkte. Zum einen gelten die implikativen Lesarten im Deutschen keinesfalls für alle MVn. Keine solchen Zusammenhänge erstellen sich für *sollen, wollen* und *mögen* – immerhin Verben, welche die romanischen Sprachen gar nicht unter das MV-Paradigma einreihen –, Polyfunktionalität (Wechsel zwischen grundmodaler und epistemischer Lesart) existiert bei den wenigen Modalitätsverben im Romanischen ja nicht in mit dem Deutschen vergleichbarer Regelhaftigkeit. Vgl. (21a-d), wo sich im Gegensatz zu den präteritalen (20a-d) keine der Kohärenzblockierungen ergibt wie für deutsch *konnte, musste* bzw. spanisch *debió, pudo*:

(21) a P. sollte das Rennen gewinnen,
er hat das Rennen aber nicht gewonnen.
und er hat das Rennen auch gewonnen.
b P. wollte die Rechnung bezahlen,
aber er hat die Rechnung nicht bezahlt.
und er hat auch bezahlt.
c P. mochte das Rennen nicht gewinnen.
¬→ P. hat das Rennen nicht gewonnen.
d P. sollte/wollte/mochte die Rechnung nicht bezahlen.
¬→ P. hat die Rechnung nicht bezahlt.[14]

Diese Textkohärenzeigenschaften gelten übrigens sowohl für EMV wie für DMV, also beide MV-Lesarten. Das bedeutet aber, dass zumindest die implikative Eigenschaft, die fürs Spanische (und, wie extra vermerkt wurde, ja auch fürs Französische) lexikalisch eingeschränkte Gültigkeit besitzt, keinesfalls generelle Paradigmenkraft aufweist. Zum andern – und dies gilt wohl uneingeschränkter – zeigen sich die genannten vier Lesarten in (17)–(19) (nämlich: Grundmodallesart, E-Lesart, implikative und schließlich kontrafaktische Lesart) nur im Präteritum der Konstruktionen mit MV, nicht jedoch bei Realisierung im Präsenstempus.

(22) a P. kann das Rennen gewinnen,
b P. muss die Rechnung bezahlen,
c P. kann das Rennen nicht gewinnen.
¬→ P. hat/gewinnt das Rennen nicht /gewonnen.
d P. muss die Rechnung nicht bezahlen,
¬→ P. hat/bezahlt die Rechnung nicht /bezahlt.

Es gelten keinerlei Implikationen der unmodalisierten bzw. negierten Propositionen. Auf den Hintergrund für diese Unterschiede zwischen Modalpräsens und Modalpräteritum gehe ich in Abschnitt 4. unten näher ein.

Diskutieren wir jetzt die andere Lesart, die kontrafaktische, die sich in spanisch (17)–(19) sowie deutsch *konnte* und *musste* in (20) ergab.

14 Hier *et passim* kurz für „es gilt nicht die Implikation, dass p"

3.2 Die kontrafaktische Lesart

Die kontrafaktischen Lesarten im Spanischen ergaben sich in (17) und (19), nicht jedoch in (18); das Deutsche zeigte Kontrafaktizität in den entsprechenden Glossen zu (17) und (19), nicht jedoch zu (18) oben bzw. (25) unten. Was steckt da dahinter?

(23) a Pedro pudo ganar la carrera
konnte.PRÄT gewinnen.INF das Rennen
„P. hätte das Rennen gewinnen können" ... kontrafaktische Lesart
b Pedro debió ganar la carrera
P. muss.PRÄT gewinnen.INF
„P. hätte das Rennen gewinnen müssen" ... kontrafaktische Lesart

(24) a Pedro ha podido ganar la carrera
P. hat.PRÄS gekonnt gewinnen das Rennen
„P. hätte das Rennen gewinnen können" ... kontrafaktische Lesart
b Pedro ha debido pagar la cuenta
P. hat.PRÄS gemusst bezahlen die Rechnung
„P. hätte die Rechnung bezahlen müssen" ... kontrafaktische Lesart

Nur wo das MV selbst keine Präteritalmorphologie trägt, also in (25) mit dem MV-Präsens+ Perfektinfinitiv mit Anteriorpartizip, *ganado*, schließt sich die kontrafaktische Lesart aus.

(25) a Pedro puede haber ganado la carrera
P. kann.PRÄS haben gewinn.PART das Rennen
„P. kann das Rennen gewonnen haben"
b Pedro debe haber ganado la carrera
P. muss.PRÄS haben gewinn.PART das Rennen
„P. muss das Rennen gewonnen haben"

Nur (23) und (24), nicht jedoch (25), haben eine Paraphrase, in der Modalität auf einen anderen Prädikatträger wechselt. Vgl. nun die entsprechenden deutschen Sätze in (26):

(26) a P. könnte das Rennen gewonnen haben ... statt (19a)
b P. müsste das Rennen gewonnen haben ... statt (19b)

mit a	*könnte*	*gewonnen*	*haben*	≡	*hätte*	*gewinnen*	*können*
	MOD.PRÄT.KONJ	ANTERIOR	PRÄS.		PRÄT.KONJ	INF.PRÄS	MOD.PRÄS
und b	*müsste*	*gewonnen*	*haben*	≡	*hätte*	*gewinnen*	*müssen*
	MOD.PRÄT.KONJ	ANTERIOR	PRÄS.		PRÄT.KONJ	INF.PRÄS	MOD.PRÄS

Die modale Interpretation gilt in jedem Fall für die Vergangenheit, tr < (te <)ts, und zwar entweder über die morphologische PRÄT-Komponente am MV, *könnte/müsste*, oder über das Auxiliar *hätte*, beides Träger der Finitheit. Trotz des eingebetteten Anteriors mit Vorzeitigkeitsbezug gilt bloß Irrealis des finiten konjunktivischen Modalverbs. Der beste Nachweis für Vergangenheitsreferenz, tr < (te <)ts, sind die norddeutschen und niederländischen Fälle mit reinem, indikativischem Präteritum in (27b, d) und (16), hier unten fürs Deutsche wiederholt zu (19).

(27)	a	P. <u>hätte</u> das Rennen gewinnen können	...	Irrealis nach Form und Bedeutung
	b	P. <u>hat</u> das Rennen gewinnen können	...	Irrealis nicht nach Form, nur nach Bedeutung
	c	P. <u>hätte</u> die Rechnung bezahlen müssen	...	Irrealis nach Form und Bedeutung
	d	P. <u>hat</u> die Rechnung bezahlen müssen	...	Irrealis nicht nach Form, nur nach Bedeutung

Es interpretieren *hätte*+Inf+MV.INF ebenso wie *könnte*+Anteriorpartizip+Aux.INF das Modell einer Welt, in deren Vergangenheit die unaktualisierte Möglichkeit bzw. die unaktualisierte Direktive Bestand hatte, das Rennen zu gewinnen. Zum Zeitpunkt der modalen Beurteilung in der Vergangenheit, tr, ist die Möglichkeit bzw. die Notwendigkeit für p noch nicht entschieden, da ja tr < te; daher der Irrealiskonjunktiv in (27a, c) bzw. der Irrealisindikativ in (27b, d). Beim Irrealisindikativ versetzt sich der Sprecher und Beurteiler in die Vorereignisvergangenheit, tr, was bei Anterior-MV ausreicht, die Realisierungsmöglichkeiten für te offen zu lassen[15]. Für beide Fälle gilt Kontrafaktizität: für den Irrealiskonjunktiv wegen der Anzeige des Nichtindikativs, für den Irrealisindikativ als Schlussfolgerung, die sich aus der Ereignisprojektivität (*future*-shift bei B/C 2007: 9) der MVn ergibt.

Es bleibt die Frage, warum das Französische für das *Passé composé* wohl die implikative Lesart, aber keine kontrafaktische ableitet: vgl. nochmals (11)–(14) oben. Das Französische hat neben der implikativen Lesart für *a dû/pu p* auch die epistemische. Wenn die kontrafaktischen Lesarten auf der Existenz von Lesarten unter Einschluss der Gegenwart (so wie für die implikativen Lesarten) fußen (B/C 2007: 16), dann bietet diese Korrelation eine Erklärung auch zu den Distributionen im Französischen.

4. Tempusparameter und Modalität

4.1 MV im Präsens und Präteritum

Als Hintergrund für diese Unterschiede zwischen Modalpräsens und Modalpräteritum sehe ich folgenden. Die modalisierten Präsensversionen wie in (22a-d)

15 Die Trennung zwischen Sprecher und Beurteiler ist zentral nicht nur für die kontrafaktische Lesart, sondern für die gesamte Thematik: WER beurteilt die Wahrscheinlichkeit/Notwendigkeit WANN? Erst aus dieser Sichtweise ergibt sich auch Gleichsetzbarkeit von „Beurteilungszeit" mit „Referenzzeitpunkt" im Sinne Reichenbachs. Ein Gutachter moniert zu Recht, dass dieser Aspekt bei der Gesamtdarstellung der Problematik grundlegender hätte verfolgt werden können. Vgl. zu dieser grundlegenden Unterscheidung jedoch die ähnlichen Ansätze in Abraham (2008) sowie Abraham/Leiss (2008).

beziehen sich auf die Vorrealisierungsphase der grundmodalen (projektiven) MVn: tr < te < ts. Im Gegensatz dazu liegt die p-Realisierung bei jeder der drei Präteritumsetzungen für die gesamte Konstruktion, also MV-Präteritum+Infinitiv, MV-Präsens+Perfektinfinitiv und MV-Perfecto+Infinitiv in (17)–(19) sowie in den deutschen Glossenversionen dazu, auf der Folgephase wie in (19a): tr/te < ts. Die präteritale Lesart der Gesamtkonstruktion mit Tempusrealisierung entweder am MV oder als aspektuelles Anterior (in der Form des 2. Partizips) am eingebetteten Vollverb setzt Zeitreferenz auf die (Resultats-)Folgephase der Ereigniskonfiguration. MV-Ausdruck im Präsens besitzt Projektivität der Ereignisrealisierung und damit Nichtwahrheitswertigkeit (tr < te); Modalität im Präteritumkonstrukt dagegen hat diese E(reignis)-Projektivität zugunsten von bereits ergangener E-Realisierung und damit Wahrheitswertigkeit aufgegeben. Vgl. dazu (29) und (28), in denen die tiefere Homologie zwischen Aspekt (mit ursprünglichem Präteritopräsensstatus der germanischen MVn) und Modalität (Abraham 1998; 2005) zum Ausdruck gebracht wird:

(28)a perfektives E(reignis) b imperfektives E (Zustand/Prozess):
|>>>>>>>>>>|-----------------------| |≈≈≈≈≈≈≈≈≈≈≈≈≈≈|
emergente E-Resultat(sphase)
Phase

(29) a grundmodalisiertes E: b epistemisches E:
|→→→→→→|≈≈≈≈≈≈≈≈≈≈| |≈≈≈≈≈≈≈≈≈≈≈≈≈≈|
¬E (projiziertes) E
(projektive,
E-Vorrealisie-
rungsphase)

Wie oben schon ausgeführt interpretieren *hätte*+Inf+MV.INF ebenso wie *könnte*+Anteriorpartizip+Aux.INF das Modell einer Welt, in deren Vergangenheit die unaktualisierte Möglichkeit bzw. die unaktualisierte Direktive Bestand hatte, das Rennen zu gewinnen. Zum Zeitpunkt der modalen Beurteilung in der Vergangenheit, tr, ist die Möglichkeit bzw. die Notwendigkeit für p noch nicht entschieden, da ja tr < te; daher der Irrealiskonjunktiv in (27a, c) bzw. der Irrealisindikativ in (27b, d). Beim Irrealisindikativ versetzt sich der Sprecher und Beurteiler in die Vorereignisvergangenheit, tr, was bei Anterior-MV ausreicht, die Realisierungsmöglichkeiten für te offen zu lassen.

Dies erklärt die Ableitung der kontrafaktischen Bedeutung. Wie diese leitet sich auch die implikative Bedeutungsableitung aus der grundmodalen Setzung ab. Dabei ist zum Zeitpunkt tr (< te < ts) der Eintritt des Ereignisses noch nicht beurteilbar, genauso wie bei Präsenstemporalität in (18a, b) mit tr/ts < te. Da aber die entscheidende Zeitreferenzcharakteristik für Präsenstempus beim MV genau so, nämlich tr < te, ist, kann nur der Schluss gültig sein, dass tr < te für biphasig projektives MV unterschiedliche Phasenbezüge erfordert. Vgl. (30a):

(30) a grundmodalisiertes E(reignis):
Präsens- Präteritum-
zugriff, tr_1 zugriff, tr_2
|→→→→→|≈≈≈≈≈≈≈≈≈≈|
¬E (projiziertes) E
(projizierende/
projektive,
E-Vorrealisie-
rungsphase)

b
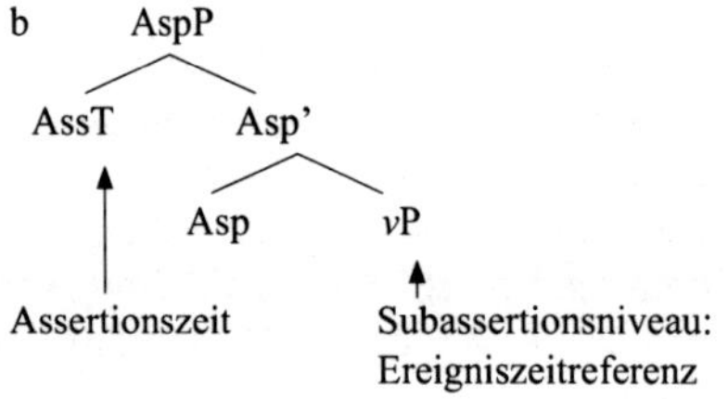

Die Trennung in zwei verschiedene Zugriffsphasen ähnelt der Aspektunterscheidung der Ereigniszeitreferenz und der Assertionsreferenz bei Demirdache/Uribe-Etxebarria (2000): Assertionszeit ist jene Ereigniskomponente, die in einem bestimmten Kontext, abhängig von Zeitadverbien bzw. Aspektmorphologie, tatsächlich assertiert wird[16].

Zurück zu (30a): Beim Präsenszugriff auf die MV-Bedeutung, also *kann bezahlt haben/ muss gewonnen haben* mit tr_1 < te, besteht keine Gelingensimplikation, da tr_1 sich nur auf die Vorrealisierungsphase für E bezieht; bei *konnte/musste p* dagegen tritt die implikative Deutung schon ein. Dies ist nur möglich, wenn beim Präteritum für die Proposition tr mit te zusammenfällt, hier mit tr_2 – d. h. wenn das Ergebnis bereits beurteilbar ist. Ich gehe davon aus, dass dieselben Erklärverhältnisse fürs Spanische gelten[17].

Mit der Unterscheidung zwischen Präsens- und Präteritumzugriff tr_1 und tr_2 ist auch die Frage beantwortet, warum die implikative Bedeutung für *konnte p*, nicht jedoch für *kann p gewonnen haben* (MV-Präsens+Perfektinfinitiv in (24)) gilt. Worauf es ankommt, ist Tempus am MV: bei Präteritum (als synthetisches ebenso wie periphrastisches) gilt tr_2, bei Präsens trifft tr_1 zu.

16 Das syntaktisch-semantische Strukturmuster für Aspektunterschiede in (30b) ist direkt homolog zur Phasenunterscheidung für DMV und EMV in (30a) in dem Sinne, dass das durch die Prädikation ausgezeichnete Propositionsereignis entweder teilhaft oder zur Gänze zur Sprechaktreferenz in Beziehung gebracht wird.

17 B/C liefern im entscheidenden Diskussionsabschnitt keine Erklärung (2007: 8–9) zum Unterschied zwischen Präsens- und Präteritummodalität in Bezug auf die implikative Folgerung. Es ist aus ihrer Diskussion zum Unterschied zwischen *Pretérito* und *Perfecto* (B/C 2007: 15–16) allerdings zu erschließen, dass die implikative Eigenschaft auf te < ts im *Perfecto* (also Andauern von te in der ts-Gegenwart, wie im englischen *Present perfect*) zurückgeführt wird; das spanische *Pretérito* teilt mit te < ts diese Eigenschaft nicht. Vgl. (24a, b) mit (25a, b).

4.2 Überblick

Versuchen wir uns in Abb. 1 einen Überblick über die Gelingensbedingungen und Leistungen der Tempora und Aspekte im Spanischen zu verschaffen, auch um verbleibende Fragen ansprechen zu können.

Abb. 1: [Mod > Temp = Modalität nimmt Tempus in ihren Wertebereich (*scopes over*); Mod⌒tr = Modalität lokalisiert bzw. verankert (*locates*) tr; MV = Modalverb]

Skopus	**Modalitäts/ MV-Anker**	**Sprechakt-bezug**	**Ereignis-anker**	**MV-Lesart**	**Zeitperspektive**
Mod > Temp	Mod⌒tr	tr=ts	tr<te	EMV	Präsens(perspektive)
Mod > Temp		tr<ts		EMV	Präteritum(perspektive)
Temp > Mod	Temp⌒tr	tr<ts	tr<te		IMPERFecto/PRETérito
Temp > Mod	Temp⌒tr	tr<ts	tr<te<ts<te	EMV	IMPERFecto/Imparfait
				Kontrafaktisch/ Irrealis	
Temp > Mod	Temp⌒tr	tr<ts	tr<te<ts	DMV	PRETérito/Passé simple
				Implikativ	
Temp > Mod	Temp⌒tr	tr<ts	tr<te≤ts	DMV	PERFecto/Passé composé
				Implikativ	

Grundsätzlich arbeiten Tempus und Aspekt in folgender Weise zusammen: Bei E(pistemischen)-Lesarten, EMV, sind Aspekt und Tempus auf der tieferen Proposition interpretiert, während das Modal höheren Skopus eröffnet: Mod > Temp sowie Mod⌒tr. Umgekehrt hat bei grundmodalen Konstruktionen, DMV, Tempus Skopus über das Modal, Temp > Mod, und verankert die modale Bewertungszeit, Temp⌒tr. Hat das Modal Skopus über die tempusbestimmte Proposition im Präteritum, Mod > Temp, ergibt sich erwartungsgemäß epistemische/ E-Lesart – letztendlich ist das Präteritum das Realistempus par excellence, also am verifizierbarsten unter allen Zeitbezügen. Wechselt jedoch der Skopus so, dass das Präteritum am Modal interpretiert wird, also Temp > Mod, dann ergibt sich entweder eine assertive implikative Lesart (wobei Modalität indikativisch neutralisiert erscheint) oder aber über Implikatur und maximale Kontextausbeutung die Kontrafaktiv-/Irrealislesart. Wir haben gesehen, dass die Irrealislesart im Deutschen direkter angezeigt wird als in den romanischen Sprachen, wenn es grundsätzlich auch im Spanischen und Französischen Konjunktivformen gibt.

Modalität wird über Tempus in tr verankert, nicht aber über te. Ist Tempus durch das nichtbegrenzende ('imperfektive') *Imperfecto* realisiert, bleibt die Verankerung von te frei (tr < te < ts < te). Vgl. (31):

(31) a	Ayer	podía	ganar	mañana	
	gestern	kann.IMPF	gewinnen	morgen	IMPERFecto
	„Gestern hätte er morgen gewinnen können"				Irrealis
	„Gestern konnte er morgen gewinnen"				(norddeutsch)

Gisteren had die morgen kunnen winnen niederländisch
(norddt./ndl. ohne formale Konjunktivanzeige)

b # Ayer pudo ganar mañana
gestern kann.PRET gewinnen morgen PRETérito

Das Zeitadverb *ayer* „gestern" macht die Modalbewertung vergangenheitsreferentiell. te für p, also *ganar mañana* dagegen bleibt mit der für die Zukunft unbegrenzten Zeitintervallreferenz sinnvoll. Das adverbiale *mañana*, das zum Zeitpunkt tr auf „morgen" verankert ist, erhält durch Ausrichtung auf ts wegen tr < ts den Zeitbezug auf „heute". Dies gilt, weil das (imperfektive) *Imperfecto* der Ereignisverankerung keinerlei Begrenzung setzt (tr < te < ts < te). Eine solche Zeitreferenzbegrenzung setzt das spanische (perfektive) *Pretérito* dagegen schon: Es begrenzt die te-Verankerung mit tr und ts (tr < te < ts). Daher sind die lexikalischen Zeitadverbialanker „gestern" und „heute" wie in (31b) unvereinbar (B/C 2007: 10).

Kontrafaktizität bzw. Irrealissemantik hat also – im Standarddeutschen, das Konjunktiv ja im Regelfall morphologisch anzeigt (nicht jedoch das Norddeutsche und Niederländische) – als notwendige konstituierende Komponenten vergangenheitsbezogenes tr (tr < ts) für das MV im Konjunktiv (gleichgültig ob im synthetischen Präteritum mit *könnte* oder im analytischen kompositionellen Perfekt mit *hätte können/#gekonnt*) sowie Ereignisverankerung vor ts[18]. Diese zeitsemantischen Voraussetzungen gelten fürs Spanische, wie wir gezeigt haben, ebenfalls und unverkürzt: in (17) und (19) ist eine Vergangenheitszeit im finiten MV gesetzt; daraus erfließt die kontrafaktische Lesart. In (18) dagegen ist das Vergangenheitstempus mittels des eingebetteten Vollverbanteriors (in der Partizipialform) gesetzt: daher sind die notwendigen Voraussetzungen für Kontrafaktizität nicht erfüllt.

4.3 Woher kommt die Unwirklichkeitslesart des Irrealis?

Das Spanische setzt im Gegensatz zum Deutschen im Allgemeinen keine konjunktivische Form, obwohl eine solche existiert. Vgl. (32b) gegen (32a):

(32) a Pedro pudo ganar la carrera y no lo hizo.
P. konnte gewinnen das Rennen und nicht es hat
„P. hätte das Rennen gewinnen können und hat es nicht getan"

b P. igual hubiera podido ganar la carrera aun si el
P. noch hat.SUBJ gekonnt gewinnen das Rennen selbst wenn der

18 Iatridou (2000) identifiziert als konstituierende grammatische Komponenten für Kontrafaktizität Vergangenheitsreferenz und Imperfektivität, dies unter Bezug auf eine Reihe nicht verwandter Sprachen. Es ist gut möglich, dass die hier von uns formulierte Bedingung, dass Kontrafaktizität E-Lesart (Implikativität dagegen D-Lesart) voraussetzt, mit Iatridous Imperfektivitätsbedingung durchaus vereinbar ist. Man denke an die Aspektsensibilitäten, die in (28)–(30) erörtert und ganz am Anfang mit (5a-e) illustriert wurden.

corredor	que iba primero	no	se	hubiera	caído.
Läufer	der lief erster	nicht	sich	hätte	gefallen

„P. hätte das Rennen noch gewinnen können, selbst wenn der Läufer an der Spitze nicht gestürzt wäre".

(32a) – nicht jedoch (32b) – entspricht dem norddeutschen (und niederländischen) (15a, b), (16) und (27b, d): Irrealisbedeutung ohne eigene, vom Indikativ unterschiedene Form. Diskutieren wir zuerst, welche analytischen Dekodierungsprozesse der präteritale Konjunktiv im Deutschen voraussetzt.

Der 2. Konjunktiv mit der präterital abgeleiteten Umlautform (wenn diese denn existiert, also *hätte-wäre-gäbe-nähme*, also überhaupt nur bei den starken Verbformen und den Modalverben, die ja auch ursprünglich ablautende, starke Verben darstellten, sowie bei den schwachen Verben durch Ausweichen auf die kontextuell nicht gewährleistete Präteritalform wie *arbeitete* statt *würde arbeiten*) wird in direkte Opposition zur unumgelauteten indikativischen, assertiven Form erkannt. Die Assertion wird zum Zeitpunkt der Beteiligung des Sprechers, also ts, durch das Modell der aktuellen realen Welt, W_{AR}(S), dargestellt. Zu dieser aktuellen Welt wird mittels morphologisch-formaler Vergangenheitsverankerung durch den präteritalen Konjunktiv das alternative Modell jener Welt kodiert, in der sowohl die assertive Bestätigung wie auch die assertive Widerlegung als Optionen zur Verfügung stehen: $W_{?+/-}$(R), wobei natürlich, als notwendige Voraussetzung, tr < ts, also Vergangenheitsreferenz, besteht. Zum Zeitpunkt (te <)ts muss feststehen, wie die ursprüngliche Option entschieden ist. Rein aus Gründen der morphologisch-konjunktivischen Extramarkierung wird die der indikativisch-assertiven Welt, W_{+}(R), widersprechende Option, W_{-}(R), als Realisierung für W_{AR}(S) gewählt.

Es ist wichtig zu sehen, dass für das Deutsche mit der morphologischen Konjunktivanzeige die Kontrafaktizitätsbedeutung rein aus Markiertheitsgründen ableitbar ist. Keine semantisch-pragmatische Zwischenschlusskonfiguration braucht eingesetzt zu werden: kein *Backtracking* im Kontext zur Erwägung weiterer Dekodierungsoptionen, kein *Forwardlooking*, keine Gricesche Implikatur braucht eingesetzt zu werden – dies zum Unterschied vom Spanischen (und Französischen und Englischen: Sprachen, die allemal keine Konjunktivmarkierung haben und damit eine Gegenweltanzeige nicht direkt kodieren), wo allemal (nach B /C 2007: 11; im Einklang mit Condoravdi 2002) derartige Implikaturprozesse eingesetzt werden müssen. (Wenn Implikatur überhaupt stimmt, was nach den Distributionstests – genauer: dem Widerlegungstest – nach B / C (2007: 11–12) selbst nicht feststeht; siehe gleich unten).

Freilich gibt es offenbar auch im Norddeutschen und im Niederländischen den Anspruch auf eine pragmatische Dekodierung der Falschlesart des Kontrafaktivs; vgl. (17a, b) und (18) oben. Ich gehe auf die genaue Analyse über Implikaturen und Gricesche Maximen hier nicht näher ein (vgl. dazu B / C 2007: 11–12). Hier sei bloß noch angedeutet, wie schwierig es ist, mit den Implikaturwiderlegungstests zu sauberen Entscheidungen vorzustoßen. Siehe (33)–(34), wo die nach meiner Meinung entscheidenden ungrammatischen Kodierungen direkt im Satz durch Asterisk angezeigt sind:

(33) a P. hätte das Rennen gewinnen können *und hat es nicht getan ...*
b P. hätte das Rennen gewinnen können, aber er hat es nicht getan ...OK
c P. hätte das Rennen nicht gewinnen können und hat es auch nicht getan ...OK
d P. hätte das Rennen nicht gewinnen können, *aber er hat es nicht getan ...*
(34) a P. hat das Rennen gewinnen können und hat es NICHT getan ...OK
b P. hat das Rennen gewinnen können, aber er hat es nicht getan ...OK
c P. hat das Rennen nicht gewinnen können und hat es auch nicht getan ...OK
d P. hat das Rennen nicht gewinnen können, *aber er hat es nicht getan ...*

Die leichteren Entscheidungen sind bei den positiv-assertiven Sätzen in (34) zu treffen. Wenn aus dem positiven Vordersatz der Nachsatz per Implikatur abzuleiten wäre, sollten (34a) ebenso wie (34b) möglich sein – sie sind es auch, was den Implikaturstatus bestätigen würde. Aber die negativ-assertiven Sätze in (34c, d) tragen keine parallelen Ableitungen; vgl. (34d). Spricht dies alleine gegen Implikaturstatus? Sehen wir uns (33a-d) an. Die Irrealisform mit *hätte* leitet negative Assertivität per Implikation oder per Implikatur ab. Gegen Implikatur aber spricht die Grammatikalitätsentscheidung für (33a).

Was immer die entsprechenden Entscheidungen fürs Spanische wären – B/C (2007: 11–12) sprechen sich für Kontrafaktizitätsbeurteilung per Implikatur aus –, die Prüfsätze im Deutschen ergeben keine Implikatur. Und wir haben davon auch keinen Gebrauch gemacht, sondern den Erklärrahmen über die direkte Irrealisanzeige per 2. Konjunktiv und die Dekodierung über Extramarkiertheit gesucht.

Es ist bei allem Bisherigem nicht zu vergessen, was die Ausgangspunkte für die Implikativlesart und die kontrafaktische Irrealislesart waren: Irrealislesart ergibt sich bei E-Lesart der Modalität (mit tr, te ≤ts), während Implikativität allein bei grundmodaler Lesart (tr < te (≤ts)) vorliegt. Inwieweit diese Erklärung mit jener von B / C (2007: 12) vereinbar ist, wonach die unterschiedlichen Quantifikationsbereiche über mögliche Welten die entscheidende Rolle spielen, bleibt offen[19].

19 Ebenso allerdings bleibt offen, woher im Erklärrahmen von B / C die jeweilige modale Basis für die unterschiedlichen Weltenquantifikationen kommt. B / C (2007: Fn. 7 auf S. 12) sehen auch diese Klärung fürs Spanische kontextabgeleitet, d. h. im Unterschied zum konjunktivanzeigenden Deutschen indirekt kodiert. Dies geschieht allerdings nach B / C (2007: Fn. 7 auf S. 12) in einem interessanten Sinne: das spanische *Pretérito* sei aufgrund seines perfektiven Aspekts kompatibel mit der eingeschränkten Quantifikationsdomäne der implikativen Lesart; und vergangene Perfektivität erlaube für den Sprecher die Nach-tr-Perspektive (te-Perspektive) zur Beurteilung des aktuellen Ereignisses. Wenn man diese Sicht ausbaut um die uneingeschränkte Quantifikationsdomäne des *Imperfecto* und die Beschränkung auf die Vor-te-Perspektive, dann entsteht dasselbe Bild wie in dem Erklärrahmen, der hier angestrebt wird: vgl. die Ableitung der beiden Modalitätslesarten aus den zugrundeliegenden Aspekteigenschaften der MV-Präteritopräsentien in (28)–(29).

5. Modale und Negation

Die Modale der Notwendigkeit und der Möglichkeit verhalten sich bei einfacher Negation asymmetrisch: Notwendigkeit nimmt Negation in ihren Wertebereich[20], umgekehrt ist Möglichkeit im Wertebereich von Negation. Dies gilt übereinzelsprachlich.

(35) a	Pedro no	podía	estar en casa.	Imperfecto
	P. NEG	konnt.IMPF	sein zuhause	
	Pierre ne	pouvait pas être à la maison.		Imparfait
	P. NEG	konnt.IMPF	sein zuhause	
	„P. kann nicht zuhause gewesen sein“			EMV: nicht [möglich [P. zuhause sein
b	Pedro no	debía	estar en casa.	Imperfecto
	P. NEG	musst.IMPF	sein zuhause	
	Pierre ne	devait pas être à la maison.		Imparfait
	P. NEG	musst.IMPF	sein zuhause	
	„P. muss nicht zuhause gewesen sein“			EMV: notwendig [nicht [P. zuhause sein
(36) a	Pedro no	podía	ganar la carrera.	Imperfecto
	P. NEG	konnt.IMPF	gewinnen den Bewerb	
	Pierre ne	pouvait pas gagner la course.		Imparfait
	P. NEG	konnt.IMPF	gewinnen den Bewerb	
	„P. konnte nicht zuhause sein“			DMV: nicht [in der Lage [P. zuh. sein
b	Pedro no	debía	estar allí.	Imperfecto
	P. NEG	musst.IMPF	sein da	
	Pierre ne	devait pas	être là.	Imparfait
	P. NEG	musst.IMPF	sein da	
	„P. darf nicht da sein“			DMV: notwendig [nicht [P. da sein

Im Deutschen stellen sich mehr Modalitätsmöglichkeiten, freilich ohne die Aspektunterscheidungen (die allerdings bei den Modalitätszumessungen keine Rolle spielen: spanisch *Imperfecto* ist ebenso wie *Pretérito* eben Vergangenheitszeit). Anders als die meisten anderen europäischen Sprachen unterscheidet das Deutsche lexikalisch zwischen ‘nicht notwendig p’ und ‘notwendig nicht p’; vgl. (37b) mit (37c):

(37) a	Peter konnte nicht zuhause sein	D/ EMV:	nicht [möglich [P. zh. sein
b	Peter musste nicht zuhause sein	*D/ EMV:	nicht [notwendig [P. zh. sein[21]
c	Peter durfte nicht zuhause sein	D/*EMV:	notwendig [nicht [P. zh. sein
d	Peter sollte nicht zuhause sein	D/ EMV:	notwendig [nicht [P. zh. sein
e	Peter mochte nicht zuhause sein	DMV:	nicht [gewollt [P. zh. sein
		EMV:	nicht [möglich [P. zh. sein
f	Peter wollte nicht zuhause sein	D/ EMV:	nicht [gewollt [P. zh. sein

20 Vgl. engl. *must not*, frz. *ne doit pas*, was ja dt. *kann/darf nicht* (nec¬ p) entspricht. Hochdt. *muss nicht* (¬nec p) nimmt sich hier aus; doch vgl. alemann. Mundarten, wo *das musst du nicht tun* nur mit nec¬ p gilt, ähnlich wie englisch bzw. französisch.

21 Grundmodale Lesart allerdings bei Akzent auf *nicht*.

Diese Verteilung zwischen den Wertebereichen Negation und Modalität findet sich auch beim spanischen *Pretérito* und französischen *Passé composé* (B / C 2007: 13–14).

(38) a Pedro no pudo actuar solo — Pretérito
P. NEG konnt.PRÄT handeln alleine — EMV: nicht [möglich [P. allein
Pierre n' a pas pu agir seul — Passé composé
P. NEG hat.PRÄS NEG gekonnt handeln alleine
„P. konnte nicht alleine gehandelt haben" — EMV: nicht [möglich [P. geh. haben
„P. kann nicht alleine gehandelt haben"
„P. hat nicht alleine handeln können"

b Pedro no debió actuar solo — Pretérito
P. NEG musst.PRÄT handeln alleine — EMV: nicht [möglich [P. allein
Pierre n' a pas dû agir seul — Passé composé
P. NEG hat.PRÄS NEG gekonnt handeln alleine
„P. muss mit jemandem zusammen gehandelt haben" EMV: notwendig [nicht [P. alleine
„*P. muss nicht alleine gehandelt haben"

Die spanisch-französischen Beispiele in (38a, b) zeigen deutlich, dass *deber*/devoir Negationsanheber sind, *poder/pouvoir* dagegen nicht. Dies gilt fürs Deutsche nicht in gleicher Weise: Negation wechselt den Skopus je nach lexikalischem Wechsel in „nicht-<u>muss</u>" (¬□) und „nicht-<u>darf</u>" (□¬). (39a, b) zeigt aber, dass auch die beiden romanischen Sprachen für diesen Wechseleffekt zwischen Nichtmüssen und Nichtdürfen empfindlich sind:

(39) Pedro no debió firmar el documento
P. NEG muss.PRÄT unterzeichnen das Dokument — DMV: nicht [notwendig [p
Pierre n' a pas dû signer le document
P. NEG hat.PRÄS NEG muss.PART — DMV: nicht [notwendig [p
„P. musste das Dokument nicht unterschreiben/hat nicht unterschreiben müssen"[22]

= (39) 'Es war nicht so, dass P. das Dokument notwendigerweise unterschrieb' – DMV
≠ (38) 'Es ist notwendig, dass nicht galt, dass P. alleine gehandelt hat' – EMV

Der Negationsskopus in (39) hat sich gegenüber (38) umgedreht – was aber beim Wechsel zwischen EMV und DMV mit zwei verschiedenen te/ts-Relationen nicht weiter überraschend ist[23].

22 Ein Gutachter sieht für (39) folgende Lesarten:
1. „Peter hat das Dokument sehr wahrscheinlich nicht unterschrieben" (also durchaus analog zu (38)! EMV te < tr/ts)
2. „Peter war nicht gezwungen (und hat es auch nicht getan)" (DMV te/tr < ts)
3. „Peter hätte das Dokument nicht unterschreiben dürfen" (DMV te < tr/ts)

23 Wenn hinter dem Skopuswechsel bei *deber/devoir* neben *Pretérito* und *Passé composé* auch bei den anderen Vergangenheitszeiten *Perfecto*, *Plusqueparfait* und *Passé simple* perfektiver Aspekt stecken könnte, wie B / C (2007: 14) vermuten, dann ist nicht klar, wieso derselbe Effekt bei te = ts (EMV) und te < ts (DMV) auftreten sollte: Bei te = ts, also der epistemischen Lesart, ist ja die perfektive Interpretation der Grundmodalität aufgehoben. Vgl. (28)–(30).

Dass die Modalitäten der Notwendigkeit und Möglichkeit unterschiedliche Skopi eröffnen, hat eine tiefere quantitative und mereologische Begründung. *KÖNNEN/ MÖGLICHKEIT* quantifiziert existentiell über eine unbestimmte, indefinite Zahl von Weltmodellen: Es existiert zumindest eine Welt, wo p gilt. Negation suspendiert den Existenzquantor: Es gibt dann keine Weltalternativen mehr. Negation operiert mit weitem, sozusagen unendlichem Wertebereich. *MÜSSEN/ NOTWENDIGKEIT* erfasst mittels Allquantifikation eine begrenzte, definite Zahl von Weltmodellen. Negation schließt alle dieser begrenzten Weltmengen aus, spricht sich aber über Alternativwelten nicht aus. Negation operiert enger über die vorgegebene Menge von Weltmodellen; Notwendigkeit bestimmt diese Menge in jedem Fall, bei positiver wie bei negativer Modalität.

6. Modalität und Modus

Modalität wird durch Modalverben und Modaladverbien kodiert. Modus dagegen ist als Verbalmorphologie unabhängig davon: MVn (freilich nicht Modaladverbien) können selbst Modusformen annehmen und zwar grundsätzlich in jedem Tempus und in jeder Diathese – Voraussetzung ist Finitheit, also Sprechaktzeitreferenz (Nichtfinitheit ist ja nicht an ts orientiert). Es gibt infinite und partizipiale Modale, aber es gibt keine nichtfiniten Modusformen, weder Infinitive noch Partizipien. In Abb. 2 und 3 sind einige Eigenschaften der Modalverben und Modi im Deutschen zusammengefasst (zu den Eigenschaften der MVn vgl. Abraham 2002). Kurz gesagt zeigt die Tabelle, dass sich EMV und DMV sehr unterschiedlich verhalten.

Abb. 2: Grammatische Kontextverträglichkeiten der D/EMV und Modi im Deutschen

	Passiv	transitiv	Infinitiv	Partizip	Sprechaktzeit	Aspektsensibilität im Komplement
DMV	+	+	+	+	+	+
EMV	–	–	–	–	+	+
Modi	–	–	–	–	–	–

Diese Eigenschaften sind nicht ohne weiteres in anderen Sprachen, etwa im Lateinischen, nachvollziehbar und illustrierbar. Den romanischen Sprachen z.B. fehlen die Diatheseeigenschaften (dt. *Englisch können; ist gekonnt*), im Besonderen auch der Status der Vollverbalität.

Abb. 3 zeigt andere Distributionen der Modalverben:

Abb. 3: Pragmatische Kontextverträglichkeiten für DMV/EMV, Modus und andere Sprechaktmodifikatoren

	Quelle für Assertivität	Sprechaktadverbiale (*angeblich*)	Imperativ	Desiderativ (*mögen dass*)	Relativzeitreferenz
DMV	–	+	–	–	+
EMV	–	–	–	–	+
Modi	+	+	–	–	–

Sprechaktadverbiale wie *angeblich* und *ehrlich gesagt* sind mit epistemischen Ausdrücken unverträglich. Imperative und Desiderative vertragen keinen epistemischen Kontext, da die aktuell verfügbare Sprecherkenntnis, Voraussetzung für epistemische Setzung, nicht in den Voraussetzungskanon für Imperative und Desiderativausdrücke (**mag/wünscht sich, dass möglicherweise/notwendigerweise gewinnt*) passt. Relativzeitreferenz drückt sich durch Orientierung der Zeitreferenz im eingebetteten Komplement an der Zeitreferenz im Matrixsatz aus; vgl. (40):

(40)	a	* Sie kann gestern verkühlt sein –	* Sie muss gestern verkühlt sein
		* Sie könne gestern verkühlt sein –	* Sie müsse gestern verkühlt sein
	b	? Sie konnte gestern verkühlt sein –	? Sie musste gestern verkühlt sein
		? Sie könnte gestern verkühlt sein –	? Sie müsste gestern verkühlt sein
	c	Sie kann gestern krank gewesen sein –	Sie muss gestern krank gewesen sein
		Sie könne gestern krank gewesen sein –	Sie müsse gestern krank gewesen sein
	d	Sie konnte gestern krank gewesen sein –	Sie musste gestern krank gewesen sein
		Sie könnte gestern krank gewesen sein –	Sie müsste gestern krank gewesen sein

Wenn das absolute Zeitadverbial *gestern* Bezug sowohl auf das einbettende MV als auch auf das eingebettete Prädikat nimmt, dann ergibt sich Empfindlichkeit zwischen Matrixzeit und Zeitreferenz der Einbettung. Dies bringt Abb. 3 in der letzten Spalte zum Ausdruck.

Wie wir gesehen haben, treten Grundmodale (DMV) in Konstruktionen ein, deren Zeitreferenz Vergangenheit oder Gegenwart ist; epistemische Modale (EMV) dagegen referieren ausschließlich auf die Beurteilungszeit der Konstruktion selbst, tr. In Matrixsätzen ist die Beurteilungszeit die Sprechaktzeit, ts. In Komplementsätzen kann tr gleich der Ereigniszeit, te, des Matrixsatzes sein. Sätze mit Modalen (MVn) machen Assertionen bestimmter Modifikationen; Sätze mit nichtindikativischem Modus haben im Allgemeinen den Status von Nichtassertionen: etwa als Faktiv oder als Desiderativ; vgl. (41a-c) (nach Zagona 2007: 234):

(41)	a	Juan	<u>dice</u>	que Susana	ha	comprado	el diario.
		J.	sagt	dass S.	hat.PRÄS.<u>IND</u>	gekauft	die Zeitung
	b	Juan	<u>lamenta</u>	que Susana	haya	comprado	el diario.
		J.	bedauert	dass S.	hat.PRÄS.<u>SUBJ</u>	gekauft	die Zeitung
	c	Juan	quiere	que Susana		compre	el diario.
		J.	<u>möchte</u>	dass S.		kauft. PRÄS.<u>SUBJ</u>	die Zeitung
(42)	a	Karin kann/muss/soll/mag/darf/will zuhause sein					
	b	Karin könne/müsse/solle/möge/dürfe/wolle zuhause sein					
	c	Karin könnte/müsste/sollte/mochte/dürfte/wollte zuhause sein					

Die spanischen Subjunktive in (41b, c) bergen keinerlei Situationsassertion, dies im Unterschied zum Indikativ (41a). Für (42a) spaltet sich Assertivität: Die geschilderten Situationen selbst bleiben unassertiert, die Modalitäten dagegen sind als Grund- ebenso wie epistemische Modale assertiert. In (42b, c) hingegen, wo nur die Modalprädikate assertiert werden, bleiben die Propositionssituationen, *v*P, unassertiert: mit

Hören- und Weitersagenmodus in (b), unter Erweiterung der Verifikationsoptionen auf ein irreales Weltenmodell in (c).

Wie sind Gemeinsamkeiten und Unterschiede zwischen Modalität und Modus genauer zu fassen? Welche Operatorenskopi werden ausgelegt, wer ist in wessen Wertebereich?

(41)–(42) haben gemein, dass die Propositionssituation in *v*P, *Zeitung gekauft haben* bzw. *zuhause sein*, nicht assertiert wird. Diese Übereinkunft hinsichtlich Nichtassertivität kommt aber unterschiedlich zustande. Gehen wir davon aus, dass Assertivität von einem einzigen Weltenbezug ausgeht, nämlich dem ereignisaktuellen Weltenbezug unter Sprechaktbezug im Sinne Giannakidous (2000): W_{AE}(s). Dies sei eine CP-Eigenschaft in dem Sinne, dass der Illokutionskopf unter ILLOKUTION/FORCE nicht gefüllt ist. Siehe (43) im Sinne Cinques (1999):[24]

(43)

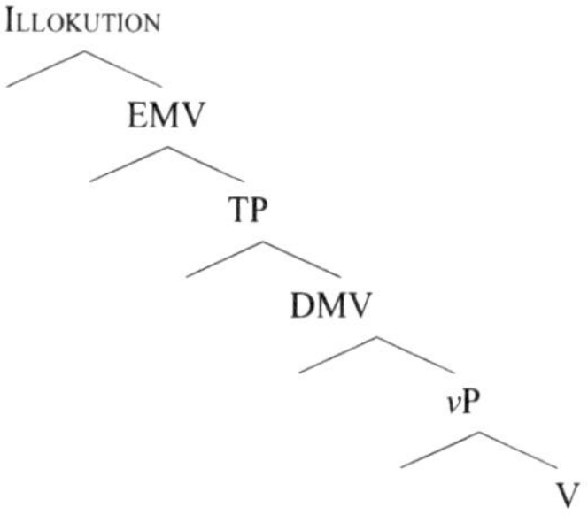

In den spanischen Subjunktivkonstruktionen in (41b, c) fehlt eine Sättigung des illokutiven FORCE-Knotens überhaupt – daher keine Assertivität. (42) hingegen ist sehr wohl assertiert, denn der Illokutionskopf ist ja deklarativer Natur. So kommt zur Erklärung von Nichtassertivität nur der Blockiereffekt der Modalverben in Frage. Wir sagen in allgemeinst möglichem Sinne, dass eine der generellen Modalitätseigenschaften (etwa 'Projektivität' oder 'Assertionspolarität', letzteres im Sinne Giannakidous 2000) verhindert, dass *v*P für die assertive ILLOKUTIONS-Eigenschaft erreichbar wird.

Bleibt noch die Frage nach der Skopushierarchie. Nach (41)–(42) ergibt sich Modus über Modalität. Nun gilt aber auch Imperativ und Interrogativ als Illokutivtypus über Modus; vgl. (44):

(44) a Komm zurück! – *Käme zurück! – *Komme.KONJ.3SG zurück! – #Er komme.OPT zurück.
b Kommt er? – *Käme er? – *Komme.KONJ.3SG er? – *Komme.OPT er?

24 Vgl. bereits Fn. 13 oben.

Das heißt, es gilt: Imperativ- und Interrogativillokution über Modus über Modalität. Deklarativ als unmarkierter, da assertierender Illokutionstyp, der strukturell ebenfalls im höchsten Satzknoten ILLOKUTION zu repräsentieren wäre, hat dort keine Wirksamkeit, weil entsprechende deassertierende Merkmale fehlen. Er tritt deshalb nicht in Konkurrenz mit den niedriger gestuften Operatoren Modus und Modalität.

7. Schluss

Der vorliegende Artikel war der Prüfung gewidmet, wie sich Modalität, ausgedrückt durch Modalverben, in den außerpräsentischen Tempora verhält. Die Illustrationssprachen waren zwei romanische Aspektsprachen und das unaspektuelle Deutsche. Die wichtigste Einsicht, zu welcher der vorliegende Artikel vorgestoßen ist, liegt darin, dass Modale in den zwei romanischen Perfekttempora eine demodalisierte Implikationslesart und eine kontrafaktische, eine Irrealislesart, aufweisen, dies im Unterschied zu den imperfektiven Vergangenheitstempora, die diese Lesarten nicht eröffnen. Das Deutsche zeigt diese Lesarten ebenfalls, allerdings ausgehend von den aspekthomologen Opponenten, den Grundmodalen und den epistemischen Modalen. Die deutschen Irrealislesarten profitieren davon, dass der Vergangenheitskonjunktiv morphologisch systematisch angezeigt wird. Dadurch ergeben sich direktere grammatische Erklärungen als bei den indikativisch kodierten romanischen Beispielen.

Zum Schluss wurde die Frage angesprochen, was Unterschiede und Gemeinsamkeiten zwischen Modalität (repräsentiert durch Modalverben) und Modus sind. Modale ebenso wie Modus sind sensitiv bezüglich der grammatischen Personenkongruenz (Modus in jedem Fall – es gibt keine modusmarkierten infiniten Formen –, bei MVn nur die epistemischen Lesarten, wo ebenso wenig Infinitive möglich sind). Aufgrund einfacher Distributionsproben ergibt sich die Operatorenhierarchie Illokution > Modus > Modalität (wobei noch spezifischer EMV > DMV); vgl. Fn. 13 sowie (43) oben.

Wenn die beiden Grundgeneralisierungen zur Grammatik der Modalverben – die zur Aspektsensitivität und zur Infinitheitssensitivität (Grundmodalität hochaffin zum Perfektiv, Epistemik affin zu Imperfektivität; grundsätzliche Infinitheitslücke epistemischer Prädikate; vgl. Abraham 1991–2005) – in strukturelle Begrifflichkeit umgesetzt werden als epistemisches Merge oberhalb von T, grundmodales dagegen unterhalb von T, dann ergeben sich Möglichkeiten, Abweichungen von diesen beiden Grundgeneralisierungen als spezifische syntaxkontextuelle Markierungen zu sehen und entsprechend zu beschreiben. Dies freilich wurde nur angedeutet. Es bleibt einem anderen Versuch überlassen, dies analytisch auszudifferenzieren.

Literatur

Abraham, Werner 1991. Modalverben in der Germania. In: E. Iwasaki (Hg.) *Begegnung mit dem „Fremden". Akten des VIII. Internationalen Germanisten-Kongresses in Tokio 1990.* Band 4. München: Iudicium, 109–118.

Abraham, Werner 1998. The aspectual source of the epistemic-root distinction of modal verbs in German. In: W. Boeder u.a. (Hg.) *Sprache in Raum und Zeit. In memoriam Johannes Bechert.* Band 2: *Beiträge zur empirischen Sprachwissenschaft.* Tübingen: Narr, 231–249.

Abraham, Werner 2002. Modal verbs: Epistemics in German and English. In: S. Barbiers, F. Beukema & W. van der Wurff (eds.) *Modality and its interaction with the verbal system.* [Linguistik Aktuell/Linguistics Today 47]. Amsterdam: John Benjamins, 19–50.

Abraham, Werner 2005. Event arguments and modal verbs. In: C. Maienborn & A. Wöllstein (eds.) *Event arguments: Foundations and applications.* [Linguistische Arbeiten 501]. Tübingen: Niemeyer, 243–276.

Abraham, Werner 2008. Wie ist die spezifische Ausgliederung der Modalitäten bei den deutschen Modalverben denkbar? *Linguistische Berichte* 214, 185–213.

Abraham, Werner & Elisabeth Leiss 2008. Introduction: Aspect-modality interfaces and interchanges across languages. In: W. Abraham & E. Leiss (eds.) *Modality–Aspect Interfaces: Implications and typological solutions.* [Typological Studies in Language 79]. Amsterdam: John Benjamins, xi–xxiv.

Andersson, Sven-Gunnar 2004. Zur Modusambivalenz beim schwachen Präteritum im Deutschen – auch kontrastiv zum Schwedischen. In: O. Leirbukt (Hg.), 157–168.

Borgonovo, Claudia & Sarah Cummins 2007. Tensed modals. In: L. Eguren & O. Fernández Soriano (eds.), 221–236.

Cinque, Guglielmo 1999. *Adverbs and functional heads. A cross-linguistic perspective.* [Oxford Studies in Comparative Linguistics]. Oxford: OUP.

Condoravdi, Cleo 2002. Temporal interpretation of modals: Modals for the present and modals for the past. In: D. I. Beaver, L. D. Casillas Martínez, B. Z. Clark & S. Kaufmann (eds.) *The construction of meaning.* Stanford, CA: CSLI Publications, 59–87.

Demirdache, Hamida & Myriam Uribe-Etxebarria 2000. The primitive of temporal relations. In: R. Martin, D. Michaels & J. Uriagereka (eds.) *Step by step: Essays on Minimalist syntax in Honor of Howard Lasnik.* Cambridge, MA: The MIT Press, 157–186.

Diewald, Gabriele 2004. Faktizität und Evidentialität: semantische Differenzierungen bei den Modal- und Modalitätsverben im Deutschen. In: O. Leirbukt (Hg.), 231–257.

Eguren, Luis & Olga Fernández Soriano (eds.) 2007. *Coreference, modality, and focus.* [Linguistik Aktuell/Linguistics Today 111]. Amsterdam: John Benjamins.

Giannakidou, Anastasia 2000. *Polarity sensitivity as (non)-veridical dependency.* [Linguistik Aktuell/ Linguistics Today 23]. Amsterdam: John Benjamins.

Iatridou, Sabine 2000. The grammatical ingredients of counterfactuality. *Linguistic Inquiry* 31/2, 231–270.

Karttunen, Lauri 1971. Implicative verbs. *Language* 47/2, 340–358.

Leirbukt, Oddleif (Hg.) 2004. *Tempus/Temporalität und Modus/Modalität im Sprachenvergleich.* [Eurogermanistik 18]. Tübingen: Stauffenburg.

Leiss, Elisabeth 1992. *Die Verbkategorien des Deutschen. Ein Beitrag zur Theorie der sprachlichen Kategorisierung.* [Studia Linguistica Germanica 31]. Berlin: de Gruyter.

Lohnstein, Horst & Ursula Bredel 2004. Zur Struktur und Verwendung der Tempus- und Modusformen im Deutschen. In: O. Leirbukt (Hg.), 87–118.

Pietrandrea, Paola 2005. *Epistemic modality. Functional properties and the Italian system.* [Studies in Language Companion Series 74]. Amsterdam: John Benjamins.
Reichenbach, Hans 1947. *Elements of symbolic logic.* London: Collier McMillan. Wiederabdruck 1966. New York: Free Press.
Stowell, Tim 2004. Tense and modals. In: J. Guéron & J. Lécarme (eds.) *The syntax of time.* Cambridge, MA: The MIT Press, 621–635.
Thieroff, Rolf 2004. Modale Tempora – non-modale Modi. Zu Bedeutung und Gebrauch inhärenter Verbkategorien in verschiedenen europäischen Sprachen. In: O. Leirbukt (Hg.), 63–86.
Zagona, Karen 2007. On the syntactic features of epistemic and root modals. In: L. Eguren & O. Fernández Soriano (eds.), 221–236.

4. Textsemantik

Die Monotonieeigenschaften der Intensivierwörter im Deutschen. Ein Beitrag zur Textsemantik des Deutschen*

1. Einleitung: Frage- und Zielstellung

In der gesamten Grammatikschreibung wird dem Zusammenwirken von lexikalischen Elementen, die einzeln Werttendenzen ausdrücken und aus deren Zusammenstellung neue, in den einzelnen Lexemen noch nicht ausgedrückte Wertungen entstehen, so gut wie keine Aufmerksamkeit geschenkt. Dies ist u.a. der Grund dafür, dass sich Textgrammatiken und Satzgrammatiken in der Linguistikforschung so gut wie ohne Terrainüberschneidung bewegen können. Im folgenden Aufsatz wird auf einen, wenn auch schmalen, Korridor hingewiesen, wo dieses Schisma aufgehoben ist: im Bereich der polaren und monotonen Intensivierwörter. Wir diskutieren zuerst kurz den theoretischen und terminologischen Hintergrund von Polarität und Monotonie und gehen dann auf zwei Klassen von Ausdrücken ein, die unter diese Charakteristik fallen: die absoluten Intensivierer; die approximativen Intensivierer sowie die abschwächenden Intensivierer.[1]

Es steht außer Frage, dass Intensivierwörter wie *viel, sehr, äußerst, so gut wie, durchaus* neben vielen anderen gerade nach solchen Eigenschaften im Lexikon beschrieben werden müssen, die man häufig auch „hedges", genauer auch „downgraders" bzw. „upgraders" genannt hat und die in der formalen Semantik unter Charakteristiken der Monotonie besprochen und definiert werden. In der vorliegenden Skizze sollen gerade diese Monotonieeigenschaften einiger ausgewählter Intensivierungsausdrücke bestimmt werden. Ausgangspunkt ist die Arbeit von van Os (1989), der die deutschen Intensivierausdrücke nach deren Polaritätsmerkmalen, nämlich als „positiv polar", „negativ polar" oder als „bipolar" klassifiziert hat. Bei dieser Charakterisierung ist jedoch die Bestimmung nach den inzwischen in der formalen Semantik und der Quantorentheorie möglich gewordenen Monotonieeigenschaften (Zwarts 1986) unterblieben. Dies soll hier in Ansätzen nachgeholt und angedeutet werden. Kern der Fragestellung und empirischen Überprüfung ist, ob die Annahme von van Os (1989), dass viele Intensivierungsmittel als Determinatoren nicht-monoton sind, stimmt. Van Os geht davon aus, dass Intensivierungslexeme nur dann Monotonieeigenschaften besitzen, wenn sie mit Substantiven auftreten oder wenn sie mit Adjektiven verbunden sind (van Os 1989: 2).

Zur Terminologie: Aus Gründen generellerer Geltung wurden anstatt der in der germanistischen Linguistik üblichen Ausdrücke „Steigerung" bzw. „Grad(u)ierung"

---

* Teile dieses Beitrags (zusammen mit Linda Akkerman) sind in *DaF* 1995 (3), 153–160 sowie *DaF* 1995 (4), 200–206 erschienen.

1 Im Hintergrund dieses Aufsatzes standen weitere Veröffentlichungen zu ganz ähnlichen Themen: Jacobs (1984), Pusch (1981), Seuren (1976), Sowinski (1969), Vandeweghe (1986).

oder „Gradpartikel“ die bei van Os verwendeten Bezeichnungen „Intensivierung“ und „Intensivierungsmittel“ verwendet.

2. Einführung in den Monotoniebegriff

2.1 Nicht-monotone Eigenschaften von Intensivierern

In diesem Aufsatz sollen Monotonieeigenschaften bei einer Auswahl von Intensivierwörtern untersucht werden. Zwarts (1986) und van Os (1989: 35) gehen davon aus, dass die meisten Intensivierungsmittel nicht nach Monotonie klassifiziert werden können, weil sie nicht Determinatoren, sondern einfach Modifikatoren sind. Nur *viel* und *wenig* bilden eine Ausnahme, weil sie als adjektivisch-adverbiale Intensivierer ebenso wie mit nominalen Konstituenten auftreten können. Vgl. (1)–(2):

(1) $[_{DP}$ Spez $[_{D'}$ D $[_{NP}$ X $[_{NP}$ N°]]]]… Intensivierer (Modifikatoren); ohne Monotonieeigenschaften
(2) $[_{DP}$ Spez $[_{D'}$ X $[_{NP}$ N°]]] … Quantoren; mit Monotonieeigenschaften

Man ist sich im Allgemeinen darin einig (Zwarts 1986, van Os 1989), dass sich intensivierbare Prädikate (Intensivierungsmittel, die sich mit nominalen Konstituenten verbinden lassen) wie natürlichsprachliche Quantoren aus der Quantorentheorie verhalten und damit Monotonieeigenschaften aufweisen können. Intensivierungsmittel in der Funktion von Modifikatoren (attributiven Adjektiven) sind im Allgemeinen nicht-monoton. Modifikatoren werden erst dann monoton, wenn sie mit einem monotonen Kern auftreten (van Os 1989: 35). Es hängt dann vom Kern ab, ob ein monoton steigender oder monoton fallender Ausdruck vorliegt: etwa in *viel schlechter* oder *wenig reich*.

2.2 Der Monotoniebegriff: Intensivierer als Quantoren

Auf Löbner (1985: 84) geht der Versuch zurück, monotone Ausdrücke als natürlichsprachliche Phasenquantoren aufzufassen und diese in eine Quantorentheorie einzuführen. Quantoren sind nominale Konstituenten, die einen Determinator enthalten bzw. auf Qualifikation verweisen. Beispiele sog. generalisierter natürlich-sprachlicher Quantoren sind *alle (Menschen)* oder *die meisten (Bäume): alle* und *die meisten* sind dabei die Determinatoren, *Menschen* und *Bäume* die Substantive. Löbner (1985) hat gezeigt, dass natürlichsprachliche Quantoren nicht nur als nominale Konstituenten, sondern auch als Adjektive, Adverbien oder als Gradpartikeln auftreten.

Die Eigenschaften dieser Quantoren sind für die Monotoniediskussion relevant. Es gilt Folgendes: Ein Quantor ist **monoton steigend**, „wenn er mit einem Prädikat P für alle jene Prädikate gilt, die logisch aus P folgen“; ein Quantor ist **monoton fallend**, „wenn er mit einem Prädikat P für alle jene Prädikate gilt, aus denen P logisch folgt“ (Löbner 1985: 94; Zwarts 1986: 169, 180). Hieraus folgt, dass ein monoton steigender Quantor unter Extension (Vereinigung) und ein monoton fallender Quantor unter Inklusion (Durchschnitt) geschlossen ist.

Eine feinere Klassifizierung der fallenden Monotonie ist die nach Idealen, Quasiidealen sowie antiadditiven Funktionen, wobei die antiadditive Funktion eine Erweiterung der Definition des Quasiideals ist. Im Allgemeinen sind idealisierende und antiadditive Ausdrücke monoton fallende Elemente, denen keine universellen Eigenschaften mehr hinzugefügt werden können. Ein Beispiel ist *kein N*. Quasiidealisierende nominale Konstituenten können also auch als antiadditive Determinatoren auftreten. Von Zwarts (1986: 180, 323, 335; siehe auch Löbner 1985: 94; van Os 1989: 26f.) stammen die folgenden Implikationen für **monoton fallende, quasiidealisierende** und **antiadditive** Nominalkonstituenten.

(3) monoton fallend: $X \in Q$ und $X \subseteq Y$ impliziert $Y \in Q$ (geschlossen unter Inklusion)
  a NP (VP_1 oder VP_2) ⇒ (NP VP_1 und NP VP_2)
  b (NP VP_1 oder NP VP_2) ⇒ NP (VP_1 und VP_2)
(4) quasiidealisierend: NP (VP_1 oder VP_2) ⇔ (NP VP_1 und NP VP_2)
(5) antiadditiv: (DET (N_1) und DET (N_2)) VP

Eine feinere Klassifizierung der steigenden Monotonie ist die nach **Filtern, Quasifiltern** und die Erweiterung des Filterbegriffs auf die multiplikative Funktion. Beispiele von filtrierenden Nominalkonstituenten sind *alle(r/s/n) N* sowie *jede(r/s/n) N*. Es gelten die folgenden Implikationen für **steigende Monotonie** sowie **(Quasi)Filter** (Zwarts 1986: 169, 303, 326):

(6) monoton steigend: $X \in Q$ und $X \subseteq Y$ impliziert $Y \in Q$ (geschlossen unter Exklusion)
  a NP (VP_1 oder VP_2) ⇒ (NP VP_1 und NP VP_2)
  b (NP VP_1 oder NP VP_2) ⇒ NP (VP_1 oder VP_2)
(7) quasifiltrierend: NP (VP1 und VP2) ⇒ (NP VP1 und NP VP2)
(8) filtrierend: NP (VP oder NEG VP)

Mit diesen Klassifizierungen nach steigender und fallender Monotonie lässt sich die intuitive Trennung zwischen negativ polaren und positiv polaren Ausdrücken formal genauer zum Ausdruck bringen. In den folgenden Polaritätgesetzlichkeiten (Zwarts 1986: 341, 410) bezeichnen die stark polaren Ausdrücke lexikalische Elemente, die sich nicht mit allen monotonen Elementen verbinden lassen. **Stark polare** Elemente stellen sehr strenge Forderungen an das Auftreten zusammen mit monotonen Ausdrücken. **Antimorphe** lexikalische Elemente sind die üblichen Negationslexeme, etwa *nicht*. **Antiadditive** Ausdrücke sind idealisierende lexikalische Elemente, denen rein negative Bedeutung zugewiesen wird, weil sie überhaupt keine Elemente des Diskursuniversums umfassen (Zwarts 1986: 333).

(9) Gesetze der negativen Polarität:
  a Nur Sätze, die einen monoton fallenden Ausdruck enthalten, können nicht ein negativ polares Element der schwachen Art enthalten (Satzbeispiel: ***Nicht alle*** *Menschen* ***brauchen*** *zu kommen)*.
  b Nur Sätze, die einen antiadditiven Ausdruck enthalten, können ein negativ polares Element der starken Art enthalten (Satzbeispiel: ***Keiner*** *hat* ***aber auch nur*** *etwas davon erfahren*).

(10) Gesetze der positiven Polarität

a Nur Sätze, die keinen monoton fallenden Ausdruck (d. h. keinen Ausdruck minimaler Negation) enthalten, können ein positiv polares Element der starken Art enthalten (Satzbeispiel: ***Viele** Menschen haben **nicht im Geringsten** etwas / **nicht das Geringste** davon geahnt).*

b Nur Sätze, die keine antimorphen Ausdrücke (keinen Ausdruck klassischer Negation) enthalten, können ein positiv polares Element der schwachen Art enthalten (Satzbeispiel: *Die **meisten** Schüler sind **beinahe** fertig).*

Da die zwischen Klammern geschriebenen Negationsarten für die Auftretensbedingungen von Quantorenausdrücken von Bedeutung sind, sei an dieser Stelle kurz darauf eingegangen. Monoton fallende Ausdrücke stellen eine sehr schwache Art der Negation dar, nämlich die der **minimalen Negation** (Zwarts 1986: 349). Eine Untermenge der monoton fallenden Ausdrücke, die der antiadditiven Ausdrücke, bildet die Klasse der **regulären Negation**, während reine antiadditive Ausdrücke eine stärkere Art der Negation darstellen, nämlich die **normale Negation** (Zwarts 1986: 412). **Antimorphe** Ausdrücke schließlich werden als Ausdrücke der klassischen Negation bezeichnet (Zwarts 1986: 413). Die antimorphen Ausdrücke sind auch dem Gesetz der doppelten Negation unterworfen (Zwarts 1986: 423, Fn. 31).

Wie ersichtlich, hängt die Beschreibung der Monotonieeigenschaften von Intensivierern direkt oder indirekt mit den Polaritätsgesetzlichkeiten zusammen. (Vgl. zu letzteren auch Kürschner (1983) im Zusammenhang mit Negation, nicht aber mit Monotonieeigenschaften im Deutschen.)

2.3 Negativ und positiv polare Ausdrücke

Als Kollokationsmöglichkeiten mit monoton fallenden nominalen Konstituenten eignen sich negativ und positiv polare Ausdrücke (Zwarts 1986: 317 sowie 410 für das Niederländische). In der folgenden Übersicht werden einige lexikalische Elemente eingeordnet, die bei der Überprüfung monotoner Eigenschaften von Intensivierern als Kollokationselemente eingesetzt werden können. Man beachte, dass es sich oft um sehr umgangssprachliche Ausdrücke handelt.

(11) „schwach negativ polar“:
die Verben *brauchen, ausstehen / verknusen können, leiden können, kümmern, daran riechen können, verkneifen können, riechen / schmecken können.*

(12) „stark negativ polar“:
die Modalpartikel bzw. idiomatischen Intensivierer *aber auch, sonderlich, gerade, die Bohne, eine Spur, einen Funken, einen Dreck, im Entferntesten, im Geringsten.*

(13) „stark positiv polar“:
die Adverbiale *nicht im Geringsten, keinesfalls, manche, tatsächlich, in der Tat, ziemlich.*

(14) „schwach positiv polar“:
die Adverbien bzw. Fokuspartikeln *schon, je, sofort, fürchterlich, sehr, noch, beinahe/praktisch.*

3. Intensivierer aus dem absoluten Intensivierungsbereich

3.1 Einführung

Im absoluten Intensivierungsbereich kommen Intensivierer vor, die einen oberen Grenzwert andeuten (van Os 1989: 161). Die Intensivierungsmittel bezeichnen eine nicht mehr zu übertreffende, absolut hohe Intensität oder Extensität. Biedermann (1969: 177–181) rechnet u.a. folgende Lexeme zu diesem Bereich: *absolut, durch und durch, gänzlich, ganz und gar; voll, vollständig* neben anderen.

Van Os (1989: 162) zählt darüber hinaus folgende Intensivierer zu diesem Bereich: *berstend, in vollem Umfange, perfekt, vollendet, von Grund aus* u.a. Er fügt hinzu, dass Intensivierer dieses Bereichs in erster Linie immer Kerne mit einem inhärenten Grenzwert modifizieren; d. h., der Grenzwert gehört zum semantischen Gehalt dieser Kerne.

Van Os (1989) schreibt ausführlich über die Kollokationen mit *ganz*, weil *ganz* unter allen Intensivierern die meisten Rätsel aufgibt. Wir nehmen diesen Faden hier auf.

3.2 Das attributive *ganz* in der Bedeutung „total, völlig“

Van Os hat den Ausdruck *ganz* in seine Liste positiv polarer Elemente aufgenommen, während Kürschner (1983: 304) *ganz* als negativ polares Element aufgefasst hat. *ganz* ist jedoch offenbar positiv polar, weil es nicht ausschließlich mit Negation aufzutreten braucht.

Nach van Os lässt sich *ganz* auf der absoluten, extrem hohen, hohen und der gemäßigten Stufe intensivieren. Van Os behandelt *ganz* in all seinen Verwendungsweisen, weist die Kollokationsrestriktionen nach, versucht aber nicht, die Monotonieeigenschaften von *ganz* zu bestimmen. Anhand der Zwartsschen Theorie und der Feststellungen von van Os soll hier den Eigenschaften des Intensivierers nachgegangen werden.

ganz hat verschiedene Bedeutungen. Im Allgemeinen wird angenommen, dass die Grundbedeutung „völlig, vollkommen, total“ die wichtigste ist. Das zeigen die nächsten Sätze, in denen *ganz* attributive Funktion hat (van Os 1989:165):

(15) Die *ganzen* Nachbarn sind zusammengelaufen.
(16) … so zeigt das die *ganze* Schwere dieses Problems.

ganz ist in diesen Sätzen über alle Elemente einer bestimmten Menge quantifiziert und ist somit als Allquantor eingesetzt. Man könnte daher annehmen, dass *die ganz-N* hier im Sinne von Zwarts' Theorie als monoton steigender Quantor mit filtrierendem Charakter zu gelten hat.

Monoton steigende Eigenschaften von *ganz- N* lassen sich anhand der bei Zwarts genannten Implikationen geltend machen (Zwarts 1986: 167 ff.):

(17) Die *ganze* Mannschaft rief und schrie. ⇒ Die *ganze* Mannschaft rief, und die *ganze* Mannschaft schrie.
(18) Die *ganze* Mannschaft rief, oder die *ganze* Mannschaft schrie. ⇒ Die *ganze* Mannschaft rief oder schrie.

Auch die Implikation NP VP_1 ⇒ NP VP_2 gilt für monoton steigende Ausdrücke, wenn VP_2 in der Klasse von VP_1 enthalten ist (Zwarts 1986:167). Vgl. (19).

(19) Die *ganze* Mannschaft schrie laut. ⇒ Die *ganze* Mannschaft schrie.

Die nächste Implikation weist den quasifiltrierenden Charakter nach (Zwarts 1986: 301):

(20) Die *ganze* Mannschaft rief und schrie. ⇒ Die *ganze* Mannschaft rief, und die *ganze* Mannschaft schrie.

Unserer Meinung nach könnte die nominale Konstituente *die ganze N* sogar der Unterklasse der filtrierenden Ausdrücke zugerechnet werden, weil die Implikation in (21) (nach Zwarts 1986:324)

(21) Die ganze Mannschaft ruft oder ruft nicht.

immer richtig ist, auch wenn es im Universum überhaupt keine Mannschaft gibt. Nach der Booleschen Theorie ist die Richtigkeit solcher Implikationen der Tatsache zu danken, dass Konstituenten wie *die ganze N* immer die Elemente X und ¬X, d.h. positive und negative Elemente des Universums, umfassen. Ein quasifiltrierender Ausdruck wie *die beiden Mannschaften* kann nicht filtrierend sein, weil das Universum nicht bloß zwei Mannschaften zu umfassen braucht. Mit diesen Implikationen ist der monoton steigende und filtrierende Charakter der nominalen Konstituente *die ganz- N* nachgewiesen. In diesen Kontexten hat *ganz* die Bedeutung „völlig, total"; somit gehört es der absoluten Intensivierungsstufe an.

Der Determinator *ganz* impliziert in den genannten Sätzen jeweils den Allquantor, somit alle Elemente des Universums. Daraus würde folgen, dass der Determinator zusätzlich die Eigenschaft der Antiadditivität (Zwarts 1986: 334) hat. Die Konstituente *ganz N* könnte dabei mit dem Quantor *alle N* verglichen werden (Zwarts 1986: 339). Alle Elemente sind in dem Quantor enthalten; es kann ihnen nichts hinzugefügt werden.

Nach Zwarts allerdings sind Determinatoren wie *all-* und ebenso *ganz* eher monoton fallend und idealisierend (Zwarts 1986: 175). Obwohl der semantische Wert von *ganz* dabei überhaupt nicht mit dem des monoton steigenden Quantors übereinstimmt, lässt sich *ganz* in seinem Verhalten nach den Zwartsschen Implikationen – die besagen, dass NP VP_1 ⇒ NP VP_2 dann gilt, wenn VP_1 in VP_2 enthalten ist – doch sehr gut mit monoton fallenden nominalen Konstituenten vergleichen (Zwarts 1986: 176). Vgl. (22)–(23).

(22) *Keine* Mannschaft verließ uns. ⇒ *Keine* schreiende Mannschaft verließ uns.
(23) Die *ganze* Mannschaft verließ uns. ⇒ Die *ganze* schreiende Mannschaft verließ uns.

Die Implikation in (23) zeigt, dass der Ausdruck *die ganze Mannschaft* den Quantorenausdruck *die ganze schreiende Mannschaft* immer umfasst. Die Gültigkeit der Implikation findet somit ihren Ursprung in dem monoton fallenden Charakter des Determinators *ganz*. Die Nominalkonstituente *die Mannschaft* ist monoton steigend (siehe zum Vergleich anderer monoton steigenden Nominalkonstituenten Zwarts

1986). Damit lässt sich der Quantor in *die ganze Mannschaft* als monoton steigend einstufen.

Der monoton steigende Charakter des Quantors *die ganze N* lässt sich auch auf der Grundlage der Gesetze der positiven Polarität nachweisen (Zwarts 1986: 410). Laut dem ersten Gesetz der positiven Polarität verbindet sich der Quantor mit stark positiv polaren Elementen, weil der Quantor nicht monoton fallend ist (Zwarts 1986: 217). Vgl. (24)–(26).

(24) Die Nachbarschaft hat sich *tatsächlich* über das Auftreten der Polizei beklagt.
(25) Die *ganze* Familie hat nur *manche* von ihnen eingeladen.
(26) Diese Familie hat sich *ziemlich* oft darüber beklagt.

Auch das zweite Gesetz der positiven Polarität (Kollokationsfähigkeit mit schwach positiv polaren Elementen) lässt sich auf *ganz* anwenden (Zwarts 1986: 217). *ganz* lässt sich mit schwach positiv polaren Ausdrücken verbinden. Vgl. (27)–(28).

(27) Die *ganze* Bevölkerung ist *sofort* darauf eingegangen.
(28) Diese Mannschaft ist *schon* darauf eingegangen.

3.3 *ganz* als Partikel

Van Os (1989: 169) stuft *ganz* wegen seiner Ähnlichkeit mit der Partikel *sehr* auch als Partikel ein. Wir übernehmen an dieser Stelle seine Bezeichnung und werden, da die Partikel *ganz* noch nicht auf Monotonie hin untersucht worden ist, *ganz* in den Bedeutungen „völlig, sehr" bzw. „leidlich, einigermaßen" auf steigende oder fallende Monotonieeigenschaften überprüfen.

Van Os klassifiziert *ganz* in der Bedeutung „völlig" als absoluten und positiv polaren Intensivierer. Die folgenden Beispielsätze sind van Os (1989: 170) entnommen.

(29) Ich bin ganz zufrieden.
(30) Der Chor ist ganz verheiratet.
(31) Er ist ganz gesund.
(32) Er ist ganz nahtlos über die Bühne gegangen.

Lässt sich die Partikel *ganz* nun als monoton steigend einstufen? Dazu müßte sich die Partikel im Sinne der Zwartsschen Theorie als Determinator auffassen, somit nach dem ersten Gesetz der positiven Polarität mit starken positivpolaren Ausdrücken verbinden lassen (Zwarts 1986: 217). Wir wollen also zunächst die Zwartsschen Implikationen, aufgrund derer Quantoren sich als monoton steigend bzw. fallend erweisen (Zwarts 1986: 169, 180), auf die Partikel *ganz* anwenden.

(33) Ganz zufrieden aß er den Fisch. ⇒ Ganz zufrieden aß er.
(34) *Ganz zufrieden aß er. ⇒ Ganz zufrieden aß er den Fisch.

Die Implikation in (34) ist offenbar nur z.T. richtig. Nach den Zwartsschen Implikationen gilt nämlich, dass – wenn die Person Fisch und Gemüse aß, von denen sie nur das Gemüse mit Zufriedenheit aß – wohl das Antezedens der Implikation wahr, die Konsequenz hingegen falsch ist (Zwarts 1986: 182). Hieraus kann geschlossen werden, dass der Quantor *ganz zufrieden* monoton steigend ist.

Die Kollokationsmöglichkeiten mit stark positiv polaren Elementen bestätigen diese Behauptung:

(35) *Manche* sind *ganz* zufrieden.
(36) **Manche* von dem Chor sind *ganz* verheiratet.
(37) Manche sind ganz gesund.
(38) Manche sind nahtlos über die Bühne gegangen.
(39) Ich bin *tatsächlich* ganz zufrieden.
(40) *Der Chor ist *tatsächlich ganz* verheiratet.
(41) Er ist *tatsächlich* ganz gesund.
(42) Er ist *tatsächlich ganz* über die Bühne gegangen.

ganz zufrieden kann in der Lesart „völlig zufrieden" zusammen mit den stark positiv polaren Ausdrücken demnach als monoton steigend aufgefasst werden.

Wir gehen also davon aus, dass die Partikel *ganz* als Determinator auch in der Bedeutung „völlig" als monoton fallend zu klassifizieren ist. Van Os (1989) macht zwischen beiden Verwendungen jedenfalls keinen Unterschied. Bei Zwarts (1986) wird das niederländische Äquivalent *heel* überhaupt nicht diskutiert.

3.4 Das Kriterium der Multiplikativität bei *ganz*

Es lässt sich aber auch zeigen, dass *ganz* ein antiadditiver monoton fallender Determinator ist. Die auf *ganz* folgende Konstituente (etwa *A* oder *N)* wurde aufgrund unserer Kriterien als monoton steigend betrachtet. Nach Zwarts aber (1986: 342) sind solche Konstituenten auch als multiplikativ aufzufassen. Das zeigen die nächsten Implikationen, in denen das antiadditive *ganz* mit stark negativ polaren Elementen verbunden wird.

(43) Die *ganze* Gruppe, die *auch nur das Geringste* davon weiß, sollte jemanden warnen.
(44) *Die *ganze* Gruppe, die *das Geringste* davon weiß, sollte *auch nur* jemanden warnen.

In Satz (43) ist das stark negativ polare Element *auch nur* in den relativen Nebensatz eingebracht worden, in (44) steht *auch nur* im Hauptsatz. (44) gilt als falsch. Dass dieser Satz falsch ist, liegt nach Zwarts (1986: 342) daran, dass in diesem Fall die multiplikative nominale Konstituente *die Gruppe* mit *ganz* unverträglich ist.

3.5 Niederländisch *heel* „ganz"

Wir diskutieren hier das ndl. Äquivalent zu *ganz* nicht nur aus typologischen Gründen, sondern auch, um ganz bestimmte adverbiale Kollokationen zu untersuchen. Obwohl Zwarts *heel* nicht in die Klassen monoton fallender und antiadditiver Determinatoren (1986: 337) aufgenommen hat, lassen sich seine Eigenschaften gut mit denen des deutschen *ganz* vergleichen. Dass *hele N* gleichfalls den semantischen

Filterwert besitzt, zeigt die speziell charakterisierende Implikation ((NP) VP oder NEG VP) bei Zwarts (1986: 325).

(45) *Hele klassen* dralen of dralen niet. (Vgl. dt.: *Ganze Klassen* zögern oder zögern nicht.)

hele N ist ein Filter, weil er jeweils die Booleschen positiven und negativen Elemente (X und -X) enthält. In semantischer Hinsicht müsste sich die Konstituente *hele N* darüber hinaus wie eine antiadditive Funktion verhalten, weil zu *heel* semantisch gesehen nichts hinzugefügt werden kann. Die Implikation für Antiadditivität, nämlich (DET (N_1 oder N_2)) ⇔ (DET (N,) und DET (N_2)) VP, lässt sich wie in (46) realisieren (Zwarts 1986: 335):

(46) *Hele* volkeren of stammen worden afgeslacht. ⇒ *Hele* volkeren en *hele* stammen worden afgeslacht. (Vgl. dt.: *Ganze* Völker oder Stämme werden abgeschlachtet. ⇔ *Ganze* Völker und *ganze* Stämme werden abgeschlachtet.)

Die Kollokationsmöglichkeiten von *heel* mit dem stark negativ polaren Element *ook maar* (wörtlich) „auch nur" in einem Nebensatz ist ein weiterer Grund dafür, *hele* als antiadditiv zu klassifizieren:

(47) *Hele* gezinnen die *ook maar* iets wisten, zijn ondervraagd. (Vgl. dt.: *Ganze* Familien, die *auch nur* das Geringste wussten, wurden verhört.)

hele N kann nicht in Hauptsätzen mit *ook maar* vorkommen. Kollokationen mit den anderen stark negativ polaren Elementen sind gänzlich unmöglich. Dies gilt so wie für das deutsche *ganz:*

(48) **Hele* gezinnen die iets wisten, zijn *ook maar* ondervraagd. (Vgl. dt. **Ganze* Familien, die das Geringste wussten, sind *auch nur* verhört.)

(49) **Hele* groepen weten *er bijster* veel van. (Vgl. dt: **Ganze* Gruppen wissen *gerade / besonders* viel davon.)

(50) **Hele* volkeren hebben er *een greintje* verstand van. (Vgl. dt.: **Ganze* Völker verstehen *einen Funken* davon.)

Dass *hele N* nicht zusammen mit stark negativ polaren Ausdrücken in einem Hauptsatz vorkommen kann, ist möglicherweise darin begründet (wie Zwarts es jedenfalls für den ndl. Determinator *elke* annimmt; vgl. Zwarts 1986: 360), dass *heel* in dieser Bedeutung multiplikative nominale Konstituenten entstehen lässt.

Zusammenfassend lässt sich sagen, dass der Determinator *heel* in der Bedeutung „völlig" bestimmt als antiadditiv gewertet werden kann. Dabei sollte erwähnt werden, dass *hele* vor allem Verwandtschaft mit dem antiadditiven Determinator ndl. *alle* aufzeigt: Beide Determinatoren haben die Bedeutung „völlig".

Wie Zwarts für ndl. *alle* und *ieder* „jeder" feststellt (Zwarts 1986: 338), muss *heel* ebenso wie *ganz* (vgl. die dt. Vergleichssätze zu (45)–(50)) als monoton fallender Determinator aufgefasst werden, auf den monoton steigende nominale Konstituten-ten folgen.

3.6 Der Intensivierer *durchaus*

durchaus wird im Allgemeinen als ein Intensivierwort bzw. Intensivieradverb betrachtet, das Grenzwertprädikate im absoluten Intensivierungsbereich modifizieren kann (van Os 1989: 194). Vgl. (51):

(51) Berlin ist damit *durchaus* zufrieden.

Van Os zählt *durchaus* deshalb zur absoluten Stufe, weil es mit Negationen verträglich ist. Dabei gilt *durchaus* als Beteuerungspartikel: In *durchaus nicht* drückt sich die Einstellung des Sprechers zur Negation explizit aus. Die Negation ist verstärkt und dient dazu, Zweifel beim Zuhörer auszuräumen. Biedermann (1969: 194) zählt *durchaus* aus bei van Os erwähnten Gründen sowohl zur absoluten als auch zur hohen und gemäßigten Stufe. Eine solche mehrfache Zuordnung lässt sich anhand der folgenden Sätze illustrieren:

(52) Eine Dame? *Durchaus* nicht!
(53) Es war *durchaus* wahr.
(54) Nun, man verehrt ihn *durchaus*.
(55) Berlin ist damit *durchaus* zufrieden.

(52)–(53) weisen nach Biedermann für *durchaus* Totalisatorstatus nach; nach den letzten Sätzen liegt die hohe bzw. gemäßigte Stufe vor.

Auch Wahrig (1974) setzt für *durchaus* unterschiedliche Stufen an. Seine Bedeutungsumschreibung lautet „völlig, vollkommen, aber mit gewisser Einschränkung"; „unbedingt, absolut (verstärkend in verneinenden Sätzen)". Zu seinem Beispielsatz

(56) Würde Ihnen das Freude machen? – Oh, *durchaus*!

setzt Wahrig zusätzlich die Bedeutungsumschreibung „Ja, sehr!". Van Os (1989: 195) ordnet *durchaus* im Gegensatz zu Biedermann, aber in Übereinstimmung mit Wahrig der absoluten und extrem hohen Intensivierungsstufe zu. Was die Polarität betrifft, zählt *durchaus* zu den positiv polaren Elementen (van Os 1989: Anhang). Kürschner (1983: Anhang) sagt über die Polaritätseigenschaften von *durchaus* nichts aus. Monotonieeigenschaften von *durchaus* sind allerdings bei keinem der beiden zur Sprache gekommen. Es liegt auf der Hand, das positiv polare *durchaus* als monoton steigend zu bewerten. Auch bei Modifikation mit Grenzwertprädikaten auf der hohen und gemäßigten Stufe lässt sich *durchaus* als monoton steigend einordnen. Das belegen die folgenden Implikationen, in denen (59) und (60) die notwendigen Bedingungen für steigende Monotonie erfüllen, während (61) und (62) negative Tests für fallende Monotonie bilden (Zwarts 1986: 169, 180).

(57) *Durchaus zufrieden* aß sie den Fisch. ⇒ *Durchaus* zufrieden aß sie.
(58) *Durchaus* zufrieden riefen sie an. ⇒ *Durchaus* zufrieden riefen sie ihre Mutter an.

(59) *Durchaus* zufrieden aß und trank sie. ⇒ *Durchaus zufrieden* aß und *durchaus* zufrieden trank sie.
(60) *Durchaus* zufrieden aß oder *durchaus* zufrieden trank sie. ⇒ *Durchaus* zufrieden aß oder trank sie.
(61) **Durchaus zufrieden* aß oder trank sie. ⇒ *Durchaus zufrieden* aß sie, und *durchaus* zufrieden trank sie.
(62) **Durchaus zufrieden* aß sie, oder *durchaus* zufrieden trank sie ⇒ *Durchaus* zufrieden aß und trank sie.

Auch mit schwach und stark positiv polaren Elementen wie *tatsächlich*, *manche*, *schon* usw. lässt sich *durchaus*+Prädikat verbinden.

(63) *Durchaus zufrieden* sollen sie ***tatsächlich*** *werden*.
(64) *Durchaus zufrieden* sollen ***manche*** von ihnen *werden*.
(65) *Durchaus zufrieden* ist er ***schon***.
(66) *Durchaus zufrieden* ist er ***beinahe***.
(67) *Durchaus zufrieden* ist er ***noch***.

Der Intensivierer *durchaus* und das Grenzwertprädikat *zufrieden* haben in diesem Kontext die Bedeutung „sehr zufrieden". Eine Interpretation wie „völlig" ist hier nicht möglich. (63)–(67) sind wahr, wenn die schwach positiv polaren Ausdrücke betont (Auszeichnung durch Fettdruck) ausgesprochen werden.

Wie lässt sich *durchaus* in der Modifizierung auf der absoluten Stufe (also in der Bedeutung von „völlig") beurteilen? Vgl. (68):

(68) Es war *durchaus* wahr.

Auch hier kann *durchaus* als monoton steigend gelten, weil es sich mit stark positiv polaren Ausdrücken verbinden lässt:

(69) *Manche* von diesen Ausdrücken sind *durchaus* wahr.
(70) *Tatsächlich* war es *durchaus* wahr.

Schließlich: Welche Monotonieeigenschaften müssen dem negierten *durchaus* zugeschrieben werden? Die Negation von durchaus bewirkt eine Verstärkung der Interpretation „absolut" und kann somit der absoluten Stufe zugewiesen werden. Vgl. (71)–(72):

(71) Ich bin damit *durchaus* nicht einverstanden.
(72) Er möchte *durchaus* nicht mitkommen.

In diesen Sätzen tritt *durchaus* ohne Grenzwertprädikat, aber mit dem antimorphen Ausdruck *nicht* auf. Nach den Gesetzen der positiven Polarität können nur Sätze mit monoton steigenden und nicht-antimorphen Ausdrücken positiv polare Lexeme enthalten (Zwarts 1986: 410). Damit lässt sich der Ausdruck *durchaus nicht* mit Sicherheit als monoton fallend klassifizieren.

3.7 Zusammenfassung

Wir haben in diesem Kapitel die Intensivierer *ganz*, *heel* und *durchaus* diskutiert. Van Os (1989) beurteilt diese Elemente als positiv polar und rechnet sie zur absoluten Intensivierungsstufe. Sie deuten alle einen oberen Grenzwert an, d.h., sie bezeichnen eine nicht mehr zu übertreffende, absolut hohe In- oder Extensität. *ganz* gibt allerdings Rätsel auf, weil es in mehreren Verwendungsweisen auftreten kann. Es lässt sich in seinem Verhalten zum einen mit dem Determinator bzw. Quantor *alle* vergleichen, was ja intuitiv plausibel ist. In attributiver Stellung und als Partikel ist *ganz* dagegen ein monoton fallender, antiadditiver Determinator. Das ihm folgende Adjektiv oder die nominale Konstituente ist monoton steigend, wodurch der gesamte Quantorausdruck *die/der/das ganz- N* monoton steigend wird. Diesem Quantorausdruck kommt somit filtrierender Charakter zu. Wie beim Quantor *all- N* weisen die Zwartsschen Implikationen bei *ganz* nach, dass die auf *ganz* folgenden Konstituenten multiplikativ sind. Der niederländische Determinator *heel* hat ganz ähnliche Eigenschaften wie *ganz*.

Die Partikel *durchaus* modifiziert Grenzwertprädikate und ist funktionsambig. D.h., für diesen Intensivierer lassen sich mehrere Intensivierungsstufen ansetzen. Nach Biedermann (1969: 194) und van Os (1989: 196) ist *durchaus* absolut, wenn es als Beteuerungspartikel, also in einer Verstärkungsfunktion auftritt. Dann und nur dann lässt sich der Quantor *durchaus* + Adjektiv als monoton steigend klassifizieren. *durchaus* kann auch für sich alleine schon monoton steigend sein. Negiertes *durchaus* bewirkt eine Verstärkung des Negationsworts *nicht* und ist dann monoton fallend.

4. Intensivierer aus dem abschwächenden Intensivierungsbereich

4.1 Einführung

Aufgrund Biedermanns (1969: 169) Einteilung rechnet man (wie etwa van Os 1986: 230) die folgenden Intensivierer zum abschwächenden Bereich: *etwas*, *ein wenig*, *ein klein wenig*, *ein bisschen*, *bisschen*, *(ein) bissel*, *ein kleines bisschen*, *geringfügig*, *schwach*, *leicht*, *halbweg(s)*, *mäßig*, *mit Maßen*, *leidlich*, *leise* und *vag*. Die Intensivierer *mehr oder weniger*, *mehr oder minder*, *irgendwie*, *gewissermaßen*, *sozusagen* schwanken ihrer Bedeutung nach zwischen dem gemäßigten und dem schwachen Intensivierungsbereich. Nach van Os (1989:231) sind die meisten dieser Intensivierer positiv polar, weil sie mit der Negation unverträglich sind. Die einzige Ausnahme bildet *ein bisschen*, das aber unter Negation keine Umkehrung des Skalenwertes bewirkt – ganz im Gegenteil: gerade das nicht. *nicht ein bisschen* bedeutet ja „gar nichts“, ist somit als verstärkte Negation zu betrachten.

Es sollen von diesen Intensivierern hier *etwas*, *ein wenig*, *ein bisschen*, *mäßig* und *mehr oder weniger* auf ihre Monotonieeigenschaften überprüft werden.

4.2 Das Indefinitpronomen *etwas*

Zu *etwas* werden im Dudenwörterbuch zwei Bedeutungen genannt. Die erste Bedeutung lautet „ein bisschen, ein wenig", die zweite „aliquid". Wir werden in den Kollokationen mit den positiv- bzw. negativ-polaren Elementen immer auf die erste Bedeutung eingehen.

Van Os (1986:276) hat *etwas* als positiv polaren Ausdruck klassifiziert. Nach Kürschner (1983) ist über die Polaritätseigenschaften von *etwas* nichts zu sagen. Zwarts hat nach Untersuchung das vergleichbare niederländische *iets* in der Bedeutung von „aliquid" als monoton steigend klassifiziert (Zwarts 1986:157). Als Nachweis führt er die folgende Implikation ins Treffen, die für monoton steigende Ausdrücke gilt:

(73) *Iets* verscheen en verdween. ⇒ *Iets* verscheen en iets verdween.
(Vgl. dt.: *Etwas* erschien und verschwand. ⇒ *Etwas* erschien, und *etwas* verschwand.)
(74) *Iets* verscheen of *iets* verdween. ⇒ *Iets* verscheen of verdween.
(Vgl. dt.: *Etwas* erschien, oder *etwas* verschwand. ⇒ *Etwas* erschien oder verschwand.)

Das niederländische *iets* entspricht in dieser Kollokation dem dt. *etwas*. Das zeigen die nächsten Implikationen. Aufgrund dieser Voraussetzungen kann diese Verwendung von *etwas* als monoton steigend (Zwarts 1986: 165, 175) eingeordnet werden.

(75) *Etwas* wurde von ihm geflüstert. ⇒ *Etwas* wurde geflüstert.
(76) **Etwas* wurde geflüstert. ⇒ *Etwas* wurde von ihm geflüstert.

Die Kollokationen mit den polaren Ausdrücken zeigen, dass sich *etwas* gut mit den bekannten von Zwarts aufgestellten schwach und stark positiv polaren Ausdrücken verbinden lässt. Problematisches ist eher bei den negativ polaren Ausdrücken zu finden. Wenn *etwas* die Bedeutung von „nur" hätte und im Satz betont wäre, dann sollte allerdings die Kollokation mit dem schwach negativ polaren idiomatischen Element *hinriechen können* möglich sein.

(77) *Etwas/Einige/Ein paar* Leute scheinen da *hinriechen zu können.*
(Idiom; vgl. die entsprechende ndl. Wendung: Een paar mensen schijnen daaraan te kunnen tippen.)

Im Allgemeinen gilt aber, und wir würden daran festhalten wollen, dass Kollokationen mit negativ polaren Elementen nicht möglich sind. Das zeigen die nächsten, ebenfalls idiomatischen Beispiele.

(78) **Es scheint ihn* etwas kümmern zu können.
(79) **Er scheint es* etwas verkneifen zu können.
(80) **Er scheint ihn* etwas riechen zu können.
(81) **Er scheint ihn* etwas leiden zu können.

Kollokationsmöglichkeiten mit stark negativ polaren Ausdrücken sind deutlich ausgeschlossen, *etwas* muss demnach monoton steigend sein.

4.3 Die Intensivierer *ein wenig* und *ein bisschen*

ein wenig wird von van Os (1989: 117; 232) als stark positiv polares Element eingeordnet, *ein wenig* ist somit in erster Linie ein monoton steigender Intensivausdruck. Van Os (1989: 233) stellt freilich auch einschränkend fest, *ein wenig* könne auch als negativ polares Element auftreten. Die Ursache dieser spezifischen Bipolarität liege in der Semantik, d.h. in der Wertkomponente der Verben oder Substantive. (Nach van Os 1989: 233 kann das Verb *trinken* etwa negativ-evaluativ oder positiv-evaluativ sein.) Die nächsten Satzbeispiele illustrieren diese Feststellung. Man beachte, dass *trinken* als Lexem zwei unterschiedliche sozial-ethische Wertungen ausdrücken kann.

(82) Ich gebe zu, dass ich ein wenig ***getrunken*** habe.
(83) *Ich gebe zu, dass ich *ein wenig (*nämlich Alkohol, also so viel wie *über den Durst*) getrunken habe.

In (82) hat *trinken* neutrale Wertung. In (83) aber ist der Genuss alkoholischer Getränke negativ-evaluativ bewertet, *nicht trinken* hat bei dieser Ausgangslage demnach positiv wertende Bedeutung. Diese Bipolarität kommt auch in den folgenden Satzbeispielen zum Ausdruck.

(84) Es freut mich, dass du *ein wenig getrunken* hast.
(85) Leider hast du *ein wenig gemogelt.*

In (84) ist der Determinator *ein wenig* positiv, weil *sich freuen* Positives voraussetzt. In (85) aber ist *ein wenig* negativ wertend, weil die Partikel *leider* Negatives voraussetzt. Wenn *ein wenig* als Intensivierer schließlich mit schwach positiv polaren Elementen verbunden wird, dann können diese Kollokationen negative oder positive Wertungen aufweisen.

(86) Ich habe ***schon*** *ein wenig* getrunken.
(87) Ich habe ***einmal*** *ein wenig* getrunken.
(88) Ich habe ***noch*** *ein wenig* getrunken.
(89) *Ich habe ***fast*** *ein wenig* getrunken.

In den Sätzen (86) und (88) lässt sich *trinken* als positiv wertend auffassen, in (87) und (89) dagegen ist *trinken* und damit auch *ein wenig* eher negativ-evaluativ. *fast* ist auch hier als Approximator (Annäherungswerte ausdrückend) nicht kollokationsfähig mit dem abschwächenden *ein wenig*.
Wie sehen schließlich die Kollokationsmöglichkeiten mit den stark positiv polaren Elementen aus?

(90) Ein wenig *getrunken habe ich* **keinesfalls**.
(91) Ein wenig *getrunken habe ich nach der Meinung* **mancher**.
(92) Ein wenig *getrunken habe ich* **tatsächlich**.
(93) *Ein wenig *getrunken habe ich* **ziemlich**.

ziemlich als gemäßigter Intensivierer lässt sich als selbständig auftretender Determinator nicht mit *ein wenig* verbinden. Jedoch zeigen die Kollokationsmöglichkeiten mit den stark und schwach positiv polaren Elementen, dass *ein wenig* durchaus als monoton steigend klassifiziert werden kann.

Was die negativ polaren Elemente betrifft, lässt sich der positiv-evaluative Determinator *ein wenig* nicht mit den schwachen Ausdrücken dieser Gruppe verbinden. Die Kollokationen wären nur richtig, wenn *ein wenig* negativ-evaluativ aufgefasst würde. Das gerade darf hier nicht der Fall sein, weil es an dieser Stelle um die Kollokationen mit negativ polaren Ausdrücken geht.

(94) *Er scheint ihn *ein wenig* ***ausstehen*** *zu können.*
(95) *Er scheint ihn *ein wenig* ***leiden*** *zu können.*
(96) *Es scheint ihn *ein wenig* ***kümmern*** *zu können.*
(97) *Er scheint das *ein wenig* ***verkneifen*** *zu können.*

ein wenig lässt sich somit als monoton steigender Determinator einordnen. Auch der Semantik nach ist *ein wenig* eher positiv-evaluativ und damit monoton steigend. Die Zwartsschen Implikationstests (Zwarts 1986: 165, 175) bestätigen diesen Eindruck:

(98) *Ein wenig* getrunken hat er vorige Woche. ⇒ *Ein wenig* getrunken hat er.
(99) **Ein wenig* getrunken hat er. ⇒ *Ein wenig* getrunken hat er vorige Woche.

Wie steht es nun um die Monotonieeigenschaften des einzellexikalisch so verwandten Intensivierers *ein bisschen? ein bisschen* ist ebenfalls positiv oder negativ wertend zu verwenden: entweder in der negativen Bedeutung „nur wenig" oder in der positiveren „etwas", *ein bisschen* scheint die positiv-evaluative Bedeutung „etwas" stärker auszudrücken als das Indefinitpronomen *ein wenig*. Wir würden aufgrund dieser Beobachtung und aufgrund der Kollokationsmöglichkeiten mit schwach und stark positiv polaren Elementen *ein bisschen* eher als monoton steigend einordnen. Die negative Bedeutung ist zu schwach, um wirklich gut eine Verbindung mit den schwach negativ polaren Elementen zuzulassen, wie (100) zeigt.

(100) **Ein bisschen* scheint er ihn ***ausstehen*** *zu können.*

Ein weiterer Nachweis für diese Folgerung ist, dass sich die Verstärkung von *ein bisschen* (in der Bedeutung von „ein wenig"), d. h. *nicht ein bisschen* erst richtig mit schwach negativ polaren Ausdrücken verbinden lässt:

(101) *Nicht ein bisschen* scheint er ihn *leiden zu können.*
(102) *Nicht ein bisschen* scheint er sich darum zu *kümmern.*

Aufgrund der Zwartsschen Implikationstests (1986:169) kann *ein bisschen* allerdings auch als monoton steigend betrachtet werden:

(103) Ein bisschen *Wein schenken sie ein und trinken sie.* ⇒ *Ein bisschen* Wein schenken sie ein, und *ein bisschen* Wein trinken sie.

4.4 Die Intensivierer *mäßig* und *mehr oder weniger*

mäßig wird von van Os (1986: 251) als positiv polar betrachtet. Wahrig (1974) setzt für *mäßig* drei Bedeutungen an: „zurückhaltend“, „angemessen“ und „nicht sehr gut“. Als Satzbeispiele werden u.a. angeführt:

(104) Die Verpflegung war *mäßig*.
(105) Im Essen ist er *mäßig*.

Das Duden-Lexikon (1970) verzeichnet zwei Bedeutungen: „das richtige Maß einhaltend“ und „mittelmäßig“, *mäßig* lässt sich allerdings in keiner dieser Bedeutungen mit den schwach negativ polaren Elementen verbinden.

(106) *Er scheint ihn *mäßig ausstehen zu können*.

Auch die Implikationen zeigen, dass *mäßig* eher monoton steigend ist (Zwarts 1986: 245):

(107) Man fand die Verpflegung in diesem Krankenhaus *mäßig*. ⇒ Man fand die Verpflegung *mäßig*.
(108) *Man fand die Verpflegung *mäßig*. ⇒ Man fand die Verpflegung in diesem Krankenhaus *mäßig*.

Außerdem lässt sich *mäßig* mit schwach und positiv polaren Elementen verbinden:

(109) *Mäßig* war die Verpflegung *schon immer*.
(110) *Mäßig* war die Verpflegung *noch immer*.
(111) *Mäßig* war die Verpflegung *in der Tat*.
(112) *Mäßig* war die Verpflegung *für manche*.

mehr oder weniger wird im Dt.-Ndl. Wörterbuch mit „min of meer“ übersetzt, welches seiner Semantik gemäß monoton steigend sein sollte. Wahrig (1974) gibt folgendes Satzbeispiel:

(113) Er hat *mehr oder weniger* Recht.

Dass *mehr oder weniger* kein nicht-monotoner, kontinuierlicher Ausdruck ist und sich nicht mit Ausdrücken *wie mehr* N_1 *als* N_2 oder *weniger* N_1 *als* N_2 vergleichen lässt, beweist der folgende Test.

(114) a *Mehr oder weniger* schlecht schrieb und las er.
b *Mehr oder weniger* schlecht las oder sprach er.
c *Mehr oder weniger* schlecht las er. (= gültiger Schluss aus a) und b))

Die Implikation in (114c) ist gültig. Damit sind die semantische Einheit und der monotone Charakter von *mehr oder weniger* erwiesen.

Mit schwach negativ polaren Elementen lässt sich *mehr oder weniger* in Kombination mit negativ- und positiv-evaluativen Ausdrücken nicht verbinden:

(115) **Mehr oder weniger* schlecht scheint er ihn ***ausstehen*** *zu können.*
(116) **Mehr oder weniger* gut scheint er ihn ***leiden*** *zu können.*
(117) **Mehr oder weniger* gut scheint ihn das ***kümmern*** *zu können.*

Aufgrund dieser Beobachtungen und Schlussfolgerungen ist *mehr oder weniger* als monoton steigend zu klassifizieren.

4.5 Zusammenfassung

Die meisten Intensivierer aus dem abschwächenden Bereich sind positiv polar, weil sie nicht mit Negationswörtern auftreten können. Nur der Intensivierer *ein bisschen* bildet eine Ausnahme.

Das Indefinitpronomen *etwas* ist von van Os in der Bedeutung von „ein wenig/ bisschen" als positiv polar klassifiziert worden. Zwarts hält das selbständig auftretende *etwas* in der Bedeutung „aliquid" für monoton steigend. Der mit Adjektiven und Substantiven auftretende Intensivierer *etwas* sollte aufgrund der bei Zwarts verzeichneten Prüfimplikationen ebenfalls als monoton steigend zu klassifizieren sein. Die Evaluierung des Intensivierers spielt bei den Kollokationen mit negativ polaren Elementen eine große Rolle. In einer negativ-evaluativen Bedeutung (also „nur etwas") lässt sich *etwas* wohl mit schwach negativ polaren Elementen verbinden, in einer positiv-evaluativen Lesart hingegen nicht, *ein wenig* ist nach van Os positiv polar, weil es in erster Linie monoton steigende Ausdrücke modifiziert. In gewissem Sinne ist dieser Intensivierer aber auch negativ polar, weil *ein wenig* als negativ- oder positiv-evaluativ aufgefasst werden kann. Die Kollokationen mit den schwach und stark positiv polaren Elementen zeigen auf jeden Fall, dass *ein wenig* in erster Linie monoton steigend ist. Die Verbindung mit schwach negativ polaren Elementen ist nur korrekt, wenn für *ein wenig* die einschränkende Bedeutung „nur ein wenig" vorliegt.

Der Intensivierer *ein bisschen* ist der Bedeutung nach mehr positiv-evaluativ als *ein wenig*. Es sind ja keine Kollokationen mit negativ polaren Elementen möglich; somit muss dieser Intensivierer monoton steigend sein. Die Negation *nicht ein bisschen* bewirkt eine Verstärkung der semantischen Umkehrung dieses Intensivierers; aufgrund der Kollokationsmöglichkeiten mit schwach negativ polaren Elementen ist *ein bisschen* monoton fallend.

Von den übrigen Intensivierern dieses Bereichs schließlich ist *mäßig* positiv polar und lässt sich in der Sinngebung „zurückhaltend, angemessen und nicht sehr gut" als monoton steigend klassifizieren. Der Intensivierer *mehr oder weniger* ist nach den diagnostischen Implikationen ebenfalls monoton steigend.

5. Intensivierer aus dem approximativen Bereich

5.1 Einführung

Zu den deutschen approximativen Intensivierern gehören *annähernd, beinahe, fast, geradezu, nahezu, praktisch, schier, so gut wie, (so) ungefähr* und *(so) ziemlich.*

Innerhalb dieser Klasse befindet sich die Subklasse der quasikongruenten Modifikatoren, die strengeren Kollokationsrestriktionen unterworfen sind. Nach Zwarts (1986: 246) vertragen sich diese quasikongruenten Intensivierer nur mit universellen und negativen Ausdrücken gut. Nach van Os (1989: 204) allerdings drücken Approximatoren und quasikongruente Modifikatoren Annäherungswerte aus, die es aber nur geben könne, wenn die im Skopus stehenden Prädikate und andere Ausdrücke Grenzwerte aufweisen (Beispiel: *Wir haben praktisch 60 Kilo Altpapier eingesammelt;* nach van Os 1989: 204).

Nach van Os (1989: 203) sind die meisten Approximatoren positiv polar, weil deren Auftretensbedingungen vor allem in Satzkonstituenten, die eine Negation enthalten, zu suchen sind. Im Allgemeinen können nach van Os nicht-nominale Konstituenten nicht mit Approximatoren auftreten. Kürschner (1983) hat über die Polarität von Approximatoren nichts zu sagen. Nach van Os (1989: 205) gilt die folgende Regel für das Auftreten von Approximatoren: „Ein sprachlicher Ausdruck kann mit einem quasikongruenten Modifikator auftreten genau dann, wenn er auf eine Grenze verweist. Die Grenze kann in der Semantik des sprachlichen Ausdrucks enthalten oder aber pragmatisch konstituiert sein, wobei für nominale Konstituenten gilt: Kard(N) >/= 3 („größer-gleich 3"). Ist die nominale Konstituente ein Kontinuativum, gilt die letzte Beschränkung nicht." Ein Beispiel eines Satzes mit einem Kontinuativum lautet: *Ich habe praktisch zwei Brote gegessen* (van Os 1989: 203). Das Substantiv *Brote* ist sowohl Individuativum als auch Kontinuativum; d.h. die Beschränkung „Kard (N) >/= 3" gilt hier nicht.

5.2 Der Intensivierer *praktisch*

Wir verwenden hier die Beispielsätze von van Os (1989: 203–205) mit dem approximativen und quasikongruenten Intensivierer *praktisch* sowie verschiedenen modifizierten Prädikaten.

(118) Ich habe *praktisch* zwei Brote gegessen.
(119) Ein Sexskandal bedeutete *praktisch* das Ende von seiner Karriere.
(120) Der Schauspieler steht *praktisch* noch am Anfang seiner Karriere.

Der Duden (1977) führt für *praktisch* die Klassifizierung als Adverb in der Bedeutung „so gut wie, in der Tat" an.

(121) Sie macht *praktisch* alles.
(122) Mit ihm hat man *praktisch* keine Schwierigkeiten.

Aus den Dudensätzen ist zu folgern, dass der Modifikator *praktisch* quasikongruent ist. D.h. er verweist auf einen universellen Quantor (das quasifiltrierende *alles*) oder auf einen negativen Quantor (das quasiidealisierende *kein*), vor allem aber auf Grenzwerte von Prädikaten. Dies bedeutet, dass *praktisch* die folgenden modifizierten Ausdrücke ihres quasiidealisierenden bzw. quasifiltrierenden Charakters beraubt.

Logischerweise lassen sich die nominalen Konstituenten *praktisch kein N* und *praktisch alle N* jeweils als monoton fallend und steigend nachweisen. Vgl. die folgenden Zwartsschen Implikationen (Zwarts 1986: 169, 180):

(123) a *Praktisch kein Mensch* ging weg ⇒ *Praktisch kein Mensch* ging früh weg.
b **Praktisch kein Mensch* ging früh weg ⇒ *Praktisch kein Mensch* ging weg.
c *Praktisch alle Menschen* gingen früh weg ⇒ *Praktisch alle Menschen* gingen weg.
d **Praktisch alle Menschen* gingen weg ⇒ *Praktisch alle Menschen* gingen früh weg.

Diese Implikationen zeigen, dass die genannten nominalen Konstituenten die Bedingungen für fallende und steigende Monotonie erfüllen (Zwarts 1986: 169, 180).

Der zweite Beleg für diese Behauptung ist in den Kollokationsmöglichkeiten der Konstituente *praktisch kein N* mit schwach negativ polaren Elementen (Zwarts 1986: 341) und der Konstituente *praktisch alle N* mit schwach positiv polaren Elementen enthalten (Zwarts 1986: 410).

(124) a *Praktisch kein* Mensch scheint ihn zu *brauchen.*
b *Praktisch kein* Mensch scheint diesen Mann *ausstehen* zu können.
c *Praktisch alle* Menschen wissen das *schon.*
d *Praktisch alle* Menschen wussten das *noch.*
e *Praktisch alle* Kinder haben das *sofort* zugegeben.

praktisch kein N lässt sich wegen seines quasiidealisierenden und antiadditiven Charakters auch mit stark negativ polaren Elementen verbinden (Zwarts 1986: 341):

(125) a *Praktisch kein* Mensch hat *keine Spur* von Gefühl für ihn gezeigt.
b *Praktisch kein* Schüler hat sich *sonderlich* darauf gefreut.

Die Konstituente *praktisch alle N* lässt sich wegen ihres quasifiltrierenden Charakters nicht mit den stark negativ polaren Elementen verbinden.

Mit diesen Zusammenhängen sind aber die Monotonieeigenschaften des approximativen und quasikongruenten Modifikators *praktisch* noch nicht endgültig geklärt worden, *praktisch* lässt sich mit dem niederländischen *vrijwel* vergleichen. Zwarts klassifiziert *vrijwel alle/geen* als nicht-monoton. Nach unserem Ermessen lässt sich *praktisch kein/alle* aufgrund der folgenden Implikationen ebenso als nicht-monoton einordnen (Zwarts 1986: 248).

(126) a **Praktisch alle* kranken Tiere sollen getötet werden ⇒ *Praktisch alle* Tiere sollen getötet werden.
b **Praktisch alle* Tiere sollen getötet werden ⇒ *Praktisch alle* kranken Tiere sollen getötet werden.

Beide Implikationen sind falsch: Denn nach Zwartsschen Kriterien für Nichtmonotonie (Zwarts 1986: 248) schließt der Tod aller kranken Tiere nicht aus, dass wenig Tie re getötet werden. Und umgekehrt gilt das Gleiche. Diese Implikationen lassen sich z.B. auch auf die Konstituente *praktisch kein N* anwenden. Und auch hier erweisen sie sich als falsch.

Diese Beobachtungen bestätigen also den nicht-monotonen Charakter des Determinators *praktisch alle/kein*. Der Determinator wird erst mit der nachfolgenden Konstituente des Quantors monoton steigend bzw. fallend. *praktisch* tritt aber nicht nur mit antiadditiven Ausdrücken auf. Das belegen die Sätze (118)–(120). Die Frage ist aber, wie die Monotonieeigenschaften von Prädikaten wie *praktisch zwei Beamte*, *praktisch das Ende* und *praktisch am Anfang* zu beurteilen sind, wenn *praktisch* nicht-monoton ist. *Brot* und *Ende* sind beide Substantive: *Brot* ist ein Individuativum, *Ende* ein Kontinuativum. Das Prädikat *am Anfang* dagegen ist eine Präpositionalphrase. Diese drei Quantoren sind alle als monoton steigend zu beurteilen. Die nächsten Implikationen belegen diese Annahme (Zwarts 1986: 167).

(127) a *Praktisch* zwei große belegte Brote habe ich gegessen. ⇒ *Praktisch* zwei belegte Brote habe ich gegessen.
b *Praktisch* das letzte Ende seiner Karriere ist nahe. ⇒ *Praktisch* das Ende seiner Karriere ist nahe.
c *Praktisch* am allerersten Anfang steht er. ⇒ *Praktisch am* Anfang steht er.

Obwohl sich *praktisch das Ende* und *praktisch am Anfang* nicht gut nach den Prüfimplikationen beurteilen lassen, müssen beide doch als monoton steigend betrachtet werden. Sie lassen sich nämlich durchaus gut mit stark und schwach positiv polaren Ausdrücken verbinden, wie die folgenden Beispiele zeigen.

(128) Der Schauspieler steht *tatsächlich praktisch* am Anfang seiner Karriere.
(129) Er steht *für manche praktisch* am Anfang seiner Karriere.
(130) Der Sexskandal bedeutete *keineswegs praktisch* das Ende seiner Karriere.
(131) Der Sexskandal bedeutete *tatsächlich praktisch* das Ende seiner Karriere.
(132) Der Schauspieler steht *schon praktisch* am Anfang seiner Karriere.
(133) Der Schauspieler steht *noch praktisch* am Anfang seiner Karriere.
(134) Der Sexskandal bedeutet *schon praktisch* das Ende seiner Karriere.
(135) Der Sexskandal würde für ihn *noch praktisch* das Ende seiner Karriere bedeuten.

Es lässt sich aufgrund der aufgestellten Kollokationen Folgendes zusammenfassen: Die Quantorenausdrücke *praktisch am Anfang, praktisch das Ende* und *praktisch zwei Beamte* müssen als monoton steigend klassifiziert werden.

5.3 Der Intensivierer *so gut wie*

so gut wie lässt sich unseren Beobachtungen zufolge in seinem Verhalten mit *praktisch* vergleichen. Van Os (1989: 205) prüft folgende Sätze mit *so gut wie.*

(136) a Ja, Teller passten *so gut wie keine* mehr rein.
b Teller passten *so gut wie* nicht mehr rein.

Auch Wahrig (1974) zitiert einige Beispiele ohne idealisierendes Prädikat.

(137) a Das ist *so gut wie* möglich.
b Das war *so gut wie* sicher.

In den Sätzen (136a, b)–(137a, b) hat *so gut wie* demnach die Bedeutung „fast“. Auch hier lässt sich *so gut wie* als nicht-monoton auffassen. Das erweist sich anhand der folgenden Implikationstests für fallende und steigende Monotonie (Zwarts 1986: 167, 179, 248).

(138) a **So gut wie* keine der großen Teller passten mehr rein ⇒ *So gut wie* keine der Teller passten mehr rein.
b **So gut wie* keine der Teller passten mehr rein ⇒ *So gut wie* keine der großen Teller passten mehr rein.

Beide Implikationen sind falsch: Während das Antezedens stimmt, ist die Konsequenz in beiden Fällen immer falsch, *so gut wie* ist also auch ein nicht-monotoner Determinator. Hieraus folgt, dass die Konstituenten *so gut wie keine N* und *so gut wie nicht* monoton fallend sind. Entsprechend lassen sich beide Quantoren mit den stark negativ polaren Elementen verbinden:

(139) a *So gut wie keine* hatte etwas davon verstanden.
b *So gut wie keine* war sehr froh.
c *So gut wie nicht* haben diese Teller eine Spur davon hinterlassen.

Die Kollokationsmöglichkeiten mit den stark negativ polaren Elementen zeigen, dass trotz der Anwesenheit des die Antiadditivität einschränkenden *so gut wie* die Quantorenausdrücke durchaus als antiadditive und quasiidealisierende Konstituenten zu qualifizieren sind.

Wegen der Kollokationsmöglichkeiten mit schwach und stark positiv polaren Elementen muss man die bei Wahrig (1974) dargestellten Ausdrücke *so gut wie möglich* und *so gut wie sicher* als monoton steigend auffassen. Die folgenden Implikationstests illustrieren diese Behauptung (Zwarts 1986, 167, 179).

(140) a *So gut wie sicher* sang er falsch. ⇒ *So gut wie sicher* sang er.
b * *So gut wie sicher* sang er. ⇒ *So gut wie sicher* sang er falsch.
c *So gut wie möglich* schrieben sie diese Arbeit. ⇒ *So gut wie möglich* schrieben sie.
d **So gut wie möglich* schrieben sie. ⇒ *So gut wie möglich* schrieben sie diese Arbeit.

In den Implikationen (140a) und (140c) sind die Klassen der Sänger und Schreiber in denjenigen Klassen enthalten, deren Personen so gut wie sicher falsch singen und so gut wie möglich eine Arbeit schreiben. In (140b) und (140d) dagegen sind die Personen, die so gut wie möglich die Arbeit schreiben und die so gut wie sicher falsch singen, nicht in der Klasse der Sänger und Schreiber enthalten. Somit sind beide Ausdrücke monoton steigend.

6. Rekapitulation

Die Frage, ob Intensivierer monotone Eigenschaften haben können, ist in der vorliegenden Studie anhand einer Auswahl an Monotonieeigenschaften bestätigend beantwortet worden. Die Intensivierer zweier aus der Gesamtklasse der sieben Intensivierungsbereiche (nach van Os 1986) sind auf zwei Wegen auf Monotonie hin untersucht worden: Zuerst wurden die Intensivierer als Determinatoren in den Zwartsschen Implikationsdiagnosen für steigende und fallende Monotonie (Zwarts 1986: 169, 180) diskutiert. Zweitens waren auch die Kollokationen der Determinatoren mit polaren Elementen wichtige diagnostische Kriterien für Monotonieeigenschaften von Intensivierern.

Wir fassen hier die Ergebnisse über den gesamten Intensivierbereich, also auch unter Nutzung der Ergebnisse in Abraham / Akkerman (1995) sowie Akkerman/ Abraham (1996) zusammen. Diese beiden Untersuchungswege ergaben für monotone und polare Eigenschaften der Intensivierer die folgenden Schlüsse: Das deutsche ***ganz*** der absoluten Intensivierungsstufe ist monoton fallend und anti-additiv. Die auf den Ausdruck folgenden Konstituenten sind multiplikativ. Das vergleichbare niederländische ***heel*** weist die gleichen Eigenschaften auf. ***durchaus*** ist in Verbindung mit Adjektiven monoton steigend, ***nicht durchaus*** monoton fallend. Das approximative ***praktisch*** ist mit dem ndl. ***vrijwel*** vergleichbar. Beide Intensivierer nehmen den modifizierten Ausdrücken ihren idealisierenden bzw. filtrierenden Charakter. Beide Determinatoren sind, obwohl sie sich mit stark negativ polaren Elementen verbinden können, nicht-monoton. Die Approximatoren ***so gut wie*** und ***fast*** sind ebenfalls nicht-monoton.

Die extrem hohe Stufe (vgl. Akkerman / Abraham 1996) umfasst vor allem superlativische Intensivierer. Das attributivische, positiv polare Adjektiv ***längst*** erweist sich als monoton steigend, ***höchst*** verbindet sich vorzugsweise mit negativ-evaluativen Substantiven sowie Adjektiven. Diese Beobachtung schränkt aber die beobachteten Monotonieeigenschaften nicht weiter ein: ***höchst*** ist immer monoton steigend. Die positiv polaren Intensivierer ***äußerst, schärfstens*** und ***am schärfsten*** sind monoton steigend, auch wenn das einschränkende Element ***nur*** davorgesetzt wird. Die superlativischen Adjektive ***außergewöhnlich, entsetzlich, betörend, schrecklich, furchtbar*** und ***erschreckend*** sind alle entweder positiv-evaluativ oder negativ-evaluativ; in jedem Falle sind sie monoton steigend.

Die hohe Stufe ist eine sehr große, uneinheitliche Klasse. Unter den Lexemen dieser Klasse sind die folgenden auf Monotonie hin untersucht worden. Das Vergleichsdemonstrativum *so* ist monoton steigend. Allerdings spielt die Betonung hierbei eine beträchtliche Rolle: Verstärkendes ***so*** lässt sich mit allen positiv polaren Elementen verbinden, erweist sich somit als monoton steigend; negiertes ***so*** dagegen bewirkt semantische Umkehrung. Wenn ***nicht so*** + Prädikat negativ-evaluativ ist, dann wird ***nicht so*** monoton fallend. Dasselbe gilt umgekehrt. Bipolares ***sehr*** lässt sich nicht mit negativen und universellen Ausdrücken verbinden und ist daher nicht-monoton; ***weiter*** ist als Adjektiv in Verbindung mit Substantiven ein positiver Ausdruck mit intensivierender Bedeutung und somit monoton steigend. Die negativ polaren Lexeme ***sonderlich*** und ***nennenswert*** sind an sich nicht-monoton, in Verbindung mit negativ modifizierten Prädikaten jedoch monoton fallend. ***gerade*** und ***eben*** gelten im Allgemeinen als Ausdrücke, die nur mit Negation auftreten können. Sie lassen sich aber auch ohne Negation verwenden und sind dann positiv polar und monoton steigend.

Auf der gemäßigten Stufe ist ***recht*** in der Bedeutung „ziemlich“ trotz seiner eher negativ-evaluativen Bedeutung monoton steigend. In der abschwächenden Intensivierungsstufe, die im vorliegenden Aufsatz besprochen wurde, sind die meisten Intensivierer positiv polar, weil sie nicht mit Negation auftreten: ***etwas*** ist in der Bedeutung „ein wenig“ monoton steigend, ***ein wenig*** und ***ein bisschen*** sind ebenfalls monoton steigende Intensivierer. Zum hier nicht diskutierten minimalen Intensivierungsbereich schließlich gehören Intensivierer wie ***wenig, kaum, schwer*** und ***schwerlich***. *wenig* ist nichtmonoton, obwohl es in erster Linie monoton fallende Ausdrücke bildet. Das positiv polare ***kaum*** dagegen ist monoton fallend.

7. Appendix: Liste der lexikalischen Intensivierer

In dieser Liste werden die Intensivierer schematisch nach Intensivierungsstufen, Polaritäts- und Monotonieeigenschaften gereiht. Die Polaritätsbeobachtungen von Kürschner und van Os werden durch die Zeichen „+“ (für „positiv polar“), „–“ („negativ polar“) bzw. „0“ („bipolar“) wiedergegeben. Die Zeichen „↑“ („monoton steigend“), „↓“ („monoton fallend“) sowie „0“ („nicht-monoton“) geben die Monotonieeigenschaften des Determinators allein und auch in Verbindung mit Substantiven und Adjektiven wieder. Die folgenden Zahlen bezeichnen die Intensivierungsstufen: 1 = absolut, 2 = approximativ, 3 = extrem hoch, 4 = hoch, 5 = gemäßigt, 6 = abschwächend, 7 = minimal. Vgl. auch van Os (1989: 239–256).

Intensivierer	Stufe	Polarität		Monotonie		
		Kürschner 1983	Van Os 1989	Determinator	mit Substantiv	mit Adjektiv
ganz (attributiv)	1	–	+	↓	↑	
ganz (Partikel)	1	–		↑		↑
durchaus	1		+	↑		↑
durchaus nicht	1/5			↓		
praktisch	2		+	0	↑/↓	↑/↓
so gut wie	2		+	0	↑/↓	↑/↓
fast	2		+	0	↑/↓	↑/↓
vrijwel (ndl.)	2			0	↑/↓	↑/↓
längst	3	–	+	↑	↑	↑
höchst	3		+	↑	↑	↑
schärfstens	3		+	↑	↑	↑

Intensivierer	Stufe	Polarität		Monotonie		
		Kürschner 1983	Van Os 1989	Determinator	mit Substantiv	mit Adjektiv
am schärfsten	3		+	↑	↑	↑
außergewöhnlich	3		+	↑	↑	↑
entsetzlich	3		+	↑	↑	↑
betörend	3		+	↑	↑	↑
schrecklich	3		+	↑	↑	↑
furchtbar	3		+	↑	↑	↑
erschreckend	3		+	↑	↑	↑
so	4		+	↑	↑	↑
nicht so	1,3,4,7		–	0		↑/↓
sehr	4		0	0	↑/↓	↑/↓
nicht sehr	4		–	0	↑/↓	↑/↓
weiter	4	–	–	↑	↑	↑
nennenswert	4	–	–	0	↓	↓
gerade	4	–		↑	↑	↑
eben	4	–	0	↑	↑	↑
recht	5	–	+	↑	↑	↑
etwas	6		+	↑	↑	↑
ein wenig	6		+	↑	↑	↑
ein bisschen	6		+	↑	↑	↑
mäßig	6		+	↑	↑	↑
mehr oder weniger	6		+	↑	↑	↑
wenig	7		0	0	↓	↓
kaum	7		+	↓	↓	↓

Literatur

Abraham, Werner & Linda Akkerman 1995. Die Monotonieeigenschaften einiger Intensivierungswörter im Deutschen: die gemäßigten und die minimalen. In: G. Hindelang, E. Rolf & W. Zillig (Hg.) *Der Gebrauch der Sprache: Festschrift für Franz Hundsnurscher zum 60. Geburtstag*, Münster: Litverlag, 1–14.

Akkerman, Linda & Werner Abraham 1996. Die Monotonieeigenschaften der Intensivierwörter *praktisch* und *so gut wie* im Deutschen. In: E. Wiegang & F. Hundsnurscher (eds.) *Lexical Structures and Language Use: Proceedings of the International Conference on Lexicology and Lexical Semantics, Münster, September 13–15, 1994.* Tübingen: Niemeyer, 3–14.

Biedermann, Reinhard 1969. Die deutschen Gradadverbien in synchronischer und diachronischer Sicht. Dissertation (unveröffentlicht). Heidelberg.

Jacobs, Emmy 1984. Bijna alle mannen rijden te hard. In: G. J. de Haan & M. Trommelen & W. Zonneveld (Hg.) *Van periferie naar kern*. Dordrecht: Foris, 101–112.

Kürschner, Wilfried 1983. *Studien zur Negation im Deutschen.* [Studien zur deutschen Grammatik 12]. Tübingen: Narr.

Löbner, Sebastian 1985. Natürlichsprachliche Quantoren. Zur Verallgemeinerung des Begriffs der Qualifikation. *Studium Linguistik* 17–18, 91–113.

Os, Carolus H. van 1986. *Vrijwel* heeft zijn grenzen. *TABU* 16, 51–71.

Os, Carolus H. van 1989. *Aspekte der Intensivierung im Deutschen.* [Studien zur deutschen Grammatik 37]. Tübingen: Narr.

Pusch, Luise 1981. *ganz.* In: H. Weydt (Hg.) *Partikeln und Deutschunterricht. Abtönungspartikeln für Lerner des Deutschen.* Heidelberg: Groos, 31–43.

Seuren, Pieter A.M. 1976. Echo: een Studie in negatie. In: G.A.T. Koefoed & A. Evers (eds.) *Lijnen van taaltheoretisch onderzoek. Een bundel oorspronkelijke artikelen aangeboden aan prof dr. H. Schultink.* Groningen: Willink, 160–184.

Sowinski, Bernard 1969. *praktisch* – ein neues Modalwort? *Muttersprache* 79, 217–222.

Vandeweghe, Willy 1986. Kommentaar bij Frans Zwarts' *vrijwel.* Unveröffentliches Manuskript. Universität Gent.

Zwarts, Frans 1985. De zaak *vrijwel. TABU* 15, 145–149.

Zwarts, Frans 1986. Categoriale grammatica en algebraische semantiek. Een onderzoek naar negatie en polariteit in het Nederlands. Dissertation (unveröffentlicht). Groningen.

Wörterbücher

Duden. *Das Bedeutungswörterbuch.* Band 10. Mannheim 1977.

Duden. *Das Große Duden-Lexikon in acht Bänden.* Mannheim 1970.

Ullstein. *Lexikon der deutschen Sprache.* Frankfurt/M 1969.

Wahrig. *Deutsches Wörterbuch.* Gütersloh 1974.

5. Sprachwandel

Methodische Überlegungen zu Grammatikalisierung, zyklischem Wandel und dem Wechsel von Analytik zu Synthetik – und zyklisch weiter zu Analytik (?)*

Zusammenfassung: Es werden typische, hinreichend belegte Pfade von zyklischem Grammatikalisierungswandel diskutiert und hinsichtlich ihrer theoretischen Beschreibungsvoraussetzungen erläutert. Dazu werden Bemerkungen zu den methodologischen und sprachphilosophischen Axiomatisierungen vorausgeschickt, wonach sich abzeichnet, unter welchen linguistisch-schulischen Voraussetzungen solche auf universalgrammatische Merkmale abzielende empirische Untersuchungen überhaupt fruchtbar sein können. Dies wird anhand von Erscheinungen aus dem modernen Deutschen wie Präteritumschwund, *da*-Stranden, *weil* als Koordinator bzw. Konjunktion exemplarisch illustriert.

1. Entwurf

Es hat sich methodisch als sinnvoll und erkenntnistheoretisch als zielführend erwiesen, Sprachwandel daraufhin zu prüfen, ob einzelne beobachtbare Schritte nicht als Teil von Reihenentwicklungen zu sehen sind. Dies erhöht die Generalisierbarkeit und damit die Erklärkraft nicht nur von diachronen, sondern auch synchronen Phänomenen und deren Ableitbarkeit aus Ausgangssachlagen, die möglicherweise unterspezifiziert sind. Dies trifft in der Geschichte der Sprachwissenschaft vor allem auf die Phonologie zu. Wir kennen dies z.B. aus der historischen Sprachwissenschaft, was die martinetschen Schub- und Zugprozesse sowie Reihenschrittentwicklungen in der Dialektologie (Wiesinger 1970) anlangt.

Was die Syntax diachroner Prozesse anlangt, kodiert man heutzutage Prozesse der Reduktion lexikalischer Einheiten zu grammatisch-morphologischen – oder zumindest paradigmatisch eingeschränkten Morphemen unter dem Prozess der 'Grammatikalisierung' (GR). Methodologie und Erkenntnisinteresse richten sich dabei auf die folgenden Fragen:

(1) Was sind die regelhaften und damit generalisierbaren Schritte solcher Grammatikalisierungen? Wie sind diese formal fassbar – d.h. ohne den Rückgriff auf intersubjektiv stets problematische Alltagsversprachlichungen und vor allem unter ableitungsverallgemeinernder Sicht, also unter Bezug auf ubiquitär beobachtbare synchrone Ableitungsprozesse?

(2) Wie sieht der Anfangsstand (Input) zu einem solchen Grammatikalisierungsprozess, wie der Endstand (Output) aus? Wie sind Anfangs- und Endstand generalisierbar miteinander verbunden?

(3) Können wir in plausibler Weise Auslöser zu solchen GR-Prozessen ausmachen? Und wenn zyklischer GR-Wandel stattfindet: Was sind die Auslöser für den Neubeginn eines GR-Zyklus?

* Ersterschienen in: Dagmar Bittner & Livio Gaeta (Hg.) 2010. *Kodierungstechniken im Wandel. Das Zusammenspiel von Analytik und Synthese im Gegenwartsdeutschen.* [Linguistik – Impulse und Tendenzen 34]. Berlin: de Gruyter, 249–274.

Es bietet sich für solche Fragen aufs erste der Rückgriff auf methodische Begriffe wie *Frequenz* und *Entrenchment*, die im schulischen Denken der Konstruktionsgrammatik (KxG) eine bedeutsame, ja alles auslösende und regelnde Rolle spielen (vgl. etwa Ungerer & Schmid 2006; oder sehr viel konkreter Goldberg (2006: 94): „[...] entrenchment [equals; Einschub WA] hearing a pattern with sufficient frequency". Es wäre von vornherein nicht unplausibel zu erwägen, dass das häufige Auftreten (Frequenz) einer lexikalischen oder grammatischen Struktur gleich Entrenchment ist, während weniger häufiges Auftreten anzeigt, dass eine Form in Gefahr ist zu verschwinden. Jedoch: Abgesehen davon, dass Bornkessel et al. (2002) in einer ERP Studie gezeigt haben, dass grammatische Regeln und Frequenz einer Konstruktion nicht zwei Seiten derselben Medaille sind, wovon Konstruktionsgrammatiker im allgemeinen[1] ausgehen. So wiegt noch stärker die methodische Intransparenz – oder besser die vortheoretische Denkhaltung und die methodische Undurchsichtigkeit und Unklarheit –, die sich an diese Begriffe binden. Angenommen, wir möchten ausgehend von einem lexikalischen Element den Schritt zum Flexionsmorphem charakterisieren: Wo sind dann Häufigkeit und Entrenchment (Konventionalisierung) als *Declarantes* einzubringen? Mit anderen Worten: Die in (1)–(3) oben gestellten Fragen sind über Begriffe wie Häufigkeit und Konventionalisierung überhaupt nicht beantwortbar. Sie sind vorangenommen: Irgendeine Konventionalisierung muss bei Input ebenso wie Output vorliegen. Sie sind somit nicht falsch oder unnötig. Aber konkretere Analyseschritte sind damit nicht durchführbar. Und dies ist durchaus im Einklang der Grundannahmen des Konstruktionismus: Sprachliche Konstruktionen sind unanalysierbare, holistisch zu sehende Idiome; die bei Goldberg (1995, 1996, 2006) entwickelten formalen Ableitungsstrukturen – die in der Praxis des kurrenten Konstruktivimus kaum eine Rolle spielen – sind weit jenseits jener Analysetiefe und Aussagegenauigkeit, die wir für GR-Prozesse zu fordern gelernt haben – und auf die wir im einzelnen eingehen werden.[2]

1 Dies gilt freilich weder querbeet für jegliches schulische Denken, das unter „Kognitivismus" und „Konstruktionismus" läuft. Noch stimmen auch deutlich empirisch arbeitende Forscher im Gefolge des Konstruktivimus der radikalen These von Bornkessel zu, wonach die Grammatikalisierungsalternativen über Daten nicht nach Häufigkeit entschieden werden. Im Detail geht es um die Art, wie die Häufigkeit einer Konstruktion erfasst wird, was die sprachlichen Oppositionspartner sind, anhand welcher größere gegen niedrigere Häufigkeit – und damit der Konventionalisierungsgrad – erhebbar wird und wie überhaupt vergleichend-frequentative, wenn schon nicht statistische Signifikanz erreichbar wird. Kempen & Harbusch (2003) z.B. argumentieren, dass sich bei korrekter Interpretation der Frequenzdaten die Bornkesselsche These in dieser Form nicht halten ließe. Wesentlich ist dabei „in dieser Form" – aber es ist hier nicht der Ort, darauf näher einzugehen.

2 Einer der Gutachter macht mich darauf aufmerksam, dass diese Darstellung des Konstruktivismus und der KG unangemessen ist, da Frequenz und regelhafte Grammatik einander nicht ausschlössen, dass vielmehr Grammatikalisierung mit der Zunahme der Frequenz verschiedener Satz- und Konstituentenmuster zusammenhängt – so bei der Entstehung von Affixen bzw. Affixoiden (*-mente*, *-erweise*, *-los* usw.), dies sowohl bezüglich der Typen- als auch der Token-Zahl. Doch bleibe ich bei meiner Darstellung, vor allem angesichts der Diskussion zwischen Bornkessel et al. (2002) und Kempen & Harbusch (2003).

Es ist mit Nachdruck darauf hinzuweisen, dass auch nach Goldberg (1995, 1996, 2006) der entscheidende Unterschied aller konstruktionsgrammatischen Ansätze im Beitrag und in der Struktur des Lexikons und darin weiter bei der Frage liegt, wie weit im Lexikon Wortarten bereits ausdifferenziert sind. Vgl. etwa solche grammatischen Homonymien wie englisch *dog* als Nomen neben *to dog* als Verb oder deutsch *grün*, *das Grün* sowie *grün(-en)*. Das Hauptargument Goldbergs ist, dass der Bedeutungsunterschied bei Konversionen dieser unterschiedlichen Wortarten zu groß ist, als dass Ableitbarkeit aus einer der grammatischen Grundlagen denkbar und plausibel wäre (Goldberg 2006: 212f.). Die Krux liegt damit freilich deutlich in dem Umstand, dass bei solchen Generalisierungen Goldbergs Lücken in der Bildung zur historischen Entwicklung der Sprachwissenschaft und ihrer philosophisch-axiomatischen Begründung ebenso wie ihre ausschließlich am generativen Nativismus orientierte Methodenkritik zum Vorschein kommen[3]. Denn ein archelexematisches, vorkategorial strukturiertes Lexikonkonzept ist bereits bei den Modisten des Mittelalters angelegt (Bursill-Hall 1971, Jakobson 1985). Die moderne Theorie der distribuierten Morphologie führt diese grundlegenden Ideen über den Begriff der Unterspezifikation weiter (vgl. Embick 2004, Halle/Marantz 1993, Marantz 1984), allerdings ebensowenig unter Kenntnis(nahme) der modistischen sprachphilosophischen Theorie. Dies gilt natürlich erst recht für diachron-longitudinale Überlegungen zur Grammatikalisierung.[4]

Welche formalen und empirisch geeichten Vorannahmen sind also für GR-Prozesse zu setzen?

2. Empirische und intersubjektivierte Vorannahmen zum GR-Prozess

Die folgenden Vorannahmen zum GR-Prozess sind den definitorischen Beschreibungen Lehmanns (1985, 1995) entlehnt und beantworten die Untersuchungsziele in (1)–(3) so genau wie möglich. Doch sehen wir zuerst, von welchen GR-Schritten wir im Allgemeinen sprechen. Nach Heine & Kuteva (2002) sind die GR-Quellen und GR-Pfade u.a. folgende: Ausgangspunkte für grammatische Neubildungen sind

3 Mit Blick besonders auf den methodenkritischen Argumentationsgang von Goldberg (2006) kann man sich dem Urteil Welkes (2008: 565f.) keineswegs anschließen: „[...] die Konstruktionsgrammatik anders als die meisten gängigen Grammatiktheorien dazu einlädt, den Graben zwischen Systemlinguistik und offeneren Sprachbeschreibungen zu schließen.“ Zu einer umfassenderen kritischen Sichtung der KG im heutigen akademischen Linguistikbetrieb unter sprachphilosophisch-axiomatischer Grundlegung siehe Leiss (2009a,b).

4 Lehmann (2005: 1) beansprucht, den Grammatikalisierungspfad zwischen zwei unterschiedlichen Wortarten zum ersten Mal zu thematisieren. Aber davon kann natürlich weder angesichts des bei den universalistischen Modistengrammatikern des Mittelalters noch angesichts der modernen distribuierten Morphologie der Generativistik deswegen keine Rede sein, weil das Lexikon dort wie da archilexematisch – d.h. noch ohne Wortartzuordnung – strukturiert ist. Es ist dabei zu beachten, dass dies ein wesentlicher Schritt nicht nur zu dem auch von Lehmann eingeforderten universalistischen Strukturzugriff ist; vielmehr sind dadurch auch die Module des Lexikons und der Morphosyntax einwandfreier aufeinander abzustimmen. Vgl. Ramchand (2008).

jeweils, dass in diesen GR-Schritten neue semantische Eigenschaften entstehen, die dasjenige ersetzen, was über semantische Ausbleichung und totale Formenerosion weggrammatikalisiert wurde. (4) gibt eine Übersicht darüber, woraus grammatische Person und Numerus (phi-Merkmale) bei Verb- und Kopulakongruenz, Negativmerkmale bei Negation, Raummerkmale bei Präpositionen usw. neu entstanden sind.

(4) a Kongruenz: aus emphatischem Pronomen oder Nomen
b Kopula: Demonstrativ bzw. Verb
c Modal: aus Verb bzw. Adverb
d Negationselement: aus Minimierer, negativem DP bzw. negativem AP
e Präposition: aus Nomen

GR bedeutet vornehmlich, dass ein lexikalisches Element seine semantischen Merkmale zugunsten grammatisch-formaler, funktionaler Merkmale aufgibt. Dabei entsteht ein Prozessvakuum, nämlich eine Periode, in der das Element seine alte semantische Interpretierbarkeit bereits aufgegeben hat, aber noch keine neue Interpretierbarkeit ausgebildet hat bzw. sich noch nicht entschieden hat, welchem neuen Selektions- bzw. Subkategosirisierungskopf es sich anschließen wird[5] (vgl. dazu ganz explizit Abraham 2004 zur diachronen Ausbildung des Gerundiums und des Präpositionsinfinitivs im Deutschen). Hat ein funktionales Element einmal seine semantischen und damit interpretierbaren Merkmale einmal verloren, dann muss es wie ein Rektionssucher *(probe)* nach einem anderen, neuen subkategorisierenden bzw. selegierenden Kopfelement (ähnlich einem Valenzträger) Ausschau halten und sich diesem zur Merkmalsneubewertung (*valuation*) stellen. Dies ist der mechanische Vorgang der Minimalismussyntax. Es gibt direkte Erneuerer im Grammatikalisierungsprozess. Demonstrativa etwa verfügen selbst über *phi*-Merkmale, besitzen somit die Kraft zur Neuausbildung von flektivischer Kongruenz; Adverbien verfügen über Zeit- und Raummerkmale und vermögen Präpositionen und Complementizer (Nebensatzkonjunktionen) auszubilden. In diesem so beschriebenen Prozess liegt gleichzeitig der auslösende Faktor für GR eingebettet: Nichtinterpretierbare (*unvalued*) Merkmale sind in gewisser Weise instabil, da sie unselegiert bzw. unsubkategorisiert („unregiert") sind und diesen grammatisch instabilen Zustand aufzuheben versuchen. Wir können somit sagen: Es sind gerade die instabilen, uninterpretierbaren, nach Subkategorisierung und Selektion noch nicht zu bewertenden Elemente, die sich Sprachwandelprozessen unterwerfen (müssen), um interpretierbar zu werden.

5 Wenn, wie unten in Zusammenhang mit (10) konkreter diskutiert, die Präpositionalphrase[$_{PP}$ nach [$_{DP}$ dem [$_{NP}$ e]] zu Comp, [$_{COMP}$ nachdem], führt, dann tritt Reanalyse zwischen altem PP und neuem Comp ein. Während das alte PP jedoch Maximalprojektion in beliebiger grammatischer Abhängigkeit (als Adjunkt, als Rektionsglied) ist, muss bei Comp angenommen werden, dass es sich einen neuen grammatischen Selektor finden muss: eben das CP bzw. das finite V des unabhängigen, regierenden Satzes. Solange diese Suche (Probe) stattfinden muss, ist *nachdem* uninterpretierbar; erst wenn die neue grammatische Abhängigkeit im Sinne einer neuen Kopfrelation (finites Matrix-V) etabliert ist (die „Probesuche erfolgreich ist"), ist *nachdem* interpretierbar (d.h. mit allen grammatischen und lexikalischen Merkmalen abgesättigt).

Das sind klare, wenn auch noch nicht komplette Antworten auf die Fragen in (1)–(3) oben. Über zyklische GR ist freilich noch nichts gesagt, damit ebensowenig über Zyklen der Analytik und Synthetik. Aber dazu kommen wir noch.

3. GR ist Wandel von Komplex- zu Kopfstatus

Formal gesehen ist der GR-Prozess der verarbeitungs- und damit lernerleichternde Projektionswandel von einer maximalen zu einer Nullprojektion, somit ein Ökonomisierungsprozess. Was an formalen Konstanten an diesem Erleichterungsprozess teilhat, bestimmt die Minimalismussyntax (Chomsky 1995). Diese und andere Einsichten sowie die entsprechenden ersten empirischen Illustrationen zu dieser Formalisierung verdanken wir van Gelderen (2004, 2008). Es geht also bei GR in erster Linie um die folgenden zwei syntaxformalen Schritte in synchroner Ableitung und diachroner GR.

(5) Kopfpräferenzprinzip (KPP)
Lass lieber Köpfe statt komplexen Konstituenten entstehen!

(6) Spätmergeprinzip (SMP) (Merge = Verkettung)

Merge (setze aus dem Lexikon in die Syntaxstruktur ein) so spät (so hoch) wie möglich bzw. vermeide Merge wenn möglich überhaupt!
Die beiden Prinzipien in (5)–(6) sind also optimierende Präferenzgrundsätze. Sie geben jene diachrone Wandelrichtung voraus, die unter Parsing- und Erwerbsbedingungen am leichtesten durchführbar ist. Mit (6) ist auch gesagt, dass Versetzung (Movement) unökonomischer ist als direkter Struktureinsatz eines Lexems aus dem Lexikon. Selbst wenn man Versetzung (Movement) als eine Art von Merge (nämlich internes Merge, nach Chomsky 2004) betrachtet, ist Versetzung unökonomischer, da es zwei Schritte umfasst: Kopieren sowie Neuverkettung eines lexikalischen Elements im Laufe der Ableitung. Externes Merge (direkter Lexemeinsatz aus dem Lexikon, völlig ohne Verschiebungsoperation) beinhaltet keinen Kopierprozess, ist somit ökonomischer und verarbeitungsökonomischer (van Gelderen 2008b). Dies ist wie gesagt, was (6) besagt.

Andererseits: Wenn Kinder Sprache erwerben, dann suchen sie, vor ambige, noch nicht eindeutig analysierbare Alternativen gestellt, nach jenem Input, der den am wenigsten komplexen Output liefert: ein fertig interpretierbares Morphem oder einfaches Wort – somit strukturell einen Kopf (X^{o}) – lieber als ein komplexes Kompositum oder gar eine Konstituente (XP). Dies ist, was (5) besagt.[6]

Beispiele für KPP und SMP sind leicht beizubringen (van Gelderen 2008b, Lohndal 2009, Leiss 2008).

6 Es ist nicht unwichtig darauf hinzuweisen, dass KPP im Unterschied etwa zu methodischen Konzepten wie dem Effizienzprinzip bei Hawkins (2004) oder Formminimierungsszenarien wie 'Stay' der Optimierungstheorie ein spezifisches, invariantes Arbeitsprinzip darstellt (so van Gelderen 2008b).

(7) a Präposition > Complementizer: vgl. englisch *for (to see everything)*
b Modalverben: v > Aspekt > Tempus (*shall*, *will*)
c Präposition > Aspekt: vgl. englisch *on* in *agoing*
d *v*P-Adverbiale > TP/CP-Adverbialen
e Negative Objekte > Negativelementen (German *niwiht* > *nicht*)

Eines der Standardbeispiele für solchen Wandel ist, dass sich lexikalische Vollverben im Englischen zu Modalverben entwickeln (siehe dazu Traugott 1989, Lightfoot 1975, 2006, Roberts 1993, Kroch 1989, Abraham 2002). Im Mittelenglischen hatten *can, could, may, might, will, would, shall* Vollverbstatus. Lightfoot (2006: 90) hat die folgenden Daten zusammengestellt (nach Lohndal 2009: 7; vgl. zum Vergleich der englischen Entwicklung mit denen des Deutschen und Niederländischen Abraham 2002).

(8) a *He has could understand chapter 4.
b He has understood chapter 4.
c *Canning understand chapter 4, …
d Understanding chapter 4, …
e *He wanted to can understand.
f He wanted to understand.
g *He will can understand.
h He will try to understand.
i *He can music.
j He understands music.

(8a-j) zeigt den Distributionsunterschied zwischen lexikalischen Vollverben (VV) und Modalverben (MV) im Englischen. Als MV noch VV waren, waren sämtliche der Strukturen in (8a-j) möglich – wie heute noch im Deutschen und Niederländischen. Nach SMP sind diese Unterschiede bzw. dieser Wandel direkt einsichtig: (9) kodiert direkte Einsetzung aus dem Lexikon, (10) dagegen Versetzung (Movement); (9) wird (10) deshalb vorgezogen, weil das MV-Auxiliar strukturell höher basisgeneriert ('gemerged') wird als das Vollverb in (10) – Versetzungen sind formal-prozessual anspruchsvoller als direkte Einsetzungen (nach Lohndal 2009: 8).

(9)
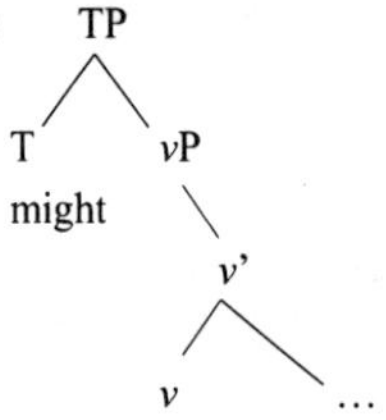

(10)
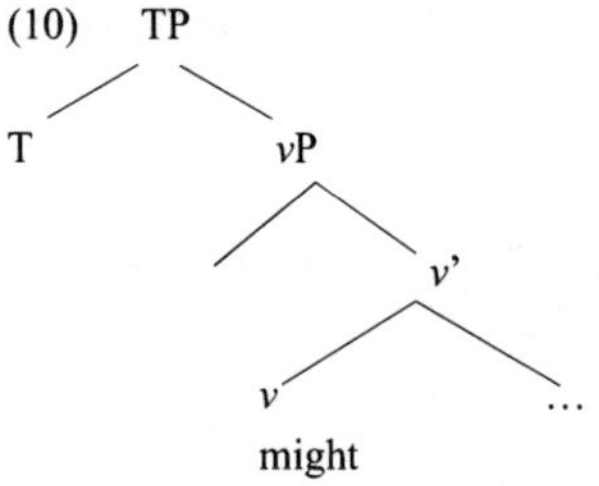

Die Wandelprinzipien in (5)–(6) lassen sich nach van Gelderen (2007b, 2008b) zu einem einzigen und noch allgemeineren und konkreteren Wandelprinzip zusammenfügen. Vgl. (9).

(10) Prinzip der Merkmalsökonomie im GR-Prozess
a Verringere in einer Ableitung die semantischen, interpretierbaren Merkmale (iM) und lasse uninterpretierbare Merkmale (uM) entstehen: etwa wie in dem GR-Wandel

b Adjunkt	Spezifizierer		Kopf	>	Comp
semantisch =	[iM]	>	[uM]	>	--

(10b) skizziert den GR-Weg von einem lexikalischen Adjunkt – etwa in vP-Adjunktion, damit durch vP subkategorisiert und mit [iM] voll interpretiert. Semantische Ausbleichung führt zu Uninterpretierbarkeit, d.h. zu [uM] und gleichzeitig zu strukturellem Kopfstatus. Daraus wird auf der Suche nach einem neuen Subkategorisierer ein Verbaffix: Der GR-Pfad beginnt bei vP-Status und endet mit V-Status, kennzeichnend z.B. für $[_{XP}$ *nach dem* $[_{NP}$ *e]])* zur Nebensatzkonjunktion $[_{X^{o}}$ *nachdem*], die ja im Deutschen in der Satzstrukturposition des flektierten V (in der ersten Verbklammer) steht. Uninterpretierbare Merkmalskonfigurationen sind sozusagen offen für jede mögliche neue Dependenz (vgl. zu diesem Gedanken Abraham 2004), d.h. Interpretation und Subkategorisierung: Sie maximieren sozusagen Merkmalsökonomie. Dies gilt auch für Kongruenz-GR unter Subjektdependenz (welche so oft in der Indogermanistik aus Affigierung von Personalpronomina entsteht): Die interpretierbaren Persons- und Genusmerkmale eines Vollpronomens (Maximalprojektion) lassen sich als uninterpretierbar umdeuten, sobald sie Kongruenzmerkmale (der 1., 2. und 3. Person) werden (so Hicks 2008: 220, van Gelderen 2009: 10).

(11)	Emphase >	Vollpronomen >	Klitikpronomen >	Kongruenz >	0
	[i-phi]	[i-phi]	[u-1/2] [i-3]	[u-phi]	

Nach Chomsky (1995: 230; 381) haben formale Merkmale semantische Korrelate; sie spiegeln semantische Eigenschaften, so wie etwa der (strukturelle) Akkusativ Transitivität spiegelt.

Die Grundannahme zu (10) und (11) stützt sich auf Radfords (1990) Argument, dass interpretierbare Merkmale im L1-Erwerb früher als uninterpretierbare erworben werden und dass die uninterpretierbaren den GR-Wandel im grammatischen System auslösen: Es muss ja etwas – eben Uninterpretierbarkeit an einem grammatikalisierenden Element – gelöst werden.[7] Wenn man davon ausgeht, dass nur strukturelle Köpfe als Selektoren (*Probes*) fungieren (Chomsky 2005), dann bedeutet (9), dass jedesmal, wenn KPP zur Anwendung kommt, eine neue *Probe*-Selektion ausgelöst wird. Und die Ingredienzen von (10) und (11) oben stellen den definitorischen Kern des GR-Prozesses dar: nämlich den Wandel, in welchem etwas ökonomischer wird – d.h., wo semantische Merkmale verringert bzw. getilgt werden. Uninterpretierbare (unvaluierte)

7 Vgl. zu diesem Interpretationsgang Fußnote 3 oben.

Merkmale sind zwar ökonomischer als interpretierbare, aber sie müssen letztlich getilgt werden. Und genau diese Form vollzieht der Wandel in (10b) und (11) oben.

4. Zyklisch verlaufende GR

Unter Sprachzyklus bzw. zyklisch verlaufender GR versteht man, dass Konstituenten oder Wörter schrittweise verschwinden und von neuen sprachlichen Elementen abgelöst werden. Am intensivsten ist der sog. Negationszyklus (auch Jespersenzyklus; nach Jespersen 1922) diskutiert worden, in dem ein anfängliches einfaches Negationselement durch einen zweiten Negationsausdruck verstärkt wurde, der schließlich alleine die Negationsfunktion übernimmt (mhd.> nhd. [*ne/en*-V] > [*ne/en*-V + *niwiht*] > [V + *niht*]; mfrz.> nfrz. [*ne* + V] > [ne + V + *pas/point/mie* „Brösel"/ *gote* "Tropfen"/*amende* "Mandel(chen)"/*areste* "Gräte"/*beloce* "Schlehe"/*eschalope* „Erbschen") > [V + *pas(/point);* vgl. Hopper 1991, Leiss 1998: 856]). Frühe Beobachtungen zur Zyklizität sprachlichen Wandels finden sich bei de Condillac (1746), von Humboldt (1822) und Bopp (1816). Von der Gabelentz (1901: 256) spricht allerdings von einer Spiralentwicklung, da sich neue Zyklen nie mit den alten decken:

> [...] immer gilt das Gleiche: die Entwicklungslinie krümmt sich zurück nach der Seite der Isolation, nicht in die alte Bahn, sondern in eine annähernd parallele. Darum vergleiche ich sie der Spirale. (von der Gabelentz 1901: 256)

Das wiedererwachende Interesse für die Diachronie und GR-Prozesse der frühen 80er Jahre griff allerdings zyklischen Wandel kaum auf (Lehmann 1985, 1995; Traugott & Heine 1991), erst recht nicht die formale Syntax (mit Ausnahme des jespersenschen Negationszyklus; vgl. etwa Abraham 2003). Die folgende thematische Liste zum zyklischen Sprachwandel ist der Aufsatzsammlung aus van Gelderen 2009 entnommen.

(12) a Negation:
Negativargument > Negativadverb > Negativpartikel > Nullmorphem
negatives Verb > Auxiliar > Negativelement > Nullmorphem
b Subjekt (und Objekt) Kongruenzzyklus:
Demonstrativ/emphatisch > Pronomen > Kongruenz > Nullmorphem
c Copulazyklus:
Demonstrativ > Copula > Nullmorphem
Verb/Adposition > Copula > Nullmorphem
d Definitheit (siehe auch Lyons 1999, van Gelderen 2007):
Demonstrativ > definite Artikel > Kasus > Nullmorphem
e Futur und Aspektauxiliar (vgl. Leiss 2008):
A/P > M > T > Comp
f Ort/Zeit:
N > P > Comp

Die Übersicht verzeichnet komplette, also bis zum grammatischen Morphem bzw. zu Nullvertretungen führende GR-Pfade. Wo die jeweiligen Kategorienüberlappungen anzusiedeln sind – wo also GR einer Form endet und wo ein neuer Zyklus beginnt –, ist allerdings offengelassen. Die Merkmalsökonomie des Minimalismus allerdings legt den Finger auf diesen Wechselpunkt: Ist ein Merkmal einmal als uninterpretierbar reanalysiert, dann wird es zum Subkategorisierungssucher (*Probe*) und benötigt neue semantische Merkmale.

Die Alltagslogik alleine schon verlangt, dass das Konzept zyklischen Wandels Unidirektionalität bei GR voraussetzt. Wer Unidirektionalität bestreitet (u.a. Lightfoot 2006: 38), kann an zyklischem Wandel nicht festhalten – und begibt sich in des Teufels Methodikküche, sobald empirische Phänomene für solche Zyklizität sprechen.

5. Die einzelnen Zyklusstufen als unterschiedliche Typen

In van Gelderen (2009) werden verschiedene Zyklustypen angedeutet und teilweise durchdiskutiert. Jespersens Negationszyklus besteht aus einer Prozessreihe, innerhalb derer Negationsmorpheme umgebildet werden. Hoeksema (2009) unterscheidet in Jespersens Negationszyklus 4 Stufen, wie im folgenden Bild, (13), zu erkennen ist.

(13) Jespersens inhaltlich gestufter Negationszyklus:

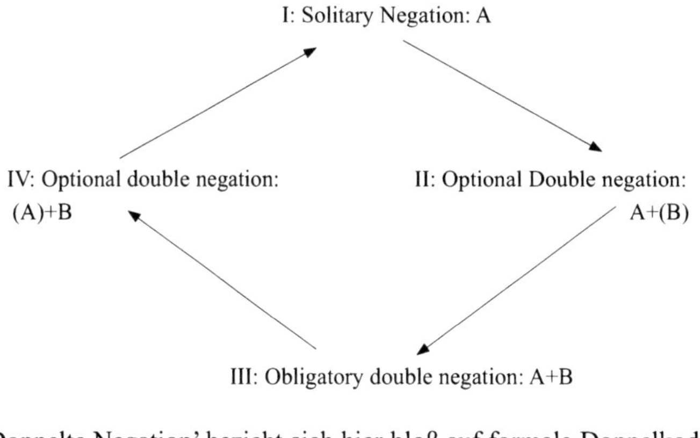

'Doppelte Negation' bezieht sich hier bloß auf formale Doppelkodierung; die Interpretation ist ja die der einfachen Negationslesart. 'Doppelte Negation' für einfache Negationsbedeutung findet sich auch unter der Terminologie des 'Negative Concord' (Labov 1972, Ladusaw 1992). Der Zyklus geht aus von einfacher Negation zu fakultativ verstärkter zu notwendig verstärkter, zu schließlich wieder fakultativ einfacher. Die letzte Stufe, IV, schließt den Zyklus, aber nur formal mit einer einfachen Form, die aber in der Regel eine neue Form mit identischem Negationsinhalt ist. Diese Zykluskodierung weitet Van der Auwera (2009: 11) auf 7–8 mögliche Zyklusschritte aus, in denen Kriterien wie Betonungsstrategie, Neutralisierungsstrategie, formale

Schwächung, semantische und formale Stärkung, semantische Reanalyse, formale Stärkung sowie formale und semantische Schwächung entscheidende trennende Rollen spielen.

Sowohl Van der Auwera (2009) als auch Biberauer (2009) zum Afrikaans weisen im besonderen auf die wiederholte satzfinale Negation wie in (14a,b) hin, deren Rolle gerade nicht Betonung ist und die deshalb keine pragmatische Neubildung sein kann. (14b) ist die direkte bairische Entsprechung zum ndl. (15a).

(14)	a	Ik heb niets gekregen niet	ndl. Varietät
		ich habe nichts gekriegt nicht	
		'Ich habe nichts erhalten.'	(van der Auwera 2009)
	b	I hob nix gseng net	

Nach Biberauer (2009) können Strukturhöhe (im funktionalen Bereich) ebenso wie unzureichende Merkmalseigenschaften verhindern, dass ein negatives Concordelement (das zweite schwächere Negationselement wie in (15a,b)) als vollwertiger Negator reanalysiert. Und Tsurska (2009) schließlich stellt eine strenge nichtdoppelnegierende Sprache, in der präverbale n-Morpheme ohne ausdrückliche präverbale Negationsmarker den Satz negieren, einer ebenso strengen Doppelnegationssprache gegenüber, in der n-Morpheme alleine Negation nicht zum Ausdruck bringen können. Solche beobachteten Schrittfolgen lassen sich in Merkmalswandel übersetzen. Ganz anderer Art sind Zyklenschritte für andere Wortarten. So kommt Waters (2009) für Präpositionen im Englischen unter Verwendung von PP-Expansion zu dem Schluss, dass Nomina strukturhöher reanalysiert werden. Bei diachroner Sicht auf englisch *rather* kommt Gergel (2009) zu dem Schluss, dass der GR-Pfad von strukturniedrigeren Adverbien zu höheren Modalen führen kann. Mit einiger Sicherheit lässt sich verallgemeinern, dass ein entscheidender Faktor für einen erfolgreichen GR-Schritt die Strukturhöhe des Outputelements ist: Sowohl Biberauer (2009) wie auch Lohndal (2009) erkennen, dass jenes Element, das (über Probe) als Zielkandidat (GR-Output) in Frage kommt, für die nötigen Reanalyseschritte zu hoch und der Zielkandidat damit unerreichbar sein kann – der GR-Pfad also zu keinem Resultat führt – der entworfene Grammatikalisierungspfad „bricht zusammen“.

6. Zyklustypen – Grammatikalisierungszeitspannen

Dieser Abschnitt widmet sich der Frage nach Grammatikalisierungszeitspannen – was ja in der neueren Literatur zur GR des öfteren angesprochen ist, aber noch nirgends in konkreter Form gelöst wurde (Heine, Claudi & Hünnemeyer 1991: 244). Van Gelderen (2009) meint schnelle derartige Prozesse erkennen zu können: etwa die Reanalyse vom Vollverb zum Hilfsverb (Auxiliar). Der vielleicht am gleichmäßigsten und schnellsten in der Entwicklung verlaufende ist der Negationszyklus – wahrscheinlich deshalb, weil Negation pragmatisch so wichtig ist. Wandel bei Kongruenzmarkern scheint ebenfalls gleichmäßig zu verlaufen. Der Wandel bei Kongruenzmarkierung ist ebenfalls gleichmäßig und rasch, vermutlich aufgrund der pronominalen Quelle.

Vgl. (12b) oben. Unklar ist noch, welches Pronomen die Zyklusbewegung auslöst: Givón (1976) zufolge sollte es die 3. Person sein; Daten aus dem Französischen weisen jedoch auf die 1. Person hin. Vgl. (15) (nach van Gelderen 2009: 6f.).

(15) a. *Moi, j'ai vu ça.* — gesprochenes Frz.
ICH ich-habe gesehen das
b **Je lis et écris* — gesprochenes Frz.
Ich lese und schreibe
c. **Je probablement ai vu ça* — Standardfrz.
ich wahrscheinlich habe gesehen das
d. **Il probablement a vu ça*

Man beachte, dass (15d) ausschließt, dass die Reanalyse von der 3. Ps. ausgeht.[8] Der Objektzyklus nimmt seinen Ausgang im Allgemeinen von belebten definiten Objekten. Modus- und Modalitätsmarker sind offensichtlich wie Negativmarker schnellerer Entwicklung ausgesetzt (vgl. etwa Traugott & Dasher 2002), ebenso Aspektmarker (Brinton 1988). Die Ausgangskategorie ist im Allgemeinen ein Lexemkopf, kann aber auch Konstituentencharakter haben (in (12) ausgespart). Van Gelderen (2009: 7) weist darauf hin, dass in der Literatur oftmals beschriebene als Auxiliare reanalysierte Vollverben an Futurzyklen im Romanischen, Germanischen und Urdu bzw. Hindi teilhaben. Aspektmarker entstehen oft im Aspektzyklus aus Adverbien, die in Phrasenverben inkorporiert werden.

Anderer Wandel dagegen wie der des chinesischen Verbs *ba* „(er)greifen, (er) fassen", das sich zum Objektmarker bzw. Aspektmarker entwickelt, nimmt eine viel längere Zeitspanne in Anspruch. Darüber hinaus lassen sich klare Entwicklungsunterbrechungen beobachten.

7. Quellen – Ausgangskategorien grammatikalisierender Neubildung

Wie in (12a-f) vorgezeichnet sind GR-Quellen Konstituenten ebenso wie einzelne lexikalische Elemente. Solche Quellen sind in der zahlreichen Literatur zur GR gut belegt (Heine & Kuteva 2002). Zu einigen solchen Quellen vgl. (16) unten. Der GR-Ausgangsstatus dieser Kategorien rührt daher, dass sie neue semantische Merkmale dafür schaffen, was weggrammatikalisiert wurde: Merkmale für Person und Numerus (eben phi-Merkmale) für Kongruenz und Kopulae, Negativmerkmale bei Negation, Raummerkmale bei Präpositionen usw. (van Gelderen 2009: 9).

(16) Beispiele für GR-induzierte Neubildung:
a Kongruenz: betontes Pronomen bzw. Nomen
b Kopula: Demonstrativ bzw. Verb
c Modalverb: Verb bzw. Adverb
d Negativelement: Minimierer /*Downtoner*, negatives DP bzw. negatives AP
e Präposition: Nomen

8 Hinweis von L. Gaeta (pers. Mitteilung)

Die Beispiele in (16) konkretisieren also Grammatikalisierungsquellen für grammatische Funktionen. Jegliche Diskussion von Grammatikalisierungsprozessen und existierenden grammatischen Funktionen und deren morphematischen Formen muss sich diesen Fragen stellen.

8. Wieso gibt es überhaupt Wandel – wieso sind da Zyklen?

Zum Sprachwandel erkennt man vielerseits 2 Faktoren: interne, die durch Ökonomieprinzipien (van Gelderen 2004) oder 'Ease' (Jespersen 1922) eingeleitet werden und welche zum Großteil artikulatorische Erleichterung, also die phonetischen Form betreffen. Van Gelderen (2009: 11) geht davon aus, dass L1 bzw. die Analyse der Höreingabe durch solche Prinzipien gesteuert ist. Prinzipien wie (10) und das *Strandingprinzip* in (17) unten illustrieren diesen Faktor.

Daneben steuern Sprachwandel externe Faktoren: etwa des Sprechers Veranlagung oder Absicht, innovativ, kreativ oder konservativ zu sein (vgl. etwa Vedovato 2009). Zu diesen externen Faktoren gehören pragmatische derart, dass vom Sprecher neue, nur lose verknüpfte Elemente strukturell verankert werden. Dafür hat z.B. Hagège (1993: 153) den Ausdruck Expressive Neubildung ins Gespräch gebracht. Dabei versucht der Sprecher besonders explizit zu sein und wählt komplexere Strukturen statt einfache Wörter (van Gelderen 2009: 10). Neue komplexe Einheiten im Spezifikatorstatus und Wortstatus sind über Entlehnung eingeführt. Heine & Kuteva (2005: 3) verzeichnen Beispiele dafür, wie Wortfragen (*w*-Interrogative) zu Relativstrukturen erweitert werden (etwa das Tariana unter dem Einfluss des Portugiesischen) – d.h. wo Interrogativa und Relativa ein und dieselbe Form haben. Nach diesem Muster hat sich auch das Englische gewandelt: *wh*-Pronomina wurden bereits sprachintern in Fragen verwendet, fanden sich aber später unter dem Einfluss des Französischen auf Relativkontexte erweitert (so van Gelderen 2004). Heine & Kuteva (2005: 73) verzeichnen viele andere Beispiele hierfür.

Ein ganz anderer externer Faktor steckt in dem Bemühen konservativ und präskriptiv zu bleiben. Dabei kann Wandel zu einem totalen Halt kommen. Van Gelderen (2009: 11) nennt als Beispiele für präskriptives Verharren das sog. *Stranding* sowie Negation. Kann man wirklich von einem Zyklus Analytik/Synthetik sprechen? Die Idee ist ziemlich alt (vgl. Schwegler 1990), hat sich aber nie wirklich als überzeugend erwiesen. Könnte das eher als Nebeneffekt der Grammatikalisierung verstanden werden?[9]

Ökonomieüberlegungen lassen (17) erwarten.

(17) Strandingprinzip
Verschiebe (*Move*) so wenig wie möglich

9 Hinweis durch Livio Gaeta (pers. Mitteilung)

Beispiele wie (18) entstehen unter dem Druck dieses Prinzips – das Ökonomieveralten nach (17) erklärt, warum Englisch- und Norddeutschsprecher in Wortfragen ein DP an die Satzspitze stellen und nicht die gesamte PP wie in (18).

(18) **Who** did you talk to ~~who~~? – **Was** hast du für ~~was~~ gestimmt?
(19) **To whom** did you talk ~~to whom~~? – **Für was/Wofür** hast du ~~für was~~ gestimmt?

Nach Denison (1993: 125 ff.) findet sich Präpositionsstranden bereits im 13. Jh., lässt sich also keinesfalls als Neuerung unter externem Zwang, sondern vielmehr als genuin ökonomisierendes Muster im Sinne von (17) erklären. Denison schätzt, dass sich im gesprochenen Englisch in 86% von Fällen des P-Strandens verzeichnen lassen, in der Schriftsprache dagegen bloß 7%. Ein solches Verhältnis zwischen gesprochenem und schriftlichem Ausdruck weist auf außerordentlich starken präskriptiven Druck. Das gilt für die Geschichte des Englischen (Yáñez-Bouza 2007) ebenso wie fürs Deutsche: Für viele Varianten des Deutschen fand sich P-Stranden nach Fleischer (2002) sehr häufig dort, wo es als älter oder umgangssprachlich galt (Fleischer 2002: 137). Vgl. die norddeutschen Varianten in (18) und (19) oben. Gesprochene oder Umgangssprache sowie Dialekte gelten als Sprechsprachen also in weit verstärkter Form als Hüter solcher ökonomisierender Prinzipien als konservative Schriftkodierungen. Das gesamte Verfügungsinventar des Parsens, Satzverarbeitens und deren Erleichterung unterliegt diesem Unterschied der Kodierung, und zwar unter konkreteren Kriterien des *Forwardlooking* und *Backtracing*, das den schriftlichen Kode im Gegensatz zur akustischen Perzeption auszeichnet. Akustische Perzeption kann es sich nicht leisten ‚vorauszuschauen' bzw. ‚Voriges nochmals nachzuvollziehen': der gesprochene Kode ist dekodierbar und interpretierbar bloß ‚online', nur (durch das Arbeitsgedächtnis) beschränkt post hoc erinnerbar und interpretierbar – der schriftliche Kode dagegen steht jederzeit zu Nachprüfung zur Verfügung. Auf solchen Grundlagen stehen die grundsätzlich verschiedenen Interpretationen morpho-syntaktischer Strukturen und Unterschiede in Sprachen und Dialekten mit Häufung mündlich-sprachlicher Traditionen in Diachronie und Synchronie (Abraham 2004, 2005, 2006, Abraham & Conradie 2001).

9. Der Synthetik-Analytik-Zyklus

Es sollen in diesem Abschnitt einige Grammatikalisierungspfade skizziert werden, die möglicherweise zyklisch verlaufen. Dabei lässt sich definitiv nicht davon ausgehen, dass sich auch nur irgendeiner der GR-Zyklen als Nebeneffekt eines Grammatikalisierungsprozesses verstehen lässt.[10] Während GR als terminativer Prozess unter Ökonomiedruck abläuft, ist der Abschluss zu einem Neuanfang unter zyklusähnlichem Verlauf dem Bemühen nach analytischer Klarheit verpflichtet. Weder analytische Klarheit noch Ökonomie lassen sich als Nebeneffekte von GR verstehen – sie sind vielmehr die bewegenden Indizien für GR.

10 Wie einer der Gutachter mutmaßt.

9.1. Futurbildungen

Zyklischer Wandel zwischen synthetischen und analytischen Formen ein und derselben Funktion ist etwas Besonderes, wenn auch nicht so oft Beobachtetes. Leiss (1998: 852) nennt im besonderen und stellvertretend für diesen besonderen GR--Zyklus (20).

(20) lat.	*cantābo*	„ich werde singen" >
vulgärlat.	*cantāre habēō*	‚singen.INF/Singen.*NOMEN* habe-ich' >
frz.	*(je) chanterai*	„ich werde singen" >
modernes gespr. Frz.	*je vais chanter*	'ich gehe singen'

Ähnliches lässt sich für die Futurbildungen im hochalemannischen Montafonerischen beobachten (Abraham 1965). Die zyklischen Abrundungen dazu allerdings lassen sich nicht beobachten. Und die Annahme, dass vor diesen analytischen Zukunftsformen synthetische existierten, ist für diesen germanischen Dialekt schwer vorauszusetzen – dies aus typologischen Erwägungen und sicherlich nicht nur aufgrund fehlender Zeugnisse.

(21)	a	*es gǭt ga regna* es geht gen Regnen	unverfälscht dialektal
	b	*es kunt ga regna* es kommt gen Regnen	unverfälscht dialektal
	c	*es würd regna* es wird regnen	hochsprachlich beeinflusst

Grammatischer Calque aus dem Rätoromanischen, das im Montafonerischen vorwalserisch einmal gesprochen wurde, ist allerdings nicht auszuschließen.

9.2. Präteritumschwund

Unser Blick fällt bei dieser speziellen Thematik des Synthetik-Analytik-Wandels in jedem Fall auf den 'oberdeutschen Präteritumschwund' (genauer 'Schwund des einfachen Präteritums' und die Ausbildung der Präteritumperiphrastik) – die diachrone und dialektal-germanistische Literatur ist sich darin einig, dass dieser Titel auch die diachrone Entwicklung sachgerecht beschreibt (Lindgren 1957, 1963). Aber dies steht keinesfalls fest – stehen doch verschriftlichtes, hoch stilisiertes Mittelhochdeutsch und die konservativen Dialekte unter unterschiedlichen Verarbeitungsbedingungen derart, dass sich verteidigen lässt, dass es vor der oberdeutschen Dialektperiphrastik gar keine einfachen synthetischen Präteritalformen existierten. Der frühe Dialektsprecher, der sicherlich nicht lesen und schreiben konnte, hat überhaupt nie einfache Präterita verwendet – aus sehr guten, nämlich verarbeitungsleichternden Gründen (Abraham 2004, 2005, 2006, Abraham & Conradie 2001). Zu diesem Schluss gibt es konkrete Gründe, nämlich die Tatsache, dass die einfachen Verbflexionen nicht nur im Präteritum, sondern auch im Präsens vorherrschen und – sofern nicht hochsprachliche Varianz vorauszusetzen ist – bloß diskursgrammatischer Varianz unterliegt: nämlich die ubiquitäre *tun*-Periphrase in den (ober) deutschen Dialekten (Abraham & Fischer 1998). Diese Beobachtung zur totalen, tempus- und modusunabhängigen Verbperiphrase gibt Anlass zu folgender morphologischer Filterbedingung.

(22) Vermeide lexikalische Merkmale in Comp

Die Bedingung in (22) gilt nur für den unverfälschten, ausschließlich mündlich kodierten Substandard und die Dialekte des Deutschen. Sie besagt, dass in Comp (der ersten, linken Verbklammer im deutschen Satzfeld) nur grammatische Flexionselemente stehen dürfen. Der Grund dafür wiederum scheint ein diskursgrammaischer zu sein: Links dürfen im unbetonten Satz des Deutschen nur Themata stehen; das Verbprädikat jedoch ist ununterschiedlich stets rhematisch, muss demgemäß – in einer Sprache wie dem Deutschen, das diskursgrammatische Voraussetzungen direkt wortstellungsgrammatisch übersetzt – weit rechts stehen (Abraham 1994, 2005).

Man vergleiche, was für praktische Folgen solche diskursgrammatisch unkippbaren Voraussetzungen wie (22) haben. Es geht um die Präteritumformen von zusammengesetzten Prädikaten wie *staubsaugen*.

(23) a *Wir staubsaug(t)en
b #Wir saug(t)en Staub
c Wir haben staubgesaugt
d Wir tun staubsaugen

(23b), wenn überhaupt als grammatisch eingestuft, bedeutet natürlich nicht dasselbe wie (23c, d). Das heißt, es sind auf der Grundlage von (23a-d) – welches hinter der ‚Nichtexistenz des einfachen Präteritums' in dem verarbeitungsempfindlichen Sprachkode steht – Verbformen wie *staubsaugen* erst vollständig verwendbar. Im Hochdeutschen, dem der Filter in (22) fehlt, müssen stets Modalverben zur Präteritalverwendung eingesetzt werden. Die solitäre Präteritalverwendung von *staubsaugen* liefert kein akzeptables Ergebnis.

9.3. Der vermeintliche *weil*-Zyklus

Dieser Abschnitt geht von der diachronen Stufe mit adverbiellem *derweil* aus, aus dem sich (‚simul ergo propter') kausale Bedeutung entwickelte und schließlich die unterordnende Konjunktion. Es wurde verschiedentlich argumentiert, dass dieses unterordnende *weil* wieder nebenordnende Satzstruktur unterstützt – somit in zyklischer Weise reanalysiert wird. Aber einen *weil*-Zyklus, das sei gleich vorausgesetzt, gibt es nicht. Linguistikvertreter einer solchen Position (etwa Lehmann 1991, neben anderen) schauen nicht richtig hin. Die Behauptung ist, dass unterordnendes *weil* durch nebenordnendes ersetzt wird – was wiederum darauf zurückzuführen sei, dass die Nebensatzstellung des Deutschen langsam der Hauptsatzstellung weicht – ganz im Sinne der Entwicklung im Englischen, das ja einmal – im Altenglischen – dem Deutschen mit der grundsätzlichen Haupt-Nebensatz-Wortstellung außerordentlich ähnelte, die V-Letztstellung aber seit dem Mittelenglischen völlig verloren hat. Die empirischen Argumente dieser Richtung sind dünn; wenn das *weil*-Argument fällt, werden sie verschwindend.

Das *weil*-Argument ist jedoch völlig unhaltbar. Vgl. die folgenden Distributionen mit den Personalklitika in der Wackernagelposition nach der Comp-Füllung durch *weil*.

(24) a weil-a/er-n gesehen hat „weil er ihn gesehen hat"
b weil-a/er hat-n gesehen
c *weil-a/er-n hat gesehen

Wieso ist (24c) ungrammatisch, und was hat dies mit der *weil*-Frage zu tun? Vgl. das deutsche Satzfeld in (25).

(25) Die berechenbare Beziehung zwischen Satzstruktur und Diskursfunktionen im Deutschen (schattierte Felder markieren die beiden Verbklammerpositionen)

Koord	Diskurs-Thema/ RHEMA	erste V-Klammer	⇐ THEMA ⇒ Mittelfeld		⇐ Rhema ⇒		zweite V-Klammer	Nachthema
	$[_{CP}$ Spez,CP	[Comp	WP (Pronominal-klitika)	P/ Vollpronomina	$[_{VP}$ Adverbiale/Modalpartikel	$[_{VP}$	V^{o}]]]	Rechtsherausstellung
–	–	Ob	-ts -st	(es) mir des du	–	–	sag-ts	heut
Aber	Sie	gibt				sie	Ab	gerne
–	Wieso	–	's 'm	–	denn	–	*ABGEBEN?*	

(24a) ist ein eingebetteter Satz mit entsprechendem Vletzt; das pronominal-klitische *-n* „ihn" steht in der Wackernagelposition, WP (Abraham 2012). Es ist an Comp, die erste flektierte Verbposition adjungiert. Wenn wir festhalten, dass klitische Pronomina im deutschen Satz ausnahmslos an Comp, oder die erste Verbklammer, rechstadjungiert sind, dann ist dies nur dann richtig, wenn *-n* als Objektpronomen auch in Comp/V2 steht. Dann aber steht *weil* nicht in der für unterordnende Konjunktionen reservierten Comp/ V2-Position wie in (24a), sondern in der Position vor Koordinatoren – also Satzneben-, nicht Satzunterordner. (24c) ist dieser Logik folgend nicht mehr einzuordnen – es können ja nicht die klitischen Pronomina und *weil* gleichzeitig in Comp/V2 bzw. in WP stehen – es steht ja das flektierte Verb dazwischen, auf jeden Fall in Comp/ V2. (24c) ist deshalb ungrammatisch. Und der langen Rede kurzer Sinn ist: *weil* mit Hauptsatzstellung ist eben nicht dieselbe Kategorie wie *weil* mit Nebensatzstellung: Das erste *weil* steht als Koordinator in der ersten Satzfeldspalte, *weil* mit Nebensatzstellung dagegen in Comp/V2. Die feste Stellung des klitischen Objektpronomens *-n* „ihn“ zeigt dies über jeden Zweifel hinaus. Von einer typologischen Wortstellungsänderung des Deutschen zu SVO kann also über die *weil*-Distribution geschlossen werden.

9.4. Diskurskriterien und Rektionsrichtung

Auch die *Stranding*-Erscheinungen – siehe (17) oben – des sogenannten Pronominaladverbs *da – (da)für* mögen unter Zykluswandelbedingungen gesehen werden. Vgl. die unter externen Wandelkriterien gültigen Varianten im Deutschen in (26).

(26) a [$_{CP}$ Er hat [**da** [**dafür** [gewettet]]]]
oberdeutsche (*norddeutsche) Regelform

b [$_{CP}$ **Da** hat er [~~**da**~~ [**dafür** [gewettet]]]] Frontverschiebung

c [$_{CP}$ **Da** hat er [~~**da**~~ [~~**da**~~**für** gewettet]]]] P-Stranden

Wir haben gesehen, unter welchem Druck (26c) – die extremste regionale Variante (die auch das Niederländische charakterisiert: ***Daar*** *heeft die* ***op*** *gezet*) – entsteht:

(27) a freies *da* in (26a) ist als thematisches Deiktikum an die Satzspitze verschoben; diese Diskursthemavoraussetzung gilt allgemein für die Satzspitzenverschiebung, also auch für volle DPs;

b gebundenes *da* rückt als Pronomen an die Satzspitze und ersetzt dort freies *da* (*furor aequi*);

c die Präposition bleibt gestrandet in der Basisposition.

Nun sieht es so aus, als wäre das durch P regierte *da* leichter aus der PP-Insel zu lösen, um an die Satzspitze zu rücken. Es gibt aber Gründe davon auszugehen, dass das (im Deutschen) gebundene *da* gar nicht mehr im Rektionsbereich unter k-Kommando von P steht, sondern dass sich *da* bereits herausgelöst hat. P-Rektion gilt im Deutschen ausschließlich nach rechts (*für viele – *viele für*). D.h. für Pronominaladverbien wie dafür gilt (28).

(28) [$_{PP}$ da [$_{PP}$ für~~da~~]]

Ursprünglich gebundenes *da* ist also bereits aus der unmittelbaren Rektionsdomäne der Präposition *für* gelöst – dies aus gutem Grund: Es ist als hochthematisches Deiktikum und leichtes Pronomen Diskursregularitäten unterworfen. Die sind im diskursprominenten Deutschen grammatisch direkt errechenbar.[11] Vgl. (25) oben. Das

11 Einer der Gutachter wirft ein, dass es ja auch linksregierende Postpositionen gäbe – womit meine empirische Voraussetzung zur Rektionsrichtung von P nicht erfüllt sei. P ist aber als Kategorie im Deutschen durchgehend rechtsregierend: Es gibt in Wirklichkeit kein einziges Präpositionsadverb für Postpositionen: da … *deswegen/*-halb. *nach* ist z.B nur Postposition bei abstrakter Selektion wie in *dieser Annahme nach*, also keine vollgültige Option. Stranden ist somit möglich unabhängig von den Optionen *prae* bzw. *post*.

Niederländische hat bei gleicher Stranderscheinung auch orthographisch die entsprechende Konsequenz gezogen. Dies geht eindeutig aus der Variante in (29c) hervor.

(29) a Hij heeft **er voor/*ervoor** gezorgd
er hat da für/*dafür gesorgt
b Hij heeft **er** gezorgd **voor**
c ??Da hat er gesorgt **für**

(29c) hat wohl keine akzeptable Entsprechung, weil das Deutsche nach links verbregiert. Das gilt auch für den mündlichen Kode (was wiederum gegen die These spricht, das Deutsche sei auf dem Wege zu SVO – vgl. die Argumentationslinie in 9.3. oben).

9.5. Innermorphemische Universalabfolge ATM

Leiss (1998: 852) lenkt den Blick zum zyklischen Synthetik-Analytik-Wandel allerdings auf Beschränkungen innerlogischer und typologisch-universalistischer Natur. Aller synthetischer Wandel unterliege festen, unverwechselbaren morphematischen Kategorienabfolgen, nämlich ATM /**A**(spekt)**T**(empus)**M**(odalität). Diese kategorial bestimmte Morphemabfolge lasse sich nur durch analytische Neubildungen durchbrechen (siehe auch Leiss 2000: 198 ff., bes. konkret illustriert 208 ff.). Man kann also vom besonderen Analytikauslöser für solche Fälle ausgehen, dass das innerwortliche Prinzip ATM nicht mehr gewährleistet ist. Eine größere Sichtung und Überprüfung anhand mehrerer Sprachen steht allerdings dazu noch aus. Doch vgl. bereits Vorliegendes bei Leiss (2000) sowie neuerdings Leiss (2008).

10. Schluss und Folgerung

Es wurden Beispiele der Art ausgesucht, die nach grammatikalisierenden Verläufen tatsächlich zyklisch zu Quasianfängen zurückführten. Die neue Form nach der Versetzung ‚XP ⇒ X ⇒ YP' bzw. ‚XP ⇒ X ⇒ XP' entsteht unter Druck nach neuer strukturkomplexer Verständnistransparenz. Sowohl der GR-auslösende Öknomiedruck zur einfach zu speichernden Form wie auch der Druck nach neuer analytischer Transparenz sind lernerleichternde Mechanismen; jeder solcher GR-Schritt folgt somit Druck nach Vereinfachung: Lern- und Behaltensvereinfachung im inzeptiven Bildungsprozess ebenso wie Verständnisvereinfachung im terminativen, auslaufenden Prozess. Es sind genau die für GR-Prozesse neu und formal eingeführten Grammatikbedingungen wie die der interpretierbaren und uninterpretierbaren Merkmale sowie der Selektordruck (*Probe*, dt. auch *Sondierer*), die solche tieferen Überlegungen zum Wechsel zwischen Synthetik des Wandels und darauf folgender Analytik überhaupt erst möglich gemacht haben.

Bibliographische Hinweise

Abraham, Werner 1965. Die Phonologie von Tschagguns im Montafon/Vorarlberg. Maschinschriftliche Dissertation Universität Wien.

Abraham, Werner 1994/[2]2005/[3]2013. *Deutsche Syntax im Sprachenvergleich. Grundlegung einer typologischen Syntax des Deutschen.* [Studien zur deutschen Grammatik 41]. Tübingen: Narr/Stauffenburg.

Abraham, Werner 2001. How far does semantic bleaching go? About grammaticalization that does not terminate in functional categories. In: J.T. Faarlund (ed.) *Grammatical relations in change.* [Studies in Language Companion Series 56]. Amsterdam: Benjamins, 15–64.

Abraham, Werner 2002. Modal verbs: epistemics in German and English. In: Sj. Barbiers, F. Beukema & W.v.d. Wurff (Hg.) 2002. *Modality and its interaction with the verbal system.* [Linguistik Aktuell/Linguistics Today 47]. Amsterdam: Benjamins, 19–50.

Abraham, Werner 2003. Autonomous and non-autonomous components of 'grammatic(al)ization': Economy criteria in the emergence of German negation. *Sprachtypologie und Universalienforschung (STUF)* 56/4, 325–365.

Abraham, Werner 2004. The grammaticalization of the infinitival preposition – toward a theory of 'grammaticalizing reanalysis'. *Journal of Comparative Germanic Linguistics* 7/2, 111–170.

Abraham, Werner 2005. Präteritumschwund und das Aufkommen des analytischen Perfekts in den europäischen Sprachen: Sprachbundausbreitung oder autonome Entfaltung? In: E. Eggers, J. E. Schmidt & D. Stellmacher (Hg.) *Moderne Dialekte – neue Dialektologie. Akten des 1. Kongresses der Internationalen Gesellschaft für Dialektologie des Deutschen (IGDD).* [ZDL-Beiheft 130]. Stuttgart: F. Steiner, 115–134.

Abraham, Werner 2006. Dialect and typology where they meet – and where they don't. In: T. Nevalainen, J. Klemola & M. Laitinen (eds.) *Types of variation: Diachronic, dialectal and typological interfaces.* [Studies in Language Companion Series 76]. Amsterdam/Philadelphia: Benjamins, 243–268.

Abraham, Werner 2012. Wackernagelklisis früher – und heute. *Sprachwissenschaft* 37/3, 243–308.

Abraham, Werner & Annette Fischer 1998. Das grammatische Optimalisierungsszenario von *tun* als Hilfsverb. In: K. Donhauser & L.M. Eichinger (Hg.) *Deutsche Grammatik – Thema und Variationen. Festschrift für Hans-Werner Eroms zum 60. Geburtstag.* Heidelberg: Winter, 35–48.

Abraham, Werner & C. Jac Conradie 2001. *Präteritumschwund und Diskursgrammatik. Präteritumschwund in gesamteuropäischen Bezügen: areale Ausbreitung, heterogene Entstehung, Parsing sowie diskursgrammatische Grundlagen und Zusammenhänge.* Amsterdam: Benjamins.

Biberauer, Theresa 2009. Jespersen off course? The case of contemporary Afrikaans negation. In: E. van Gelderen (ed.), 91–132.

Bopp, Franz 1868. *Vergleichende Grammatik des Sanskrit, Send, Armenischen, Griechischen, Lateinischen, Litauischen, Altslavischen, Gotischen und Deutschen.* Band 1. Berlin: Dümmler.

Bornkessel, Ina; Matthias Schlesewsky & Angela D. Friederici 2002. Grammar overrides frequency: evidence from the online processing of flexible word order. *Cognition* 85, B21-B30.

Brinton, Laurel J. 1988. *The development of English aspectual systems: aspectualizers and post-verbal particles.* Cambridge: CUP.

Bursill-Hall, Geoffrey L. 1971. Speculative grammars of the Middle Ages. The doctrine of the Partes Orationis of the Modistae. [Approaches to Semiotics 11]. The Hague: Mouton.

Chomsky, Noam 1995. *The Minimalist Program.* Cambridge: MIT Press.

Chomsky, Noam 2005. The evolution of the language faculty (with W. Tecumseh Fitch & Marc D. Hauser). *Cognition* 97/2, 179–210.

Condillac, Étienne Bonnot de 1746/2006. *Versuch über den Ursprung der menschlichen Erkenntnis: ein Werk, das alles, was den menschlichen Verstand betrifft, auf ein einziges Prinzip zurückführt*. Würzburg: Königshausen & Neumann.

Denison, David 1993. *English historical syntax*. London: Longman.

Embick, David 2004. On the structure of resultative participles in English. *Linguistic Inquiry* 15/3, 355–392.

Fleischer, Jürg 2002. *Die Syntax von Pronominaladverbien in den Dialekten des Deutschen*. Wiesbaden: Franz Steiner Verlag.

Gabelentz, Georg von der 1891. *Die Sprachwissenshaft. Ihre Aufgaben, Methoden und bisherigen Ergebnisse*. Leipzig: Weigel. [reprint Tübingen: Narr 1972].

Gelderen, Elly van 2004. *Grammaticalization as economy*. [Linguistik Aktuell/ Linguistics Today 71]. Amsterdam: Benjamins.

Gelderen, Elly van 2007. The definiteness cycle in Germanic. *Journal of Germanic Linguistics* 19/4, 275–305.

Gelderen, Elly van 2008a. Cycles of negation in Athabaskan. *Working Papers in Athabaskan Languages* 7, 49–64.

Gelderen, Elly van 2008b. The negative cycle. *Linguistic Typology* 12.2, 195–243.

Gelderen, Elly van 2009a. Introduction. In: Gelderen, Elly van (ed.) 2009b, 1–15.

Gelderen, Elly van (ed.) 2009b. *Cyclical change*. [Linguistik Aktuell/ Linguistics Today 146]. Amsterdam: Benjamins.

Gergel, Remus 2009. *Rather* – On a codal cycle. In: Elly van Gelderen (ed.) 2009b, 243–264.

Goldberg, Adele E. 1995. *Constructions. A construction grammar approach to argument structure. Chicago*: Univ. of Chicago Press.

Goldberg, Adele E. 1996. *Conceptual structure, discourse and language*. Stanford, Calif.: CSLT Publications.

Goldberg, Adele E. 2006. *Constructions at work. The nature of generalization in language*. Oxford: Oxford Univ. Press.

Hagège, Claude 1993. *The language builder*. Amsterdam: John Benjamins.

Halle, Morris & Alec Marantz 1993. Distributed morphology and the pieces of inflection. In: K. Hale & S.J. Keyser (eds.) *The view from Building 20: Essays in linguistics in honor of Sylvain Bromberger*. Cambridge, Mass.: MIT Press, 111–176.

Heine, Bernd, Ulrike Claudi, & Friederike Hünnemeyer 1991. *Grammaticalization: A conceptual framework*. Chicago: University of Chicago Press.

Heine, Bernd & Tania Kuteva 2002. *World lexicon of grammaticalization*. Cambridge: Cambridge University Press.

Heine, Bernd & Tania Kuteva 2005. *Language contact and grammatical change*. Cambridge: Cambridge University Press.

Hicks, Glyn 2008. *The derivation of anaphoric relations*. Amsterdam: Benjamins.

Hoeksema, Jack 2009. Jespersen recycled. In: Gelderen, Elly van (ed.), 15–34.

Hopper, Paul 1991. On some principles of grammaticalization. In: E. Closs Traugott & B. Heine (Hg.) *Approaches to grammaticalization*. Vol. I. [Typological Studies in Language 19]. Amsterdam: Benjamins, 17–36.

Humboldt, Wilhelm von 1822/1836/1960. *Über die Verschiedenheit des menschlichen Sprachbaues und ihren Einfluß auf die geistige Entwicklung des Menschengeschlechts*. Bonn, Faksimile-Dr. nach Dümmlers Orig.-Ausg. von 1836.

Jakobson, Roman 1985. Glosses on the Mediaeval insight into the science of language. In: R. Jakobson. *Selected writings* 7. Berlin: Mouton de Gruyter, 185–198.

Jespersen, Otto 1922. *Language*. London: Allen & Unwin.

Kempen, Gerard & Karin Harbusch 2003. An artificial opposition between grammaticality and frequency: comment on Bornkessel, Schlesewsky, and Friederici (2002). *Cognition* 90, 205–210.

Kroch, Anthony 1989. Function and Grammar in the History of English Periphrastic *do*. In: Guy & Feagin (eds.) *Festschrift for William Labov*. [CILT 127]. Amsterdam: Benjamins.

Labov, William A. 1972. Negative attraction and negative concord in English grammar. *Language* 48, 773–818.

Ladusaw, William A. 1992. Expressing negation. *Proceedings of the conference on Semantics and Linguistic Theory* 2. Columbus OH: The Ohio State University, 237–259.

Lehmann, Christian 1985. Grammaticalization: synchronic variation and diachronic change. *Lingua e stile* 20, 303–318.

Lehmann, Christian 1991. Grammaticalization and related changes in contemporary German. In: E. Closs Traugott & B. Heine (eds.) *Approaches to grammaticalization*. Vol. II. [Typological Studies in Language 19]. Amsterdam: Benjamins, 493–535.

Lehmann, Christian 1995. *Thoughts on grammaticalization*. München: Lincom.

Lehmann, Christian 2005. Wortarten und Grammatikalisierung. In: C. Knobloch & B. Schaeder (Hg.) *Wortarten und Grammatikalisierung*. [Linguistik. Impulse und Tendenzen 12]. Berlin: de Gruyter, 1–20.

Leiss, Elisabeth [2]1998. Ansätze zu einer Theorie des Sprachwandels auf morphologischer und syntaktischer Ebene. In: W. Besch, A. Betten, O. Reichmann & St. Sonderegger (Hg.) *Sprachgeschichte. Ein Handbuch zur Geschichte der deutschen Sprache und ihrer Erforschung*, 2. vollständig neu bearbeitete und erweiterte Auflage. Berlin: Mouton de Gruyter, 850–860.

Leiss, Elisabeth 2000. *Artikel und Aspekt. Die grammatischen Muster von Definitheit*. [Studia Linguistica Germanica 55]. Berlin: de Gruyter.

Leiss, Elisabeth 2008. Grammatical complexity and affix ordering. A typological diachronic approach to the theory of word structure. Powerpointpräsentation anlässlich der 13. International Morphologietagung Wien, 2.-3. Februar 2008.

Leiss, Elisabeth 2009a. *Sprachphilosophie*. [De Gruyter Studienbuch]. Berlin: de Gruyter.

Leiss, Elisabeth 2009b. Konstruktionsgrammatik versus Universalgrammatik. In: F. Schmöe & W. Eins (Hg.) *Festschrift für Helmut Glück*. Wiesbaden: Harrassowitz, 1–12.

Lightfoot, David 1975. *Principles of diachronic syntax*. Cambridge: CUP.

Lightfoot, David 2006. *How new languages emerge*. Cambridge: CUP.

Lindgren, Kai B. 1957. *Über den oberdeutschen Präteritumschwund*. Helsinki: Suomalaisen. Tiedeakatemian Toimituksia.

Lindgren, Kai B. 1963. Über Präteritum und Konjunktiv im Oberdeutschen. *Neuphilologische Mitteilungen* 64, 264–283.

Lohndal, Terje 2009. The copula cycle. In: E. van Gelderen (ed.) 2009b, 209–244.

Marantz, Alec 1984. *On the nature of grammatical relations*. Cambridge: MIT Press.

Radford, Andrew 1990. *Syntactic theory and the acquisition of English syntax: the nature of early child grammars of English*. Oxford: Blackwell.

Ramchand, Gillian Catriona 2008. *Verb meaning and the lexicon. A first-phase syntax*. [Cambridge Studies in Linguistics 116]. Cambridge: CUP.

Roberts, Ian 1993. *Verbs and diachronic Syntax: a comparative history of English and French*. Dordrecht: Kluwer.

Schwegler, Armin 1990. *Analyticity and syntheticity. A diachronic perspective with special reference to Romance languages*. [Empirical Approaches to Language Typology 6]. Berlin: Mouton de Gruyter.

Traugott, Elizabeth C. 1989. On the rise of epistemic meanings in English: an example of subjectification in semantic change. *Language* 65, 31–55.

Traugott, Elizabeth & Bernd Heine (Hg.) 1991. *Grammaticalization*. Vol. I, II. Amsterdam: Benjamins.

Traugott, Elizabeth & Richard Dasher 2002. *Regularity in semantic change*. Cambridge: Cambridge University Press.

Tsurska, Olena 2009. The negative cycle in Early and Modern Russian. In: E. v. Gelderen (ed.), 73–90.

Ungerer, Friedrich & Hans-Jörg Schmid [2]2006. *An introduction to cognitive linguistics*. London: Pearson Longman.

Van der Auwera (2009). The Jespersen Cycles. In: E. v. Gelderen (ed.), 35–72.

Vedovato, Diana 2009. Weak pronouns in Italian: Instances of a broken cycle? In: E. v. Gelderen (ed.), 133–156.

Yáñez-Bouza, Nuria. 2007. Preposition stranding and prescriptivism in English from 1500 to 1900. PhD dissertation, University of Manchester.

Waters, Catherine 2009. The preposition cycle in English. In: E. v. Gelderen (ed.), 285–300.

Welke, Klaus 2008. Kurzbesprechung von A. Stefanowitsch & K. Fischer (Hg.) 2008. *Konstruktionsgrammatik II. Von der Konstruktion zur Grammatik*. Tübingen: Stauffenburg. In: *Germanistik* 49/3–4, 565f.

Wiesinger, Peter 1970. *Phonetisch-phonologische Untersuchungen zur Vokalentwicklung in den deutschen Dialekten*. Berlin: de Gruyter.

Burzio trifft Wulfila.
Zu den distributionellen Eigenschaften von *wairþan* „werden“ und *wisan* „sein“ im gotischen Passiv*

0. Problemstellung

Aufgrund der sogenannten Burzioschen Generalisierung (Burzio 1981, 1986) kann es in einer Sprache kein direktes Objekt (hinfort DO) geben, sofern das Subjekt nicht eine Θ-Rolle (konkrete semantische Valenz) trägt.

Dies ist eine empirische Annahme – die so lange gilt, als nicht Gegenbeweise gefunden werden. Es ergeben sich aus dieser Annahme jedoch eine Reihe von Folgerungen zur Grammatik, die diese These äußerst interessant erscheinen lassen. Da sich nun zeigen läßt, daß es in einer großen Zahl von Sprachen eine einwertige Klasse von Verben, eV („ergative Verben“) gibt, deren einziges Argument (Träger semantischer Valenz) die Distributionseigenschaften direkter Objekte transitiver Verben besitzt (Abraham 1986), und daß diese eV dort, wo es mehr als ein Hilfsverb zur Kennzeichnung des Perfekts gibt, jeweils die Entsprechung des deutschen *sein* (gegen *haben*), ital. *essere* (gegen *avere*), frz. *être* (gegen *avoir*) auswählen, ergeben sich zwei Fragen: 1. Was hat diese spezifische AUX-Selektion von eV, nämlich (orientiert am Deutschen) der *sein*-Typ, mit gerade diesen eigentümlichen Distributionseigenschaften von eV nämlich „DO-Haftigkeit“ (in irgendeinem, vorerst noch nicht so deutlichen Sinne) zu tun? 2. Ist diese eV-Klasse in einer uns zugänglichen Sprache morphologisch besonders gekennzeichnet? Man beachte, daß die 2. Frage nicht willkürlich gestellt ist, ist doch anzunehmen, daß unter allen einwertigen Verben, also der Hauptmenge der intransitiven Verben (iV) funktional und damit auch semantisch mit nicht unansehnlichem Gewinn für Verständnis und die flüssige Sprachproduktion Identifikationsmittel bereitstehen sollten. Für das Deutsche jedenfalls gilt, daß verbale Ergativität in der überwiegenden Zahl von Fällen eine morphologische Ableitungssystematik mit hoher Produktivität aufweist (Präfigierung; vgl. Abraham 1986). Wenn sich diese morphologische Auszeichnung auch in anderen Sprachen verfolgen ließe, so würde nicht nur Burzios Generalisierung an empirischer Potenz gewinnen, sondern wir könnten auch mit größerer Berechtigung unsere 1. Frage stellen.

Nun läßt sich zeigen, daß zu diesen systematischen ergativen Distributionseigenschaften („DO-Haftigkeit“) eine klare Korrelation aspektsemantischer Art, nämlich

---

* Erstmals erschienen in *Groningen Papers in Theoretical and Applied Linguistics – TTT 9* (1987), 1–29. Groningen – Ich habe eine Dankesschuld Frau Elisabeth Leiss (Erlangen) sowie meinen Kollegen Tette Hofstra (Groningen) und Nils Arhammar (Groningen) gegenüber. Frau Leiss hat eine verwandte Thematik für ein Buchvorhaben vorbereitet und mit mir ihre Funde diskutiert. Ihr verdanke ich die Hinweise auf die ältere Literatur, nämlich Egge (1886) und Skladny (1873). T. Hofstra hat eine frühere Version dieses Artikels sehr genau durchgelesen und mir geholfen, manchen stilistischen und inhaltlichen Fehler auszumerzen. Im besonderen verdanke ich ihm den Hinweis auf Alands Ausgabe der got. Bibel, die mir in einem entscheidenden Fall eine andere Lesart im griechischen Urtext zugänglich machte.

„Inchoativität" besteht (Abraham 1986, 1987a). Inchoative Verben sind aber in einer Reihe von Sprachen morphologisch eigens klassifizierbar: so im Lateinischen durch V-Stamm+-*sco* und, worum es hier geht, im Gotischen durch V-Stamm+-*nan*. Nun hat das Gotische zwar kein periphrastisches Perfekt, wo die lexikalische Bindung des Perfekthilfsverbs an die Klasse der inchoativen -*nan*-Verben augenscheinlich werden könnte. Aber das Gotische zeigt neben einem synthetisch gebildeten Passiv ein periphrastisch gebildetes, und zwar mit den Verben *wisan* „sein" bzw. *wairþan* „werden", offenbar vergleichbar den deutschen Verben insofern, als sie durchaus auch als Vollverben, also mit eigener lexikalischer Bedeutung auftreten. *wairþan* im besonderen ist ein inchoatives Verb, also syntaktisch ein eV, während *wisan* durativ, also ein intransitives Verb ist. Intransitive Verben teilen die DO-Haftigkeit der eV nicht. D.h., wenn wir – im Grammatikjargon der Rektions- und Bindungstheorie der generativen Grammatik – dem einzigen Argument der eV den zugrundeliegenden (also für die Semantik mitverantwortlichen) Status eines direkten Objekts, den iV dagegen den eines Subjekts zuweisen, dann wäre eine schöne Argumentationsbrücke zu unserer ersten Frage oben hergestellt: nämlich der Frage, was DO-Haftigkeit (aspekt-) semantisch bedeutet.

Es ist in dieser Exposition angebracht, nochmals zu verdeutlichen, um welche Zusammenhänge es geht, was feststeht und wonach gefragt wird. eV lassen sich im Unterschied zu iV und tV mit Blick auf ihre grammatischen Funktionen und semantische Valenztypologie folgendermaßen klassifizieren:

V-Klasse	Θ-Valenz	Aux-Selektion	Beispiel	Ableitungsmorphem
eV	_[Θ2_]	*sein*	*erblühen*	Ergativverbpartikel
iV	Θ1[__]	*haben/sein*	*blühen*	Simplex
tV	Θ1[Θ2__]	*haben*	*begrünen*	Transitivpräfix

tV müssen, um das periphrastische Perfekt zu bilden, immer *haben* verwenden, eV immer *sein* – äquivalent in jenen Sprachen, in denen eine Hilfsverboption dieser Art besteht. „DO-Haftigkeit", die bei eV oben durch den Status des einzigen semantischen Valenzträgers (Θ) als internes Argument (i.U. zum externen Argument außerhalb der Klammer, also dem Subjekt) syntaktisch angezeigt ist, kann semantisch nur bedeuten, daß Agentivität für dieses Θ2 ausgeschlossen ist: ein DO kann niemals Träger eines AGENS sein (auch dies nehmen wir als empirische Generalisierung an). *sein* ist unverwechselbar auch die Adjektivkopula beim Prädikat. Die Frage ist nun: Was hat die typische Eigenschaftszuordnung der Adjektivklasse mit dem inchoativen *wairþan* im gotischen Passiv zu tun? Diese Frage wird parallel zum Deutschen verfolgt werden, wo sich die gleichen Fakten vor uns ausbreiten.

Diese Frage ist im Gotischen deshalb von besonderem Reiz, weil das Gotische zum Zeitpunkt seiner uns zugänglichen Verschriftlichung offenbar gerade vom synthetischen zum periphrastischen Passiv übergeht (Braune 1961: 97). Dies zeigt sich sowohl quantitativ als auch an der Tatsache, daß in einer Reihe von unverwechselbaren Fällen *wairþan* (+2. Partizip) bzw. *wisan* (+2. Partizip) Kopulastatus haben, d.h., daß die 2. Partizipien nur als Adjektive interpretiert werden können. Da nun einerseits Inchoativa und *wairþan* vorgangshafte, intransitive Zustandsverben wie *wisan* jedoch statische Interpretationen haben und da das Gotische Wulfilas andererseits den vorgangreferierenden Aorist der griechischen Vorlage im Unterschied zu dem auf einen abgeschlossenen Endzustand verweisenden Perfekt zu übersetzen hat – zu dieser Unterscheidung gab es ja im Gotischen keine Tempus-Aspektkonjugation –, ist es auf mehreren Ebenen reizvoll und theoretisch bedeutsam, den Fragen der verbalen Ergativität im Gotischen nachzugehen.

In den folgenden Abschnitten wird zuerst die Fakten- und Forschungslage zum Gotischen Passiv dargelegt. Es wird sich zeigen, daß man vor einer aufs erste nicht klaren Verteilung zwischen periphrastischen *wairþan-* und *wisan-*Passiven zu tun hat. Anhand der Satzkontexte und, wo nötig, unter Rückgriff auf den griechischen Urtext versuche ich nachzuweisen, daß die jeweiligen undeutlichen Fälle auf eine kontextuell deutlichere Verteilung von Vorgangshaftigkeit bzw. Zustandshaftigkeit zurückgehen. Diese kontextuelle Aspektdistribution scheint für den griechischkundigen Wulfila Grund genug für die vorgenommene Entscheidung zwischen *wairþan* und *wisan* gewesen zu sein.

Zur Unterstützung meiner Ausgangsthese zur Parallele zwischen den syntaktischen Distributionseigenschaften und der semantischen Scheidung zwischen Inchoativität (oder, wie ich in Hinkunft sagen will, „Terminativität“ bzw. „Mutativität“) und Zustandshaftigkeit („Durativität“) erweist es sich als sinnvoll, aus der älteren Literatur zu zitieren (Hinweis durch E. Leiss): „… I read through the whole of Massmann's Ulfila and noted every case of the use of verbs in *-nan*, and I found my supposition to be true, namely, that the verbs in question generally translate Greek neuter and medial verbs (the Latin text often having inchoative verbs); and while they also frequently render passive verbs, I found not a single example where a logical subject is expressed or understood.“ (Egge 1886: 39f.) Dieses Zitat zeigt die Übereinstimmung in unseren Ansätzen: Was im Got. ein *-nan*-Verb ist, hat im Lateinischen in der Mehrzahl der Fälle eine inchoative Entsprechung, im Griech. oft passive, neutrale oder mediale Verben. Und er schließt daraus wie ich oben, daß in keinem Fall ein logisches Subjekt erschließbar ist. Logische Subjekte sind im Sinne der Argumentstruktur der drei Verbklassen oben als lexikalische Subjekte (sog. „externe Argumente“ im Jargon der generativen Syntax) transitiver oder intransitiver Verben zu verstehen, in einer Vielzahl von Fällen als Agentes. *-nan*-Verben können demnach kein Agenssubjekt bzw. kein Subjekt vergleichbar jenen Subjekten haben, die klare Subjektdistributionseigenschaften aufweisen. Egge meint damit, daß sie wie mediale Verben oder Passiva syntaktisch aus DO bzw. aufgrund lexikalischer Argumentreduktionen vorgestufte Argumente zu Oberflächensubjekten gemacht haben. Methodisch wichtig ist überdies, daß Egge offenbar alle Korpusfälle erfaßt hat. Ich werde mich bei der Besprechung einzelner Beispiele und meinen Schlußfolgerungen auf diese Feststellung verlassen.

Ein weiterer Beleg aus der idg. Literatur ist übrigens von gleicher Bedeutung für unsere Ausgangsposition. Laut Skladny (1873: 11; ebenfalls Hinweis durch E. Leiss) und Egge (1886: 44) sind die got. *-nan*-Verben von dem mit dem Ablaut des Partizipium Präteriti versehenen Stamm eines starken Verbums abgeleitet. Dadurch entsteht eine aktive Verbmorphologie bei gleichzeitiger passivischer Bedeutung – auf „passivische

Bedeutung“ läßt sich ja nur bei paradigmatisch gebildeten Formenpaaren einer Sprache schließen, da nur dann lexikalisch feste Beziehungen zwischen Verbgenus und Bedeutung bestehen. Beim passivischen präteritalen Partizip (PPP) ist das Agensargument ja auf jeden Fall rückgestuft; was als einziges (syntaktisch intransitives) Argument verbleibt, ist das logische DO, oberflächlich als Subjekt realisiert.

1. Die Forschungslage zum gotischen Passiv

Es gehört zu den auffallenden Merkmalen des Gotischen, daß sowohl ein synthetisches Passiv wie auch ein periphrastisches Passiv zur Verfügung stand. Das synthetische Passiv, eine Fortsetzung des urindogermanischen Mediums, existierte nur im Indikativ Präsens und im Optativ Präsens. In allen anderen Formen wird das Passiv periphrastisch mit *wairþan* bzw. *wisan* zusammen mit dem zweiten Partizip gebildet. Das Partizip wird dabei wie ein prädikatives Adjektiv flektiert (so die Handbücher von Braune, Krause und Mossé). Die genaue Verteilung zwischen den beiden Auxiliarverben und der Passivbedeutung, so wie sie uns aus dem Deutschen geläufig ist, nämlich die Scheidung zwischen einem Vorgangspassiv und einem Zustandspassiv, ist in den Handbüchern keinesfalls geklärt. Nach Krause (1968: 221; in der 2. Auflage 1981: 106 fehlt allerdings der Beleg *daupiþs ist* der 1. Auflage) sind Formen und Funktionen stark vermischt. Die Beispiele, die bei Braune (1981:106) sowie Mossé (1956: 179) ausgemustert sind, vermögen nur einen sehr oberflächlichen Eindruck zu vermitteln und lassen sich zu keinem systematischen Schluß verwerten. Andererseits ist leicht einzusehen, daß man sich davor zu hüten hat, die Systematik des Neuhochdeutschen, also die Indikation eines Zustandspassivs über das Hilfszeitwort *sein* und die eines Vorgangspassivs über das Hilfszeitwort *werden* auf das Gotische zu übertragen. Die einzige Literatur, die uns dabei weiter helfen kann, da sie den gotischen Text eingehend auf diese Frage hin untersucht, ist Schröder (1957). Auf ihn berufen sich auch die Handbücher zum Teil (so Krause 1968, 3. Druck).

Inwieweit besteht nun im gotischen periphrastischen Passiv eine systematische Verteilung zwischen den Formen mit *wisan* und *wairþan*? Und diese Frage läßt sich weiter ausbauen, wenn wir nach der lexikalischen Vollverbbedeutung von *wisan* und *wairþan* fragen, nämlich so: Was vermag die inchoative Bedeutung von *wairþan* im Unterschied zur stativen Bedeutung von *wisan* in der Verteilungs- und Bedeutungssystematik zu unterscheiden?

Daß im Gotischen Inchoativität syntaktisch-morphologisch eine besondere Rolle spielt, zeigen schon die morphologisch eigens ausgezeichneten inchoativen Verben: etwa die 4. Klasse der schwachen Verben mit Mittelvokal auf *-nan*. Diese erlaubten in einer geringen Zahl von Fällen sogar aktive Übertragungen dessen, was im griechischen Mustertext als Passiv konstruiert wurde. Schröder (1957: 2) verweist selbst auf solche Fälle – etwa *gafullnoda* mit der Übersetzung „sie wurde gefüllt, wurde voll“ für die griechische Vorlage *eplesthe* „sie wurde gefüllt“. Wir werden auf diese Inchoative im Zusammenhang mit der spezifischen Funktion von *wairþan* noch zurückkommen.

Die Systematik des gotischen Passivs selbst wird von Schröder (1957) wie folgt beschrieben.

(1)			
		wairþan-Passiv	*wisan*-Passiv
	Präs.	*wairþiþ gabundans*	*ist gabundans*
		wird gebunden	ist gebunden
	Prät.	*warþ gabundans*	*was gabundans*
		wurde gebunden	war gebunden

gabundans ist das präteritale Partizip des Terminativverbs *gabindan* „festbinden". Wegen der im Deutschen nicht zu vermeidenden Zweideutigkeit dessen, was die Paraphrasen beim *wisan*-Passiv bedeuten können, ist es wichtig zu betonen, daß das Gotische sich dabei auf die prädikative Lesart, also das Zustandspassiv beschränkte und daß die Lesart des Plusquamperfekts (also so viel wie „er war gebunden worden") mit großer Sicherheit auszuschließen ist (Schröder 1957: 35ff.). Daß es sich andererseits bei dem Nebeneinander von periphrastischem Passiv und synthetischem Passiv um echte Synonyme handelte, läßt sich mit großer Sicherheit aus der Tatsache erschließen, daß die Passivkategorie des periphrastischen Präsens in den gotischen Texten nur äußerst selten vorkam (nach Schröder verzeichnet die Stellen in Luk.14:12 und Philipper 1:20). Dafür spricht möglicherweise auch die periphrastische Wiedergabe des griechischen synthetischen Futurums (Hinweis durch T. Hofstra): Johannes 16: 20: *humeis lypethesesthe – jus saurgandans wairþiþ* „ihr werdet traurig sei". Hätten wir anzunehmen, daß das periphrastische Passiv im Präsens in irgendeiner Bedeutungskonkurrenz zum synthetischen Passiv stünde, dann sollte die Verteilung der beiden morphologischen Vertreter des Passivs ausgeglichener sein. Daß Wulfila andererseits mit den beiden periphrastischen Passivparadigmen Verschiedenes zum Ausdruck bringen wollte, geht eindeutig aus den Texten hervor.

(2) *unte sa sunus meins dauþs was jah gagiunoda, jah fralusans was jah bigitans warþ.*
„denn mein Sohn war tot und ist lebendig geworden und war verloren und wurde gefunden." (Luk.15:24; Streitberg 142f.)

(3) *iþ biþe gabauran ist barn, ni þanaseiþs ni gaman þizos aglons faura fahedai, unte gabaurans warþ manna in fairhvau.* (Joh.16:21b; Streitberg 74f.)
„wenn jedoch das Kind geboren ist, denkt sie nicht weiter an ihre Ängste vor Freude, daß ein Mensch geboren wurde."

Um die Systematik der Bedeutungsverteilung zwischen den beiden periphrastischen Passivparadigmen zu erhärten, verweist Schröder (1957:24) auf die quantitative Verteilung zwischen dem synthetischen Präsenspassiv einerseits und dem periphrastischen *wisan*-Präsenspassiv ebenfalls im Präsens anderereseits. Die *wairþan*+PPP-Entsprechungen sind ja aufgrund ihres geringfügigen Vorkommens als Probierfälle Wulfilas zu betrachten. (Methodisch sauberer wäre es freilich, dazu auch den griechischen Grundtext mit zu Rate zu ziehen.) Da andererseits die *wairþan*- und die *wisan*-Paradigmatik im Präteritum voll durchgezogen ist, schließt Schröder mit Fug und Recht, daß die Bedeutung des analytischen Präteritums und des synthetischen Präsens einerseits und die beiden *wisan*-Formen im Präsens und Präteritum andererseits die paradigmatischen, zu klärenden Bedeutungsunterschiede darstellen. Er weist dem synthetischen Präsens und dem seltenen *wairþan*+PPP die Bedeutung des Vorgangspassivs zu, *wisan*+PPP dagegen die Bedeutung eines Zustands zur Redezeit. Die Verteilung zwischen den *wairδan*- bzw. *wisan*-Formen im Präteritum dagegen hat, wie Schröder (1957: 61) betont, unregelmäßige Züge, und zwar deswegen, da *was*+PPP über das ihm zustehende, nämlich mit dem Präsens vergleichbare Zustandspräteritum hinaus auch in die Vorgangsdomäne von *warδ*+ PPP hinübergreift.

Wie in seiner Arbeit zum althochdeutschen Passiv geht nun Schröder (1955: 18) auch der Frage nach, ob das Gotische Möglichkeiten sieht, den griechischen passivischen Mustertext im Gotischen aktiv auszudrücken. Dazu bieten sich systematisch im Gotischen jedenfalls die inchoativen Verben an – sehen wir von anderen semantisch begründeten Umschreibungen einmal ab. Zu diesen Verben gehören *gafullnan, usluknan, afblindnan, gadauþnan* u.a. (nach Schröder 1955: 2f.). Es handelt sich hier um Verben, die das Eintreten in einen Zustand bezeichnen und „aktivische Form mit passiver Bedeutung verbinden" (Schröder 1955: 2). Schröder übersetzt (in der Reihenfolge oben) mit „gefüllt werden", „geöffnet werden", „blind werden" sowie „getötet werden". Nun vergleiche man zu diesen Ableitungen deren Grundformen: *uslukan* als transitives Verb mit der Bedeutung „öffnen"; Adj. *fulls* „voll", dazu *gafulljan* „füllen"; *blinds* als Adjektiv mit der Bedeutung „blind"; und schließlich *gadauþjan* „töten". Wiewohl nun Schröders Behauptung, daß es sich bei solchen Verben um eine „ktivische Form bei passivischer Bedeutung" handelt, einer technisch-strukturellen Erläuterung entbehrt, so ist ihr jedoch in einem bedeutungsvollen Sinne Kredit zu geben: es handelt sich bei diesen Inchoativa in einem bedeutsamen syntaktischen Sinne um sogenannte „ergative" Verben (Abraham 1985, 1986), deren spezifische Bedeutung und syntaktisch-diagnostisches Verhalten dem zweiten Partizip zusammen mit den Hilfsverben dt. *werden* bzw. *sein* in der folgenden Weise entspricht: Das Subjekt der aktiven Verbverwendung bzw. die entsprechende semantische Valenz (der Θ-Typ) des Verbs ist syntaktisch nicht mehr verfügbar; zum Subjekt rückt vielmehr das direkte Objekt der entsprechenden aktiven Verbform auf; dieses kann nie ein Agens sein; und es muß (im Jargon der generativen Grammatik) das „interne strukturelle Argument", also das lexikalische direkte Objekt sein. Man beachte nun, wie sich diese strukturelle Eigenschaft bei den ursprünglich transitiven Verben des Gotischen auswirkt. *jah gafullnoda ahmins weihis Aileisabaiþ* „und... mit dem Heiligen Geist Elisabeth" läßt sich entweder vervollständigen mit der passivischen Form „(sie) wurde gefüllt", der deutschen medialen Form „füllte sich" oder mit dem ergativen Adjektivprädikat, nämlich „wurde voll". Entsprechendes gilt für *usluknan* „sich öffnen", *afblindnan* „blind werden" bzw. mit dem echten inchoativ-ergativen Pendant „erblinden", ebenso „starben" statt „sie wurden getötet" für got. *gadauþnodedun*. Was also Schröder die „passivische Bedeutung" nennt, spiegelt sich sowohl im Passivpartizip+Hilfsverb als auch in den ergativen Verben, zu denen als Teilklasse die Inchoativa gehören: nämlich daß nach einem Vorgang (einer Tätigkeit) ein Zustand eintritt, der den Vorgang zeitlich voraussetzt.

Die Äquivalenzen zwischen den drei morphologischen Typen, dem Vorgangspassiv, dem ergativen Verb (Inchoativverb) sowie dem Medium ergeben sich, wenn wir von zumindestens zwei Komponenten sprechen, nämlich dem a priori stattfindenden Vorgang und dem a posteriori eintretenden Zustand. Jede der drei syntaktisch-morphologischen Formen realisiert diese beiden semantischen Komponente auf verschiedene Weise.

(4)	VORGANG A PRIORI	ZUSTAND A POSTERIORI
PASSIV	Hilfsverb *werden*	Partizip Perf. (Pass.)
MEDIUM	Transitivverb	demoviertes Agens-Θ
ERGATIV	Vorgangslexem (Stamm)	Terminativpräfix beim Verb
	werden-Kopula + Adjektiv	*sein*-Kopula + Adjektiv

Diese typologische Skizze gilt für das Deutsche. Es wäre näher zu untersuchen, ob sich das Gotische z.B. hinsichtlich der Verwendung der Terminativpräfixe voll in diese Typologie stellt. Typologisch ist weiter zum Medium anzumerken, daß das Deutsche das demovierte Agens in einem Reflexivreflex, nämlich *sich* noch sichtbar macht (Abraham 1987a, b). Dies gilt zweifellos nicht für alle Sprachen, in denen das Medium syntaktisch (und morphologisch) eine Rolle spielt: so nicht für das Niederländische oder Englische, hingegen wiederum wohl für das Spanische, Italienische und Französische.

Nun ist im Gotischen ebenso wie im Neuhochdeutschen (seit dem Althochdeutschen; vgl. Schröder 1957) und Niederländischen das Passivhilfsverb *wairþan*, nhd. *werden*, ahd. *wërdan*, nnld. *worden* ein Ergativverb katexochen. Das Zustandspassiv und das Vorgangspassiv im Deutschen unterscheiden sich also auf aktionsartsemantischem Boden, wo die syntaktisch-strukturelle Grundlage unter Einschluß der semantischen Valenz (Θ-Funktionen) identisch ist: nur *werden* + Adjektiv entspricht den Ergativ- und Inchoativverben, nicht jedoch *sein* + Adjektiv; gleichwohl fehlt bei *werden*+Adjektiv wie auch bei *sein*+Adjektiv das externe Argument einer entsprechenden aktiven Verbform und damit in jedem Falle ein Agens. Wie Schröder sowohl für das Gotische wie auch für das Althochdeutsche zeigt, ist die Eigenbedeutung der *werden*- Pendants genau die Bedeutung, die wir bei dem Vergleich zwischen Passiv, Medium und Ergativ der besonderen Aktionsartfunktion des Inchoativs zugemessen haben. Die Hilfsverbfunktion von got. *wairþan* bzw. ahd. *wërdan* spielen ebenso wie die Vollverbinchoativität von den ersten verfolgbaren Dokumentationen an eine Rolle. Wir werden aber im Unterschied zum Neuhochdeutschen auf jeden Fall anzunehmen haben, daß die Vollverbbedeutung des Inchoativauxiliars bei der Entfaltung der analytischen Passivbedeutung eine stützende Rolle spielte. Dies geht schon aus der Tatsache hervor, daß das Passivpartizip Flexionskongruenz mit dem Subjekt aufwies. Und es ist sicherlich kein Zufall, daß das Deutsche als einzige germanische Sprache, die einen Reflex zum gotischen *wairþan* als alte Entsprechung hatte und bis heute behalten hat, dieses existentielle Inchoativum für die Bildung des analytischen Futurums ausnützt. Diese Inchoativpotenz muß eine Rolle bei der analytischen Futurbildung gespielt haben unabhängig davon, daß dabei wahrscheinlich ein Bildungsparadigma aus dem Tschechischen übernommen wurde (siehe neuerdings Leiss 1985). Alle anderen germanischen Sprachen behelfen sich bei der (analytischen) Futurbildung mit modalen Hilfsverbmitteln (der „wollen" bzw. der „sollen"-Bedeutung).

2. Zum Verhältnis zwischen dem got. *wisan*- und dem *wairþan*-Passiv

Man ist sich wie gesagt in den Handbüchern zum Gotischen einig darüber, daß sich die Bedeutungen des *wairþan*- und des *wisan*-Passivs stark vermischen (Krause 1968: 221). Dem schließt sich Schröder wohl an, ist jedoch genauer: Zwar werde dem gotischen *was*+zweites Partizip die Bedeutung des Zustandspräteritums (und nicht wie bereits betont des passiven Plusquamperfekts!) durch keine andere Verbform streitig gemacht; wohl aber greife die Bedeutung dieser Form auch in jenen Bereich hinüber, die sonst vom Vorgangspräteritum, d.h. dem Präteritum von *wairþan*+zweites Partizip belegt werden (Schröder 1955: 61). Wenn wir der *wisan*+ PP-Morphologie ausschließlich die Bedeutung des Zustandspassivs (vergleichbar *wisan* + Adjektiv) zuweisen, dann müßte sich die Agenspräpositionalkonstituente verbieten. Schröder weist nun auf eindeutige Fälle aus der Bibelübersetzung hin, wo genau diese unerwartete Erscheinung auftritt (Schröder 1955: 61).

(5) Mark.1:9 *jah warþ in jainaim dagam, qam Iesus fram Nazaraiþ Galeilaias jah daupiþs was fram Iohanne in Iaurdane.* (Streitberg 164f.)
„und es geschah in jenen Tagen, daß Jesus aus Nazareth nach Galiläa kam und von Johannes im Jordanfluß getauft wurde"

(6) Luk.17:27 *etun jah drugkun, liugaidedun jah liugaidos wesun, und þanei dag galeiþ Nauel in arka.* (Streitberg 164f.)
„sie aßen und tranken, heirateten und wurden verheiratet bis zu dem Tage, an dem Noah die Arche bestieg"

Schröder meint dazu (1955: 61), daß Wulfila die Unterscheidung zwischen *warþ*+PP und *was*+ PP mehr Mühe bereitete als die zwischen dem (medio)passivischen Präsens und *ist*+PP. Selbst wenn nun Wulfila diese Unterscheidung wirklich mehr Mühe bereitet hätte, dann wäre immer noch unklar, warum gerade diese Unterscheidung zu derartigen Schwierigkeiten führen mußte. Zu beachten ist, daß das *wairþan*-Passiv niemals in die Kategorie des Zustandspassivs ausweicht.

Dieser Frage kann mit Gewinn nur dann nachgegangen werden, wenn wir uns den speziellen Verbtypen zuwenden, bei denen das *was*-Passiv auch eine Vorgangspassivbedeutung erhalten konnte. Wenn wir davon absehen, daß es Wulfila manchmal gar nicht darum ging, die aspekt- und tempusgrammatischen Kategorien des Griechischen genau wiederzugeben, dann bleiben unter den Beispielen solche wie *daupjan* „taufen" (vgl. Mark:9 oben) sowie *liugan* „heiraten" (vgl. Luk.17:27 oben) übrig. Führen wir uns dazu noch weitere Beispiele vor Augen, um uns dann den Gemeinsamkeiten unter diesen Verben zu widmen. Vgl. daneben (2) und (3) oben, die ebenfalls hierher gehören.

(7) Luk.10:20 *biþ faginod in þammei namna izwara gamelida sind in himinam.* (Streitberg 136f.)
„aber freut euch, daß Eure Namen geschrieben sind im Himmel (in den Himmeln)."

(8) Mark.1:5 *jah usiddjedun du imma all Iudaialand jah Iairusaulwmeis, jah daupidai wesun allai in Iaurdane ahvai fram imma.* (Streitberg 164f.)
„und ganz Judäa und die Einwohner von Jerusalem liefen zu ihm hinaus und wurden alle im Jordanwasser durch ihn getauft."

(9) Luk.7:12a *biþeh þan nehva was daura þizos baurgs. þaruh sai, utbaurans was naus.* (Streitberg 116f.)
„als er dann nahe beim Stadttor war, siehe, da wurde ein Toter hinausgetragen."

Um welchen Typus von Verben handelt es sich nun bei all diesen Beispielen? Der Schlüssel liegt in einer dreifachen Beobachtung: 1. die hier dargestellten Verben sind allesamt vom terminativen Typ; 2. wir finden kein interminatives Verb beim *wisan*-Passiv, das eine Vorgangslesart gestattet; und 3. nur terminative Verben sind zweideutig zwischen einer Lesart des Zustandspassivs und des Vorgangspassivs; *wairþan*+PP konnte nie die Lesart eines Zustandspassivs annehmen. Gehen wir nun noch einmal zu unserer Interpretationshilfe anhand dessen, was wir die Zweikomponententhese nennen könnten, zurück. Das Auxiliar *wisan* ist sowohl Träger der Persons-, Numerus- und Tempuskategorie als auch der Zustandsbedeutung; das Vollverb im zweiten Partizip ist je nach seiner Aktionsart Träger einer Zustandsbedeutung nach einem notwendig vorausgehenden Vorgang oder aber (bei Interminativität) eines andauernden (durativen) Vorgangs. Man vergleiche dazu im Deutschen stellvertretend das terminative Verb *binden* sowie das interminative Verb *tragen* (ausführlich Abraham 1985); *gebunden* setzt den Bindevorgang voraus und referiert den erreichten Zustand des Gebundenseins; *getragen* macht einen solchen Unterschied zwischen einem vorausgehenden Vorgang und einem erreichten Zustand nicht. Die „Ungenauigkeit" von *wisan/was*+PP im Gotischen mit der durch die Agenspräpositionalkonstituente elizitierten Vorgangslesart läßt sich nur dort dulden, wo über die inhärente Aktionsart des Vollverbs im zweiten Partizip Vorgangshaftigkeit eindeutig zum Ausdruck kommt: so bei *daupiþs was* „getauft wurde" in (5), bei *gamelida sind* „niedergeschrieben wurden" in (7), *daupidai wesun* „getauft wurden" in (8) *utbaurans was* „wurde hinausgetragen" in (9), *fralusans was* „war /wurde verloren" in (2), *gabauran ist* „ist/wurde geboren" in (3). Schließlich steht auch das paradigmatische *ist gabundans* bei Schröder für diesen Verbtyp. Man vergleiche noch einmal (2), wo neben dem *wisan*-Passiv auch das *wairþan*-Passiv in unmittelbarer Nähe steht (*bigitan warþ* „wurde gefunden"). Zum gleichen Typ der terminativen Verben gehört schließlich auch noch *liugaidos wesun* „wurden geheiratet; vollzogen die Ehe" in (6).

Eine schöne Bestätigung der Annahme, die wir hier vorgetragen haben, findet sich beim Rückgriff auf den griechischen Mustertext. In Luk.10:20b in unserem Beispiel in (7) verzeichnet der griechische Urtext einen Aorist (*egraphé*). Nun kann zum Unterschied vom Perfekt der griechische Aorist immer nur einen Vorgang wiedergeben. Wie kommt nun Wulfila zu der *wisan*-Passivübersetzung? Meine Annahme geht auch hier dahin, daß er sich das mit all seiner einsichtsvollen Übersetzungskunst nur deswegen erlauben konnte, weil *graphein* „niederschreiben" ein terminatives und in seiner grammatischen Struktur ergatives Verb ist: „in Buchstabenform bringen". Sollte allerdings Wulfila nicht die aoristische Form, sondern ein Perfekt vorgelegen haben – was die

Ausgabe von Aland e.a. (1966, 252:... *chairete de hoti ta onomata hymon eggegraptai en tois ouranois.*) gegen den Streitbergtext ausweist (Hinweis durch T. Hofstra) –, so hätte seine Übersetzung freilich eine direktere Erklärung – verweist doch das griechische Perfekt in der Regel auf etwas Abgeschlossenes, in das der Sprecher im Unterschied zur aoristischen Darstellung nicht referentiell eingreift.

3. Die „Erfindung" des analytischen Passivs im Gotischen

Da es im Indogermanischen und dessen dokumentierten Vertretern ausschließlich ein synthetisches Passiv bzw. das Medium gab (vgl. Krahe (5. Aufl.) II, Paragr. 43), muß die analytische Passivform, die sich im Gotischen durchzusetzen beginnt, eine Neuentwicklung sein (in diesem Sinne auch Krahe 5 II, 43). Man ist sich im Unklaren darüber, wie genau diese Entfaltung – war es im Gotischen eine Übernahme aus einem angrenzenden Sprachgebiet? – vor sich gegangen ist. Auch eine Lehnerklärung muß jedoch damit rechnen, daß die Verben *wairþan* und *wisan* mit ihren Vollverbbedeutungen diese Entfaltung oder Übernahme begünstigt haben. Gehen wir nun anhand des Neuhochdeutschen genau dieser Eigenbedeutung von *werden* bzw. *sein* im Zusammenhang mit dem zweiten Partizip nach, um entsprechende Fragen zu jenen Erscheinungen im Gotischen zu stellen, die wir anhand des vorliegenden Textmaterials bzw. anhand der Sammlungen in den historischen Grammatiken überprüfen können.

Wir können im Deutschen die Passivfügung *werden*+zweites Partizip nicht mehr analytisch lesen. Wir können diese Lesart bestenfalls rekonstruieren, wenn wir die Kopula *sein* hinzufügen. *(er) wird geschlagen* kann also nur synthetisch verstanden werden; die analytisch- kompositionelle Lesart entsteht bei *(er) wird geschlagen sein.* Diese Möglichkeit eröffnet sich allerdings nur für terminativ transitive Verben; sie fehlt zur Gänze bei interminativen, durativen Verben wie z.B. *tragen*: *(er) wird getragen?*sein.* Bei diesen interminativ transitiven Verben fällt die analytische Lesart völlig aus; es gibt nur eine synthetische.

Im Gotischen muß ursprünglich so etwas wie unsere heutige nhd. analytische Lesart vorgelegen haben. Darauf verweist die Flexionskongruenz im zweiten Partizip mit dem Subjekt: *wird geschlagen sein = wird ein Geschlagener*. Daß auch unser zweiter Schluß stimmt, nämlich daß es bei interminativen Transitiva diese analytische Lesart nicht gibt, bestätigt Schröder mit dem Verweis darauf, daß die Verbindung mit got. *wairþan* überwiegend Verbkomposita bzw. Simplicia, die schon perfektiv sind, eingehen (Schröder 1957: 23). Wir haben ausführlich darauf hingewiesen (Abraham 1985, 1986), daß auch im Nhd. die überwiegende Zahl der Verbpräfixe aus interminativen Verben ergative, d.h. terminative Lesarten erzeugt. M.a.W. solange eine Sprache wie das Gotische noch analytische Lesarten zu *wairþan* + zweites Partizip besitzt, werden wir davon ausgehen dürfen, daß sich derartige Fügungen auf terminative Verben beschränken. In solchen periphrastischen Passivfügungen hat das zweite Partizip nach der Kompositionsdeutung den Zustandsanteil in die Lesart einzubringen und die Entsprechung zu *werden* dagegen den zeitlich vorauszusetzenden und zu diesem Zustand führenden Vorgang. Bei interminativen Verben dagegen kann die Zustandskomponente durch das zweite Partizip nicht zum Ausdruck gebracht werden. Dies verbietet eben die inhärente Bedeutung des interminativen transitiven Verbs.

In der folgenden Analyse läßt sich dies noch verdeutlichen. Wir gehen von folgenden distributionellen Fakten aus.

(11) term-tV:	*er wird geschlagen*	nur synthet. Lesart als Vorgangspassiv (VoP)
	er wird geschlagen sein	analyt. Lesart als Zustandspassiv (ZuP)
(12) interm-tV:	*er wird getragen*	synthet. Lesart als VoP
	**er wird getragen sein*	keine analyt. Lesart als ZuP

Die analytische Lesart eines terminativen transitiven Verbs („term-tV") läßt sich als Konjunkt der folgenden Lexemkomponenten zusammensetzen – ts=Sprechaktzeitpunkt, t'=Ereigniszeit:

```
(13) |~~~~~~~~~~~~~|------------------ |
     wird(ts)          geschlagen sein(t')
```

Ein PPP eines term-tV wie *geschlagen* entspricht übrigens nur dann einem (durativen) Adjektiv (etwa *schön*), wenn es in Konstruktion mit der Kopula *sein* steht. Nicht einmal wenn das PPP eines term-tV in adjektivischer Bedeutung lexikalisch hinreichend unabhängig ist, läßt sich neben *werden* ausschließlich eine adjektivische, durative Lesart erzielen: *er wird gerissen* (als Charaktereigenschaft) ist nur in einer der Lesarten äquivalent mit *er wird gerissen sein*; ebenso *sie wird ausgekocht* nur partiell = *sie wird ausgekocht sein.*

(14) sie wird ausgekocht (zum Redezeitpunkt t')

```
|>>>>>>>>|(----------------|)
            ...t'...
```

oder

```
|>>>>>>>>|(----------------|) (d.h. immer eigenschaftstypischer „gerissen" zum Zeitpunkt t')
...ts...    ...t'...
```

(15) sie wird ausgekocht sein

```
|>>>>>>>>|(----------------|) (ts<t')
...ts...    ...t'...
```

Anders als bei term-tV jedoch existiert die analytische Lesart nach (13) bei interm-tV nicht. (VoP = Vorgangsperfekt, ZuP = Zustandsperfekt)

(16) *der Korb wird getragen ...* VoP

```
|~~~~~~~~~~~~~~~~~~~~|
        ...ts=t'...
```

(17) **der Korb wird getragen sein* ... keine Lesart als ZuP

(17) ist nicht akzeptabel, da das PPP *getragen* keine adjektivische Zustandslesart hat; es besteht ausnahmslos durative Vorgangshaftigkeit. Eine analytisch-kompositionelle Interpretation verbietet sich z.U. von term-tV.
Wir können von dieser Beobachtung ausgehend noch eine weitere Voraussage treffen, zu der allerdings im Moment keine Bestätigung aus den vorliegenden Dokumentationen und Grammatikübersichten beigebracht werden kann. Solange das analytische Passiv nicht auch interminative transitive Verben erfaßt, läßt sich von einer Entfaltung eines synthetischen Passivausdrucksmittels nicht sprechen. Man vergleiche zu dieser Behauptung nochmals das Deutsche. *(er) wird geschlagen* läßt sich ebensowenig wie das interminative *(er) wird getragen* analytisch verstehen. *(er) wird ein Geschlagener* läßt sich jedoch im Gegensatz zu *(er) wird ein Getragener* eindeutig interpretieren, sehen wir einmal von stilistischen Unebenheiten ab.

Die Kompositionsthese, die wir zur Verdeutlichung der analytischen Lesart verwendet haben, muß aber noch insofern erweitert werden, als uns eine Indikation darüber fehlt, welche der beiden Komponenten das größere Gewicht hat. Dies ist bedeutsam für jene Fälle, wo es um Merkmaloppositionen geht: welches der beiden Merkmale entscheidet dann? Van der Wal (1981: 253) weist zurecht darauf hin, daß die *werden*-Entsprechung im Niederländischen beim Passivpartizip eines terminativen Verbs sowohl inchoativ-terminativ als auch durativ-interminativ gelesen werden kann, und zwar in Abhängigkeit jeweils von der adverbialen Bestimmung, die diese Lesart elizitiert. Ihre Beispiele entsprechen etwa den folgenden deutschen:

(18) *Die Position wurde mit 1. September durch B. besetzt*
(19) *Diese Position wurde jahrelang durch B. besetzt*

In (19) läßt sich das Prädikat durativ paraphrasieren mit *besetzt gehalten*, was in (18) nicht möglich ist. Wie ist nun diese Einsicht auf das Gotische zu übertragen?

Wie gesagt besteht kein Anlaß davon auszugehen, daß das Gotische *wairþan*+zweites Partizip eines interminativen Verbs als Passiventsprechung verwenden konnte. Wir finden dazu keine Beispiele. Andererseits sind nun gerade die *wisan*+zweites Partizip-Passive nicht so unhäufig – gerade sie begründen ja die Zweifel in den Gotikhandbüchern, daß eine genaue systematische Verteilung zwischen den beiden Passivmorphologien und eindeutigen Bedeutungen bestand. Daraus läßt sich mit Blick auf die Erscheinungen der beiden Passivslesarten des Deutschen in den Beispielen (18) und (19) der Schluß ziehen, daß die Bedeutungsopposition zwischen Terminativität und Interminativität beim Vollverb das Übergewicht vor der Kopulaopposition zwischen *wairþan* und *wisan* hatte. Dies erklärt, warum wir keine interminativen zweiten Partizipien bei *wairþan* finden, und es läßt gleichzeitig eine Erklärung dafür zu, daß terminative Verben wie in (8) und in (9) mit den Kopulae nach *wisan* durchaus die Bedeutung des Vorgangspassivs übernehmen konnten. Diese Vorgangspassivlesart war schließlich durch das übergewichtige terminative Vollverb ausreichend garantiert. *daupidai wesun allai in Iaurdane ahvai fram imma* in (8) konnte deswegen durchaus vorgangshaft aus „sie wurden alle im Wasser des Jordans von ihm getauft“ bedeuten; ebensowenig brauchen wir bei *utbaurans was naus* in (9) eine Zustandspassivlesart zu bemühen, die doch nicht befriedigend ist.

Eine letzte Bemerkung soll dazu dienen, den Weg zu deuten, wie aus der periphrastischen Passivbildung die synthetische werden konnte. Beginnen wir mit den *sein*-Formen. *geschlagen* hat zwei Interpretationen: eine interminative mit punktuell iterativer Lesart, die sich bei *ist geschlagen* verbietet. Eine andere terminative ergibt sich im Sinne von „eine Niederlage erleiden"; dabei ist die *ist*-Fügung möglich. D.h., ein interminatives Verb-PPP mußte, wollte es eine sinnvolle Lesart nach dem übrigen formalen Paradigma erhalten, eine Plusquamperfektinterpretation, also etwa *ist geschlagen worden* erhalten. Diese Lesart fehlt, wie Schröder (1957: 35ff.) betont, im Gotischen völlig. Bei *wird/wurde*+PPP dagegen muß mit dem Verlust der Kongruenzmorphologie beim zweiten Partizip eine Rekonstruktion derart stattgefunden haben, daß die zweite, von dem PPP des Vollverbs getragene Zustandskomponente zur Bedeutungskonstitution verschwand, um auch interminative Verben in das Passivparadigma zu inkorporieren. Die analytische Lesart war ja bei den interminativen transitiven Verben ausgeschlossen – die analytische Passivierungsmöglichkeit stand und fiel mit der Möglichkeit, dieses analytische Paradigma auch auf die interminativen Verben zu erweitern. Und dies hatte wiederum zur Folge, daß bei den terminativen Verben die vom PPP getragene Zustandskomponente zugunsten der von *werden* getragenen Vorgangskomponente verschwand. Man vergleiche dazu noch einmal die Abbildungen (14)–(17) oben.

4. Schluß

Wir finden in der Geschichte des Germanischen an zwei historisch nicht miteinander zusammenhängenden Punkten den Eintritt von got. *wairþan* bzw. ahd. *wërdan* zur Bezeichnung des analytischen Passivs im Gotischen bzw. des analytischen Futurums im Ahdt./Mhdt. (zum letzteren nochmals Leiss 1985). In beiden Fällen muß ganz unabhängig davon, ob hier ein fremdsprachliches Vorbild maßgeblich war, die lexikalische Eigenbedeutung des ergativ-inchoativen Verbs got. *wairþan*/ahd. *wërdan* eine Rolle gespielt haben. Es ging darum zu zeigen, daß unter systematischer Auswertung des Materials, das Schröder vor uns ausgebreitet hat, die Zweifel, die etwa bei Krause zu Wulfilas Formen des analytischen Passivs zum Ausdruck gebracht werden, mit weitaus mehr Vorsicht zu wägen sind. Es scheint eher so zu sein, daß sich in der noch nicht gefestigten Phase der Passivanalytik im Gotischen mehr Systematik beim gotischen Übersetzer vermuten läßt, wenn man die Aktionsartoppositionen, nämlich die zwischen Terminativität und Interminativität der Vollverben in Rechnung stellt. Die hier angestellten Überlegungen dienen auch dazu, die terminologische Vielfalt bzw. Uneinigkeit in den gotischen Handbüchern zu vereinheitlichen und systematisieren, die der Verwendung der inchoativen Verben bei Wulfila zu passivischen Formen im griechischen Mustertext gelten. Bei Braune heißen die auf *-nan* abgeleiteten Inchoativa inchoative Formen mit mediopassiver und passiver Bedeutung (Braune 1981: 125); Krause (1968: 246) spricht von einer intransitiv-inchoativen Bedeutung; Mossé (1956: 130) schließlich spricht von einem mediopassiven Wert dieser Verbklasse in ihrer Funktion für die griechischen Passive. Wir haben hier einheitlich von solchen Verben als Instanzen des terminativen Paradigmas gesprochen. In ihrer Syntax ähneln sie den zweiten (passivischen) Partizipien transitiver Verben bzw. den medialen Fügungen, die etwa das Nhd. besitzt. Dies wiederum läßt sich nach einer rezenten Terminologie unter dem Stichwort verbale Ergativität einheitlich zusammenfassen.

Literaturübersicht

Abraham, Werner 1985. Transitivitätskorrelate und ihre formale Einbindung in die Grammatik. *Groninger Arbeiten zur germanistischen Linguistik* 26, 1–60.

Abraham, Werner 1986. Unaccusatives in German. *Groninger Arbeiten zur germanistischen Linguistik* 28, 1–24.

Abraham, Werner 1987a. Zur Typologie des Mediums in der Westgermania. In: W. Abraham & R. Århammar (Hg.) *Linguistik in Deutschland.* [Linguistische Arbeiten 182]. Tübingen: Niemeyer, 3–23.

Abraham, Werner 1987b. Was hat sich in *Damit hat sich's*? In: Centre de Recherche en Linguistique Germanique (Nice) (Hg.) *Das Passiv im Deutschen.* [Linguistische Arbeiten 183]. Tübingen: Niemeyer, 51–71.

Aland, Kurt et al. (eds.) 1966. *The Greek New Testament.* New York et al.: American Bible Soc. et al.

Bammesberger, Anneliese 1979. Die Deutung partiell konkurrierender Formen: Überlegungen zum gotischen *was-*, *warþ*-Passiv. In: K. Grubmüller (Hg.) *Befund und Deutung. Zum Verhältnis von Empirie und Interpretation in Sprach- und Literaturwissenschaft.* (Festschrift für H. Fromm). Tübingen: Niemeyer, 96–110.

Braune, Wilhelm 1981. *Gotische Grammatik.* Tübingen: Niemeyer (19. Aufl., bearbeitet von E.A. Ebbinghaus).

Burzio, Luigi 1981. Intransitive verbs and Italian auxiliaries. Dissertation M.I.T., Cambridge, Massachusetts.

Burzio, Luigi 1986. *Italian syntax: a Government Binding approach.* Dordrecht: Reidel.

Egge, Albert E. 1886. Inchoative or N-verbs in Gothic. *The American Journal of Philology* 7: 38–45.

Krahe, Hans [5]1965. *Germanische Sprachwissenschaft. II. Formenlehre.* [Sammlung Göschen Band 780]. Berlin: de Gruyter.

Krause, Wolfgang [3]1968. *Handbuch des Gotischen.* München: Beck.

Leiss, Elisabeth 1985. Zur Entstehung des neuhochdeutschen analytischen Futurs. *Sprachwissenschaft* 10/3–4, 250–273.

Mossé, Fernand 1956. *Manuel de la langue gotique.* Paris: Aubier.

Schröder, Werner 1955. Zur Passivbildung im Althochdeutschen. *Beiträge zur Geschichte der deutschen Sprache und Literatur* 77, 1–76.

Schröder, Werner 1957. Die Gliederung des gotischen Passivs. *Beiträge zur Geschichte der deutschen Sprache und Literatur* 79, 1–105.

Skladny, Andreas 1973. Über das gotische Passiv. *Jahresbericht des Königlichen Katholischen Gymnasiums zu Neisse* 1873, 12–15.

Streitberg, Wilhelm [6]1971. *Die Gotische Bibel.* Heidelberg: C. Winter.

Wal, Marijke van der 1981. Het passief in het gotisch. In: *Studies voor Damsteegt.* [Publicaties van de Vakgroep Nederlandse Taal- en Letterkunde 10]. Leiden: Universiteit Leiden, 246–258.

Linke Satzperipherie und versteckte Definitheitskategorie: V1-Deklarative, Wortartunabhängigkeit und Narrativität. (Althoch) Deutsch – Altisländisch im Vergleich*

1. Typologische Vorrede und Problematisierung: V1 oder doch nicht V1?

Betonte Verbpartikeln in V2-Sprachen beeinflussen den Wortstellungskern insofern, als sie die sog. Verbklammer erzeugen derart, dass zum einen Vletzt am rechten Satzrand und zum andern V2 am linken Satzrand die Satzargumente und -adjunkte wie in einer Kapsel einschließen und die verbleibende Stelle am äußersten linken Satzrand diskursbevorzugten (thematisierten) Satzgliedelementen überlassen. Dies gilt für das Deutsche und Niederländisch-Flämische sowie mit bestimmten, aber auffälligen Abweichungen für die germanisch-skandinavischen Sprachen. Verbpartikel und der finitheitstragende Verbstamm zeigen sich in strenger komplementärer Verteilung (Bach 1962, Bierwisch 1963, Den Besten 1983). Es lässt sich darüber hinaus anhand der süddeutschen Dialekte eindeutig zeigen, dass V2 eine Subklasse der Vletzt-Erscheinung ist (Abraham 1987, Abraham&Fischer 1998). Damit lässt sich nicht nur V2 als bloß typologisches Epiphänomen betrachten; sondern es lässt sich auch empirisch trefflich gegen Hallmans (2000) Annahme argumentieren, wonach alle Satzarten im Deutschen (und Niederländischen) invariant V2 sind, Vletzt eine Subklasse von V2 ist und dass schließlich unter dieser Voraussetzung die komplementäre Verteilung fällt. D.h., im syntaktischen Muster C**X**V[SO…] lässt sich **X** entweder als Topik oder (unter Selektion durch sichtbares C) als komplette Konstituente [SO…] ausfüllen, wonach das finite Verb in satzfinaler Position, also als Vletzt strandet. Diese Analyse steht in klarem Gegensatz zur Standardannahme der V-zu-C–Verschiebung und der V2/V-letzt-Alternierung. Ich beziehe vor allem gegen Hallmans Position Stellung, werde aber betonen, dass das Deutsche ebenso wie das Niederländische vor allem deshalb eine Vletzt-Sprache ist, weil sich alle semantisch-syntaktischen Beschränkungen aus Vletzt ableiten lassen. V2 dagegen beherbergt bloß Finitheit und Tempus sowie Modus. V1 existiert im deklarativen Sprechakt überhaupt nicht (abgesehen vom Substandard und auch dort vor allem in thetischer Satzfunktion).

Unsaubere V2-Sprachen wie das Englische, Slawische und Romanische weichen von den germanischen V2/Vletzt-Sprachen strukturell und hinsichtlich ihrer Diskursrepräsentationen sehr grundsätzlich ab. Wie z.B. sind Hebräisch oder Bretonisch einzuordnen, in denen die Existenz einer C-Partikel zur C–VSO-Ordnung, also auch V2 führt (Shlonsky 1997, Borsley & Kathol 2000). Bretonisch und Hebräisch lassen jedoch in C an der Satzspitze entweder eine Kopfprojektion oder eine Maximalprojektion stehen. Und im Bretonischen kann sogar über lange Kopfversetzung (*Long head movement*) V1 zustande kommen (Jouitteau 2005). Solche Erscheinungen

---

* Erstmals erschienen in Michail L. Kotin/Elizaveta G. Kotorova (Hg.): *Geschichte und Typologie der Sprachsysteme / History and Typology of Language Systems*. Heidelberg: Carl Winter Verlag 2011, 51–69.

verkomplizieren unseren Blick auf "V2" erheblich. Da Zählungen ausweisen, dass nicht mehr als 10% aller Weltsprachen V1 als Satzgrundabfolge haben, war fast damit zu rechnen, dass jüngere typologische Arbeiten sogar in Zweifel ziehen, dass es V1-Grundordnungen gibt bzw. dass dieser Wortstellungstypus nicht abgeleitet ist. Nun kodiert V1 in Vletzt-Sprachen wie dem Deutschen besonders markierte, vom Deklarativ abweichende Sprechakte: den Imperativ und den Interrogativ, in speziellen Fällen noch Konditionalsätze (Reis 1999a,b; 2000).[1]

Gibt es dann das deklarative V1-Satzmuster überhaupt? Welche morphologische oder diskursanalytische Information taucht in deklarativen V1-Sprachen auf? Was ist die überzeugende Analyse von V1-Sprachen (Carnie & Guilfoyle 2000, Carnie & Harley 2005)? Diachron wechseln die keltischen Sprachen von V2 zu V1, wogegen das Arabische und Hebräische von V1 zu V2 (oder SVO) wechselten. Was wissen wir über den Auslöser für solchen Wandel (vgl. Roberts 2005 für das Walisische)?

Im Germanischen, ja noch im Althochdeutschen gab es V1 für den deklarativen Sprechakt. Für das moderne Deutsch ist deklaratives V1 unter stark oralen, substandardlichen Bedingungen beschrieben worden (Önnerfors 1997, Reis 1999a,b; Scheutz 2008). Ich gehe zuerst dieser Erscheinung im Detail nach, komme dann zu V1 im Altisländischen (Leiss 2008/2010), wo ich 2 Strukturformen von V1 aufzudecken gedenke, und schließe dann mit Überlegungen dazu, was nun V1 im modernen Deutschen, im Althochdeutschen (vgl. Petrova 2006, Hinterhölzl & Petrova 2009, 2010; Schaller 2009/2010) und im Altisländischen an besonderen Sprechakteigenschaften bzw. an narrativen Kriterien wie textlicher Vorder- und Hintergrundierung kodieren.

2. Einige Thesen vorweg

a) Kongruenzreferentielle Merkmale sind übereinzelsprachlich unterschiedlich verteilt (Italienisch mit erweitertem CP, Deutsch ohne CP-Erweiterung, DV1-Sprachen wie Altisl. und Ahd. mit TP?). Vgl. die vergleichenden Satzfelder in Abb. 2.
b) Es gibt in Sprachen ohne rizzische Diskursexpansion wie im Deutschen (pro)nominale Definitheit in Spez,CP (Satzvorfeld) bzw. im linken Mittelfeld/WP. Wichtige Frage: Was trägt explizite Verbalität in dieser Strukturphase zu Definitheit und Diskursthematizität/-topikalität bei?
c) Die 2 Hauptthesen bei Leiss (2011) „Die aspektuelle Funktion von V-Erststellung…":

1 Ob es sich beim Imperativ grundsätzlich um eine Art Default-Topologie insofern handelt, als das Satzsubjekt in aller Regel fehlt, und ob hiermit eigentlich ein prototypisches V2-Muster mit dem (ausgesparten) Subjekt im Vokativ (Ellipse) vorliegt (so der Gutachter), steht in der Literatur durchaus dahin. Wohl hat der Interrogativ in der Slavia die unmarkierte V2-Topologie, während die V1-Stellung markiert ist; vgl. russ. *Ty pojdjosh' v kino?* vs. dt. *Gehst du ins Kino?*, genau so gut jedoch *Du gehst ins Kino?* Wie allgemein in der Romania. Das Polnische setzt hier den speziellen Platzhalter *czy* „ob" und hält danach trotzdem die SV-Topologie, was klar auf eine unechte V"-Topologie und Typologie hinweist: *czy (ty) idziesz do kina?* Der V1-Konditionalis in der Slavia funktioniert wie im Deutschen: vgl. russ. *budet vremja, zachodi* „hast du Zeit, komm zu mir" (wörtl. „wird Zeit, komm!") (pers. Hinweis M. Kotin).

- Perfektivität und Definitheit sind (mereologisch) eng verwandte Grammatikfunktionen (so auch Krifka 1992). Das Vorfeld beherbergt die stille/PF-unsichtbare Kodierung von nominaler Definitheit und verbaler Perfektivität.
- Unter den 3 Grammatikalisierungsbewerbern <def. Artikel>, <DV1> sowie <hist. Präsens>[2] bleibt diachron schließlich nur mehr der definite Artikel. Man beachte: DefArt ist eine nominale Kategorie; wie übernimmt er die verbale Funktion des <hist. Präsens>, wie die positionelle von DV1 – wo doch nominale Definitheit positionell nicht an das Vorfeld gebunden ist?

Um tiefer in die Analyse der altisländischen und althochdeutschen Beispiele bei Leiss einzudringen, prüfen wir die nhd. Verhältnisse oberflächlicher DV1-Sätze.

3. Deklaratives V1 im Deutschen? DV1 als Epiphänomen zu Definitheit und Perfektivität – Wege für V zu deklarativem V1

In welchem narrativen Status sind die folgenden V1-Sätze? [Kapitälchen kennzeichnen Wortakzent]

(1) a AUFtritt der/ein homo novus (Kapitelüberschrift aus Raddatz 2003)
b (*Es) AUFtritt der/ein homo novus
c Der/Ein homo novus tritt auf
d Saßen all auf dem Verdecke,/Glocken klangen, alte Zeit,/
Und der Himmel wurde blauer./Und die Seele wurde weit.[3]
(2) a ANfängt/AUFfrisst der Hund den Knochen
b (*Es) ANfängt/AUFfrisst der Hund den Knochen
(3) (Es)?VerSETZT der Gigolo seine Dame
(4) (Es)?Läuft der Diva eine Naht runter

Zu allererst fällt auf, dass alle solche Sätze Hutprosodie haben, am deutlichsten vielleicht bei (4): *...Díva ... eine Nàht runter*. Alleine schon deshalb handelt es sich um Präsentationssätze, d.h. rein rhematisch/thetisch texteinleitende Sätze. Ich gehe davon aus, dass solche Sätze die Struktur als T^0 bzw. mit expletivem *Es* als TP haben. Nennen wir solche thetischen Deklarative DV1.

(5) DV1 mit Hutprosodie und Präsentationsstatus starten strukturell als T^0 bzw. TP. Nur TP kodiert im Deutschen rhematische, thetische Sätze.

---

2 Das hist. Präsens ist im Slawischen eindeutig imperfektiv: Wir wissen, dass die Verben im perfektiven Aspekt nie für das hist. Präsens einsetzbar sind, da deren formale Präsensformen immer die futurische Lesart haben. Dies gilt aber für die romanischen Sprachen nicht in gleichem Maße (vgl. Camus' Einsatz des *passé composé* für das literarisch-kanonische *passé simple* in *L'étranger*).

3 Eine Art Motto zu Beginn des Kapitels *Von Frankfurt bis Schwedt* in: Theodor Fontane 1980, S. 9. Persönl. Mitteilg. R. Rösler, Rostock-Zielona Góra. Das Kapitel beschreibt (zunächst) eine Reise mit dem Dampfschiff von Frankfurt bis Schwedt, so dass mit dem Verdeck wohl das eines solchen Schiffs gemeint sein dürfte.

Mit anderen Worten: Die fürs Deutsche gültige strukturelle Diskursdomäne CP ist in thetischen Sätzen ausgeklammert – es gibt in TP keine starken Diskursmerkmale, die anaphorisches Material zur Verkettung erprüfen könnten. Gäbe es ein Argument, in (1)–(4) V2-Konstruktionen zu sehen – wozu ja (3)–(4) einladen würden? Wir verwerfen aber diese Option sofort. Die inakzeptablen *Es*-Varianten zu (1)–(2) sprechen eindeutig dagegen. Wir stellen nur neue Präsentativität (ev. mit Hutprosodie) in jeder der Varianten zu (1) fest – somit präsentative Rhematik. Vgl. (6)–(8) unten. [Die unterschiedlichen Akzenterichtungen kodieren steigenden bzw. fallenden Satzakzent].

(6) Es/Da tritt der homo nóvus auf
(7) ÁUFtreten tut der homo nòvus
(8) Es/Da tritt ÁUF der homo nòvus

Da ist nichtlokal, rein unreferentiell und platzhalterisch zu lesen. Darüber hinaus haben nur (7)–(8) Hutprosodie – wie (1)–(2) oben –, das rein präsentative (6) dagegen nicht, ebensowenig wie (4). Beide Prosodien führen gleichermaßen neues Diskursmaterial in den Texten ein, nämlich DPs als Rhemata. Die hutprosodischen (1)–(3) sowie (7)–(8) jedoch tun mehr: Intransitive Hutprosodien heben das externe Argument ebenso wie das Prädikat hervor, transitive die beiden Argumente, eA und iA. Die Deutung von (1)–(3) sowie (7)–(8) als V1-Deklarative (DV1) lässt offen, wie die SpezTP-Stelle gefüllt ist – gar nicht in bestimmtem, rein oralem Sprachgebrauch oder durch das Expletivum. Wäre da ein lexematisch gefülltes DP in SpezTP, dann hätten wir ja von vornherein nicht mit einer rhematischen TP-Struktur zu tun. Aber selbst das expletive Es verbietet sich, wie wir in den b-Versionen zu (3)–(4) gesehen haben. Es ergeben sich somit folgende Fragen:

(9) Was ist der Unterschied zwischen (1)–(2) und (3) derart, dass das Expletiv nur in (3) möglich ist?
(10) Was verhindert die Füllung von SpezTP in (1)–(2) im Unterschied zu (3)?
(11) Anschließend an (10): Wo liegt der Satzstrukturunterschied zwischen (1)–(2) und (3)?

Nun lässt sich (3) statt eines *wenn*-Satzes vor dem Konsekutivum als Matrixsatz vorstellen, (1)–(2) dagegen nicht. Das ergibt die Antwort auf die letzten Fragen.

(12) a Versetzt der Gigolo seine Dame, (dann) geht die Welt unter … OK zu (1)
b Läuft der Diva eine Naht runter, (so) dreht sie durch … OK zu (4)
(13) a *AUFtritt der/ein homo novus, dann kommt Raddatz in Schwung … * zu (1)
b *ANfängt der Hund den Knochen, lässt er auch das Mark nicht übrig … * zu (2)

Dies lässt auf zweierlei schließen. Einmal reicht das finite Verb in (1)–(2) strukturell bis zu Comp – und nicht bloß bis zu T^{o}-V^{o}/I^{o}-V^{o} wie in (3)–(4). Und zum anderen muss es an der Verbpartikel liegen, dass (1)–(2) nicht wie (3) konfigurieren. Aber was ist dann der besondere funktional-kategoriale Status von AUF-/AN-V in (1)–(2)? Ich schlage Folgendes vor: Die betonte Verbpartikel in Topikposition steht als Maximalprojektion in SpezCP. Vgl. (14).

(14) HERAUF zu uns/IN DIE GÄNGE/Auf die BÜHNE/AUF(-) kommt der Baier immer wieder

Mit anderen Worten, die betonte V-Partikel steht ebenso wie die komplexen Elemente in (14) alleine in oppositionsöffnender Fokusposition: AUF- als Auswahloperator zu allem, was nicht AUF-tritt. Diese Konfiguration verhindert *Es* in SpezCP. Das V-Präfix dagegen kann sich vom V-Stamm nicht lösen – daher ist (3) in jedem Fall etwas anderes. Richtiges V1 ist somit (3) mit der *Es*-Alternative – somit jedoch wiederum kein richtiges DV1, sondern bestenfalls eines unter mündlichem Allegro und oraler Performanzökonomie. Und (1)–(2) sind, wie wir gesehen haben, erst recht keine V1-, sondern V2-Konfigurationen.

Heißt dies, dass alle V-Partikeln bzw. C-Partikeln – d.h. alle V-Partikeln in allen Positionen – lexikalischen Eigenstatus (soz. Satzgliedstatus) haben? Dies hat etwas für sich, obwohl in allen nicht-wahlfokussierenden Positionen die C-Partikeln lexikalisch direkt eingekettet (‚gemergt') bleibt – d.h. dass der Wortintegritätsbedingung Recht getan zu sein scheint. Andererseits ist diese besondere Wortintegrität wohl eine Eigenheit des Deutschen – die z.B. im Niederländischen nicht gilt. Vgl. (15).

(15) unterschiedliche Wortintegritätsmaße im Deutschen und im Niederländischen:
a *deutsch aufessen/aufsuchen* heißt ndl. *op eten/op zoeken*; vgl.
b *iets op willen eten / iemand op moeten zoeken*
‚etwas-auf-wollen-essen' / ‚jemanden-auf-müssen-suchen'

Die entscheidenden Argumente für Satzgliedstatus und damit eigenständige Maximalprojektion liefern (1a)–(2a): Hier ist die C- bzw. V-Partikel *AUF-* bzw. *AN-* unter Kontrasttopikalisierung angehoben. Vgl. (16).

(16) [$_{\text{SpezCP}}$ *AUF-* [$_{\text{C'}}$ *~~AUF~~ –tritt* [$_{\text{TP}}$ [$_{\text{VP}}$ *der homo novus* [$_{\text{V/T}}$ *~~AUFtritt~~*]]]] … zu (1a)
(17) [$_{\text{SpezCP}}$ *der homo novus* [$_{\text{C'}}$ *tritt* [$_{\text{TP}}$ [$_{\text{VP}}$ *~~der homo n.~~* [$_{\text{V/T}}$ *AUF~~tritt~~*]]]] … zu (1b)
(18) [$_{\text{TP/VP}}$ *(Es)* [$_{\text{T'}}$ *versetzt* [$_{\text{VP}}$ *der Gigolo seine Dame* [$_{\text{V/T}}$ *~~versetzt~~*]]]] … zu (1c)

Die Lösung in (16)–(18) hat auch methodologische Implikationen, indem nämlich Fokusakzentsetzung und Prosodie allgemein phasenkontingent abgearbeitet werden müssen: im Deutschen in VP/TP und nicht erst in CP. Ist in VP/TP die geforderte Fokusakzentsetzung mit diskursfunktionaler Erfüllung nicht gegeben, dann muss hier nach einem Merkmalsabgleich sondiert werden. Eine solche Entscheidung wäre zwischen (16) und (17) nicht möglich.

Noch ein weiterer bedeutsamer Schluss für eine universalistisch organisierte Grammatikschreibung ergibt sich. Wenn *AUFtreten* in (1) im wortdesintegrierten Sinne von (15) in unterschiedlichen Diskursfunktionen erscheint, dann können Erscheinungen wie *AUF-treten* (ebenso wie *HERAUF zu uns/IN DIE GÄNGE/Auf die BÜHNE (kommen)*) nicht als Regelfall im Lexikon vorgegeben sein. Vgl. das grammatikorganisatorische Prinzip in (19), welches vor allem auch die diskutierten disjunkten Partikelverben bzw. die C-Partikeln im Deutschen und Niederländischen betrifft.

(19) Diskurstechnische Anschlüsse werden erst in der Syntax (d.h. sind im Lexikon nicht) disponibel.

D.h. auch, wir müssen eine Syntax schreiben, die solche diskurstechnische Anschlüsse wie Thema und Rhema ableitbar macht – d.h. wiederum, wir können keine Syntax gebrauchen, in der Diskursanschlüsse und Einzelsatzstrukturen unabhängig voneinander sind. *AUF-treten* wird als selbständiger Eintrag keinen Platz in einem universalgrammatisch konfigurierten Lexikon haben.[4]

4. Das Schriftdeutsche hat kein DV1 – nur das mündliche Deutsch hat DV1

4.1. Was sind Sätze ohne Vorfeldbesetzung?

Das Hauptkriterium dafür, im Deutschen DV1 zu verwerfen, ist der semantische Status der C-Partikel *AUF-*, dies unabhängig von der Wortintegritätsfrage. AUF- im Satzvorfeld – und damit als selbständige Maximalprojektion – gilt als Kontrastauswahloperator zu allem, was nicht AUF-tritt. (1)–(4) haben kein V1-Ergebnis geliefert. Ebensowenig stellen (3)–(4) mit der *Es/Da*-Alternative ein richtiges V1 dar. Dies gilt für die Schriftsprache. Wir fragen also: Ist in wirklichen DV1-Sprachen (Altisländisch, Ahd., wie zu sehen sein wird) SpezCP unsichtbar mit Entsprechungen zu (14) gefüllt? Was wären die Voraussetzungen dafür, was eventuell Komplementäreigenschaften, die eine solche Annahme unnötig machen? In allen nicht-wahlfokussierenden Positionen bleibt auf- lexikalisch direkt eingekettet (‚gemergt'). In (3)–(4) dagegen ist es unter Kontrasttopikalisierung syntaktisch abgeleitet. Vgl. (20).

(20) [$_{CP}$ AUF [$_{C'/VP}$ ~~AUF~~tritt [$_{VP/TP}$ der homo n. [$_{VP}$ ~~auftritt~~]]]] … zu (1a)
(21) [$_{CP}$ der homo n. [$_{C'}$ tritt [$_{VP/TP}$ ~~der homo n.~~ [$_{VP}$ AUF~~tritt~~]]]] … zu (1c)

Trotz allem tritt DV1 in mündlicher Allegrorede sehr wohl auf. Vgl. aber den texteinleitenden Sonderstatus von (21a) mit der entsprechenden Themastruktur in (21b), wo erst nach einigen Diskursvoraussetzungsprädikationen die normale Satzlangstruktur mit SpezCP einsetzt.

(22) a *Ist* einmal ein armer Mann gewesen. … DV1
Und *hat* eine Tochter gehabt, die…. … DV1
Diese Tochter aber *war* … … DV2

4 Denkbar ist, solche Verbpartikel wie *AUF-* in *-treten* als PP-Pronomina im Lexikon aufzuführen – genauer noch *auf-* als Archilexem mit Ambiguität zwischen P-Nullprojektion und PP-Maximalprojektion, dessen endgültiger Wortart- und Projektionsstatus erst in der Syntax entschieden wird. Natürlich gibt es einen individuellen lexikalischen Eintrag wie *AUFtreten*, dies schon alleine wegen der Partikelintegrität zum Verbstamm.

b [$_{TP}$ *pro*/Es [$_{T}$ *Ist* [$_{VP}$ einmal [$_{VP}$ ein armer Mann gewesen]]]] ... DV1
[$_{COORD}$ Und [$_{TP}$ – [$_{T}$ *hat* [$_{VP}$ eine Tochter gehabt]]]] ... DV1
[$_{SPEZCP}$ Diese Tochter aber [$_{C/Vfin}$ *war* ...]] ... DV2

Die texteinleitenden Sätze, die im mündlichen Allegroregister allenfalls ohne Vorfeldbesetzung vorkommen, haben den Textstatus von Allrhema- oder thetischen Sätzen. In jedem dieser Fälle würde das Schriftdeutsche expletives *es* einsetzen. Solche Sätze charakterisieren sich im Deutschen wegen des Ausfalls des diskursorientierten Vorfelds, also SpezCP, als kürzere, als TP-Satzstruktur. SpezCP mit diskurseinbindendem Material fehlt völlig. Der C-Knoten fehlt; wird eine C-Partikel wie in (1)–(2) gesetzt, so handelt es sich nicht mehr um die texteinleitende, präsentative, allrhematische TP-Satzstruktur. Ein schwaches Indiz für den diskursanbindungslosen Rhemastatus solcher Sätze ist zum einen die Hutakzentstruktur (der Satzdoppelakzent). Vgl. zum Unterschied (3)–(4), mit denen sich eine voraussetzungslose Erzählung einleiten lässt. Die spezielle Texteinbindung von (22b) ist dem auf ein Antezedens bezogenen Akkusativobjekt geschuldet. Rhemastatus ergibt sich aus der Prädikatfüllung des Vorfeldes. Vgl. rhematisch-thetisch mögliches (23a) mit den texteinbindenden-kategorischen (23b-c).

(23) a [$_{SpezTP}$ Gelesen [$_{T}$ habe ich ~~gelesen~~ [$_{VP}$ regelmäßig [$_{VP}$ ~~gelesen habe~~]]]
b [$_{SpezCP}$ Gelesen [$_{C}$ habe ich ~~gelesen~~ [$_{VP}$ so ein Buch noch nie ~~gelesen habe~~]]]
c [$_{SpezCP}$ So ein Buch gelesen [$_{C}$ habe ich so ein Buch ~~gelesen~~] [$_{VP}$ so ein Buch noch nie ~~gelesen habe~~]]]]

Anaphern verbieten V1-Deklarative eindeutig. Man siehe (23a) gegen (23b,c) oder (24a) gegen (24b,c).

(24) a ##Ist er einmal zu einem Brunnen gekommen. Und ##hat er hineingeschaut ins Wasser.
b *Es ist er einmal zu einem Brunnen gekommen. *Und es hat er hineingeschaut ....
c (Es) Klettert doch der Bursche/*Es klettert er wieder auf meinen Birnbaum!

Anaphern sind geborene Themata, die referenzsemantisch Antezedentien voraussetzen. Somit können Sätze mit Anaphern keine Texte einleiten – außer die Pronomina sind als erst später referenzauflösende Kataphern zu lesen.

4.2. Diskursoptionen der substandardlich-mündlichen V1-Deklarative

Mündliches DV1 in (25b) steht hinsichtlich seiner narrativen Wirkung in drastischem Kontrast zum unmarkierten DV2 wie in (25a).

(25) a Ich hab da gleich den ganzen Teig ausgeschleckt. ... DV2
b Hab-(ich) da gleich all den Teig ausgeschleckt.[5] ... DV1

DV1 ist emphatisch bzw. erzählvorantreibend. Mit anderen Worten: (27b) ist zu vordergrundierender Textfunktion gesetzt, mit der der Sprecher die Aufmerksamkeit des Hörers einfordert. Indem DV1 markierter – emphatischer bzw. narrativer – als der unmarkierte DV2-Gegenspieler ist, impliziert seine Setzung einen gemeinsamen Hintergrund.

An illokutiven Einschränkungen zu DV1 gelten – vgl. (26a,b) mit (27a,b) und (28a,b):

(26) a DV1 erlaubt keinen performativen Wandel über den Deklarativ hinaus. Bedeutet dies, dass thetische Sätze kein Illokutionspotential haben?
b DV1eignen sich nicht zur Frage-Antwort-Verankerung, dies im Gegensatz zu DV2.

(27) a Ich kündige hiermit! ... als Kundgabe
b *Kündige ich hiermit! ... *als Kundgabe

(28) [A: Was ist auf dem Bild zu sehen?]
a B: Da steht ein Mann vor der Tür. ... Frage-Antwort-Kohärenz
b B: #Steht da ein Mann vor der Tür. ... *Frage-Antwort-Kohärenz

Dies alles ergibt folgenden Schluss: Es wurden bisher weder echte DV1-Strukturen erkannt noch ein gemeinsames Kriterium gefunden, welches alle mündlichen DV1-Erscheinungen des Substandards vereinnahmt bzw. erklärt (gegen Önnerfors[6], gegen Reis). Alle solchen nhd. DV1-Erscheinungen sind reine Oberflächenphänomene, denen andere, wie hier diskutierte tiefere Distributionseigenschaften gegenüberstehen, die für das Gegenteil sprechen. Vgl. auch Fußnote 2 oben. Wesentlich ist noch folgende Einsicht: Thetische Sätze haben kein eigenes Illokutionspotential, sie sind in dieser Eigenschaft Nebensätzen vergleichbar (Abraham 2011) – es scheint, dass mit SpezCP (mit dem starken Diskursmerkmal) auch IllokP abgeschnitten ist; und: Thetische Sätze versagen sich narrativ-serialisierter Kohärenz, oder schwächer:

5 (25b) scheint unseren Schluss, dass es im Deutschen keine reinen DV1-Sätze gibt, zu widerlegen. Denn (i) ist sicher kein Ersatz für (27b). Doch vgl. (ii), womit sich eindeutig die für DV1 typischen narrativen Effekte kopiert finden. Was allerdings dahinter steckt, dass (iii) ungrammatisch ist, bleibt ungelöst. Hängt dies damit zusammen, dass eine Ellipse sehr oft mit Inversion einhergeht bzw. dass eine Ellipse ohne Inversion dagegen eher untypisch ist?

(i) *Es hab-(ich) da gleich all den Teig ausgeschleckt
(ii) Da hab-ich gleich all den Teig ausgeschleckt
(iii) Da hab*(-ich) gleich all den Teig ausgeschleckt

Feststeht gleichwohl, dass die satzeinleitenden *es* und *da* nicht gleichfunktionierende Expletiva sind. Vielmehr scheint *da* im Unterschied zu *es* koordinativ reihende Funktion auszuüben, vergleichbar etwa hochalemannischem *tua*, ndl. *toen*, mhd. *tuon* mit dieser gleichen narrativen Funktion. Ich komme darauf zurück.

6 Bei Önnerfors 1997 findet sich bloß eine Liste einzelner Erscheinungsklassen, keine über alle diese Kriterien vereinigende Erklärung. Reis geht darüber hinaus.

Die thetische Satzstruktur gehört einem eigenen erzähltechnischen Fokus an, zu welchem die texteröffnende Funktion eine Subklasse ist. Diese Funktion gilt es anhand von DV1 näher zu bestimmen.

4.3. Identifikation des weiteren Untersuchungsinteresses

Inwieweit unterscheiden sich diachronische DV1-Phänomene strukturell und narrativ-funktional von den eben diskutierten modernen des mündlichen Substandards im Deutschen? Wir werden gleich altisländische und althochdeutsche Muster vorlegen. Da althochdeutsch noch das reine DV1-Strukturmuster nachweisbar ist, stellt sich die Frage, unter welchem Kriterium das moderne Deutsche DV1 aufgegeben hat bzw. was die Existenz dieses Phänomens in der Mündlichkeit lizensiert. Es werden sowohl aspektuelle Perfektivität wie auch referentielle und aspektuelle Definitheit ebenso wie Vorder- und Hintergrundierung im Zusammenhang mit DV1 in den Blick geraten. Wie lassen sich verbale Aspekteigenschaften und nominale Definitheitscharakteristiken so aufeinander beziehen, dass sie gleichermaßen imstande sind, DV1-Strukturen auszulösen?

5. Der Brückenschlag – der Bezug von DV1 zu Definitheit und Aspekt in zwei alten Sprachen: Altisländisch und Althochdeutsch

Halten wir zum ersten fest, dass das Deutsche feste Varianten der Artikelformen dazu benützt, Diskursvordergrundierung (VG) von Diskurshintergrundierung (HG) zu trennen (Abraham 2011). Dieser erzähltechnische Unterschied wird in den romanischen Sprachen mittels des *Passé simple* bzw. *Imparfait* eindeutig und stilverpflichtend kodiert. Das *Imparfait* kodiert den laufenden Hintergrundtext, wogegen das *Passé simple* vor diesem Erzählhintergrund Aufmerksamkeitsheischendes hervorhebt.

(29)	a DIESEN/DEN Mann habe ich noch nie gesehen.	...	Rhemaanapher / VG
	b *Den Mann habe ich noch nie gesehen.	...	Themaanapher / HG

Wir unterscheiden Defaultrhema von Kontrastrhema (Abraham 1995/^{2}2000/^{3}2013). In (29a) handelt es sich um Kontrastfokus und entsprechend Kontrastrhema. Mit (29a,b) ist Artikel- bzw. Demonstrativanaphorik im Rhema-Thema-Diskurskurs funktionsgegensatz kodiert. Bei Leiss (2000) ist aber noch ein anderer Definitheitsbegriff gesetzt: Das Altisländische besetzt mit DV1 in einigen Sagatexten eine aspektuell definite (=terminative, mereologisch *bounded*) und damit vordergrundierende (aber gleichwohl erzählungsfortsetzende) Funktion. Es sind somit möglicherweise Sprachen mit mindest zwei Schnittstellenerscheinungen nach Definitheit zu unterscheiden: solche mit anaphorischer Definitheit, solche mit aspektueller, und schließlich solche mit gemischter. Dieser Gesichtspunkt wird im Besonderen verfolgt.

5.1. Versteckte Definitheits- und Perfektivitätseffekte: zwei verschiedene Ausdrucksmittel

Das Altisländische zeigt unter anderem die folgenden zwei Satzbeginnmuster (Beispiele aus Leiss 2000).[7]

(30) *þa verþr hann varr viþ griþungenn …. griþungr snýr*
da wird.PRÄS er gewahr PRÄP Stier.DEF der Stier wendet.PRÄS
í mote … griþungr stakk horn onom í síþo
PRÄP Zusammenstoß der Stier stieß die Hörner in die Seite
hestenom … konungs men drópo griþungenn
des Pferdes … des Königs Männer töteten den Stier
„Da wird er des Stiers gewahr … der Stier wendet sich gegen ihn … der Stier stieß seine Hörner in des Hengsts Leib … des Königs Mannen töteten ihn".

(31) *Nú liðr sumar, ok kemr vetr ok er snimma nauðamikill norðr*
nun vergeht.PRÄS Sommer, und kommt Winter und ist früh heftig nordens
um Hliðina, en viðrbúningr lítill, fellr mǫnnum þungt. Ferr svá fram um jól
am Berg, aber Vorbereitung böse; fällt Mannen schwer; Geht so weiter bis über Jul;
ok er þorri kemr, þá ekr harð at mǫnnum, ok eru margir þá upp tefldir.
und als Monat kommt, da ergeht hart Präp Mannen, und waren viele da am Ende.
„Der Sommer vergeht, und der Winter bricht herein, und es ist schwer früh im Norden am Berg, die Vorbereitungen zeigten sich als ungenügend; die Mannen werden hart getroffen. Das geht so weiter bis nach Jul, und als der 4. Monat beginnt, sind die Mannen hart getroffen, und viele von ihnen finden den Tod".

(32) *Liðr stund ok kemr gói; þá koma tveir landwetar hans ok […]*
Geht Weile und kommt.PRÄS Gói; da treffen zwei der Landpächter ein und […]
„Es geht eine Weile vorbei, und der letzte Wintermonat bricht an; da treffen zwei der Landpächter ein und …"

Halten wir zuerst die 2 Typen von Satzanfängen fest: In (30)–(32) stehen *nú* und *þa* vor dem finiten Prädikat, während (33) mit dem finiten Verb, *liðr*, beginnt. Setzen wir nach dem Muster des Neuhochdeutschen: Reines DV1 wie in (32) stellt einen kurzen (nämlich TP-) Satz dar; temporales *nú* sowie lokales *þa* in (30) und (31) sind nicht deutlich expletiv und damit ebenso wenig eindeutig thetisch, eventuell metakoordinativ reihend und temporal bzw. lokal referierend – sie setzen also entweder Vorfeldfüllung mittels SpezCP oder mittels SpezTP voraus. Ferner nehmen wir von Leiss zur Kenntnis, dass genau dieses pradikatsfrühe Satzmuster vordergrundiert – also für den Leser/Hörer stark aufmerksamkeitsheischend ist (etwa im Sinne des altgriechischen bzw. altkirchenslawischen Aorists).

7 Zur Klärung vor allem der altisländischen Beispiele hatte ich wertvolle Diskussionen mit E. Leiss.

5.2. Exponenten des altisländischen Vordergrundierungstyps in (30)–(32)

Fassen wir die formalen Eigenschaften der altisländischen Beispiele unter dem Kriterium der Vordergrundkodierung wie in 5.1 zusammen.

- Das Altisländische folgt zwei Strategien zur Auslösung von kohärenter Reihung bzw. Vordergrundierung: einer durch pronominale Anaphorik und Subjektvoranstellung wie in (30)–(31) und einer zweiten durch Verbsatzspitzenstellung, DV1, illustriert in (32).
- Satzfrühes DP ist referentiell definit über Positionsmarkierung: *griþungr* im 2. Satz in (30) ohne sichtbaren Definitheitsmarker – das Definitheitssuffix *-enn/-inn* (wie im Satz davor *griþungenn* in satzfinaler, nämlich Rhemastellung) erübrigt sich satzinitial, weil diese Position – die unmarkierte Themaposition – die unmarkierte Definitheitsposition darstellt.
- (30)–(32) zeigen, dass das Altisländische eine diskursprominente Sprache ist, indem den linearen Positionen unmarkiert im Satz thematische Definitheit bzw. rhematische Indefinitheit zukommt. Wenn nominale Elemente diese positionellen Definitheitsdomänen wechseln, sind sie wie im Deutschen (Abraham 1995/[3]2013) durch kontrastiven Fokus markiert. Vgl. (33) unten.
- (32) zeigt, dass aspektdefinites DV1 einhergehen kann mit extra markiertem historischem Präsens. Dessen Zeitreferenz ist deutlich die erzählerische Vergangenheit, unterstützt durch Lexeme der Zeitspanne wie *stund* und *gói*.

5.3. Die beiden Syntaxstrukturen im Altisländischen

Es wird behauptet, dass für (30)–(32) zwei unterschiedliche Syntaxstrukturen herhalten. Hauptkriterium für diese Position ist, dass *nú* sowie *þa* nicht deutlich expletiv und damit ebenso wenig eindeutig thetisch, sondern metakoordinativ reihend und temporal bzw. lokal referierend sind. Sie tragen also eher der Vorfeldfüllung mittels SpezCP im Sinne einer Diskursvoraussetzung vor diesem Satz Rechnung. (32) dagegen mit dem finiten Verb, ***liðr,*** in der Satzspitze ist sicherlich thetisch – also rein rhematisch und damit von kurzer Satzstruktur, nämlich T(empus)P. Vgl. dazu (33) nach (30) und (31). Ich gehe fürs Altisländische von SVO aus. [VG/HG =narrative Vorder-/ Hintergrundierungsfunktion].

(33) a [$_{\text{SpezCP/?SpezTP}}$ *Nú/Þa* [$_{\text{TP}}$ *l/Liðr* [$_{\text{VP}}$ *sumar/stund* [$_{\text{V'}}$ *~~liðr~~*]]]
b diskursgebundene, kategorische Satzstruktur: SpezCP= Themakategorie; *liðr*=DV2; HG-Struktur
c diskursungebundene, thetische Satzstruktur; TP=reine Rhemaprädikation; *Liðr* =DV1; VG-Struktur

Siehe zu (33) auch Abb. 1 unten. Zu erwägen wäre, die adverbialen Satzspitzen *Nú/ Þa* in (30)–(31) sowie das verbale *Liðr* in (32) in SpezTP zu konfigurieren. Damit wäre auch dem Tempuswechsel zum historischen Präsens, das auf Erzählvordergrundierung hinweist, Rechnung getragen. Überdies sind ja weder *Nú* noch *Þa* referentiell deutlich zeitlich bzw. lokal zu verstehen. Sie sind vielmehr erzählreihend bzw. erzähldeiktisch – etwa wie nhd. *dann* oder *da* – zu verstehen.

Damit wären sowohl (30)–(32) syntaxstrukturell als thetische, allrhematische – also texteinführende oder episodenhervorhebende – Sätze gekennzeichnet.

Nur der höhere CP-Knoten bindet ja mit SpezCP-Füllung Satzkomponenten in den antezedenten Diskurs mit ein.

Eigens hinzuweisen ist auf das historische Präsens in (32), welches mit dem Erzählpräteritum abwechselt. Wäre das Altisländische eine Aspektsprache, würde man hier den perfektiven Aorist oder ein Passé simple wie in den modernen romanischen Sprachen erwarten. Darauf soll noch extra zurückgekommen werden.

Zweiter empirischer Nachweis für verbal kodierte Deixis: V1 im Ahd. bei neuen Situationen oder neuen Diskursreferenten: Nach Hinterhölzl & Petrova 2005 stellen V1-Deklarative kohärenzfördernde Diskursrelationen dar: Sie treiben den Diskurs auf dessen Hauptniveau und lenken den Fokus von der Nebenerzähllinie (= in unserer Terminologie „Hintergrundierung") auf den Hauptdiskurs (= in unserer Terminologie „Vordergrundierung"; vgl. Leiss 2000, Abraham 2009). Man denke dabei an die vergleichbaren narrativen Funktionen der romanischen Aspektopposition *Passé simple* (VG) und *Imparfait* (HG) oder des altgriechischen/bulgarischen/altkirchenslawischen Aorists (VG) und Imperfektivs (HG).

(34) ***uuas*** *aum siocher / lazarus fon bethaniu*
„Es war einmal ein kranker Mann, Lazarus von Bethanien."
(Tatian 228, 27 f.; zitiert bei Hinterhölzl & Petrova 2005:151)

Dagegen ist die Funktion des V2-Deklarativs gemünzt auf bekannte Situationen oder Diskursreferenten – subordinierende Diskursrelation: nähere Beschreibung des Diskurses durch Einzelheiten und Erklärungen (Hinterhölzl & Petrova 2005)

(35) *ih bin guot hirti. guot hirti /* ***tuot*** *sina sela furi siniu scaph.*
‚Ich bin ein guter Hirte. Der gute Hirte gibt seine Seele für seine Schafe.'
(Tatian 225, 16–17; zitiert bei Hinterhölzl/Petrova 2005: 2)

Es bietet sich folgendes Minimalpaar an: V1 zur Einführung neuer Diskursreferenten und V2 im folgenden Satz, um eine Aussage über die soeben eingeführten Diskursreferenten zu treffen:

(36) a ***uuas*** *in tagun Herodes thes cuninges / [...] sumer biscof [...] / Inti quena imo [...] / siu* ***uuarun***
rehtiu beidu fora gote
„Es gab zu Zeiten des Königs Herodes [...] einen gewissen Priester [...] und seine Frau [...] sie beide waren rechtsschaffend vor Gott.'
(Tatian 26, 3; zitiert bei Hinterhölzl/Petrova 2005: 2)

b ***giengen*** *thô ûz sine scalca In uuega*
„& egressi sunt serui eius In uias" (Tatian 425, 16; nach Axel 2009: 35)

c ***uuvrbun*** *thô thie hirta heimuuartes.*
„& reversi sunt pastores." (Tatian 18, 2; nach Axel 2009: 35)

Leider fehlen bei den Belegen von Hinterhölzl & Petrova 2005 die entsprechenden Textzusammenhänge, die unsere Folgerungen erhärten könnten. Axel (2009: 35) hingegen weist im Detail darauf hin, dass ihre ahd. DV1-Belege nicht nur aus

Texteingängen, sondern auch aus Textmittelpositionen, ja sogar aus Endbelegen ihrer Quelltexte stammen – Beispiele, die nach Axel belegen, dass neben der rhematischen Eingangsfunktion auch die Hervorhebungsfunktion – nach allgemeiner Terminologie „Vordergrundierung“ – die entscheidende Rolle spielt. Unter den DV1-Beispielen findet Axel vor allem unakkusativische Belege aus der Klasse der Geschehens- und Geschehenseintrittsprädikate. Vgl. die bei Tatian gemeint perfektiven Verben *giengen* / egressi bzw. *uuvrbun* / reversi“ in (36b,c). Unakkusativa sind nach inzwischen allgemeiner Einschätzung Perfektiva (Abraham 1993). Es will also vor dem Horizont der Thesen von Leiss (2000), abgelesen am Altisld., nicht nur verwundern, dass sich solche Verben besonders oft als DV1 gebraucht finden; es macht ihre These über Axels Beobachtung am Material des Althochdeutschen empirisch nur noch stärker.[8] So wie im Altisländischen der definite Artikel in thematischer Position nicht verwendet werden kann, während das im Ahd. längst der Fall ist, genau so verhält es sich offenbar mit V1: Im Altisländischen erscheinen perfektive Verben nicht in V1, da sie ja nicht mehr perfektiviert werden müssen, im Althochdeutschen (ebenso wie im Gotischen) dagegen finden sich Belege dazu. Perfektivität wird redundant kodiert, ebenso wie Definitheit[9] (ausführlicher in Leiss 2011).

5.4. Generalisierungen: Zusammenhang zwischen Perfektivität, Definitheit bzw. Deixis und Wortstellung

V1 in altisld. Sagas und im Ahd.: früher Verlust der morphologisch kodierten Aspektoppositionen – alle Verben in V1 werden perfektiviert (Leiss 2000) aus folgenden Gründen:

(37) a V1 als Position definiert, die Verben, die formal nicht mehr aspektuell markiert und inhaltlich aspektuell ambig sind, perfektiviert.
b mögliche Erklärung für typische Verwendungsweisen und Funktionen von V1, da perfektive Verben ähnliche Eigenschaften aufweisen wie V1.

(38) a Altisländisch und Althochdeutsch gehörten zu den germanischen Sprachen, bei denen weitge hender Abbau der perfektivierenden Verbpräfixe erfolgte (Leiss 2002). Vgl. Schaller (2011).
b Ersetzung der Perfektivierungsfunktion nach schwindenden Verbalpräfixen und -partikeln durch ikonisierende Wortstellung, um Aspektrealisierung zu erhalten: Dies führt zu DV1.[10] Man beachte, dass diese Voraussetzungen für das Nhd. nicht vorliegen; d.h. dass orales DV1 nicht denselben Erklärungen folgen kann.

---

8 Es spricht einiges dafür, bleibt aber dessen ungeachtet vorläufig ein Forschungsdesiderat, ob die von Szabolci (1986) und Kiss (1995) beobachtete Definitheitshierarchie in solche Zusammenhänge gehört.

9 Und im Gotischen werden V1 praktisch NUR Perfektiva oder – selten – Nichtperfektiva in „aoristischer“ Lesart verwendet (pers. Mitteilung M. Kotin).

10 Es mag durchaus auch sein, dass sich in jenen Sprachen, wo die Verbalpräfixe und -partikeln nicht schwinden (im Gotischen und der Slavia) ein ähnliches V1-Bild einstellt. V1 ist im Gotischen gerade bei den perfektiven *ga*-Verbfügungen und Verben mit anderen perfektiven Präfixen bei gegebenen Kontextbedingungen erhalten.

Überschneidungen von V1 und perfektiven Verben – Textgliederung und -kohärenz:

(39) a perfektive Verben (vgl. das *Passé simple* des Französischen) drücken eine abgeschlossene Handlung aus, Aktualisierung der Grenzen derselben und Entstehung von Konturen der Handlung;
b perfektive Verben kodieren Vordergrundierung der Verbalhandlung.

Durch Abgeschlossenheit einer Handlung ist implizit Anreihung einer neuen Handlung möglich:

(40) a Voraussetzung der Serialisierung mehrerer Handlungen
b Beschleunigung der Abfolge der Ereignisse bzw. Handlungen

(41) ‚Definitheit' bei V1 darf nicht mit definiter Artikelsetzung beim thematischen, satzfrühplatzierten Nomen verwechselt werden. Vielmehr ist Aspektdefinitheit, also [-kumulativ, -additiv, +gequantelt, +heterogen] im mereologischen Sinne (Krifka 1992: 32f., Leiss 2000) gemeint. Unter den beiden Begrifflichkeiten von ‚definit' – nämlich: [+anaphorisch] neben [+individuierend] – ist also bei V1 bloß ‚individuierend' gemeint. Dies geht schon daraus hervor, dass bei V1 gar keine anaphorische Funktion freigemacht ist: finites V ist kein Träger von Anaphorik. Zudem erscheinen im Altisld. Nomina in Satzerstposition ohne den suffigierten bestimmten Artikel. Vgl. (30) mit *þa verþr hann varr viþ* ***griþungenn*** *....* ***griþungr*** *snýr* .... Dies weist darauf hin, dass diese satzfrühe Position in ***griþungr*** *snýr* bereits anaphorisch-definit vormarkiert ist (d.h. minimalistisch-generativ nach einem individuierten Nomen ausspäht/sondiert) und ohne Definitartikelmarkierung bleibt. Die satzspäte Stellung dagegen wie *hann varr viþ* ***griþungenn***, die indefinit-rhematisch vormarkiert ist, muss zur referentiellen Klärung den definiten Artikel suffigieren. Ich habe hier für die individuierende, nichtanaphorische Definitartikelfunktion den Begriff ‚definit' vermieden und ihn die *deiktische* genannt.

Zur Übersicht nochmals die perfektivierenden – aber nicht anaphorisch-definiten, sondern origo-deiktischen Illustrationen zu V1 von Leiss in (42)–(44) unten. Man beachte die (unterstrichenen) perfektiven Übersetzungen in den V1-Stellungen: *brachte* statt des imperfektiven *fuhr*, *brachte* statt *hatte* sowie *erwies sich* statt *war*.

(42) *Hennar fekk Úlfr;* ***for*** *hann þá ok til búa sinna*
'Ulfr heiratete sie und führte/brachte sie auf seine Farm'.

(43) ***Hafði*** *Þórólfr heim margu dýrgripi ok* [...]
'Þórólfr brachte dann viel Geschmeide nachhause und...'

(44) **Var** *Þórólfr manna vænstr ok gørviligastr;*
'Þórólfr erwies sich als imposanter und fähiger Mann'

Es würde der grammatischen und narrativ-vordergrundierenden Funktion des altisländischen V1 nicht gerecht, in die deutschen Entsprechungen die sich plausibel anbietenden imperfektiven Verben einzusetzen.

6. Satzstruktureller Bezug von DV1 zu Definitheit, Deixis und Aspekt

6.1. Die wirklichen DV1-Sprachen, Altisl. und Ahd. – und das Deutsche

Die zentrale Frage ist nun: Ist in wirklichen DV1-Sprachen (Altisld., Ahd., wie in (30)–(32) und (34)–(36) oben) SpezCP unsichtbar mit Entsprechungen zu den Bedingungen fürs Deutsche in (16) gefüllt? Was wären die Voraussetzungen dafür, was eventuell Komplementäreigenschaften, die eine solche Annahme unnötig machen? Es sieht so aus, als würde einfach gesagt die perfektivierende Kategorie *AUF-/in die GÄNGE* in (14) still – d.h. ohne oberflächliche Repräsentation – in den DV1-Strukturen des Altisld. und Ahd. anzusetzen sein. Vgl. (45a,b,c)–(46). Zu erwägen wäre ja, DV1 mit altisl. *liðr* und ahd. *uuas* kategorische Textfunktion mit CP-Status einzuräumen. Dies aber wird – in (45b) noch erwogen – letztlich zurückgewiesen.

thetische (diskursunverhaftete) – dann TP – Sätze:

(45)
a [$_{\textbf{SpezCP/??}}$ („AUF“$_{\text{[+perf]}}$) [$_{\textbf{C/?T}}$ *Liðr* [$_{\nu P}$ *stund*]]] *ok* [$_{\textbf{SpezCP/??}}$ („AUF“$_{\text{[+perf]}}$ [$_{\textbf{C/?T}}$ *kemr* [$_{\nu P}$ *gói*]]]?»?
[$_{\text{SpezCP}}$ [$_{\text{VP}}$ „AUF“$_{\text{[+perf]}}$] [$_{\text{T}}$ *Liðr* [$_{\nu P}$ *stund*]]][$_{\text{TP}}$ ~~„AUF“~~ [$_{\nu P}$ *stund* [$_{\text{VP}}$ ~~*liðr*~~]] [$_{\nu P}$ *stund* [$_{\text{V}}$ ~~„AUF“*liðr*~~]]
b [$_{\textbf{SpezCP/??}}$ („AUF“$_{\text{[+perf]}}$) [$_{\textbf{C/T}}$ *uuas* [$_{\nu P}$ *in tagun Herodes thes cuninges* [$_{\nu P}$ *sumer biscof*]]]]
c [$_{\text{SpezCP}}$ *þa* [$_{\text{C}}$ *verþr* [$_{\text{TP}}$ *hann* [$_{\text{VP}}$ *varr viþ griþungenn*]]]] // [$_{\text{SpezCP}}$ *griþungr* [$_{\text{C}}$ *snýr í mote…*
s. (30) da wird.PRÄS er gewahr des PREP Bullen.DEF (der) Bulle wendet.PRÄS sich gegen

klar kategorischer (mit *siu* diskursverhafteter) – und somit CP – Satz:

(46) [$_{\text{SpezCP}}$ *siu* [$_{\text{C}}$ *uuarun* [$_{\nu P}$ *rehtiu beida fora gote*]]] …siehe ahd. (36b)

Stimmt die Erwägung zur Ableitung in (45a,b)? Nein – es kann deshalb nicht stimmen, weil mit der über ikonische Serialisierung und historisches Präsens (= Perfektivität/*passé simple*) kodierten (nominalen ebenso wie verbalen) Definitheit hinreichende Signale auf ereignismarkierender Basis vorliegen. Altisld.-ahd. (47 a,b) sind thetische Sätze und haben entsprechend TP-Struktur.

(47) a [$_{\textbf{SpezTP}}$ *pro* [$_{\text{T}}$ *Liðr* [$_{\nu P}$ *stund*]]] *ok* [$_{\textbf{SpezTP}}$ – [$_{\text{T}}$ *kemr* [$_{\nu P}$ *gói*]]] …zu altisl. (32)
b [$_{\textbf{SpezTP}}$ *pro* [$_{\text{T}}$ *uuas* [$_{\nu P}$ *In tagun herodes thes cuninges* [$_{\nu P}$ *sumer biscof…*]]]]
… zu ahd. (36)

Was ist aber nun genau nominale gegenüber verbaler Definitheit?

6.2. Nochmals: Zwei Definitheitskonzepte

Das eine Definitheitskonzept ist den diskursiven nominalen Thema-Rhemaunterscheidungen geschuldet; das andere ist motiviert durch die ereignisbezogenen – d.h. verbal denotierten – Quanteloppositionen. Beide Konzepte figurieren in mereologischen Theorien (vgl. Verkuyl 1972, Krifka 1992, Leiss 2000), wo Aspekt als gequantelte nominale Konstituente verstanden wird (indem entweder definit-referentielle Objekte oder verbal-telische Aktionsart (worunter Verbalpartikel wie deutsch *AUF-*) die erforderliche (krifkasche) Quantelung – bei Verkuyl „specified quantity", bei Leiss [α homogen, α divisibel, α additiv/kumulativ] – ausmachen).

Die zwei Typen von Definitheitsmarkierung sind syntaktisch unterschiedlich konfiguriert: DV1–1, der allrhematisch-verbale, ist vom Strukturtyp T°; dagegen ist DV1–2, der 'ereignis-perfektivische', in TopP verkettet („merged") ist, d.h. in der (Rizzi-)expandierten CP-Domäne, um dort seinen thematisch-definiten Referenzwert auszufüllen. Die zentrale Frage ist: Ist in wirklichen DV1-Sprachen (Altisld., Ahd., wie zu sehen war) SpezCP unsichtbar mit Entsprechungen zu (14) gefüllt? Vgl. (48) mit den getrennten strukturellen Definitheitsbereichen: einem ersten, oberen, der anaphorisch gesteuert ist, und einem zweiten, unteren, der aspektuell-ereignishaft kontrolliert ist.

(48)

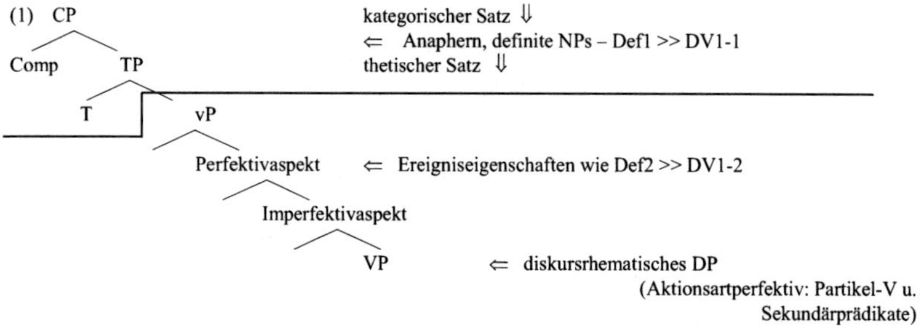

Zum Unterschied vom Deutschen wie in (1)–(2) und (14), wo ja eine direktiv-perfektivierende Verbpartikel, *AUF-*, *AN-*, bzw. ein direktiv-perfektivierendes Adverbial, *IN DIE GÄNGE*, die SpezCP-Stelle/das Vorfeld füllt, ist DV1 im Altisld. serial-ikonisch auf verbal-aspektuelle Definitheit – also Perfektivität – festgelegt und steht in klarer serial-ikonischer Opposition zu indefiniter bzw. imperfektiver Verbalität. Nach Leiss (2000) handelt es sich beim Altisländischen um eine hypodeterminierende Sprache. Das heißt, Determiniertheit wird in Definitheitsregionen wie dem Thema nicht zum Ausdruck gebracht. Mit anderen Worten, es gibt keine Möglichkeit, den Artikel anaphorisch zu nutzen. Im Ahd. dagegen scheint bereits anaphorische Definitheitsanzeige zu ikonisch-serialisierender Anzeige hinzugekommen zu sein. Im Nhd. schließlich ist Definitheit ‚überdeterminiert': einmal durch die Serialisierung im Mittelfeld und zum anderen zusätzlich durch die Artikeloption. Vgl. zum Ahd. die Minimalpaarserialisierung mit DV1, *uuas*, in der Prothesis und DV2, *siu uuarun*, im Folgesatz in (36a,b). Dagegen steht im Altisld. zum einen die klare Definit-Indefinit-Serialisierung mit prothetischem *(viþ) griþungenn*, mit definiter Artikelmarkierung in der indefiniten Verbal-/Rhemastruktur, gegen artikelunbestimmten *griþungr (snýr)* im definiten, im Themastrukturteil des Satzes im Folgesatz in (30); dies weist klar auf Stellungsbestimmung nach diskursgrammatischen Eigenschaften hin (Thema/Vorerwähntes/ Definites links/vorne/anaphorisch, dagegen Rhema/Neues/ Indefinites rechts/hinten/eventuell kataphorisch).

(30)–(31) folgen mit DV2, nämlich *þa verþr* sowie *nú liðr*, dem deutschen Muster in (3)–(4), also den thetischen, Allrhema-Sätzen, wobei ein expletives SpezTP noch nicht vorliegt; immerhin sind die beiden Sätze ohne thetaträchtige Füllung, ohne DP. Mit (32) dagegen liegt klares DV1 ohne verschwiegene Spez-CP-Füllung vor. (32) hat somit die Satzkurzstruktur CP mit Spez CP-Füllung (verbale Kontrasttopikalisierung), allerdings ohne DP-Füllung, zum Unterschied von den thetischen TP-Sätzen in (30)–(31), diese jedoch mit den Adverbien *þa* bzw. *nú* in SpezTP. Beide (in den Illustrationen prothetischen) Satztypen sind thetisch. (30)–(32) sind durch den aspektmarkierenden Strukturtypus nach (47) und nach (48) markiert, wobei (30)–(31) SpezTP durch lokale bzw. temporale Adverbien füllen, nicht jedoch durch diskursanschließende, anaphorische DPs.

7. Schlussfolgerungen

- Es existieren im Deutschen (wenn überhaupt, nur im Substandard) zwei Typen von DV1, unterschieden nach narrativen und illokutiven Kriterien.
- Diese zwei Konzepte von Definitheit haben merkmalskonvergierende strukturelle Erklärungen auf der Grundlage aspektueller Ereignischarakterisierung sowie nominaler Topikalisierung unter Salienz.

Der definite Artikel, diachron hervorgegangen aus der demonstrativen Form, hatte ursprünglich zwei Funktionen: die ursprüngliche, deiktisch-individuierende sowie die referentiell-anaphorische. Wir haben beide Funktionen herausgeschält. Die anaphorische kodiert narrative Hintergrundierung, die deiktisch-individuierende Vordergrundierung. Nur die deiktisch-individuierende ist auch durch verbale Perfektivität kodierbar. Dieser Aspekt war die Brücke zur satzinitialen Stellung des Verbs im Altisländischen und Althochdeutschen. Da verbale Perfektivität der markierte Partner der Aspektopposition ist, markiert Perfektivität auch narrative Vordergrundierung.

Zur Konkretisierung der Zusammenhänge: Über nominale Definitheit kodierte Anaphorizität kann sowohl Vorder- wie Hintergrundierung abbilden. Dies hängt davon ab, welche Artikel- bzw. Demonstrativwortart verwendet wird (Abraham 2002). Vordergrundierung entsteht durch eine der möglichen Rhemakodierungen (Defaultrhema, kontrastives Rhema, V1 unter Perfektivkodierung). *Common ground* (Wissensstand, der im Moment eines Diskurses für Sprecher wie Hörer gleichermaßen vorliegt), eine der Voraussetzungen für eine Theorie der Diskursgrammatik (Hinterhölzl & Krifka 2009), ist mit dem Hintergrundbegriff (der erst im Vergleich mit salienter Vordergrundierung eines laufenden Erzähl- bzw. Diskurstextes aktiviert wird) nicht gleichzusetzen.

Literatur

Abraham, Werner 1987. Zur Typologie des Mediums in der Westgermania. In: W. Abraham & R. Århammer (Hg.), *Linguistik in Deutschland.* [Linguistische Arbeiten 182]. Tübingen: Niemeyer, 3–23.

Abraham, Werner 1993. Ergativa sind Terminativa. *Zeitschrift für Sprachwissenschaft* 12/2, 157–184.

Abraham, Werner 2002. *Pronomina im Diskurs: deutsche Personal- und Demonstrativpronomina unter 'Zentrierungsperspektive'.* Grammatische Überlegungen zu einer Teiltheorie der Textkohärenz. *Sprachwissenschaft* 27/4, 447–491.

Abraham, Werner 1995/[2]2000/[3]2013. *Deutsche Syntax im Sprachenvergleich. Grundlegung einer typologischen Syntax des Deutschen.* 3., erweiterte Auflage. [Studien zur deutschen Grammatik 41]. Tübingen: Stauffenburg.

Abraham, Werner 2009. Tempus- und Aspektkodierung als Textverketter: Vorder- und Hintergrundierung. *Deutsche Sprache* 36, 287–304.

Abraham, Werner 2011. Aspektopposition, V1, Definitheit sowie Partikelsetzung zur Gliederung von erzählerischem Vorder- und Hintergrund. In: E. Mayerthaler, C. Pichler & Ch. Winkler (Hg.) *Was grammatische Kategorien miteinander machen. Form und Funktion in romanischen Sprachen von Morphosyntax bis Pragmatik. Festschrift für Ulrich Wandruszka.* [Tübinger Beiträge zur Linguistik 527]. Tübingen: Narr, 145–170.

Abraham, Werner 2012. (Inter)Subjektivierung oder Fremdbewusstseinsabgleich als synchrone und diachrone Wandelbegriffe? Begriffsschärfung und theoretische Einordnung. In: P. Ernst (Hg.) *Historische Semantik.* [Jahrbuch der Gesellschaft für Germanistische Sprachgeschichte 3]. Berlin: de Gruyter, 24–56.

Abraham, Werner & Annette Fischer 1998. Das grammatische Optimalisierungsszenario von „tun" als Hilfsverb. In: K. Donhauser & L. M. Eichinger (Hg.): *Deutsche Grammatik – Thema in Variationen. Festschrift für Hans-Werner Eroms zum 60. Geburtstag.* Heidelberg: Winter, 35–48.

Abraham, Werner & Elisabeth Leiss (eds.) 2008. *Modality-aspect interfaces. Implications and typological solutions.* [Typological Studies in Languages 79]. Amsterdam-Philadelphia: Benjamins.

Axel, Katrin 2009. The verb-second-property in Old High German. In: Hinterhölzl, R. & S. Petrova (eds.), 17–44.

Bach, Emmon 1962. The order of elements in a transformational grammar of German. *Language* 38, 363–369.

Besten, Hans den 1983. On the interaction of root transformations and lexical deletive rules. In: W. Abraham (ed.): *On the formal syntax of the Westgermania.* Amsterdam: Benjamins. (First circulated 1977, first appeared 1981 as *Groninger Arbeiten zur germanistischen Linguistik* 20), 47–132.

Bierwisch, Manfred 1963. *Grammatik des deutschen Verbs.* [Studia Grammatica 2]. Berlin: Akademie Verlag.

Borsley, Robert D. & Andrew Kathol 2000. Breton as a V2 language. *Linguistics* 38, 665–710.

Carnie, Andrew & Eithne Guilfoyle 2000. *The syntax of verb initial languages.* Oxford: Oxford University Press.

Carnie, Andrew, Sheila Dooley & Heidi Harley 2005. *Verb First. On the syntax of verb initial languages.* Amsterdam: John Benjamins.

Fontane, Theodor 1980. *Wanderungen durch die Mark Brandenburg.* Zweiter Teil: *Das Oderland. Barnim – Lebus.* hrsg. von Gotthard Erler & Rudolf Mingau. Berlin u. Weimar.

Hallman, Peter 2000. The structure of predicates: Interactions of derivation, case and quantification. Ph.D. dissertation. UCLA.

Hinterhölzl, Roland & Manfred Krifka 2009. Modal particles in adverbial and adnominal clauses. Ms. Humboldt-Universität zu Berlin/ZAS.

Hinterhölzl, Roland & Svetlana Petrova (eds.) 2009. *Information structure and language change. New approaches to word order variation in Germanic.* [Trends in Linguistics. Studies and Monographs 203]. Berlin: de Gruyter.

Jouitteau, Mélanie 2005. Nominal Properties of vPs in Breton, A hypothesis for the typology of VSO languages. In: A. Carnie, H. Harley & S. A. Dooley (eds.), 265–280.

Jouitteau, Mélanie 2007. The Brythonic Reconciliation, from V1 to Generalized V2'. In: J. Craenenbroek, R. Pica & Jan Rooryck (eds.) *The Linguistic Variation Yearbook 2007.* Amsterdam: Benjamins.

Kiss, Katalin É. 1995. Definiteness revisited. In: István Kenesei (ed.) *International Conference on the Structure of Hungarian <2, 1994, Szeged>. [* Approaches to Hungarian 5]. Szeged: Jate, 63–88.

Krifka, Manfred 1992. Thematic relations as links between nominal reference and temporal constitution. In: I. A. Sag & A. Szabolcsi (eds.) *Lexical matters.* Stanford: CSSL, 28–53.

Leiss, Elisabeth 2000. *Artikel und Aspekt. Die grammatischen Muster von Definitheit* [Studia Linguistica Germanica 55]. Berlin: de Gruyter.

Leiss, Elisabeth 2008. *Verb-first as covert marker of Perfektivität in Old Icelandic.* Paper read in Reykjavík, "The glory of Babel", Dec. 7, 2008.

Leiss, Elisabeth 2011. Die aspektuelle Funktion von Verberststellung (V1) im Altisländischen und Althochdeutschen. In: M.L. Kotin & E. G. Kotorova (Hg.) *Geschichte und Typologie der Sprachsysteme / History and Typology of Language Systems.* Heidelberg: Winter, 71–80.

Önnerfors, Olaf 1997: *Verb-erst-Deklarativsätze. Grammatik und Pragmatik.* [Lunder Germanistische Forschungen 60]. Stockholm: Almqvist & Wiksell..

Petrova, Svetlana 2006. A discourse-based approach to verb-placement in Early West-Germanic. In: S. Ishihara, M. Schmitz & A. Schwarz (eds.) *Interdisciplinary studies on informations structure (ISIS)* 5. Potsdam : Univ.-Verlag, 152–185.

Raddatz, Fritz J. 2003. *Unruhestifter. Erinnerungen.* München: Propyläen Verlag.

Reis, Marga 1999a. On sentence types in German. An enquiry into the relation between grammar and pragmatics. *Interdisciplinary Journal for Germanic Linguistics and Semiotic Analysis* 4/2, 195–236.

Reis, Marga 1999b. Besprechung von Önnerfors 1997. *Studia Linguistica* 54/1, 90–100.

Reis, Marga 2000. Anmerkungen zu Verb-erst-Satz-Typen im Deutschen. In: R. Thieroff et al. (Hg.): *Deutsche Grammatik in Theorie und Praxis. Festschrift für Peter Eisenberg.* Tübingen: Niemeyer, 215–227.

Rizzi, Luigi 1997. The fine structure of the left periphery. In: L. Haegeman (ed.) *Elements of grammar. Handbook of Generative Grammar.* Dordrecht: Foris, 281–337.

Roberts, Ian 2005. *Principles and parameters in a VSO language: a case study in Welsh.* Oxford: OUP.

Schaller, Stephanie 2011. Die Verb-erst-Stellung im Sprachwandel des Deutschen. Untersuchung des Zusammenhangs zwischen Aspekt und Verb-erst im Althochdeutschen. In: M.L. Kotin & E.G. Kotorova (Hg.) *Geschichte und Typologie der Sprachsysteme / History and Typology of Language Systems.* Heidelberg: Winter, 81–90.

Scheutz, Hannes 2008. Verb-erst-Deklarativsätze als Erzählmodus im Deutschen? Vortrag zu Ehren von Anne Betten. Vortragsms. Univ. Salzburg.

Shlonsky, Ur 1997. *Clause structure and word order in Hebrew and Arabic: An essay in comparative Semitic syntax.* Oxford: OUP.

Szabolcsi, Anna 1986. From definiteness effect to lexical integrity. In: W. Abraham & S. de Mey (eds.) *Topic, focus, and configuration*. [Linguistik Aktuell / Linguistics Today 4]. Amsterdam: John Benjamins, 321–348.

Verkuyl, Henk 1972. *On the compositional nature of the aspects*. Dordrecht: Foris.

Abb. 1: Das dt. (SAuxOV) Satzfeld kategorisch deklarativer/interrogativer sowie thetischer Sätze (schattiert: Verbklammerpole): V/Aux-finit-Anhebung im unabhängigen Satz - linksläufige Verbrektion – XP-Aux/Fin-YP-V (wo XP,YP=jedes Satzglied)

Koordinator/ Linksherausstellung (auch hängend)	Diskurs-thema/-rhema „Topiks"	–	⇐ **Thema** linkes Mittelfeld DP_{+def}, $DP_{-def\text{-}Kontrast}$ ⇒		thetischer/ allrhematischer Satz		⇐ **Rhema** rechtes MF DP_{-def}, $DP_{+def\text{-}Kontrast}$ ⇒			–	Thema Nachfeld
	[$_{CP}$Spez,CP **[starkes Diskurs-merkmal]**	**[C°** V-Finitheit	WP (Pron.klitika **[st. Diskurs-merkmal]**	DefP, Vollpronomina **[starkes Diskurs-merkmal]**	[TP **[sw. Diskurs-merkmal]**	[T	IndefP, *(et)was, wo* **[sw. Diskurs-merkmal]**	[$_{vP}$ Modal-partikel	[$_{vP}$ Neg	[$_{VP}$ **V°**]]]	Rechtsher-ausstellung **[sw. Diskurs-merkmal]**
das Geheimnis—/:	–	***Ob*** ***ob*** ***weil***	***-ts*** ***-st*** ***-st***	*(es) mir des* *du mir des*			–	–	*net* *net*	***geb-ts*** ***gib-st***	*heut?* *heut?*
Aber *Denn* *weil*	*sie*	***gibt***	–				*SIE*	–	*nicht*	*AB~~gibt~~*	*heute.*
–	*Wieso*	–	***'s 'm***				–	*denn*	–	*ABgeben?*	–
–	–	–	–		*Es* *Da*	*grasen*	*<ja> Kühe*	*<ja>*		–	*auf der Weide*
	Was denn	***tuat-***	***-a-~~n~~***					~~*denn*~~		***oabatn?***	
	Was denn	***hat-***	***-a-~~n~~***					~~*denn*~~		***goabat***	*gestern?*
CP-extern	[$_{CP}$ …Vorfeld	[$_{C}$Comp Finit/Kon-junktion	[$_{I/TP\text{-}linkes\text{-}MF}$ … WP/Kongruenz				[$_{vP\text{-}rechtes\text{-}MF}$	[$_{vP}$ MP	Neg]	V(-letzt lexi-kalisch)	Referenz-korrektur]]

[kategorischer Satz →

[thetischer Satz →

Wackernagelklisis früher – und heute*

Zusammenfassung: Es wird geprüft, ob Wackernagels Gesetz/WG auch in den modernen ie. Sprachen Gültigkeit hat und ob es Prozesse der pronominalen Klitisierung an V abdeckt. Es zeigt sich, dass WG nicht einmal zur Gänze den entscheidenden Klitikpositionen in den alten Stadien der ie. Sprachen wie des Vedischen und Latein entspricht, hingegen sehr wohl Teilen der Pronominalklitisierung im modernen Deutsch, Griechisch sowie in den slawischen Sprachen. Es wird eine Klitisierungstypologie entworfen, die über das WG weit hinausreicht. Grundlage dafür sind das moderne Griechisch sowie eine Reihe anderer moderner Sprachen. Besonders für die Pronominalklitisierung im Deutschen werden wichtige Verbindungen zu Erscheinungen wie der Subjunktion, der Flexion sowie dem Präteritumschwund im Oberdeutschen hergestellt. Damit ergibt sich eine neue Sicht auf Erscheinungen, die bisher nicht in solchen Zusammenhängen stehend gesehen wurden.

1. Wackernagels Gesetz: einzel- oder übereinzelsprachliche Geltung?

Grundsätzlich geht es in diesem Aufsatz um die Frage, wie unifizierbar hinsichtlich Wortart und Konstituentenstatus, wie reduzierbar auf Schnittstellenqualität zwischen Abfolgesyntax, Informationsstruktur und prosodischer Beschränkung die Wackernagelklisis eigentlich ist. Diese Frage wird drängend angesichts des Zwischenergebnisses unserer Überlegungen, nämlich dass es gar keine einheitliche Wackernagelpositionssicht gibt: Diese ist vielmehr davon abhängig, welche Sprache man ins analytische Auge fasst. Wie die Kapitelüberschrift zeigt, gilt diesem Befund unser erstes Interesse.

Wackernagels Gesetz[1] (fortan 'WG'), veröffentlicht 1892 in dem Aufsatz „Über ein Gesetz der indogermanischen Wortstellung", ist dem Schweizer Philologen Jakob Wackernagel zu verdanken, der zum ersten Mal auf eine Eigenschaft schwachprosodischer Elemente in einer Reihe von Sprachen wie Altgriechisch und Latein aufmerksam machte und dem Delbrück (1978, 1988) mit Bestätigung zum Sanskrit folgte. WG ist ein zentrales Stellungsgesetz vornehmlich für indoeuropäische Sprachen. Es gilt bis heute zwar nicht als unumstritten, hat aber auch in modernen Abhandlungen Erscheinungen beleuchtet, die Aufmerksamkeit und neue Fragen ausgelöst haben. Das Gesetz besagt im Grunde, dass bestimmte Wörter wie Objektpronomina, koordinierende Konjunktionen und bestimmte Adverbien die Tendenz haben, in satzzweiter Position zu stehen. Mit „zweiter Position" meint Wackernagel in Bezug auf die alten indoeuropäischen Sprachen in erster Linie das zweite Wort eines Satzes, zuweilen

* Erstmals erschienen in *Sprachwissenschaft* 37/3 (2012), 243–308.

1 Ich halte mich an keinen der orthographischen Kanons des Deutschen genau, setze vielmehr im Einzelnen meine eigene Orthographie, die allerdings streng linguistisch-logisch begründet ist. Ich betone dies, weil mir Gutachter und Herausgeber bereits öfters deshalb den gesamten Aufsatz ablehnende Befunde ausgestellt haben. Ich danke Arnold-Peter Mumm (LMU München) für wertvolle Hilfe sowie zwei anonymen Gutachtern für konstruktiv-kritische Kommentare.– Der vorliegende Artikel wurde unter dem Kooperationstitel zum binationalen Projekt „Un-Cartesian Linguistics/Un-Cartesianische Linguistik" (Projektleiter E. Leiss/München und W. Hinzen/Durham, DFG- LE718/ 9–1) verfasst.

aber auch die zweite Konstituente. Das Stellungsgesetz wurde von ihm als einzelsprachliche, phonologisch motivierte Besonderheit des ältesten Indogermanischen aufgefasst, als Eigenschaft die sich, teilweise allerdings in bereits korrumpierter Form, noch in moderneren Einzelsprachen zeigt.

Der vorliegende Aufsatz geht folgenden Fragen nach. Zum einen will eine moderne syntaktische Darstellung des WGes geliefert werden. Zum andern beschäftigt uns die Frage, ob bei WG hauptsächlich syntaktische, informationsstrukturelle oder prosodische Kriterien zum Tragen kommen und wie eine solche Argumentation durch Daten und eventuell theoretisch-methodische Kriterien abgestützt werden kann. Die dritte Frage ist, inwieweit wir zur Beantwortung der letzten beiden Fragen die kategorial sehr heterogenen Belegdaten Wackernagels in den heutigen Sprachen nachvollziehen müssen oder mit Bescheidenerem vorlieb nehmen dürfen. WG betrifft zentral Daten, die wir heute unter Klitisierung verstehen – also prosodisch schwache lexikalische Formen, die eines lexikalischen Ankers bedürfen, d.h. die nicht alleine stehen können (etwa Pronomina in germanischer Enklisis ebenso wie in romanischer Proklisis; schwache Adverbiale; schwache Koordinatorformen). Oft werden ja aus solchen klitischen Formen gebundene Flexionsmorpheme, hinter denen die lexikalischen Quellformen nicht ohne Schwierigkeit erkennbar sind: etwa in oberbairisch-ostösterreichisch *wos=n?* „was denn?“ die Modalpartikel *denn* oder bei *ob=(t) s (es) kumts* „ob ihr kommt“ die 2. Person pluralis). Wir werden auch solche Erscheinungen in der weiteren Erörterung berücksichtigen.

Die folgende Diskussion versucht also, Wackernagels Gesetz unter bestimmter Fragestellung erneut einer theorieorientierten ebenso wie empirischen Prüfung zu unterziehen. Diese Fragestellung (vgl. Rizzi 1993) hat direkt mit der ‘Vermessung’ des WGs und der postulierten Wackernagel- bzw. Klitikpositionen zu tun.

(A) Vermessung von Klisisformen:

- Was ist der Kategorienstatus der Wackernagel- bzw. Klitikpositionen (zur Problematisierung von „Wort“ oder „Konstituente“ oben)?
- Stehen Wackernagelelemente in ihren Satzbasispositionen? Was lässt im Besonderen Klitika aus ihren Basispositionen abwandern (woran sind die Basiseigenschaften von Klitika in Wackernagelpositionen/WPen zu ermessen)?
- Was genau ist die Landeposition bei Klitisierung (zur Problematisierung dessen, was Wackernagelposition bzw. „zweite Satzposition“ heißt)?
- Welche Kriterien bestimmen Enklise gegenüber Proklise (Wackernagelgesetz gegenüber Tobler-Mussafia-Gesetz)?

Dabei sollen die folgenden parametrisch kontrollierten Eckpunkte für alle Überlegungen und Analysen zur Klisis bzw. zu Klitisierungsschritten gelten (mit Pintzuk 1996: 384):

(B) Eckpunkte der Klisisvermessung:

- Skopus: maximale Projektion für die Wackernagel- bzw. Klitikdomäne
- Anker: Das klitische Element verortet sich inbezug auf das erste oder das letzte Element seiner Domäne bzw. inbezug auf seinen Domänenkopf.

- Orientierung: Das Klitikon folgt auf seinen Anker, oder es geht dem Anker voraus.
- Dies ordnet sich quasiformalisiert folgendermaßen zusammen:
  enklitisch: $[_{XP}$ =CL XYZ] bzw. $[_{XP}$ X=CL YZ] oder proklitisch: $[_{XP}$ CL=X YZ]

Die bei Wackernagel (neuerdings etwa bei Noel 2009) gebrauchten Begriffe sind syntaktisch-strukturell zu hinterfragen bzw. wenn nötig zuzuschärfen. Dazu interessieren uns mit Blick auf WG in erster Linie (A) oben, Fragen 1, 3 und 4. Die Wege, die wir zur Beantwortung dieser Fragen oben gehen werden, betreffen vor allem syntaktische Distributionserscheinungen zur Klisis in mehreren Sprachen. Dabei wird im Vordergrund stehen, ob eine syntaktische Analyse ausreicht und etwaige informationsstrukturelle oder prosodische Beschreibungswege ersetzen kann oder ob letztere autonom zu postulieren wären, um die Erscheinungen hinreichend zu beschreiben und zu erklären. Und ich stelle gleich die These auf, die die ganze folgende Diskussion begleiten wird: Es reicht eine syntaktisch feingranulierte Analyse zur formalen Deutung des WGes.

Noel (2009) stellt, soweit mir bekannt, eine der neuesten Arbeiten zu WG dar – ein Thema, das in der bisher vorliegenden Literatur sowohl unter Bezug auf die älteren ie. Vertreter als auch die Umsetzung des Gesetzes auf moderne Sprachen keineswegs unumstrittene Interpretationen erhalten hat. Es wird auch gerade davon die Rede sein. Die folgenden Überlegungen stellen u.a. den Befund Noels zu Teilen in Frage – dies, was die Geschichte der Würdigung von WG in der Literatur betrifft, was seine Gültigkeit für die älteren Sprachen (vornehmlich das *Rigveda*) betrifft, und im Besonderen, was seinen empirischen Wert für das Deutsche und die Geschichte von Wackernagelerscheinungen angeht. Dabei wird im Einklang mit modern-linguistischer Methodologie der Versuch gemacht, den universell gültigen Aspekt der wackernagelschen Gesetzmäßigkeit zu bestimmen. Wie bereits gesagt wird vor allem syntaktischen Lösungen, die zu letzterem Ziel führen sollen, weiter und tiefer Raum eingeräumt. Dabei verfolgen wir im Besonderen, ob die Satzstruktur des Deutschen mit SAuxOV, also mit Verbklammer und einem ausgedehnten Mittelfeld, andere Bedingungen für WG setzt als eine reine SOV-Sprache wie das Vedische – für welches WG ja ursprünglich aufgestellt wurde.

Die Gliederung des Aufsatzes ist folgende. In Abschnitt 2 werden Projektionsprobleme (Kopf- oder Maximalstatus) anhand konkreter lateinischer Beispiele erörtert, die für Wackernagelelemente in den entscheidenden Wackernagelpositionen erkannt wurden. Abschnitt 3 ordnet klitische Elemente aus dem Deutschen in topologischem Vergleich mit anderen informationstechnisch interessanten Elementen im Satzfeld. Abschnitt 4 weist anhand rigvedischer Beispiele auf erste Ungereimtheiten des WGes hin. In Abschnitt 5 wird diskutiert, welchen Beschränkungen Klitika in V1, V2 und Nebensätzen unterliegen. Abschnitt 6 ist ein Kernteil der Arbeit. Er bespricht, inwieweit sich Wackernagels ie. Befunde überhaupt auf das Deutsche übertragen lassen und ob sie übereinzelsprachliche Geltung beanspruchen dürften. Dies wird anhand einiger klassischer und moderner Sprachen sowie über detaillierte Distributionsproben im Deutschen empirisch überprüft. Abschnitt 7 führt zu der Schlussfolgerung, dass WG völlig heterogene Positionen und Satzfunktionen erfassen will und dieser Unterschiedlichkeit nicht durch einfache Regeln gerecht werden kann. Abschnitt 8 ist der Überprüfung gewidmet, inwieweit prosodische und Akzentbedingungen für WG aussagekräftiger sind als syntaktische Kriterien. Abschnitt 9 setzt nochmals deutsche Klitika nach Wortart und topologischer Position in den Blickpunkt, bevor das Schlusswort gezogen wird.

2. Erste analytische Beobachtungen

Auszugehen bei der Behandlung der wackernagelschen Gesetzmäßigkeiten ist – wie bei jeglicher syntaktischen Stellungs- und Klitisierungserscheinung – von den folgenden Fragen, die (A) und (B) oben wiederholen: (i) Geht es bei der Erstellung der Gesetzlichkeit (wir würden heute lieber sagen: der Generalisierung) um Basispositionen (d.h. um unflexible Elementstellungen) im Satz oder um abgeleitete? (ii) Was ist die Basiswortstellung und welche Funktion hat sie? (iii) Welche Funktionsänderung (nach Skopus, semantischer Interpretation, diskursgrammatischem bzw. illokutivem Wechsel) verbindet sich mit dem Stellungswechsel? (iv) Stehen die betroffenen Elemente unter satzprosodischem Hauptton, oder sind sie unbetont? (v) Was ist der Projektionsstatus in der/den Wackernagelstellung/en? Und (vi) welche diachron-synchronen Implikationen birgt der Klitikstatus: Ist er auf dem Wege zum Affixstatus, hat er bereits Affixstatus erreicht, und welchen Wortartenwechsel (z.B. vom reduziert klitischen Pronomen zum Flexionssuffix) impliziert er dabei synchron bzw. hat er diachron bereits durchgeführt?

Nicht alle dieser Fragen sind unabhängig von anderen, einige setzen Klärungen anderer überhaupt erst voraus. Darauf soll im Verlauf der weiteren Diskussion eingegangen werden. Wir nehmen uns vor, die folgenden Klärungsversuche und die Übertragung alter empirischer Befunde auf modernere Spracherscheinungen vor dem Hintergrund dieser Fragen vorzunehmen.

Als Beispiele zur Frage in (v) oben (also die Frage, ob mit der WP Konstituentenprojektion, Wortprojektion sowie welche Satzposition überhaupt vorliegt) wurden die folgenden lateinischen Illustrationen herangezogen (Noel 2009: 9): Es geht um die in (1)–(3) hervorgehobenen Pronomina *te* und *me*. Die Strukturklammern sind hier (WA) vor der Basisannahme von SOV fürs Lateinische (vgl. Wackernagel 1892: 427; Spevak 2010) hinzugefügt worden, um den Derivationsstatus der WP-Pronomina zu beleuchten – dies ist jedenfalls ein erster vertiefender Schritt zur Deutung des WGes. Wackernagel (1892: 406ff.) selbst erbringt mannigfach Beispiele aus dem Lateinischen, auch speziell zu Pronomina (406ff.) und zu Koordinatoren (416ff.).

Beispiele aus dem Lateinischen					Projektionsstatus
(1)	[[[Di	deae-que]	**te**]	adiuvant]	… 2. Konstituente √
	Götter	Göttinnen-und	dich	unterstützen	

(2) [[[[Di] **te]** deaeque] **~~te~~**] ament] … 2. Wort ?
Götter dich Göttinnen-und mögen lieben
(3) [[[[At ita **me]** di deaeque] **~~te~~**] omnes] **~~te~~**] ament] … 3. Position ?
aber so mich Götter und Göttinnen alle lieben mögen

Zumindest in (2) und (3) sind die WPen abgeleitet: in (3) durch drei, in (2) durch zwei Versetzungsschritte („~~te~~“ steht für die Basis- bzw. medialen Linksversetzungspositionen). Derartige Ableitungsschritte und abgeleiteten Positionen spielen in WG und bei Noels Erwägungen keinerlei Rolle. Fragezeichen bzw. *vidi*-Haken ganz rechts in (1)–(3) signalisieren mein Urteil zur noelschen Projektionsbestimmung ihres Beispielmusters für die ursprüngliche Regelung nach Wackernagel (Noel 2009: 9): „2. Wort“ in (2) ist unter strukturellen Projektionserwägungen zu ungenau, da es genauso gut „2. Konstituente“ sein könnte; und aus demselben Grunde ist die Positionsbestimmung für (3) fraglich. Das Entscheidende dabei ist jedoch: Ist das zu bewertende Element in Kopf- oder in Maximalprojektion, was ja durch die vorgeschlagene Terminologie in keinem Fall entscheidbar ist („Wort“ liegt auf einer ganz anderen konzeptuellen Ebene als „Konstituente“ und „Position“)? *di* „(die) Götter“ ist in jedem der drei Fälle Subjekt, also satzinterne (projektionsmaximale) Satzkonstituente, also in SpezCP (satzfeldtechnisch im Vorfeld) oder IP in (1)–(2) bzw. in SpezIP/TP (also satzfeldtechnisch im linken Mittelfeld) wie in (3). Aber schon die Wackernagelposition für (2) ist mit „2. Wort“ nicht richtig identifiziert: *di* ist in jedem Fall trotz Aufspaltung der Subjektkonstituente (Tmesis) SpezCP – d.h. das Pronomen *te* „dich“ steht in jedem Fall nach der 2. Konstituente, hat also eine zu (1) identische Positionsidentifikation. Und für *at* „aber“ in (3) müssen wir als Satzkoordinationselement, COORD, auf jeden Fall satz-/CP-externe Position annehmen – sodass wiederum, sehen wir in *ita* „so“ ein topikalisiertes Adverb, nichts anderes als die 2. wackernagelsche Konstituente übrigbleibt. In Summe: Was Noel mit (1)–(3) bereits zu Beginn ihrer Problematisierung einer rein syntaktischen Lösung heranzieht – um später angesichts des Scheiterns einer syntaktischen Lösung der Prosodie beschreibende und erklärende Priorität zuzuweisen –, entbehrt bereits im Ansatz der notwendigen syntaktischen Analysedetails. Angenommen die drei Pronominalpositionen stehen in der Tat in einer von Wackernagel angepeilten Position: Dann sind alle drei lateinischen Pronominalpositionen strukturell – wenngleich auch oberflächlich nicht sichtbar – identisch.

Ziehen wir die erste Schlussfolgerung: Wackernagelgesetzlichkeiten wurden ohne Berücksichtigung des Projektionsstatus (X° gegenüber XP/„Satzglied“) getroffen. Es wurden Wort und Konstituente zusammengeworfen. ‘Wort’ ist in der Regel gleich ‘eingliedrige Konstituente’. Es scheint, als seien mit dieser begrifflichen Konvergenz die Chancen einer syntaktischen Lösung vergeben.

Wenn man dagegen, wie empirisch ja nicht zu vernachlässigen ist, unter die Wackernagelregelung auch die klitischen Pronomina des Deutschen zählt – was Stellung nach Matrix-V2 bzw. nach Comp im anhängigen Satz oder Drittstellung nach SpezCP, also unter Einschluss des Vorfelds bedeutet –, dann eröffnet sich ein völlig neues Denkfeld.[2] Klitische Pronomina im Deutschen und anderen germanischen Sprachen sind an den strukturellen Anker Comp (als finites deklaratives V im Hauptsatz bzw. als unterordnende Konjunktion) rechtsgebunden, kopieren dort jene Verbendungen, die integral zur Verbflexion gehören – freilich auf die 2. Person Singular und Plural beschränkt: 2.sg.praes. *–s-t* (vgl. oberbairisch-österreichisch *wann-s-t kumm-s-t* „wenn-du kommst“), 2.pl.praes. *–t-s* (vgl. *wann-t-s kumm-t-s* „wenn-ihr/es kommt“; alemannisch-vorarlbergisch *wenn-t kunsch-t* „wenn-du kommst“) sowie areal beschränkter 1.pl.praes. *–ma* (so etwa *da hamm-ma (mia)* „da haben-wir (wir); vgl. Abb. 1 sowie, in viel weitere Zusammenhänge gerückt, Abraham & Conradie 2001). Als Flexionssuffixe in der auftretenden Komplexität und Multiplizität treten diese Morpheme aber in das Blickfeld von Überlegungen zur Affixabfolge, damit in den Schlagschatten reicher Literatur zum Thema und in Kriterienszenarien der Semantik, der Phonetik und Prosodie sowie der Skopussyntax. An Literatur zur Erklärung der linearen Abfolge nenne ich stellvertretend hier nur Bakers Spiegelungsprinzip (Baker 1985).

Die Literatur zu WG zeigt keine Einigkeit, welches der Grammatikmodule für eine einheitliche, alle empirischen Erscheinungen gleichermaßen abdeckende Komponente am zielführendsten ist. Noel 2009 gibt der Prosodie den Vorrang vor Informationsstruktur/IS und vor Syntax, bei Hale (1987, 1996) steht eine rein syntaktische Ableitung im Vordergrund, Hock (1989), Schäufele (1996) und Krisch (1990, 1997) sind Templatverfechter. Es ist aber deutlich, dass syntaktische Verschiebung des Enklitikons aus VP, dem Verbvalenzmodul, in den Diskursthemabereich des Satzfeldes vorausgesetzt werden muss. Vgl. Abb. 1 unten. Versetzung auf PF oder phrasale Affigierung nach Anderson (1993, 2005) fallen nach Keydanas (2008a,b) syntaxdistributionellen Überlegungen aus reinen Datengründen aus; und Lühr (2009a) gibt narrativen bzw. diskursorientierten Implikationen aus dem Zusammenspiel von Elementstellung und Betonung der Wackernagelelemente im Satz den Vorrang, ähnlich Striebeck (2009) – wenn auch zögerlich. Ich selbst halte Templatlösungen (etwa im Sinne der moderneren Konstruktionsgrammatik/KxG) so lange für ungeeignet, als Basispositionen im Satz nicht von abgeleiteten Positionen unterschieden werden (vgl. Abraham 2010). Avanciertere Versionen einer Templatgrammatik wie die HPSG-Version Müllers (2007) zeigen, dass die Ableitungsbedingung durchaus auch mit einer grundsätzlichen Templatrepräsentation vereinbar ist (so etwa bei Müller 2007, die nun aber gerade eine Version darstellt, die die KxG nicht vertritt).

3. Erster Arbeitsschritt: Pronominalklitika im Deutschen

„Dass vorerst den germanischen Sprachen unser Stellungsgesetz nicht fremd ist, zeigt schon die Behandlung der schwachbetonten Personalpronomina im Neuhochdeutschen. Zumal, wenn *sich* im Nebensatz und dann in weiter Entfernung vom Verbum

2 Noel (2009: 111) bezieht in ihre Untersuchung ein schmales Paket klitischer Pronomina aus deutschen Dialekten mit ein.

steht, kommt uns das Gesetz zum Bewusstsein, freilich als eine unbequeme Fessel, deren wir uns in schriftlicher Darstellung gern dadurch entledigen, dass wir das Pronomen zum Verbum ziehen. Wir glauben hierdurch deutlicher zu sein, empfinden aber solche Stellung doch als unschön. Und oft entschlüpft uns in mündlicher Rede doppeltes *sich*, eines am traditionellen Platze zu Anfang, und eines beim Verbum: ganz analog dem doppelten *ἀν* der Griechen. – Auch bei den andern persönlichen Pronomina kann man solche Tendenz beobachten.“ (Wackernagel 1892: 405).

In obigem Zitat aus Wackernagel ist manches neu zu bedenken. Es ist gar nicht zu bezweifeln, dass Phonologie (aber auch „Prosodie“, in welcher der gängigen Definitionen? Noel (2009) denkt vornehmlich an Rhythmus und Metrum) bei Beispielen zu WG eine Rolle spielt. Das ist jedenfalls in der Indogermania wohlbekannt (Hock 1989, 1996; Keydana 2008a,b). Ebenso selbstverständlich gilt heute – ebenfalls in der Forschung zur Indogermania – als geeichte Erkenntnis, dass informationsstrukturelle Kriterien für die Positionierung und Reihung der klitischen Elemente im Satz mitverantwortlich sind (Klein 1985). Ich will das kurz und mit anderen Argumenten am Deutschen illustrieren. Bei Abraham & Wiegel (1992) findet sich die allgemeine Beobachtung, dass für die Reihung der klitischen Pronominaldopplungen und –tripel phonetische Resonanzunterschiede verantwortlich sind, etwa nach der Hierarchie *s* < *n* < *m* – also niedrigste bis höchste Resonanz der silbischen Konsonantenkomponenten[3] – wie etwa in (4).

(4)	*wann-ts-n-m anvertrauts*	– * *wann-ts-m-n anvertrauts*	– **wann-n-m-ts anvertrauts*
	wenn-es/ihr-ihn-ihm anvertraut	*wenn-es/ihr-ihm-ihn anvertraut	*wenn-ihn-ihm-es/ ihr anvertraut

Informationsstrukturelle Eckpunkte sind durch die Tatsache erhärtet, dass Personalpronomina am linken Rand des deutschen Mittelfelds stehen.[4] In der Satzfelddomäne dominiert durch das Kriterium [+Definitheit], also dem linken Mittelfeld, ist die Reihung (*Comp* <) *CL (klitische Personalpronomina)/ WP* < *Vollpronomina* im Mittelfeld < *definite Appellative*, wobei *Comp* sowohl unterordnende Konjunktionen als auch V2/finites V im Hauptsatz beherbergt. Vgl. Abb. 1. Das entscheidende Kriterium ist allerdings ein syntaktisches: Klitika stehen grundsätzlich nach Comp (*nota bene*: egal ob Comp durch eine unterordnende Konjunktion oder das finite Hauptsatzprädikat besetzt wird). Im Besonderen stehen deutsche Klitika nie proklitisch wie in der Romania (dort allerdings außer bei infiniten Verbformen, wo sie enklitisch angehängt werden: vgl. ital. *sporgersi* ‘hinauslehnen-sich’ im Unterschied zu *si sporgono* „sie lehnen sich

3 Andere Abfolgen schließen sich aus rein phonotaktischen Beschränkungen aus, so etwa sowohl **hat-r-s* (aber *hat ihr*-s) als auch **hat-s-r* (neben *hat-s ihr*).

4 Sie seien dort als Themata „geboren“ – d.h. sie seien dort (und nicht im theta- und daher mergeträchtigen VP) in ihrer Basisworstellung (Abraham 1996a,b). Ich habe mit den merkmalgesteuerten Versetzungsprozessen des Minimalismus diesen früheren Stadpunkt aufgegeben.

hinaus"; dazu Mavrogiorgos 2010). Aber dieser Umstand alleine schon liefert ein eindeutiges Argument dafür, dass die Syntax alle anderen Beschreibungsmodule kontrolliert. Die Syntax liefert jene Stelle im Satz, in der Verbfinitheit bzw. Satzabhängigkeit kodiert wird: eben *Comp*. Vgl. Abb. 1 unten. Ob neben der Syntax IS oder prosodische Bedingungen hierarchisch höher stehen, ist ebenso leicht zu entscheiden: Pronomina sind aufgrund ihrer Kategorie bereits „geborene Diskursthemata". D.h. unabhängig davon, wo sie letztlich im deutschen Satz zu stehen kommen, es ist der linke Mittelfeldrand die angestammte Klitikposition. Erst wenn Reihungen innerhalb dieser Feldposition zu entscheiden ist, kommt Prosodie überhaupt erst zum Tragen. D.h. es ist in jedem Fall bei der Generierung des deutschen Satzes die Abfolge der Satzglieder nach folge der Hierarchie abzuarbeiten.

(5) Syntax < IS < Prosodie

Vgl. dazu die syntaktisch-strukturell definierte Regel zur phonologischen Konstituentenbildung bei Nespor&Vogel (1982, 1986). Es wird dies hervorgehoben, weil Noel (2009) gerade umgekehrt argumentiert (durchaus unterstützt übrigens von Forschern wie Hock). Dies wird in rezenten Publikationen aus der Hand von Indogermanisten bekräftigt: „[...] in Keydana's approach only clitic placement is driven by prosody, whereas the serialisation of non-clitic elements in the left periphery is determined by syntactic structure. Following Keydana WL1 Klitika are hosted by the first prosodic phrase of a sentence, which corresponds to the (syntactically defined) left periphery." (Keydana 2008b: 7). Auch Hale (1996) unterstützt diese Einschätzung: syntaktisch begründete Serialisierung in der linken Satzperipherie, aber prosodisch motivierte Inversion innerhalb des Klitikankers und dem Klitikum.

Nehmen wir einmal an, dass Partikeln wie in (1)–(3) oder Klitika wie in (4) tatsächlich in einer prosodischen Konstituente stehen, die autonom und nicht aus syntaktischen Vorgaben ableitbar ist. Mit anderen Worten, Prosodie wäre ein autonomes generatives Modul, das nicht anhand der Syntax berechenbar ist. Diese Annahme scheint in allen Abschnitten bei Noel (2009) durch – vgl. zu dieser Annahme auch Hock (1996), Schäufele (1996), Taylor (1996) und Keydana (2008a,b, 2009). Wenn dies nun so wäre, dann sollten nichtlokale Prozesse wie Abstandversetzung (*long distance movement*) über dieses außersyntaktische, autonome Prosodiemodul hinaus möglich sein. Solche Erscheinungen sind aber völlig unbekannt. Das heißt aber, dass es sich mit der WP um eine in der Syntax mitspielende Konstituente handeln muss, die mit den parametrisch kontrollierten Eckpunkten der Syntax (Skopus, Domäne, Anker; siehe oben unter (A) und (B)) vereinbar ist bzw. diesen Kriterien ebenso unterliegt. Ich ziehe daraus den Schluss, dass die für Klisis verantwortliche Prosodie aus der Syntax und den nach markierter Stellung ableitbaren Kontrastakzenterscheinungen errechenbar ist. Poetisch-metrische Bedingungen sind natürlich ausgenommen. Eine autonome, die Syntax überspielende klisisverantwortende Prosodie gibt es nicht.[5] Denselben Schluss ziehe ich für diskursfunktionale Prozesse. Vgl. diese Position mit (5) oben.

Ich gehe im Folgenden zuerst auf Sprachen ein, für welche Wackernagel sein Stellungsgesetz aufstellte. Ich nehme das wesentliche Ergebnis vorweg: WG reicht zur Beschreibung der Klisis und ihrer Stellungs-, Anker- und Domänenbeschränkungen selbst bei diesen Sprachen nicht aus.[6]

4. Keydana (2009) zum WG im Rigveda: strukturelle Ungereimtheiten

In einer Rundumschau zum Thema des Wackernagelgesetzes und seiner Datentreue sowie den wichtigsten Literaturvorschlägen zu einer einheitlichen Regelung kommt Keydana (2009: 13f.) zu folgendem Schluss. Zum einen zerlegt er nach früheren Vorarbeiten das wackernagelsche Gesetz in drei Unterklassen: WL1 bis WL3. Er sieht weiter die Vorschläge vorgelegt in Hale (1987, 1996), Krisch (1990) und Hock (1996) verschiedentlich zu kurz gegriffen. Der theoriegestützte Vorschlag in Hale (1987) ist unvereinbar mit empirischen Daten, der von 1996 vermag das Zusammenspiel zwischen WL1- und WL2-Klitika nicht zu klären; darüber hinaus sieht Hales Vorschlag (Hale 1987) eine Stellungssyntax vor, für die empirische Evidenz fehlt. Krischs Lösungsschemata seien nicht nur ontologisch problematisch, sondern stellten außerdem keinen Fortschritt über Hale (1987) hinaus dar. Der prosodische Lösungsvorschlag letztlich, den Hock (1996) vorlegt, leide an Überspezifikation und fehlender typologischer Untermauerung.

Keydana (2009) eigener Lösungsvorschlag geht davon aus, dass WL[7]-Klitisierung prosodischer Natur ist: WL2-Klitika binden sich an das erste phonologische Wort im Satz, WL1-Klitika dagegen an die erste phonologische Konstituente im Satz. Diese Konstituente steht satzlinksperipher, d.h. in einem Diskursfunktions-/Discf-Knoten in [Spez,CP]/C-Komplex. Auf PF expandiert die Satzlinksperipherie maximal zu (6) bzw. (7) (nach Keydana 2009; seine Beispielnummern (37) bzw. (9); die Klammerung ist hier hinzugefügt: WA). Es ist bereits an dieser Stelle darauf aufmerksam zu machen, dass (6) und (7) weder

5 Es ließe sich freilich mit Annahme einer linken Phasenkante zyklische Abarbeitung der WP in PF so etwas wie temporäre Syntaxaussetzung vorsehen. Wie dazu weiter zu denken wäre, bleibt mir im Moment verschlossen.

6 Ich muss hier genauer formulieren. Wackernagel 1892 bezog seine generalisierenden Beobachtungen vor allem aus dem Altgriechischen. Aufs Vedische wurde WG erst durch Delbrück (1878) übertragen, übrigens ohne Abstriche.

7 „WL“ steht für „Wackernagel's Law“, deutsch also WG. Ich behalte in diesem an englische Vorarbeiten zurückgehenden Abschnitt die englische Kürzel WL einfach bei. „WP“ bedeutet „Wackernagelposition“ (nicht, wie ein Gutachter heftig kritisiert, die Maximalposition von „W“). Strukturell ist WP als Spezifikator von IP bzw. TP (wie in (6)) aufzufassen, solange WP klar pronominal ist; dort wo es bereits verbflektive, also grammatische Funktion besitzt, stellt es die Nullprojektionen I bzw. T dar.

die Satzstruktur noch die Klitikposition im Deutschen wiedergeben; vgl. dazu vielmehr Abb. 1.

(6) [$_{\text{DISKURSP}}$Discf > **WL2** > [$_{\text{CP}}$ W-Wort/Comp(lementierer > [$_{\text{TP}}$ **WL1** … [$_{\text{VP}}$ …]]]

(7)

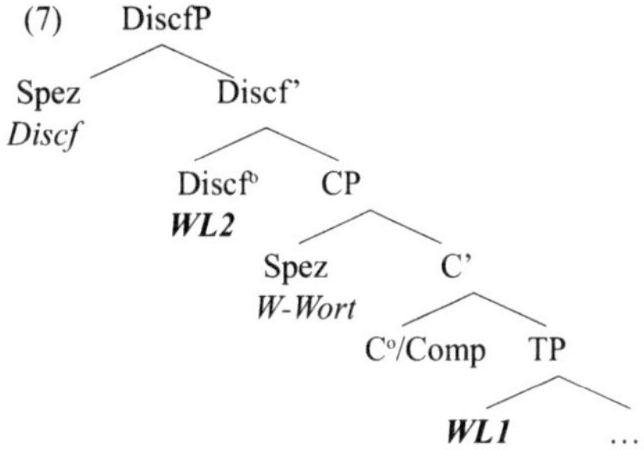

Die Discf-Position wird typischerweise von einem einzigen Wort – in den hier vorgeführten Beispielen durch einen Koordinator; vgl. (10)–(12) unten – besetzt. Die zugrundeliegende Struktur ist in (6) und (7) oben dargestellt. Das Model sagt faktengerecht voraus, dass WL2-Klitika stets vor WL1-Klitika gereiht erscheinen. Die im Italienischen abweichende Distribution von Relativsätzen in [Spez,CP] und Fragesätzen in [Spez,FocP] (Rizzi 1997:299) lässt sich für das Vedische nicht bestätigen. Mit Blick darauf gehen wir auf die sog. Rizziexpansion links über CP hinaus gar nicht weiter ein. Klisis umfasst im WG offenbar (nach Hale 1987) nicht nur Pronominalklitika, sondern auch Konjunktionen unterordnender wie beiordnender Kraft; solche Konjunktionen stehen in Linksadjunktion zu ihren Maximalprojektionen und zwar links von CP bei unterordnenden Konjunktionen und links von IP bei beiordnenden Konjunktionen (siehe auch Garrett 1996: 117).

Wie oben bereits angedeutet, geben (6)–(7) nicht die Satzstruktur und die Position deutscher Pronominalklitika wieder. Das Deutsche macht keine Position über CP frei (Abraham 1995, Frey 2006, Haider 2010) – die funktionale Flexibilität von Spez/P, dem Satzvorfeld, reicht für alle abgeleiteten, d.h. versetztenThema- und Fokusfunktionen aus. Pronominalklitika haben, wenn sie das Subjekt (und das direkte Objekt) vertreten, deshalb Kopfstatus, weil sie im Substandard des Deutschen auch Verbflexion vertreten („Konjunktionsflexion"); vgl. Abb. 1. Damit aber bindet sich das Klitikon an Comp, nicht an TP wie im Vedischen – schließlich haben die vedischen WL1-Vertreter Wort- und damit Konstituentenstatus. Sie sind den Köpfen des Deutschen nach Wortstellung und Projektionsstatus fundamental ungleich. Vgl. (8)–(9) mit (6)–(7) oben.

(8) [$_{\text{DISKURSP}}$– [$_{\text{CP}}$ W-Wort/Comp(lementierer)-**WP** [$_{\text{TP}}$ … [$_{\text{VP}}$ …]]]

(9)

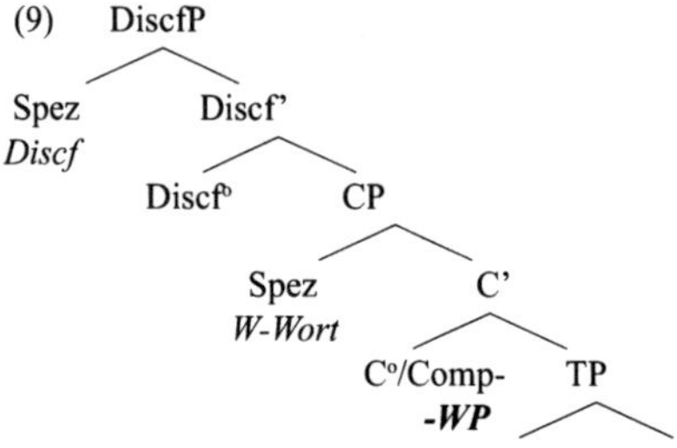

Keydanas (2009) Analyse dagegen geht davon aus, dass die Linksperipherie – in unserer Sprachregelung: im Satzvorfeld bzw. in SpezCP bzw. in einer Strukturerweiterung von CP um ein zweites Vorfeld, DiscfP – des vedischen Satzes mit SOV-Basis obligatorisch besetzt ist. Eindeutige Belege sind für Keydana der typologische Umstand, dass Subjekte normalerweise als Themata erscheinen, sowie die Beobachtung, dass Sätze ohne evidentes Satzspitzenthema (Topik) bzw. Satzspitzenfokus oder ohne W-Wort bzw. Complementierer in der Satzlinksperipherie (thetische Sätze? Vgl. Abb. 2 unten) äußerst selten im Korpus vorkommen. Ich stelle dies nicht weiter in Frage. Dies gilt für das Deutsche natürlich keineswegs. Unabhängig davon würden Fälle mit der Satzkonjunktion *utá* „und, oder" zeigen, dass der Satz im Vedischen prosodisch geregelt ist (so Keydana 2008b: 11): satzkoordinatives *utá* „und, oder" steht über CP, außerhalb der Satzstruktur („KOORD" im Satzfeld in Abb. 1). Man vgl. (10) (Keydana 2009:11, dessen (25)[8]), wo der Koordinator *utá* das folgende WL1-Klitikum *syá* bindet.

(10)	utá	**syā́**	vām	mádhuman	mákṣikārapat
	und	da	euch	Süßigkeit	Fliege-preisgab

„und gab euch dort Süßigkeit preis" (Rigveda/RV 1.119.9)

Nach Keydana (2009) lässt sich dieses Muster ausschließlich bei Pronomina des Stamms *tyá-* oder *tá-* in Satzzweitposition nachweisen. Aus der Beobachtung zur Doppelfüllung der Discf-Kategorie[9] lässt sich ableiten, dass das Pronomen auch in (10) den Discf-Knoten besetzt. Andernfalls bindet sich das Klitikum an den Koordinator *utá*. Vgl. (11) (Keydana 2009, sein (28)).

8 Ich prüfe grundsätzlich die Illustrationen aus der Sekundärliteratur, hier etwa das Vedische nach den Belegen bei Keydana 2009, nicht anhand der Quellen nach. Insofern sind meine Belege für die Illustrationen („Rigveda/RV") weder Nachweise eigenen Suchens noch gültige Belege diakritischer Zeichensetzung.

9 Nach Keydana (2009) lassen sich auch gelegentlich WL1-Klitika außerhalb dieses Musters beobachten. Ich lasse diese aus der Regel fallenden Erscheinungen hier außen vor.

(11) utá **vām** uṣáso budhí sākám̐ sū́ryasya raśmíbhiḥ / sutó mitrā́ya
und euch beide Dämmerung Erwachen zugleich Sonne Strahlen gepresst Mitra.DAT
váruṇāya pītáye (RV 1.137.2)
Varuṇa.DAT trinkend.DAT
„und er ist für euch beide gepresst bei Tagesanbruch, zugleich mit den Sonnenstrahlen, für Mitra und Varuṇa, zum Trinken"

utá kann aber auch WL2-Klitika binden:

(12) utá **vā** yásya vājíno ,nu vípram átakṣata (RV 1.86.3)
und oder welchen Kämpfer präV Sänger ausstattetet
„oder welchen Kämpfer ihr ausstattetet mit einem Sänger… "

Nun zeigen aber (10)–(12), dass dieser Typus von „WL2"-Klitikon entweder „WL1" heißen müsste – da der Satz, CP, ja erst nach dem satzexternen Koordinator *utá* „oder" beginnt. Vgl. die Position des Koordinators in Abb. 1. Oder aber Wackernagel und andere müssten unter satzprosodischem Vorgehen zeigen, dass der Koordinator nach prosodischer Analyse zum Satzkern, CP, gehört: dass also der Satzkoordinator das erste prosodische Wort des Satzes darstellt und somit – anders als unter syntaktisch-struktureller Analyse – das Klitikon eben bloß unter prosodischem Vorzeichen binden kann. In (10)–(12) bindet *utá* ein WL1-Klitikum, obwohl es gar nicht Teil des C-Systems ist. Das heißt auch, dass diese Wackernagelsatzlinksperipherie strukturell weiter als über der syntaktischen CP-Satzstruktur operiert. Die Ablösung der prosodischen Struktur (unter Einschluss des Koordinators) kann aber nur gelten, wenn Satzsyntax und -semantik bereits abgearbeitet worden sind. D.h. die einzelnen WPen würden unterschiedlichen Modulstrategien zu unterliegen haben: WL1, der letzte Typus für (10)–(12), dem nachsyntaktischen Modul der Prosodie, ein syntaktisch-strukturelles WL2 – wie in (19)–(21) unten – hingegen unter dem linearen und strukturellen Syntaxmodul. So etwas ist aber nicht denkbar. Es gilt in jedem Fall, dass die Satzstruktur vollständig abgebunden sein muss, selbst wenn eine prosodische Konstituente über CP/IP/TP gereiht erscheint, gleichgültig ob diese prosodische Konstituente letztlich innerhalb oder außerhalb des C-Systems operiert. In (10)–(12) gibt es außer *utá* kein anderes Element in der linken Satzperipherie. Somit wäre der Koordinator Klitikbinder/-anker. Andererseits ist wie in (10) der Satzlinksrand komplexer: Er setzt sich aus der Konjunktion sowie einem Element in der Diskursfunktionsphrase/DiscfP zusammen, was das WL1-Klitikon in die 3. Satzposition drängt. Vgl. (7)–(8) oben.

Wir fassen zu WL1 beim Rigveda zusammen. Das Vedische erweitert seine Satzstruktur über CP hinaus derart, dass die WP in einer Diskursposition über CP und einer Kernsatzposition unterhalb von CP auftaucht. (6) und (7) veranschaulichen das. Zusätzlich zu unserer ersten Schlussfolgerung, wo anhand der Beispiele im Lateinischen grundsätzlich eine syntaktische Lösung für WG in Frage gestellt wurde, zeigen die vedischen und die deutschen WPen strukturelle Unterschiede. Einer entscheidenden Frage, ob das WG für alle Satzarten und Sprechakte gilt – d.h. ob Klitika in allen Satzarten vorkommen – wendet sich das folgende Kapitel zu.

5. V1 und V2 sowie Satzthetik: WP in allen Satzstrukturen des Deutschen?

Wir wenden uns dem Deutschen und seiner WP zu. Klitische Formen, die dem WG folgen, sind deshalb in Fragen ebenso wie Deklarativen zu erwarten, weil der Verbanker im Satz vorne, als Kopfprojektion an 2. Satzstelle steht. Der angestammte Platz für klitische Elemente als hochthematischen Diskursfunktionen ist ja im linken Mittelfeld nahe an der ersten Verbklammer (im Deutschen) bzw. überhaupt vorne bei SOV-Sprachen wie dem Vedischen.

5.1. WG und Klitika in kategorialen Satzstrukturen

Kategoriale Satzstrukturen haben ein diskurs- bzw. vorkontextanbindendes Vorfeld (Spez,CP). Das deutsche SAuxOV lässt darüber hinaus mit der Mittelfeldreihung „V2 < Klitika < unbetonte Vollpronomina < definite DPs < kontrastbetonte (positionsabgeleitete) Vollpronomina < versetzte kontrastive definite DPs < indefinite DPs < Vletzt < Echothemata“ satzstrukturell abbildbare Diskursorientierung zu. Im Gegensatz dazu liegt bei (englischem und romanischem) SVO nicht hinreichend struktureller Raum zur linearen akustisch-ikonischen Unterscheidung von Thema und Rhema vor. Vgl. Abb. 1.

Um das finite Prädikat in diese Thema-Rhema-Gliederung einzubeziehen, wurde bei Abraham (2005) mit Blick auf die allgemeine, auch für Deklarative gültige *tun*-Periphrase im Präsens in den bairisch-österreichischen Dialekten der Aux-Filter formuliert: „In V2(=Comp) steht im Deutschen nur ein Auxiliarverb als Träger grammatischer Information (Person, Numerus, Modus, Tempus). Alle entscheidenden strukturell-semantischen und prosodischen Eigenschaften gehen von Verbletzt als zentraler Rhemarepräsentation aus und sind Vletzt nach links vorbehalten“. Man denke vor allem an die Verbvalenzrichtung des Deutschen im Unterschied zum Englischen und Romanischen:

(13) linksläufige Verbrektion im Deutschen:
*[dem Vater reinen Wein einschenken / *father the glass fill / * de l'eau dans le vert verser]*
≠
rechtsläufige Verbrektion[10] im Englischen und Romanischen:
*[*einschenken reinen Wein dem Vater / fill father the glass / verser de l'eau dans le vert].*

Comp – d.h. die erste Verbklammer, Comp/Finitheit – hat an den entscheidenden lexikalischen Verb- und Satzeigenschaften (Valenzlauf, Skopus, Valenzkasusreihung, Thetarollenzuordnung etc.) überhaupt keinen Anteil. Typologisch ist das Deutsche am besten durch <_Aux_V> charakterisiert, wobei <_> Subjekt- bzw. Objektnominalen

---

10 Nicht einmal das Englische regiert rein rechtsläufig, was sich aus 'IO>DO'(bei ungrammatischem 'DO>IO') ergibt. Haider (2013) zieht daraus u.a. den Schluss, dass die (von Kayne und vielen anderen angenommene) Basisabfolge VO aus OV abgeleitet ist, und auch und vor allem, dass eine solche Abfolge außergrammarischen Einflüssen zu verdanken ist.

ohne Reihungseinschränkung vorbehalten ist – also SAuxOV oder OAuxSV oder natürlich AdvAuxSOV für Adv(erbial) im Satzvorfeld/SpezCP.

Dies heißt aber auch, dass das Deutsche zwischen strenger Diskursprominenz und optimaler Parsingerleichterung schwankt bzw. einen Mittelweg sucht: Diskursprominenz für den Sprecher/Hörer vornehmlich unter Sprachmündlichkeit (Themata je nach Definitheitsgrad links/früh positioniert, Rhemata rechts/spät eingesetzt mit Vletzt als rhematischem linksläufigem Regens unter typologischer OV-Grundlegung) und gleichzeitiger Parsingerleichterung (Aux/V2) für Hörer, indem Subjekt und andere Satzglieder grundsätzlich getrennt erscheinen. Pronominalklitika in der Wackernagelposition spielen dabei eine entscheidende Rolle insofern, als sie sowohl in der strukturellen Themadomäne im linken Mittelfeld stehen müssen als auch als sie als Satzgliedklitika auf dem Weg zu finiter Verbflexion sind. Vgl. Abraham (2005a,b) sowie Abraham & Conradie (2001).

Wenn wir für Entscheidungsfragen und Imperative annehmen, dass die Satzerststelle durch die entsprechenden Sprechaktoperatoren besetzt sind, dann bleibt für V1 dieser Satzarten die WP. In Wortfragen ist WP ebenso unverbaut. Siehe (14a-c).

(14) a Finden-s-m seine Schuhe!
finden Sie ihm die Schuhe
b Finden-s-m die Schuhe?
c Warum finden-s-m denn seine Schuhe nicht!

Proklise gibt es im Deutschen und allgemeiner im Germanischen nicht. Wir kommen darauf unten zurück. Beinah überflüssig hervorzuheben ist, dass die Gemeinsamkeit für alle V1-Setzungen Topikalisierung unter Hervorhebung darstellt: bei *ja-nein*-Fragen (ebenso wie bei Wortfragen das Fragewort kontrasttopikalisiert erscheint), beim Imperativ – und in früheren Stadien des Deutschen ebenso wie in früheren Stadien anderer Sprachen (wie des Altisländischen; vgl. Abraham 2011) zur Setzung von Vordergrundkodierung eines Ereignisses – vergleichbar thetischen Präsentationssätzen im Neuhochdeutschen eingeleitet durch das expletive, semantisch leere *Es*. Vgl. (15a) unten. In allen diesen Fällen stehen das ereignisvermittelnde Prädikat bzw. seine wahrheitsfunktionalen und illokutiven Merkmale im Vordergrund. Entsprechend sind die diese Merkmale aufnehmenden funktionalen syntaktischen Knoten im CP-expandierenden Bereich der Satzstruktur anzunehmen. V2 dagegen ist der syntaktische Ort, wo Prädikatsflexion vermittelt wird: in Comp (Ort der Verb- ebenso wie Konjunktionsflexion, jedenfalls in den kontinentalen westgermanischen Sprachen: Deutsch, Niederländisch und deren Dialekte). Vletzt dagegen ist dem informationsstrukturellen Kriterium „Prädikat = Rhemakern" geschuldet. In den oberdeutschen Dialekten trennen sich mit der *tun*-Periphrase im Präsens (Abraham 2002) Flexionsfinitheit in der ersten Verbklammer (V2, eigentlich Aux2) und lexikalisch rhematischer Verbletztstellung (Vletzt) kerngrammatische und diskursgrammatische Aufgaben allerdeutlichst. Die Funktion klitischer Pronomina ist diesen kerngrammatischen Aufgaben zugeordnet, die der Negation (und deren allfälliger klitischen Reduktionsformen) dagegen den illokutiven und diskursiven Funktionskategorien der Syntax. So gesehen ist verständlich, dass Negationsklitika proverbal stehen, Pronominalklitika dagegen postverbal. Andere Modalelemente wie Modalpartikeln sind in ihrer Basis proverbal (weil illokutionsvermittelnd); die Mittelfeldstellungen der Modalpartikeln sind deren kategorialem Adverbialstatus geschuldet, die interne relative Reihung der Modalpartikeln dagegen ihren Skopusunterschieden (Abraham 1995/^{2}2005b).

Es bietet sich fürs Deutsche nicht unbedingt an, die rizzische CP-Erweiterung zu übernehmen (Abraham 2002, Frey 2004, Haider 2010). Wenn wir annehmen, dass das Subjekttheta – und nur dieses – im kategorischen Satz unter Diskursdefaultbedingungen in SpezCP steht, jedes andere Satzglied aber SpezCP über Ableitung aus seiner tieferen Basisposition einnimmt (Frey 2006), dass zudem das Subjekt auch eine eigene diskursorientierte (textkohärent verantwortete) Kontrastposition einnehmen können muss, dass andererseits Positionen höher als eine solchermaßen diskursorientierte Position über SpezCP im deutschen Satz empirisch nicht verantwortbar sind, dann bleibt nur eine FokP über CP sowie eine Reihe von illokutiven Operatoren, zusammengefasst unter IllokP, über CP übrig.: somit (13). 'EchoThemaP' sind im Diskurs bzw. Textverband oft nachgestellte Themata, entweder referentiell klärende, appellativische DP-Postzedentes oder Parenthesen (vgl. Averintseva 2009). Erwägbarer allerdings erscheint mir davon auszugehen, dass SpezCP, das Vorfeld, für thematische ebenso wie für rhematische Argumente und für Adverbiale reserviert bleibt – somit ein CP ohne Erweiterung. Vgl. auch Abb. 1 sowie (15).

(15)

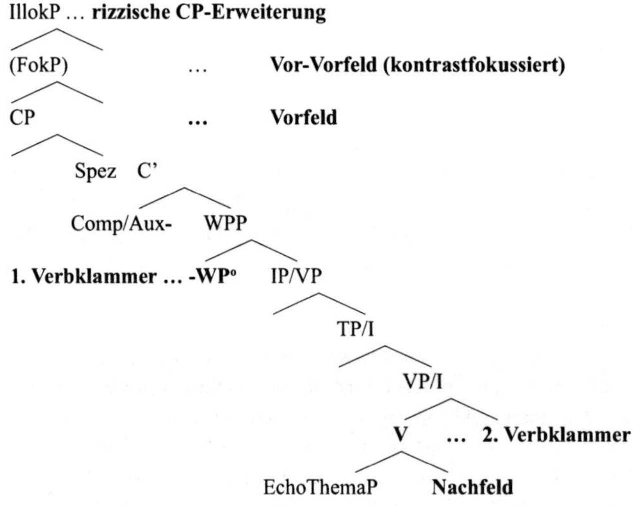

'Comp/Aux-' in (15) stellt den „Auxiliarfilter" des Bairisch-Österreichischen dar. Der „Aux-Filter" spiegelt die Beschränkung der Comp-Funktion auf Finitheit, am deutlichsten in den Mundarten des Oberdeutschen reflektiert in der grundsätzlichen Füllung des Comp-Knotens durch die Auxiliarverben *werden* fürs Futur, *haben/sein* fürs analytische Präteritum und *tun* fürs Präsens (Abraham 2005b).

(16) Comp = {Aux, 0, *lexikalisches V} ... im Oberdeutschen

Die Nulloption in (16) ist durch Erscheinungen wie (20) in Abb. 1 unten abgedeckt. *tun* findet sich hartnäckig in den oberdeutschen Dialekten der Kinder im Vorschulalter (*wōs tua ma jetz machen?*) und ist nur mit Mühe im Schreib- und Hochdeutschunterricht der Grundschulperiode 'auszurotten'.

Struktur (15) deckt gleichermaßen assertive Deklarative, Interrogative und Imperative, jeweils als unabhängige Sätze. Je nach Satzart steht der entsprechende Sprechaktoperator in IllokP. Nicht alle abhängigen (Komplement-, Adverbial-, Relativ-) Sätze haben die illokutive Potenz der unabhängigen Sätze. Die Klasse der abhängigen Sätze mit autonomer Illokutionspotenz (also solcher Nebensätze, in denen z.B. Modalpartikeln als sprecher-hörer-bewusstseinsabbildende Elemente entsprechende Sinnpotenzen entwickeln; vgl. Coniglio 2009) ist ganz speziellen Bildungsbedingungen unterworfen (Abraham 2012a,b). Unabhängig davon allerdings ist jegliche unterordnende Konjunktion (in Comp) WP-Anker. Zu beachten ist, dass WP-Fähigkeit gleichzeitig Vorbedingung für die Erscheinung der Konjunktionsflexion ist – und in weiterer Folge des 'oberdeutschen Präteritumschwunds'/OPS.

(17) a Comp realisiert als finites Aux oder V2 verankert im Deutschen WP.
b Die Tatsache, dass Comp Anker für WP ist, zeichnet das Deutsche als SAuxOV, also als Verbklammersprache aus.
c Der 'oberdeutsche Präteritumschwunds'/OPS geht darauf zurück, dass der Bedingung des Aux-Filters in den oberdeutschen Dialekten besonders streng Rechnung getragen wird.
d Sprachvarianten mit OPS bilden die erweiterten Tempora mittels des ‚doppelten Perfekts' (*hat gehabt gehabt* statt *hatte gehabt*). Vgl. Litvinov & Radčenko (1997).
e In den gesprochenen Varianten des Oberdeutschen mit OPS gibt es keine Realisierung der ersten Verbklammer durch lexikalische Prädikate. Was dort trotzdem auftaucht, ist durch das schulische Hochdeutsch angelernt. Es ist nicht gewachsen.

Abb. 1: Das deutsche (SAuxOV) Satzfeld deklarativer und interrogativer Sätze (schattierte Felder markieren die Verbklammerpole):

V_{finit}-Anhebung im unabhängigen Satz bei linksläufiger Verbrektion

	Koordinator/ Linksheraus-stellung	**Diskurs-thema/-rhema Topik-über**	–	⇐ **Thema** ⇒ linkes Mittelfeld DP_{+def} $DP_{-def\text{-}Kontrast}$		⇐ **Rhema** ⇒ rechtes MF DP_{-def} $DP_{+def\text{-}Kontrast}$			–	**Echothema** Nachfeld
		$[_{CP}$ Spez,CP **[+starkes Dis-kursmerkmal]**	**[C°** Kon-gruenz	WP (Pro-nominal-klitika	DefP, Voll-pronomina	IndefP , *(et)was, wo*	$[_{vP}$ MP	$[_{vP}$ Neg	$[_{VP}$ **V°**]]]	Rechtsher-ausstellung
(18)	*das Ge-heimnis –/:*	⊠	*ob* *ob*	*-ts* *-st*	*(es) mir des* *du mir des*	–	–	*net* *net*	*sag-ts* *sag-st*	*heut?* *heut?*
(19)	*Aber(:)*	*sie*	*gib-t*	–	–	*SIE*	–	*nicht*	*ab*	*heute.*
(20)	–	*Wieso*	–	*'s-'m*	–	–	*denn*	–	*ABgeben?*	–
(21)		*Wie*		*'m's*			*wohl*		*BEIbringen*	*ohne Schre-cken?*
		$[_{CP}$ …VF	$[_{C'}$**Comp**	$[_{I/TP\text{-}li\text{-}MF}$ … WP/Kongr		$[_{vP\text{-}re\text{-}MF}$	$[_{vP}$ MP	Neg]	**Vletzt**]	NF]

'WP' als Kategorienbezeichnung in der linken Spalte des linken Mittelfelds bedeutet „Wackernagelposition", keinesfalls deren Maximalprojektionsstatus (nach dem Muster von 'DP' oder 'VP').Strukturell ist WP als Spezifikator von IP bzw. TP (wie in (6)) aufzufassen, solange WP klar pronominal ist; dort wo es bereits verbflektive, also grammatische Funktion besitzt, stellt es die Nullprojektionen I bzw. T dar. Vgl. Fn. 7. Morphologische Finitheit kann syntaktisch nur eine Nullprojektion sein – und das bairisch-österreichische Oberdeutsche füllt (bei generalisierter *tun*-Periphrase) diese Nullprojektionsposition der 1.VK/Comp auch bloß mit den schwächsten lexikalischen Finitheitsträgern (Hilfsverben und Modalverben: *Er hat/ tut/will das können (unterschreiben)*). Entscheidende Unterstützung findet diese Sicht auch durch die Folgerungen der Indogermanisten, wonach die Flexionsendungen der Verben aus den klitisch an Comp herangetretenen Personalpronomina entstanden sind.

Die Skopusdomäne deutscher Pronominalklitika ist CP, der Anker ist Comp, gleichgültig ob Comp durch ein finites Verb bzw. Auxiliar wie in (18) oder durch eine unterordnende Konjunktion wie in (19) besetzt ist. Letztere Bedingung allerdings gilt im Deutschen nur für die bairisch-österreichischen Regiolekte, außerhalb des Deutschen jedoch auch im Niederländischen (Abraham & Wiegel 1992). In einem Satz ohne finites Prädikat wie in (20) bleibt die erste Verbklammer unbesetzt – ohne dass damit die Wackernagelposition verfällt. Das ist als wichtiges Indiz dafür zu nehmen, dass die erste Verbklammer durch Finitheitsmerkmale besetzt ist – im vorliegenden Falle durch [-Person, -Numerus, -Tempus etc.] –, was gleichwohl dafür reicht, die klitischen Pronomina in der Wackernagelposition/WP zu verankern. Zudem sind (20) und (21) schlagende Beispiele dafür, dass die erste Verbklammer weder Träger des typologischen Status (SVO)[11] noch der wesentlichen Verbvalenzeigenschaften ist – das Deutsche ist eben SOV und nichts anderes, keinerlei „Mischform SVO/SOV" wie durchgehend und nach wie vor in den konservativen Darstellungen zum Deutschen behauptet wird.

5.2. WG und Klitika in thetische Satzstrukturen

Thetische / präsentative Sätze wie in (21a) haben eine Struktur ohne diskursvernetzendes Vorfeld, also ohne SpezCP und damit die gesamte CP-Projektion: Es gibt kein Thema/ Topik, über welches prädiziert wird. Der thetische Satz denotiert vielmehr ein neues, rhematisches Ereignis, in dem auch kein Kontrastfokus und keine Anapher Platz haben.

(22) a Es stehen (*aber/*nämlich) KÜHE in der Wiese
b*?Es stehen Kühe in der WIESE
c *Es stehen sie in der Wiese
d??Es stehen aber KEINE Kühe/die Kühe aber NICHT in der Wiese

11 Das heißt ja nicht weniger als „Das Deutsche hat nie Verbzweitcharakter (?VO), auch nicht im deklarativen Hauptsatz, sondern ausschließlich Verbletztcharakter (?OV)". Die oft auch von modernen Syntaktikern beschworene Verbzweiteigenschaft des Deutschen ist dem Wortintegritätsgrundsatz zu danken, wonach ein rein grammatisch-morphologisches Morphem (im Deutschen das Verbfinitheitsmorphem) auf phonetisch (auf PF) nie ohne lexikalischen Träger (im Deutschen dem Verbstamm) auftreten darf.

Das finite V bzw. Aux füllt somit nicht Comp, sondern Temp/Infl. Die Subjekte solcher Sätze stehen tiefer als TP oder sogar in Erstphasenverkettungspositionen in *v*P. Vgl. (23).

(23) TP/I

VP

Vgl. dazu auch Abb. 2.

Beherbergen thetische Sätze eine Wackernagelposition? Können in thetischen Sätzen klitische Pronomina stehen? Was sind Argumente dagegen? Vgl. dazu (24a-f). Zu beachten ist, dass in gesprochener Allegrosprache expletives *es* oft wegfällt, sodass wie in (24b) oberflächlich V1-Deklarative entstehen (Önnerfors 1997).

(24) a (Das Mädchen$_i$ trägt einen Korb.) Was hat-s$_i$/es$_i$ drinnen?
b (Es) Kam einmal ein bärtiges Männlein an den Königshof.
c * Kam-s einmal ein bärtiger Mann$_i$ an den Königshof.
d * (Es) Hat-n$_i$/ihn$_i$ dann der König an seinen Mittagstisch eingeladen.
e (Er) Hatte ein feines Schmuckstück$_i$ aus seinem Tragbeutel.
f # Holte-s$_i$ aus seinem Tragbeutel.

Der Umstand alleine, dass solche Präsentativsätze Texte eröffnen, ist unvereinbar mit dem Auftreten von Anaphern wie in (24c,d,f). Kataphorische Bezüge wollen sich offenbar ebenso schwer einstellen. Das erklärt auch die Unakzeptabilität von (24d): Es existiert ja kein Antezedens zum Pronomen in der WP. (24f) ist kein Gegenbeispiel, weil trotz V1 kein texteröffnender Satz vorliegt – eher eine textfrühe Fortsetzung zu (24a), in der jedoch wiederum jegliche Referenzlesart für *–s/es* fehlt – d.h. (24f) ist gut in Textverknüpfung mit (24e), nicht jedoch mit (24a). Expletives *es* (unter EPP-Forderung in SpezTP eingesetzt) lässt sich nicht klitisieren – einmal weil ein maximalprojizierender Anker fehlt – *Es* muss ja selbst in Spez,TP stehen, also maximal projizieren – und weil keine WP vorliegt? Wenn ja, würde das bedeuten, dass WP unter Comp und CP zum textvernetzenden Strukturbereich des deutschen Satzes gehört, also nicht in TP stehen kann. Man denke hierbei auch ans Romanische, welches ja keine WP zeigt – vermutlich genau deshalb, weil die romanische Satzstruktur assertiver Deklarative nicht bis CP hin reicht, sondern bei TP endet.

Der Umstand, dass die klitischen Pronomina in CP z.T. auch als Konjunktionsflexion erscheinen – was ja die fürs Deutsche so charakteristischen Komplementärverteilung zwischen der einbettenden Konjunktion und dem finiten Prädikat direkt belegt –, im thetischen IP/TP jedoch keinen Platz finden, weist die entscheidenden Unterschiede zwischen Comp und Infl aus: Um Comp über Primärmerge zu finden, müssen entscheidende thematische (informationsstrukturelle) Diskursmerkmale vorliegen, die bei der Verkettung in IP/TP fehlen dürfen. Folglich haben thetische Sätze im Deutschen keine WP. Die Wackernagelposition ist auf kategoriale Sätze beschränkt. Kategoriale Sätze lassen sich andererseits im Gegensatz zu thetischen Sätzen als Satzstrukturen beschreiben, die das diskurs- und illokutiv-strukturelle

CP-Potential voll ausschöpfen (vgl. dazu Sasse 1995 zu ganz anderen, z.T. etwas unschlüssigen Definitionen). Dagegen ist thetischen (reine Rhema-) Sätzen kein eigenes Diskurs- und Illokutionspotential zugeordnet: So gibt es keine thetischen Imperative oder Interrogative; ebensowenig ist es strukturell und semantisch sinnvoll, von thetischer Satzabhängigkeit (Einbettung) zu sprechen. Und summarisch: Thetische Sätze haben keine WP. Sie fehlt in der Satzstruktur in (23) im Gegensatz zu (15). Als Caveat mag gelten, dass diese Einschränkung zu WG für Klisis im Deutschen gilt.

Abb. 2 zeigt, dass thetische (vollrhematische) Sätze im Deutschen keine pronominale Klisis verzeichnen – so wenig wie sie keine thematischen Diskursfunktionen kennen. Letzteres bedingt das Frühere: Da (klitische) Pronomina themaprominent sind, finden sie in den rein rhematischen thetischen Sätzen keinen funktionellen Platz. Expletives *es* ist völlig unreferentiell bzw. deixislos. Es taucht nur in der Nichtdiskursposition SpezTP auf – erfüllt also in unerklärter Weise bloß die EPP-Forderung – und kann durch vorangestellte Elemente in SpezTP nicht in eine satzinterne Position verdrängt werden (*Früher ist (*es) einmal eine schöne Prinzessin gewesen*). Wir werden zu prüfen haben, ob genau dieser Umstand – dass strukturelle Rhemaperioden keine WP kennen – mit der Setzung des WGes zusammenhängt.

Abb. 2: Das deutsche (SAuxOV) Satzfeld thetischer/präsentativer Sätze (schattierte Felder markieren die Verbklammerpole):

Koordinator/ Linksheraus-stellung	**Diskurs-thema/-rhema Topik-über**	1.VK Comp	**Kategorisch / Thema** DP$_{+def}$ Pronomina		**Thetisch / Rhema** nur rechtes Mittelfeld DP$_{-def}$ DP$_{+def-Kontrast}$			2.VK V-letzt	Echothema Nachfeld
					VF	1.VK I°/T°			
	[$_{CP}$ Spez,CP **[+st. Diskurs-merkmal]**	**[C°** Kongr.	WP (Pron-Klitika)	DefP, Vollpro-nomina	[$_{TP}$ Spez TP	[$_{T}$	[$_{VP}$ Adverb IndefDP	**V°**]]]	Rechtsher-ausstellung
–	–	–	–	–	*(Es)*	*Ist*	*einmal eine schöne Prinzessin*	*gewesen*	*mit ihrem Prinzen.*
–	–	–	–	–	*(Da)*	*Kam*	*doch mein Ex zu mir*	*herein*	*heute morgen.*

Beispiel für thetische Sätze: *Es stehen 3 Kühe auf deinem Rasen; War einmal eine unglückliche Prinzessin.*

6. Wackernagelfunktion und Wackernagelpositionen: übereinzelsprachlich zu verallgemeinern?

Das Deutsche hat die durch zwei Verbpositionen ausgezeichnete Satzstruktur und platziert die pronominalen Klitika im Rechtsadjunkt zu Comp, dem linken Verbpol der Klammer. Weder das Vedische noch das Altgriechische – die Sprachen, an denen Delbrück und Wackernagel die Gesetzlichkeit illustriert haben – kennen ebenso wenig die meisten anderen Sprachen eine solche Verbklammer. Ihnen allen fehlt die linke Verbposition des Deutschen.

6.1 Der Rigveda zeigte Wackernagelfunktionen in zwei Satzpositionen

Wir haben oben anhand der ersten Daten zum Vedischen gesagt, WG reiche zur Beschreibung der Klisis und ihrer Stellungs-, Anker- und Domänenbeschränkungen nicht aus. Es folgen hier erste syntaktische Vertiefungen zu WG. Siehe (25), welches (6) wiederholt. Das Deutsche dagegen hat – schon aufgrund seiner Verbklammer (SAuxOV-Asymmetrie zwischen unabhängigem und abhängigem Satz sowie Comp-Vfinit-Komplementarität). Siehe (26), die Entsprechung zu (8). Sowohl in WP als auch in WL werden 'Wackernagelpositionen' erkannt; es bleibt jedoch wegen der unterschiedlichen kategorialen Füllung (u.a. koordinierende Partikeln im Vedischen/(klitische?) Pronomina ≠ klitische Pronomina und Verbflexion im Deutschen) unentschieden – jedenfalls unter minimalistischem Voraussetzungen, wo ja die Positionen über kategorial-inhaltlichen Merkmalsabgleich besetzt werden –, ob wir vedisches WL und deutsches WP gleichsetzen können.

(25) Discf > **WL2** > W-Wort$_{CP}$ > C° >	**WL1**$_{TP}$>	V	…	Rigvedisch mit erweiterter CP-Struktur
(26) –	–-Wort$_{CP}$ > C°/**WP** >	TP >	VP	…	Deutsch ohne erweiterte CP-Struktur

Wie verwandt sind (25) und (26) – über die rein formale Repräsentation hinaus? Wir mögen WL2 aus dem Vergleich deshalb ausschließen, weil das Deutsche in diesem Diskursbereich keine WP setzt. Aber wie sind WL1 und die deutsche WP – die ja wohl der ursprünglichen Beobachtung und Intention Wackernagels am nächsten kommt – über einem gemeinsamen funktionalen Nenner zu erklären? Zur Frage eines solchen gemeinsamen Nenners aller Wackernagelpositionen und -funktionen bietet Noel (2009: 15; 217f.) zwei Kriterien an: Entweder sollen den gemeinsamen Nenner Textkohäsion und Textkohärenz (koordinierende Klitika wie lateinisch *-que* oder altgriechisch *per*, *gar* sowie Pronominalklitika) besorgen, oder dieser allgemeine Nenner sei darüber hinaus wie im Fall der (pro)klitischen Negation im frühen Mittelhochdeutschen (*ich* ***en****weiz daz* 'ich nicht-weiß das') durch die Funktion der Hörerkontrolle im laufenden Diskurs gegeben. Dies deutet auf eine übereinzelsprachliche Erklärung der lateinischen und mittelhochdeutschen Erscheinungen. Es ist jedoch nicht klar, ob diese beiden Kriterien vereinbar sind: Wie in den meisten modernen Sprachen und im Deutschen steht Negation nicht in einer satzeröffnenden Wackernagelposition mit der Funktion, für den Hörer früh und eindeutig zu dekodieren. Indirekt sprechen gegen Noels Annahme von Parsingerleichterung bei Operatorfrühstellung auch die satzfinalen Illokutiv-, Aspekt- und Modalpartikeln südostasiatischer Sprachen; diese sollten mit ihrer Satzfinalstellung keinen Gesamtsatzskopus entwickeln können – das Gegenteil ist jedoch der Fall. Es sollte mit Noels Hörerkontrollargumentation ganz im Gegenteil zu Zwecken onlineerleichternden

Parsings Satzfrühstellung zu erwarten sein: Dazu reicht aber auch die Wackernagelposition mit Satzzweit- oder -drittstellung nicht aus.

Wir untersuchen im Folgenden diese Fragen in Einzelsprachen.

6.2 Altgriechisch

Ein klares Beispiel dafür, dass nicht alle Konstituenten oder Wörter als Klitikanker dienen, ist (27) (nachTaylor 1996: 478; im Autororiginal (3), zum homerischen Griechisch).

(27) a iphthimos Pelagōn hos $[_{IP}$ =**hoi** philos ēen hetairos] … Ilias 5.695
starker Pelagon welcher ihm lieber war Begleiter
b $[_{IP}$ theios=**moi** enupnion ēlthen Oneiros … Ilias 2.56
göttlich mir Traum kam O.
„göttlicher Oneiros kam zu mir im Traum"

Man vergleiche die beiden Enklisealternativen zu Beginn dieses Aufsatzes: $[_{XP}$ =CL XYZ] für (27a) und $[_{XP}$ X=CL YZ] für (27b). Koordinatoren werden dabei (im Gegensatz zu Noel 2009: vgl. lateinisch (1)–(3) oben) nicht zur Klisisdomäne gerechnet (Taylor 1996: 488). [Φ=phonologische Phrase; Taylor 1996: 492]

(28) a tas $[_{VP}$ ekhousas $[_{DP=\Phi}$ tas paraphuadas] $[_{NP=\Phi}$ kai $[_{NP}$ karpon=**tina**]]] … Hermes Schäfer 8.II,1
die habend die Sprossen und Früchte=einige
b $[_{VP=\Phi}$ aph` hēs $[_{VP}$ $[_{V}$ elalēsas] $[_{=\Phi}$ autois] $[_{DP=\Phi}$ tas-entolas=**mou**]]] … Hermes Schäfer 6.II,8
von wenn du sagtest ihnen die Gebote-mein
„aus der Zeit, als du ihnen meine Gebote überbrachtest"
c $[_{COMP=\Phi}$ ean =**de** $[_{DP}$ oksucholia=**tis**] $[_{V=\Phi}$ proselthē]] … Hermes Schäfer 5.1.3
wenn PART Zorn-etwas käme
"aber wenn etwas Zorn aufkäme"

Nach Taylor (1996: 501) müssen starke/betonte und schwache/unbetonte Klitikanker unterschieden werden. Allerdings sind letztgültige Nachweise für eine tote, akustisch unfossilierte Sprache dazu zu schwach. Fürs Rigvedische freilich existieren als Schlüssel zu Akzentunterscheidungen die deutlich erschlossenen metrischen Vorgaben im Epos (vgl. Hock 1996, Keydana 2008a,b; 2009 sowie Lühr 2009a,b,c).[12]

6.3 Neugriechisch: Enklisis und Proklisis

Die folgenden Erörterungen zum Wechsel zwischen Enklise und Proklise sind kurz gehalten, weil sie den Kern des WG nur randhaft berühren. Es ist trotzdem zu zeigen, dass innerhalb ein und derselben Sprache En- wie Proklise vorkommen kann, und zum zweiten, wie dieser Wechsel motiviert werden können – dies mit Blick auf

12 Allerdings stellen gerade metrische Zwänge keine verlässliche Indizien zur Akzentbasis dar, sodass daraus wiedrum keine Schlüsse gezogen werden können wie zur Klisis im modernen Deutschen.

WL1 im Vedischen, wo auch (z.B. von Keydana 2008a; vgl. (17) oben) erwogen wird, „in Ermanglung“ eines präzedenten phonologischen Ankers von Proklisis zum nachstehenden Element zu sprechen. Auf noch detailliertere Probleme – etwa ob bei Klisis von Adjunktion oder Inkorporation zu sprechen sei, gehe ich nicht weiter ein (siehe dazu Mavorgiorgos 2010: 154ff.).

Die von mir eingesehene Literatur bespricht hauptsächlich die folgenden zwei Klitisierungsansätze: (a) den syntaktischen Ansatz sowie den (b) phonetischen/PF-Ansatz. Nach (a) adjungieren Klitika an ihren Anker (über syntaktische Kopfversetzung) in der Kernsyntax (dazu z.B. Rizzi 1993; Belletti 1999), wogegen nach (b) strikte gesprochen Klitisierung (d.h. ‘Verankerung’, d.h. Anhängen an den Gastgeber) ein Vorgang auf PF (oder Logischer Form/LF) ist, wo das Klitikon Kopf- und Adjunktionsversetzung an einen leeren funktionalen Kopf durchführt, der seinerseits den zum Kopf gehörigen Anker/Gastgeber enthält, und wo sich die beiden nach der Ausbuchstabierung (= *spell out*) verketten (so etwa Kayne 1994).

Abb. 3: Proklisisbedingungen bei indikativischen Sätzen (abhängig wie unabhängig) im Neugriechischen (nach Mavorgiorgos 2010: 263): vgl. (29a,b) unten.

Klitikposition	Proklise (in allen Fällen)
Kongruenz	vollabstrakt & morphologisch/[- anaphorisch] (nach Borer 1986)
Tempus	vollabstrakt & morphologisch/[- semantisch] (unabhängig)
Modus	modusmarkiert ([- Imperativ])
CP-Peripherie	[+ Fokus/+ *w*/ + Topik/ + Interrogativ]
Subjekt	pro/overt (Nominativ)
V-Position	in T, möglicherweise auch in C_{FORCE} bei manchen Interrogativen
Force/IllokP	Deklarative; Interrogative

Proklise gilt im Neugriechischen auch für konjunktivische Prädikationen.

Abb. 4: Enklisisbedingungen bei positiven Imperativen (nach Mavorgiorgos 2010: 281): vgl. (29c) unten.

Klitikposition	Enklise (zum Unterschied von Proklise freie Abfolge in Komplexen)
Kongruenz	beschränkte Personskongruenz/morphologisch/[-anaphorisch]
Tempus	nicht morphologisch/kein semantisches Tempus
Modus	modusmarkiert (+ Imperativ)/semantischer Modus
CP-Peripherie	[+Topik, +Fokus]
Subjekt	pro/overt (Nominativ; beschränkt auf 2.Person)
V-Position	Imperativ
Force/IllokP	C_{Force}/IllokP (inkompatibel mit Partikeln)

Enklise gilt im Neugriechischen auch für (temporale und adverbiale) Gerundien. Als Generalisierung zum Wechsel zwischen Enklise und Proklise im Neugriechischen lässt sich nach Abb. 3 und 4 formulieren:

Enklise: Fehlen eines syntaktisch aktiven (d.h. unvaluierten) Personsmerkmals im Temp-/Kongruenz- (T/Agr-) Kopf (d.h. Beschränkung auf Personskongruenz) korreliert mit Enklise, [+Imperativmodus] und obligatorischer V-zu-CP-Versetzung. **Proklise:** Vorliegen von Vollkongruenz im Temp-/Kongruenz-(T/Agr) Kopf korreliert mit Proklise, [- Imperativmodus] sowie obligatorischer V-zu-T-Versetzung.

Diese Generalisierungen räumen mit der häufig zu verzeichnenden Annahme auf, Finitheit alleine sei für Enklise verantwortlich.

Nun liegt aber ein ernsthaftes Problem nicht nur mit dem oben angesprochenen Wechsel zwischen En- und Proklise in ein und derselben Sprache vor, sondern auch damit, dass Klisis nicht nur phrasal, sondern auch affixal phrasal auftaucht. Ein Beispiel ist das Portugiesische. Für das europäische Portugiesisch/EP formulieren Luís & Otoguro (2010) die folgenden Beschränkungen für den Wechsel zwischen Pro- und Enklisis: EP-Klitisierung ist ein Flexionsphänomen, Pronominalklisis sollte daher affixal realisiert werden. Dabei erscheint Proklisis im EP teils flektivisch, teils aber auch komplexer, nämlich mit phrasalen Eigenschaften. Da proklitisch auch phrasale Affixe auftreten, scheint der Grundsatz der Wortintegrität verletzt, die traditionellerweise ja Phrasenstrukturterminative festlegt. Die Lösung sehen die Autoren darin, dass Wortintegrität anders definiert wird: nämlich als Bedingung für morphologische Erscheinungen als vollständige und wohlgeformte Sequenzen von ‘Stamm-Affix’. Wie immer auch solche Bedingungen im Einzelnen erfüllt erscheinen mögen, so sind offenbar beide problematischen Fälle – Klisiswechsel ebenso wie Projektionsunterschiede – durch eine sorgfältige Arbeitsteilung zwischen Morphologie und Syntax lösbar. Die folgenden Abschnitte, 6.4 und 6.5, widmen sich dieser Arbeitsteilung.

6.4 Enklise- und Proklisetypen: Typologie in Syntax und Phonetischer Form/PF

Selbst die bisherigen Vertiefungen zu WG reichen nicht aus, um die Pronominalklisis allgemein genug zu beschreiben – und erst recht nicht, sie zu erklären. Sprachen lassen sich allgemein hinsichtlich ihrer klitischen Pronominalformen nicht ohne weiteres über einen Kamm scheren. In diesem Sinne ist der Versuch (Noels ebenso wie anderer vor ihr) nicht ungewagt, gemeinsame Eigenschaften herauszuschälen. Es lassen sich nach Analyse und Ableitung aus der Basis grundsätzlich die folgenden drei pronominalen Klisistypen unterscheiden.

6.4.1 Muster A: Finitheit

In einer Reihe von Sprachen ist die Alternative zwischen Proklise und Enklise von den morphosyntaktischen Eigenschaften (Tempus, Modus und/oder Subjektkongruenz – damit Finitheit) des Klitikgastgebers abhängig. Dies ist das verbreitetste Muster und findet sich u.a. im Romanischen, Griechischen, Makedonischen und Albanischen. Die klitischen Formen stehen in diesen Sprachen unmittelbar vor den Verbformen, sofern diese finit konjugiert sind, andernfalls stehen sie nach den Verbformen. Man könnte kurz sagen: Finite Formen bedingen Proklisis, infinite dagegen Enklisis. In den folgenden diesem Muster entsprechenden Illustrationen stehen Pronominalklitika vor indikativischer bzw. konjunktivischer Verbform, sie stehen jedoch nach (positiver) Imperativ- oder Gerundialform (vgl. Joseph & Philippaki-Warburton 1987). Das Griechische freilich kennt keine Infinitive, stattdessen vielmehr Kontrollsätze im Konjunktiv – vgl. u.a. Terzi (1992); Philippaki-Warburton & Catsimali (1999); Roussou (2001); Landau (2004).

(29) a. **Me** simpathuse i spitonikokira mas. *Standardgriechisch* (Mavrogiorgos 2010: 186)
mich.CL mochte.3SG die Wirtin.NOM uns.CL ... Indikativ
'Unsere Wirtin mochte mich.'
b. Tha ithela na **to** pari o Nikos.
FUT wollte.1SG SUBJ es.CL nehm.3SG der Nick.NOM ... Konjunktiv
'Ich möchte, dass Nick es kriegt.'
c. Pes **mu** tin alithia!
sag.2SG.IMP me.CL die Wahrheit.AKK ... Imperativ
'Sag mir die Wahrheit!'
d. Vlepondas **ton** i Maria kokinise.
sehend ihn.CL die M..NOM errötete.3SG Gerundium/Partizip Präsens
'Als M. ihn sah, wurde sie rot.'

6.4.2 Muster B: Syntax- und PF-Faktoren

Allgemein gilt in diesem Sprachtyp, dass es keine Klitika in Satzspitzenstellung gibt. Jedoch zeichnen solche Nichtspitzenstellungsklitika wesentliche Charakteristika aus. So müssen solche klitischen Pronomina in vorbestimmten Satzzweitpositionen (eben Wackernagelpositionen/WPen) und nur in diesen auftauchen (*Wackernagelsprachen*). Andere Sprachen wiederum erlauben sie in beliebigen Satzpositionen, solange sie nur in Verbadjunktion stehen (Tobler-Mussafia-Sprachen). Serbokroatisch ist eine typische Wackernagelsprache (*2P Sprache*), während Europäisch-Portugiesisch und Altromanisch Tobler-Mussafia-Sprachen darstellen. Zur Templatverschiedenheit vgl. (30) [## = Satzbeginn].

(30) ##XP XP.**CL** V für Tobler-Mussafia-Sprachen, aber nun gerade nicht für Wackernagelsprachen wie das Serbokroatische oder Bulgarische. Man vgl. die folgenden Illustrationen. [Klitika fett, Verben kursiv hervorgehoben; Strukturklammerung durch WA]

(31) a. * Zoran stalno **mi** *kupuje* knjige. *Serbokroatisch* (Franks 1998: 5)
Zoran immer mir.DAT kauft Bücher
'Zoran kauft mir andauernd Bücher.'
b. Zoran [$_{IP}$ **mi** [$_{VP}$ stalno [$_{VP}$ *kupuje* knjige]]]
Zoran mir.DAT immer kauft Bücher
c. ***Mi** Zoran stalno *kupuje* knjige.
d. Vera [$_{IP}$ **mi go** [$_{VP}$ *dade* včera]] *Bulgarisch* (Franks 1998: 49–50)
Vera mir.DAT es.AKK gab gestern
'Vera gab es mir gestern.'

e. [$_{CP}$ Včera$_i$ [$_{IP}$ Vera [$_{IP}$ **mi go** [$_{VP}$ t$_i$ [$_{VP}$ *dade*]]]
f. * **Mi go** *dade* Vera včera.

Die Illustrationen (31a-c) zeigen, dass Serbokroatisch, eine Wackernagelsprache, Klitika auf die zweite Satzposition beschränkt. Die Beispiele (31d-f) dagegen fürs Bulgarische, eine Tobler-Mussafia-Sprache, verbieten bloß die Satzspitzenstellung. Ähnliche Beispiele lassen sich auch in mittelalterlichen Texten des Romanischen finden sowie in modernen nordwestlichen Varietäten des Ibero-Romanischen sowie im zypriotischen Griechisch und dem Griechischen des Mittelalters. Vgl. Mavriogorgias (2010: 179).

(32) a. O João já **o** *viu*. *Europäischportugiesisch*; Barbosa 1996: 6 (ihr (24b))
der João schon ihn sah
'J. sah ihn schon'
b. aquí él **la** *lexà*. *Altkatalanisch*; Fischer 2002: 175 (ihr (233))
hier er sie verließ.3SG
'Hier verließ er sie.'
c. Poli anthropi panda *kamnoun* **to** sosta. *zypriotisches Griechisch*; Terzi 1992: 228 (ihr (5a))
viele Menschen immer tun-3PL es richtig
'viele Menschen tun es stets richtig.'
d. Dhia tuton *parakalo* **se**. *spätmittelalterliches Griechisch*/
um dies bitte.1SG.PRES dich.DO.SG.WP Pappas 2004: 140 (sein (26))
'Darum bitte ich dich.'

Abgesehen von der CL–V-Abfolge zeigen (32a-d), dass Klitika in solchen Sprachen nicht Zweitposition stehen müssen. Sie zeigen ebenso, dass Wackernagelklitika nicht verbadjazent stehen müssen und dass sie, wie es scheint, an jede Konstituente zur Linken enklitisieren können.

(33) a. Tudeidēi **min** egōge daiphroni panta *eiskō*. *homerisches Griechisch;*
Sohn-von-T ihm ich tapferem ganz gleiche Fontana 1996: 49 (sein 10a)
'Ich gleiche ihm ganz dem tapferen Sohn von Tudeus.'
b. Da li **nam** Olga nešto *dovikuje*. *Serbokroatisch;* Rivero 1997: 183 (ihr (29b))
Q-Part uns Olga etwas sagt
'Sagt Olga uns etwas?'

Dieses Verhalten kontrastiert mit Tobler-Mussafia-Sprachen, wo Klitika sich im allgemeinen so nahe wie möglich an einen Verbgastgeber anschließen. Damit gleichen sie Sprachen nach Muster A.

(34) a. Petko **mi go** *dade* včera. *Bulgarisch*
Petko mir es gab gestern
'Petko gab es mir gestern.'
(35) b. *Petko **mi go** včera *dade*.
c. *en tal que no ouiesses tenido en to poder **lo**. *Altspanisch*;
in solch dass nicht du-hattest gehabt in deiner Macht es Wanner 1991: 346 (Wanners (28))

Generell liegen also Tobler-Mussafia-Sprachen zwischen Wackernagelsprachen und Sprachen nach Muster A (so Wanner 1991). Sie verbieten wie gesagt Pronominalklitika in Satzspitzenstellung, sind aber hinsichtlich der Stellung im Satz frei, solange unmittelbare Verbnähe gegeben ist. Somit ist die Abfolge CL–V an der Satzspitze unerlaubt, wogegen V–CL unabhängig vom Kontext (also auch unabhängig davon, ob V–CL am Satzanfang steht) stets akzeptabel ist. Eine weitere Charakteristik von Tobler-Mussafia-Sprachen ist, dass sie bei Fokussetzung proklitisieren, bei Topikalisierung dagegen enklitisieren.

Der Terminus Wackernagel- bzw. Klitikzweitstellungssprache nimmt Bezug auf Sprachen, in denen eine Konstituente in (lose definierter) Satz- bzw. Konstituentenzweitposition (etwa in NP/DP) auftritt. Normalerweise sind solche Elemente phonologisch schwach/unbetont sowie enklitisch; sie brauchen also einen linken Gastgeber – damit implizierend, dass sie nicht in Satzspitzenstellung auftauchen können. Wackernagelsprachen umfassen somit das klassische Griechisch, Sanskrit, Serbokroatisch, einige (west-)slawische Sprachen sowie das australische Walpiri. Die Literatur verwendet 'Wackernagelsprache' hauptsächlich für slawische Sprachen. Die Notationen für die Stellung im oberen Satzabschnitt laufen etwas auseinander (u.a. C, WP, Σ oder auch IP – vgl. Dimitrova-Vulchanova 1999 zu einer Übersicht über slawische '2P-Sprachen'). Wir haben uns hier an „WP" bzw. zum Rigvedischen an „WL" gehalten.

6.4.3 Muster C: DP-Klitika

Ein drittes Muster betrifft Klitika im Nominalbereich. In einer Reihe von Balkansprachen zeigen sich Possessivklitika inhärent enklitisch, können somit nicht in DP-initialer Stellung erscheinen. Dennoch zeigen sich verschiedene Stellungsrestriktionen in diesen Sprachen. So lassen sich in vielen Balkansprachen Possessoren innerhalb einer DP entweder als volle DP oder als Pronomen zum Ausdruck bringen. Possessive Pronomina sind kennzeichnenderweise spezielle Klitika: Sie sind phonologisch schwache Elemente, die an einen phonologischem Gastgeber klitisieren und deren syntaktische Verteilung sich von der voller DPs bzw. Pronomina unterscheidet (so etwa Pancheva 2004 zu einer Übersicht der Eigenschaften der Balkanpossessivklitika). Sie erscheinen innerhalb ebenso wie außerhalb der DP, auf welche sie sich thematisch beziehen (etwa Griechisch gegenüber Serbokroatisch); sie besetzen entweder eine feste Position in der DP bzw. im Satz, oder sie tauchen in mehreren verschiedenen Positionen auf. So stehen possessive Klitika im Serbokroatischen außerhalb der DP und besetzen die zweite Stellung im Satz, die für jedes anderes Pronominalklitikon gilt.

(36) U novinama **mi** se opet pojavila slika. *Serbokroatisch*
in Zeitung 1.CL selbst.REFL.CL wieder erschien Bild (Pancheva 2004: 181 (ihr (5a)))
'Mein Bild erschien wieder in der Zeitung.'

Andererseits können possessive Klitika im Makedonischen sowohl innerhalb als auch außerhalb der DP erschienen.

(37) a. žena **mi** *Makedonisch*
Frau meine (Pancheva 2004: 180 (ihr (2a))
'meine Frau'
b. Mu **gi** zede pari-te *Makedonisch*
er.CL.DAT er.CL.AKK nahm Geld-den (Pancheva 2004: 189 (ihr (21a))
'Sie nahmen ihm das Geld.'

Schließlich erscheinen im Griechischen Possessivklitika entweder prä- oder postnominal und kennzeichnenderweise innerhalb der DP, jedoch nicht unbedingt in Zweitposition.

(38) a. to oreo **mu** spiti *Griechisch;* Mavriogotis 2010: 204
das schön mein.CL.GEN Haus.AKK
'mein schönes Haus'
b. to oreo spiti **mu** *Griechisch;* Mavriogotis 2010: 204
das schön Haus mein.CL.GEN
'mein schönes Haus'

Das Charakteristische all dieser Possessivklitika ist, dass sie (a) stets DP- oder satzenklitisch stehen, somit nicht in DP- oder Satzerststellung vorkommen und (b) formal identisch mit den klitischen Formen des indirekten Objekts im Verbalkomplex sind.

Obwohl sich Balkansprachen hinsichtlich der Stellungseinschränkungen für die Possessivklitika unterscheiden, gilt für sie Muster B nach (38a) oben. Dies gilt offensichtlich selbst für Sprachen wie das Griechische und Makedonische, die ja satzinitiale Stellungen der Verbklitika zulassen.

All dies erlaubt die folgenden Generalisierung zu Muster C: In manchen Balkansprachen haben Possessivklitika enklitische Form, sind also in DP-initialer Position unlizenziert. Grundsätzlich gilt aber, dass die hier behandelten Possessivklitika nicht die Form und den Akzent von Fokuspartikeln haben – dass letztere somit nicht in die Betrachtung des WGes einbezogen werden darf.

Noch allgemeiner halten wir mit Blick auf Ausgangsfragen und Noels Positionen sowie über die bisherigen Vertiefungen in den vorangehenden Abschnitten Folgendes fest: Nach einer für alle Klisisformen gemeinsamen Stellungseigenschaft zu suchen ist angesichts der sprachlichen typologischen Unterschiede kann kaum erfolgreich sein. Das Lateinische (vgl. (1)–(3) ganz oben) folgt anderen Klisistellungsregeln als die germanischen Sprachen, und in letzteren sind die alten Sprachstände verschieden von den modernen. Dies gilt in jedem Fall schon deshalb, weil die syntaktische Struktur der prosodischen und der informationsstrukturellen vorgelagert ist (d.h. zuerst abgearbeitet werden muss). Das heißt auch, dass nicht nach einer gemeinsamen prosodischen oder informationsstrukturellen Grundlage gesucht werden kann, bevor nicht die Syntax im Detail geklärt ist. Informationsstrukturelle

Eigenschaften sind in jedem Fall aus den Satzbasisrepräsentationen abzuleiten; sie haben keine autonomen Eigenschaften, jedenfalls nicht im Deutschen und Englischen (siehe Abb. 1 und 2).

6.5 Syntaktische WP-Strukturen

Es gibt – wie Noel (2009) selbst herausstreicht – mehrere Positionen, in denen kurzes, auf thematisch früher genanntes (pronominales) und den ganzen Satz illokutiv färbendes Material auftaucht. Vgl. alleine das Altgriechische, das Wackernagel selbst für sein Gesetz in erster Linie heranzog (aus *Lysiae* 3.15/ 3.21, nach Hude 1912).

(39)	hoti	men	**toinun**	houtos en ho adikēsas,	ō boule, …		„also/nun“
	dass	dagegen nun		dieser war der Mann	o Ratsherren		
(40)	*ta*	*men*	***oun***	*gegenena*	*kai*	*emou* …	„somit/also“
	was	aber	also	geschehen ist	und	von mir	

Hier steht in beiden Fällen das textkohärierende Element in 3. – nicht in 2. – oberflächenlinearer Satzposition. Andere altgriechische Partikeln freilich stehen in der Regel in 2. linearer Position: vgl. *ára*, *dé*, *de* (Denniston 1954: XLII). Auch daraus folgt, dass die Wackernagelposition, WL/WP, – oder, besser, alle vorkommenden Wackernagelpositionen (vgl. dazu Literatur aus den alten klassischen Sprachen sowie zu modernen Sprachen, etwa und vor allem innerhalb des deutschsprachigen Rezeptionsbereichs von Lühr, Keydana, Striebeck) – zuerst und vor allem anderen und somit auch und vornehmlich vor jeglicher prosodischen und metrischen Festlegung satzfeldtechnisch verortet werden müssen. Ich skizziere zuerst, was unabdingbare syntaktisch geeichte Testfestpunkte zur empirischen Bewertung für WL/ WP sind.

(41) WP nach koordinierenden (COORD) Elementen: vgl. Noel (2009: 173, Beispiel (87)) für
a *Das aber, lacht Masnada, klingt einfacher, als es ist.*

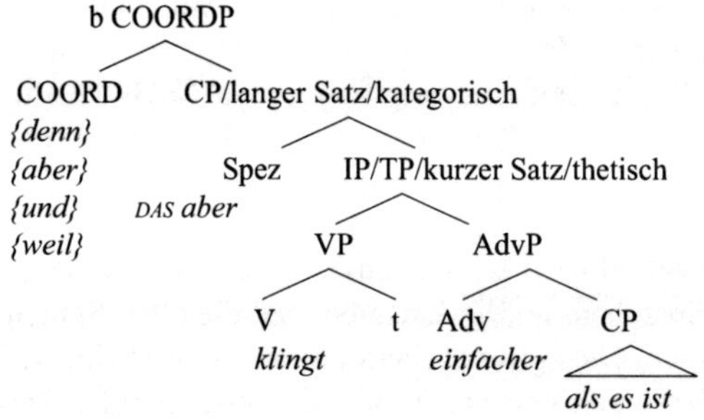

In (41b) oben wird dargestellt, wie die Satzstruktur auszusehen hat. Man beachte, dass *aber*, das nach Noel eine wackernagelwürdige Satzpartikel ist, aus zwei

Gründen den Status einer Fokuspartikel haben muss: Einmal ist der Operand *DAS* betont, was für FP spricht und Satzpartikelfokus ausschließt; und zum andern – was durch Nocl (2009: 173) selbst hervorgehoben, allerdings mit Blick auf eine völlig andersartige (und empirisch falsche) Schlussfolgerung – stehen Parenthesen immer nach dem ersten Satzglied (Dehé & Kavalova 2007). Vgl.(42) (= (87) bei Noel 2009).

(42) **Das, lacht Masnada, aber klingt einfacher, als es ist.*

Ist aber *DAS aber* in (41b) ein geschlossenes Satzglied – wofür (41a) eindeutig spricht und was es unter FP-Status sein muss –, dann werden zur WP-Bestimmung Wörter gezählt, was wiederum eine syntaktische Lösung zur strukturellen Verortung der WP ausschließt. Ebenso wenig greift übrigens jegliche prosodische Lösung, denn die Abfolge innerhalb eines FP-Komplexes ist umdrehbar: *DAS aber* = *aber DAS*. Dieses Faktum untergräbt jegliche prosodische Lösung bei FP-Komplexen von vornherein (außer man setzt den prosodischen Wert von Trochäen dem von Jamben gleich, was ja nicht im Interesse einer wie immer gearteten Klärung wäre).

Die vorgeführte Erklärung ist ohne Änderung für Noels Beispiele (Noel 2009: Beispiele (110)–(112); vgl. mhd. *die ave; Do ave; Die ave*)) zu übernehmen, ebenso für Noel 2009: ahd. (117)–(120) *der afar; der ava; Uuolar abur; Avur avo'r*). Es handelt sich ausschließlich um Fokuspartikeln, deren Syntax oder Prosodie nicht satzstrukturell verankert ist. Für FPn gibt es keine Wackernagelposition und damit keine Wackernagelgesetzmäßigkeit. Diese Partikel ist satztechnisch nicht verfügbar. Vgl. (33) unten zur FP-Struktur. Noel spricht sich zu einem solchen Datum eindeutig – aber die strukturellen Gegebenheiten eben völlig verkennend – für eine Vertretung der Wackernagelfunktion ausspricht (Noel 2009: 182). Da die Zusammenfassung in ihrer Abb. 31 (Noel 2009: 185) diesen satzunabhängigen Status von *aber* und *nämlich* als Fokuspartikel völlig außer Betracht lässt, kann sie keine generell beschreibende und damit noch weniger erklärende Folgerung liefern. (Mit typologischem OV-Status haben die Generalisierungen ebenso wenig zu tun. Die allein überzeugende Gegenposition mittels typologischen VO-Beispiels wird nicht erbracht.)

(43) FP im Relativsatz: WP ist angenommene Wackernagelposition nach V2, etwa für Noel (2009, Beispiel (110) *die ave*).

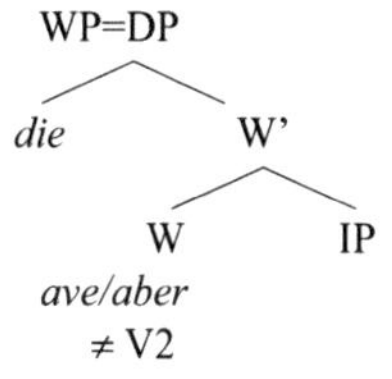

V2 ist vielmehr selbst in satzzweiter Position. Wenn wie gesetzmäßig die WP an finites V in V2 anschließt, steht es in komplementärer Verteilung mit unterordnender Konjunktion in Comp, sodass germanische und damit deutsche Enklitika – etwa phonetisch und syntax-phonologisch reduzierte Pronomina – kanonisch in Satzdrittposition zu stehen kommen.

(44)
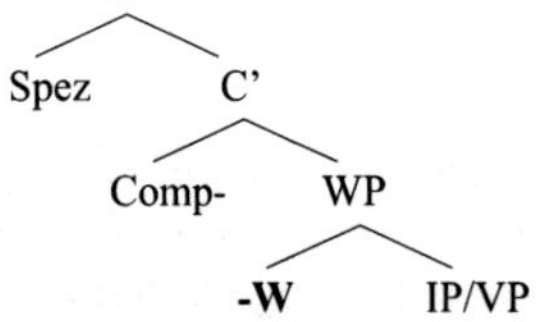

Eindeutig problematisch allerdings wird die wackernagelsche Einordnung der romanischen Proklitika. Sind Enklitika in Drittstellung, dann muss dieselbe Wortart im Romanischen als Zweitstellung gelten. Das ist, wen man oberflächensyntaktisch denkt, paradox. Sieht man hingegen, dass SVO-Sätze strukturell nicht bis Comp reichen, sondern nach Abb. 2 den kürzeren Satztyp darstellen, dann ergibt sich wohl eine gemeinsame Position für pronominale Klitika: nämlich die (fett hervorgehobene) W(ackernagel)-Stelle in der Struktur in (45).

(45) Für deutsch *(ich) lieb-**n*** und für italienisch ***l'****amo* im Gegensatz zu *amo il ragazzo* – Winkelklammern setzen Alternativen zwischen pronominalen und appellativischen Objekten/DO.

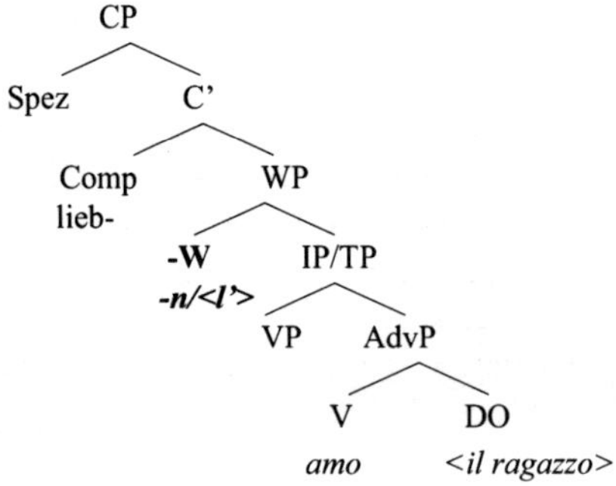

Die kurze Satzstruktur gilt fürs Romanische natürlich unabhängig davon, ob das Subjekt *io* „ich" genannt wird oder nicht.

Es entpuppt sich jedoch auch der Schluss, dass es sich bei den beiden Positionen für IHR in (46)–(47) um ein und dieselbe Position handelt, als schweres Syntaxmissverständnis. [in Klammern Noels (2009) Beispielnummern und entsprechenden Seitenzahlen]

(46) (= 22a, p. 103) Ich habe das Buch IHR gegeben
(47) (= 22b, p. 103) Ich habe IHR das Buch gegeben

Steht *IHR* in (46) und (47) in WP? In (46) ganz offensichtlich nicht; in (47) aber auch nicht, was aus den folgenden Klitikpositionen für klitisches *–s* „es“ in (48) hervorgeht.

(48) a   Ich hab'*s* ja IHR gegeben
b * Ich hab'*s* IHR ja gegeben
c * Ich hab IHR*'s* ja gegeben
d * Ich hab ja IHR*'s* gegeben
e * Ich hab IHR*'s* (ja) gegeben
f   Ich hab *ihr's* ja GEGEBEN
g   Ich hab'*s ihr* ja GEGEBEN
h * Ich hab'*s* ja *ihr* gegeben

Die Modalpartikel *ja* steht in der Regel eng links über VP (Hentschel 1986, Abraham 2009a); kontrastbetontes IHR steht in (48a) daher innerhalb von VP, erwartungsgemäß in einer Position für ein appellativisches Dativobjekt. (48f) ist nicht unmöglich, kaum schlechter als (48g). Und die beiden unbetonten Objektpronomina sind nach (48h) nicht zu trennen – der Strukturort der Modalpartikel ist nicht in WP bzw. so weit links im deutschen MF. (49) gründet auf dem Unterschied zwischen (48e) und (48f). Direkt daran anschließend motiviert (51) die althochdeutsche satzfinale Fragepartikel, illustriert in (50a,b).

(49)

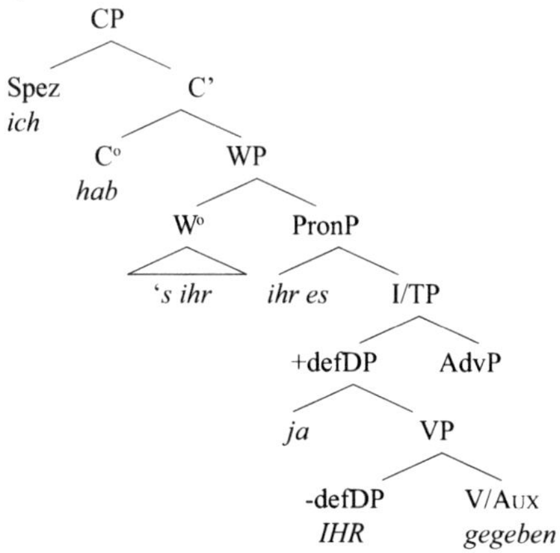

Das kontrastbetonte Pronomen IHR in (48b) steht, wie die anderen Distributionen in (48a-h) zeigen, nicht in WP, sondern zwischen PronP und defDP. Man darf, wie diese Distributionen zeigen, nicht aus der Oberfläche auf irgendeine Strukturstelle schließen, sondern Distributionen befragen, in denen uns linear feste Stellen helfen, relative Positionen zu erschließen. Zu (50b) vgl. die strukturelle Darstellung in (51).

(50) a Nesíhest tu dâr ána na ... *Althochdeutsch*/Notker, *Boeth.Cons.* II., S. 98, 25)
nicht-schaust du da hin nicht-PART
„Schaust du denn da nicht hin?“
b Ne-uuwéist tu iz tánne na ... *Althochdeutsch*/Notker, *Mart.Cap.* I, S. 6, 6)
nicht-weißt du es dann nicht- PART
„Weißt du es denn nicht?“

(51)

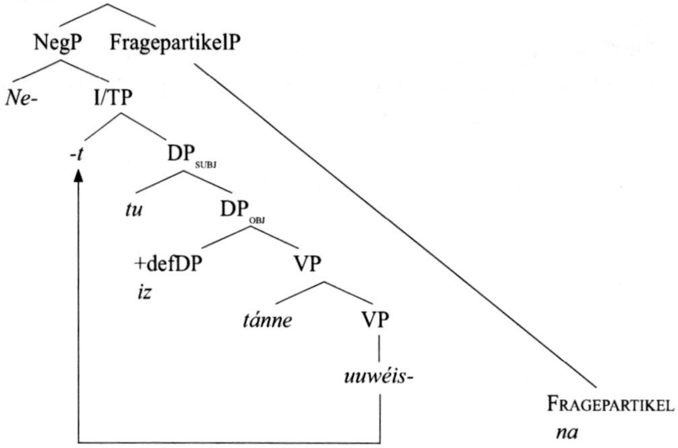

Wir haben oben mit Abb. 1 sowie mit (45) eine Lösung der wackernagelschen Gesetzmäßigkeiten für das Germanische bzw. Romanische vorgelegt. Diese Problematik ist in Zusammenhang mit dem Wackernagelgesetz nach meiner Einsicht in die Literatur nicht als solche erkannt: nämlich ob bei Proklisis (gegen Enklisis) überhaupt wackernagelsche Gesetzmäßigkeit vorliegt und weiter die Frage nach gemeinsamer syntaktisch-linearer Gesetzlichkeit unter wackernagelscher Prosodievorgabe.

6.6 Fokuspartikeln besetzen keine Wackernagelpositionen

Sehen wir nun, was eine andere, für Noel (2009) gleich wichtige Partikel an Regelhaftigkeit erbringt: *nämlich*. Mhd. ist *nämlich* außerordentlich spärlich belegt: In (52a-d) steht das Adverb ebenfalls als mittelhochdeutsche FP (als Komplex geklammert); was interessiert für die Bewertung als W-Glied und W–Position sind (52a-d), also klare Adverbien.

(52) a (= Noels (113)) [...] [$_{FPP}$namelîchen sime genozen] ader manne boben sich, [...]
b (= (114)) [...] und will im nämelîchen wider gewinnen sîn wîp [..]

c (= (115)) und daz sî ir nämelîchen bræchte wider daz andere teil
d (= (116)) sine woltes nämelîchen niemer mêre gesehen

Aber die Positionen sind unterschiedlich: (52b) an satzglieddritter Satzstelle im Mittelfeld knapp über VP (*wider gewinnen*), in (52c) an 4. Satzstelle ebenfalls gerade über VP und in (52d) an 3.Stelle über dem adverbialen Negationskomplex *niemer mêre* direkt über VP. Das sind nun wirklich nicht die typischen Wackernagelpositionen, die ja allemal – egal um welche es sich genauer handelt – in der Nähe von V-finit, also V2 stehen. Ein lohnendes Beispiel ist Noels hypotaktisches (53a) aus dem Ahd. (Notker, Noel 2009: 184), das ich gegen das parataktische (53b) stelle.

(53) a (= (125)) Sîn ioh héreberga gestellet uuíder mir (Notker Ps. S. 306, 14)
b (= (123)) unde ioh selben sint erda? (Notker Ps. S. 79, 17–18)

unde ist als Coord außerhalb CP; es verbindet ja CPs, ohne deren innere Struktur zu ändern. Hier steht die wackernagelverdächtige Partikel unzweifelhaft *ioh* an satzerster Stelle – es sei denn, sie hat wie *unde* Koord-Status. Koord-Status und Wackernagelstatus sind unvereinbar. (53a) (= Noels (125)) jedoch setzt *ioh* nach hypotaktischer Comp-Füllung durch *sîn*.

Abgesehen von diesen Detailfragen ist aber die Frage voranzustellen, was Adverbien wie *nämlich* und *aber* (wieso eigentlich nur diese?) mit Wackernagelfragen überhaupt zu tun haben: Es sind Mehrsilbler – ihre prosodischen Eigenschaften sind also nicht so einfach satzabhängig zu sehen wie die einsilbiger Pronominalklitika -, sie sind nicht akzentneutral, und sie kommen an verschiedenen Stellen im Satz vor, nicht nur in wackernagelverdächtigen Satzpositionen. Sie ähneln in diesem Sinne eher nhd. Modalpartikeln. Die Stellungen dieser Klasse aber ist von der Autorin überhaupt nicht angesprochen – obwohl dazu mehr als Recht bestünde. Vgl. die folgenden wackernagelverdächtigen „Zweitstellungen" (man beachte die Einsilblermorpheme, die ja gut zu den wackernagelprosodischen Voraussetzungen passen).

(54) a Wer <nur> will mir <nur> so etwas <nur> antun?
b Wo <wohl> wird er <wohl>sein?
c Wann <denn> können wir <denn> damit <denn> rechnen?

Wenn das aber alles Wackernagelpositionen sein können – *nota bene*: Es können keine Fokuspartikeln sein! –, dann stellt sich eine Reihe weiterer Fragen: Sind die alternativen Stellungen in Wackernagels Erscheinungskreis mit einzubeziehen – unabhängig von deren Fernstellung von der Satzspitze? Was ist distributionstechnisch oder satzsemantisch bei den Stellungsalternativen so anders, dass diese Beispiele NICHT zur Wackernagelproblematik zu rechnen sind? Was haben die Mittelfeldstellungen in (54a-c) mit der W-Position gemein, sodass die Stellungsalternativen gerechtfertigt erscheinen? Wieso stehen die wackernagelverdächtigen Elemente bloß bei, und nur nach, *W*-Fragewörtern? Bei Satzfragen müssen diese MPn ja nicht nur anderswo stehen, sondern sie verbieten sich schlechthin wie in (55).

(55) a …, ob *<nur> er mir *<nur> etwas antun will?
b …, ob $[_{\text{FokP}}$ nur ER] mir *<nur> etwas antun will?

(55b) zeigt, dass sich *nur* als Fokuspartikel als syntaktische Insel verhält, also von satzsyntaktischen Entscheidungen jeglicher (prosodischer, I-struktureller) Art nicht betroffen ist, d.h. an ihnen nicht teilnimmt. Diese Fragen sind in der neueren Literatur zu Modalpartikeln gut und unter verantwortlichem Gebrauch der linearen Syntax und semantischer Skopusfragen gut diskutiert (Abraham 2009a, Coniglio 2009). Es scheint, als seien sie aus Noels Untersuchungsfeld nur mit Willkür – d.h. ohne hinreichende methodische und empirische Begründung – ausklammerbar. Man beachte: Unter modern syntaktischen Vorzeichen lässt sich aus (54a-c) und (55a-b) eindeutig erschließen, 1. dass MPn in solcher Zweitstellung an die Maximalprojektion in CP bzw. IllokP gebunden sind – die Fragewörter sind in SpezCP/IllokP – und dass klitische Bindung an Comp wie unterordnendes *ob* unmöglich ist; und 2. dass – wenn die Frage nach der Gemeinsamkeit von MPn und anderen von Noel diskutierten wakkernagelschen Morphemen, vornehmlich den klitischen Pronomina und der ahd. und mhd. Negationspartikel, sinnvoll sein soll – noch ganz andere satzprosodische und stellungssyntaktisch-kategoriale Fragen miteinbezogen werden müssen. Auch dies sind Gesichtspunkte, die bei Noel auch nicht nur andeutungsweise in ihre Diskussion gebracht werden. Sie sind – davon möchte ich jedenfalls ausgehen – nicht gerade deshalb unnötig. Vgl. auch die grundsätzlich heilsame Kritik an diversen Klisisauffassungen bei Bermúdez-Otero & Payne (2010).

7. Wackernagels Gesetz behandelt völlig heterogene Wortarten und Satzfunktionen

7.1. Klassische Sprachen: nochmals Vedisch

Keydana unterscheidet drei unterschiedliche Positionen, die für die Wackernagelenklitika charakteristisch waren: WL1, WL2, WL3. Diese drei Positionen sind im Detail folgendermaßen illustrierbar (nach Krisch, Lühr und anderen, hier nach Keydana 2008b: dessen Beispiele (4)–(6); WL-Elemente in Fettdruck). Vgl. (6) und hier wiederholt (25).

(25) Discf > **WL2** > *w*-Wort$_{\text{CP}}$ > C° > **WL1**$_{\text{TP}}$ > V

(56) WL1	índraḥ	kím	**asya**	sakhyé		cakāra	RV 6.27.1
	Indra-NOM	was	dessen	Freundschaft-LOC		machte	
	„Was hat Indra in seiner Freundschaft gemacht?“						
(57) WL2	uraú	**vā**	yé	antárikṣe madanti			RV 3.6.8
	weit-LOC	oder	welche-NOM	Luftraum-LOC		berauschen sich	
	„… oder die sich im weiten Luftraum berauschen.“						
(58) WL3	áśmānam	**cid**	yé	bibhidúr		vácobhiḥ	RV 4.16.6
	Stein	Part	welche	zerschlugen		Wörter-INSTR	
	„… die sogar Fels mit Wörtern zerschlugen.“						

In (58) steht die Partikel *cid* enklitisch zur Konstituente unmittelbar davor und fokussiert diese – so bereits Hale (1987: 45). D.h. WL3 verhält sich hier wie eine moderne Fokuspartikel/ FP. Der Skopus von FPn beschränkt sich auf das fokussierte Element; er bildet mit diesem eine syntaktische Inselkonstituente, bestimmt seinen Satzgliedstatus also nicht alleine im Satz, sondern bloß als Gesamtkonstituente. Dies erscheint syntaktisch-funktional oft (etwa bei Lühr 2009a, Striebeck 2009) verkannt, sodass wackernagelsche Fehlklassifikationen entstehen.[13] Krisch (1990:65) trennt in diesem Sinne WL3 zurecht von echten WL-Enklitika. WL3 scheidet damit aus der weiteren Beurteilung aus (so auch Keydana 2008b; nicht jedoch Lühr (2009a: 6 – Lühr spricht von „unechten Wackernagelpartikeln").

Das Altindische ist vom Basisstellungstyp SOV. Das Rigveda zeigt neben kanonischem Vletzt auch V2, wobei sich die Prädikate in Zweitstellung akzentuell wie Verben in Endstellung verhalten; sie sind betont. Verbzweitstellung erzeugt nach Dressler 1969 Textkohäsion. Dies erinnert an V1 im Altisländischen, welches ebenfalls textkohäsive, nämlich salienzerzeugende (aoristische) Funktion erfüllt (komplementär zum historischen Präsens, oft satzeinleitend kodiert durch *Nú* „und jetzt/dann"; vgl. Leiss 2000, Abraham 2010). Vgl. nochmals (17) oben. Sieh nun (59) neben (60).

(59) (Keydana 2008b: (7)	sá	**ha**	**uvāca** gā́rgyaḥ		V2
	Part	WL-Part	sprach Gārgya		ŚB 14.5.1.3
(60) (Keydana 2008b: (8)	sá	**ha**	agnír	**uvāca**	Vletzt
	Part	WL-Part	Agni	sprach.	ŚB 1.6.3.20

Altindische Verben in V2-Stellung wie in (59) sind schon deshalb keine WL-Enklitika, weil sie betont sind. Vgl. (59) mit alternativem (60). Diese Stellung hat, wie oben bereits hervorgehoben, diskursgrammatische Funktion. Nur WL1 und WL2 können somit als echte Wackernagelenklitika gelten – dies vor allem deshalb, weil sie in unbetonter Position stehen. Diese prosodische Voraussetzung gilt mit Blick auf das Germanische im Besonderen für die prädikatenklitischen Pronomina im Deutschen und Flämisch-Niederländischen (vgl. Abraham&Wiegel 1992/1993, Abraham 2009a).

Was bietet sich aufgrund der altindischen Daten an Lösungen an? Dabei haben wir zu entscheiden, wie diese Lösungen aus sehen: Setzen sie strukturelle Wortstellungsableitungen voraus, oder sind sie stellungssensitiv?

Wir fassen zuerst wiederum zusammen: Zur Beurteilung im Sinne des WG bleiben WL1 und WL2 übrig, da sich ja WL3 ausschließlich in seiner XP, seiner Fokuskonstituente als enklitisch erwiesen hat (so schon Krisch 1990: 65). Verben in V2-Stellung

13 Lühr (2009b: 7f.) fügt zur Einordnung in die Klasse der Wackernagelelemente zum Typus der unbetonten Elemente auch betonte Partikel hinzu, dabei Delbrücks (1888: 528f.) Beobachtung folgend, dass sich ai. *cana* „auch", *eva* „vor allem", *aṅga* „gerade" und *id* „ganz" wie Wackernagelelemente vom Typ 2, also WL 2 verhalten – also solche Elemente, die nach dem ersten phonologischen Wort im Satz auftreten. Ich erkenne in allen Beispielen, die Lühr aufführt (Lührs (22)–(31) sowie (31)–(34)) schon deshalb den Status von Fokuspartikeln, weil sie sämtlich auch in späteren Stellungen im Satz (bei Lühr 2009b: (27), (28) und (31)) auftreten.

können keinen klitischen Status haben, da sie betont sind – diese Verbstellung hat zudem in ihrer aus Vletzt abgeleiteten eine diskursgrammatische Funktion erhalten. Keydana (2008b: 11) schließt daraus zurecht, dass nur WL1 und WL2 echte Wackernagelenklitika sind. Vgl. (61)–(62) zu WL2 bzw. WL2>WL1 (Keydana 2008b: (9) und (14)):

(61)	uraú	**vā**	yé	antárikṣe	mádanti	…	WL2
	weit-LOC	oder	welche-NOM	Luftraum-LOC	berauschen sich		
(62)	kéna	**vā**	**te**	mánasā	dāśema	…	WL2>WL1
	welch-INSTR	oder	dir	Absicht-INSTR	wir würden verehren		

„Mit welcher Absicht würden wir dich verehren?" RV1.76.1

WL2 steht immer an zweiter Stelle im Satz. An dritter Stelle steht WL1 nur, wenn dem Topik ein *w*-Wort folgt (Keydana 2008b: 15). WL1 nach akzentuiertem Pronomen.

(63)	asmábhyam	**asya**	védanaṃ	daddhí	RV 1.176.4
	uns	dessen	Besitz-AKK	gib	

„Gib uns dessen Besitz!"

WL1 nach als Topik markiertem Subjekt (Keydana 2008b: 16):

(64)	dyaúś	**cid**	**asya**	ámavāṁ	áheh	svanā́d
	Himmel-NOM	PTKL	dessen	voll Angriffslust	Schlange-GEN	Zischen-ABL
	áyoyavīd		bhiyásā			RV 1.52.10
	wich zurück-INTENS		Furcht-INSTR			

„Sogar der Himmel, voller Angriffslust, wich aus Furcht vor dem Zischen dieser Schlange Schritt für Schritt zurück".

WL 1 nach Topik (Keydana 2008b: 17):

(65)	váriṣṭho	**asya**$_i$	dákṣinām	iyarti	índro$_i$	maghónāṃ	tuvikūrmítamah
	breitest-NOM	dessen	Opferlohn-AKK	treibt an	Indra-NOM	freigebig-GEN.PL	tätigst-NOM

„So breit wie möglich setzt Indra seinen Opferlohn in Bewegung, der Tätigste unter den Freigebigen". RV 6.37.4

Aus Obigem schließt Keydana (2008b: 18–19): WL2 steht immer an zweiter Stelle im Satz. Es kann ohne Rekurs auf Struktur oder Derivation modelliert werden: Die einfachste Annahme ist bloße Linearisierung auf PF. WL1 steht nach dem Topik. Enthält die linke Peripherie neben einem Topik auch ein W-Wort, so steht WL1 nach dem W-Wort. Daraus ergibt sich, dass WL1 immer am rechten Rand der linken Peripherie steht. Die linke Peripherie ist daher obligatorisch besetzt. WL1 und Satzkoordinatoren (Keydana 2008b: 20) sind mit (66) illustriert.

(66)	utá **vām**	uṣáso	budhí	sākáṃs	ū́ryasya	raśmíbhiḥ
	und euch	Morgenröte-GEN	Erwachen-LOC	zugleich	Sonne-GEN	Strahlen-INSTR
	/ sutó	mitrā́ya	váruṇāya	pītáye		RV 1.137.2
	gepresst	Mitra-DAT	Varuṇa-DAT	Trinken-DAT		

„Und für euch ist er beim Erwachen der Morgenröte, zugleich mit den Strahlen der Sonne, gepresst, für Mira und Varuna, zum Trinken.“

Bei WL1 und *w*-Nominative (Keydana 2008b: 21) stehen *w*-Nominative in der linken Satzperipherie:

(67) yó **asya** śúṣmam muhukaír íyarti RV 4.17.12
welcher-NOM dessen Ungestüm-AKK augenblicklich antreibt
„... der dessen Ungestüm augenblicklich antreibt.“

(68) kó **asya** vīráh sadhamā́dam āpa RV 4.23.2
welcher.NOM dessen Mann.NOM gemeinsamer Rausch.AKK erlangte
„Welcher Mann hat gemeinsamen Rausch mit dem erlangt?“

Die Analyse setzt syntaktische Versetzung des Enklitikons aus dem unmittelbaren theta- und kasusrektionsbestimmenden V-Bereich voraus. D.h. die Klitiksetzung im Rigvedischen (Keydana 2008b: 24) zeigt typologische Parallelen inbezug auf Struktursensitivität zu den Pronominalklitika im Romanischen, Germanischen (Deutschen, Niederländischen, Westflämischen) und Südslawischen.

Als Fazit lässt sich zur Wackernagelklitisierung in der Sprache des Rigveda (mit Keydana 2008b: 25) zusammenfassen: Vgl. dazu (25): Discf > **WL2** > *w*-Wort$_{CP}$ > C° > **WL1**$_{TP}$ > V.

(69) a WL2 steht nach dem ersten phonologischen Wort eines Satzes.
b WL1 steht in der ersten phonologischen Konstituente am rechten Rand der linken Peripherie.
c Damit geht WL2 WL1 voraus.
d Die linke Peripherie besteht maximal aus <Topic; (WL2); *w*-Wort; (WL1)>.
e Die Topikposition besetzt ein (phonologisches) Wort.
f Nur unterordnende Satzkonjunktionen sind Teil der linken Satzperipherie.
g Ebenso sind *w*-Nominative Teil der linken Satzperipherie.
h Die linke Peripherie muss besetzt sein.

8. Betonte Partikeln: WP bzw. klitische Diskurselemente außerhalb des WGs?

Lühr (2009c: 9f.) meint beobachten zu können, dass sowohl unbetonte wie auch betonte Satzpartikeln bei Satzanfangsstellung Fokuscharakter haben und damit eine neue narrative Stufe in der Prosaerzählung abbilden. Vgl. (70) für unbetonte und (71) für betonte Diskurspartikeln.

(70) sá **ha** uvāca gā́rgyah ŚB 4.5.1.3
Part Part sagte Gārgya
„Gārgya aber sagte.“

(71) prātáryā́vāṇā prathamā́ yajadhvam prātár **hí** yajñám aśvínā
morgens-kommend zuerst opfer-2PL.MED.IMP früh ja.PART Opfer-AKK Asvins-NOM
dadhā́te RV 5,77,1
empfang-3.DU.MED.PRÄS
„Opfert den Frühkommenden zuerst [...] <Denn> am Morgen empfangen <ja> die Aśvins ihr Opfer.“

Nach Lühr (2009c) handelt es sich dabei um Deklarativa, in denen bei fortlaufender Handlung in örtlicher, zeitlicher, personeller und perspektivischer Hinsicht ein Wandel der Diskurssituation zum Ausdruck gebracht wird. Zuweilen komme deutlicher Gegensatz zum Ausdruck, was sich in (70) mit deutsch *aber* spiegle. Die Diskurspartikelentsprechung für *hí* in (71), deutsch *ja* (oder *denn*) dagegen zeige an, dass „der Adressat aufgefordert wird, eine bestimmte Wissensbasis zu aktivieren, die für den weiteren Diskurs mehr oder weniger zentral benötigt wird" (Lühr 2009c: 11). Vgl. zur hervorhebenden Funktion von *ha* auch (72) (bei Lühr 2009c: 11, Beispiel (17a)).

(72) tvám̥ **ha** nú tyád adamāyo dásyūm̐r ékaḥ kr̥ṣtī́r avanor Āryāya / RV 6,18,3
„Du **aber** machtest da bekanntlich die Dasyus zahm, du **allein** gewannst für den Arier die Länder."

Hier handelt es sich zweifellos um emphatische Topikalisierung – die der *du*-Konstutente in *tvám **ha***, nicht in SpezCP, wie Lühr (2009c) annimmt, sondern in einer über CP hinaus vorgeschobenen DiskursTopP-Position, die u.a. akzentuell (kontrastrhematisch) hervorgehobenen Subjekten (dem einzigen Thema-Topik in SpezCP) vorbehalten ist.[14]

Die Tatsache, dass die bei Lühr (2009c, Abschnitt 3.1 und 3.2) besprochenen Konstituenten wie *tvám ha*, *tvám ca*, *tvám cin*, *satíam íd*, *tvám api*, *ahám caná*, *tvám angá* auch satzintern vorkommen (bei Lühr 2009c selbst vermerkt), weist der vermeintlichen narrativen Funktion dieser Fokuspartikelkonstituenten einen rein stellungsabhängigen – und keinen von der spezifischen Partikel abhängigen – Diskursbeitrag zu: Satzspitzenstellung zusammen mit der Fokussierung des von der Fokuspartikel erfassten DP alleine signalisiert Hervorhebung innerhalb eines narrativen Fortgangs. Bei satzinterner Position der Fokuspartikel ergibt sich diese narrative Funktion nicht. Fokuspartikel als Wortart und Satzposition: Dies alleine legt die Grundlage für die Erzählfunktion. Dies alleine hat aber, wie oben bereits hinreichend begründet, mit Wackernagels Gesetz nichts zu tun (was freilich Lühr 2009c auch nicht – jedenfalls nicht explizit – anzunehmen scheint).

Zu achten ist weiter noch auf Folgendes. *denn* und *ja* bzw. *aber* wie als deutsche Entsprechungen zum Ai. in (70) angenommene Konjunktion bzw. Modalpartikel haben unterschiedliche Diskursfunktionen. Satzeinleitendes *denn* assertiert kausale Zusammenhänge zwischen Propositionen. Dies tut *ja* nicht so einfach: Es assertiert die Sprecherannahme, dass der Adressat die in CP getroffene Wissensannahme teilt. Genau dies tut die unterordnende Konjunktion *denn* nicht. Daher ist auch verständlich, dass *denn* und *ja* in einem Satz zusammen auftauchen, mehrere Modalpartikeln sich jedoch oft ausschließen. Vgl. (73) im Gegensatz zu (74) und (75), wo die nach

14 In der modernen Syntax wird grundsätzlich zwischen 'Topik-drop' und 'Pro-drop' unterschieden. Topik-drop, weitaus beschränkter als 'Pro-drop', ist eigentlich bloß aus Sprachen mit deutlich reicherer Verbmorphologie wie dem Deutschen bekannt – so etwa nicht aus dem Englischen. Meine Annahme einer Vor-Vorfeldposition für ein solches fokussiertes Diskurselement orientiert sich empirisch am Deutschen und theoretisch an Rizzis CP-Expansion (Rizzi 1997). Dies nimmt Lührs Annahme allerdings keinerlei Berechtigung.

w-Wort einsetzbaren Modalpartikeln parallel zu den Mittelfeldstellungen in (74) durchgespielt werden.

(73) **Denn** am Morgen empfangen die Aśvins **ja** ihr Opfer.
(74) Am Morgen empfangen die Aśvins **ja wohl/*aber/*fei/*schon** ihr Opfer.
(75) …, wer **ja wohl/*aber/*fei/*schon** am Morgen empfangen die Aśvins ihr Opfer.

Unter Bezug auf Lühr (2009c) will uns dies besagen, dass keineswegs feststeht, welcher Art von semantischer und syntaktischer Partikelklasse wir die genannten Fokuspartikel des Ai. genau zuordnen können. Fürs Deutsche stehen dazu ja sehr genaue und erklärende Vorstellungen und die entscheidenden Differenzierungen zwischen Konjunktionen (wie *denn*) und Mittelfeldpartikeln (*ja*, *aber*) sowie Fokuspartikeln (*nur*, *gerade*, *sogar*) zur Verfügung (Abraham 1997, 2009a,b, Dimroth 2004, Sudhoff 2010).

9. WG und das Deutsche

9.1 Was sind deutsche Wackernagelklitika im Vergleich mit anderen Sprachen?

Im Folgenden soll noch einmal anhand des Deutschen zur Sprache kommen, welche Wortarten überhaupt in der W-Position klisisfähig sind. Gibt es derartige syntaktische Beschränkungen für diese Position? Wir vergleichen zu dieser Festlegung auch andere Sprachen.

Die folgenden slawischen Beispiele (Serbokroatisch nach Franks & King (2000), Mišeska Tomič (1996), (2004); (68) und (69) nach Keydana (2008a: 3)) mit den und deutschen vor allem deshalb, weil das Slawische Proklisis zeigt. Proklise ist im Deutschen so gut wie ausgeschlossen. Zudem serialisieren *io* und *do* im Deutschen eher <*do-io*> als umgekehrt, anders also als die Abfolge voller Nomina. Die Klitikabfolge im Bulgarischen und Makedonischen ist dagegen <*io-do*> (Mišeska Tomić 1996, Progovac 1996, Radanović-Kocić 1996) und spiegelt die DP-Abfolge. [*io/do*= pronominales (in)direktes Objekt, *su*/SU = pro/nominales Subjekt; *finite Prädikate* sind kursiv markiert]

(76) a Ja **mu ga** *dajem* svaki dan … io-do
ich ihm es gebe jeden Tag
„Ich gebe es ihm jeden Tag"
b Svaki dan **mu ga** *dajem*. … io-do
c *Dajem*$_i$ **mu ga** t$_i$ svaki dan. … io-do
(77) a Taj čovek **joj ga** *je* poklonio … io-do
dieser Mann ihr es sein.Aux schenken
„Dieser Mann hat es ihr geschenkt"
b Taj **joj ga** *je* čovek poklonio. … io-do

Hiernach setzt das Serbokroatische Proklisis (wenn wir davon ausgehen, dass das Serbokroatische die Basis mit SVO setzt). (76) zeigt dann eine abgeleitete Position: vgl. die Spur t_i für das topikalisierte Prädikat *Dajem*. Das heißt, in (76c) liegt für *mu ga* keine Enklise zum Verb vor. Wohl ist davon auszugehen, dass die Möglichkeit, dass sich das finite Prädikat von seinen Pronominalklitika trennt und diese unverändert in unangehängter/„-klitisierter" Stellung stranden lässt, dafür spricht, dass es sich gar nicht um schwache Pronomina handelt. Trotzdem geht Mišeska Tomič (1996: 515) von Kopfstatus aus – deutlich also gegen unsere Beurteilung: Proklisis scheint viel stärker als Enklisis auch phonologisch starke Klisisformen zuzulassen. Damit ist eine Wackernagelposition für proklitische Elemente ausgeschlossen.

(78)

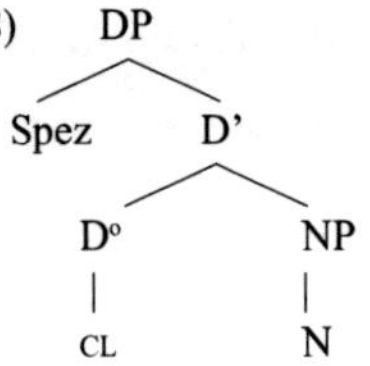

Wie bereits gesagt gibt es im Unterschied zum Deutschen in den südslawischen Sprachen keine asymmetrische Abfolge zwischen Klitika und Vollnomina, DP: IO-DO.

Das Südslawische lässt sich teilweise mit dem Französischen vergleichen, allerdings bloß unter Bezug auf eben die Verbtopikalisierung und die Trennung aus der Gastgeber-Klisis-Struktur. Finites V und die proklitisierten Pronomina lassen sich nie voneinander trennen – vgl. (79b,e). Wir sagen gleich wie zum Südslawischen: Die frz. schwachen klitisierbaren Pronomina sind Köpfe, Z°; Köpfe brauchen eine Anker/Anhängprojektion (V_{fin}), die selbst in einer homogenen Maximalprojektion, ZP (und nicht etwa XP≠ ZP), steht. WG regelt natürlich nur CL, nicht jedoch starke Pronomina. [*le*=CL, *lui*= starkes/ tonisches Pron(omen)].

(79) a Je **le**/*Jean *vois*
PRON CL/DP V_{fin}
b Je *vois* Jean/***le**
c Je *parle* avec **lui**
d Pourquoi ne **les** *as*-tu pas invites à la fête?
e Pourquoi ne *as*-tu pas ***les** invites à la fête?

Im Romanischen tritt wie im Serbokroatischen Verbklisis auf – und zwar Proklisis am finiten V und Enklisis am (positiven wie negativen) Imperativ (*fais-le* „tu das") sowie an Nichtfinita.

Die folgenden deutschen Dialektbeispiele sind einerseits angeführt, um zu belegen, dass auch hier Verbenklisis vorliegt, andererseits aber auch, um die Erscheinung der Kasusabfolge zu beleuchten und ihre Asymmetrie zur Basisabfolge regierter DP zu erläutern. Zudem finden sich die Beobachtungen syntaxeingeordnet, was in der traditionellen Literatur fehlt.

Alemannische Pronominalklitika treten V2-klitisiert auf (Nübling 1992: 270-272):

(80) a Das maa=**0=der** gönne „Das mag=(ich=)dir gönnen"
b Darf=**0=nech** no meh gää? „Darf=(ich=)euch noch mehr geben?"
c Chan=**0=im** öppis hälfte? „Kann=(ich=)ihm etwas helfen?"
d Su will=**0=der** das bsorge. „So will=(ich=)dir das besorgen."
e De müeßt=**0=mi** ja schäme. Da müsste=(ich=)mich ja schämen."
f Wo=**0=di** gseh ha... Wo/Als=(ich=)dich gesehen habe ..."
(81) a Hei=**se=mi** ... griizt „haben=sie=mich ... gereizt"
b Tue=**me=rnech** ... nid „tun=wir=euch ... nicht"
c Han=**i** ... Schtund ggä „habe=ich ... Stunden gegeben"
d Bin=**i** ... aus „bin=ich ... als"
e Do ha=**mi** ... sälbständig gmacht „da habe=ich=mich selbständig gemacht"

Daneben erscheinen sie Comp/konjunktionsklitisiert (Nübling 1992: 275, 277):

(82) a Ob=i ... nid „ob=ich ... nicht"
b Wie/als-n=är ... witer „wie=er ... weiter"
c Das=er ... ghöri „dass=er ... höre"
d Das=me ... probiert „dass=wir ... probieren"
e Wo=me ... früejer „wo/als=wir ... früher"
(83) a Wän=er=em=s git „wenn=er=ihm=es gibt"
b wenn=mer=ne der Vater wott trage „wenn=mir=ihn der Vater tragen wollte"

Was in (82)–(83) als Kopfadjunktion der deutschen Pronominalenklise erscheint, entpuppt sich nach Bayer (1984: 234–235) als Adjunktion einer Maximalprojektion.

(84) a des Audo des wo-ts (es/ihr) kaffd hab-ts
das Auto, das wo-2pl (2plPron) gekauft hab-2pl
b Du sollst song an wäichan Schuah-st (du) wui-st
du sollst sagen, einen welchen Schuh-2pl (du) will-2pl

[*das wo*-2PL] bzw. [*an wäichan Schuah*-2PL] sind als Relativpronomen bzw. Interrogativkonstituente Maximalprojektionen in SpezCP. Dies zeigen auch die Klitikträger in (85a-d) (Nübling 1992: 279; 287):

(85) a dä Maa, wo(=0)=n=em geschter bi ebcho „der Mann, wo/dem=(ich=)ihm gestern bin begegnet"
b dä Maa, wo=mer=em geschter sy ebcho „wo/dem=wir=ihm gestern sind begegnet"
c dä Maa, wo=n=i geschter mit=em ha gredt „wo=ich gestern mit=ihm habe geredet"
d wem daß=der=s nid gseit heit „wem dass=ihr=es nicht gesagt habt"

Klitikaufsteigen nach V2/COMP aus Argumentposition des eingebetteten Infinitivs weisen (86a-d) nach.

(86) a Eso han i mii probiertj [ti z'tröste] „Also habe=ich=mich probiert zu trösten"
b Er het sei nie probiert [ti z'unterbräche] „Er hat=sie nie probiert zu unterbrechen"
c Er het is ne gsuecht z'nä „Er hat=uns=ihn versucht zu nehmen"
d Er hett **se** im Sinn gha z'hürate „Er hat=sie im Sinn gehabt zu heiraten"

Deutsche Klitikabfolgen (Abraham/Wiegel 1993) zeigen vorzugsweise asymmetrische Abfolge im Vergleich zu den DP- bzw. Vollpronomina (IO-DO-V), also do-io.

(87) a	...,	dass es/ihn ihm Peter gegeben hat.	...	do=io
b	*...,	dass ihm ihn/es Peter gegeben hat.	...	* io=do SU
c	...,	dass=s/n=m der Peter geben hat.	...	do=io SU
d	*...,	dass=m=n der Peter gegeben hat.	...	* io=do SU
e	...,	dass=m=s/=s=m der Peter gegeben hat.	...	io=do/do=io SU
f	*...,	dass=am=s der Peter gegeben hat.	...	* io=do SU

dreigliedrig pronominal:

(88) a	...,	dass=a=m=s geben hat.	...	su=io=do
b	...,	dass=a=s=m geben hat.	...	* su=do=io
c	*...,	dass=m=s=a geben hat.	...	** io=do=su

Dies ist anders bei DP-Abfolgen, wo in der Majorität der lexikalischen Valenzfälle (außer bei *vorziehen*) IO-DO-V (*der Mutter/ihr den Kuchen/ihn bringen*) gilt. Ich habe argumentiert (Abraham 1996a,b), dies als PF-Linearisierung unter dem Eindruck phonetischer Aussprache zu sehen.

Nun könnte man davon ausgehen, dass Beispiele wie (89) gegen das Domänenkriterium ('im Deutschen muss das Klitikon innerhalb von CP stehen'; vgl. (84)–(85) oben) verstoßen. Man vgl. dazu die Proklise mit Topikdrop im Serbischen in (89d).

(89) a (Das) Kennt=**a** schon.
(das) kennt=er schon
b (Das) Muass-**s** eh wissen.
(das) muss=sie sowieso wissen
c (Ich) Hab=**s=m** schon gekocht.
(ich) hab=es=ihm schon gekocht
d (To) Se uvidí.
es REFL werde-sehen = '(es) wird sich sehen'
„Man wird sehen."

In Allegrorede im Deutschen (und Tschechischen, nach Toman 1996: 506) können solche pronominale Objekte oder Subjekte ausgelassen werden. Dabei reduziert sich die Klisisdomäne mit dem finiten Prädikat auf eine Kopfprojektion – ohne dass dabei (En)Klisis am Compkopf unmöglich wird. Abgesehen davon allerdings, dass es sich in (89) nur um hoch eingeschränkte Topiktilgung (*topic drop*) handelt (die für andere Pronomina im Vorfeld/ SpezCP nicht mehr gilt), muss man also fürs Deutsche von struktursensitiver Klisisregelung ausgehen: Es gilt nicht die Oberflächenerscheinung, sondern die zugrundezulegende und zuweilen versteckte Basis.

Alles spricht dafür, dass sich die Teilnahme an der Wackernagelsyntax im Deutschen auf die Wortart phonetisch schwacher Pronomina beschränkt. Keine andere Wortart des Deutschen ist wackernagelsyntaxfähig. Im Unterschied zu allen hier untersuchten Sprachen zeigt die oberdeutsche Sprechsprache allerdings noch eine starke Eigenheit, die mit dem obd. Präteritumschwund zusammenhängt: nämlich dass die schwachen Pronomina nicht nur an das finite Verb in der ersten Verbklammer herantreten können (adjungierbar sind), sondern eben auch an die unterordnende Konjunktion, sofern diese im untergeordneten Satz in der ersten Verbklammer steht (und das finite Verb in die zweite V-Klammer drängt). Dieses Phänomen zeigt neben dem Oberdeutschen keine andere Sprache (außer dem Niederländischen und dem Flämischen; vgl. Abraham & Wiegel 1992).

8. Schluss und Zusammenschau

Als wesentlichstes Ergebnis unserer Diskussion sehen wir, dass Klisis viele nach Typologie und nach Satzposition unterschiedene Formen aufweist. So zu tun, als sei dazu eine gemeinsame beschreibende und erklärende Formel zu finden, erwies sich weder als empirisch noch als theoretisch erfolgreicher Versuch. Das Wackernagelgesetz beschreibt darüber hinaus bloß eine bestimmte Untermenge dessen, was Klisis insgesamt an Positions- und Funktionsklassen umfasst. Bereits in den alten klassischen Sprachen (wie im Rigveda) taucht mehr als eine einzige gesetzmäßig erfassbare Klitikposition auf. Für die neueren Sprachen wurden drei Muster ausgemacht, nach denen sich Klisis nach Stellung im Satz und nach Verankerung unterscheidet. Es wurde zudem darauf hingewiesen, dass Proklisis nicht nur das sog. WL1 im Vedischen erklären könnte, sondern dass – da ja bestimmte Sprachen wie das Italienische En- ebenso wie Proklisis zeigt, der Wechsel zwischen Pro- und Enklisis auf der Grundlage eindeutiger Daten bei der allgemeinen Klisisdiskussion nicht ausgespart bleiben darf. Schließlich erwies sich, dass Beschreibungsmodule der Informationsstruktur/IS und Prosodie ohne detaillierte syntaktische Analysen nicht nur nicht zum Ziel führen können, sondern dass solche Module aus der Syntax errechenbar sind.

Wir haben weiter gesehen, dass sich an die Regeln für Pronominalklisis im Deutschen Erscheinungen wie der Auxiliarfilter ('V2 bloß als Finitheitsträger mit dem Präsensauxiliar *tun*') und der oberdeutsche Präteritumschwund/OPS (kein einfaches Präteritum, das ja in V2, also in der ersten Verbklammer stehen müsste) anknüpfen lassen. Die OPS-Erscheinung haben wir als stringenten Schluss folgend aus der asymmetrischen Verbklammer des Deutschen erkannt – einen Schluss, den eben nur die gewachsenen, medial-schriftdeutsch unbeeinflussten oberdeutschen Dialekte (das Alemannische noch strenger als das Bairisch-Österreichische: hier generell *war*, dort aber 100%ig analog zur Analytik des Präteritums im Oberdeutschen *isch gsī*) ziehen, die Standardsprache hingegen nicht. OPS und Konjunktionsflexion stehen also auf ein und demselben Erklärboden: Comp hat nur bei Nichtverbalität eine lexikalische Vertretung (eben eine unterordnende Konjunktion), sonst eine lexikalisch leere grammatische Kategorie, die trotzdem als WP-Anker dient. Die Affinität zwischen Comp als Konjunktion und als verbale Finitheit drückt sich bezeichnenderweise in der Erscheinung der Konjunktionsflexion aus. Dieser strukturelle Zusammenhang zwischen Vletzt mit allen für die Satzfüllung nötigen und ausreichenden Verbcharakteristiken (Valenzrichtung) und Comp/V2 charakterisieren den deutschen Satz als Verbprojektion – und heben damit Valenz- und Dependenzrelationen in einen Status der strukturellen Bedeutung, die ihm in der modernen formalen Syntax nicht zugeordnet wird.[15]

Schließlich – und dies ist jenes Ergebnis, das wir von vornherein angepeilt haben – zeigte sich, dass mit einer feingranulierten Syntax der wackernagelschen Generalisierung über alle anderen modularen Beschreibungsversuche hinaus am erfolgreichsten beizukommen ist. Eine prosodische Generalisierung des WGes – wenn denn eine solche überhaupt möglich wäre – erschließt sich erst, wenn die syntaktische erfolgreich ist – und damit erst auf der Grundlage letzterer.

Literatur

Abraham, Werner 1995. Wieso stehen nicht alle Modalpartikel in allen Satzformen? *Deutsche Sprache* 23/2, 124–146.

Abraham, Werner 1996a. German standard Pronomina and non-standard pronominal clitics. Typological corollaries. In: R. L. Lippi-Green & J. C. Salmons (eds.) *Germanic linguistics. Syntactic and diachronic*. Amsterdam: John Benjamins, 1–14.

Abraham, Werner 1996b. Personalpronomina, Klitiktypologie und die Struktur des „Mittelfelds". In: E. Lang & G. Zifonun (Hg.) *Deutsch typologisch*. [Institut für deutsche Sprache. Jahrbuch 1995]. Berlin: De Gruyter, 428–472.

Abraham, Werner 2002. Substandard German *tun* as an auxiliary and its structural implications. In: W. Bublitz, M.v. Roncador & H. Vater (Hg.) *Philologie, Typologie und Sprachstruktur. Philology, Typology, and Language Structure. Festschrift für Winfried Boeder zum 65. Geburtstag*. Frankfurt/M.: Lang, 225–240.

Abraham, Werner 2005a. Präteritumschwund und das Aufkommen des analytischen Perfekts in den europäischen Sprachen: Sprachbundausbreitung oder autonome Entfaltung? In: E. Eggers, J. E. Schmidt & D. Stellmacher (Hg.) *Moderne Dialekte – neue Dialektologie. Akten des 1. Kongresses der Internationalen Gesellschaft für Dialektologie des Deutschen (IGDD)*. [ZDL-Beiheft 130]. Stuttgart: Franz Steiner, 115–134.

Abraham, Werner 1995/^{2}2005b. *Deutsche Syntax im Sprachenvergleich. Grundlegung einer typologischen Syntax des Deutschen*. [Studien zur deutschen Grammatik 41]. Tübingen: Narr. 2. überarbeitete und erweiterte Auflage 2005 Tübingen: Stauffenburg.

Abraham, Werner 2008. V1-declaratives in German(ic): Their functions, their syntax, and about their covert categories. Attempts at the grammar-pragmatics interface. Ms.

Abraham, Werner 2009a. Die Urmasse von Modalität und ihre Ausgliederung. Modalität anhand von Modalverben, Modalpartikel und Modus. Was ist das Gemeinsame, was das Trennende, und was steckt dahinter? In: W. Abraham & E. Leiss (Hg.) *Modalität. Epistemik und Evidentialität*

15 Dies vor allem soll dem Einwand eines der Gutachter gelten, dass weder der Oberdeutsche Präteritumschwund noch die *tun*-Periphrase im Oberdeutschen zum Thema dieses Aufsatzes – d.h. zur Diskussion der Wackernagelklisis – gehören. Das sind – gegen das Urteil des Gutachters – keine Nebensächlichkeiten. Vielmehr gehören diese Beobachtungen direkt zum Kernthema: Wackernagel hat mit der Verbklammerasymmetrie zu tun (es gibt keine interessante W-Position bei reinen SVO-Sprachen, etwa im Englischen); und der obd. Präteritumschwund seinerseits ist eine direkte Folge der beiden V-Klammern in Comp, I oder T bzw. in V^0 (sowie das fürs Sprechsprachliche charakteristische Parsing; siehe Abraham & Conradie 2001). All dies ist ausgehend von W-Klisis zu einem strukturell-empirischen und theoriebeziehbaren Ganzen zusammenzusehen.

bei Modalverb, Adverb, Modalpartikel und Modus. [Studien zur deutschen Grammatik 77]. Tübingen: Stauffenburg, 251–302

Abraham, Werner 2009b. Methodological considerations on grammar variation. The right periphery as an OV/VO deciding parameter more so than the left periphery: Gradience in the verb cluster. In: A. Dufter, J. Fleischer & G. Seiler (eds.) *Describing and modeling variation in grammar*. Berlin: Mouton de Gruyter, 21–58.

Abraham, Werner 2010. Methodische Überlegungen zu Grammatikalisierung, zyklischem Wandel und dem Wechsel von Analytik zu Synthetik – und zyklisch weiter zu Analytik (?). In: D. Bittner & L. Gaeta (Hg.) 2010. *Kodierungstechniken im Wandel. Das Zusammenspiel von Analytik und Synthese im Gegenwartsdeutschen*. [Linguistik – Impulse und Tendenzen 34]. Berlin: de Gruyter, 249–274.

Abraham, Werner 2011. Linke Satzperipherie und versteckte Definitheitskategorie: V1-Deklarative, Wortartunabhängigkeit und Narrativität. (Althoch-)Deutsch–Altisländisch im Vergleich. In: M. L. Kotin & E.G. Kotorova unter Mitarbeit von M. Durrell (Hg.) *Geschichte und Typologie der Sprachsysteme. History and Typology of Language Systems*. Heidelberg: C. Winter, 49–68.

Abraham, Werner 2012a. Satzabhängigkeit und Fremdbewusstseinsabgleich. In: J. Brandtler, St. Huber, D. Håkansson & E. Klingvall (eds.) *Discourse and Grammar. Essays in Honor of Valéria Molnár*. Lund: University of Lund, Sweden, 1–27.

Abraham, Werner 2012b. Sprecherdeixis und Merkmaldistributionsdifferential deutscher Modalitätselemente. *Deutsche Sprache* 40, 72–95.

Abraham, Werner & C. Jac Conradie 2001. *Präteritumschwund und Diskursgrammatik. Präteritumschwund in gesamteuropäischen Bezügen: areale Ausbreitung, heterogene Entstehung, Parsing sowie diskursgrammatische Grundlagen und Zusammenhänge*. Amsterdam: John Benjamins.

Abraham, Werner & Anko Wiegel 1992. Reduktionsformen und Kasussynkretismus bei deutschen und niederländischen Pronomina. *Groninger Arbeiten zur germanistischen Linguistik* 35: 1–36. (1993 in: W. Abraham & J. Bayer (Hg.) *Dialektsyntax*. [*Linguistische Berichte*. Sonderheft 5]. Westdeutscher Verlag: Opladen, 12–49).

Adams, James N. 1994. *Wackernagel's Law and the placement of the copula* esse *in Classical Latin*. Cambridge: The Cambridge Philological Society. Supplementary volume 18.

Anderson, Stephen R. 1993. Wackernagel's revenge: clitics, morphology, and the syntax. *Language* 69/1, 68–98.

Anderson, Stephen R. 2005. *Aspects of the theory of clitics*. Oxford: Oxford University Press.

Averintseva-Klisch, Maria 2009. *Rechte Satzperipherie im Diskurs. Die NP-Rechtsversetzung im Deutschen*. [Studien zur deutschen Grammatik/SDG 78]. Tübingen: Stauffenburg.

Baker, Mark 1985. The mirror principle and morphosyntactic explanation. *Linguistic Inquiry* 16, 373–415.

Barbosa, Pilar 1996. Clitic placement in European Portuguese and the position of subjects. In: A.L. Halpern & A.M. Zwicky (eds.), 1–40.

Bayer, Josef 1984. COMP in Bavarian syntax. *The Linguistic Review* 3, 353–389.

Belletti, Adriana 1999. Italian/Romance clitics: Structure and derivation. In: H. van Riemsdijk (ed.) *Clitics in the Languages of Europe*. Berlin/New York: Mouton de Gruyter, 543–582.

Bermúdez-Otero, Ricardo & John Payne 2010. There are no special clitics. In: A. Galani, G. Hicks & G. Tsoulas (eds.) *Morphology and its interfaces*. [Linguistik Aktuell/ Linguistics Today 178]. Amsterdam: John Benjamins, 57–96.

Borer, Hagit 1986. Introduction. In: H. Borer (ed.) *The syntax of pronominal clitics*. [Syntax and semantics, vol. 19]. Orlando: Academic Press, 1–11.

Coniglio, Marco 2009. Deutsche Modalpartikeln in Haupt- und Nebensätzen. In: W. Abraham & E. Leiss (Hg.) *Modalität. Epistemik und Evidentialität bei Modalverb, Adverb, Modalpartikel und Modus*. [Studien zur deutschen Grammatik 77]. Tübingen: Stauffenburg, 191–222.

Dehé, Nicole & Yordanka Kavalova (eds.) 2007. *Parentheticals*. [Linguistik Aktuell/Linguistics Today 106]. Amsterdam: John Benjamins.

Delbrück, Berthold 1878. *Die altindische Wortfolge aus dem Śatapathabrāhmaṇa*. Halle a.d.S.: Verlag der Buchhandlung des Waisenhauses.

Delbrück, Berthold 1888. *Altindische Syntax*. Halle a.d.S.: Verlag der Buchhandlung des Waisenhauses.

Denniston, John D. ²1954. *Greek prose style*. Oxford : Clarendon Press.

Dimitrova-Vulchanova, Mila 1999. Clitics in the Slavic languages. In: H. van Riemsdijk (hg.) *Clitics in the languages of Europe*. Berlin: Mouton de Gruyter, 83- 122.

Dimroth, Christine 2004. *Fokuspartikeln und Informationsgliederung im Deutschen*. [Studien zur deutschen Grammatik/SDG 69]. Tübingen: Stauffenburg.

Dressler, Wolfgang. 1969. Eine textsyntaktische Regel der indogermanischen Wortstellung (zur Anfangsstellung des Prädikatsverbums). *Zeitschrift für Vergleichende Sprachforschung (Kuhns Zeitschrift)* 83, 1–25.

Fischer, Susann 2002. *The Catalan clitic system: a diachronic perspective on its syntax and phonology*. Berlin: Mouton de Gruyter.

Fontana, Josep 1996. Phonology and syntax in the interpretation of the Tobler-Mussafia law. In: Halpern, A. & A. Zwicky (eds.) *Approaching Second: Second Position Clitics and Related Phenomena*. Stanford, CA: CSLI, 41–83.

Franks, Steven 1998. Clitics in Slavic. Ms, Indiana University.

Franks, Steven 2008. Clitic placement, prosody, and the Bulgarian verbal complex. *Journal of Slavic Linguistics* 16, 91–137.

Franks, Steven & Tracy H. King 2000. *A Handbook of Slavic clitics*. Oxford: OUP.

Frey, Werner 2004. A medial topic position for German. *Linguistische Berichte* 198, 153–190.

Frey, Werner 2006. Contrast and movement to the German prefield. In: V. Molnár & S. Winkler (ed.) *The architecture of focus*. [Studies in Generative Grammar 82]. Berlin: Mouton de Gruyter, 235–264.

Garrett, Andrew 1996. Wackernagel's Law and unaccusativity in Hittite. In: A. L. Halpern & A. M. Zwicky (eds.), 85–134.

Haider, Hubert 2010. *The syntax of German*. [Cambridge Syntax Guides]. Cambridge: CUP.

Haider, Hubert 2013. *Symmetry breaking in syntax*. Cambridge: Cambridge University Press.

Halpern, Aaron L. & Arnold M. Zwicky (eds.) 1996. *Approaching Second: Second Position Clitics and Related Phenomena*. [Center for the Study of Language and Information: CSLI lecture notes 61]. Stanford, California: CSLI Publications.

Hale, Mark 1987. Notes on Wackernagel's law in the language of the Rigveda. In: C. Watkins (ed.) *Studies in memory of Warren Cowgill (1929–1985)*. Berlin: de Gruyter, 38–50.

Hale, Mark 1996. Deriving Wackernagel's law: prosodic and syntactic factors determining clitic placement in the language of the Rigveda. In: A. L. Halpern & A. M. Zwicky (eds.), 165–197.

Hentschel, Elke 1986. *Funktion und Geschichte deutscher Partikeln:* ja, doch, halt *und eben*. [Germanistische Linguistik 63]. Tübingen: Niemeyer.

Hock, Hans Henrich 1989. Conjoined we stand: theoretical implications of Sanskrit relative structures. *Studies in the linguistic sciences* 19/1, 93–126.

Hock, Hans Henrich 1996. Who's on first? Toward a prosodic account of PS clitis. In: A. L. Halpern & A. M. Zwicky (eds.), 199–270.

Hude, Carl 1912. *Lysiae orationes. Lysiae Orationes. Recognovit brevique adnotatione critica instruxit Carolus Hude*. Oxford: Clarendon Press.

Joseph, Brian & Irene Philippaki-Warburton 1987. *Modern Greek*. London: Croom Helm.
Kayne, Richard S. 1994. *The antisymmetry of syntax*. Cambridge, MA: The MIT Press.
Keydana, Götz 2008a. Indo-European syntax. Ms. Univ. Göttingen November 27, 2008. http://www.keydana.de/download.php.
Keydana, Götz 2008b. Wackernagel im Altindischen. Oder: Ist Syntax derivational? Ms. Universität Göttingen 21. Mai 2008. http://www.keydana.de/download.php.
Keydana, Götz 2009. Wackernagel in the language of the Rigveda. A reassessment. Ms. Univ. Göttingen February 13, 2009. http://www.keydana.de/download.php.
Klein, Jared S. 1985. *Toward a discourse grammar of the Rigveda*. Vol. I: *Coordinate conjunction*. Part 1: *Introduction: ca, uta*. Part 2: *u; áthā, ádha; vā; ápi*. Heidelberg: Winter.
Krisch, Thomas 1990. Das Wackernagelsche Gesetz aus heutiger Sicht. In: H. Eichner & H. Rix (Hg.) *Jacob Wackernagel und die Indogermanistik heute. Kolloquium der Indogermanischen Gesellschaft vom 13. bis 15. Oktober 1988 in Basel*. Wiesbaden: Reichert, 64–81.
Krisch, Thomas 1997. B. Delbrücks Arbeiten zur Wortstellung aus heutiger Sicht. In: E. Crespo & J.-L. García-Ramón (Hg.) *Berthold Delbrück y la sintaxis indoeuropea hoy. Actas del Coloquio de la Indogermanische Gesellschaft 1994, Madrid*. Wiesbaden. Reichert, 283–309.
Landau, I. 2004. The scale of finiteness and the calculus of control. *Natural Language and Linguistic Theory* 22, 811–877.
Leiss, Elisabeth 2000. *Artikel und Aspekt*. Berlin: de Gruyter.
Litvinov, Viktor P. & Vladimir L. Radčenko 1997. *Doppelte Perfektbildungen in der deutschen Literatursprache*. [Studien zur deutschen Grammatik 55]. Tübingen: Stauffenburg.
Lühr, Rosemarie 2009a. Focus Pronomina in Old Latin reflexive constructions. In: J. Helmbrecht (ed.) *Form and function in language research. Papers in honour of Christian Lehmann*. Berlin: de Gruyter, 134–154.
Lühr, Rosemarie 2009b. Partikeln in altindogermanischen Sprachen. Handout zum Vortrag bei der *Partikeltagung Univ. Bern Februar 2009*.
Lühr, Rosemarie 2009c. P2-Partikeln in indogermanischen Sprachen. In: E. Rieken & P. Widmer (Hg.) *Pragmatische Kategorien. Form, Funktion und Diachronie. Akten der Arbeitstagung der Indogermanischen Gesellschaft, September 2007 in Marburg*. Wiesbaden: Reichert, 173–186.
Luís, Ana R. & Ryo Otoguro 2010. Inflectional Morphology and Syntax in Correspondence: Evidence from European Portuguese. In: A. Galani, G. Hicks, and G. Tsoulas (eds.) *Morphology and its interfaces*. [Linguistik Aktuell/ Linguistics Today 178]. Amsterdam: John Benjamins, 97–136.
Mavrogiorgos, Marios 2010. *Clitics in Greek. A minimalist account of proclisis and enclisis*. [Linguistik Aktuell/Linguistics Today 160]. Amsterdam: John Benjamins.
Mišeska Tomič, Olga 1996. The Balkan Slavic nominal clitics. In: A. L. Halpern & A. M. Zwicky (eds.), 511–535.
Mišeska Tomič, Olga (ed.) 2004. *Balkan syntax and semantics*. [Linguistik Aktuell/Linguistics Today 64]. Amsterdam: John Benjamins.
Müller, Stefan 2007. *Head-driven phrase structure grammar*. Tübingen: Stauffenburg.
Nespor, Marina & Irene Vogel 1982. Prosodic domains of external sandhi rules. In: H. v.d. Hulst & N. Smith (eds.) *The structure of phonological representations*. Dordrecht: Foris, 225–255.
Nespor, Marina & Irene Vogel 1986. *Prosodic phonology*. Dordrecht: Foris.
Noel, Patrizia 2009. Wackernagels Gesetz im Deutschen – zur Interaktion von Syntax, Phonologie und Informationsstruktur. Habilitationsschrift LMU München Februar 2009.
Nübling, Damaris 1992. *Klitika im Deutschen. Schriftsprache, Umgangssprache, alemannische Dialekte*. [Scripta Oralia 42]. Tübingen: Gunter Narr.
Önnerfors, Olaf 1997. *Verb-erst-Deklarativsätze. Grammatik und Pragmatik*. [Lunder Germanistische Forschungen 60]. Stockholm: Almqvist & Wiksell International.

Pancheva, Roumyana (2004) Balkan possessive clitics. The problem of case and category. In: O. M. Tomić (ed.) *Balkan syntax and semantics*. Amsterdam: John Benjamins, 175–219.

Pappas, Panayiotis A. (2004) Medieval Greek weak object pronouns and analogical change: a response to Condoravdi & Kiparsky (2001). *Journal of Greek Linguistics* 5, 127–183.

Philippaki-Warburton, Irene & Georgia Catsimali 1999. On control in Greek. In: A. Alexiadou, G. C. Horrocks & M. Stavrou (eds.) *Studies in Greek syntax*. [Studies in Natural Language and Linguistic Theory 43]. Dordrecht: Kluwer, 153–167.

Pintzuk, Susan 1996. Cliticization in Old English. In: A.L. Halpern & A.M. Zwicky (eds.), 375–410.

Progovac, Ljiljana 1996. Clitics in Serbian/Croatian: Comp as the second position. In: A.L. Halpern & A.M. Zwicky (eds.), 429–447.

Radanović-Kocić, Vesna 1996. The placement of Serbo-Croatian clitics: a prosodic approach. In: A.L. Halpern & A.M. Zwicky (eds.), 447–475.

Rivero, Maria-Luisa 1997. On two locations for complement clitic pronouns: Serbo-Croatian, Bulgarian and Old Spanish. In: A. van Kemenade & N. Vincent (eds.) *Parameters in morphosyntactic change*. Cambridge: CUP, 170–206.

Rizzi, Luigi 1993. Some notes on Romance cliticization. Vortrag zum Treffen der *Eurotype Group on clitics*. The European Science Foundation, 15–17 October 1993, Durham Castle. [auch als Kap. 4 in Rizzi, L. 2000. *Comparative syntax and language acquisition*. London: Routledge].

Rizzi, Luigi 1997. The fine structure of the left periphery. In: L. Haegeman (ed.) *Elements of grammar: Handbook in generative syntax*. Dordrecht: Kluwer, 281–337.

Roussou, Anna 2001. Control and raising in and out of subjunctive complements. In: M.L. Rivero & A. Ralli (eds.) *Comparative Syntax of Balkan Languages*. Oxford: OUP, 74–104.

Sasse, Hans-Jürgen 1995. Theticity and VS order. *Sprachtypologie und Universalforschung (STUF)* 48, 3–105.

Schäufele, Steven 1996. Now that we are all here, where do we sit? Phonological ordering in the Vedic clause-initial string. In: A.L. Halpern & A.M. Zwicky (eds.), 447–475.

Spevak, Olga 2010. *Constituent order in Classical Latin prose*. [Studies in Language Companion Series 117]. Amsterdam: John Benjamins.

Striebeck, Christian 2009. Fokus- und Modalpartikeln im Altindischen (Vedischen). Handout zum Vortrag, Partikeltagung Univ. Bern Februar 2009.

Sudhoff, Stefan 2010. *Focus particles in German*. [Linguistik Aktuell/Linguistics Today 151]. Amsterdam: John Benjamins.

Taylor, Ann 1996. A prosodic account of clitic position in Ancient Greek. In: A.L. Halpern & A.M. Zwicky (eds.), 477–505.

Terzi, Al 1992. PRO in finite clauses. A study of the inflectional heads of the Balkan languages. PhD Dissertation, CUNY.

Toman, Jindrich 1996. Annual Workshop on Formal Approaches to Slavic Linguistics – The College Park Meeting, 1994. Ann Arbor: Michigan Slavic Publications.

Wackernagel, Jakob 1892. Über ein Gesetz der indogermanischen Wortstellung. *Indogermanische Forschungen* 1, 333–436.

Wanner, Dieter 1991. The Tobler-Mussafia law in Old Spanish. In: H. Campos & F. Martínez-Gil (eds.) *Current studies in Spanish linguistics*. Washington, DC: Georgetown University Press, 313–378.

6. Mikrolinguistik und Areallinguistik

Philologische Dialektologie und moderne Mikrovarietätsforschung. Zum Begriff des Erklärstatus in Syn- und Diachronie*

Abstract: One of the principal challenges of historical linguistics is to explain the causes' of language change. Any such explanation, however, must also address the 'actuation problem': Why is it that changes occurring in a given language at a certain time cannot be reliably predicted to recur in other languages, under apparently similar conditions? One would want to elucidate various aspects of this problem, including: What processes can be identified as the drivers of change? How central are syntax-external (phonological, lexical or contact-based) factors in triggering syntactic change? And how can all of these factors be reconciled with the actuation problem? Exploring data from the island dialect, Cimbrian German in the Veneto, a wide range of both formal and functional perspectives will be investigated.

1. Was ist Sprachwandel überhaupt? Wieso wandelt sich Sprache überhaupt? Was haben Dialekte zu solchen Fragen beizutragen?

Wir können zu diesem Abschnittstitel sogar weiter fragen, etwa so: Erfolgt Sprachwandel unter Fernsteuerung oder bloß unter sehr lokaler Auslösung? Man denke etwa an Meillets Systemdruck bzw. Systemzug (*push chain* bzw. *drag chain*) – versteht sich dieser Unterschied unter lokaler Auslösung oder unter Fernsteuerung? *Drift* oder Steuerung unter junggrammatischer *Analogieherstellung* ist sicherlich ein allgemeineres, 'distanteres' diachrones Auslöseprinzip als etwa van Gelderens Projektionsvereinfachungsprinzip, das diachron aus der Maximalprojektion [$_{PP}$ *nach* [$_{DP}$ *dem*]] die nullprojizierende unterordnende Konjunktion mit einfachem Wortstatus [$_{C}$ *nachdem*] macht. Gewinnt man eine lokale Auslösesicht – also die Sicht, dass Wandel an lexikalischen Elementen und einzelnen Konstruktionstypen festzumachen ist –, dann tritt die Möglichkeit generellerer Steuerung – etwa unter Parameterwechsel – als Option weiter weg. Ebenso verliert sich bei solchem lokalen Ausgangspunkt genereller Wandel unter Sprachkontakt (grundlegender Parameterwechsel wie zwischen SOV-zu-SVO) in methodischem Dunkel. Wir wissen sozusagen nicht, warum eine Sprache von SOV zu SVO wechselt – es sei denn SVO hat *ab origo* zu den Möglichkeiten der SOV-Sprache gehört.

Lokale Auslösesystematik liegt den Annahmen Lightfoots (1979, 1997) ebenso wie neuerer Arbeiten (Breitbarth et al. 2010) zugrunde. Festpunkt ist dabei Sprachinertia – d.h. die Trägheit einer Sprache, sich überhaupt zu ändern. Daraus ist die Forschungsstrategie abzuleiten, dass grammatische Beziehungen (Interaktionen)

---

* Ersterschienen in: Manfred M. Glauninger & Bettina Barabas (Hg.) 2012. *Wortschatz und Sprachkontakt im Kontext oberdeutscher Wörterbücher, Sprachatlanten und Sprachinseln. Werner Bauer zum 70. Geburtstag*. [Beiträge zur Sprachinselforschnung 21]. Wien: Praesensverlag, 171–190.

und Sprachstabilität/historisch synchroner Sprachstand zum bevorzugten Untersuchungsfeld gehören sollten, nicht jedoch Wandel (de Saussure). Wandel tritt ja durch Missverständnis einer grammatischen Struktur bzw. beabsichtigter Dissoziation vom Sprachgebrauch auf – oft zwischen den Generationen ein und derselben Sprache, dies derart, dass sich eine Zeit lang zwei Optionen zu einer Konstruktion nebeneinander halten, dass aber die jüngere die ältere überlebt. Damit sind die Bedingungen der Gleichzeitigkeit ebenso wie die des plötzlichen Wandels gegeben.

Dialekte spielen bei Sprachwandel deshalb eine besondere Rolle, weil sie weit geringere Inertiahalbwertzeiten aufweisen als verschriftete Sprachen. Sie haben diese Eigenschaft deshalb, weil sie in rein oraler Tradition existieren und weitergegeben und gelernt werden. Zudem spielt Parsing unter Online- und Kurzzeitgedächtnisbedingungen eine weit stärkere Rolle als in der Sprache mit Schriftkultur. Die moderne Mikrovarietäts- bzw. Dialektforschung sieht sich also zwei Fragen gegenübergestellt: Was ist die (Nicht)Übereinstimmung zwischen Schriftsprache und Dialekt? Und was sind die Parsingerscheinungen (Gartenpfadphänomene, Beschränkungen des Kurzzeit-/ Arbeitsgedächtnisses), die der Mikrovarietät, nicht aber der Schriftsprache eignen und die außerhalb des Grammatiksystems liegen? Vgl. dazu genereller Abraham (2006).

2. Methodenvergleich zw. traditioneller Dialektologie und moderner Syntax

Anlass zu dieser Gegenüberstellung im Titel ist die Arbeit des trienter Zimbernforschers Bidese (Bidese 2008a,b), in der der Autor die diachrone Entwicklung der Pronomina und ihrer klitischen Formen vom 16. Jh. bis zu den heutigen Formen verfolgt – und deren Wandel erklärt. Freilich: „Erklärung“ ist ein methodisch umstrittener Begriff. Wie „erklärt“ man denn? Herkömmlich reichen – sofern eine Erklärung überhaupt angestrebt wird und der Autor sich nicht mit der Darstellung der Erscheinungen begnügt – ja Illustrationen, im Sonderfall Metaphern oder alltagssprachliche Paraphrasen. Sind Erklärungen zum Sprachwandel grundsätzlich theorieextern oder -intern zu erzielen?

Was hat ‘Erklärung’ mit ‘Beweis’ zu tun?[1] Auf die Existenz von Beweisen befragt meint ja Popper, dass man bloß von Annäherungen zwischen Inhalten sprechen kann und dass man von einem grundlegenden Unterschied zwischen ‘formalem’ Beweis (innerhalb geschlossener Systeme wie der Mathematik) und inhaltlichem Beweis auszugehen hätte. Suchen wir in der modernen Linguistik – gleich wie in der traditionellen Philologie? – nach beweisartigen Erklärungen? Oder liefern wir uns der methodischen Willkür der erst gar nicht nach zeitloser Systematik suchenden Geisteswissenschaften aus? Was wären in der methodisch nach den Naturwissenschaften ausgerichteten modernen Linguistik die Festpunkte, über die die übrigen Geisteswissenschaften nicht verfügen, derart dass wir hier von ‘Erklärung’ sprechen könnten, was dort von vornherein nicht ins Auge gefasst wird?

1 Ich habe über dieses Thema des öfteren mit Elisabeth Leiss diskutiert, die sich zu diesem und ähnlichen Themen buchlang geäußert hat (Leiss 2009).

Befragt man den Wissenschaftshistoriker und -theoretiker Kuhn (1967) dazu, dann ergibt sich das Bild, dass bei zwei gleichzeitig verfochtenen Erklärparadigmen dasjenige schließlich die Oberhand in der Fachgemeinde gewinnt, das reicher belegt ist und gliederungstechnisch sauberer und verfolgbarer ausgestattet – kurz: besser lesbar ist und die größte Fachgemeinde (in der heutigen Linguistik: ausschließlich die englische) anspricht. Dies gilt jedenfalls, wenn nicht eine der tragenden Annahmesäulen des einen Paradigmas durch das andere Paradigma umgestoßen wird. Davon dass theorieexterne Argumente jene der zwei theorieinternen Kontrahenten erfolgreich ersetzen – ersetzen müssen, um zu Erklärstatus zu gelangen – findet sich kein Beleg. Nehmen wir einmal an, dass ein solcher paradigmenexterner Sprachwandel unter Kontakt mit einer Superstratsprache stattfindet – bei Sprachinselverhältnissen also das Italienische bzw. italoromanische Dialekte die altdeutsch-zimbrischen im Veneto syntaktisch entscheidend so beeinflusst, dass letztere aus „deutscher" Enklisis romanische Proklisis ihrer reduzierten Pronomina entwickeln. Dies geschieht jedoch nicht trotz jahrhundertelangen sozial engen Kontakts. Enklise bleibt streng erhalten. Vgl. Abraham (2009, 2010). Ein anderer Belegfall wäre das strenge V2 im Deklarativ des Neuhochdeutschen und seiner Dialekte – das sich ja neben deklarativem V1 und V-letzt im Althochdeutschen entwickelte (Axel 2007), wozu angenommen wurde, dass V2 (die linke Verbklammer des Deutschen) eigentlich bloß die Finitheitsmorphologie bzw. das Auxiliarverb, nicht jedoch das lexikalische Prädikat beherbergt (Abraham 1995/³2013). Das ist ein sprach- (= paradigmen-) internes Argument. Zu sagen, dass Erklärstatus zum deutschen V2-Phänomen ausschließlich aus der Tatsache abzuleiten ist, dass sub- oder superstratischer Sprachkontakt mit dem Semitischen dafür verantwortlich ist (so Vennemann in verschiedenen Publikationen, etwa 2003), verschiebt die Frage zum Erklärstatus bloß: Woher stammt dann semitisches V2 – etwa aus der Ursprache? Oder: woher kommt strengstes V-letzt im Japanischen? Ich möchte diese Fragen im Folgenden anhand des Zimberndeutschen diskutieren. Dazu stelle ich zuerst kurz die historischen Erscheinungsformen im Zimbrischen nach Bideses buchfüllender Diskussion vor und hänge dann seine erklärende Argumentationslinie an. Bidese rekonstruiert auf der Grundlage von Originaldaten des Zimbrischen („Sieben" und „Dreizehn Gemeinden" sowie Lusern im Veneto), wie sich die Syntax der Objektpronomina von der frühesten bezeugten Stufe im zimbrischen *Catechismo* aus dem Jahre *1602* (vgl. Meid 1985a) über die vermittelnden Stufen des Katechismus der Jahre 1816 bzw. 1842 (vgl. Meid 1985a) und der sog. Brückenerzählung aus 1906 (vgl. Lobbia & Bonato 1998) bis in die neueste Zeit hinein entwickelte (Schweizer 1939, 2008; Stefan 1998, 2000). Die zimbrischen Objektpronomina erlebten über diesen historischen Zeitabschnitt einen bemerkenswerten Wandel ausgehend von morphonologisch verkürzten Formen wie die nhd. Personalpronomina in der *Wackernagelposition* zu Enklitika in 'adverbaler' Position. Nota bene: Der *en*klitische, also verbnachgestellte Charakter der zimbrischen Kurzpronomina änderte sich nicht, dies in klarem Unterschied zu den *pro*klitischen Formen des Italienischen und Italoromanischen allgemein (s. Zotti 1986) auch *strukturell* den romanischen Dialekten Norditaliens insofern nähern, als auch diese unmittelbar dem

Verb vorangehen (d.h. ebenso wie die deutschen enklitischen Formen kein anderes Element zwischen sich und das finite Verb dazwischen lassen (vgl. *wenn sie sich auch…* gegen **wenn auch sie sich…*), aber wie im Italienischen oder Französischen auch frei stehen: *je lui donne quelque chose*)). Der entscheidende Unterschied zum Deutschen besteht darin, dass sich die pronominalen Enklitika entweder klitisch zur unterordnenden Konjunktion (*wenn sie sich auch…*) oder zum finiten Verb in Satzzweitstellung (*Dann haben (*allerdings/X(P)) sie sich …*) „hinneigen" (*Klisis*). Unter den zimbrischen Dialektvertretern (die einzelnen Dorfdialekte der Cimbria sprechen ja nicht alle gleich) herrscht Verbzweitstellung auch im Nebensatz vor außer in ganz wenigen konservativeren, die nebensatznahe Struktur wie Nhd. haben und die entsprechend Pronominalenklise auch bei der unterordnenden Konjunktion zeigen (vgl. Abraham 2009, 2010).

Wir kommen jetzt zum erklärenden Abschnitt dieser zimbrischen Pronominal- und Klitikerscheinungen in Bideses Arbeit, damit zu "Warum entwickelten sich die klitischen Pronomina im Zimbrischen so, wie sie es taten": also 1. zu Verbadjunktionen (und nicht auch Konjunktionsadjunktionen wie im Deutschen wie *wann-st (du) des tua-st*), 2. nicht zu Proklitika wie im Italoromanischen (dem das Zimbrische über Jahrhunderte als Majoritätsregiolekt ausgesetzt war) und 3. parallel zu anderen bedeutsamen – ja vielleicht auf die Klitisierung Einfluss nehmenden, diesen erst in Gang setzenden anderen strukturellen Änderungen des Zimbrischen. Alle 3 Punkte oben zusammengenommen und nur zusammengenommen setzen erklärende Kraft. Man beachte, dass die philologische Methodik der Dialektologie nie so argumentierte – nicht einmal heutzutage noch. So aber argumentiert die moderne, methodisch ja an der naturwissenschaftlichen Arbeitsweise orientierte Linguistik und damit deren Makro- und Mikrovariation (vgl. zum Romanischen Benincà 1988, 1994; Poletto 2001, Poletto & Tomaselli 1995; zu Dialekten im Deutschen Abraham & Bayer (Hg.) 1993, Abraham & Wiegel 1993, Bayer 2010, 2013). Solche begleitenden substantiellen Veränderungen im Zimbrischen betreffen sowohl die linke wie auch die rechte Satzperipherie. Darunter sind:

(1) Verlust der Linksheraussetzungsstrategie und Schwächung der strengen V2-Regel; vgl. zuerst nhd. und dann zimbrisch (nach Bidese 2010:12):
a *Bis zu zehn dieser Bierkrüge, die kann sie tragen.*
die andere sibna$_i$ die$_i$ lernt unz … (*Cat. 1602*:493–4).
die anderen sieben (Regeln), die lehrt uns …
b *Dain bil$_i$ der$_i$ ghesceghe …* (Cat. 1602:363).
Dein Wille, der geschehe …
(2) Entwicklung der Klitikdopplung (nach Bidese 2010: 14); nhd. inexistent:
a *bibel se'hábent=mar$_i$ seü miar$_i$ übel gatáant* (*Cat. 1813*:375–6).
wie oft sie haben=mir$_{Klitik}$ sie mir Böses getan.
b *brumme se'galáichent=ach$_i$ eüch$_i$* (*Cat. 1813*:369).
warum sie gleichen=euch$_{Klitik}$ euch.
c *tort z'kímmet=ach$_i$ eüch$_i$ zo kemmen …* (*Cat. 1813*:505–6).
da es kommt=euch$_{Klitik}$ euch (zu) kommen…

Mit Sportiche (1996) nimmt Bidese (2008b) an, dass Formen und syntaktische Position der Objektpersonalpronomina im Zimbrischen sich änderte und zwar aus der

(3) *Wackernagelposition* (rechtsadjungiert zum finiten Verb im Hauptsatz und zur Konjunktion im abhängigen Satz;

(4) zu einer 'adverbalen' Position, also ausschließlich ans Verb, aber immer noch enklitisierten Position; Bidese (2008b) erkennt darin strukturelle Ähnlichkeit zur Verbklitisierung im Romanischen, die allerdings ausnahmslos proklitisch erfolgt;

Mit Sportiche (1996) nimmt Bidese an, dass sich die klitischen Formen des formreduzierten Personalpronomens durch Umgrammatikaliserung der Klitikkonstituente ausbildeten. Der Kopf der verbrechtsadjungierten Klitikkonstituente (CL^0) blieb im Zeitabschnitt des *Cat. 1602* noch stumm (morphonologisch nicht sichtbar) war und morphonologisch bloß in der deutsch-traditionellen Spezifikatorposition (eben wie im Nhd. in der *Wackernagelposition*) auftauchten. In dieser Periode haben pronominale Elemente noch maximalen Projektionsstatus, sind also volle Wörter (XPs); sie klettern aus VP (wo sie ihren Verbvalenzstatus erhalten) in die Spezifikatorposition der Klitikkonstituente hinauf (die *Wackernagelposition*), eben SPEZKLITIKP. Als morphonologisch reduzierte Formen hängen sich Pronomina in dieser Entwicklungsphase sichtbar an das finite Verb in Hauptsatzkontexten und an die unterordnende Konjunktion an.

Dagegen wurde in den Folgeperioden des *Cat.1813* und des *Bar.1906* der Pronominalkopf morphonologisch sichtbar und somit grundsätzlich basisgenerierbar und einsetzbar (*merge*bar). Die Versetzung des finiten Verbs nach CL^0 (und I(nflection)) sichert, dass die Klisisformen lexikalisch erscheinen und enklitisch realisiert werden. Gleichzeitig aber – also Hand in Hand mit der Ausbildung der neuen Enklise – ging die strenge V2-Regel des Deutschen und älteren Zimbrischen verloren. D.h. es konnten mehr als ein einziges Satzglied vor dem finiten Verb (im Vorfeld) zu stehen kommen, und V2 löste V-letzt im abhängigen Satz ab. Abraham (2010) argumentiert, dass damit für die neue zimbrische Satzstruktur nicht mehr CP, sondern das kürzere IP bzw. TP gilt. (5)–(6) stellen diesen Wandel strukturell dar, zum leichteren zuerst fürs Nhd. [Die durchgestrichenen Elemente bezeichnen die Basispositionen des finiten Verbs und der Pronomina].

(5) [$_{CP}$ Er [$_{C'/FIN}$ hat= [$_{WP/KLITP}$ =m$_i$=s$_j$ [$_{VP}$ ~~ihm~~$_i$ ~~es~~$_j$ gegeben ~~hat~~]]]]
»
(6) [$_{CP}$ Er [$_{C'/FIN}$ — [$_{WP/KLITP}$ hat=m$_i$=s$_j$ [$_{VP}$ ~~ihm~~$_i$ ~~es~~$_j$ gegeben ~~hat~~]]]]

Die neue Versetzungsposition des Verbs in WP/ClitP impliziert Inkorporation mit den klitischen Pronomina, wie (6) zeigt. In dieser nächsten diachronen Phase wie (6), dokumentiert durch *Bar. 1906*, finden sich erneut Pronominaldopplungen wie in (7)–(8). Dies bedeutet, dass *=en* bzw. *=mar* sichtbar nach SPEZKLITP klettern können. (7)–(8) sind bei Bidese 2010 die Beispiele (49) und (51).

(7) *biar haben=z=<u>en</u>$_i$ gamachet segen <u>de Braven</u>$_i$* (*Bar.1906*:115).
wir haben=es=ihnen$_{i/Klitik}$ gemacht sehen, den Braven$_i$

(8) *miar*$_{i}$ *importer=z=mar*$_{i}$ *nicht zo sterben* (*Bar.1906*:111).
mir$_{i}$ bedeutet=es=mir$_{i/Klitik}$ nichts zu sterben

Wie gesehen, haben wir hier rein paradigmenintern, also aus der syntaktischen Satzanalyse des Zimbrischen heraus argumentiert. Hätten wir eine paradigmenexterne Lösung verfolgt – also eine Lösung, wonach das Zimbrische als Minoritätssprache und damit Wandelsubstrat dem Superstrat der italoromanischen Dialekte (Friaulisch, Venetisch) und des Italienischen „erlegen" wäre –, dann wäre unerklärt, warum das Zimbrische seine Personspronomina nicht in die Proklise gestellt hat. Es lassen sich jedoch zu keinem Zeitpunkt der Jahrhunderte zimbrischer Entfaltung pronominale Proklisen erkennen. Ich verwerfe daher den paradigmenexternen Erklärweg über Sprachkontakt. Wandel durch Sprachkontakt ist soz. der methodisch bequemste Erklärweg – der soziohistorisch sehr sorgfältig zu unterbauen wäre. Wir sind arbeitsmethodisch und erkenntnistheoretisch gehalten, eine solche Ultima Ratio so lange aufzuschieben, bis keine anderen Wege mehr verfügbar sind. In der Diachronie, wo wir ja keineswegs über hinreichend Daten- und Distributionsfossilien verfügen, sind an diesen Weg noch grundsätzlichere Zweifel zu binden als in der Synchronie.

Ich setze auch ein Fragezeichen zu Bideses Annahme, dass mit der zimbrischen Klisisentwicklung ein Schritt näher an das Italoromanische getan war. Das liefe ja auf einen grammatischen Calque, auf eine strukturelle Teilübernahme im sprachlichen Nebeneinander hinaus – eben Wandel unter Sprachkontakt. Dagegen ist aber zu halten, dass der Unterschied zwischen der romanischen Proklise (Pronomenreflex vor dem finiten Verb) und der zimbrisch-deutschen Enklise (Pronomenreflex nach dem finiten Verb) strukturell viel gewichtiger ist als der Projektionsstatus (Kopf gegenüber Maximalprojektion). Man vgl. nhd. *Er hat=m=s gegeben* vs. ***Er (ih)m=(e) s=hat gegeben*. Proklise im Deutschen ist einfach sinnlos.

Niemand wird bezweifeln, dass das Zimbrische ein Randphänomen unter den europäischen Sprachen ist. Die Tatsache aber, dass es sich über Jahrhunderte unter starkem soziologischem Druck des umgebenden Italoromanischen weiterentwickelte, ist unter typologischem Gesichtspunkt bedeutsam. Dies ist der Grundgedanke der modernen Mikrovariationslinguistik. Die analytischen Festpunkte und Erklärungen, die für die Diachronien der verschrifteten Hochsprachen gelten, sollten sich in den Dialekten wiederfinden ebenso wichtig wie die historische Entwicklung einer verschrifteten Hoch- und Leitsprache. Was eventuell anders ist, sollte – da etwa das Zimbrische die Zimbern nie als Schriftsprache gelehrt wurde – auf dem Felde des Parsing aufzufinden sein (vgl. Abraham & Conradie 2001, Abraham 2006). Dazu kommen wir eigens noch.

3. Wieso wandelt sich Sprache überhaupt? Die Sprachwandelhypothese der doppelten Grammatikbasis

Die Kernfrage zum Sprachwandel ist ja folgende. Angesichts der relativ festen Sprachstände über Jahrhunderte hinweg („Sprachinertia") sowie dem Umstand, dass jedes Kind Sprache perfekt erwirbt, ist erstaunlich, dass sich Sprache überhaupt wandelt – was sind denn dann die Auslöser für Sprachwandel – bei L1 und erst recht bei L2? Bidese (2008a) z.B. nimmt an, dass die Folgeperioden von *Cat.1813* und von *Bar.1906* im Zimbrischen durch das Nebeneinander von (5) und (6) ausgezeichnet waren. Dazu kam noch, dass in semantisch untergeordneten Sätzen V-letzt zugunsten V-früh aufgegeben wurde. Vgl. (9) und (10) (Bideses (50) bzw. (48)).

(9) *che dessen vonme Róane*$_{i}$ *degnarn=se=sich gnanca segen=sen*$_{i}$ (*Bar.1906*:110).
dass von dem (Brot) aus Róane geruhen=sie=sich nicht einmal (zu) sehen=davon$_{i/Klitik}$
(10) *tort z'kímmet=ach*$_{i}$ *eüch*$_{i}$ *zo kemmen …* (*Cat.1813*:505–6).
da es kommt=euch $_{i/Klitik}$ euch $_{i}$ (zu) zu kommen)…

Róane in (9) ist eine der zimbrischen Gemeinden; (*segen*)=*sen*$_{i}$ ist pronominaler Partitiv (vglbar frz. *en*); *tort* in (10) ist etymologisch „durch", hat aber als unterordnende Konjunktion auch kausale Bedeutung.[2]

Die finiten Prädikate *degnarn* und *kímmet* stehen in einer Art V2 – und keinesfalls, wie sie nhd. nach den unterordnenden Konjunktionen *che* (vgl. ital. *que* „dass") und *tort* „durch; weil" in V-letzt stehen müssten. Die unterordnende Konjunktion steht sozusagen vor einer Hauptsatzstruktur wie im Neuenglischen (*[*$_{CP}$ *since [*$_{IP}$ *he saw her back home] – [*$_{CP}$ *since [*$_{CP}$ *he did not [*$_{IP}$ *[*$_{VP}$ *see her back home]]]* – [$_{C'}$ da er sie (nicht) zurück nachhause begleitete]). Dies sieht nun gerade so aus, als hätte das Zimbrische Und damit läge auch Bidese mit seiner Feststellung richtiger, die zimbrische Pronominalklisis sei der Italoromanischen strukturell nähergekommen – und es gebe in der Diachronie des Zimbrischen doppelte Grammatiken hinsichtlich bestimmter Erscheinungen: inbezug auf die Verbstellung im abhängigen Satz etwa älteres V-letzt neben jüngerem „V2". Vgl. (11)–(13) (Bideses (2010): (15), (16) sowie (14)).

(11) *Az üz*$_{DAT}$ *dar ünzar Gott schenke alle de sain gràzien* (*Cat. 1813*:533).
Dass uns unser Gott schenke alle seine Gnaden
(12) *az üz*$_{DAT}$ *kemme ghet bas bar pitten* (*Cat. 1813*:384–385)
dass uns zukommen geht/wird, was wir erbitten
(13) *der=se hat in himel ghefuert* (*Cat. 1602*:1267).
der=sie hat in den Himmel geführt

Was wie „V2" im abhängigen Satz aussieht, ist aber kein V2 der Romania. Vgl. (13), wo das Richtungsadverbial *in himel* romanisch postverbal stehen müsste. Dasselbe gilt für die indirekten Objekte *üz* in (11) und (12). Das nachgestellte direkte Objekt *alle de sain gràzien* in (11) folgt wohl Behaghels Gesetz der schweren Glieder – und ist in den heutigen Dialekten des Deutschen ebenso gültig (mehr dazu bei Hinterhölzl 2010). Aus dem Verbkomplex vorgezogenes finites Auxiliar wie *hat* in (13) folgt aus Parsingvoraussetzungen und ist im gesprochenen heutigen Deutschen die Regel eher als die Ausnahme (Abraham 2006).

2 Ich hatte hierzu Hilfe von Ermenegildo Bidese/Trient.

Ich verbinde damit folgende radikale These zum Thema „Wandel unter Sprachkontakt“ bzw. „paradigmenexterner Erklärung bzw. Auslösung von Sprachwandel“: In einer lebendigen Dialektsprache gibt es Wandel unter Sprachkontakt bloß dort, wo solcher Wandel auch autonom stattfinden hätte können – wo also, salopp gesprochen, eine Tür zum Wandel bereits sprachautonom (= paradigmenintern) halboffen steht. Dies betrifft im Zimbrischen und den durch Bidese diskutierten diachronen Abschnitten die zimbrische V2-Einschränkung und den romanischen strukturell kurzen TP-Satz (der ja trotz Verbzweitstellung nicht identisch ist mit dem strengen V2-in-CP des Nhd. und des älteren Zimbrischen), weiter die romanische Pronominalproklise und germanische -enklise sowie das romanisches Nullsubjekt („pro-drop“) und Nulltopik, das ja beschränkt auch im Deutschen vorkommt (*Bin gleich wieder zurück*!). Nullsubjekte (pro-drop) gibt es im Nhd. nur in den österr.-bairischen Dialekten bei der sog. „Konjunktionsflexion“.

Damit ist auch der entscheidende Schnitt zur Wandelhypothese der doppelten Grammatikbasis (*Double Base Hypothesis*) vorgenommen – also der Annahme, dass zwei Grammatiken zu einer Erscheinung nebeneinander koexistieren –, die von Kroch (1989), Pintzuk (1999) und Fuß (2005) vertreten wird. Ein solches Grammatiknebeneinander kann sich nur auf verschiedene Sprechergenerationen beziehen: im Zimbrischen etwa so, dass die Älteren der Intuition von (5) vertrauen, die Jüngeren der von (6). Auslöser für (5) zu (6), also für den Übergang von älterem zu jüngerem Grammatikverständnis ist in der Regel ein Regelmissverständnis der Folgegeneration (Abraham 2004), manchmal sogar intendierte Dissoziation vom älteren Vorbild. Ein solches auf verschiedene Generationen verteiltes Grammatiknebeneinander ist realistisch vorstellbar. Dies ist keinesfalls zwingend mit einer Sprachkontaktwandelthese bzw. einer paradigmenexternen Erklärung zu verbinden. Konkret für den vorliegenden Fall der zimbrischen Diachronie: Wir brauchen zum Verständnis und zur Erklärung des diachronen Wandels im Zimbrischen keine Grammatikdetails aus dem Italoromanischen.

4. Konfrontative diachrone Erklärungen zur Stellung des Sprachinselzimbrischen

Bidese (2008a) geht davon aus, dass der Wandel von der altbairischen bzw. alttirolischen Satzstruktur des Deutschen (dokumentiert durch *Katech. 1602*) auf einen Grammatikcalque aus dem Italoromanischen (dokumentiert durch *Katech. 1813*) ausgelöst wurde. Wir haben oben auf die Erscheinung des Projektionswandels der Pronominalenklise hingewiesen – und gleichzeitig unseren Zweifel an der Calquethese Bideses angesichts der unveränderten Enklise im Zimbrischen angemeldet. Das Romanische hat ja ausschließlich Proklise. Wenden wir uns einer anderen Erscheinung zu, dem V2-Verlust, den das Zimbrische heute zeigt. [Durchstreichung für die Basisposition des in die 1. Verbklammer versetzten finiten Auxiliars]

(14) a Haüte die Momme $[_{VP}$ $[_{V}$ hat gebäscht] die Piattn] *Aux-Partizip-DO*
heute die Mamma hat gewaschen die Teller
b **Haüte die Momme* $[_{VP}$ *hat* $[_{VP}$ *die Piattn* $[_{V}$ *gebäscht* ~~*hat*~~]] **Aux-DO-Partizip*

Der erste diachrone Schritt erfolgt mit *Kat.* 1602: Das starke Diskursmerkmal, das Elemente im thematischen Vorfeld des Deutschen platziert, verschwindet, damit geht auch die strukturelle (EPP-)Berechtigung für das Subjekt im deutschen CP verloren. Es tritt im Zimberndeutschen die romanische Versetzungsstrategie, nämlich *klitische Linksdislokation* (das „Apropos"/Thema pendens außerhalb der eigentlichen Satzstruktur) ein: vgl. (15) zum Italienischen sowie (16) zur zimbrischen Neuerung.

(15) *El Mario*$_i$, *lu*$_i$ *el parla*

mit wiederaufnehmender klitischer Anapher (Resumptivanapher) (ital. *lu*) wie in (16):

(16) *Da Gianni*$_i$, *ar*$_i$ *hatt-mi gaboorset,* *bear hat-ar-dich telephonaart* [Roana]
der G., er hat mich gefragt, wer hat er dich angerufen

Ferner rückt das Subjekt-NP nicht mehr nach SpezCP, sondern bloß mehr nach SpezClP (kürzere IR-Satzstruktur). D.h. das Prädikat sitzt nicht mehr im deutschen Comp C°, sondern im tieferen Cl° bzw. im Kongruenzknoten.

Zweierlei ist dazu zu betonen. Zum einen braucht man angesichts solcher Themata pendentia nicht unbedingt an einen direkten Calque denken; denn solche vorangestellten Apropos gibt es im mündlichen Deutsch ganz genauso (vgl. die buchlange Diskussion bei Grohmann 2003). Sie mögen wie oben bereits diskutiert durch den Vergleich mit dem Italienischen gefördert worden sein; aber es bestand eine derartige strukturelle Position als grammatische Option bereits – wie gesagt in einer Diskursfunktion, die in der mündlichen Rede weitaus plausibler auftaucht als in der Schrift. Das Zimbrische ist genau eine solche auf die mündliche Kodierung beschränkte Mikrovariante des Deutschen. Was liegt nun vor: endogene (bzw. paradigmeninterne) oder exogene (d.h. paradigmenexterne) Erklärbarkeit? Die vorliegenden Erscheinungen und die ausschließliche mündliche Diskursqualität des Zimberndeutschen sprechen für sich.

5. Warum hat das Zimbrische nicht die Proklise des Italoromanischen übernommen?

Zu Erklärqualität gehört auch, dass der Analyst das ins Auge fasst, was neben der erklärenden Generalisierung nicht in die Grammatik der zu erklärenden sprachlichen Erscheinungen hineinpasst. Warum gibt es im Zimberndeutschen denn keine Proklise?

Nun: zum ersten reicht der IR-Satz – in dem ja Proklise auftaucht, Enklise dagegen nie – strukturell bloß bis zum Kongruenzknoten, also längst nicht so weit wie der deutsche CP-Satz. Zwischen KlitikP und Kongruenz in I(nfl)P besteht strukturelle Nähe (wegen der Subjekt-Verbkongruenzrelation). Man könnte strukturell gesehen sagen: Pronominalklisis ist in einer einzigen Strukturposition vorgegeben: einer thematischen Diskursposition im Satz, eben KlitikP. Der deutsche lange CP-Satz reicht über diese KlitikP-Position hinaus, setzt also Kongruenz durch Subj-V-finit-KlitikP. Der romanische kürzere Satz dagegen reicht nur bis zu I(nflexion)P unterhalb von CP; dabei bleibt für V-finit bloß eine Strukturstelle unterhalb von KlitikP: (Subj-)KlitkP-V-finit. Das finite Verb rückt weniger weit auf, um seine Kongruenzqualität zu erreichen. [VF = Vorfeld/SpezCP im Deutschen; VK = Verbklammer; Finit = strukturelle Position für Prädikatsfinitheit]

		VF	Finit	Thema/Finit	Vlex	
			1.VK	Topik-über	Vlex	2.VK
(17) a	deutsche Satzstruktur:	Subj-	V-finit=*en*KlitikP		0	V-letzt
b	romanische Satzstruktur:	Subj-	0	*pro*KlitkP	V-finit	0

Nur die lexikalische V-Strukturposition bestimmt das Rektions- und Skopusverhalten des Prädikats: im Deutschen sind Finitheitsposition und lexikalische Verbposition getrennt, im Romanischen fallen die beiden Strukturpositionen zusammen. Aus diesem Unterschied ergibt sich zum einen die Verbrektionsrichtung: Das Deutsche regiert (subkategorisiert und selegiert) linksläufig, das Romanische rechtsläufig wie das Englische. Zum anderen hat das VF in den beiden Sprachtypen verschiedene Funktionen: im Deutschen diskursverankerte, aber satzintegrierte Themata/Topiks-über; im Romanischen dagegen stehen alle diskursverankerten Vorfeldpositionen satzunintegriert, also in klaren hängenden Satzherausstellungen (sog. „Apropos"). Vgl. dazu (15) und (16) oben. Der satzstrukturelle Drehpunkt ist sprachübergreifend das Pronominalklitikon – und zwar als prominenter struktureller Diskursthemaschwerpunkt. Dieser liegt im deutschen Mittelfeld ganz links, im Romanischen dagegen im Vorfeld. Die Unterschiede ergeben sich dadurch, wo die beiden Sprachen Satzfinitheit (eventuell das finite Auxiliar) einsetzen.

Kommen wir zur Erklärung der Frage im letzten Abschnittstitel: Warum hat das Zimbrische nicht die Proklise des Italoromanischen übernommen? Nun: Nur orale, unverschriftete Sprachkodierungen wie die des dialektalen Oberdeutschen setzen in die V-Finitheitsposition ausschließlich Hilfsverben, nicht jedoch das lexikalische Vollverb – welches in die V-letztposition gedrängt wird (Abraham 1995/2013, 2006; Abraham & Fischer 1998 zum „Auxfilter": wenn in der 1. Verbklammer nicht *haben* bzw. *sein*, dann *tun* so wie im Präsens: vgl. [*Einen Brief schreiben*$_i$ *tut*$_j$ [*er* ~~*tut*~~$_j$ [*nie* ~~*einen Brief schreiben*~~$_j$ ~~*tut*~~$_i$]]]), bestätigen damit in direkter Weise (17a) oben. 'Finitheit' als strukturelle Position vereinigt die morphologischen Merkmale für Person, Numerus, Tempus und Modus, die syntaktisch, sofern sie in der 1.VK stehen, die Wahrheitsbewertbarkeit eines Deklarativsatzes gewährleisten. [PF = Phonetische Form/Oberflächenform, LF = Logische Form/

Auxfilter in minimalistischer Darstellung (in Anlehnung an Bayer 2010):

(18) a [$_{VP}$ .... V-fin]	**PF-Modul der Grammatik:** V-Basis
b [$_{TP}$ [$_{VP}$ .... ~~V-fin~~] V-fin]	Zwischenableitung: noch ohne Subjekt
c [$_{CP}$ V-fin [$_{TP}$ [$_{VP}$ ... ~~V-fin~~] ~~V-fin~~]	Deklarativ als Hauptsatz
(19) a [$_{VP}$ .... V-fin]	**LF-Modul der Grammatik:** V-Basis
b [$_{TP}$ [$_{VP}$ .... V-~~fin~~] ~~V~~-fin]	Zwischenableitung: V trennt sich von Fin
c [$_{CP}$ ~~V~~-fin [$_{TP}$ [$_{VP}$ ... V-~~fin~~] V-fin]	Fin(itheitsmorphologie) in 1.VK/C°; lexikalisches V dagegen in 2.VK /V°

(18) stellt den Befund des verschrifteten Neuhochdeutschen dar, (19) den der auxiliarfilternden oberdeutschen Dialekte (mit finitem *tun* im Präsens). Genauer gesagt ist (19) für die obdt. Dialekte mit der *tun*-Periphrase auch eine PF-Repräsentation, eben im Unterschied zum Schriftdeutschen. Dies ist die eine Erklärungskomponente für V2 im Deutschen und seinen Dialekten/Mikrovarietäten.

Die zweite erklärende Komponente liegt mit der sog. 'oberdeutschen Konjunktionsflexion' vor. Die finiten Verbflexionsmorphologien der 2.Pers.Sg./ Pl. (und z.T. der 1.Pl., etwa in kärntner Dialekten: *ham-ma mia…* „haben-wir wir") erscheinen auch an wortarttechnisch völlig falschen Positionen – nämlich in der 1.VK auch dann, wenn dort kein Verb, sondern die unterordnende Konjunktion steht: also *ob-st* für „ob du" bzw. *ob-ts* für „ob es/ihr". D.h. aber, dass die 1.VK, in der lexikalisches Verb und morphologische Finitheit zusammen mit der unterordnenden Konjunktion in komplementärer Verteilung auftreten, eigentlich besser der Finitheitsmorphologie vorbehalten wäre – V bzw. Konjunktion erscheinen dort nur deshalb, weil die reine Finitheitsmorphologie alleine nicht auftreten kann. Vgl. jedoch (19c) oben, wo gerade dies zum Ausdruck gebracht wird und was der Auxfilter genau zum Ausdruck bringt. Nun: Die Tatsache, dass wortartfremde Information, nämlich Finitheit an der einbettenden Konjunktion überhaupt auftritt und dass diese nur in V2 auftritt, bietet zusammen mit den Erscheinungen zur Pronominalklisis – also illustriert an (17)–(19) – hinreichende endogene/paradigmeninterne Erklärung: einmal für V2 im Deutschen zum Unterschied vom Romanischen einerseits, und für die dem Deutschen fremde Pronominal*pro*klisis andererseits: Das Romanische hat gar keine Strukturposition für sein Verb *vor* der Klisisposition. Gibt es eine bessere Erklärung?

Freilich: Ohne detaillierte Strukturrepräsentationen und die ihr zugrundeliegenden Verteilungsproben lässt sich eine solche Erklärung nicht ableiten. Greenbergsche Typologien über SVO und SOV können dies ebensowenig leisten wie ein rein auf Funktionen beschränktes Theorieformat.

6. Noch einmal zu Erklärstatus in der modernen Linguistik bzw. Mikrovarietätenforschung

Wir haben am Erklärungsbegriff in der modernen Sprachwissenschaft geschlüsselt und dabei Beispiele aus dem Zimberndeutschen und seiner durch Bidese (2008a) vorgestellten Diachronie herangezogen. Dabei wurde erwogen, dass Erklärungen nur exogen/paradigmenextern und vor allem diachron erfolgen müssen (jüngst etwa wieder Dahl 2009, Braunmüller 2009, Vann 2009, ohne dass dort allerdings explizit auf unsere Fragestellung eingegangen worden wäre). Es wurde gezeigt, wie die Erscheinungen des Zimbrischen und seiner Diachronie sehr wohl endogene Wandelerscheinungen auf erklärender Grundlage zu wägen sind. Die These, nur durch Sprachkontakt ließen sich die diachronen Veränderungen erklären, ist zu stark. Es gibt auch das Erklärpotential endogener Begründungen. Dabei wurde auf die Wandelmotivation Lightfoots (1979) sowie den Begriff der grundsätzlichen Wandelflexibilität bei Abraham (2004) zurückgegriffen: Wandel ausgelöst durch Strukturmissverständnissen zwischen den Generationen ein und derselben Sprache. Dieses Missverständnismoment eignet unverschrifteten, rein oral überlieferten Sprachen in prominenter Weise. Die zimbrisch-deutschen Dialekte sind solche unverschrifteten Traditionen. Da wir auch fürs aktuelle Deutsche die strikte V2-Erscheinung mit in die Diskussion einbauten, löst sich auch die Festschreibung eines linguistischen Erklärpotentials auf ein diachrones Szenario. Erklärungen können sehr wohl endogen und rein synchron geliefert werden. Voraussetzung dazu ist ein reiches Beschreibungs- und Analyseinstrumentarium und unabhängige Verhaltens- und Distributionsfakten – etwa wie wir es für das strenge und weniger V2 und die Pronominalklisis vorgelegt haben.

Dabei sind wir von folgenden typologischen Unterschieden zwischen dem Deutschen/D und Italo-Romanischen/IR ausgegangen.

(20)a IR hat bloß ein einziges Verbfeld (die Haupt-Nebensatzasymmetrie fehlt), dies im Gegensatz zum Deutschen.

b IR hat grundsätzlich Proklise (nur beim Infinitiv und Imperativ Enklise), D dagegen ausnahmslos Enklise.

c Wo das Deutsche Diskursthemata und -rhemata im Mittelfeld verteilt und nur über eine einzige Position, nämlich Spez,CP für Kontrastrhemata verfügt, setzt das Italienische drei Vorfelder (ein „expandiertes CP") dafür an. Es schachtelt diskursfunktionale eventuell auch rechtsherausgestellt. Das Deutsche hat über die diskursfunktional entscheidbaren Stellungsoptionen im Mittelfeld und in der Satzerstposition auch noch Akzentoptionen, mit deren Hilfe es Thema von Rhema unterscheidet. IR hat diese Option nicht.

d IR setzt Rektionsrechtslauf (Rechtsaußenfeld), das D dagegen Rektionslinkslauf (DP im Mittelfeld bzw. in Spez,CP).

e Satznegation steht im IR links vom finiten V, nach dem Subjekt, im unabhängigen Satz des D dagegen rechts vom finiten V.

f Das Romanische hat (fast) keine Mittelfeldelemente, da es keine Verbklammer resultierend aus $\underline{V}O\&O\underline{V}$ kennt (V_{Aux} [$_{MF}$(*mai*)] [$_{VP}$ V-NP1-NP2…]).

g IR-Reichtum an Verbmerkmalen im Verbkongruenzknoten (Nullsubjekt), dies im Gegensatz zum Deutschen, wo der Subjektknoten starke Diskursmerkmale enthält.

h *Catech. 1602* noch mit merkmalreichem CP weicht in *Catech. 1813* merkmalsschwachem CP, hat andererseits nie den merkmalsstarken Kongruenznoten gewonnen (d.h., es weist keine Flexionskongruenz zwischen Subjekt und prädikativem Partizip auf: vgl. *Lei ho salutate*$_i$/**Lei ho salutato*$_j$ „Sie habe (ich) begrüßt".

Der folgende Methodenvergleich in Abb. 1 mag nicht erschöpfend sein, er erhebt aber den Anspruch, auf einige wichtige Unterschiede hinzuweisen.

Abb. 1: Methodenvergleich zw. traditioneller Dialektologie und moderner Syntax

philologische Dialektologie	**modern-linguistische Mikrovarietätsforschung**
Methodologie	**Methodologie**
keine Entsprechung („typologische" Dialektvergleiche?)	Gegensatz: Makrovarietät (sprachtypologische Unterschiede: Greenberg u.a.)
keine Entsprechung (?)	Mündlichkeits- und Dialogcharakteristika: Beschränkungen des Arbeitsspeichers unter *online*-Parsing; Abraham 2006)
Lexikon, Phonologie/Phonetik, Morphologie	Struktur des Lexikons, der Phonologie/Phonetik, Morphologie + Syntax & kognitiver Verarbeitungsmechanismen
Spezifika	**Spezifika (z.T. auch bei Bidese 2008a)**
phonologische Reihenschritte 2. LV – „Rheinischer Fächer"	Sprachwandel (= unter Auslösung durch L1-Reanalyse) unter Grammatikalisierungs- und Optimierungsannahmen
Syntax fehlt völlig (wenige neuere Ausnahmen: Patocka, Tyroller), weitgehend auf individueller punkthafter Feldforschung basierend	„strenges" V2 Proklise und Enklise und deren Distributionscharakteristika gebundenes und freies Klitikum sowie Affix TP-(Kurz-)Satz und CP-(Lang)Satz in den zimbrischen Varietäten feste schriftliche diachrone Quellen (zimbrische *Katechismen*: Normierungssicherheit)

7. Zusammenfassung und Verallgemeinerungen

- Es wurde „Erklärung" des diachronen Wandels anhand der Distributionsnetze und -korrelate in (5)–(16) sowie (17)–(19)) gesetzt.
- Erklärungen für Sprachwandel sucht man aus methodischen Gründen zuerst und so lange wie haltbar innerhalb einzelsprachautonomer Optionen: so V3 wie in (14a) oder (16) bereits im Ahd. (Tomaselli 1995); oder Pronominalenklise, nie jedoch Proklise des Pronomens.
- Es findet eher Sprachtod statt als Sprachtypuswandel: Altenglisch SVOV (wie Nhd.) wurde durch das normannische Mittelfrz. (SVO) in totalen Substratstatus gedrängt (Katastrophenwandel=Verdrängung wie bei Kreolisierung). Dies fand im Zimbrischen (ursprgl. SVOV) trotz intensiven Kontakts mit IR (SVO) nicht statt.
- Die ausschließlich mündliche Kodierung des Zimberndeutschen setzt Verarbeitungsmechanismen voraus, die mit dem begrenzten Arbeitsgedächtnis zusammenhängen. SVO ist dabei leichter zu verarbeiten als SOV_{fin} (Abraham 2006).
- Aller Sprachwandel findet eigentlich im Lexikon statt, nicht in der Syntax. Alle syntaktischen Wandelerscheinungen sind Ergebnisse solchen lexikalischen Wandels bzw. deren Selektions- und Subkategorisierungseigenschaften (Lightfoot 1991, van Gelderen 2004, Crisma & Longobardi 2009, Breitbart et al. 2010. u.a.).

Literatur

Abraham, Werner 1995/^{2}2005/^{3}2013. *Deutsche Syntax im Sprachenvergleich. Grundlegung einer typologischen Syntax des Deutschen.* 2., überarbeitete und erweiterte Auflage. [Studien zur deutschen Grammatik 41]. G. Narr/ $^{2-3}$Stauffenburg: Tübingen.

Abraham, Werner 2004. The grammaticalization of the infinitival preposition – toward a theory of 'grammaticalizing reanalysis'. *Journal of Comparative Germanic Linguistics* 7/2, 111–170.

Abraham, Werner 2006. Dialect and typology where they meet – and where they don't. In: T. Nevalainen, J. Klemola & M. Laitinen (Hg.) 2006. *Types of Variation: Diachronic, dialectal and typological interfaces*, 243–268. [Studies in Language Companion Series 76]. Amsterdam/ Philadelphia: John Benjamins.

Abraham, Werner 2009. Besprechung von Bruno Schweizer 2008. *Zimbrische Gesamtgrammatik: Vergleichende Zeitschrift für Darstellung der zimbrischen Dialekte.* Hg. von James R. Dow. Stuttgart: Steiner. XLIV, 972 S. [Zeitschrift für Dialektologie und Linguistik. Beihefte 132]. *Zeitschrift für Dialektologie und Linguistik* LXXVI/ 2, 247–257.

Abraham, Werner 2010. Spoken syntax in Cimbrian of the linguistic islands in Northern Italy – and what they (do not) betray about language universals and change under areal contact with Italo-Romance. In: M. T. Putnam (ed.) 2010. *German Language Islands: Generative and Structural Perspectives.* [Linguistik Aktuell / Linguistics Today 123]. Amsterdam: John Benjamins.

Abraham, Werner & Anko Wiegel 1993. Reduktionsformen und Kasussynkretismen bei deutschen und niederländischen Pronomina. In: W. Abraham & J. Bayer (Hg.) *Dialektsyntax* [Sonderheft der *Linguistischen Berichte*]. Hamburg: Buske, 12–49.

Abraham, Werner & Josef Bayer (Hg.) 1993. *Dialektsyntax.* [Sonderheft der *Linguistischen Berichte*]. Hamburg: Buske.

Abraham, Werner & C. Jac Conradie 2001. *Präteritumschwund und Diskursgrammatik. Präteritumschwund in gesamteuropäischen Bezügen: areale Ausbreitung, heterogene Entstehung, Parsing sowie diskursgrammatische Grundlagen und Zusammenhänge.* Amsterdam: John Benjamins.

Abraham, Werner & Annette Fischer 1998. Das grammatische Optimalisierungsszenario von *tun* als Hilfsverb. In: K. Donhauser & L.M. Eichinger (Hg.) *Deutsche Grammatik – Thema und Variationen. Festschrift für Hans-Werner Eroms zum 60. Geburtstag.* Heidelberg: Winter, 35–48.

Axel, Katrin 2007. *Studies on Old High German syntax. Left sentence periphery, verb placement, and verb-second.* [Linguistik Aktuell / Linguistics Today 112]. Amsterdam: John Benjamins.

Bayer, Josef 1984. COMP in Bavarian syntax. *The Linguistic Review* 3, 209–274.

Bayer, Josef 2010. Wh-drop and recoverability. In: J.-W. Zwart & M. de Vries (eds.) *Structure Preserved: Studies in Syntax for Jan Koster.* Amsterdam: John Benjamins, 31–39.

Bayer, Josef 2013. Klitisierung, Reanalyse, und die Lizensierung von Nullformen: zwei Beispiele aus dem Bairischen. In: W. Abraham & E. Leiss (Hg.) *Mikrolinguistik und Dialektologie.* [Sonderheft *Linguistische Berichte*]. Hamburg: Buske.

Benincà, Paola 1988. *Piccola storia ragionata della dialettologia italiana.* [Quaderni patavini di linguistica. Monografia 3]. Padua.

Benincà, Paola 1994. *La variazione sintattica: Studi di dialettologia romanza.* Bologna: Il Mulino.

Bidese, Ermenegildo 2008a. *Diachrone Syntax des Zimbrischen.* Tübingen: Narr.

Bidese, Ermenegildo 2008b. Revisiting the Wackernagelposition: The evolution of the Cimbrian pronominal system. In: M. T. Putnam (ed.) 2010. *Studies on German-Language Islands.* Amsterdam: John Benjamins, 347–367.

Bidese, Ermenegildo 2010. The syntactic nature of protolanguage and its cognitive power. A merge-based investigation into the different stages of language origin. Ms. Univ. Trento & MIT.

Braunmüller, Kurt 2009. Converging genetically related languages: *Endstation* code mixing? In: K. Braunmüller & J. House (eds.) *Convergence and divergence in language contact situations*. [Hamburg Studies in Multilingualism 8]. Amsterdam: John Benjamins, 41–52.

Breitbarth, Anne, Christopher Lucas, Sheila Watts & David Willi (eds.) 2010. *Continuity and Change in Grammar*. [Linguistik Aktuell/Linguistics Today 159]. Amsterdam: John Benjamins.

Crisma, Paola & Giuseppe Longobardi (eds.) 2009. *Historical syntax and linguistic theory*. Oxford: OUP.

Dahl, Östen 2009. Increases in complexity as a result of language contact. In: K. Braunmüller & J. House (eds.) *Convergence and divergence in language contact situations*. [Hamburg Studies in Multilingualism 8]. Amsterdam: John Benjamins, 53–71.

Fuß, Eric 2005. *The rise of agreement. A formal approach to the syntax and grammaticalization of verbal inflection*. [Linguistik Aktuell / Linguistics Today 81]. Amsterdam: Benjamins.

Gelderen, Elly van 2004. *Grammaticalization as economy*. [Linguistik Aktuell / Linguistics Today 71]. Amsterdam: John Benjamins.

Grohmann, Kleanthes K. 2003. *Prolific domains. On the anti-locality of movement dependencies*. [Linguistik Aktuell / Linguistics Today 66]. Amsterdam: John Benjamins.

Hinterhölzl, Roland 2009. The role of information structure in word order variation and word order change. In: R. Hinterhölzl & S. Petrova (Hg.) *Information structure and language change*. [Trends in Linguistics. Studies and Monographs 203]. Berlin: Mouton de Gruyter, 45–66.

Kroch, Anthony 1989. Reflexes of grammar in patterns of language changes. *Language Variation and Change* 1, 199–244.

Kuhn, Thomas S. 1967. *Die Struktur wissenschaftlicher Revolutionen*. Frankfurt/M.: Suhrkamp.

Leiss, Elisabeth 2009. *Sprachphilosophie*. Berlin: de Gruyter.

Lightfoot, David 1991. *How to set parameters: arguments from language change*. Cambridge: CUP.

Lightfoot, David 1997. *Principles of diachronic syntax*. Cambridge: CUP.

Lobbia, Nico & Bonato, Sergio. 1998. *Il Ponte di Roana. Dez Dink vo' der Prucka*. Roana: Istituto di Cultura Cimbra.

Meid, Wolfgang. 1985a. *Der erste zimbrische Katechismus CHRISTLIKE UNT KORZE DOTTRINA. Die zimbrische Version aus dem Jahre 1602 der DOTTRINA CHRISTIANA BREVE des Kardinals Bellarmin in kritischer Ausgabe. Einleitung, italienischer und zimbrischer Text, Übersetzung, Kommentar, Reproduktionen*. Innsbruck: Institut für Sprachwissenschaft der Universität Innsbruck.

Meid, Wolfgang. 1985b. *Der zweite zimbrische Katechismus DAR KLÓANE CATECHISMO VOR DEZ BÉLOSELAND. Die zimbrische Version aus dem Jahre 1813 und 1842 des PICCOLO CATECHISMO AD USO DEL REGNO D'ITALIA von 1807 in kritischer Ausgabe. Einleitung, italienischer und zimbrischer Text, Übersetzung, Kommentar, Reproduktionen*. Innsbruck: Institut für Sprachwissenschaft der Universität Innsbruck [On-line-Version: http://titus.uni-frankfurt.de/texte/etcs/germ/zimbr/kat1813d/ kat18.htm and http://titus.uni-frankfurt.de/texte/etcs/germ/zimbr/kat1842d/kat18.htm].

Meillet, Antoine. 1993. *Introduction à l'étude comparative des langues indoeuropéennes*. 8ème edition. Paris: Hachette.

Patocka, Franz 1997. *Satzgliedstellung in den bairischen Dialekten Österreichs*. [Schriften zur deutschen Sprache in Österreich 20]. Frankfurt/M.: Peter Lang.

Pintzuk, Susan 1999. *Phrase structures in competition: Variation and change in Old English word order*. New York: Garland.

Poletto, Cecilia. 2001. The Left-Periphery of V2-Rhaetoromance Dialects: a New View on V2 and V3. In:, Sj. Barbiers, L. Cornips & S. Van der Kleij (Hg.) [Online-publication: http://www.meertens.knaw.nl/books/ synmic].

Poletto, Cecilia & Alessandra Tomaselli. 1995. Verso una definizione di elemento clitico. In: R. Dolci & G. Giusti (eds.) *Studi di grammatica tedesca e comparative*. Venezia: La Tipografica, 159–224.

Rowley, Anthony R. 2003. *Liacht as de sproch. Grammatica della lingua mòchena – Grammatik des Deutsch-Fersentalerischen*. Lusern: Istituto Culturale Mòcheno-Cimbro. Kulturinstitut für das Fersental und Lusern. Kulturinstitut Bernstol-Lusérn.

Rowley, Anthony R. 2004. Syntax des Fersentalerischen. In: St. Gaisbauer & H. Scheuringer (Hg.) *Linzerschnitten. Beiträge zur 8. bayerisch-österreichischen Dialektologentagung, zugleich 3. Arbeitstagung zu Sprache und Dialekt in Oberösterreich, in Linz, September 2001*. Linz: Adalbert-Stifter-Institut des Landes Oberösterreich, 529–536.

Schweizer, Bruno ed. 1939. *Zimbrische Sprachreste. Teil 1: Texte aus Giazza (Dreizehn Gemeinden ob Verona). Nach dem Volksmunde aufgenommen und mit hochdeutscher Übersetzung herausgegeben*. Halle an der Saale: Niemeyer.

Schweizer, Bruno. 2008. *Zimbrische Gesamtgrammatik. Vergleichende Darstellung der zimbrischen Dialekte*, James R. Dow (Hg.). Stuttgart: Steiner.

Sportiche, Dominique. 1996. Clitic constructions. In: J. Rooryck & L. Zaring (Hg.) *Phrase structure and the lexicon*. Dordrecht: Kluwer, 213–276.

Stefan, Barbara. 1998. Das zimbrische Marktgespräch mit Rechenexempel des D. Piermodesto Dalla Costa von 1763. In: P. Anreiter & H.M. Ölberg (Hg.) *Wort, Text, Sprache und Kultur. Festschrift für Hans Schmeja zum 65. Geburtstag*. Innsbruck: Institut für Sprachwissenschaft, 179–197.

Stefan, Barbara. 2000. *Novena vun unzar liben Vraun. Die zimbrische Mariennovene des D. Giuseppe Strazzabosco mit Übersetzung und Kommentar*. Innsbruck: Institut für Sprachwissenschaft.

Tomaselli, Alessandra 1990. *La sintassi del verbo finito nelle lingue germaniche*. Padova: Unipress.

Tomaselli, Alessandra 1995. Cases of verb-third in Old High German. In: A. Battye & I. Roberts (eds.) *Clause structure and language change*. [Oxford Studies in Comparative Syntax]. Oxford: OUP, 345–369.

Tyroller, Hans. 2003. *Grammatische Beschreibung des Zimbrischen von Lusern*. Wiesbaden: Steiner.

Vann, Robert E. 2009. On the importance of spontaneous speech innovations in language contact situations. In: K. Braunmüller & J. House (eds.) *Convergence and divergence in language contact situations*. [Hamburg Studies in Multilingualism 8]. Amsterdam: John Benjamins, 153–184.

Vennemann, Theo 2003. *Europa Vasconica – Europa Semitica*. Hg. von Noel Aziz Hanna, Patrizia. [Trends in linguistics: Studies and monographs ; 138]. Berlin: de Gruyter.

Zotti, Costantina. 1986. *Ein 'zimbrisches' Sprachdenkmal vom Südrand der Alpen. Die Erinnerungen der Costantina Zotti (1904–1980) aus Toballe in den Sieben Gemeinden. Zimbrischer Text mit neuhochdeutscher Übersetzung*. Sachbearbeitung N. von Mumelter. Bozen: Landesverband für Heimatpflege in Südtirol.

Präteritumschwund und das Aufkommen des analytischen Perfekts in den europäischen Sprachen: Sprachbundausbreitung oder autonome Entfaltung?*

1. Ausgangspunkte und Überblick

Die folgende Arbeit nimmt ein traditionell germanistisches Thema wieder auf, das des oberdeutschen Präteritumschwunds, und löst es auf innovative Art. Hauptlinien der Erklärung sind die folgenden:

1. Präteritumschwund ist keinesfalls eine auf das Deutsche beschränkte Erscheinung. Sie ist vielmehr europaweit beobachtbar. Die Antwort auf die Frage, was den OPS trieb bzw. treibt, ist somit auf jeden Fall mit Blick auf die außerdeutschen PS-Erscheinungen zu suchen. Diese befinden sich in verschiedenen Entwicklungsstadien der Schwunderscheinung. Vgl. Tabelle 1 zur graduellen PS-Entfaltung.

2. Tabelle 1 gibt Anlass zu der Vermutung, dass es sich um areale Beeinflussung handelt. In der Tat hat Drinka (2003) die begründete These aufgestellt, dass die Ausbreitung des periphrastischen Perfekts auf Kosten des einfachen Präteritums von der *Isle de France* seinen Ausgang nahm und sich nach Osten ausbreitete. Dies wird durch Abraham (2004) bestritten. Zwei Hauptgründe spielen für Letzteren eine besondere Rolle. Einmal zeigt sich PS auch im Afrikaans (neben dem Pennsylvanerdeutsch und (Ost-) Jiddischen), dessen Herkunftssprache, das Niederländische, zu keiner Zeit bis heute das einfache Präteritum aufgegeben hat. Zum anderen muss in die Erklärung des obdt. Präteritumschwunds die Tatsache eingebracht werden, dass die PS-Entwicklung nur von sprechsprachliche Varianten der betroffenen Sprachen ausging. Zur geographischen Verteilung vgl. Karte 1.

* Ersterschienen in Eckhard Eggers, Jürgen Erich Schmidt & Dieter Stellmacher (Hg.) 2005. *Moderne Dialekte – neue Dialektologie. Akten des 1. Kongresses der Internationalen Gesellschaft für Dialektologie des Deutschen (IGDD).* [ZDL-Beiheft 130]. Stuttgart: Franz Steiner, 115–134.

Tabelle 1: Europäische Tempussysteme in ihren speziellen Entwicklungsstufen (Anterior = Perfektpartizip/PP)

Entwicklungsstufe	Status des Präteritums	ANTERIOR + FUTUR= Futurperfekt: *PP+haben werden*	ANTERIOR + PAST = Plusquamperfekt: *hatte+PP*	ANTERIOR + PRÄSENS = Plusquamperfekt: *PP+gehabt haben*	Modale Verwendung von ANTERIOR auf Stufe 0: vgl. russisch *byl'*	Sprachvertreter: Gruppierungen mit arealen und subarealen Beziehungen auf unterschiedlichen diachronen Stufen
0	Präsens-Anterior ≠ PRÄTERITUM: (2c), (3b)	+	–	–	–	Skandinavisch, **Niederländisch, W-Friesisch,** Englisch, Finnisch, Estisch, Spanisch, Katalanisch, Baskisch
1	Präsens-Anterior = PRÄTERITUM: (2a), (3a)	+	+	+	–	**Hochdeutsch, Nordfriesisch,** Standarditalienisch, Obersorbisch, Albanisch
2	PRÄTERITUM: marginal	+	+	+	–	Serbokroatisch, Rumänisch, Französisch
3	kein PRÄTERITUM: (= 'PS')	+	–	+	–	**Süddeutsch (Oberdeutsch), Jiddisch, Afrikaans,** Pennsylvanerdeutsch, Ungarisch
4	kein PRÄTERITUM: (= 'PS')	–	–	+	+[1]	Polnisch, Tschechisch, Bulgarisch, Russisch, Ukrainisch, Slovenisch

1 Unter dieser Veränderung ist Folgendes zu verstehen: Anstatt eines gemeinten *Wenn es regnete* (Prät.), *blieb* (Prät.) *ich zuhause* stünde *Wenn es geregnet hat, bin ich zuhause geblieben* – was es offenbar im Deutschen in keiner einzigen regionalen Ausbildung noch gibt.

3. Eine von einer Schriftsprache weithin unabhängige Sprechsprache ist optimal daraufhin kodiert, dass der Hörer so gut wie möglich *online* interpretieren kann – d.h. dass er so wenig wie möglich an Wortmaterial im Satzverband zur Letztinterpretation am Schluss des Satzes auf einen Zwischenspeichern ablagern muss. (Beim Schriftkode besteht diese Schwierigkeit nicht: der Leser kann ja immer nachlesen.) Die deutsche S(V)OV-Satzstruktur erschwert diese *online*-Dekodierung insofern, als sowohl im Hauptsatz wie vor allem im Nebensatz das valenzbedingende Verb am Schluss des Satzes steht. Alle anderen europäischen SVO-Sprachen sind in diesem Sinne hörergerechter. Die Hauptthese dieses Artikels ist, dass die Satzstruktur des Bairisch-Österreichischen trotz S(V)OV mit dem grundsätzlich eingehaltenen Präteritumschwund einerseits Mittel zur optimalen Hörerinterpretation entfaltet, die dem Hochdeutschen fehlen. Andererseits gewinnt SOV markant an Diskurseigenschaften, die jeder SVO-Sprache fehlen (freie Mittelfeldverschiebung zur optimalen Diskurseinpassung).

Diese drei Punkte werden im Folgenden weiter ausgeführt.

2. Präteritumschwund und das Aufkommen des analytischen Perfekts

2.1. Diskursprominenz

Einfache Präterita sind in weiträumig benachbarten Süd- und Ostgebieten Europas (Südgermanisch, Romanisch, Slawisch) den periphrastischen Präterita („Präsens Anterior“) gewichen, alte Unterschiede damit aufgebend bzw. in den neuen Formen vermischend. Doch sind die Folgen dieses Übergangs nicht einheitlich. Es lassen sich wie in Abb. 1 fünf Typen von Präteritumschwundsprachen bzw. Präteritumschwunddialektgebiete unterscheiden. Die klassifizierenden Kriterien sind:
1. Präsens Anterior ungleich dem einfachen Präteritum: dazu gehören das Skandinavische und das Englische;
2. Präsens Anterior funktionsgleich dem einfachen Präteritum: dem schließen sich das Deutsche und Italienische an;
3. das einfache Präteritum wird marginalisiert: Serbokroatisch, Rumänisch, Französisch; und
4. das einfache Präteritum verschwindet völlig, seine Funktion findet sich zur Gänze durch das Präsens Anterior übernommen: Süddeutsch (Oberdeutsch), Jiddisch, Slawisch. Die letzte Gruppe lässt sich weiter unterteilen hinsichtlich des Kriteriums, ob sie über eine paradigmatische Vertretung des periphrastischen Futurperfekts oder eines Modalausdrucks verfügen, der sich an das Präsens Anterior bindet:
5. wie das Slawische im Gegensatz zum Oberdeutschen. All dies suggeriert areale Ausbreitung unter Berührung, wo die Quelle der Bundausbreitung bei jener Sprache liegt, die auf dieser Skala die stärkste Modernisierung sowie die massivsten Neufunktionen verzeichnet: beim Russischen.

Karte 1: Europäische Verteilung von *HABEN/SEIN* als Perfektauxiliar

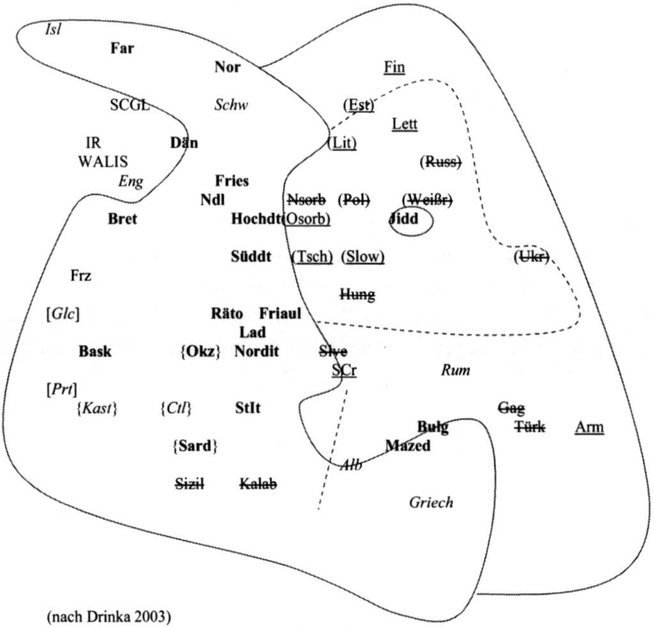

(nach Drinka 2003)

fett = *SEIN + HABEN*
<u>unterstrichen</u> = ausschließlich *SEIN*
kursiv = ausschließlich *HABEN* (unter Ausschluss des archaischen griech. Perfekts in der *HABEN/SEIN*-Peripherie)
(Parenthese) = historisch *SEIN*, allerdings Einsprengsel von gelegentlichem *HABEN* (besonders W.Slaw, N.Rus-Dialekte, etc.)
~~durchgestrichen~~ = einfaches Präteritum überwiegend vor Perfekt (Sizil, Kalab) bzw. periphrastischem Perfekt
ohne Beleg (Russ, Weißr, Ukr, Pol, Nsorb, Slow): altes SEIN-Perfekt > einf. Prät.(*SEIN* meist verloren); ebenso Ung., Türk.: ohne eigentliches periphrastisches Perfekt, jedoch mit eng verwandten Kategorien. Gag: gar kein Perf, auch kein Auxiliar.
[eckige Klammer] = *tener* als Auxiliar verwendet.
{geschlungene Klammer}= *haver* als Aux bewahrt, als Vollverb > *tener*
BLOCK = *SEIN* (+ 'nach') + Verbalnomen (Ir, Wals, SchGäl)

Es ist zu zeigen, dass die Annahme einer Ausbreitung unter Sprachbundeinfluss aus verschiedenen Gründen irrig ist. Erstens liegen keine historischen Zeugnisse zu einem solchen paradigmenerfassenden Fremdeinfluss auf Tempus- und Aspektebene vor (möglicherweise mit der einzigen Ausnahme der bemerkenswerten deutschen Funktionsentlehnung des slawischen *byt'* für dt. *werden* als Futur- und Passivauxiliar – nur „möglicherweise", da sich dieser Entlehnung keine andere germanische Sprache anschloss; vgl. Leiss 1985). Zweitens und schwerwiegender, es gibt eine Sprache in der arealen germanischen Diaspora, nämlich Afrikaans (teils auch Ostjiddisch), wo sich identische Schwunderscheinungen ergaben, ohne dass arealer Kontakt mit den ursprünglichen europäischen Nachbarn vorlag (das Niederländische hat das einfache Präteritum keinesfalls aufgegeben). An all das wird die folgende komplexe Argumentationslinie geknüpft: (1) der entscheidende Präteritumschwund in den aneinandergrenzenden ebenso wie getrennten europäischen Sprachen beschränkt sich in seiner Entstehung auf den Sprechkode; (2) in solchen Sprechkoden findet sich ein grundsätzlich eigener, dem Schriftkode fremder Grammatikmechanismus, nämlich ein schrittweise ablaufender Verarbeitungsmechanismus: „Parsing" (d.h. die Verarbeitung durch den Hörer läuft prinzipiell anders ab als die Sprecherproduktion); (3) Sprachen lassen sich vor einem solchen Hintergrund klassifizieren als solche, die entweder „(Subjekt-Prädikat) kongruenzprominenten" oder aber „diskursprominenten" Strategien folgen. Diese Faktoren werden weiter erörtert und im Einzelnen anhand einzelner Sprachen (dem Oberdeutschen, dem Afrikaans) in synchroner Analyse und anhand historischer Dokumente illustriert. Es wird der Schluss gezogen, dass Oberdeutsch (teilweise auch Afrikaans, nicht jedoch Hoch- und Plattdeutsch und Niederländisch) eine strukturelle Strategie verfolgen, in denen die erste Verbklammer, V-2, weitgehend von lexikalischer Besetzung frei und grammatischen Hilfsverben vorbehalten bleibt und vorzugsweise V-letzt (die 2. Verbklammer) mit lexikalischem Material besetzt wird. Auf diese Weise wird der im mündlichen Sprachgebrauch bevorzugten, ja nötigen Strategie der Verbletztfüllung durch prädikatives Rhemamaterial entsprochen. Gleichzeitig wird das dem Deutschen und Niederländischen so eigene (und von keiner anderen Sprache geteilte) Mittelfeld (zwischen erster und zweiter Verbklammer) geöffnet, das freie Mittelfeldversetzung der nominalen Elemente erlaubt und das Deutsche zu der diskursprominenten Sprache macht, die es von allen anderen germanischen Sprachen unterscheidet.[2]

Wie passen die Annahmen oben zu den üblichen grammatisch-strukturellen Voraussetzungen? Das Hoch- und Norddeutsche – wo ja kein Präteritumschwund

2 Hochdiskursprominente Sprachen wie das Russische und Tschechische, wo ja jede Reihung der Satzglieder möglich ist und wo jede dieser Reihungen einen anderen Textanschluss bzw. andere Präsuppositionen vermittelt, verfügen nicht über die strenge Scramblingmöglichkeit des Deutschen. Vielmehr schieben sie Themata (*topics*) gestuft nach links vorne in eine erweiterte CP-Struktur (nach Rizzi 1997). Darin verfolgten die slawischen diskursprominenten Sprachen eine Gliederungsstrategie ähnlich dem Ungarischen; vgl. Kiss (2002). Das diskursprominente Japanische verwendet morphologische Mittel der Suffigierung zur Kennzeichnung von Themata, kommt also ebensowenig als Scramblingkandidat in den Blick.

vorliegt – ist vom Strukturtypus **S-V-O-V**, wobei **S-V-O(-V)** im unabhängigen Satz realisiert ist und **S-O-V** im abhängigen Satz. Das Oberdeutsche dagegen (Österreichisch, Bairisch, Alemannisch) – die ausnahmslos Präteritumschwund aufweisen – ist vom Strukturtypus **S-Aux-O-V** im unabhängigen Satz realisiert ist und **S-O-V(-Aux)** im abhängigen Satz. Um dies zu realisieren, gibt es im Obd. mehr Auxiliarverben als im Hochdeutschen, die zur Realisierung dieses Zieles dienen: *haben/sein/werden* für die nichtpräsentischen periphrastischen Tempora, *tun* für Präsens Indikativ und Konjunktiv. Letzteres vor allem verpönt das Schrift- und Hochdeutsche. Das Oberdeutsche scheut im Unterschied zum Hochdeutschen vor dem Einsatz eines lexikalischen V in Comp bzw. der 1.Verbklammer (1.VK) zurück: *S-V-O. Man vgl. die Überdeckungen von Satzgliedstruktur und Thema-Rhema-Verteilungen in Abhängigkeit von Normal- und Kontrastsatzakzent in der folgenden Satzfeldtabelle 2 (Abraham 1995 Kap. 11).

Tabelle 2: Deckung zwischen grammatischer Satzgliedbasisstruktur und Diskursfunktionen im Deutschen

	THEMA/ RHEMA	–	Thema	⇐ RHEMA	RHEMA	RHEMA ⇒	THEMA
	Vorfeld	1. VK	MF	MF	MF	2. VK	NF
Ko-Ord	$[_{CP/IP}$ SPEZCP/IP	Comp/ Infl	AgrOP	$[_{VP}$	$[_{VP}$	V°]]]	Rechts-heraus-stellung
–	Du	kommst	–	aber	PÜNKTLICH		*heute*!
Aber	–	–	–	auch	PÜNKTLICH	*kommen*!	–
–	Wieso	–	–	denn	PÜNKTLICH	kommen?	–
Aber	wieso	–	–	denn	PÜNKTLICH	kommen	heute?

'THEMA/RHEMA' in der 2. Spalte zeigt an, dass nach vorne gesetzte Satzglieder sowohl Thema- als auch Rhemafunktion bekleiden können. Die Entscheidung hängt davon ab, was ihre Basisposition ist. Kapitalien markieren Fokus/Rhema: eine Fokuskonstituente bzw. genauer deren syntaktischer Kopf kann akzentmarkiert sein, wenn das fokussierte Element in seiner Basisposition steht; ist es dagegen kontrastakzentmarkiert, dann hat es seine Basisposition nach links verlassen. Basispositionen: innerhalb von VP für Indefinita, außerhalb für definite Appellative und Pronomina; das definite Subjekt ist als einzige Konstituente in der Satzspitze (= Topik) unmarkiert (d.h. ohne Kontrastakzent). KOORD = koordinierende Konjunktion; 1.VK = erste Verbklammer, MF = Mittelfeld, NF = Nachfeld.

Das normale, grammatisch bestimmte Satzrhema liegt immer auf dem Kopf der dem Verb in Vletzt-Stellung (2.VK) vorausgehenden Satzglied – im Fall oben auf *pünktlich*. Jegliche Verschiebung von Satzgliedern aus deren Basispositionen zeitigt

Refokussierung, d.h. Kontrastakzent und damit andere Textanschlussvoraussetzungen. Dies ist die Folge der freien Mittelfeldverschiebung („Scrambling“) im Deutschen, die keine andere germanische und, soweit ich sehe, überhaupt keine andere Sprache mit dem Deutschen teilt. Am deutlichsten wird dies, wenn es um Umstellung von Objekten aus ihren designierten Basispositionen geht (siehe Abraham 2000 zum Vergleich mit dem Niederländischen und Norwegischen). Ganz zweifellos ist diese diskursprominente Eigenschaft (neue, feinkörnige Textanschlussvarianz ausschließlich mittels Umstellung der Satzglieder im Mittelfeld) auf die Satzklammer, den damit eindeutig begrenzten, linksläufigen Verbrektionsbereich und die damit eröffnete Umakzentuierungspotenz zurückzuführen. Andere germanische Sprachen erreichen ähnliche Textanschlüsse nur durch komplexe Satzspaltungen („(Pseudo-) Cleft constructions“).

Wir sehen nun deutlicher, was das Oberdeutsche mit dem prinzipiell periphrastischen Perfekt an Vorteilen erreicht. Als Sprechsprache muss es höchsten Wert auf eindeutige, *online* erfolgende (d.h. keiner Zeitverzögerung unterliegende) Textbündigkeit legen. Dies ist durch ebenso eindeutige positionell und akzentisch identifizierte Diskursfunktionen („alt-neu/Thema-Rhema“ unterschiedlicher Präsuppositionsgradienz) erreicht. Dazu ist ‘Scrambling’ nötig – prädisponiert durch das Mittelfeld zwischen den beiden Verbklammern (1.VK – 2.VK) und die dort möglichen Satzgliedumstellungen.[3] Da das Hoch/Schriftdeutsche bei einfachen präsentischen Verben im Hauptsatz keine 2. Verbklammer anzeigt, schafft das sprechkodifizierende Oberdeutsche mit *tun* eine Extramöglichkeit der phonologisch sichtbaren Satzklammer. Vgl. die in (1) ausgedrückten charakteristischen Beschränkungen – man sehe dies im Zusammenhang mit Tab. 2 oben.

(1) Oberdeutsch:

	⇐TH ⇒	⇐ RH ⇒	⇐TH
Filter:	*[$_C$ V]….	[$_V$o t]..	
OPS:	[$_C$ Aux]..	[$_V$o V]..	
	wobei:	(i)	*sein/haben* für obd. Anterior
		(ii)	*tun* für Präsens

Die Erklärungshypothese ist folgende. Das Hochdeutsch ist vornehmlich ein Schreibkode bzw. Lesekode. Es gliedert satzgrammatisch SVOV (im Hauptsatz bei Verben mit trennbaren Verbpartikeln sichtbar, im Nebensatz allerdings nur SOV). Es schließt das einfache Präteritum nicht aus, setzt damit im monovalenten Satz das Rhema (auf dem Prädikat in 1.VK) früher als adverbielle Themata, die noch folgen können. Damit ist keine ideale Diskursanzeige erreicht. Das Oberdeutsch dagegen schafft als Sprech- bzw. Hörer-Kode mit der Satzgliedabfolge S-<u>Aux</u>-O-V (und damit *S-<u>V</u>-O) grundsätzlich die Verbklammer, gleichgültig in welcher Satzart und mit welchem

3 ‘Umstellung’ ist ungenau. Ich gehe davon aus, dass es grundsätzlich nur Linksversetzungen von Satzgliedern bzw. deren Teilen gibt.

Verb. Die Anteriorreferenz des Satzprädikats ist mittels *sein/haben* finit gemacht, die Präsensbeziehung mittels *tun*.

2.2. Parsing

Was steckt da dahinter? Was sind die tieferen Gründe? Man beachte, dass OV mit der Diskursprominenz des oberdeutschen Nichtschrift- bzw. Sprech- und Hörkode in strukturellem Einklang steht, wogegen S-Aux Parsinganforderungen entspricht. Parsing nennt man die Abarbeitung der einzelnen Satzwörter und -konstituenten von links nach rechts, also wie man diese in der Wortkette im Satz gereiht gesprochen hört. Ideal wäre, wenn man jedes Wort in seinem Satzgliedstatus sofort identifiziert. Das ist aber in einer Vielzahl von Fällen nicht möglich, da die Kasusmorphologie im Deutschen das Subjekt nicht eindeutig von Objekten unterscheidet. Vornehmlich muss die Identifikation der Subjektkongruenz über Numerus und Person in der Satzkette so früh wie möglich erfolgen, um die Zwischenablage von unidentifiziertem Satzteilmaterial auf dem Gedächtniszwischenspeicher so gering wie möglich zu halten. Überbeanspruchung des Zwischenspeichers kann zu Verlust von Gespeichertem führen, wie wir aus eigener Erfahrung wissen. Der Zwischenspeicher hat in einem auf den Hörer beschränkten Kode eminente Behaltens- und *online*-Verständnisbedeutung. In diesem Sinne wird die erste Verbposition, Comp^{o}/1.VK, nur dazu benutzt, um über Aux-Kongruenzmorphologie das Subjekt zu identifizieren (d.h. die Zwischenspeicherung eines nicht eindeutig identifizierten Subjektkandidaten zu verhindern und in unmittelbarer Folge die Ausgliederung der Objekte und Adverbien zu beschleunigen). Die Wortarten zur Füllung der Leerstelle C(omp)^{o}/1. VK sind *haben*, *sein* und *tun*. Dies führt zu *haben/sein/tun*-Periphrasen in C^{o} und spart für V-letzt das rhematrächtige lexikalische Vollprädikat aus. Damit ist für die Prädikatletztstelle im Satz, V^{o}/2.VK, das lexikalische Vollprädikat in infiniter Form vorbehalten – gleichzeitig Vorbedingung für die Rhemafüllung innerhalb von VP, wo sie erwartet wird. Damit wird *Garden path*-Lesarten (Divergenzen zwischen semantischer und syntaktischer Interpretation) zuvorgekommen.

In einem solchen Szenario ist das (bloß hörkodierte) Oberdeutsch in einem Dilemma. Auf der einen Seite hat es irgendein Prädikat in der 1.VK/C einzusetzen, um der grammatischen Forderung nach Früherkennung und Unterscheidung des Subjekts nachzukommen. Zum andern hat das hörkodierte Oberdeutsch ohne *online*-Zeitverzögerung Kontextinterpretierbarkeit jedes aktuellen Satzlaufs zu gewährleisten – d.h., es hat Themata und Rhemata zu unterscheiden. Dies ist nur dadurch gewährleistet, dass das lexikalische Prädikat in der rhemakanonischen V-letzt-Position (2.VK) eingesetzt wird. Das Verb ist ja jeweils (Mit)Träger der rhematischen Satzinformation. Um solcherart zwischen Scylla und Charybdis zu entscheiden, realisiert das Oberdeutsche lexikalisch sowohl (S-)Aux (zur Früherkennung der Subjektkongruenz unter allen NP-Referenten) wie auch V-letzt, was die Diskursbedingung der späten (Akzent- und) Rhemaposition erfüllt. Im Sinne einer optimal-technischen Lösung ist dies die beste Reparaturlösung einer grundsätzlich dilemmatischen Situation. Unter einer solchen optimalen Lösung sind dann auch Verletzungen geringeren Gewichts erlaubt: so ist auch Aux-letzt nicht unmöglich wie in

(2) *dass-a eam* *schodn tuat* (Ostösterreichisch)
(3) *dass-r-m* *schada tüaji* (Hochalemannisch)
dass-er-ihm schaden tue

Aux-letzt, optimalerweise im abhängigen Satz verboten, ist erträglicher als das Vollverb in der 1.VK im unabhängigen Satz wie in

(4) **Er schadet ihm**

was hörerparsingoptimiert folgendermaßen aussieht:

(5) **Er tuat eam schodn** (Ostösterreichisch) – **Er tuat-m schada** (Hochalemannisch)

Natürlich steht das Auxiliar auch in V-letzt – Bairisch-Österreichisch ebenso wie Hochalemannisch:

(6) *dass-a eam schaden tuat/dass-r-am schada tuat*

Dies spricht jedoch nicht gegen die Parsingstrategie mit dem Auxiliar *tun* in V2 im unabhängigen Satz – ganz abgesehen davon, dass es in den Sprechformen immer Einflüsse der Hochsprache gibt, die das 'saubere' Bild der Voraussagen für die Sprechparsingstrategie beeinflussen.

3. Das analytische Perfekt in den europäischen Sprachen: Sprachbundausbreitung oder autonome Entfaltung?

Es ist verführerisch anzunehmen, dass angesichts der weiträumigen Ausbreitung des zusammengesetzten Anteriortempus in den Sprachen Europas ein Sprachbundphänomen vorliegt. Eine starke moderne Tendenz hat Sapirs frühe Annahme eines *Standard Average European* (SAE) wiederbelebt (Haspelmath 2001, Drinka 2003, Ramat & Stolz 2002 u.a.). Denken wir nochmals an die Zusammenschau der Ausbreitung des zusammengesetzten Perfekts in den europäischen Sprachen in Tab. 1 und Karte 1 oben (Tab. 1 nach Thieroff 1995).

Die Antwort auf diese Frage muss aber nach den Ausführungen zur dem Deutschen spezifisch eigenen Diskursprominenz und den Parsingbedingungen einer Sprache des Typs S-V/Aux-OV eindeutig lauten: sehr unwahrscheinlich. Zu unterschiedlich sind die in Europa vereinten Sprachen typologisch (die meisten sind vom SVO-Typus, der die Unterscheidung des Subjekts, S, von seinen Objekten, O, bereits positionell durchführt). Die Ausbreitung des analytischen Perfekts ist aller Wahrscheinlichkeit nach kein Sprachbundphänomen. Es liegt dafür zudem nahezu keine historische Evidenz zu Übertragungsrouten, zu Sponsor und Empfänger dieses Transfers vor (obwohl letzteres gerade Drinka 2003 zu begründen versucht – ein einsamer Versuch unter allen

Sprachbundbehauptungen; doch vgl. die Abwehr der einzelnen Detailbegründungen in Abraham 2004). Zudem liefert Tab. 1 zum Teil das Bild einer autonomen Entwicklung in den nationalsprachlichen Sprech- und Hörkoden, abseits also von den kanonischen Schriftkoden. Dieser Kodetypus, so ist ausführlich begründet worden, kann nicht für das Oberdeutsche, das Afrikaans sowie das Jiddische in Anspruch genommen werden.

Im Gegensatz zu einer Sprachkultur, in der der Schriftkode überwiegt oder Normen für jeden anderen Kode setzt, wird unter Dominanz des Hörkodes das analytische Perfekt vor dem synthetischen Präteritum den Vorrang erhalten. Dies gilt nur dort nicht, wo deutliche aspektuelle bzw. temporale Oppositionen die formale Trennung der beiden Anteriora aufrecht erhalten. Dies ist seit dem späten Mittelhochdeutschen um 1500 nicht mehr der Fall. Was nicht nur nicht dagegen spricht, sondern diese These sogar bekräftigt, ist das Norddeutsche, wo das einfach gebildete Anterior (synthetische Präteritum) noch vorherrscht. Dies führe ich darauf zurück, dass sich die diachrone Linie des ursprünglich unverschobenen Platt seit dem Niedergang der hanseatischen Stütze des Schriftniederdeutschen nicht mehr großräumig und uneingeschränkt bis heute fortgesetzt hat. Stattdessen spricht man vor allem in den industriellen und stadtbürgerlichen Zentren ebenso wie in den ländlichen Gegenden Hochdeutsch, den Schrift- und Lesekode, allerdings mit phonetischem Transfer zum nichtverschiebenden Platt (vgl. Niebaum/Macha 1999).

5. Die eigentlichen Strukturvarianten des oberdeutschen Hörerkodes

Es wäre überraschend, ja den Wert der hier vertretenen These entscheidend mindernd, wenn der Hörer- und Sprechkode des Oberdeutschen neben lexikalischen Eigenheiten, die es vom Schriftkode trennen, nicht strukturelle Idiosynkrasien entwickelt hätte. Hierzu kommen vor allem Charakteristika in den Blick, die den Diskursablauf optimieren – etwas was ja im Hoch-, da Schreib- und Lesedeutschen nicht von prominentem Belang ist. Ich habe mich diesem Thema ohne Blick auf den Präteritumschwund in Abraham (2002) gewidmet. Vgl. einen Ausschnitt dazu, getrimmt auf den Zusammenhang mit Parsing und Diskursprominenz, in den Tabellen 3 und 4.

Über Erscheinungen der Parsingerleichterung in Tab. 3 hinaus verzeichnet Tab. 4 Eigenschaften, die in einem diskursprominenten (Sprech-)Kode erwartbar sind und die sich vom Schrifthochdeutschen unterscheiden (genereller besprochen bei Abraham 2002). Zur Deckung von Satzgliedidentifikation und den Diskursfunktionen 'Thema' und 'Rhema' vgl. nochmals Tab. 2 oben. Strukturelle Erklärungen zu den einzelnen Erscheinungen, (i)–(ix), finden sich in der Spalte ganz rechts. Man denke dabei stets daran, dass sich diese Erscheinungen im Schriftdeutschen nicht finden bzw. stilkundlich verpönt sind.

6. Schluss

Ich habe hier davon abgesehen, auf Gründe dafür einzugehen, dass die Sprachbundthese zur Ausbreitung des periphrastischen Perfekts (in der germanistischen Literatur unter dem Terminus 'Präteritumschwund' geführt, was ja angesichts der weit über das Deutsche hinausgehenden Erscheinung sowie der gesicherten Annahme, dass Dialekte stets schon Hörkoden gewesen sind, zu kurz greift) nicht haltbar ist. Vielmehr stand im Vordergrund, welche kode- und kommunikationstechnisch Auslöser für die Bevorzugung des analytischen Perfekts (und damit in der Folge die Ablösung der nur unwesentlich verschieden gewordenen Funktion des einfachen Präteritums) verantwortlich sind. Der Gebrauch sprechsprachlicher Varianten ist teilweise anderen bzw. unterschiedlich gewichteten Bedingungen unterworfen als am schriftlichen Gebrauch orientierte (und in dieser Form so meist auch vermittelte), standardisierte Sprachen. Es sind dies im vorliegenden Kontext in der Hauptsache die *online*-Verarbeitung (also die Parsingkomponente) und die Diskurskomponente, die in Sprechsprachen unmittelbarer und daher anders gewichtet zum Tragen kommen. Dass beide Komponenten bei der aktuellen Satzgenerierung zusätzlich zum eigentlichen Syntaxmodul eine Rolle spielen (vgl. die Kollationen in Tab. 2), ist heute unkontrovers. So hat z.B. Hawkins (1990) plausibel gemacht, dass die Optimierung der Verarbeitungseffizienz ein Faktor ist, der die Anordnung syntaktischer Konstituenten in solcher Form steuert, dass kürzere Konstituenten dazu tendieren, vor längeren zu erscheinen („Behaghels Gesetz der schweren Glieder"). Die Anordnung von Konstituenten nach diskursfunktionalen Gesichtspunkten ist aus der Tradition der funktionalen Satzperspektive hinlänglich bekannt (siehe kürzlich Abraham & Molnárfi 2001). Beide Komponenten sind in dem Maße auch für Sprachwandel relevante Faktoren, als sie die Gebrauchsfrequenz bestimmter syntaktischer Konstruktionen beeinflussen können, wie am Beispiel des „Oberdeutschen Präteritumschwunds" deutlich wurde.

Ob eine Sprache einzig als Sprechsprache oder aber – zusätzlich oder ausschließlich – als überwiegend an der Schriftsprache orientierte Standardsprache existiert, hat somit eine zweifache Bedeutung für den Sprachwandel. Wie in Abraham & Conradie (2001) gezeigt, spielt der Spracherwerbsaspekt beim Präteritumschwund im Afrikaans eine entscheidende Rolle. Bei der Entstehung des Afrikaans im späten 17. und im gesamten 18. Jahrhundert ist von großer Heterogenität der daran beteiligten Bevölkerung auszugehen: Kap-Holländer (mit unterschiedlichen dialektalen Basen) neben (Teilen) der ursprünglichen Kap-Bevölkerung (Khoi), portugiesisch- oder malaysischsprachigen Sklaven, französischen (Hugenotten) und deutschen Einwanderern sowie weiteren Gruppen. Daraus entstand das frühe Afrikaans mit einem breiten Dialektspektrum, dessen Varianz von der Annäherung an die Stadtsprachennorm bis zu basilektalen Formen aufgrund von Kreolisierung reichte (Abraham & Conradie 2001:41). Diese Varianz reduzierte sich bis um 1800 erheblich, Afrikaans wurde dann im 19. Jahrhundert zum allgemeinen gesprochenen Substandard, das gleichzeitig mit Hochholländisch existierte (bevor es 1925 neben Englisch zur offiziellen Amtsprache erhoben wurde).

Vor diesem außerdeutschen Hintergrund (und dies ist nur einer unter mehreren, die bei Abraham & Conradie 2001 skizziert wurden) ist die hier vorgelegte Erklärung tatsächlich als Fortschritt gegenüber den bisherigen Hypothesen zum OPS zu sehen (vgl. Lindgren 1959 neben vielen anderen; vgl. Abraham & Conradie 2001: Kap. 9). Verstanden als Teilfaktor im gesamten polyfaktoriellen Erklärrahmen und als hinreichende Bedingung neben anderen bietet sie den Vorteil, ein Entstehungsszenarium auszulegen, vor dessen Hintergrund der OPS lerntheoretisch und sprachpsychologisch plausibel erscheint und in einen breiteren Kontext – man denke an die Parallele zur *tun*-Periphrase – eingebettet ist.

Gleichwohl hat auch diese Erklärung seine Probleme mit bestimmten vor uns liegenden Fakten. So scheint der Umstand, dass im Niederländischen und vor allem in seinen Dialekten, die ja dieselben satzstrukturellen Voraussetzungen hatten, der Präteritumschwund unterblieben ist, darauf hinzudeuten, dass im skizzierten Begründungsszenarium möglicherweise grammatische Faktoren, etwa die Kasusmorphologie zu kurz kommen (Weiß 2003). Hier ist die größere Orientierung an der Schriftsprache keine hinreichende Begründung. Die Tatsache, dass das Niederländische morphologische Kasusdistinktion völlig aufgeben hat, während im Oberdeutschen in der Regel die Dativ-Akkusativ-Unterscheidung erhalten geblieben ist, scheint durchaus bedeutsam für das Fehlen von Objektsinversion im Niederländischen zu sein, was ja wiederum eine wichtige Ausprägung für die Diskursprominenz einer Sprache ist. Zusätzlich scheinen aber auch andere Gründe eine Rolle zu spielen. Zur Frage, warum im Platt (und im Niederländischen) Präteritumschwund ausblieb (eine Frage, der sich die Germanistik nach Lindgren 1959 gar nie stellte). Man geht in der Forschung im Allgemeinen davon aus, dass die mittelniederdeutsche Schriftsprache bzw. das hansische Schriftmittelniederdeutsch für den Niedergang des Friesischen in Ostfriesland und im Groningerland verantwortlich war – weiter ausgehend davon, dass zunächst wohl nur die Schriftsprache erfasst wurde, während die gesprochene Sprache noch friesisch blieb. Als Sprechsprache ist das Niederdeutsche in Ostfriesland 1530 oberschichtlich belegt, erst später ergreift es auch die anderen sozialen Gruppen. Mein Schluss zur Ausgangsfrage ist, dass die Antwort aus zwei voneinander zu scheidenden Fakten besteht:

1. Das niederdeutsche Industrieland ist infolge von Industrialisierung und folgender Migration weithin ohne gewachsenen, d.h. durch die Hochsprache unbeeinflussten Sprechdialektraum. Was sprechsprachlich übrig ist, ist durch die Hochsprache beeinflusst in dem Sinne, dass nur mehr phonetisches Niederdeutsch übrig ist, nicht jedoch syntaktisch Eigenständiges.
2. Platt ist durch die hansesche Schriftsprache und deren Einfluss auf die Mundarten sicherlich in Ostfriesland bedrängt (Niebaum/Macha 1999) und graduell unauthentisch gemacht worden. Dazu trafen sich in Ostfriesland Friesisch und Niederdeutsch, wodurch sich wohl Schriftsprachliches leichter als Norm durchsetzen konnte.

Damit ist auch im Sinne des Gegenschlusses ein Szenario für das PS-lose Areal des Deutschen sowie das Niederländische bereitgestellt.

Literatur

Abraham, Werner 1995. *Deutsche Syntax im Sprachenvergleich. Grundlegung einer typologischen Syntax des Deutschen.* [Studien zur deutschen Grammatik 41]. Tübingen: Narr.

Abraham, Werner 2000. Zwischen extensionaler Ökonomie und intensionaler lokalistischer Präzisierung: Dativobjekte im Deutschen und ihre Wiedergabe im kasuslosen Niederländischen. In: A. Bittner, D. Bittner & K.-M. Köpcke (Hg.) *Angemessene Strukturen: Systemorganisation in Phonologie, Morphologie und Syntax*. Hildesheim u.a.: Olms, 299–316.

Abraham, Werner 2002. Characteristics of spoken vernaculars: parsing strategies? In: J. Berns & J. van Marle (eds.) *Present-day dialectology*. [Trends in Linguistics. Studies and Monographs 137]. Berlin: Mouton de Gruyter, 1–34.

Abraham, Werner 2004. The European demise of the simple past and the emergence of the periphrastic perfect: areal diffusion or natural, autonomous evolution under parsing facilitation? In: W. Abraham (ed.) *Focus on Germanic typology*. Berlin: Akademieverlag, 241–272.

Abraham, Werner & C. Jac Conradie 2001. *Präteritumsschwund und Diskursgrammatik. Präteritumsschwund in gesamteuropäischen Bezügen: areale Ausbreitung, heterogene Entstehung, Parsing sowie diskursgrammatische Grundlagen und Zusammenhänge*. Amsterdam, Philadelphia: John Benjamins.

Abraham, Werner & Laszló Molnárfi 2001. The German clause under discourse-functional weight. Focus and antifocus. In: W. Abraham & C.J.-W. Zwart (eds.) *On formal German(ic) typology*. [Linguistik Aktuell/Linguistics Today 45].Amsterdam-Philadelphia: Benjamins, 1–44.

Drinka, Bridget 2003. Areal factors in the development of the European periphrastic perfect. *Word* 54/1, 1–38.

Haider, Hubert 2000. Scrambling – What's the state of the art? In: S. M. Powers & C. Hamann (eds.) *The acquisition of scrambling and cliticization*. Dordrecht: Kluwer, 19–40.

Haspelmath, Martin 2001. The European linguistic area: Standard Average European. In: M. Haspelmath, E. König, W. Oesterreicher & W. Raible (eds.) *Language typology and language universals*. [Handbücher zur Sprach- und Kommunikationswissenschaft 20]. Berlin: de Gruyter, 1492–1510.

Hawkins, John A. 1990. A parsing theory of word order universals. *Linguistic Inquiry* 21, 223–261.

Kiss, É. Katalin 2002. *The syntax of Hungarian*. Cambridge: Cambridge University Press.

Leiss, Elisabeth 1985. Zur Entstehung des neuhochdeutschen analytischen Futurs. *Sprachwissenschaft* 10/3–4, 250–273.

Lightfoot, David W. 2002. Myths and the prehistory of grammars. *Journal of Linguistics* 38, 113–136.

Lindgren, Kai B. 1957. *Über den oberdeutschen Präteritumschwund*. Helsinki: Tiedeakatemian Toimituksia.

Lindgren, Kai B. 1963. Über Präteritum und Konjunktiv im Oberdeutschen. *Neuphilologische Mitteilungen* 64, 264–283.

Litvinov, Viktor P. & Vladimir V. Radčenko 1998. *Doppelte Perfektformen in der deutschen Literatursprache*. Tübingen: Stauffenburg.

Niebaum, Hermann & Jürgen Macha 1999. *Einführung in die Dialektologie des Deutschen*. Tübingen: Niemeyer.

Ramat, Paolo & Thomas Stolz (eds.) 2002. *Mediterranean languages. Papers from the Medtyp Workshop; Tirrenia, Juni 2000*. Bochum: N. Brockmeyer, 259–282.

Rizzi, Luigi 1997. The fine structure of the left periphery. In: L. Haegeman (ed.) *Elements of grammar: Handbook of generative syntax*. Dordrecht: Kluwer, 281–337.

Thieroff, Rolf (ed.) 1995. *Tense systems in European languages II*. Tübingen: Niemeyer.

Weiß, Helmut 2003. Besprechung von Abraham/Conradie 2001. *Linguistische Berichte* 193, 119–123.

Tabelle 3: Strukturelle Parsingerleichterung im Oberdeutschen (Bairisch-Österreichischen; gegen das Hochdeutsche)

Strukturelle Beschränkung im Unterschied zum Deutschen: AUX in C°/Infl° ≠ *V in C°/Infl° - also in der 1. Verbklammer kein Vollverb – wobei *tun* für das Präsens, *haben/sein* für das periphrastische Perfekt.

i	TH/RH		TH	MITTELFELD	MITTELFELD	RHEMA		TH
ii	VORFELD	**1.VK/V2/AGR°**	⇐ THEMA	THEMA ⇒	⇐ RHEMA	MITTELFELD	2.VK	NACHFELD
iii	SPECCP/IP	**C°/I°**	WP	TP/AGRP	[$_{VP}$	[$_{VP}$	V°/I]]]	EXTRAPOSITION/TAIL/ DEFOKUS
iv	*SIE$_{PL}$*	***bringt**$_{SG}$*	–	*sie$_{SG}$*	*ja gar nicht gerne*	in Schwierig- keiten	–	*so ganz ohne Anlass*
v	*SIE$_{PL}$* *SEIN*	***tut**$_{SG}$* ***tut***	's/ 's/	*/es* *es*	*ja gar nicht gerne ja*	*in Schwierig- keiten* *aso*	*abgeben*!	
vi	Hauptsatz ...	***ob-st**$_{2SG}$*	*As*		*denn*	*EAM*	angesehen ha-st$_{2SG}$	
vii	–	***Wia schnai-ts**$_{2PL}$*	*(ihr/)es*				*FAHRT-S$_{2PL}$*	
viii	*Da*	***ham***	*'ma$_{1PL}$*	(mia$_{1PL}$)	*heute gleich*	*was*	*gmacht*	
ix	–	**DERFN** $_{3pl.cl}$	*-s$_{3PL.CL}$*		*nachher*		*zahlen*	heute
x		**I/Aux**					*V*	
xi		**1.VK/V2/AGR° COMP**					V+Aux	

Erklärungen zu Tabelle 3:

(iv) zeigt, wo die eigentlichen Parsingschwierigkeiten liegen – das Subjekt *Sie* stellt sich erst spät in der Abarbeitung der Wortkette als Nichtsubjekt heraus, wenn nicht besonderer Kontrastfokus (kleine Versalien) Hilfestellung leisten würde (die übrigens auch nicht eindeutig ist).

(v) Hier muss die erste (*Garden path-)* Subjektlesart von *Sie* in Satzspitzenstellung gleich aufgrund der Prädikatsmorphologie *tut* zurückgenommen werden. *tut* ist Hilfsverb, das nur zur Subjektidentifikation beiträgt und das Präsens festlegt. Derartige *tun*-Fügungen sind omnipräsent, wie das zweite Beispiel zeigt.

(vi)-(viii) zeigen, wie die Sprechdialekte des Bairisch-Österreichischen bereits flexionstechnisch, also an der Verbendung das Subjekt identifizieren – gleichgültig ob das Subjektpronomen gesetzt wird oder nicht. In der Grammatikterminologie wird dies 'Konjunktionsflexion' genannt – zu Unrecht: die Erscheinung zeigt bloß, dass Pronomina in geschwächter Form sowohl an das finite Verb (in V-letzt) treten als auch in der V2-adjazenten Wackernagelposition, WP, auftreten. Es geht ja nicht um Flexion, sondern darum, wie es zu Flexion kommt: durch Grammatikalisierung des Subjektpronomens als finites Flexionsmorphem.

(ix) weist das im Deutschen völlig ungewöhnliche deklarative finite Verb in Satzspitzenstellung auf – etwas was nur in einem Kode erwartbar ist, wo mit dem Verb gleichzeitig das Subjekt identifiziert wird. Dies ist durch das Pronominalflexiv eindeutig erledigt. Das Hochdeutsche schafft dies ja nicht: die Flexion der ersten Pluralis ist mehrdeutig zwischen dem Infinitiv und der 1./3. Pluralis.

Tabelle 4: Strukturelle Parsingerleichterung im Oberdeutschen (Bairisch-Österreichischen; gegen das Hochdeutsche)

Strukturelle Beschränkung im Unterschied zum Deutschen: AUX in C°/Infl° ≠ *V in C°/Infl° - also in der 1. Verbklammer kein Vollverb – wobei *tun* für das Präsens, *haben/sein* für das periphrastische Perfekt.

i	PRONOMINALADVERB	(i) *Was ist denn da etwa dabei?* (ii) *Da hat er dafür gestimmt.*	DOPPELSTRUKTUR: $[_{CP}[_{TH}$ *da (haben wir uns nichts)* $[_{VP}[_{RH}$ *dabei*] *gedacht*]]; $[_{CP}$ $[_{WP}$ *da/hier/wo*] ... $[_{VP}$ ... $[_{PP}$ *da/hier* $[_{P}$ P] V]]] nota bene: Es überwiegt unter den beiden stellungsbindenden Prinzipien WP-(=TH-)Bindung vor grammatischer Rektionsrichtungsbindung, ohne dass RRB aufgegeben wird
ii	MEHRFACHNEGATION	*koa Bier net trunka net*	STARKE/SCHWACHE NEGATION: starke RH-Negation gefolgt von sw. Echo-Negation ('Rhemaabsicherung')
iii	VERBGRUPPENPARSING	$[_{C}$ *dass* ... $[_{VP}$ ... [<*hat*$_1$> <*können*$_2$> *kommen*$_3$ *wollen*$_4$ <*können*$_2$> <**hat*>]]]	VERBGRUPPEN-KOHÄRENZ- BZW. PARSINGBEDINGUNG BEI SOV (NICHT JEDOCH BEI SVO)
iv	EIGENNAMENARTIKEL	**(der) Peter, der ...*	DURCHGÄNGIGE DEFINIT- (= THEMA-)ANZEIGE: 'ENZYKLOPÄDISCHES THEMA'
v	Rhematisierung von Eigennamen	$[_{TH\text{-}pendens}$ *Der PETER*], $[_{CP}$ $[_{RH}$ *DER*] *kommt heute NICHT*]	RH-DISLOKATION
vi	*dass*-SPUR	$[_{CP1}$ *Den PETER$_i$* $[_{CP2}$ *wenn ich* t_i *sehe* t_i $[_{C}$ *erschlage ich* $[_{VP}$ t t t]]]]	*DISKURSSTRUKTUR VOR GRAMMATIKSTRUKTUR: EXTREME TOPIKALISIERUNG (GESPALTENE CP?)*

Dialektsyntax als gesprochene Syntax – im Besonderen in den Sprachinseldialekten. Was Sprachinseldialekte über Sprachuniversalien und über Wandel unter Sprachkontakt (nicht) verraten*

1. Vorschau und Motivation

Es wird hier die These vertreten und illustriert, dass die Beschreibung von Dialekten und deren Grammatiken, insbesondere deren Morphosyntax und Diskurssyntax, dem oralen Charakter dieser Kodierungen geschuldet ist und nicht, wie traditionell üblich und pervasiv exekutiert, historischen Ursprüngen. Zum Nachweis dienen Sprachinseldialekte des Deutschen katexochen und zwar aus verschiedenen Gründen: einmal deshalb, weil Sprachinseldialekte (SID) im Allgemeinen keine schriftliche und dem Hochdeutschen verpflichtete Kodierungen kennt, sich somit schriftkodeunabhängig entwickelt hat; zum zweiten – und dies gilt für alle autochthonen Dialektkodierungen (deren es allerdings zunehmend verschwindend wenige gibt), weil orale Sprechbedingungen sich von Bedingungen verschrifteter Kodierungen und Dekodieraufgaben grundlegend deshalb unterscheidet, weil akustisch gebundene Erinnerungsleistungen mit Zurückhören (*backtracking*) und Vorausplanen (*looking forward*) den Arbeitsspeicher grundlegend anders beanspruchen als optische Kodier- und Dekodieraufgaben. Zum dritten, aber keineswegs leichtestwiegenden gilt es unter der hier vertretenen These jenen Strukturarealen der deutschen Dialekte nachzugehen, die dem Druck der sozialen Majoritätssprachen am leichtesten nachgeben – d.h. die sich als allererste Grammatikcalques der nichtdeutschen Majoritätssprachen ergeben. Damit ist – unter Extrembedingungen des Sprachverlusts in Sprachinseln – auch die Spezifik des Sprachuntergangsverlaufs thematisiert.

Datengrundlage für die folgenden Ausführungen zu dieser These sind zwei Sprachinseldialektregionen: die des Zimbrischen in Norditalien (des trentinischen Lusern sowie der 7 und der 13 Gemeinden im Veronesischen) und die eines schweizerischen Walserdialekts. Beide Dialektregionen sind seit Jahrhunderten den Majoritätssprachen bzw. -dialekten des Italienischen bzw. Italoromanischen ausgesetzt. Ich diskutiere zuerst das aufs Alttirolische zurückgehende Zimbrische und dessen sprechsprachlichen Eigenheiten und danach die des althochalemannischen Pomattertitsch der Walser aus Formazza in der Südschweiz.

---

* Die Abschnitte 1–6 des folgenden Aufsatzes stützen sich auf die Datendiskussion in Abraham (2009b). – Ersterscheinung in: *Niederdeutsches Wort* 49 (2009) hg. von Markus Denkler & Jürgen Macha – *Von vrenden, vrinden und vründen. Festgabe für Hermann Niebaum zum 65. Geburtstag*. Münster: Aschendorff Verlag, 57–76.

2. Das Zimbrische: Thesen zum Sprachwandel unter Kontakteinfluss

Das Zimberndeutsche, ein deutscher Sprachinseldialekt in Oberitalien, zeigt neben unverkennbaren Zügen der deutschen Satzsyntax auch Abweichungen, die zum Italoromanischen und Italienischen passen. Daraus hat die bisherige Literatur zum Thema abgeleitet, dass die Satzsyntax des Zimbrischen nach jahrhundertelanger Isolation vom Deutschen und unter nachbarlichem Einfluss des Italoromanischen der romanischen Mehrheitssprache bereits teilweise nachgegeben hätte. Der vorliegende Ansatz hält dagegen, dass ganz bestimmte Wandelmechanismen durch ausschließliche Mündlichkeitskodierung ausgelöst werden. Die dem Deutschen nicht entsprechenden zimbrischen Wortstellungserscheinungen könnten unter diese Kodierungsspezifik fallen. Allgemeiner noch zur Thematik der Universalien und des Sprachwandels unter Kontakteinfluss mündet die Diskussion in die Grundposition, dass eine einzelne Wandelerscheinung nur unter Abgleich mit allen anderen strukturellen Eigenschaften der Sprache zu bewerten ist und dass Wandel nur nach Maßgabe bereits vorhandener autonomer Strukturöffnungen stattfinden kann, die besonders unter ausschließlicher Kodierungsmündlichkeit des Dialekts anders aussehen können als unter schriftlichem Kode einer Dachhochsprache.

Im Folgenden wird das Zimbrische vor allem – dies durchaus in der Gefolgschaft der bisherigen Literatur (Rowley 1986, Schweizer 2008) – vor dem Hintergrund eines historischen Wandels deutsch-OV zu romanisch-VO betrachtet und zwar unter Einfluss des Sprachkontakts mit den umgebenden italoromanischen Dialekten und der italienischen Standardsprache. Dabei ergibt sich die Frage: Welche Strukturkomponenten ergeben sich dem Wandel früher, welche später – etwa rechte oder linke Satzperipherie (dazu in Einzelheiten Abraham 2009a)? Lassen sich 'Wandeluniversalien' ausmachen? Oder trifft vielmehr in den Dialekten, die ja keine Kodierungsabsicherung durch die deutsche Dachsprache haben, Sprachverarbeitungserleichterung unter kognitive Ökonomieprinzipien ein? Was wären denn solche 'Sprachwandeluniversalien' überhaupt?

Die folgenden Sprachwandelthesen, die es zum Zimberndeutschen zu belegen gilt, sind so kurz und prägnant wie in diesem einleitenden Teil der Diskussion vertretbar gehalten. Entsprechende Begründungen und Illustrationen folgen weiter unten.

1. Ich möchte davon ausgehen, dass Sprachkontakt nie willkürliche Übernahme darstellt – d.h. eine einfache Kopie eines fremden Musters. Als Muster für eine solche Kopie gilt z.B. das zimbrische *venire*-Futur *s khimp gamocht* (Rowley 2003: 237) „es wird gemacht (werden)". Entscheidend dabei ist aber nicht der lexikalische Ersatz von dt. *werden* durch zimbr. *kommen* – was ja mit Sicherheit eine lexikalische Übernahme aus dem Italoromanischen ist –, sondern der beiden Lexemen innewohnende Inchoativaspekt, welcher die Übernahme leitet (vgl. zum Alemannischen auch Lötscher 1993). Dazu vergleichen sich auch andere (hoch)alemannische Dialekte (etwa montafonerisch *s gōt/kunt ga regna* „es geht/ kommt gen (= zum) Regnen"; vgl. Abraham 1965, Lötscher 1993);

allgemeiner und als Erklärung fundierter Bayer 1993, Bhatt & Schmidt 1993 sowie Abraham 2004).

2. Jegliche Strukturübernahme läuft nach Prinzipien des geringsten Widerstands bzw. der stärksten Ökonomie im Übernahmeprozess ab. Auf solche Kontrollkriterien geht in der modernen Literatur zum Sprachwandel ausschließlich van Gelderen 2003 ein. In anderer jüngerer Literatur (etwa Heine & Kuteva 2003, Good 2008) spielt dieser Ökonomiegesichtspunkt keinerlei Rolle.
3. Wir könnten demnach ausgehend von 1. und 2. oben von „Sprachwandel ausgelöst durch Sprachkontakt, aber geleitet durch autonome Regularitäten" sprechen. Es wird zu sehen sein, wie derartige 'autonome Regularitäten' aussehen.
4. Hat „Sprachwandel durch Sprachkontakt" andere Leitgesetze als „einsprachiger, also autonomer Sprachwandel"? Nach Kuteva & Heine (2008) werden vor allem areale Unterschiede herausgestellt, in denen auch Grammatikalisierungspufferzonen eigener Status zugemessen wird (etwa zur Mischung von Pro- ebenso wie Postartikelmorphem in einem Mittelgürtel Skandinaviens). Es bleibt in der Literatur undeutlich, ob bei Grammatikalisierung Fremdkriterien einfach übernommen werden – ich halte dies im Einklang mit 2.-3. oben für keine realistische Voraussetzung.
5. Strukturwandel hat nichts mit dem eher willkürlichen (aber natürlich alltagssozialen) Lexikonwandel zu tun.
6. Selbst wenn sich lexikalische Elemente durch Kontakt ändern, so ist dadurch die syntaktische Struktur nicht beeinträchtigt. D.h. dass z.B. Klitiklexeme aus dem Italienischen übernommen werden, dass aber die Position und das Strukturverhalten dieser lexikalischen Fremdklitika der Klitiksyntax des Deutschen entsprechen.
7. Die Beschreibung und Erklärung von Sprachwandel nach 1.-3. oben setzt grammatiktheoretische Annahmen voraus, die den Prinzipien des geringsten Widerstands bzw. der stärksten Ökonomie im Übernahmeprozess entsprechende analytische Gestalt im Sinne der Universalgrammatik verleihen. Dies sei die moderne generative Syntax (ergänzt durch Grundsätze der distributiven Morphologie).
8. Zu den wichtigsten strukturellen Kennerscheinungen des Deutschen (D) und des Italienischen/Romanischen (IR), die es beim Kontaktwandelverdacht besonders ins Auge zu fassen gilt, sind die folgenden zu rechnen.

Verbrektionsrichtung und Verbklammer: Rektionslinkslauf im D, dagegen Rektionsrechtslauf im IR – Rektionslinkslauf ist Voraussetzung für Existenz der V-Klammer und des entsprechend weiten Satzmittelfelds.

(1) „(Auxfin >) Objekt > PPV" im D, „(Auxfin >) PPV > Objekt " dagegen im IR (AUX(iliarverb), fin(it), PPV = Perfektpartizip des Verbs).
(2) die Abfolge im mehrgliedrigen Verbkomplex;
(3) Haupt-(V2&Vletzt)/Nebensatzasymmetrien (V2 und Vletzt gegenüber nur Vletzt).
(4) Ist Vletzt im Zimbrischen noch erfüllt, oder ist bereits romanischem SVO nachgegeben? Gibt es strukturelle Zwischenformen zwischen deutschem SVOV und romanischem SVO?

Die Unterschiede zwischen den Satzstrukturen des Deutschen und des Italienischen sind deutlich:

(5) IR hat bloß ein einziges Verbfeld (keine Haupt-Nebensatzasymmetrie), dies im Gegensatz zum D.

(6) IR hat grundsätzlich Proklise (nur beim Infinitiv und Imperativ Enklise), D dagegen ausnahmslos Enklise.

(7) Wo D Diskursthemata und -rhemata im Mittelfeld verteilt und nur über eine einzige Position, nämlich Spez,CP für Kontrastrhemata verfügt, setzt das Italienische drei Vorfelder (ein „expandiertes CP") dafür an. Es schachtelt diskursfunktionale eventuell auch rechtsherausgestellt. Das Deutsche hat über die diskursfunktionale entscheidbaren Stellungsoptionen im Mittelfeld und in der Satzerstposition auch noch Akzentoptionen, mit deren Hilfe es Thema von Rhema unterscheidet. IR hat diese Option nicht.

(8) IR setzt Rektionsrechtslauf (Rechtsaußenfeld in Abb. 2), das D dagegen Linkslauf (DP im Mittelfeld bzw. in Spez,CP).

(9) Satznegation steht im IR links vom finiten V, nach dem Subjekt, im unabhängigen Satz des D dagegen rechts vom finiten V.

(10) Das Romanische hat (fast) keine Mittelfeldelemente, da es keine Verbklammer (VO&OV) kennt (V_{Aux} $[_{MF}$(*mai*)] $[_{VP}$ V-NP1-NP2...]).

Die folgende Diskussion findet vor diesen grundsätzlichen Strukturunterschieden zwischen den beiden Sprachtypen statt.

3. Die Faktenlage – Belege aus den zimbrischen Dialekten

Deutsches *Aux-DO-PP* (Satzklammer) ist durch IR *Aux-PP-DO* ersetzt – d.h. es fehlt die Satzklammer. Doch vgl. (11,12) unten. Heißt das, der (Kontakt-)Wandel beginnt am Satzrechtstrand, in der Satzrechtsperipherie (so Grewendorf & Poletto 2005)? Wieso gerade Satzrechtsrand?

Im Folgenden stammen alle nicht anders (wie [Roana]) zugeeigneten Illustrationen aus Lusern (nach Bidese et al. 2005:82): [do = pronominales direktes Objekt, DO = nominales direktes Objekt][1]

(11) *Haüte die Momme* $[_{VP}$ $[_{V}$ *hat gebäscht*] *die Piattn*] *Aux-Partizip-DO*
heute die Mamma hat gewaschen die Teller

(12) **Haüte die Momme* $[_{VP}$ *hat* $[_{VP}$ *die Piattn* $[_{V}$ *gebäscht* ~~*hat*~~]] **Aux-DO-Partizip*

(13) *Sa hom khött ke dar Gianni hat net geböllt gian pit se* *Aux-neg-Part-PP*
sie haben gesagt dass der G. hat nicht gewollt gehen mit ihnen

(14) *I hon niemad gesek* *Aux-do-Partizip*
ich habe niemand gesehen

1 Die hier vor allem aus syntaktischem Gesichtspunkt ausgewerteten Daten sind vornehmlich den von den Italiener gesammelten, in deren eigener Feldarbeit und aus ihnen vorliegenden Korpora erhobenen Daten entnommen. Dazu kamen Satz- und Diskursbeispiele aus den Darstellungen von Rowley (Rowley 2003, 2004, 2006). Das neueste Werk von Schweizer (Schweizer 2008 ediert und hg. von J.R. Dow) lag zum Zeitpunkt der Fertigstellung dieses Aufsatzes (Ende 2007) noch nicht vor. Tyroller (2003) ist zur Absicherung der empirischen Schlussfolgerungen eingesehen worden.

(15) *han-ich khoome gaseecht* [Roana] *Aux-neg-Partizip*
habe ich kaum gesehen

Nach (13)–(15) (Bidese et al. 2005: 82) sind die zimbrischen „Mittelfeldeinsprengsel" (genauer: „*Aux-Partizip*-Einsprengsel") beschränkt auf kurze Kategorienrepräsentationen: Pronomina, Negation, einsilbige Adverbien bzw. Verbalpräfixe und kurze Quantorenmorpheme – kaum kategorial Eindeutiges, sondern phonetisch Leichtes, was die Prädikatseinheit von *Aux- Partizip* nicht wesentlich unterbricht. Was bedeutet dies für die typologische Frage „SVO oder SOV"?

3.1. Haupt-(V2&Vletzt)/Nebensatzasymmetrien (nur Vletzt)

(a)=Haupt-, (b)=Nebensatz – Stellung des finiten Prädikatsteils bzw. der trennbaren Verbpartikel

(16) a *Biar zeteren nete* [Lusern: Bidese et al. 2005:82]
wir geben-nach nicht
b *'az se nette ghenan vüar* … *vüar* = Verbpartikel
dass sie nicht gehen weiter
(17) a *Noch in de erste Lichte von deme Tage hevan-se-sich alle*
noch beim ersten Tageslicht erheben sie sich alle/stehen sie alle auf
b *'az se sich legen in Kiete*
dass sie sich legen in Ruhe (= beruhigen)
(18) *'az de Consiliere ghen nette auf in de Sala*
dass die Beamten gehen nicht hinauf in den Saal
(19) *'az diese Loite richten-sich….*
dass diese Leute richten sich…
(20) *umbrume di andar Lentar saint net contente* … *umbrume* = 'denn'
Denn(<warum) die andern Dörfer sind nicht zufrieden
(21) *umbrume dear Afar has-sich gamachet groaz*
denn die Sache hat sich gemacht groß

Die aus diesen Beispielen herauszulesende Generalisierung ist die folgende: Die Hauptsatz-/Nebensatzasymmetrie, die das Hochdeutsche auszeichnet, ist teilweise aufgehoben, allerdings für phonetisch leichte Prädikatseinsprengsel (Klitika, explizite und implizite Negationselemente) wiederhergestellt. Ich ziehe daraus den Schluss, dass nicht VO (V innerhalb von VP) des IR erreicht ist, sondern dass V höher (näher an der ersten V-Klammer, näher zu Comp, des D) steht. Dazu weiter unten.

3.2. Vletzt ist im Zimbrischen in der Regel nicht erfüllt

Vgl. die Prädikatsperiphrasen in (23) im Unterschied zu (24): das 2. Partizip steht jeweils direkt nach dem Auxiliar, im Zimberndeutsch ebenso wie im Italienischen, (24)–(25). Heißt dies, das Zimbrische hat romanischem SVO/Adv bzw. ital. (_)VSO nachgegeben? Man vgl. zudem den Unterschied in der Pronomensetzung zwischen zimbr. (22)–(23) mit italien. (24)–(25): Es stehen italienische Proklise gegen deutsche Enklise; (22) zeigt die fürs D typische Subjektinversion, allerdings stehen alle Verbvalenzen in direkter Rechtsrektion (DO vor SUBJ); V1 im Deklarativ wie in (23) ist in deutschen Dialekten wohl möglich (*(s) Is amol a König gwesen, der…*), allerdings zeigt (23) überhaupt keine Verbklammer.

(22) *Gheistar hat gessat dain Manestar iz Diarlja* [Giazza; Bidese &Tomaselli (2005:79)]
gestern hat gegessen deine Suppe das Dirndl
(23) *Hat gahakat iz Holtz dain Vatar* [Giazza]
hat gehackt das Holz dein Vater
(24) *Lo hanno comprato al mercato i miei genitori*
s haben gekauft am Markt die meinen Eltern
(25) *L'à taià la legna to papà*
s hat gehackt das Holz dein Pappa

3.3. Echte Pronominalklitika (Klitikdopplung) sowie Pronomina in WP

V_{fin}-Klitikenklise sind gegen IR Pro-V_{fin}, also V-Klitikproklise starr erhalten. Der Satzlinksrand bleibt eher und länger wandelresistent.

(26) *az sai-der getant diar* Bidese et al. (2005:83)
es-sei-dir_i getan dir_i
(27) *Hoite de Muatar hat-se gakhoofet de Ojar in Merkaten* [Roana]
heute die $Mutter_i$ hat sie_i gekauft die Eier am Markt
(28) *Gianni hatt-ar-mi gaboorset, bear hat-ar-dich telephonaart* [Roana]
G. hat er mir gefragt, wer hat er dich angerufen

Das Zimbrische zeigt kein leeres Pronominalsubjekt (ist keine *pro*-drop-Sprache), dies im Gegensatz zum Italienischen – wiewohl gelegentlich *pro*-drop im Zimbrischen des 17. Jh.s zu beobachten ist (Meid 1985: *Katechismo* 1602).

3.4. Striktes V2 und Subjektinversion

Es gibt Nichtsubjekte im Vorfeld, SpecCP (d.h. es gibt zimbrisch die deutsche Subjektinversion in V2-Deklarativen): Grewendorf & Poletto (2005: 121) weisen dies mit (29)–(30) nach.

(29) *Hainte tuit de Mame de Kinder ins Pette.* [Pladendeutsch]
heute tut die Mamma die Kinder ins Bett
(30) a **Haüte geat dar Gianni vort.* [Zimbrisch: Lusern]
heute geht der Gianni fort
b *Haüte geat-a vort niamat.*
heute geht-da fort niemand

Vgl. die Verteilung in (30a) und (30b): Die reine Subjektinversion gibt es im Pladendeutsch, nicht jedoch im Restzimbrischen wie in südlicherem Lusern: Ob dort mit (*geat*)-*a* „er" koreferentes klitisches Pronomen oder ein Kongruenzsuffix am Verb steht, ist unklar; nach Bideses Schlussfolgerungen (Bidese 2008a,b) sollte im heutigen Zimbrischen kategorialer Kongruenzstatus vorliegen.

3.5. Statt Subjekt-NP-Inversion ist nur pronominale Klitikinversion beobachtbar – allerdings unterschiedlich in den zimbrischen Gemeinden („moderneres" Giazza gegen „konservativeres" Lusern; Bidese, Poletto & Tomaselli 2006: 81):

(31) *Benne di andarn drai Lentar habent gahört asó, haben-se-sich manegiart…*
wenn/als die andern drei Dörfer haben gehört so, haben sie sich angestrengt
[Baragiola 1906; nach Bidese & Tomaselli 2005: 81]

(32) *Am boute gan Ljetsen hen-se getrust gien…*
einmal in Giazza haben-sie müssen gehen…

(33) *In Sontaghe regat-z*-**V2**/*In Sontaghe iz regat*-**V3** (*)SubjNP-Inversion [Giazza]

(34) **Haüte geat dar Giani vort* *SubjNP-Inversion [Lusern]

(35) *Haüte geat-ar vort, dar Giani* Subjklitik-Inversion [Lusern]

Man vgl. wieder (33) mit (35): Wenn das Pronomen zimbrisch klitisch verkürzt erscheint, steht es enklitisch wie mit V2 in (33). (34) scheidet sich von (35) dadurch, dass die Verbklammer nur kurze Elemente wie das klitische Pronomen *-ar* „er" beherbergt, nicht jedoch Vollnomina wie *dar Giani*.

3.6. Striktes V2 aufgegeben zugunsten des romanischen Thema-V3/4:

(36) *Gheistar-***1** *in Giani-***2** *hat gahakat iz Holtz ime Balje/in Balt*-**V3** [Giazza]
gestern der Giani hat gehackt das Holz im Wald nach Bidese et al. (2005:82)

(37) *De muotar-***1** *gheistar-***2** *kam Abato-***3** *hat koft iz Mel*-**V4**
die Mutter gestern in Abato hat gekauft das Mehl

Folgerung**:** Der Kern der V2-Regel, nämlich finites V nur in Zweitposition, also Comp/C°, sowie Subjektnachstellung bei Voranstellung eines Nichtsubjekts erscheint im Zimbrischen zugunsten von V3 sowie Subjektnachstellung nur beim Pronominalsubjekt aufgeweicht. Der direkte Satzlinksrand bleibt in jedem Falle unbetroffen und zwar in dem Sinne, dass das Diskursthema konservativ links/vorne/ früh als D in WP stehen bleibt.

3.7. Abfolge im mehrgliedrigen Verbkomplex: Richtet sich die Skopusrichtung des Kopfes (des kongruenztragenden Prädikats) nach links („Kopffinalität") oder nach rechts („Kopfinitialität") aus?

(38) er <hätte-1$_{\text{KONGR-TEMP-MOD}}$> das SEHEN-4$_{\text{V}}$ können-3$_{\text{MODALITÄT}}$ <hätte-1> wollen-2$_{\text{ASPKT}}$

(39) hij dit had-1$_{\text{TEMPUS(-MODUS)}}$ willen-2$_{\text{ASPEKT}}$ kunnen-3$_{\text{MODALITÄT}}$ ZIEN-4$_{\text{V}}$

Es ist von Bedeutung zu sehen, dass die Skopusfolge die Rektionsrichtung nur D reflektiert, nicht jedoch Ndl. und Zimbrisch: vgl. D 4–3-2 (unabhängig von 1), während Ndl. und Zimbrisch-Lusernerisch (Bidese et al. 2006: 82) 2–3 setzen. Weist dies auf SVO und Rechtsrektionsrichtung im Ndl. und Zimbrischen?

(40)	Sa hom khött ke dar Gianni	hat	net	geböllt gian pit se	[Lusern]
	sie haben gesagt dass der G.	hat	nicht	gewollt gehen mit ihnen	
		Aux_{fin} –	Neg –	**MV – V_{infin}** – PP	
		1		**2 3**	

(41)a I hon gamiast suachn s Puach [Fersental] Rowley (2003: 279)
ich habe gemusst suchen s Buch
1 2 3

b [...] bail de ist ano gaben pet de hend za belln helven aushom de Tschupp
weil der ist auch noch gewesen mit den Händen zu wollen helfen ausheben die Fichte
2 3a 3b

c [...] bo er se recht garichtet hot gahop
wo er sie recht gerichtet hat gehabt
3 1 2

(42) I vorsmaar zega bar me mage hom oogerüaf [Lusern]
ich frage-mich COMPL/zu sehen wer mich mag haben angerufen Bidese et al. (2006: 86)
2 1 3

Ich gehe jedoch mit Haider (2007) davon aus, dass die Oberflächenabfolge nur im D mit 4–3-2–1, nicht jedoch 1–2-3–4 im Ndl. und Zimbrischen die tatsächliche logische Skopusabfolge spiegelt. Somit verfällt auch der Zusammenhang mit der Verbrektion. Grundsätzlich verfügt nur SOV über einen solchen geschlossenen Verbkomplex – nie jedoch SVO. Damit wird der typologische Beweisstatus der Abfolge im V-Komplex schwach, d.h. zu wenig aussagekräftig.

Ist dieser V-Komplexbefund ein deutlicher Nachweis für typologische Rektionsrechtsläufigkeit bzw. Skopusrechtslauf wie engl./frz./ital. SVO mit pronominaler Proklise oder vielmehr mit skandinavischem SVO mit Enklise – oder hat dies mit autonomer Verarbeitungserleichterung zu tun (was ich für Ndl. und das Jiddische voraussetze)? Nur OV-Sprachtypen haben überhaupt V-Komplexe der deutsch-zimbrischen Art, allem Anschein nach überhaupt nur die germanischen, in denen auch die Modalverben (die ja in der Regel eine gewichtige Rolle für den erweiterten V-Komplex spielen) paradigmatischen Status besitzen; die Romania und Englisch haben diesen paradigmatischen Modalverbstatus erst gar nicht (ebenso wenig regelhafte Polyfunktionalität, das Hauptmerkmal der germanischen Modalverben). Das löst die typologische Zugehörigkeitsfrage des Zimbrischen eindeutig, wenngleich nicht die Frage, worauf die Spiegelabfolge des Zimbrischen (und Ndl.) im V-Komplex (1–2-3–4) zurückgeht – und erst recht nicht, wieso nur SOV über eine solche Erscheinung verfügen sollte.

OV-Typus zeigt DP-Extraposition (nicht nur für Objekte): vorerst allerdings nur für definite Nomina, [+def]. Erfolgt im Zimbrischen Aufweichung durch Rechtsherausstellung auch für indefinite, [-def]-DPs (was auf VO-Typus hinweisen würde)?

Vgl. die bairisch-österreichischen Dialekte mündlicher Kodierung, wo dies nicht zu beobachten ist. Demnach: Auch im Zimbrischen beginnt Wandel mit Vletzt in der Satzrechtsperipherie. Vgl. (43) und (44).

(43) *Gheistar in Giani hat gahakat iz Holtz ime Balje/in Balt* [Giazza]
gestern der Giani hat gehackt das Holz im Wald Bidese et al. (2006: 80)
(44) *De muotar gheistar kam Abato hat koft iz Mel*
die Mutter gestern in Abato hat gekauft das Mehl

3.8. CP-Klitisierung neben der TP-Klitisierungsvariante

Die pronominale Klitisierung erfolgt im Deutschen an Comp. Für das Fersental (Roana, Lusern) ist Comp-CL (wenn auch neben der Variante V_{fin}-CL) bezeugt, nicht jedoch für die 13 Gemeinden, wo nur die V_{fin}-CL belegt ist. Im Alemannischen finden sich solche Konjunktionsflexionen in der Regel nicht (jedoch Dal Negro 2004: 168, Beispiele (20)–(21) ihrer Zählung für den walserischen Rückzugsdialekt im oberitalienischen Formazza). Es werden zuerst die Comp-Klitisierungen belegt, unten folgen die V_{fin}-CL–Varianten.

(45) *…, **ob-ts/-st** (es.*2pl/*du.*1sg*) mir des sag-ts/-st heut* – **ob es/du **sag-ts/-st** des*
(46) a ***Bas-er** köt, …* [Roana] Bidese et al. (2005: 84ff.)
was-er sagt
b ***ben-ig-en** noch vinne*
wenn-ich-ihn noch finde
c ***az-da-ich** gea au*
dass-da-ich gehe (hin)auf
(47) a *Der Tatta **hat-se** gekoaft* – **Der Tatta **se hat** gekoaft*
der Vater hat-sie gekauft
b ***Habban-sa** mich gaboorset, ba gehe-bar haint*
haben-sie mich gefragt, wo(hin) gehen-wir heute

Allgemeiner zum Deutschen und Niederländischen bzw. Westflämischen vgl. etwa Haegeman 1993, Hoekstra 1993 sowie Zwart 1993. Aber es findet sich auch: V_{fin}-CL bei unterordnendem Comp-CL, dies sogar im sonst konservativeren Lusern. Die folgenden Beispiele zeigen auch im abhängigen Satz Klitisierung am finiten V – das allerdings nicht in Satzletztposition steht. Wir kürzen das hier mit V_{fin}-CL ab.

(48) a *I woas, ke der Tatta (*se) hat-**se** net gekoaft* [Lusern]
ich weiß, dass der Vater (sie) hat-sie nicht gekauft
b *Gianni hat-ar-mi gaboorset, **bear** hat-**ar** dich telephonaart* [Roana]
G. hat-er-mich gefragt, wer hat-er dich angerufen

Das klitische Pronomen *(hat)-se* „(hat)-sie" im abhängigen Comp-eingeleiteten (*ke* „dass") Satz in (48a) steht in T°, nicht in Comp/C° wie im Deutschen. Dies lässt darauf schließen, dass mit V_{fin}-CL eine Übergeneralisierung des Deutschen vorliegt, nämlich dass CL sich an das finite V anhängt – dies gegen die Existenz von Comp und dessen CL-Attraktion. Damit ist aber klar, dass V_{fin} in TP – und nicht in VP – steht. Dass *(hat)-ar* „er“: ebenso Comp-fern steht, liegt wohl daran, dass es sich um ein resumptives Pronomen handelt, wo *bear* „wer“ in Spez,CP koreferent mit *-ar* ist. Sein Diagnosestatus für Comp-CL oder V_{fin}-CL ist damit gering.

4. Typologievergleich

Die bisherigen Befunde erlauben folgenden gemeingermanischen Vergleich mit IR.

Tab.: Typologievergleich unter V2-Kriterium (über Tomaselli (2004: 537) hinaus erweitert und verfeinert)

	V2 (finit. Prädikat, strikte Satzzweitstellung): *Er (*gerne) redet*	Präd.klammer (_V_{fin}/ C°... PP/V_{fin}): _*<hat>*/ *dass... getan<hat>*	Nullsubjekt: *ti amo*	Expletivsubjekt: *Es fröstelt mich*	Klitiken--klise (vs. Proklise) Er (*s-) sagt-s	Comp- (gegen V_{fin}-) Pronominalenklise	V-Komplex
kontinent. Westgerm. (Dt., Ndl.)	+	+	–	+	+	+	+
Skandinavisch	+	–	–	+	+	+	+
Lusern/ Roana	+/–	–	–	+	+	+	+
Restzimbrisch	+/–	–	–	+	+	–	+
Englisch	–	–	–	–	+ (Obj.)	n.a.	–
Französisch	–	–	–	–	–	n.a.	–
Italienisch	–	–	+	–	–	n.a.	–

[„n.a.“ = „nicht anwendbar“]

Dies ist, was die Tab. oben besagt: Comp-CL-Sprachen haben die lange Satzstruktur des Deutschen, Comp+V_{fin}-CL die des kürzeren Romanischen. Nur Comp-CL-Sprachen haben die deutsche Satzklammer, zeigen somit Asymmetrie zwischen abhängigem und unabhängigem Satz. Das Romanische ist satzeinbettungssymmetrisch mit dem unabhängigem Satz so wie das Englische. Das Skandinavische dagegen hat ein kleines Mittelfeld, trotzdem beherrscht SVO den abhängigen ebenso wie den unabhängigen Satz. Spiegelt die geringe Asymmetrie zwischen der konservativen Satzstruktur des Lusernischen und Roana gegenüber dem moderneren Restzimbrischen – als Mikrovarietätentypologie – den OV–VO-Makroübergang des Urgermanischen zum VO-Gesamtskandinavischen? Wir fühlen uns in unseren Überlegungen gemahnt durch das brugmannsche Wort über die ‘Undurchlässigkeit der Syntax’: „auf syntaktischem Gebiet sind Entlehnungen meistens viel weniger leicht zu erkennen als in anderen Gebieten der Grammatik“ (Brugmann 1917: 54). Dem schließen sich die veroneser Sprachinseldialektologen an, wenn nach ihnen bloß „beschränkter Einfluss romanischer Dialekte auf das Zimbrische“ (Bidese & Tomaselli 2005: 88) vorliegt.

5. Die kontaktverdächtigen zimbrischen Erscheinungen im Lichte gesamtoberdeutscher Charakteristika – späte Kontaktübernahme oder überhaupt keine?

Es drängt sich die Frage auf, wie das Verhältnis der bisher beobachteten Erscheinungen, die auf Kontakteinfluss hinweisen könnten, zu dem Gros jener Erscheinungen aussieht, mit denen sich das Zimbrische ebenfalls vom Hochdeutschen unterscheidet, ob diese zimbrischen Phänomene ebenfalls einzigartig sind oder ob die anderen oberdeutschen Dialekte diese Erscheinungen teilen.

5.1. Klitikdoublierung **(CD)** existiert im Italienischen nicht (wohl aber in ital./frz. Dialekten und, was allerdings noch nicht unbedingt als Wandel unter Kontakt zu werten ist, vor allem in den zimbernbenachbarten italoroman. Dialekten[2]; ebensolches gilt fürs Westflämische und die ndl. Dialekte; vgl. Abraham & Bayer 1993 Einleitung). Es muss sich also um eine autonome Entwicklung handeln.[3]

Subjekt-CD:

(49) *dar habant-**za***$_i$ ***de Baibar***$_i$ *gaerbatet d'Ekhare* [7 Gemeinden]
da haben-sie die Weiber bearbeitet die Äcker Castagna (2003: 106f.)

(50) ***Bir***$_i$ *morgan gea-**bar***$_i$ *ala Saagra* [13 Gemeinden]
wir morgen gehen-wir zum Straßenfest

Objekt-CD:

(51) *Aso hats-**mar***$_i$ *gapreart garecht **miar***$_i$ *och* [7 Gemeinden]
so hats-mir geschienen richtig mir auch

(52) *tse vorkxovo-**se***$_i$ ***d'Ouksan***$_i$*?* [13 Gemeinden]
zu verkaufen-sie die Ochsen?

(53) *Gestarn hast-**en***$_i$ *gikhoaft du **in Giornal***$_i$*?* [Lusern]
gestern hast-ihn/sie gekauft du den Journal/die Zeitung?

2 Beobachtung von Gildo Bidese (pers. Mitteilung).

3 Einer der Gutachter weist darauf hin, dass Klitikdoublierung in den südbairischen Sprachinseldialekten eine andere Ausprägung als in den niederländischen Dialekten habe. Das ist mir [WA] als Bairisch- ebenso wie Niederländischsprecher wohlbekannt, spielt aber im vorliegenden Zusammenhang keinerlei Rolle. Selbstverständlich treffen Parallelen zwischen den Sprachinseldialekten und den niederländischen Dialekten nur für den Subjektbereich, nicht jedoch für den Objektbereich zu.

Als bloßer Verarbeiter der Daten wüsste man oft gerne, ob die nachgestellten Subjekts- bzw. Objektsnomina in Paraphrasenstellung (mitten im Satz: etwa *Da haben sie, die Weiber, bearbeitet die Äcker*) oder in hängender Nachstellung (Thema postpendens, am Satz- bzw. Konstituentenende: *Gestern hast sie gekauft – du, die Zeitung?*) aufzufassen wären. Eigene prosodische Hinweise sind in keinem Fall mitgeliefert. Wäre Derartiges für die Erscheinungen oben denkbar, dann wäre der Status dieser Beispiele mit einem Schlage gelöst.

5.2. Dativobjektdifferenzierung (DOM)

Hierbei handelt es sich um eine in der Romania weit verbreitete Erscheinung der formalen Differenzierung der Objekte, ausgelöst zweifellos durch Kasussynkretismus.

Sie ist in den deutschen Dialekten vornehmlich im Alemannischen, durchaus jedoch auch im Bairischen zu beobachten (und durch Seiler 2003 flächendeckend beschrieben, von Mayerthaler & Mayerthaler 1998 zu einem der Hauptmerkmale des romanischen Substrats des Oberdeutschen hervorgehoben worden; dazu auch Rowley 2003: 265). Es steht völlig dahin, ob es sich bei der durch das Zimbrische geteilten Erscheinung um frühes Kontakterbe aus dem IR oder um autonome Entwicklung handelt. Über sein Alter ist nichts bekannt.

(54) Du muasst des **a/in** deina Frau vaschraibn [bairisch] Seiler (2003: 15)
du musst das an/in deiner Frau verschreiben
(55) *Er giit dr Öpfl* ***a*** *miar, statt* ***a*** *diar* [alemannisch]
er gibt den Apfel an mir, statt an dir
(56) *Der laicht-s enkh bol* ***en*** *enkh ondera* [Fersental] Rowley (2003: 265)
der leiht-es euch wohl in euch anderen
(57) *Kloob-ich Gianni hat-ar-me ghet nicht* ***ad*** *ander* Bidese et al. (2006: 86)
glaub-ich Gianni hat-er-mir gegeben nicht an anderm
(58) *Ghestar han-ich ghet an libar* ***ame*** *Pieren* [Roana] Bidese et al. (2006: 84)
gestern habe-ich gegeben ein Buch an dem Piero

5.3. Verarbeitungserleichterung

Sollte für bestimmte Erscheinungen Verarbeitungserleichterung aufgrund dekodierungserschwerender rein mündlicher Kodierung vorliegen, dann ist ein neues Deutungseinfallstor aufgestoßen. Zu dieser grundsätzlichen Diskussion vgl. Abraham 2006a,b sowie Abraham & Conradie 2001. Ich nehme das Ergebnis der folgenden Illustrationen vorweg: Alle diese Erscheinungen teilt das Zimbrische mit allen oberdeutschen Dialekten, dem Alemannischen ebenso wie dem Bairisch-Österreichischen. Sie können somit nicht nur nicht als Kennerscheinungen des Zimbrischen geltend gemacht werden; vielmehr bezeugen sie, dass solche sprachliche Eigenschaften autonom entstanden sind und zumindest vor der Trennung der Sprachinseln vom einheitlichen oberdeutschen Sprechareal bereits fertig entwickelt waren oder zumindest im Keim bereits vorlagen und sich außerhalb störender Faktoren weiterentwickeln mussten.[4]

5.4. Doppeltes Perfekt vor dem Hintergrund des oberdeutschen Präteritumschwunds (OPS)

OPS ist im Zimbrischen fest verankert. Das einfache Präteritum ist nirgends beobachtbar (Dal Negro verzeichnet bloß zwei Beispiele nämlich, *chontun* „konnten" (statt *hon chönna*) bzw. *wan* „waren" (statt *sen gsii*) im selben Satz, in den konservativen Walserdialekten von Agàro und Saley; Dal Negro 2004: 242; nach Frei 1970: 315).

(59) *I hon-s gahot tsechen* [Fersental] Rowley (2003: 231)
ich habe gehabt gesehen
(60) *I pin gaben khemmen*
ich bin gewesen gekommen

5.5. Obligatorisches *tun* als finites Auxiliar im Deklarativsatz

Es gibt im Zimbrischen wie im Oberdeutschen keinen Deklarativsatz ohne finites *tun*, sofern man von hochdeutsch beeinflussten Dialektvarianten absieht. Damit entsteht grundsätzlich eine Verbklammer; das Vollverb steht nie in der Finitstelle in TP bzw. CP, sondern bleibt aus diskursstrukturellen Gründen immer in der satzletzten Stelle in VP, um dort – aus Diskursgründen, die dem Deutschen eigen sind – die Hauptvordergrundierungsstelle zu besetzen („Aux-Filter"; vgl. Abraham & Conradie 2001, Abraham 2006a,b,c; Abraham&Bayer 1993 Einleitung). Diese Eigenschaft teilt das Zimbrische uneingeschränkt.

(61) *Dos **tua** e gern song* [Palai] Rowley (2003: 201)
das tue ich gerne sagen
(62) *S is a Bail as i bortn **tua***
es ist eine Weile, dass ich warten tue
(63) *Pariarn **tuat**-s mer en Zboasesker*
reparieren tut-s mir ein Zweiundsechziger

5.6. Konjunktionsflexion

Dass sich die Konjugationsendung der 2.sg/pl auch als Suffix an der unterordnenden Konjunktion spiegelt, ist allgemein bairisch-österreichisch (in der 2.pl ausnahmslos mit dem alten Dual, *es*). Das Zimbrische teilt diese Erscheinung.[5]

4 Man muss dabei keinesfalls an sprachgenetische Autonomie im Sinne Höflers denken (Höfler 1956).

5 Einer der Gutachter gesteht mir [=WA] zu "sicher zu wissen", dass die Sachlage zur Konjunktionsflexion sehr viel komplexer ist, vor allem auch dahingehend, dass das Phänomen, das in (64)–(65) anhand der 2.sg. dargestellt ist, in den südbairischen und alemannischen Sprachinseldialekten reihenbildend ist. Zudem würden die Formen in den südbairischen Sprachinseldialekten, die

(64) *Benn-__so__ sa du sechen tanast* [Fersental] Rowley (2003: 239)
wenn-du sie du sehen tätest
(65) *Dass-__so__ olbe lamentarn muast*!
dass-du allweil lamentieren must!

5.7. Abschließende Generalisierungen

Es wurde oben erwogen, die beobachteten Erscheinungen des Zimbrischen entweder als Typologiewechsel unter Kontaktbedingungen mit dem Italienischen (Friaulischen, Ladinischen) zu werten oder als autonomen Sprachwandel einer nur mündlich gefestigten und tradierten Dialektkodierung (Abraham 2006) zu betrachten. Zu beiden Positionen gibt es Pro und Kontra. Im Folgenden wäge ich die Schwere der Pros und Kontras ab und stelle sie einander direkt gegenüber.

5.7.1. Es gibt einige eindeutige Schlüsse, welche die Satzstruktur und dessen Vergleich mit dem Hochdeutschen und den oberdeutschen Dialekten ermöglichen. Dazu gehört: Solange das klitische Pronomen an der unterordnenden Konjunktion bzw. dem finiten V im unabhängigen Satz, also in WP steht, so lange ist alles, was über XP-V_{fin}, also wahres V2, hinausgeht, Thema pendens. Erst wenn Pro in WP zugunsten von V_{fin}-Proklise aufgegeben ist, entsteht CP-Expansion im romanischen Sinne (Rizzi 1997). CP-Expansion kennt ja das Deutsche nicht (Grohmann 2003). Manches V3-Vorkommen, also etwa Adv-vor-Subjekt-vor-V_{finit} (Rowley 2004: 529, Beispiele in Abschnitten 1.1.-1.6.) wären unter Umständen, die nach der Vorlage der nicht selbst erhobenen Daten nicht mehr rekonstruierbar sind, als satzauslinksgeklammerte Apropos, also hängende Themata zu lesen.[6]

5.7.2. Striktes V2 im german. oder dt. Nebensatz braucht nicht V2 im romanischen Sinne zu sein. Das Skandinavische, Jiddische und Zimbrische zeigen ebenfalls V2 im abhängigen Satz, allerdings in einem vorromanischen Sinne, wo noch eine kleinere Klammerbildung erhalten ist (Haider 2000, 2004; Tomaselli 2004). Entsprechende kleine Satzmittelfelder zeigen sich auch noch im Zimbrischen. Vgl. die Diskussion oben.

5.7.3. Unter der Annahme, dass Sprachkontakt bei bilingualen zimbrischen Sprechern besonders leicht historischen Wandel ausgelöst haben kann, ergibt sich solcher Wandel von deutsch-ursprünglich zimbrischem OV zu romanisch-modern

---

adjazent zur Konjunktion stehen, nicht mit den Flexiven am finiten Verb übereinstimmen, wie das im (Binnen-) Bairischen der Fall ist. Ob es sich in den südbairischen und alemannischen Sprachinseldialekten um Flexion handelt, stehe zur Debatte und hänge unter anderem davon ab, welches Konzept von Kongruenz man vertrete.– Vgl. allgemeiner zu diesem Thema unter typologischem Gesichtspunkt auch Hoekstra 1993 sowie Zwart 1993.

6 Andererseits ist darauf hinzuweisen, dass V3 bereits fürs Althochdeutsche beobachtet worden ist (Tomaselli 1995 in Battye & Roberts 1995).

zimbrischem VO nahezu trivial. Wir haben diese einfache These in Frage gestellt. Es würden aber hinreichend interessante Frage übrig bleiben, etwa: Welche Strukturkomponenten geben der durch Kontakt ausgelösten Digrammatizität früher, welche später nach?[7] Oder sind dafür Wandeluniversalien in Anspruch zu nehmen? Oder, als 3. Lösungsalternative: spielt Sprachverarbeitungserleichterung bei grundsätzlich mündlicher Kodierung die entscheidende Rolle – schließlich gehören folgende grammatische Eckpunkte zu den kognitiven Ökonomieprinzipien: V-früh, also V2/3, da dies im Gegensatz zu V_{letzt} die Früherkennung von Satzgliedern bietet, womit klare Arbeitsspeicher- bzw. Kurzzeitgedächtnisentlastungen und Verarbeitungserleichterungen einhergehen. Daran knüpft sich unmittelbar die Frage: Was wären denn 'Sprachwandeluniversalien' sonst überhaupt wenn nicht derartige Ökonomieprinzipien? Zu beachten dabei ist, dass solche hier in Anspruch genommenen Verarbeitungserleichterungen jenen ähneln, die von van Gelderen (2004) unter rein strukturellen Vorgaben erstellt wurden: vornehmlich „XP > X^{o}" – so viel wie „(zusammengesetzte) Konstituente wird *a fortiori* zu einem einfachen Wort" wie bei $[_{PP}$ $[_{DP}$ des $[_{P}$ wegen]] > $[_{COMP}$ deswegen] – sowie „late Merge" – s.v.w. „füge das Morphem *a fortiori* so spät wie möglich in den syntaktischen Bildungsprozess ein"; „late Merge" ergibt sich in engem Zusammenhang mit dem ersten Sprachwandelprinzip und ist stärker theoriemotiviert (Minimalismus), während „XP > X^{o}" einsichtig und (abgesehen vom Formalismus) völlig theorieunabhängig ist.[8]

Unter Ökonomietrieb stattfindende Vereinfachungen werden in der Regel durch Analytikvortrieb abgelöst, dies vornehmlich unter stärkerem Transparenzbedürfnis (wie Sprachkontakt, aber eben – dies ist bisher noch nie in den Vordergrund gerückt – unter ausschließlicher Mündlichkeitskodierung[9]). Diese beiden Bewegungen – Vereinfachung unter Ökonomie und Analytik unter Transparenzbedürfnis – manifestieren sich in den vielfältig beobachtbaren Konstruktionszyklen

7 Auffälligerweise taucht diese Fragestellung in neuesten Arbeiten zum Sprachwandel unter Kontakteinfluss überhaupt nicht auf (Heine & Kuteva 2003, 2005, Kuteva & Heine 2008). Es ist sicherlich nicht zu vermessen anzunehmen, dass bereits zur Fragestellung und erst recht zur Lösung ein modernes syntaktisches Grundverständnis vorausgesetzt werden muss (dazu etwa Abraham 2005a).

8 Analogie wie etwa von Fischer (2008) als Grundauslöser für Grammatikalisierung angenommen ist gewiss stark wandelmotivierend und kann ebenfalls unter solche Ökonomiekriterien gereiht werden. Andere, in der Literatur oft zitierte Wandeluniversalienkandidaten wie etwa „(Inter)Subjektifikation" scheinen mir empirisch zu oberflächlich begründet und deshalb schlechte Kandidaten zu sein (dazu Abraham 2005b). Zu den Metaphern und Metonymien vereinnahmenden intuitiven Erklärungen über Grammatikalisierungsprozesse (siehe seit langem vorher iterierend Heine 2003 sowie neuerdings Kuteva & Heine 2008) fehlt grundsätzlich eine auf mereologischen Merkmalshierarchien und damit erst auf intersubjektiv nachvollziehbaren Ähnlichkeitsbeziehungen fußende Grundlage (dazu grundsätzlich Abraham 2004, freilich viel früher bereits Jakobson 1972). Zu einem starken rein morphologischen Wandelkandidaten siehe Leiss (2008).

9 Worin sich auf „Mündlichkeitskodierung" im Unterschied zu „Schriftlichkeitskodierung" zurückgehende syntaktischer Wandel typischerweise auszeichnet, ist in Abraham (2006) skizziert.

(z.B. dem Negationszyklus im Romanischen und Germanischen). Ich gehe davon aus, dass bereits das Nebeneinander von Sprachen bei Zweisprachigkeit derartigen Analytikdruck auslösen kann, dies natürlich erst recht unter dialektaler Kodemündlichkeit.

5.7.4. Was wären die Folgen bzw. Implikationen beim Wandel von deutschem V2 (S/O/Adv-V_{fin}-post*pro*-Adv/O/S-V_{infin}, darunter _Aux-do-PP) hin zu romanischer Syntax (S-prä*pro*-V_{fin}-O, darunter _Aux-PP-DO) (teilweise unter Bezug auf Bidese, Poletto & Tomaselli (2005: 89) und andere vor diesen):

5.7.4.1. Abhängige *w*-Konstruktionen (also Relativ- und abhängige Fragekonstruktionen) widerstehen der Symmetrisierung zwischen unabhängiger und abhängiger Satzstruktur länger als andere abhängige Satzstrukturen: WP-Pronominalenklise, also V_{fin}-post*pro*, ist auf abhängige Wortfrage- und Relativsätze beschränkt. D.h. das konservativere („deutschere") Lusemdeutsch hat CP-Sätze (*w(o)*-Enklise im Relativ- und Interrogativsatz: $[_{COMP}$ *wo*- $[_{WP}$ -CL [$[_{IP}$ ...]]]), während Roana nur TP-Struktur wie das Romanische aufweist (ausschließlich V-Enklise (d.h. keine Comp-Enklise in WP) trotz Comp-Vorkommen: $[_{COMP}$ *as* $[_{TP}$ NP $[_{T}$ V–CL]...]]).

Wieso nur im Frage- und Relativsatz? Es steht für diese strukturelle Beschränkung vorerst bloß die Korrelation zur Verfügung, dass damit volle CP-Strukturen in struktureller Abhängigkeit von einbettenden, unabhängigen CP-Strukturen unterschieden werden müssen. Dies könnte Grund genug für diese – freilich bloß funktional formulierte – Asymmetrie sein.

5.7.4.2. DP-Inversion (S/O/Adv-V_{fin}-Adv/O/S-V) geht früher verloren als Subjektklitikinversion: also -V_{fin}-post*pro*- >>-prä*pro*-V_{fin}-. Wieso dies? Das funktionale Schwereprinzip Behaghels lässt sich kaum anbieten, da es auch keinen Erklärstatus besitzt.

5.7.4.3. Was genau sind die tieferen Zusammenhänge und Unterschiede zwischen S/O/Adv-V_{fin}-post*pro*-Adv/O/S und S-prä*pro*-V_{fin}-O? Worin – in welcher Strukturreduktion – erschöpfen sich die Gegensätze?

Ich belasse es hier bei den bloßen Fragen.

6. Satzstrukturränder oder Binnenstruktur im Wandelerstzugriff?

Wir kommen auf die Ausgangsfragen zurück.

6.1. Das Zimbrische ist SVO bzw. hat die deutsche Typologie erst am Satzrechtsrand aufgegeben, viel weniger prominent dagegen am Satzlinksrand. Dort ist das Zimbrische nach wie vor und wie das Deutsche samt dessen Mundarten _*V/Aux*_V.

Wie unterscheiden sich Satzrechtsrand und Satzlinksrand strukturell?

6.2. Der Satzlinksrand umfasst Diskursidentifikate wie Thema und Rhema – dies bleibt konservativ erhalten (oder wird sogar über zimbrisches V3 – also mehrere Themapositionen vor der ersten V-Klammer – noch ausgebaut); hingegen weicht sich der Satzrechtsrand auf, indem rein satzverarbeitungserleichternde Elemente auf frühes V (V2/3/4 vor Komplementen) folgen und damit vor allem Subjekt-Objekt-Adverb früh unterscheidbar machen. Dies erleichtert die unter Onlineansprüchen ablaufende mündliche Kodierung erheblich (anders als jegliche schriftlich kodierte, jederzeit über Zurücklesen/*Backtracking* und Vorausprüfen/*Forwardlooking* wiederholt verifizierbare) Kodierung (Abraham 2006a,b,c; Abraham&Conradie 2001).

Es ist also vorstellbar, dass typologischer Wandel – jedenfalls OV>VO (VO>OV gibt es ja gar nicht) – wird also durch satzverarbeitungserleichternde Prozesse eingeleitet vorstellbar (Abraham&Conradie 2001, Abraham 2006a,b).

6.3. Sprachwandel ist also als Verarbeitungserleichterung bei gleichzeitiger Variantenoptionalität (zwischen konservativer und moderner, verarbeitungserleichternder) Varietät vorstellbar – d.h. Sprachwandel hat eine stilistische, zeitlich über mindest eine Generation gültige Varietätenoption zu ein und demselben Konstrukt (etwa, wie im Zimbrischen, zwischen striktem V2 und V3/4 oder bei den Abfolgevarianten im komplexen Verbgefüge) und eine strukturelle momentane Wandelentscheidung beim Sprecher, die letztlich in seine native Grammatik eingeht (vgl. Kroch 1989, Hinterhölzl 2004).

6.4. Spezifisch zum Wandel von OV>VO (wie Ae. > Me./Ne.): VO ist verarbeitungserleichternder als OV. D.h. aber auch, dass bei rein mündlichem, hochsprachlich unbeeinflusstem Sprachgebrauch (kein hochdt. Medienzugang, kein schulisches Hochdeutsch) Wandel zu VO nahe liegt (z.T. gegen Hinterhölzl 2004, der *light verb*-Anhebung-über-O als Resultat obligatorischer VP-Intraposition als Sprachwandelausgang annimmt; vgl. auch Abraham 2009).

6.5. Weiter spezifisch: Fürs Zimbrische braucht romanisch-ital. VO nicht unbedingt als grammatisches Superstrat angenommen zu werden. Zimbrisch ist NICHT einfach VO, also romanisiertes Deutsch – dies vor allem wegen der OV-korrolaren Pronominalenklise sowie wegen der Subjekt-Thema-Inversion (Hintanstellung des Subjekts).

6.6. Es erweist sich jenseits jeglichen Zweifels, dass das Einfallstor für sprachlichen Wandel unter Kontakteinfluss nur dann möglich ist, wenn autonome Regularitätsannahmen zugrundeliegen (man vgl. die Pronominalenklisen am Infinitiv, wo vom Zimbrischsprecher Enklise von Finitheit auf Infinitheit übergeneralisiert wird; damit wird auch ein kleines Mittelfeld eröffnet). Wandel unter Kontakt ist NIE arbiträr, sondern „rennt halboffene Türen ein".

6.7. Zur Spekulation zur Diachronie des kontaktbedingten Wandels der zimbrischen Gemeinden als Mikrovarietätenwandel – mit der Ähnlichkeit des Wandels vom

Urgermanischen zum Skandinavischen als Makrovarietätenwandel: Das Fersentalerische hat mit Comp-CL die lange Satzstruktur des Deutschen, das Restzimbrische mit Comp+Vfin-CL die des kürzeren Romanischen. Nur Comp-CL-Sprachen haben die Satzklammer, zeigen somit Asymmetrie zwischen abhängigem und unabhängigem Satz. D.h. das Gesamtzimbrische ist scheinbar auf dem diachronen Weg zur romanischen Satzstruktur.

6.8. Es ist aber ebenso gut anzunehmen, dass die deutsche Satzstruktur mit der ausnahmslosen Pronominalenklise und der kleinen Verbklammer (mit „leichten" Elementen) erhalten ist und Aux-PP+Objekte gar nicht romanischem Kontakt zu verdanken ist, sondern auf SVO mit satzverarbeitungserleichternder S-O-Trennung zurückgeht (wie Afrikaans; vgl. Abraham& Conradie 2001).

6.9. Das Romanische zeigt im Unterschied zum Deutschen und allen seinen Dialekten Satzeinbettungssymmetrie zwischen abhängigem und unabhängigem Satz so wie das Englische. Spiegelt der Wandel des Zimbrischen – als Mikrovarietätentypik – den OV–VO-Übergang des Urgermanischen zum Skandinavischen, das ja die greenbergsche VO-Typik hat, aber sonst mit dem Deutschen einhergeht – und damit die Makrovarianten des Gesamtgermanischen? Mit dieser Korrelation gewinnen wir ein wesentliches linguistisches Diagnosefeld, das uns bisher – angesichts der fehlenden sprachlichen Fossilien aus der Frühzeit des Germanischen – gefehlt hat.

6.10. Sollte für bestimmte Erscheinungen Verarbeitungserleichterung aufgrund dekodierungserschwerender rein mündlicher Kodierung vorliegen, dann ist ein neues Deutungseinfallstor aufgestoßen. Zu dieser grundsätzlichen Diskussion vgl. Abraham (2006a,b) sowie Abraham & Conradie (2001). Das Zimbrische teilt eine Reihe auffälliger und vom Hochdeutschen abweichender Erscheinungen mit allen oberdeutschen Dialekten – dem Alemannischen ebenso wie dem Bairisch-Österreichischen: vgl. 5.1.-5.5. oben. Diese Erscheinungen können somit nicht nur nicht als Kennerscheinungen des Zimbrischen geltend gemacht werden; sie bezeugen vielmehr, dass solche sprachlichen Eigenschaften autonom entstanden sind und zumindest vor der Trennung der Sprachinseln vom einheitlichen oberdeutschen Sprachareal bereits fertig entwickelt waren oder im Keim bereits vorlagen und sich außerhalb störender Faktoren weiterentwickeln mussten.

Bibliographische Nachweise

Abraham, Werner 1965. Die Mundart von Tschagguns im Montafon. Maschinschriftl. Dissertation Univ. Wien.

Abraham, Werner 2004. The grammaticalization of the infinitival preposition – toward a theory of 'grammaticalizing reanalysis'. *Journal of Comparative Germanic Linguistics* 7/2, 111–170.

Abraham, Werner ²2005a. *Deutsche Syntax im Sprachenvergleich. Grundlegung einer typologischen Syntax des Deutschen.* [Studien zur deutschen Grammatik 41]. Tübingen: Stauffenburg.

Abraham, Werner 2005b. An intersubjective note on the notion of 'Subjectification'. In: H. Broekhuis, N. Corver, R. Huybregts, U. Kleinhenz & J. Koster (eds.) *Organizing grammar: Linguistic Studies in Honor of Henk van Riemsdijk.* Berlin/ New York: Mouton de Gruyter, 1–16.

Abraham, Werner 2006a. Dialect and typology where they meet – and where they don't. In: T. Nevalainen, J. Klemola & M. Laitinen (eds.) *Types of variation: Diachronic, dialectal, and typological interfaces.* [Studies in Language Companion Series 76]. Amsterdam/Philadelphia: John Benjamins, 243–268.

Abraham, Werner 2006b. Rezension von Bernd Kortmann (Hg.) 2003. *Dialectology meets typology. Dialect grammar from a cross-linguistic perspective.* Berlin: de Gruyter. [TILSM 153]. *Linguistische Berichte* 205, 95–102.

Abraham, Werner 2009a. Methodological considerations on grammar variation. The right periphery as an OV/VO deciding parameter more so than the left periphery: Gradience in the verb cluster. In: A. Dufter, J. Fleischer & G. Seiler (eds.) *Describing and modeling variation in grammar.* Berlin: Mouton de Gruyter.

Abraham, Werner 2009b. Besprechung von Dal Negro, Silvia 2004. *The decay of a language. The case of a German dialect in the Italian Alps.* Bern: Peter Lang. In: *Linguistische Berichte* 217, 105–115.

Abraham, Werner & Josef Bayer (Hg.) 1993. *Dialektsyntax.* [*Linguistische Berichte.* Sonderheft 5]. Opladen: Westdeutscher Verlag. Darin auch: Einleitung, 7–11.

Abraham, Werner & Anko Wiegel 1993. Reduktionsformen und Kasussynkretismus bei deutschen und niederländischen Pronomina. In: W. Abraham & J. Bayer (Hg.), 12–49.

Abraham, Werner & C. Jac Conradie 2001. *Präteritumschwund und Diskursgrammatik. Präteritumschwund in gesamteuropäischen Bezügen: areale Ausbreitung, heterogene Entstehung, Parsing sowie diskursgrammatische Grundlagen und Zusammenhänge.* Amsterdam: John Benjamins.

Bauer, Brigitte 1995. *The emergence and development of SVO patterning in Latin and French.* Oxford: OUP.

Bayer, Josef 1993. *zum* in Bavarian and scrambling. In: W. Abraham & J. Bayer (Hg.), 50–70.

Benincà, Paola 1988. *Piccola storia ragionata della dialettologia italiana.* [Quaderni patavini di linguistica. Monografia 3]. Padua.

Benincà, Paola 1994. *La variazione sintattica: Studi di dialettologia romanza.* Bologna: Il Mulino.

Bhatt, Christa & Claudia Maria Schmidt 1993. Die *am* + Infinitiv-Konstruktion im Kölnischen und im umgangssprachlichen Standarddeutschen als Aspektphrasen. In: W. Abraham & J. Bayer (Hg.), 71–98.

Bidese, Ermenegildo 2004. Tracce di Nebensatzklammer nel cimbro settecomunigiano. In: G. Marcato (ed.) *I dialetti e la montagna. Atti del convegno di Sappada/Plodn (Belluno), 2–6 luglio 2003.* Padova: Unipress, 269–274.

Bidese, Ermenegildo, James R. Dow & Thomas Stolz (Hg.) 2005. *Das Zimbrische zwischen Germanisch und Romanisch.* [Diversitas Linguarum 9]. Bochum: Dr. Brockmeyer.

Bidese, Ermenegildo & Alessandra Tomaselli 2005. Formen der 'Herausstellung' und Verlust der V2-Restriktion in der Geschichte der zimbrischen Sprache. In: E. Bidese, J.R. Dow & Th. Stolz (Hg.) *Das Zimbrische zwischen Germanisch und Romanisch.* [Diversitas Linguarum 9]. Bochum: Universitätsverlag Dr. N. Brockmeyer, 71–92.

Bidese, Ermenegildo 2008a. Die Wackernagelposition als CLP. Ein neuer Interpretationsvorschlag zur Position morphophonologisch reduzierter Pronominalelemente in den germanischen Sprachen unter besonderer Berücksichtigung des Zimbrischen. Romtagung der Germanisten/DSWI 14. Feb. 2008. Handout.

Bidese, Ermenegildo 2008b. *Diachrone Syntax des Zimbrischen*. Tübingen: Narr.

Bidese, Ermenegildo, Cecilia Poletto & Alessandra Tomaselli 2006. The relevance of lesser-used languages for theoretical linguistics: The case of Cimbrian and the support of the TITUS corpus. In: I. Ties (ed.) *LULCL – Lesser used languages. Computer linguistics. Proceedings of the lesser used languages and computer linguistics conference Bolzano, 27–28 October 2005*. EURAC research, 77–96.

Bosco, Ilaria 1999. *„Christlike unt korze Dottrina": un'analisi sintattica della lingua cimbra del XVI secolo*. Università degli studi di Verona, tesi discussa nell'a.a. 1997/1999.

Brugmann, Karl 1917. Der Ursprung des Scheinsubjekts *es* in den germanischen und romanischen Sprachen. *Berichte über die Verhandlungen der königlischen sächsischen Gesellschaft der Wissenschaften zu Leipzig, Philosophisch-historische Klasse* 69/5. Leipzig: Teubner.

Castagna, Adriana 2005. Personalpronomen und Klitika im Zimbrischen. In: E. Bidese, J.R. Dow & Th. Stolz (Hg.) *Das Zimbrische zwischen Germanisch und Romanisch*. [Diversitas Linguarum 9]. Bochum: Brockmeyer, 93–113.

Chocano, Gema 2007. *Narrow syntax and phonological form*. [Linguistik Aktuell/Linguistics Today 109]. Amsterdam: John Benjamins.

Cinque, Guglielmo 1999. *Adverbs and functional heads: A cross-linguistic perspective*. Oxford: OUP.

Cinque, Guglielmo 2007. The fundamental left-right asymmetry of natural languages. Ms. Università Ca' Foscari di Venezia.

Cruschina, Silvio 2006. Informational focus in Sicilian and the left periphery. In: M. Frascarelli (ed.) *Phases of interpretation*. [Studies in Generative Grammar 91]. Berlin: Mouton de Gruyter, 363–386.

Dal Negro, Silvia 2004. *The decay of a language. The case of a German dialect in the Italian Alps*. Bern: Lang.

Fischer, Olga 2008. On analogy as the motivation for grammaticalization. *Studies in Language* 32/2, 336–382.

Frei, Gertrud 1970. *Walserdeutsch in Saley. Wortinhaltliche Untersuchung zu Mundart und Weltsicht der altertümlichen Siedlung Salecchio/Saley (Antigoriotal)*. Bern: Haupt.

Geiser, Remigius 1999. Grundkurs in klassischem Zimbrisch. http:/titus.fkidg1.uni-frankfurt.de/didact/zimbr/cimbrian.htm

Giusti, Giuliana 2006. Parallels in clausal and nominal periphery. In: M. Frascarelli (ed.) *Phases of interpretation*. [Studies in Generative Grammar 91]. Berlin: Mouton de Gruyter, 163–186.

Good, Jeff (ed.) 2008. *Language change and universals*. Oxford: OUP.

Grewendorf, Günther & Cecilia Poletto 2005. Von OV zu VO: ein Vergleich zwischen Zimbrisch und Plodarisch. In: E. Bidese, J.R. Dow & Th. Stolz (Hg.) *Das Zimbrische zwischen Germanisch und Romanisch*. [Diversitas Linguarum 9]. Bochum: Universitätsverlag Dr. N. Brockmeyer, 114–130.

Grohmann, Kleanthes K. 2003. *Prolific domains. On the anti-locality of movement dependencies*. [Linguistik Aktuell/Linguistics Today 66]. Amsterdam: John Benjamins.

Haegeman, Liliane 1993. Some speculations on argument shift, clitics, and crossing in West-Flemish. In: W. Abraham & J. Bayer (Hg.), 131–160.

Haider, Hubert 2000. OV is more basic than VO. In: P. Svenonius (ed.) *The derivation of VO and OV*. [Linguistik Aktuell/Linguistics Today 31]. Amsterdam: John Benjamins, 45–68.

Haider, Hubert 2004. How to turn Germanic into Icelandic – and derive the OV–VO contrasts. *Journal of Comparative Germanic Linguistics* 8, 1–53.

Haider, Hubert 2007. Rezension von K. É. Kiss & H. v. Riemsdijk (eds.) 2004. *Verb clusters. A study of Hungarian, German & Dutch*. Amsterdam: JB. *Language* 38/2, 647–651.

Haider, Hubert (2009 im Druck). *German – what it means to be OV*. Oxford: OUP.

Heine, Bernd 2003. Grammaticalization. In: Brian D. Joseph & Richard D. Janda (eds.) *The Handbook of historical linguistics*. Oxford: Blackwell, 575–601.

Heine, Bernd & Tania Kuteva 2005. *Language contact and grammatical change*. Oxford: OUP.

Hinterhölzl, Roland 2004. Language change versus grammar change. What diachronic data reveal about the distinction between core grammar and periphery. In: E. Fuß & C. Trips (eds.) *Diachronic clues to synchronic grammar*. [Linguistik Aktuell/Linguistics Today 72]. Amsterdam: Benjamins, 131–160.

Hoekstra, Eric 1993. Dialectal variation inside CP as parametric variation. In: W. Abraham & J. Bayer (Hg.), 161–179.

Höfler, Otto 1956. Stammbaumtheorie, Wellentheorie, Entfaltungstheorie. *PBB* 77, 1–37; 424–476. *PBB* 78 (1956), 93–136.

Hornung, Maria 1977. *Pladener Wörterbuch. Glossario Sappadino*. Wien: Edition Praesens.

Jakobson, Roman 1972. Two aspects of language and two types of aphasic disturbances. In: *Selected writings* vol. 2, 239–259.

Kranzmayer, Eberhard 1956. *Historische Lautgeographie des gesamtbairischen Dialektraumes*. [Studien zur österreichisch-bairischen Dialektkunde 1]. Wien.

Kranzmayer, Eberhard 1981 & 1985. *Laut- und Flexionslehre der deutschen zimbrischen Mundart*. [Beiträge zur Sprachinselforschung Band 1, Teil 1 & 2]. Wien: Verband der wissenschaftlichen Gesellschaften Österreichs.

Kroch, Andy 1989. Reflexes of grammar in patterns of language change. *Language Variation and Change* 1, 199–244.

Kühebacher, Egon 1972. Die geschichtliche Entwicklung der deutsch-italienischen Sprachgrenze. *Der Schlern* 46, 33–52.

Kuteva, Tania & Bernd Heine 2008. On the explanatory value of grammaticalization. In: J. Good (ed.), 215–230.

Leiss, Elisabeth 2008. Grammatical complexity and affix ordering. A typological and diachronic approach to the theory of word structure. Paper Morphology Conference, Workshop on Affix Ordering, Vienna Jan. 30 – Feb. 4, 2008.

Lötscher, Andreas 1993. Zur Genese der Verbdopplung bei *gaa, laa, aafaa* („gehen", „lassen", „anfangen") im Schweizerdeutschen. In: W. Abraham & J. Bayer (Hg.), 180–200.

Mayerthaler, Willi & Eva Mayerthaler 1998. Aspects of Bavarian syntax or 'Every language has at least two parents'. In: J.A. Edmondson, C. Feagin & P. Mühlhäusler (eds.) *Development and diversity – language variation across time and space. A Festschrift for Charles-James N. Bailey*. [The Summer Institute of Linguistics and The University of Texas at Arlington. Publication 93], 371–429.

Meid, Wolfgang 1985. *Der erste zimbrische Katechismus. Dar klóane catechismo vor dez béloseland. Die zimbrische Version aus dem Jahre 1813 und 1842 des piccolo catechismo ad uso del regno d'Italia von 1807 in kritischer Ausgabe*. [Innsbrucker Beiträge zur Sprachwissenschaft 48]. Institut für Sprachwissenschaft der Universität Innsbruck.

Panieri, Luca; Pedrazza, Monika; Nicolussi Baiz, Adelia; Hipp, Sabine & Pruner, Cristina 2006. *Bar lirnen z'schraiba un zo reda az be biar. Grammatica del cimbro di Luserna. Grammatik der zimbrischen Sprache von Lusérn.* ohne Ortsangabe: Regione Autonoma Trentino-Alto Adige/ Autonome Region Trentino/Südtirol – Istituto Cimbro/ Kulturinstitut Lusérn.

Poletto, Cecilia 2006. Parallel phases: A study on the high and low left periphery of Old Italian. In: M. Frascarelli (ed.) *Phases of interpretation*. [Studies in Generative Grammar 91]. Berlin: Mouton de Gruyter, 261–292.

Poletto, Cecilia & Alessandra Tomaselli 2000. L'interazione tra germanico e romanzo in due 'isole linguistiche'. Cimbro e ladino a confronto. In: G. Marcato (ed.) *Isole linguistiche? Per un' analisi del sistemi in contatto*. Padova: Unipress, 163–176.

Poletto, Cecilia & Alessandra Tomaselli 2002. La sintassi del soggetto nullo nelle isole tedescofone del Veneto. In: G. Marcato (ed.) *La dialettologia oltre il 2001*. Padova: Unipress, 237–252

Rapelli, G. 1999. *Bibliografia cimbra*. Verona: ed. Curatorium Cimbricum Veronense.

Renzi, L. & L. Vanelli 1983. I pronomi soggetto in alcune varietà romanze. In: G.B. Pellegrini (ed.) *Scritti in onore G.B. Pellegrini*. Pisa: Pacini, 121–145.

Renzi, L. & P. Benincà 2000. La venetizzazione della sintassi nel dialetto cimbro. In: G. Marcato (ed.) *Isole linguistiche? Per un'analisi del sistemi in contatto*. Padova: Unipress, 137–162.

Rizzi, Luigi 1997. The fine structure of the left periphery. In: L. Haegeman (ed.) *Elements of grammar*. Dordrecht: Kluwer, 231–337.

Rowley, Anthony R. 1986. *Fersental (Val Fèrsina bei Trient/Oberitalien). Untersuchungen einer Sprachinselmundart*. [Phonai 31, Monographien 18]. Tübingen: Niemeyer.

Rowley, Anthony R. 2003. *Liacht as de sproch. Grammatica della lingua mòchena – Grammatik des Deutsch-Fersentalerischen*. Lusern: Istituto Culturale Mòcheno-Cimbro. Kulturinstitut für das Fersental und Lusern. Kulturinstitut Bernstol-Lusérn.

Rowley, Anthony R. 2004. Syntax des Fersentalerischen. In: St. Gaisbauer & H. Scheuringer (Hg.) *Linzerschnitten. Beiträge zur 8. bayerisch-österreichischen Dialektologentagung*, zugleich *3. Arbeitstagung zu Sprache und Dialekt in Oberösterreich in Linz, September 2001*. Linz: Adalbert-Stifter-Institut des Landes Oberösterreich, 529–536.

Rowley, Anthony R. 2006. *Bar lirnen z'schraiba un zo reda az be biar. Grammatica del cimbro di Luserna. Grammatik der zimbrischen Sprache von Lusérn*. Lusern: Centro Stampa e Duplicazioni della Regione Autonoma Trentino-Alto Adige/Druckerei und Vervielfältigungsdienst der Autonomen Region Trentino-Südtirol. Istituto cimbro – Kulturinstitut Lusérn.

Santorini, Beatrice 1994. Jiddisch als gemischte OV/VO-Sprache. In: W. Abraham & J. Bayer (Hg.), 230–245.

Santorini, Beatrice 1994. Some similarities and differences between Icelandic and Yiddish. In: H. Hornstein (ed.) *Verb movement*. Cambridge: CUP, 87–106.

Scardoni, Sara 2000. La sintassi del soggetto nel cimbro parlato a Giazza. Università degli studi di Verona, tesi discussa nell'a.a. 1999/2000.

Schmeller, Johann Andreas 1838 [1986]. Über die sogenannten Cimbern der VII und XIII Communen auf den Venedischen Alpen und ihre Sprache. München. In: *Abhandlungen der philosophisch-philologischen Classe der königlich bayerischen Akademie der Wissenschaften* II/3. Facsimile-Edition München: Curatorium Cimbricum Bavarense, 557–708.

Schmeller, Johann Andreas 1855/1984. *Die Cimbern der VII und XIII Communen auf den venedischen Alpen und ihre Sprache*. Wiener Akademieverlag. 1984: München: Curatorium Cimbricum Bavarense. Facsimiledruck der Ausgabe von 1855.

Schweizer, Bruno 1939. *Zimbrische Sprachreste*. Teil 1: *Texte aus Giazza (Dreizehn Gemeinden ob Verona). Nach dem Volksmunde aufgenommen und mit deutscher Übersetzung herausgegeben*. Halle/Saale: Max Niemeyer.

Schweizer, Bruno 1952. *Zimbrische Gesamtgrammatik*. Band V: *Syntax der zimbrischen Dialekte in Oberitalien*. Diessen am Ammersee. Tippskript: Marburg/Lahn: Institut für die Forschung der deutschen Sprache.

Schweizer, Bruno 2008 (hg. von James R. Dow). *Zimbrische Gesamtgrammatik. Vergleichende Darstellung der zimbrischen Dialekte*. [ZDL-Beiheft 132]. Stuttgart: Franz Steiner Verlag.

Seiler, Guido 2003. *Präpositionale Dativmarkierung im Oberdeutschen*. Wiesbaden: Steiner.

Semolini, F. 2001. *Testi cimbri nelle bibliotheche venete*. Dattiloscritto, Università di Verona.

Thüne, E.M. & Alessandra Tomaselli (eds.) 1999. *Testi di linguistica tedesca*. Padova: Unipress.

Tomaselli, Alessandra 1995. Cases of V-3 in Old High German. *GAGL* 33, 93–127. Auch in: A. Battye & I. Roberts (eds.) *Clause structure and language change*. Oxford: OUP, 345–369.

Tomaselli, Alessandra 2004. Il cimbro come laboratorio d'analisi per la variazione linguistica in diacronia e sincronia. In: *Variis Linguis. Studi offerti a Elio Mosele in occasione del suo settantesimo compleanno*. Pubblicazioni dell' Università degli Studi di Verona, Facoltà di Lingue e Letterature Straniere. Verona: Edizioni Fiorini, 533–549.

Vicentini, R. 1993. Il dialetto cimbro di Luserna: analisi di alcuni fenomeni linguistici. Thesis "Laureat in Modern Languages and Literature". Unpublished, Università di Trento.

Vikner, Sten 1994. Finite verb movement in Scandinavian embedded clauses. In: H. Hornstein (ed.) *Verb movement*. Cambridge: CUP, 117–147.

Wurzer, Bernhard [4]1973 (überarb. Aufl.). *Die deutschen Sprachinseln in Oberitalien*. Bozen: Athesia.

Zwart, Jan-Wouter 1993. Clures from dialect syntax: complementizer agreement. In: W. Abraham & J. Bayer, 246–270.

7. Schriftenverzeichnis von Werner Abraham

7.1 Bücher

Monographien

1961. *Die Mundart von Tschagguns im Montafon/Vorarlberg. Vokalismus.* Diss. Wien (Maschinenschrift, 243 S.).

1972. *Komponentialanalyse von Fachsprachen.* Inauguralrede Reichsuniversität Groningen, 51 S. [Maschinenschrift: *Groninger Arbeiten zur germanistischen Linguistik* 1].

1973. *Losbuch in deutschen Reimpaaren.* Kommentar (Komm. zur Faksimileausg. Codex Vindobonensis Series Nova 2652).Graz, Akademie-Verlag, 34 S.

1974. *Terminologie zur neueren Linguistik.* Tübingen: Niemeyer. 580 S.

1975. *A Linguistic Approach to Metaphor.* Lisse: de Ridder, 54 S.

1988. *Terminologie zur neueren Linguistik.* 2., überarbeitete und stark erweiterte Auflage, Tübingen: Niemeyer, cx + 1059 pp.

1994. *Deutsche Syntax im Sprachenvergleich. Grundlegung einer typologischen Syntax des Deutschen.* [Studien zur deutschen Grammatik 41]. Tübingen: Narr, 690 S.

1998. *Die Linguistik der uneigentlichen Rede. Linguistische Analysen an den Rändern der Sprache.* Tübingen: Stauffenburg.

2001. (zus. mit C. Jac Conradie) *Präteritumschwund und Diskursgrammatik. Präteritumschwund in gesamteuropäischen Bezügen: areale Ausbreitung, heterogene Entstehung, Parsing sowie diskursgrammatische Grundlagen und Zusammenhänge.* Amsterdam, Philadelphia: John Benjamins.

2001. G. van der Meer & A.G.B. ter Meulen (guest eds.) *Making sense: from lexeme to discourse, in honor of Werner Abraham at the occasion of his retirement.* [*Groninger Arbeiten zur germanistischen Linguistik* 44]. Groningen: Center for Language and Cognition.

2005. *Deutsche Syntax im Sprachenvergleich. Grundlegung einer typologischen Syntax des Deutschen.* [Studien zur deutschen Grammatik 41]. 2., überarbeitete und erweiterte Auflage. Tübingen: Narr, 721 S.

2013. *Deutsche Syntax im Sprachenvergleich. Grundlegung einer typologischen Syntax des Deutschen.* [Studien zur deutschen Grammatik 41]. 3., erweiterte Auflage. Tübingen: Stauffenburg, 743S.

Sammelbände

1971 ([2]1977). W. Abraham (Hg.) *Kasustheorie.* Frankfurt/M.: Athenäum, 213 S. (mit einem Nachwort S. 185–205)

1971.W. Abraham (Hg.*).* George Lakoff. *Linguistik und natürliche Logik.* Frankfurt/M.: Athenäum (mit Einleitung S. 7–17).

1972 ([2]1976). W. Abraham & R. I. Binnick (Hg.) *Generative Semantik.* Frankfurt/M.: Athenäum, 313 S. (mit Einleitung S. 7–15).

1975. W. Abraham (ed.) *Ut Videam: contributions to an understanding of linguistics; for Pieter Verburg on the occasion of his 70th birthday.* Lisse: de Ridder, 300 S.

1978. W. Abraham (ed.) *Valence, Semantic case and grammatical relations.* [Studies in Language Companion Series 1]. Amsterdam, Philadelphia: John Benjamins, 728 S. (mit einer Einleitung XI–XIV und eigenem Beitrag 695–728).

1980. W. Abraham (Hg.) *Studien zur modernen deutschen Lexikographie (Ruth Klappenbach 1911–1977)*. [Linguistik Aktuell 1]. Amsterdam, Philadelphia: John Benjamins, 313 S (mit einer Einleitung vi–x).
1982. W. Abraham (Hg.) *Satzglieder im Deutschen. Vorschläge zur syntaktischen, semantischen und pragmatischen Fundierung*. [Studien zur deutschen Grammatik 15]. Tübingen: Narr (mit einer Einleitung 1–39).
1983. W. Abraham (ed.) *On the formal syntax of the Westgermania. Papers from the 3rd Groningen Grammar Talks*. [Linguistik Aktuell 3]. Amsterdam, Philadelphia: John Benjamins, 243 S.
1985. (^{2}1992) W. Abraham (Hg.) *Erklärende Syntax des Deutschen*. [Studien zur deutschen Grammatik 25]. Tübingen: Narr (mit einer Einleitung 7 – 26).
1986. W. Abraham & S. de Meij (eds.) *Topic, focus, and configurationality. Papers from the 6th Groningen Grammar Talks 1984*. [Linguistik Aktuell 4]. Amsterdam, Philadelphia: John Benjamins, 351 S. (Einleitung zus. mit L. Marácz, S. de Meij und W. Scherpenisse 1–13).
1987. W. Abraham & R. Århammar (Hg.) *Linguistik in Deutschland. Akten des 21. Linguistischen Kolloquiums, Groningen 1986*. [Linguistische Arbeiten 182]. Tübingen: Niemeyer, 429 S. (Einleitung vii).
1989. W. Abraham & Th. Janssen (Hg.) *Tempus – Aspekt – Modus: die lexikalischen und grammatischen Formen in den germanischen Sprachen*. [Linguistische Arbeiten 237]. Tübingen: Niemeyer.
1991. W. Abraham (ed.). *Discourse particles: descriptive and theoretical investigations on the logical, syntactic and pragmatic properties of discourse particles in German and English*. [Pragmatics & Beyond New Series, 12]. Amsterdam, Philadelphia: John Benjamins, 264 pp. (+Einleitung).
1991. W. Abraham, W. Kosmeijer & E. Reuland (eds.) *Issues in Germanic syntax*. [Trends in Linguistics. Studies and Monographs 44]. Berlin, New York: Mouton de Gruyter, 392 S. (Einleitung von W. Abraham & E. Reuland 1–10).
1991. W. Abraham (ed.) *Discourse particles across languages*. [Themaband *Multilingua* 10/1–2]. Berlin, New York: Mouton de Gruyter, 223 pp.
1992. W. Abraham, H.-W. Eroms & O. Pfeiffer (Hg.) *Thema und Rhema: syntaktische Konstituenz oder autonome diskursfunktionale Analyse?* [*Folia Linguistica. Acta Societatis Linguisticae Europaeae* XXVI/1–2]. Berlin, New York: Mouton de Gruyter, 254 S.
1992. W. Abraham (ed.) *Diachronic and synchronic evolution: Reanalysis and grammaticalization confronted.* (zurückgehend auf eine Groninger Tagung im Dez. 1990). [*Folia Linguistica Historica. Acta Societatis Linguisticae Europaeae* XIII/1–2]. Berlin, New York: Mouton de Gruyter, 307 pp.
1993. W. Abraham & E. Reuland (eds.) *Knowledge and Language*. (zurückgehend auf eine Groninger Tagung im September 1989). 2 Bände. Dordrecht: Kluwer, 238 + 272 S.
1993. W. Abraham & J. Bayer (Hg.) *Dialektsyntax*. [*Linguistische Berichte*. Sonderheft 5]. Opladen: Westdeutscher Verlag, 272 S.
1995. W. Abraham, T. Givón & S. Thompson (eds.) *Discourse grammar and typology. Papers in honor of John W.M. Verhaar*. [Studies in language / Companion series 27]. Amsterdam, Philadelphia: John Benjamins, 363 pp.
1996. W. Abraham, S.Epstein, H. Thráinsson & C.J.W. Zwart (eds.) *Minimal ideas: syntactic studies in the minimalist framework*. [Linguistik Aktuell / Linguistics Today 12]. Amsterdam, Philadelphia: John Benjamins.
1996. W. Abraham (ed.) *Studies in aspect*. [*Folia Linguistica. Acta Societatis Linguisticae Europaeae* XXX/1–2]. Berlin, New York: Mouton de Gruyter, 1–160.
1997. W. Abraham & E. van Gelderen (eds.) *German: syntactic problems – problematic syntax*. [Linguistische Arbeiten 374]. Tübingen: Niemeyer, 323 pp.

1999. W. Abraham & L. Kulikov (eds.) *Tense- aspect, transitivity and causality: essays in honour of Vladimir Nedjalkov*. [Studies in Language Companion Series 50]. Amsterdam, Philadelphia: John Benjamins. 360 pp.
1999. W. Abraham (guest ed.) *Characteristic properties of spoken vernaculars*. [*Folia Linguistica. Acta Societatis Linguisticae Europaeae* XXXIII/1–2]. Berlin, New York: Mouton de Gruyter, 256 pp.
2002. W. Abraham & C.J.-W. Zwart (eds.) *Issues in formal German(ic) typology*. [Linguistik Aktuell/Linguistics Today 45]. Amsterdam, Philadelphia: John Benjamins, 334 pp.
2002. C.J.-W. Zwart & W. Abraham (eds.) *Studies in comparative Germanic syntax*. [Linguistik Aktuell/Linguistics Today 53]. Amsterdam, Philadelphia: John Benjamins, 404 pp.
2003. W. Abraham & L. Molnárfi (eds.) *Optionality in syntax and discourse structure – aspects of word order variation in (West) Germanic and other languages*. [*Folia Linguistica. Acta Societatis Linguisticae Europaeae* XXXVII/1–2]. Berlin, New York: Mouton de Gruyter, 248 pp.
2005. W. Abraham (ed.) *Issues in Germanic typology*. [*Sprachtypologie und Universalienforschung/ Language Typology and Universals* (STUF) 57/4]. Berlin: Akademieverlag, 360 pp.
2004. A. ter Meulen & W. Abraham (eds.) *The composition of meaning: from lexeme to discourse*. [Current Issues in Linguistic Theory 255]. Amsterdam, Philadelphia: John Benjamins.
2005. D. Hole, A. Meinunger & W. Abraham (eds.) *Datives and other cases: between argument structure and event structure*. [Studies in Language Companion Series 75]. Amsterdam, Philadelphia: John Benjamins.
2006. W. Abraham & L. Leisiö (eds.) *Passivization and typology: form and function*. [Typological Studies in Languages 68]. Amsterdam, Philadelphia: John Benjamins, 553 pp.
2008. W. Abraham & E. Leiss (eds.) *Modality-aspect interfaces: implications and typological solutions*. [Typological Studies in Languages 79]. Amsterdam, Philadelphia: John Benjamins.
2009. W. Abraham & E. Leiss (Hg.) *Modalität. Epistemik und Evidentialität bei Modalverb, Adverb, Modalpartikel und Modus*. [Studien zur deutschen Grammatik 77]. Tübingen: Stauffenburg.
2012. W. Abraham & E. Leiss (eds.) *Modality and Theory of Mind elements across languages*. [Trends in Linguistics. Studies and Monographs 243]. Berlin, Boston: de Gruyter.
2012. W. Abraham & E. Leiss (eds.) *Covert patterns of modality*. Newcastle upon Tyne: Cambridge Scholars.
2013. W. Abraham & E. Leiss (Hg.) *Funktionen von Modalität im Deutschen*. [Linguistik – Impulse und Tendenzen 55]. Berlin, Boston: de Gruyter.
2013. W. Abraham & E. Leiss (eds.) *Modes of modality. Modality, typology, and Universal Grammar*. [Typological Studies in Languages]. Amsterdam, Philadelphia: John Benjamins.
2013. W. Abraham (Hg.) *Dialektologie in neuem Gewand. Zu Mikro-/Varietätenlinguistik, Sprachenvergleich und Universalgrammatik*.[Sonderheft der *Linguistischen Berichte*]. Hamburg: Buske.

7.2 Artikel

1961

1. Das österreichische Schulturnen im Spiegel der holländischen Fachzeitschriften nach 1945. *Leibesübung – Leibeserziehung* 7, 5–7.

1968

2. Ersatzprobe und formale Analyse in der generativen Transformationsgrammatik. *93. Jahresbericht, Bundesrealgymnasium Wien-Brigittenau 1968*, 3–20.

3. Subklassifizierungen von deutschen Verben. *Drittes Linguistisches Kolloquium über Generative Grammatik*. Universität Stuttgart. Papier Nr. 8 (Dez. 1968), 41–56.
4. Studien zu einem Wahrsagetext des späten Mittelalters. *Hessische Blätter für Volkskunde* 59, 9–24.

1969

5. Verbklassifikationen und das Komplement Indirekter Fragesatz. *Die Sprache* 15/2, 113–134.
6. Syntaktische Einfachstrukturen zur Förderung des Sprachgefühls im Englischen. *Erziehung und Unterricht* 119/1, 25–35.
7. Semantik oder Syntax als Basiskomponente eines Grammatikmodells (zus. mit R.I. Binnick). *Linguistische Berichte* 4, 1–28.
8. Zur Grammatik des (englischen) Prädikatsadjektivs. *Beiträge zur Linguistik und Informationstheorie* 17, 49–56.

1970

9. Passiv und Verbalableitung auf Englisch: *-able*, deutsch: *-bar*. *Folia Linguistica Europaea* IV 1/2, 15–29.
10. Neue Wege der Angewandten Sprachwissenschaft. Erkennungs- und Erzeugungsgrammatik. *Muttersprache* 6, 181–191.
11. Zur Taxonomie der Angewandten Sprachwissenschaften. *Bulletin AILA* 11, 6–18.
12. Kompetenz und Mittelwertgrammatik. Zur Taxonomie der Angewandten Sprachwissenschaften. *Lingua* 25, 339–357.

1971

13. Zur Typologie der mittelalterlichen Losbücher. *Zeitschrift für deutsche Philologie* 90/1, 70–82.
14. A criterion of naturalness in grammatical analysis: The Adjective. *Papers in Linguistics* 3/1, 161–172.
15. Rückstand der österreichischen Linguistik? *Linguistische Berichte* 11, 67–73 (verkürzte Fassung eines Vortrages vor der Wiener Sprachgesellschaft, IBF; 1970 in einer weiteren Fassung abgedruckt).
16. Stil, Pragmatik und Abweichungsgrammatik. In: Stechow, Arnim von (Hg.): *Beiträge zur generativen Grammatik. Referate des 5. Linguistischen Kolloquiums Regensburg, 1970.* [Schriften zur Linguistik 3]. Braunschweig: Vieweg, 1–13.
17. (zus. mit K. Braunmüller) Stil, Metapher und Pragmatik. *Lingua* 28, 1–47 (englische Fassung Nr. 28, niederländische Nr. 22).
18. Der ethische Dativ. In: O. Leys (Hg.) *Fragen der strukturellen Syntax und der kontrastiven Grammatik.* [Sprache der Gegenwart 17]. Düsseldorf: Schwann, 112–135. (Englische, etwas geänderte Fassung Nr. 26).
19. Grammatik, Grammatizität, Akzeptabilität. In: W. Arnold, H. J. Eysenck & R. Meili (Hg.) *Lexikon der Psychologie.* Freiburg et al.: Herder, Bd. 1, 806–810.
20. Das Vokalsystem der Mundart des Montafons. *Zeitschrift für Dialektologie und Linguistik* 38, 95–120.

1972

21. Tiefenstrukturkasus und ihre Oberflächenrealisation bei zweiwertigen Sätzen des Deutschen. *Leuvense Bijdragen* 72, 1–12.
22. Stijl, pragmatiek en afwijkingsgrammatika. In: *Taalwetenschap in Nederland 1971. Uitgave Vereniging voor Taalwetenschap Universiteit van Amsterdam*, 93–103 (vgl. Nr. 17).
23. Opmerkingen tot het begrip sociolinguistiek. In: *TABU (Taalbulletin)* 1972, pp 8.
24. Zu John Robert Ross' ‚Über deklarative Sätze'. In: W. Abraham & R. I. Binnik (Hg.) *Generative Semantik.* Frankfurt/M.: Athenäum, 279–285.

25. The necessity of inserting Speaker and Hearer as basic categories of a practicable grammatical model. In: P. Corder & E. Roulet (eds.) *Theoretical Linguistic Models in Applied Linguistics*. Brussels et al.: AIMAV et al., 31–47. (Wiederabdruck als Nr. 32).
26. The ethic dative in German. In: F. Kiefer & N. Ruwet (eds.) *Generative Grammar in Europe*. [Foundations of Language 13]. Dordrecht: Reidel, 1–20.

1973

27. Einige formale Eigenschaften von Komponentialanalysen. Mit einer Hypothese zur Produktion und Interpretation von Metaphern. In: A.P. ten Cate & P.Jordens (eds.) *Linguistische Perspektiven. Referate d. VII. Linguist. Kolloquiums Nijmegen, 26.-30. Sept. 1972*. [Linguistische Arbeiten 5]. Tübingen: Niemeyer, 160–177.
28. (zus. mit Kurt Braunmüller) Towards a theory of style and metaphor. In: S. J. Schmidt (ed.) *Foundations of Modern Poetics*. [Poetics 7]. The Hague: Mouton, 103–149. (vgl. Nr. 17).
29. Komponentialanalyse als Übersetzungssprache in einem Dokumentenretrieval. In: H. Preiss (Hg.): *Praktische Fälle über Aufbau und Funktionsweise betrieblicher Teilinformationssysteme*. München: Verlag Moderne Industrie, 56–113.

1974

30. Karttunens types of implication in English and German. In: P. Corder & E. Roulet (eds.) *Linguistic Insights in Applied Linguistics*. Bruxelles et al.: AIMAV et al., 11–26.
31. Über Sprecher und Hörer als Kategorien in einem didaktisch orientierten Grammatikprogramm. In: W. Bauer & M. Hartig (Hg.) *Studien zur generativen Grammatik*. Frankfurt/ M.: Athenaion, 11–32.
32. The necessity of inserting Speaker and Hearer as basic categories of a practicable grammatical model. In: A. Kraak (ed.) *Linguistics in the Netherlands 1972–1973*, 68–80. (Neuabdruck von Nr. 25).
33. Zur Linguistik der Metapher. In: *Linguistische Probleme der Textanalyse. Jahrbuch 1973 des Instituts für deutsche Sprache*, 77–116 (vgl. Nr. 35).

1975

34. Theoretical problems of thesaurus building with particular reference to concept formation. Koreferat zu D. Soergel. In: J.S. Petöfi, A. Podlech & E. von Savigny (Hg.) *Fachsprache – Umgangssprache*. Kronberg: Scriptor, 383–403 (vgl. Nr. 39).
35. Zur Linguistik der Metapher. *Poetics* 4, 133–172. (Wiederabdruck von 33).
36. Deutsch *aber*, *sondern* und *dafür* und ihre Äquivalente im Niederländischen und Englischen. In: I. Bátori u.a. (Hg.) *Syntaktische und semantische Studien zur Koordination*. [Studien zur deutschen Grammatik 2]. Tübingen: Narr, 105–136.
37. Some semantic properties of some conjunctions. In: P. Corder & E. Roulet (eds.) *Some Implications of Linguistic Theory for Applied Linguistics*. Brussels/Paris: AIMAV/Didier, 7–31.

1976

38. Die Rolle von Trugschlüssen in der Diachronie von Satzkonnektoren. In: D. Pohl & N. Salnikov (Hg.) *Opuscula Slavica et Linguistica. Festschrift für Alexander Issatschenko*. Klagenfurt: Heyn, 11–72.
39. Theoretical problems of thesaurus building with particular reference to concept formation. In: *International co-operation in terminology*. München: Verlag Dokumentation, 266–280 (Wiederabdruck von Nr. 34).
40. The fallacy of false cause and its reflex in diachronic and synchronic linguistic description. Referat auf der AILA-Tagung in Stuttgart 27–08–1974. In: G. Nickel (ed.) *Proceedings of the 4th International Congress of Applied Linguistics*. Stuttgart: Hochschulverlag, 511–527 (vgl. Nr. 43).

1977

41. Komplexe Nominalgruppen im Deutschen: Thema-Rhema-Verteilung und das Squish- Prinzip. *Zeitschrift für germanische Linguistik* 2, 145–181 (vorher als LAUT-Paper, Series A. Nr. 32, Oktober 1976).
42. *But*. In: *UEA Papers in Linguistics* 3 (University of East Anglia), 1–36.
43. Der Trugschluß des falschen Grundes und seine Spiegelung in der diachronischen und synchronischen Beschreibung. In: W. Meid (Hg.) *Textlinguistik und Semantik. Akten der 4. Arbeitstagung Österreichischer Linguisten. Innsbruck 1976*. Innsbruck: Institut für Sprachwissenschaft, 55–73 (deutsche, veränderte und erweiterte Fassung von Nr. 40. Vgl. auch Nr. 45).
44. *noch* und *schon* als polare Satzfunktoren. In: K. Sprengel, W.-D. Bald & H. W. Viethen *Semantik und Pragmatik. Akten des 11. Linguistischen Kolloquiums, Aachen 1976*. Tübingen: Niemeyer, 3–19.

1978

45. The role of fallacies in the diachrony of sentence connectives. *Studies in Second Language Acquisition* 1/1, 95–134 (Erweiterte Fassung zu 40).
46. Working Group 8: Case Grammar and Valence Theory. In: W. U. Dressler & W. Meid et al. (eds.): *Proceedings of the 12th International Congress of Linguists*. [Innsbrucker Beiträge zur Sprachwissenschaft]. Innsbruck: Institut für Sprachwissenschaft, 143–151.
47. Valence and case: Remarks on their contribution to the identification of grammatical relations. In: W. Abraham (ed.) *Valence, Semantic Case and Grammatical Relations*. [Studies in Language Companion Series 1]. Amsterdam, Philadelphia: John Benjamins, 694–728.

1979

48. Überlegungen zur Sprechakt- und Handlungstheorie. Uber *täuschen* und *sich irren*. In: I. Rosengren (Hg.) *Sprache und Pragmatik. Lunder Symposium 1978*. Lund: Gleerup, 247–263.
49. Trakls „Trompeten" – Spiel mit Syndesen und Asyndesen. *Jahrbuch für Internationale Germanistik* 11/1, 133–144.
50. Zur literarischen Analysediskussion. Kritisches und Konstruktives anhand dreier Kafkaerzählungen. In: W. Frier & G. Labroisse (Hg.) *Grundfragen der Textwissenschaft*. [Amsterdamer Beiträge zur neueren Germanistik 8]. Amsterdam: Rodopi, 131–171.
51. Methodische Übungen zu Kafka-Interpretationen. In: E. Bülow & P. Schmitter (Hg.) *Integrale Linguistik. Festschrift für Helmut Gipper*, Amsterdam, Philadelphia: John Benjamins, 379–405.
52. *But*. *Studia Linguistica* 33/2, 89–120. (Siehe auch Nr. 42).
53. *Außer*. In: H. Weydt (Hg.) *Die Partikeln der deutschen Sprache*. Berlin, New York: de Gruyter, 239–256.

1980

54. The synchronic and diachronic semantics of German temporal *noch* and *schon*, with aspects of English *still*, *yet* and *already*. *Studies in Language* 4/1, 3–24.
55. *Sonst* und *außer* als Folgerungskonnektoren. In: G. Brettschneider & Chr. Lehmann (Hg.): *Wege zur Universialienforschung. Sprachwissenschaftliche Beiträge zum 60. Geburtstag von Hans-Jakob Seiler*. [Tübinger Beiträge zur Linguistik 145]. Tübingen: Narr, 406–419.
56. Der Entscheidungsweg zur Valenzbestimmung. *ALPHA. Zeitschrift für Germanisten in Groningen* 3/2, 17–26.
57. Sprachentwicklung (Spracherwerb, sprachliche Ontogenese). In: W. Arnold, H.J. Eysenck & R. Meili (Hg.) *Lexikon der Psychologie*. Freiburg/Basel: Herder, 2165–2167.

1981

58. Zur Wortstellungssyntax Deutsch-Niederländisch. In: H. Geckeler et al. (eds.) *Logos Semantikos. Studia Linguistica in Honorem Eugenio Coseriu 1921–1981*. Berlin/Madrid: de Gruyter/Gredos, 81–101.

59. Partikeln und Konjunktionen – Versuch einer kontrastiven Typologie Deutsch-Niederländisch. In: H. Weydt (Hg.) *Partikeln und Deutschunterricht: Abtönungspartikeln für Lerner des Deutschen.* Heidelberg: Groos, 169–189.

1982

60. Satzglieder im Deutschen. In: W. Abraham (Hg.) *Satzglieder im Deutschen. Vorschläge zur syntaktischen, semantischen und pragmatischen Fundierung.* Tübingen: Narr, 1–39.
61. Das Konzept der projektiven Sprache bei Ernst Jandl. *Deutsche Vierteljahrschrift für Literaturwissenschaft und Geistesgeschichte* 56, 539–558.
62. Zur Tauglichkeit typologischer Wortstellungscharakterisierungen für das Deutsche. *Klagenfurter Beiträge zur Sprachwissenschaft* 8, 1–39.
63. Heuristic problems concerning the identification of grammatical relations: the case of the Westgermania (Dutch-English-German). *Communication & Cognition* 15/3–4, 307–333.

1983

64. Starke Satzverknüpfer – Sinnsog und Partikelenquête. In: H. Weydt (Hg.) *Partikeln und Interaktion.* Tübingen: Niemeyer, 25–40.
65. Die Unterscheidung von direktem und indirektem Objekt in den kasuslosen westgermanischen Sprachen und im Deutschen. *Deutsch als Fremdsprache* 1983/5, 263–270.
66. Syntaktisch charakterisierte Verbklassen mit Kontrollbeziehung im Deutschen und Englischen. In: W. Meid & H. Schmeja (Hg.) *Philologie und Sprachwissenschaft. Akten der 10. Österreichischen Linguisten Tagung, Innsbruck 23.–26. Oktober 1982.* Innsbruck: Institut für Sprachwissenschaft, 9–28.
67. Der Dativ im Deutschen. In: *Colloque du Centre de Recherches Germaniques de l'Université de Nancy II & Journé Annuelle des Linguistes de l'Association des Germanistes de l'Enseignement Superieur (Ages) 19 Février 1983. La Linguistique a la Session 1983 de l'Agrégation d'Allemand.* Nancy: Centre de Recherches Germaniques de l'Université II, 2–101.
68. Bemerkungen zu Goethes Farbenlehre im Lichte der Wahrnehmungspsychologie und der kognitiven Psychologie. *Euphorion* 77, 144–176.
69. Zur Kontrollbeziehung im Deutschen. In: R. Jongen, S. de Knop, P.H. Nelde, M.-P. Quix (Hg.): *Sprache, Diskurs und Text. Akten des 17. Linguistischen Kolloquiums Brüssel 1982.* Band 1. Tübingen: Niemeyer, 41–59.
70. (zus. mit Wim Scherpenisse) Zur Brauchbarkeit von Wortstellungstypologien mit Universalanspruch. *Sprachwissenschaft* 8/3, 291–356.
71. The control relation in German. In: W. Abraham (ed.) *On the Formal Syntax of the Westgermania.* Amsterdam, Philadelphia: John Benjamins, 217–244.

1984

72. Bemerkungen zum semantischen Transitivitätsbegriff. In: J.O. Askedal, Chr. Christensen, A. Findreng & O. Leirbukt. *Festschrift für L.Saltveit.* Oslo-Bergen-Tromsö: Universitetsforlaget, 15–29.
73. (zus. mit Eva Wuite) Kontrastive Partikelforschung unter lexikographischem Gesichtspunkt: Exempel am Deutsch-Finnischen. *Folia Linguistica Europaea* 18/1–2, 155–193.
74. Transitivity – a variable in concept formation. In: J.J. van Baak (ed.): *Signs of Friendship. To Honour A.G.F. van Holk. Slavist, Linguist, Semiotician.* Amsterdam: Rodopi, 1–28.
75. Domain, domain adverbs, and the theory of metaphor. *Papiere zur Linguistik* 30/1, 3–22.
76. (zus. mit Wim Scherpenisse) Ex falso quodlibet – over het liberale omgaan met taal en denken. Een reactie op Van der Geest. *TABU* 14/4, 155–174.

1985

77. Wortstellung und das Mittelfeld im Deutschen. In: W. Abraham (Hg.) *Erklärende Syntax des Deutschen.* [Studien zur deutschen Grammatik 25]. Tübingen: Narr, 27–53.

78. Transitivitätskorrelate. In: W. Kürschner, R. Vogt unter Mitwirkung von S. Siebert-Neumann (Hg.) *Grammatik, Semantik, Textlinguistik. Akten des 19. Linguistischen Kolloquiums Vechta 1984*. Tübingen: Niemeyer, 209–220.
79. Der Aufsatz. Teil 2. *ALPHA. Zeitschrift für Germanisten in Groningen* 1985–86/2, 5–18.
80. Grammatik von *kriegen* und *bekommen*. In: *OBST* 30: *Deutsche Grammatik II*, 142–166.
81. Transitivitätskorrelate und ihre formale Einbindung in die Grammatik. *Groninger Arbeiten zur germanistischen Linguistik (GAGL)* 26, 1–60.

1986

82. Pragmatik: Forschungsüberblick, Begriffsbildung. In: W. Weiss, H. E. Wiegand & M. Reis (Hg.): *Textlinguistik contra Stilistik? Wortschatz und Wörterbuch. Grammatische oder pragmatische Organisation von Rede. Akten des VII. Internationalen Germanisten-Kongresses Göttingen 1985*. Tübingen: Niemeyer, 270–286.
83. The grammar of German *haben*. In: D. Kastovsky & A. Szwedek (eds.): *Linguistics across historical and geographical boundaries: In honour of Jacek Fisiak on the occasion of his fiftieth birthday*. Vol. 2: *Descriptive, contrastive and applied linguistics*. Berlin, New York: Mouton de Gruyter, 781–797.
84. Die Passivdiathese im Deutschen: Typen, Theorie. In: A. Burkhardt & K.-H. Körner (Hg.) *Pragmantax. Akten des 20. Linguistischen Kolloquiums zu Braunschweig 1985*. Tübingen: Niemeyer, 15–24.
85. Die Bedeutungsgenese von Modalpartikeln. Die bedeutungskonstituierenden Variablen: Kontrastdomäne und Kontext. *Groninger Arbeiten zur germanistischen Linguistik* (GAGL) 27, 1–44.
86. Unaccusatives in German. *Groninger Arbeiten zur germanistischen Linguistik (GAGL)* 28, 1–24.
87. Middle constructions in German. *Groninger Arbeiten zur germanistischen Linguistik (GAGL)* 28, 25–72.
88. Introduction. In: W. Abraham & S. de Meij (eds.) *Topic, Focus, and Configurationality: Papers from the 6th Groningen Grammar Talks*. Amsterdam, Philadelphia: John Benjamins, 1–13.
89. Word order in the middle field of the German sentence. In: W. Abraham & S. de Meij (eds.) *Topic, Focus, and Configurationality: Papers from the 6th Groningen Grammar Talks*. Amsterdam, Philadelphia: John Benjamins, 15–38.
90. Voorwoord. In: *Interdisciplinair Tijdschrift voor Taal & Tekstwetenschap (TTT)* 6/2, 83–86.
91. Hoe krijgt een modaal partikel zijn betekenis? *Interdisciplinair Tijdschrift voor Taal- & Tekstwetenschap (TTT)* 6/2, 87–100.
92. Sprachmythos und mythische Sprache (G. Jonkes „Erwachen zum großen Schlafkrieg") *Sprache und Literatur in Wissenschaft und Unterricht* 58, 11–28.
93. Zur Typologie des Mediums in der Westgermania. In: W. Abraham & R. Arhammar (Hg.) *Linguistik in Deutschland. Akten des 21. Linguistischen Kolloquiums Groningen 1986*. [Linguistische Arbeiten 182]. Tübingen: Niemeyer, 3–24.

1987

94. Zum Forschungsstand der Pragmatik: kategorial eigenständig oder von der Genauigkeit des wissenschaftlichen Redens. *Papiere zur Linguistik* 37/2, 49–97.
95. Was hat sich in *Damit hat sich 's*? In: Centre de Recherche en Linguistique Germanique (Nice) (Hg.) *Das Passiv im Deutschen*. [Linguistische Arbeiten 183]. Tübingen: Niemeyer, 51–71.
96. Zur Typologie des Mediums in der Westgermania. In: W. Abraham & R. Århammer (Hg.) *Linguistik in Deutschland*. [Linguistische Arbeiten 182]. Tübingen: Niemeyer, 3–23.
97. Friederike Mayröckers poetische Syntax – Backgrounding. In: A. von Bormann (Hg.) *Sehnsuchtsangst: zur österreichischen Literatur der Gegenwart*. [Amsterdamer Beiträge zur neueren Germanistik 21]. Amsterdam: Rodopi, 221–239.

98. Burzio trifft Wulfila. Zu den distributionellen Eigenschaften von *wairđan* ‚werden' und *wisan* ‚sein' im gotischen Passiv. [Groningen Papers in Theoretical and Applied Linguistics – TTT 9]. Groningen: Rijksuniversiteit Groningen, Faculteit der Letteren, 29 S.
99. Dänisches Zwischenbeispiel. *ALPHA. Zeitschrift für Germanisten* 10, 20–22.
100. Zum Forschungsstand der Pragmatik: kategoriale Eigenständigkeit oder von der Genauigkeit des wissenschaftlichen Reden. *Papiere zur Linguistik* 37/2, 1987 (erschienen 1988), 49–69.
101. Synästhesie als Metapher. *Folia Linguistica* 21/2–4, 1987 (erschienen 1988), 155–190.

1988

102. Akzeptabilitätsfragen zu Mittelkonstruktionen. In: C. Zinko (Hg.) *Akten der 13. Österreichischen Linguistentagung (mit noch unpublizierten Beiträgen der Tagung Salzburg 1983)/ Graz, 25.-27.Oktober 1985.* Graz: Leykam, 64–74.
103. Sprachliche Handlungskompetenz im Grammatikunterricht: Sprachhandlungsroutinen. *ALPHA. Zeitschrift für Germanisten in Groningen* 11, 24–34.
104. Duits koud en mannelijk – Nederlands heet en vrouwelijk. Vergelijkende correlaties tussen taal en cultuur. In: M. Prangel & H. Westheide (eds.) *Duits(land) in Nederland. Waar ligt de toekomst van de Nederlandse germanistiek?* Groningen: Wolters-Noordhoff, 95–131.
105. Vorbemerkungen zur Modalpartikelsyntax im Deutschen. *Linguistische Berichte* 118, 443–466.

1989

106. Idioms in contrastive and in universally based typological research: toward distinctions of relevance. In: M. Everaert & E.-J. van der Linden (eds.) *Proceedings of the First Tilburg Workshop on Idioms.* Tilburg: Inst. voor Taal- en Kennistechnologie, 1–21.
107. Verbal substantives in German. In: Chr. Bhatt, E. Löbel & Cl. Schmidt (eds.) *Syntactic phrase structure phenomena.* [Linguistics Today 6]. Amsterdam, Philadelphia: John Benjamins, 79–98.
108. The marked-unmarked distinction in the grammar of the German ergative verb. In: O.M. Tomič (ed.) *Markedness in synchrony and diachrony.* [Trends in Linguistics. Studies and Monographs 39]. Berlin, New York: Mouton De Gruyter, 291–307.
109. Futurtypologie in den germanischen Sprachen. In: W. Abraham & Th. Janssen (Hg.) *Tempus – Aspekt – Modus: die lexikalischen und grammatischen Formen in den germanischen Sprachen.* [Linguistische Arbeiten 237]. Tübingen: Niemeyer, 345–390.
110. Ergativity and inchoativity: an aspect-syntax interface. *Groninger Arbeiten zur germanistischen Linguistik* (*GAGL*) 30, 127–143.
111. Syntaktische Korrelate zum Lesartwechsel zwischen epistemischen und deontisch/volitiven Modalverben. *Groninger Arbeiten zur germanistischen Linguistik* (*GAGL*) 30, 145–166.

1990

112. A note on the aspect-syntax interface. In: J. Mascaró & M. Nespor (eds.) *Grammar in Progress. GLOW Essays for Henk van Riemsdijk.* Dordrecht: Foris, 1–12.
113. Postposition, Präpositionaladverb oder Präfix? Zum Status der sog. trennbaren Verbpräfixe im Deutschen. In: A. Kątny (Hg.) *Studien zum Deutschen aus kontrastiver Sicht.* Frankfurt/M. et al.: Lang, 7–34.
114. Rezensionsartikel zu H. Weydt (Hg.) *Sprechen mit Partikeln.* Berlin/New York 1989. *Studies in Language* 14, 225–234.
115. Die Grammatikalisierung von Auxiliar- und Modalverben. *Beiträge zur Geschichte der deutschen Sprache und Literatur* 112, 200–208.
116. Language universals. The Chomskyan approach vs. Greenbergs typological approach. *Belgian Journal of Linguistics* 4 (erschienen 1990), 9–25.

117. Zur heterogenen Entfaltung der Modalpartikel im Ahd. und Mhd. In: A. Betten & C.M. Riehl (Hg.) *Neuere Forschungen zur historischen Syntax des Deutschen*. [Reihe Germanistische Lingustik 103]. Tübingen: Niemeyer 124–138.
118. Erwiderung auf die Rezensionen von Lewandowski und Wolski. *Zeitschrift für germanistische Linguistik* 18, 222–230.
119. Doppelrezension Glinz/Abraham über Hans Jürgen Heringer *Lesen lehren lernen. Eine rezeptive Grammatik des Deutschen*. Tübingen 1988, 372 S. *Zeitschrift für germanistische Linguistik* 18/3, 328–340.
120. Im Interesse deutscher Bewerber für akademische Stellen in Holland. *Linguistische Berichte* 126, 173f.

1991

121. The grammaticalization of the German modal particles. In: E. Closs Traugott & B. Heine (eds.) *Grammaticalization*. Vol. 2. Amsterdam, Philadelphia: John Benjamins, 331–380.
122. Modalverben in Germania. In: E. Iwasaki (Hg.) *Begegnung mit dem Fremden: Grenzen – Traditionen – Vergleiche, Akten des VIII. Internationalen Germanisten-Kongresses, Tokyo 1990*. Band 4: Sektion 4: *Kontrastive Syntax*. München: Iudicium, 109–118.
123. Wortstellung im Deutschen – theoretische Rechtfertigung, empirische Begründung. In: L. Hofmann (Hg.) *Deutsche Syntax. Ansichten und Aussichten*. [Jahrbuch des Instituts für deutsche Sprache 1991]. Berlin, New York: Mouton de Gruyter, 484–522.
124. Die Logik der Lehre des Deutschen als Fremdsprache (DaF). *Papiere zur Linguistik* 44–45, 131–157.
125. Syntaktische und semantische Korrelate zum Lesartwechsel zwischen epistemischen und deontisch/volitiven Modalverben. In: E. Klein, F. Duteil Pouradier & K. H. Wagner (Hg.) *Betriebslinguistik und Linguistikbetrieb. Akten des 24. Linguistischen Kolloquiums, Universität Bremen, 4.–6. Septemper 1989*. Bd. 1. [Linguistische Arbeiten 261]. Tübingen: Niemeyer, 3–14.
126. Aktionsartsemantik und Auxiliarisierung im Deutschen. In: E. Feldbusch & E. Pogarell (Hg.) *Neue Fragen der Linguistik: Akten des 25. Linguistischen Kolloquiums, Paderborn 1990*. Bd. 1. *Bestand und Entwicklung*. [Linguistische Arbeiten 270]. Tübingen: Niemeyer, 125–134.
127. Introduction. In: W. Abraham (ed.) *Discourse particles. Descriptive and theoretical investigations on the logical, syntactic and pragmatic properties of discourse particles in German*. Amsterdam, Philadelphia: John Benjamins, 1–10.
128. Discourse particles in German: How does their illocutive force come about? In: W. Abraham (ed.) *Discourse particles. Descriptive and theoretical investigations on the logical, syntactic and pragmatic properties of discourse particles in German*. Amsterdam, Philadelphia: John Benjamins, 203–252.
129. Rezensionsartikel zu Maria Thurmair *Modalpartikeln und ihre Kombinationen*. [Linguistische Arbeiten 223] Tübingen: M. Niemeyer 1989. *Linguistics* 29, 103–122.
130. 25. Linguistisches Kolloquium. Paderborn, 27. bis 29. September 1990. *Zeitschrift für germanistische Linguistik* 19/2, 235–239.
131. Modal particle research: the state of the art. *Multilingua* 10–1/2, 9–15.
132. How much of the German tense system is 'Aspect' and 'Aktionsart'? *Belgian Journal of Inguistics* 6, 133–150.
133. Einführung zu Sektion 4: Kontrastive Syntax. In: E. Iwasaki (Hg.) *Begegnung mit dem „Fremden": Grenzen, Traditionen, Vergleiche. Akten des VIII. Internationalen Germanisten-Kongresses, Tokyo 1990*. Band 4. München: Iudicium, 13–16.
134. Modalverben in der Germania. In: E. Iwasaki (Hg.) *Begegnung mit dem „Fremden": Grenzen, Traditionen, Vergleiche. Akten des VIII. Internationalen Germanisten-Kongresses, Tokyo 1990*. Band 4. München: Iudicium, 109–118.

135. Rektion und Abfolge pronominaler Glieder und ihrer klitischen Formen im Deutschen. In: *Language and cognition: Yearbook of the Research Group for Linguistic Theory and Knowledge Representation of the University of Groningen* 1, 1–18.
136. De verhouding tussen literatuur en beeldende kunst onder linguïstisch-semiotische kriteria. In: R.T. Seghers (ed.) *Visies op cultuur en literatuur. Opstellen naar aanleiding van hetwerk van J.J.A. Mooij*. Amsterdam, Atlanta: Rodopi, 79–88.
137. Aktionsartsemantik und Auxiliarisierung im Deutschen. In: E. Feldbusch, R. Pogarell & C. Weiß (Hg.) *Neue Fragen der Linguistik. Akten des 25. Linguistischen Kolloquiums, Paderborn 1990*. Band 1: *Bestand und Entwicklung*. [Linguistische Arbeiten 270]. Tübingen: Niemeyer, 125–133.

1992

138. Contrastive linguistics vs. linguistic typology: Middles and syntactic ergatives in sundry European languages. In: Chr. Mair & M. Markus (eds.) *New Departures in Contrastive Linguistics / Neue Ansätze in der kontrastiven Linguistik*. Vol 1. [Innsbrucker Beiträge zur Kulturwissenschaft: Anglistische Reihe 4]. Innsbruck: Verlag des Instituts für Sprachwissenschaft, 39–63.
139. Text-grammatical considerations for German. Or: Theme – rheme constituency in German and the question of configurationality. *Milwaukee Studies on Language* (*MISL*) 6, 1–28.
140. The emergence of the periphrastic passive in Gothic. *Leuvense Bijdragen* 81/1–3, 1–15.
141. (zus. mit A. Wiegel) Reduktionsformen und Kasussynkretismus bei deutschen und niederländischen Pronomina. *Groninger Arbeiten zur germanistischen Linguistik (GAGL)* 35, 1–36.
142. Structural properties of information packaging in German and Universal Grammar. *Groninger Arbeiten zur germanistischen Linguistik (GAGL)* 35, 37–71.
143. Überlegungen zur satzgrammatischen Begründung der Diskursfunktionen Thema und Rhema. *Folia Linguistica. Acta Societatis Linguisticae Europaeae* 26/1–2, 197–232.
144. Deutsch als Fremdsprache (DaF). In: W. Roggausch (Hg.) *Germanistentreffen Belgien Niederlande Luxemburg Deutschland 29.9.–3.10.1992. Dokumentation der Tagungsbeiträge*. Bonn: DAAD 385–414.
145. Clausal focus versus discourse rhema in German: a programmatic view. *Language and cognition: yearbook of the Research Group for Linguistic Theory and Knowledge Representation of the University of Groningen* 2, 1–18.

1993

146. Introduction. In: E. Reuland & W. Abraham (eds.) *Knowledge and Language*. Vol. 1. Amsterdam: Kluwer Academic Publishers, 1–6.
147. Einleitung. In: W. Abraham & J. Bayer (Hg.) *Dialektsyntax*. Opladen: Westdeutscher Verlag, 7–11.
148. (zus. mit A. Wiegel) Reduktionsformen und Kasussynkretismen bei deutschen und niederländischen Pronomina. In: W. Abraham & J. Bayer (Hg.) *Dialektsyntax*. Opladen: Westdeutscher Verlag, 12–49.
149. Null subjects in the history of German: from IP to CP. *Lingua* 89/2–3, 117–142. [Special issue *Null subjects in diachrony*, edited by A.v. Kemenade & A. Hulk.]
150. Rezensionsartikel zu G. Helbig *Probleme der Valenz- und Kasustheorie*. Tübingen: Niemeyer 1992. *American Journal of Germanic Linguistics and Literatures* 5, 199–205.
151. Ergativa sind Terminativa. In: *Groninger Arbeiten zur germanistischen Linguistik (GAGL)* 36, 103–121. (erschienen in revidierter Form in: *Zeitschrift für Sprachwissenschaft* 12/2 (1993), 157–184)

1994

152. Kaynes Asymmetriehypothese und die Abfolge im V-Komplex. *Groninger Arbeiten zur germanistischen Linguistik (GAGL)* 37, 19–46.

153. Fokusgrammatik und Indefinitheit. In: B. Haftka (Hg.) *Was determiniert Wortstellungsvariation? Studien zu einem Interaktionsfeld von Grammatik, Pragmatilk und Sprachtypologie*. Opladen: Westdeutscher Verlag, 237–245.
154. Lernverhalten. *ALPHA. Zeitschrift für Germanisten in Groningen* 16/3, 14–16.
155. Methodologie. *ALPHA. Zeitschrift für Germanisten in Groningen* 16/4, 12–15.
156. Diathesis: the middle, particularly in West-Germanic. What does reflexivization have to do with valence reduction? In: W. Abraham, T. Givón & S. Thompson (eds.) *Discourse Grammar and Typology*. [Linguistik Aktuell / Linguistics Today 27]. Amsterdam, Philadelphia: John Benjamins, 3–47.
157. Infinitivergänzungen. In: A. Steube & G. Zybatow (Hg.) *Zur Satzwertigkeit von Infinitiven und Small Clauses*. Tübingen: Niemeyer, 51–74.
158. The status of schizophrenic language. Ms. Univ. Groningen. (Vortrag auf der Tagung der Internationalen Gesellschaft für Semiotik zu Berkeley, Kalifornien. Juni 1994. Proceedings.)
159. Von ‚hinichen' und honorablen Sprachen: Variationen, ihre Linguistiken und verbale Deixissysteme. *American Journal of Germanic Linguistics and Literatures* 6/2, 211–250.
160. Aspektsemantik und Aspektsyntax. In: D.W. Halwachs & I. Schütz (Hg.) *Sprache Sprechen Handeln. Akten des 28. Linguistischen Kolloquiums, Graz 1993*. Band 1. Tübingen: Niemeyer, 3–9.
161. Zur Begründung der Instabilität des verbalen Genitivs im Deutschen. In: E. Faucher, G. Métrich & M. Vuillaume (Hg.) *Signans und Signatum. Auf dem Weg zu einer semantischen Grammatik. Festschrift Paul Valentin zum 60. Geburtstag*. Tübingen: Narr, 177–193.
162. Modalverben als Sekundärprädikatoren. In: G. Métrich & M. Vuillaume (Hg.) *Rand und Band. Abgrenzung und Verknüpfung als Grundtendenzen des Deutschen. Festschrift Eugène Faucher*. Tübingen: Narr, 139–150.
163. Thema and Rhema motivated on the level of clausal grammar. In: A. Kątny & M.A. Naziemkowska-Kątny (Hg.) *Untersuchungen zum Deutschen als Fremd- und Zweitsprache*. Reszów: Wydawnictwo Wyższej Szkoły Pedagogicznej, 7–34.
164. Zweitspracherwerb und Deixis. Die Interaktion von Pragmatik und Semantik im universellen Grundmuster der Verben *kommen* und *gehen*. *Grazer Linguistische Studien* 41, 1–17.
165. The middle in sundry languages, particularly in West-Germanic. In: W. Abraham, T. Givón, & S. Thompson (eds.) *Typology and Discourse Grammar*. Amsterdam, Philadelphia: John Benjamins, 9–60.

1995

166. Morphological case: no need for functional projections in German. *Language and cognition: Yearbook of the Research Group for Linguistic Theory and Knowledge Representation of the University of Groningen* 5, 1–12.
167. Bateson's socio-psychological theory and the language of schizophrenes. A linguist's point of view. *Folia Linguistica* 28/3–4, 475–483.
168. Rezension zu S. Fagan *The syntax and semantics of middle constructions: a study with special reference to German*. CUP 1992. *Language* 69/4, 817–825.
169. German: Cold and Male – Dutch: Warm and Female. Reflections on a realistic linguistic typology. In: Th. Shannon & J.P. Snapper (eds.) *The Berkeley Conference on Dutch Linguistics 1993. Dutch Linguistics in a Changing Europe*. Lanham, New York & London: University Press of America, 171–210.
170. Nachbetrachtung zu *Beelden uit Oostenrijk*. Zeitgeschichtliche Tagung an der RUG am 27. und 28.4.1995. *ALPHA. Zeitschrift für Germanisten in Groningen* 17/ 3–4, 9–12.
171. (zus. mit K.O. Conrady, K.J. Mattheier, E. Lämmert & H. Müller-Michaels) Gutachten für das Fach GERMANISTIK an der Carl von Ossietzky Universität Oldenburg erstellt im Rah-

men der Evaluation von Studium und Lehre im Verbund norddeutscher Hochschulen, Projekt Germanistik 1994/95. Hamburg, 19 S.

172. (zus. mit K.O. Conrady, K.J. Mattheier, E. Lämmert & H. Müller-Michaels) Gutachten für das Fach GERMANISTIK an der Universität Bremen erstellt im Rahmen der Evaluation von Studium und Lehre im Verbund norddeutscher Hochschulen, Projekt Germanistik 1994/95. Hamburg, 26 S.
173. Grabenkämpfe. *Zeitschrift für germanistische Linguistik* 23, 120–123.
174. (zus. mit Linda Akkerman) Die Monotonieeigenschaften der Intensivierwörter im Deutschen. Ein Beitrag zur Textsemantik des Deutschen (I). *Deutsch als Fremdsprache* 32/3, 153–160.
175. Von semantisch zu syntaktisch begründeter Kasusrektion im Deutschen. In: H. Popp (Hg.) *Deutsch als Fremdsprache. An den Quellen eines Faches. Festschrift für Gerhard Helbig zum 65. Geburtstag*. München: Iudicium, 351–366.
176. Structural properties of information packaging in German and in Universal Grammar. In: E. Hajičová, M. Červenka, O. Leška, P. Sgall (eds). *Prague Linguistic Circle Papers: Travaux du cercle linguistique de Prague nouvelle série*. Vol. 1, 125–156.
177. (zus. mit Linda Akkerman) Die Monotonieeigenschaften der Intensivierwörter im Deutschen. Ein Beitrag zur Textsemantik des Deutschen (II). *Deutsch als Fremdsprache* 33/4, 200–206.

1996

178. De discursus-functionele motivatie voor de plaatsing van voornaamwoord-clitics. In: J.-W. Zwart & E. Hoekstra (gastredactie) *TABU-Squibnummer*, Deel 1 (25/3), 107–111.
179. Ratschläge zum Abfassen eines schlechten Referats. *ALPHA. Zeitschrift für Germanisten in Groningen* 18/1, 12–14.
180. (zus. mit Linda Akkerman) Die Monotonieeigenschaften der Intensivierwörter *praktisch* und *so gut* wie im Deutschen. In: E. Weigand & F. Hundsnurscher (eds.) *Lexical structures and language use. Proceedings of the International Conference on Lexicology and Lexical Semantics. Münster, September 13–15, 1994*. [Beiträge zur Dialogforschung 10]. Tübingen: Niemeyer, 3–14.
181. Personalpronomina, Klitiktypologie und die Struktur des Mittelfelds. In: E. Lang & G. Zifonun (Hg.) *Deutsch typologisch*. [Institut für deutsche Sprache. Jahrbuch 1995]. Berlin, New York: de Gruyter, 428–472.
182. Wieso stehen nicht alle Modalpartikel in allen Satzformen? *Deutsche Sprache* 23/2, 124–146.
183. Introduction. In: W. Abraham & W. Klimonow (eds.) *Aspect and Aktionsart*. [Special issue of *Folia Linguistica. Acta Societatis Linguisticae Europaeae* 30/1–2]. Berlin, New York: Mouton De Gruyter, 1–3.
184. The aspect-case typology correlation: perfectivity triggering split ergativity. In: *Folia Linguistica. Acta Societatis Linguisticae Europaeae* 30/1–2, 5–34.
185. Discourse-referential and typological motivation of pronominal procliticization vs. encliticization. In: B. A. Fox (ed.) *Studies in Anaphora*. [Typological Studies in Language 33]. Amsterdam, Philadelphia: John Benjamins, 1–31.
186. AP, Adjektivphrase (adjective phrase). Eintrag in: G. Strube et al. (Hg.) *Wörterbuch der Kognitionswissenschaft*. Stuttgart: Klett-Cotta, 34/1.
187. Adäquatheit (adequacy). Eintrag in: G. Strube et al. (Hg.), 14/1–2.
188. Akzeptabilität (acceptability). Eintrag in: G. Strube et al. (Hg.), 21/1.
189. c-Kommando (c-command). Eintrag in: G. Strube et al. (Hg.), 80/1–2.
190. Kategorie, komplexe (complex category). Eintrag in: G. Strube et al. (Hg.), 295/2–296/1.
191. DP, Determinatorphrase (determiner phrase). Eintrag in: G. Strube et al. (Hg.), 132/1.
192. Grammatikalität, Grammatizität (grammaticality). Eintrag in: G. Strube et al. (Hg.), 236/1.
193. Kopf (head). Eintrag in: G. Strube et al. (Hg.), 336/2.
194. Form, logische (logical form; LF). Eintrag in: G. Strube et al. (Hg.), 188/2.

195. Linguistik (linguistics). Eintrag in: G. Strube et al. (Hg.), 380/1–381/2.
196. NP, Nominalphrase (nominal phrase). Eintrag in: G. Strube et al. (Hg.), 450/1.
197. Oberflächenstruktur (surface structure). Eintrag in: G. Strube et al. (Hg.), 451/1.
198. PP, Präpositionalphrase (prepositional phrase). Eintrag in: G. Strube et al. (Hg.), 513/2.
199. Projektion (projection). Eintrag in: G. Strube et al. (Hg.), 540/1–2.
200. Projektionsprinzip (projection principle). Eintrag in: G. Strube et al. (Hg.), 542/1.
201. Phrasenstrukturbaum (phrase structure tree). Eintrag in: G. Strube et al. (Hg.), 499/1–2.
202. Phrase, Phrasenstruktur (phrase, phrase structure grammar; PSG). Eintrag in: G. Strube et al. (Hg.), 498/1–499/1.
203. Tiefenstruktur (deep structure). Eintrag in: G. Strube et al. (Hg.), 737/2–738/1.
204. VP, Verbalphrase. Eintrag in: G. Strube et al. (Hg.), 773/2.
205. X-Bar-Theorie (X-Bar-Theory). Eintrag in: G. Strube et al. (Hg.), 828/1–2.
206. German standard pronouns and non-standard pronominal clitics. Typological corollaries. In: R. L. Lippi-Green & Joseph C. Salmons (eds.) *Germanic Linguistics. Syntactic and diachronic*. Amsterdam, Philadelphia: John Benjamins, 1–14
207. ‚Ersatzinfinitiv' und Verbanhebung in der Westgermania. In: A. Petersen & H. F. Nielsen (eds.) *A Frisian and Germanic Miscellany. Published in Honor of Nils Århammar on his Sixty-Fifth Birthday, 7 August 1996*. [Nowele 28/29]. Odense : Odense University Press, 273–296.
208. Fehler hat er noch einen. Konstituentenspaltung unter Topikalisierung. In: H. Th. Tappe & E. Löbel (Hg.) *Die Struktur der Nominaphrase*. [Wuppertaler Arbeitspapiere zur Sprachwissenschaft 12]. Wuppertal: Bergische Universität-Gesamthochschule, 1–9.
209. Kasus, Aspekt und nominale Referenz: komplexe kausale Zusammenhänge in der Diachronie des Deutschen und ihre formale Darstellung auf vergleichender typologischer Grundlage. In: E. Brandner & G. Ferraresi (eds.) *Language change and generative grammar*. [*Linguistische Berichte*, Sonderheft 7]. Opladen: Westdeutscher Verlag, 22–70.
210. (zus. mit Linda Akkermann) Zu den Monotonieeigenschaften der hohen und extrem hohen Intensivierwörter im Deutschen. *Interdisciplinary Journal of Germanic Linguistics and Semiotic Analysis* 1/2, 175–218.

1997

211. Spreekvaardigheid: vaardigheid waarvan en waarvoor? *ALPHA. Zeitschrift für Germanisten in Groningen* 19/2, 12–15.
212. The interdependence of case, aspect, and referentiality in the history of German: the case of the genitive. In: A. van Kemenade & N. Vincent (eds.) *Parameters of morphosyntactic change*. Cambridge: Cambridge University Press, 29–61.
213. Zur Basisstruktur des deutschen Satzes unter Berücksichtigung diskursfunktionaler Erwägungen. In: Chr. Dürscheid, K. H. Ramers & M. Schwarz (Hg.) *Sprache im Fokus. Festschrift für Heinz Vater zum 65. Geburtstag*. Tübingen: Niemeyer, 59–67.
214. The Focus Null Hypothesis and the head-direction parameter: word compounding, numerals, and proper names. In: R. Hickey & St. Puppel (eds.) *Language history and linguistic modelling: a Festschrift for Jacek Fisiak on his 60th birthday*. Berlin, New York: Mouton de Gruyter, 1141–1158.
215. Textgrammatik und Satzgrammatik: gemeinsame und unterschiedliche Aufgaben? *Beiträge zur Geschichte der deutschen Sprache und Literatur* 119/2, 181–213.
216. Komma und Worttrennung sind Sprach-Signale. *Frankfurter Allgemeine Zeitung* (eingesandte Briefe) vom 23.12.1997, S. 10 (2 Spalten; Entgegnung auf Harald Weinrichs ‚10 Maximen zur deutschen Rechtschreibung' vom 29.11.1997, S. 35).
217. The base structure of the German clause under discourse functional weight: contentful functional categories vs. derivative functional categories. In: W. Abraham & E. v. Gelderen (eds.)

German: syntactic problems – problematic syntax. [Linguistische Arbeiten 374]. Tübingen: Niemeyer, 11–42.

218. Introduction I. In: W. Abraham & E. v. Gelderen (eds.) *German: syntactic problems – problematic syntax*. [Linguistische Arbeiten 374]. Tübingen: Niemeyer, 1–10.
219. Introduction III. In: W. Abraham & E. v. Gelderen (eds.) *German: syntactic problems – problematic syntax*. [Linguistische Arbeiten 374]. Tübingen: Niemeyer, 261–268.
220. Komma und Worttrennung sind Sprach-Signale. *ALPHA. Zeitschrift für Germanisten in Groningen* 20/3 [Sonderheft Grimm und Kluge], 4.
221. Kausativierung und Dekausativierung: zu Fragen der verbparadigmatischen Markierung in der Germania. In: Th. Birkmann, H. Klingenberg, D. Nübling & E. Ronneberger-Sibold (eds.) *Vergleichende germanische Philologie und Skandinavistik. Festschrift für Otmar Werner*. Tübingen: Niemeyer, 13–28.
222. Linguistics and the language of schizophrenics. In: I. Rauch & G. Carr (eds.) *Semiotics Around the World: Synthesis in Diversity. Proceedings of the 5th Congress of the International Association for Semiotic Studies, Berkeley 1994*. Berlin, New York: Mouton de Gruyter, 171–174.
223. Kausativierung und Dekausativierung zwischen dem Friesischen und Deutschen: Sichtbarkeitskriterium als Paradigmenbedingung. *Us Wurk. Tydskrift foar Frisistyk* 46, 3–22.
224. *even-sogar*-Exerzitie. In: Th. Harden & E. Hentschel (Hg.) *Particulae particularum. Festschrift zum 60. Geburtstag von Harald Weydt*. Tübingen: Stauffenburg, 1–8.

1998

225. The aspectual source of the epistemic-root distinction of modal verbs in German. In: W. Boeder, Chr. Schroeder, K.H. Wagner & W. Wildgen (Hg.) *Sprache in Raum und Zeit. In memoriam Johannes Bechert*. Band 2: *Beiträge zur empirischen Sprachwissenschaft*. Tübingen: Narr, 23–249.
226. Globalisierung des akademischen Unterrichts. *ALPHA. Zeitschrift für Germanisten in Groningen* 20/4, 14–16.
227. (mit Annette Fischer) Das grammatische Optimalisierungsszenario von *tun als* Hilfsverb. In: K. Donhauser & L.M. Eichinger (Hg.) *Deutsche Grammatik – Thema und Variationen. Festschrift für Hans-Werner Eroms zum 60. Geburtstag*. Heidelberg: Winter, 35–48.
228. The grammaticalization of the infinitival preposition. Toward a theory of grammaticalizing reanalysis. *ZAS Papers in Linguistics* 13, 1–37.
229. Paradigmatic marking in German and English. In: K. Terzan-Kopecky (ed.) *Zbornik Referatov II Mednarodnega Simpozija O Teoriji Naravnosti 23. Do. 25. Maj 1996 / Sammelband des II Internationalen Symposions zur Natürlichkeitstheorie 23. bis 25. mai 1996*. Maribor: Pädagogische Fakultät, 159–172.
230. *Ein Schatz von einem Kind*: zur Prädikatsyntax binominaler Nominalkonstituenten. *Deutsche Sprache. Zeitschrift für Theorie, Praxis, Dokumentation* 26, 337 – 347.
231. Grammatische Miszellen für Ingerid Dal. In: J. O. Askedal (Hg. unter Mitwirkung von A. Wilhelm Zickfeldt) *Historische germanische und deutsche Syntax. Akten des Internationalen Symposiums anläßlich des 100. Geburtstages von Ingerid Dal, Oslo, 27.9.–1.10.1995*. [Osloer Beiträge zur Germanistik 21]. Frankfurt am Main: Lang, 87–132.
232. DaF-Typologie. Die Struktur typologischer DaF-Grammatiken. *Papiere zur Linguistik* 59/2 (1998, erschienen Nov. 1999), 181–222.
233. Deutsche Rechtschreibreform auf sprachwissenschaftlicher Grundlage? Zu sprachwissenschaftlich nicht legitimierten Teilen der Reform. *Michigan Germanic Studies* 23,2 (1998; erschienen Dez. 1999), 1–8.

1999

234. Die Struktur typologischer DaF-Grammatiken. *Deutsch als Fremdsprache* 36/2, 67–75.

235. *weil* und sein Signifiantstatus. In: C. Cortès & A. Rousseau (eds.) *Catégories et connexions. En hommage à Jean Fourquet pour son centième anniversaire le 23 juin 1999*. Paris: Presses universitaires du Septentrion, 215–221.
236. Evaluationen und Qualitätskontrolle. *ALPHA. Zeitschrift für Germanisten in Groningen* 21/3, 19–22.
237. Kommentar zu Gisela Zifonun, Ludger Hofmann, Bruno Strecker u.a.: *Grammatik der deutschen Sprache*. Berlin, New York: de Gruyter 1997. 3 Bände. *Zeitschrift für germanistische Linguistik* 27, 67–83.
238. Taburaum als Prüfstein einer wirklich freien Gesellschaft. *Mitteilungen des Wiener Akademischen Turnvereins* 90/1, 25–29.
239. Discussant paper referring to the Syntax position papers by Howard Lasnik & Mickey Noonan. In: M. Darnell, E. Moravcsik, F. Newmeyer, M. Noonan & K. Wheatley (eds.) *Functionalism and Formalism in Linguistics*. Vol. I: *General papers*. Amsterdam, Philadelphia: John Benjamins, 55–86.
240. Introduction. In: W. Abraham (guest ed.) *Characteristic properties of spoken vernaculars*. [Sonderband *Folia Linguistica* 33/1–2]. Berlin, New York: Mouton de Gruyter, 3–9.
241. Preterite decay as a European areal phenomenon. *Folia Linguistica. Acta Societatis Linguisticae Europaeae* 33/1–2, 11–18.
242. Präteritumschwund in German: the parsing trigger. *Folia Linguistica. Acta Societatis Linguisticae Europaeae* 33/1–2, 39–58.
243. SVOV im Deutschen: Schnittstelle zwischen Diskursprominenz und Subjektidentifkation als Parsingbedingung. In: A. Kątny & Chr. Schatte (Hg.) *Das Deutsche von innen und von außen. Ulrich Engel zum 70. Geburtstag*. Poznań: Wydawnictwo Naukowe UAM, 3–7.
244. Chronik denkwürdiger Ereignisse. *ALPHA. Zeitschrift für Germanisten in Groningen* 22/ 1, 24–25.
245. (zus. mit Jac Conradie) Preteritumschwund in Europees verband: het late Middelhoogduits, sjwa-apocope en de werkelijke oorzaken van de preteritumschwund. *TABU* 29/3, 107–130.
246. How descending is ascending German? On the deep interrelations between tense, aspect, pronominality, and ergativity. In: W. Abraham & L. Kulikov (eds.) *Tense-aspect, transitivity, and causativity*. [Studies in Language Companion Series 50]. Amsterdam, Philadelphia: John Benjamins, 253–292.
247. (zus. mit Leonid Kulikov) Introduction. In: In: W. Abraham & L. Kulikov (eds.) *Tense-aspect, transitivity, and causativity*. [Studies in Language Companion Series 50]. Amsterdam, Philadelphia: John Benjamins, xi–xxxiii.
248. 'Jespersen's Cycle': The evidence from Germanic. In: G.F. Carr, W. Harbert & L. Zhang (eds.) *Interdigitations: Essays For Irmengard Rauch*. New York et al.: Peter Lang, 63–70.
249. Über allgemeine Zusammenhänge zwischen Präpositionsinfinitiv, Futur, deontischer Modalität und Perfektivität: lokalistische Allativität. *Sprachwissenschaft* 24, 361–405.

2000

250. The structural and lexical space between reflexive binding and logophorics: sundry paradigms of reflexives and anaphora. In: Z. Frajzyngier & Tr. S. Curl (eds.) *Reflexives. Forms and functions*. Amsterdam, Philadelphia: John Benjamins, 75–102.
251. Modal particles in German: word classification and legacy beyond grammaticalization. In: P. M. Vogel & B. Comrie (eds.) *Approaches to the Typology of Word classes*. [Empirical Approaches to Language Typology 23]. Berlin, New York: Mouton de Gruyter, 321–350.
252. (zus. mit Aniek IJbema) Die syntaktische Funktion des infinitivischen *zu*. In: R. Thieroff et al. (Hg.) *Deutsche Grammatik in Theorie und Praxis*. Berlin, New York: Mouton de Gruyter, 123–137f.

253. The aspect-case typology correlation: perfectivity triggering (split) ergativity. Burzio's generalization explained. In E. Reuland (ed.) *Arguments and Case: Explaining Burzio's Generalization*. [Linguistics Today – Linguistik Aktuell 34]. Amsterdam, Philadelphia: John Benjamins, 129–190.
254. Mehrfachnegation (MN) im Deutschen und im Afrikaans. In: S. Beckmann, P.-P. König & G. Wolf (Hg.) *Sprachspiel und Bedeutung. Festschrift für Franz Hundsnurscher zum 65. Geburtstag*. Tübingen: Niemeyer, 221–226.
255. Das Perfektpartizip: seine angebliche Passivbedeutung im Deutschen. *Zeitschrift für germanistische Linguistik* 28/2, 141–166.
256. Zwischen extensionaler Ökonomie und intensionaler lokalistischer Präzisierung: Dativobjekte im Deutschen und ihre Wiedergabe im kasuslosen Niederländischen. In: A. Bittner, D. Bittner & K.-M. Köpcke (Hg.) *Angemessene Strukturen: Systemorganisation in Phonologie, Morphologie und Syntax*. Hildesheim et al.: Olms, 299–316.
257. Kern- oder Epiphänomenalität? ‚Ergativverben' und Mittelkonstruktionen im Sprachenvergleich. In: A. Kątny (Hg.) *Aspektualität in germanischen und slawischen Sprachen*. Poznań: Wydawnictwo Naukowe UAM, 35–62.
258. The morphological and semantic classification of 'evidentials' and modal verbs in German: the perfect(ive) catalyst. *ZAS Papers in Linguistic* 15, 36–59.
259. Überlegungen zum Passiv im Deutschen und anderen Sprachen: ‚Argumenthypothese' und ‚Aspekthypothese'. *ZAS Papers in Linguistic* 15, 1–35.

2001

260. Negativ-polare Zeitangaben im Westgermanischen und die perfektive Kohäsionsstrategie. In: K. Adamzik & H. Christen (Hg.) *Sprachkontakt, -vergleich, -variation. Festschrift für Gottfried Kolde zum 65. Geburtstag*. Tübingen: Niemeyer, 1–10.
261. The evidential status of modal verbs in German. In: Chr. Schaner, J. Rennison & F. Neubarth (eds.) *Naturally! Linguistic studies in honour of Wolfgang Ulrich Dressler presented on the occasion of his 60th birthday*. Torino: Rosenberg & Sellier, 1–9.
262. Syntax and semantics of modal verbs in German and their diachronic root: soft aspectual and robust finiteness constraints. In: A. Lehr & M. Kammerer (Hg.) *Sprache im Alltag. Beiträge zu neuen Perspektiven in der Linguistik. Herbert Ernst Wiegand zum 65. Geburtstag gewidmet*. Berlin, New York: de Gruyter, 113–128.
263. The aspect-case typology correlation: perfectivity and Burzio's generalization. In: E. Reuland (ed.) *Arguments and Case. Explaining Burzio's generalization*. Amsterdam, Philadelphia: John Benjamins, 131–194.
264. How far does semantic bleaching go? About grammaticalization that does not terminate in functional categories. In: J.T. Faarlund (ed.) *Grammatical Relations in Change*. [Studies in Language Companion Series 56]. Amsterdam, Philadelphia: John Benjamins, 15–64.
265. Gibt es im Deutschen eine Klasse von Präpositionen mit Doppelrektion? *Zeitschrift für deutsche Sprache (DS)* 29/1: 63–75.
266. Modals: toward explaining the 'epistemic non-finiteness gap'. In: R. Müller & M. Reis (Hg.) *Modalität und Modalverben im Deutschen*. [Linguistische Berichte Sonderheft 9]. Hamburg: Buske 2001, 7–36.
267. Peculiarities of verbal classes in German, particularly in relation to English and Dutch. In: S. Watts, J. West & H. J. Solms (Hg.) *Zur Verbmorphologie germanischer Sprachen*. [Linguistische Arbeiten 446]. Tübingen: Niemeyer, 83–116.
268. SVOV in German and Dutch. In: M. Bax & J.-W. Zwart (eds.) *Reflections on language and language learning. In honour of Arthur van Essen*. Amsterdam, Philadelphia: John Benjamins, 155–167.

2002

269. (zus. mit László Molnárfi) German clause structure under discourse functional weight: focus and antifocus. In: W. Abraham & C.J.-W. Zwart (eds.) *Issues in Formal German(ic) Typology*. [Linguistik Aktuell/Linguistics Today 45]. Amsterdam, Philadelphia: John Benjamins, 1–44.
270. Introduction. In: W. Abraham & C.J.-W. Zwart (eds.) *Issues in Formal German(ic) Typology*. [Linguistik Aktuell/Linguistics Today 45]. Amsterdam, Philadelphia: John Benjamins, vii–xv.
271. (At least) Two types of unaccusativity – or none at all. In: A. Wedel & H.-J. Busch (eds.) *Verba et Litterae: Explorations in Germanic Languages and German Literature. Essays in Honor of Albert L. Lloyd*. Newark, Delaware: Linguatext, 1–12.
272. Modal verbs: epistemics in German and English. In: Sj. Barbiers, F. Beukema & W.v.d. Wurff (eds.) *Modality and its Interaction with the Verbal System*. [Linguistik Aktuell/ Linguistics Today 47]. Amsterdam, Philadelphia: John Benjamins, 19–50.
273. Characteristics of spoken vernaculars: parsing strategies? In: J. Berns & J. van Marle (eds.) *Present-day dialectology*. [Trends in Linguistics. Studies and Monographs 137]. Berlin, New York: Mouton de Gruyter, 1–34.
274. Leonard Bloomfield und sein Fortwirken in der modernen Linguistik – eine Skizze. In: P. Ernst & H.-Chr. Luschützky (Hg.) *Leonard Bloomfield. Leben und Werk*. Wien: Edition Praesens, 9–18.
275. Substandard German *tun* as an auxiliary and its structural implications. In: W. Bublitz, M.v. Roncador & H. Vater (hg.) *Philologie, Typologie und Sprachstruktur. Philology, Typology, and Language Structure. Festschrift für Winfried Boeder zum 65. Geburtstag*. Frankfurt/M.: Peter Lang, 225–240.
276. Human language and music: criterial components. *Journal for Germanic Linguistics and Semiotic Analysis* 7/1, 67–83.
277. VP-internal subjects as unaccusatives: Burzio's 'Object Account' vs. the 'Perfectivity Account'. *Yazyk I Rechevaya Deyatel'nost'* 4/1, 9–25.
278. Pronomina im Diskurs: deutsche Personal- und Demonstrativpronomina unter ‚Zentrierungsperspektive'. Grammatische Überlegungen zu einer Teiltheorie der Textkohärenz. *Sprachwissenschaft* 27/4, 447–491.
279. Ergative diagnostics: temptatio redux. *Linguistik online* 13,1/03 (*FS für Harald Weydt*).
280. Faszination der kontrastiven Linguistik 'DaF': der Parameter 'schwere/leichte' Sprache unter typologischer Sicht. In: G. Stickel (Hg.) *Deutsch von außen. Institut für Deutsche Sprache Jahrbuch* 2002. Berlin, New York: de Gruyter, 34–73.

2003

281. Autonomous and non-autonomous components of 'grammatic(al)ization': Economy criteria in the emergence of German negation. *Sprachtypologie und Universalienforschung/ Language Typology and Universals (STUF)* 56/4, 325–365.
282. Schonzeit. *Mitteilungen des Wiener akademischen Turnvereins* 94/1, 11–18.
283. Introduction. *Folia Linguistica. Acta Societatis Linguisticae Europaeae* 37/1–2, 1–11.
284. The syntactic link between Thema and Rhema: the syntax-discourse interface. *Folia Linguistica. Acta Societatis Linguisticae Europaeae* 37/1–2, 13–34.
285. Jüngste Forschungen zur Entwicklung der Sprache. *Mitteilungen des Wiener akademischen Turnvereins* 94/2, 18–23.
286. The myth of doubly-governing prepositions in German? In: E. Shay & U. Seibert (eds.). *Motion, Direction, and Location. In Honor of Zygmunt Frajzyngier*. [Typological Studies in Language, 56]. Amsterdam, Philadelphia: John Benjamins, 19–38.
287. Pronominaladverbien im Deutschen und im Bosnischen. *Germanistische Linguistik* 171–172, 23–32.
288. Schonzeit. *Mitteilungen – Akademische Turnverbindung Innsbruck* 31, 6–10. [vgl. 283]

289. (zus. mit Tette Hofstra) Niederländisch. In: Th. Roelcke (Hg.) *Variationstypologie – Variation Typology. Ein sprachtypologisches Handbuch der europäischen Sprachen in Geschichte und Gegenwart/ A typological handbook of European languages past and present*. Berlin, New York: de Gruyter, 66–97.
290. 'Epistemic creationism': myths vs. profunda facie explanatory irrefutables on modal verbs in German and in general. In: L.-O. Delsing, C. Falk, G. Jossefsson & H.A. Sigurdsson (eds.) *Grammatik i focus. Festskrift till Christer Platzack 18 november 2003*. Vol. 2. Lund: Wallin & Dalholm, 1–8.
291. Canonic and non-canonic deliberations about epistemic modality: its emergence out of where? On an extended notion of grammatic(al)ization. In: J. Koster & H. van Riemsdijk (eds.) *Germania et alia: a linguistic webschrift for Hans den Besten*. Groningen: Rijksuniversiteit Groningen [Host].

2004

292. The grammaticalization of the infinitival preposition – toward a theory of 'grammaticalizing reanalysis'. *Journal of Comparative Germanic Linguistics* 7/2, 111–170.
293. Linguistische Analysen für Unanalysierbares? Analytische Zweifel eines Linguisten am hermeneutischen Zirkel. In: O. Panagl & R. Wodak (Hg.) *Text und Kontext. Theoriemodelle und methodische Verfahren im transdisiplinären Vergleich*. Würzburg: Königshausen & Neumann, 149–183.
294. Modalität und Modalverben. Wohin führt uns die Syntax – inwieweit brauchen wir die Pragmatik? In: B. Lindemann & O. Letnes (Hg.) *Diathese, Modalität, Deutsch als Fremdsprache. Festschrift für Odleif Leirbukt zum 65. Geburtstag*.Tübingen: Stauffenburg, 3–14.
295. (zus. mit Alice ter Meulen) The composition of meaning. In: A. ter Meulen & W. Abraham (eds.) *The Composition of Meaning. From Lexeme to Discourse*. [Current Issues in Linguistic theory 235]. Amsterdam, Philadelphia: John Benjamins, 1–16.
296. VP-internal subjects as 'unaccusativities': Burzio's 'object account' vs. the 'perfectivity account'. In: A. ter Meulen & W. Abraham (eds.) *The Composition of Meaning. From Lexeme to Discourse*. [Current Issues in Linguistic Theory 235]. Amsterdam, Philadelphia: John Benjamins, 83–114.
297. Intensivität und Diminutivität der Reduplikationsmorphologie in Pidgin- und Kreolsprachen: janusgesichtige Ikonozität. In: Th. Krisch, Th. Lindner & Ulrich Müller unter redaktioneller Mitwirkung von M. Crombach, St. Niederreiter, H. Panagl & U. Pavičič (Hg.) *Analecta homini universali dicata. Arbeiten zur Indogermanistik, Linguistik, Philologie, Politik, Musik und Dichtung. Festschrift für Oswald Panagl zum 65. Geburtstag*. Band II. Stuttgart: Akademischer Verlag Hans-Dieter Heinz, 493–504.
298. Ergative diagnostics: temptatio redux. *Sprachtypologie und Universalienforschung* 57, 393–340.
299. (zus. mit Gert Webelhuth) Words of dedication for Hartmuth Czepluch. In: W. Abraham (ed.) *Focus on Germanic Typology*. [Studia Typologica 6]. Berlin: Akademieverlag, 7–8.
300. Introduction. In: W. Abraham (ed.) *Focus on Germanic Typology*. [Studia Typologica 6]. Berlin: Akademieverlag, 9–18.
301. The European demise of the simple past and the emergence of the periphrastic perfect: Areal diffusion or natural, autonomous evolution under parsing facilitation? In: W. Abraham (ed.) *Focus on Germanic Typology*. [Studia Typologica 6]. Berlin: Akademieverlag, 241–272.
302. Kurzbeschau zum aktuellen Stand der Forschung und Lehre zum Deutschen als Fremdsprache (DaF). *Neuphilologische Mitteilungen* 105/3, 295–297.

2005

303. Das Wissen der versteckten Sprache: Erlösung, mit Füßen getreten. In: E. Zuzak (Hg.) *Kaleidoskop. Texte von Mitgliedern des Österreichischen Schriftstellerverbandes aus den Jahren 1945–2005*. Wien: Edition Atelier, 13–14.

304. Valence promiscuity and its consequences. *Sprachtypologie und Universalienforschung / Language Typology and Universals (STUF)* 58/4, 21–45.
305. Intensity and diminution triggered by reduplicating morphology: Janus-faced iconicity. In: B. Hurch (ed.) *Studies on reduplication*. Berlin, New York: Mouton de Gruyter, 547–568.
306. An intersubjective note on the notion of 'Subjectification'. In: H. Broekhuis, N. Corver, R. Huybregts, U. Kleinhenz & Jan Koster (eds.) *Organizing Grammar: Linguistic Studies in Honor of Henk van Riemsdijk*. Berlin, New York: Mouton de Gruyter, 1–16.
307. Präteritumschwund und das Aufkommen des analytischen Perfekts in den europäischen Sprachen: Sprachbundausbreitung oder autonome Entfaltung? In: E. Eggers, J. E. Schmidt & D. Stellmacher (Hg.) *Moderne Dialekte – neue Dialektologie. Akten des 1. Kongresses der Internationalen Gesellschaft für Dialektologie des Deutschen (IGDD)*. [ZDL-Beiheft 130]. Stuttgart: Franz Steiner, 115–134.
308. Event arguments and modal verbs. In: Cl. Maienborn & A. Wöllstein (eds.) *Event Arguments: Foundations and Applications*. [Linguistische Arbeiten 501]. Tübingen: Niemeyer, 243–276.

2006

309. Datives: structural vs. inherent – abstract vs. morphological – autonomous vs. combinatory – universally vs. language-specifically configured? In: D. Hole, A. Meinunger & W. Abraham (eds.) *Datives and other cases: Between argument structure and event structure*. [Studies in Language Companion Series 75]. Amsterdam, Philadelphia: John Benjamins, 3–46.
310. Dialect and typology where they meet – and where they don't. In: T. Nevalainen, J. Klemola & M. Laitinen (eds.) *Types of Variation: Diachronic, Dialectal and Typological Interfaces*. [Studies in Language Companion Series 76]. Amsterdam, Philadelphia: John Benjamins, 243–268.
311. Rezension von Bernd Kortmann (ed.) 2003. *Dialectology meets typology. Dialect grammar from a cross-linguistic perspective*. [TILSM 153]. Berlin, New York: de Gruyter. *Linguistische Berichte* 205, 95–102.
312. (zus. mit Elisabeth Leiss) Personal and impersonal passives: Definite vs. indefinite diatheses. *Transactions of the Philological Society* 104, 230–259.
313. Distinct diathesis and the mechanics of underspecification. In: P. Brandt & E. Fuss (eds.) *Form, Structure, and Grammar*. [Studia Grammatica 63]. Berlin: Akademieverlag, 3–14.
314. Constraints on reciprocity on dative arguments. In: W. Kürschner & R. Rapp (Hg.) *Linguistik International: Festschrift für Heinrich Weber*. Lengerich: Pabst Science Publishers, 23–27.
315. Bare and prepositional differential case marking: The exotic case of German (and Icelandic among all of Germanic). In: L. Kulikov, A. Malchukov & P. de Swart (eds.) *Case, Valency, and Transitivity*. [Studies in Language Complementary Series 77]. Amsterdam, Philadelphia: John Benjamins, 115–146.
316. Introduction: Passivization and typology. Form vs. function – a confined survey into the research status quo. In: W. Abraham & L. Leisiö (eds.) *Passivization and Typology. Form and Function*. [Typological Studies in Languages 68]. Amsterdam, Philadelphia: John Benjamins, 1–28.
317. The compositional nature of the analytic passive: Syntactic vs. event semantic triggers. Argument Hypothesis vs. Aspect Hypothesis. In: W. Abraham & L. Leisiö (eds.) *Passivization and typology. Form and Function*. [Typological Studies in Languages 68]. Amsterdam, Philadelphia: John Benjamins, 462–501.
318. (zus. mit Elisabeth Leiss) The impersonal passive: Voice suspended under aspectual conditions. In: W. Abraham & L. Leisiö (eds.) *Passivization and Typology. Form and Function*. [Typological Studies in Languages 68]. Amsterdam, Philadelphia: John Benjamins, 502–517.

319. Distinct diatheses and the mechanics of underspecification. In: E. Fuss & P. Brandt (eds.) *Form, Structure, and Grammar: A Festschrift presented to Günther Grewendorf on the occasion of his 60th birthday.* [Studia Grammatica 63]. Berlin: Akademieverlag, 3–14.

2007

320. Topic, focus, and default vs. contrastive accent: Typological differences with respect to discourse prominence. In: K. Schwabe & S. Winkler (eds.) *Information Structure and the Architecture of Grammar: A Typological Perspective.* [Linguistik Aktuell/Linguistics Today 100]. Amsterdam, Philadelphia: John Benjamins, 183–206.
321. (Prepositionele) Naamval tussen extensionele economie en intensionelelokalistische precisie. Reflecties van de Duitse datief in Germaanse naamvalloze talen: het Nederlands, het Engels en het Scandinavisch. In: M. Hüning & T. van der Woude (eds.) *Nederlands tussen Duits en Engels. Handelingen van de workshop op 30–9 en 1–10–2005 aan de Freie Universität Berlin.* Leiden: Stichting Neerlandistiek Leiden, 207–228.
322. Kafka, schizophrenic poetry, and the criterion of poetic competence. In: W.U. Dressler & O. Panagl (Hg.) *Poetische Lizenzen.* [Salzburger Beiträge zur Sprach- und Kulturwissenschaft 4]. Wien: Praesens Verlag, 67–86.
323. (zus. mit Elisabeth Leiss) Double definiteness in Old and Modern Scandinavian. *Working Papers in Scandinavian Syntax* 80, 17–44.
324. A fresh look at the unaccusativity puzzle: On the syntax-lexicon interface of unaccusativity. *Interdisciplinary Journal for Germanic Linguistics and Semiotic Analysis* 12/2, 69–96.
325. (zus. mit Elisabeth Stark & Elisabeth Leiss) Introduction. In: E. Stark, E. Leiss & W. Abraham (eds.) *Nominal determination. Typology, context constraints, and historical emergence.* [Studies in Language Complementary Series 89]. Amsterdam, Philadelphia: John Benjamins, 1–20.
326. Discourse binding: DP and pronouns in German, Dutch, and English. In: E. Stark, E. Leiss & W. Abraham (eds.) *Nominal Determination. Typology, context constraints, and historical emergence.* [Studies in Language Complementary Series 89]. Amsterdam, Philadelphia: John Benjamins, 21–48.
327. The discourse-functional crystallization of the historically original demonstrative. In: E. Stark, E. Leiss & W. Abraham (eds.) *Nominal determination. Typology, Context Constraints, and Historical Emergence.* [Studies in Language Complementary Series 89]. Amsterdam, Philadelphia: John Benjamins, 241–256.

2008

328. Semantisch begründete Präpositionssyntax: sichtbare und unsichtbare Konstituenten. In: A. Redder (Hg.) *Diskurse und Texte. Festschrift für Konrad Ehlich zum 65. Geburtstag.* Tübingen: Stauffenburg, 359–370.
329. Reflexiv- und Passivdiathesen im germanisch-romanischen Vergleich. Ein Ansatz. In: E. Stark, R. Schmidt-Riese & E. Stoll (Hg.) *Romanische Syntax im Wandel.* Tübingen: Narr, 87–112.
330. Aspektuelle und sprecher- bzw. persongebundene Bestimmungskomponenten deutscher Modalverben. In: K. Dekker, A. MacDonald & H. Niebaum (eds.) Nor*thern voices. Essays on Old Germanic and Related Topics. Offered to Professor Tette Hofstra.* Leuven: Peeters, 327–347.
331. (zus. mit Elisabeth Leiss) Introduction. In: W. Abraham & E. Leiss (eds.) *Modality-Aspect Interfaces. Implications and Typological Solutions.* [Typological Studies in Languages 79]. Amsterdam, Philadelphia: John Benjamins, XI–XXIV.
332. On the logic of generalizations about cross-linguistic aspect-modality links. In: W. Abraham & E. Leiss (eds.) *Modality-Aspect Interfaces. Implications and Typological Solutions.* [Typological Studies in Languages 79]. Amsterdam, Philadelphia: John Benjamins, 3–14.

333. Wie ist die historisch spezifische Ausgliederung der Modalitäten bei den deutschen Modalverben denkbar? *Linguistische Berichte* 214, 183–210.
334. Absent argument on the Absentive: an exercise in silent syntax. Grammatical category or just pragmatic inference? *Sprachtypologie und Universalienforschung / Language Typology and Universals (STUF)* 61/4, 358–374.
335. Tempus- und Aspektkodierung als Textverketter: Vorder- und Hintergrundierung. In: A.-F. Macris-Ehrhard, E. Krumrey & G. Magnus (Hg.) *Temporalsemantik und Textkohärenz. Zur Versprachlichung zeitlicher Kategorien im heutigen Deutsch.* [Eurogermanistik 27]. Tübingen: Stauffenburg, 149–160.
336. Modalverben im Deutschen und Englischen unter Aspekt- und Valenzkriterien. In: J.M. Valentin unter Mitarbeit von H. Vinckel (Hg.) *Akten des XI. Internationalen Germanistenkongresses Paris 2005 „Germanistik im Konflikt der Kulturen".* [Jahrbuch für Internationale Germanistik. Reihe A: Kongressberichte, Band 80]. Frankfurt/M.: P. Lang, 99–104.

2009

337. Tempus- und Aspektkodierung als Textverketter: Vordergrund und Hintergrund. *Deutsche Sprache* 36, 287–304.
338. Methodological considerations on grammar variation. The right periphery as an OV/VO deciding parameter more so than the left periphery: Gradience in the verb cluster. In: A. Dufter, J. Fleischer & G. Seiler (eds.) *Describing and Modelling Variation in Grammar.* Berlin, New York: Mouton de Gruyter, 21–58.
339. (zus. mit Elisabeth Leiss) Vorwort. In: W. Abraham & E. Leiss (Hg.) *Modalität. Epistemik und Evidentialität bei Modalverb, Adverb, Modalpartikel und Modus.* [Studien zur deutschen Grammatik 77]. Tübingen: Stauffenburg Verlag, VII–VIII.
340. Zeitreferenz bei Modalverbeinbettungen: das Past-Gleichzeitigkeitsparadoxon, Double Access und Aspektsyntax. In: W. Abraham & E. Leiss (Hg.) *Modalität. Epistemik und Evidentialität bei Modalverb, Adverb, Modalpartikel und Modus.* [Studien zur deutschen Grammatik 77]. Tübingen: Stauffenburg Verlag, 57–78.
341. Die Urmasse von Modalität und ihre Ausgliederung. Modalität anhand von Modalverben, Modalpartikel und Modus. Was ist das Gemeinsame, was das Trennende, und was steckt dahinter? In: W. Abraham & E. Leiss (Hg.) *Modalität. Epistemik und Evidentialität bei Modalverb, Adverb, Modalpartikel und Modus.* [Studien zur deutschen Grammatik 77]. Tübingen: Stauffenburg Verlag, 251–302.
342. Non-state imperfectives in Romance and West-Germanic: How does Germanic render the progressive? In: W. Burger & M. Pienaar (eds.) *Die tand vam die tyd. Opstelle opgedra aan Jac Conradie.* Stellenbosch: Sun Press, 3–20.
343. Dialektsyntax als gesprochene Syntax – im Besonderen in den Sprachinseldialekten. Was Sprachinseldialekte über Sprachuniversalien und über Wandel unter Sprachkontakt (nicht) verraten. In: M. Denkler & J. Macha (Hg.) *Von vrenden, vrinden und vründen. Festgabe für Hermann Niebaum zum 65. Geburtstag.* [Niederdeutsches Wort. Beiträge zur niederdeutschen Philologie Band 49]. Münster: Aschendorff Verlag, 57–76.
344. Modale, Tempus und Aspekt: Markiertheitsbefunde im Romanischen, Englischen und Deutschen. *Romanistisches Jahrbuch* 59 (2008), 71–100.

2010

345. Diskurspartikel zwischen Modalität, Modus und Fremdbewusstseinsabgleich. In: Th. Harden & E. Hentschel (Hg.) *40 Jahre Partikelforschung.* Tübingen: Stauffenburg, 33–77.
346. Misleading homonymies, economical PPs in microvariation, and P as a probe. In: G. Cinque & L. Rizzi (eds.) *Mapping spatial PPs. The Cartography of Syntactic Structures.* [Oxford Studies in Comparative Syntax. Vol. 6]. Oxford: OUP, 261–293.

347. Modalitäts-Aspekt-Generalisierungen Interakionen und deren Brüche: Wo$_i$ kommen die epistemischen Lesarten t$_i$-her? In: A. Kątny & A. Socka (Hg.) *Modalität / Temporalität in kontrastiver und typologischer Sicht.* [Danziger Beiträge zur Germanistik 30]. Frankfurt/M.: Peter Lang, 13–28.
348. Sprache als Verzerrung und Entzerrung, als semiotische Stärke und gleichzeitig Schwäche. In: R. de Cillia, H. Gruber, M. Krzyżanowski & F. Menz (Hg.) *Diskurs – Politik – Identität. Discourse – Politics – Identity. Festschrift für Ruth Wodak.* [Stauffenburg Festschriften]. Tübingen: Stauffenburg, 9–20.
349. Methodische Überlegungen zu Grammatikalisierung, zyklischem Wandel und dem Wechsel von Analytik zu Synthetik – und zyklisch weiter zu Analytik (?). In: D. Bittner & L. Gaeta (Hg.) *Kodierungstechniken im Wandel. Das Zusammenspiel von Analytik und Synthese im Gegenwartsdeutschen.* [Linguistik – Impulse und Tendenzen 34]. Berlin, New York: de Gruyter, 249–274.

2011

350. Linke Satzperipherie und versteckte Definitheitskategorie: V1-Deklarative, Wortartunabhängigkeit und Narrativität. (Althoch-)Deutsch–Altisländisch im Vergleich. In: M.L. Kotin & E. G. Kotorova unter Mitarbeit von M. Durrell (Hg.) *Geschichte und Typologie der Sprachsysteme. History and Typology of Language Systems.* Heidelberg: C. Winter, 51–68.
351. (zus. mit Cláudio C. e C. Gonçalvez) *Non-state imperfectives in Romance and West-Germanic: How does Germanic render the progressive?* In: J. Mortelmans, T. Mortelmans & W. de Mulder (eds.) *From now to eternity.* [Cahiers Chronos 22]. Amsterdam/New York, New York: Rodopi, 1–20.
352. Spoken syntax in Cimbrian of the linguistic islands in Northern Italy – and what they (do not) betray about language universals and change under areal contact with Italo-Romance. In: M.T. Putnam (ed.) *Studies on German Language Islands.* [Studies in Language Companion Series 123]. Amsterdam, Philadelphia: John Benjamins, 233–278.
353. Preface: Traces of Bühler's semiotic legacy in modern linguistics. In: Karl Bühler. *Theory of Language. The Representational Function of Language.* Transl. D.F. Goodwin. Amsterdam, Philadelphia: John Benjamins. (Second revised edition), xiii–xlvii.
354. (zus. mit Peter Meihsner, Jadwiga Piskorz & Kinga Piskorz) Über Unhintergehbarkeiten in der modernen Modalitätsforschung: Modalverben, Modalpartikel, Modaladverbien, Deontik – Epistemik / Evidentialität – und was uns das Polnische und Russische dazu sagen. In: A. Kątny & K. Lukas (Hg.) *Germanistik in Polen. Geschichte – Perspektiven – Interdisziplinärer Dialog.* [Danziger Beiträge zur Germanistik 39]. Frankfurt/M.: P. Lang, 157–190.
355. Nichtzustandsimperfektive im Romanischen und Germanischen: Wie ist die deutsche Verlaufsform mit den romanischen Funktionen vereinbar? In: M. Arden, Chr. Märzhäuser & B. Meisnitzer (Hg.) *Linguística do Português: Rumos e Pontes.* München: Meidenbauer, 291–306.
356. Verbs of motion. Impersonal passivization between unaccusativity and unergativity. Impersonal constructions. A cross-linguistic perspective. In: A. Malchukov & A. Siewierska (eds.) *Impersonal Constructions. A Cross-Linguistic View.* [Studies in Language Complementary Series 124]. Amsterdam, Philadelphia: John Benjamins, 91–125.
357. (zus. mit Jakob Maché als Erstgenanntem) Infinitivkomplemente im Frühneuhochdeutschen – satzwertig oder nicht? In: A. Lobenstein-Reichmann & O. Reichmann (Hg.) *Frühneuhochdeutsch – Probleme seiner linguistischen Beschreibung.* [Themasonderheft zu *Germanistische Linguistik* 213–215]. Hildesheim: Georg Olms, 235–274.
358. Zimberndeutsch in Oberitalien – und was es über Sprachkontakt mit dem Italienischen verrät. In: *Akten der 10. Arbeitstagung für bayerisch-österreichische Dialektologie (Klagenfurt,*

19.-22. September 2007). [*Klagenfurter Beiträge zur Sprachwissenschaft* 34–36 (2008–2010)]. Wien: Praesensverlag, 13–20.

359. Aspektopposition, V1, Definitheit sowie Partikelsetzung zur Gliederung von erzählerischem Vorder- und Hintergrund. In: E. Mayerthaler, C. Pichler & Ch. Winkler (Hg.) *Was grammatische Kategorien miteinander machen: Form und Funktion in romanischen Sprachen von Morphosyntax bis Pragmatik. Festschrift für Ulrich Wandruszka.* [Tübinger Beiträge zur Linguistik 527]. Tübingen: Narr, 145–170.
360. Über Unhintergehbarkeiten in der modernen Modalitätsforschung. In: G. Diewald & E. Smirnova (Hg.) *Modalität und Evidentialität. Modality and Evidentiality.* [FOKUS Linguistisch-Philologische Studien 37]. Trier: WVT, 125–147.

2012

361. Illocutive force is speaker and information source concern. What type of syntax does the representation of speaker deixis require? Templates vs. derivational structure? In: W. Abraham & E. Leiss (eds.) *Modality and Theory of Mind Elements across Languages.* Berlin, New York: Mouton de Gruyter, 67–108.
362. Traces of Bühler's semiotic legacy in modern linguistics. In: W. Abraham & E. Leiss (eds.) *Modality and Theory of Mind Elements across Languages.* Berlin, New York: Mouton de Gruyter, 211–250.
363. (zus. mit Elisabeth Leiss) Introduction. In: W. Abraham & E. Leiss (eds.) *Modality and Theory of Mind Elements across Languages.* Berlin, New York: Mouton de Gruyter,1–36.
364. Die vermeintlich unflektierbaren Adverbien und Modalpartikel des Deutschen: Kongruenz und bühlerscher Origostatus. In: B. Rothstein (Hg.) *Unflektierbare und unflektierte Wortarten.* [Linguistik – Impulse und Tendenzen 47]. Berlin, New York: de Gruyter, 107–202.
365. Gesprochene Syntax im Zimbrischen der deutschen Sprachinseln Oberitaliens. Was sie über Sprachuniversalien und über Wandel unter Sprachkontakt (nicht) verrät. In: Cl. Di Meola, A. Hornung & L. Rega (Hg.) *Perspektiven Vier. Akten der 4. Tagung Deutsche Sprachwissenschaft in Italien Rom, 4.-6. Februar 2010.* [Deutsche Sprachwissenschaft international 4]. Frankfurt a.M.: Lang, 37–72.
366. Satzabhängigkeit und Fremdbewusstseinsabgleich. In: J. Brandtler, S. Huber, D. Håkansson & E. Klingvall (eds.) *Discourse and grammar. Essays in Honor of Valéria Molnár.* Lund: University of Lund, Sweden, 1–27.
367. Sprecherdeixis und Merkmaldistributionsdifferential deutscher Modalitätselemente. *Deutsche Sprache* 40, 72–95.
368. On the double definiteness, aspect, and word order in Old and Modern Scandinavian. In: L. Bruge, A. Cardinaletti, G. Giusti, N. Munaro & C. Poletto (eds.) *Functional Heads.* [The Cartography of Syntactic Structures, Volume 7]. New York: Oxford University Press, 277–287.
369. Review article of B. Heine & H. Narrog (eds.) *The Oxford Handbook of Linguistic Analysis.* [Oxford Handbooks in Linguistics]. Oxford: Oxford University Press 2010. xxviii, 1016 pp. *Sprachtypologie und Universalienforschung / Language Typology and Universals (STUF)* 65/2, 192–207.
370. (zus. mit Elisabeth Leiss) Introduction. In: W. Abraham & E. Leiss (eds.) *Covert Patterns of Modality.* Newcastle upon Tyne: Cambridge Scholars, 1–21.
371. (Inter)Subjectification or Foreign Consciousness / Other's Mind Alignment as synchronic and diachronic concepts of change? Conceptualizations and data fidelity. In: W. Abraham & E. Leiss (eds.) *Covert Patterns of Modality.* Newcastle upon Tyne: Cambridge Scholars, 24–78.
372. Covert modality in typology. In: W. Abraham & E. Leiss (eds.) *Covert Patterns of Modality.* Newcastle upon Tyne: Cambridge Scholars, 386–439.

373. (Inter)Subjektivierung oder Fremdbewusstseinsabgleich als synchrone und diachrone Wandelbegriffe? Begriffsschärfung und theoretische Einordnung. In: P. Ernst (Hg.) *Historische Semantik*. [Jahrbuch der Gesellschaft für Germanistische Sprachgeschichte 3]. Berlin, New York: de Gruyter, 24–56.
374. Wackernagelklisis früher – und heute. *Sprachwissenschaft* 37/3, 243–308.
375. (zus. mit Elisabeth Leiss) The case differential: Syntagmatic versus paradigmatic case – its status in synchrony and diachrony. *Transactions of the Philological Society* 110, 316–341. London: Wiley.
376. Philologische Dialektologie und moderne Mikrovarietätsforschung. Zum Begriff des Erklärstatus in Syn- und Diachronie. In: M.M. Glauninger & B. Barabas (Hg.) *Wortschatz und Sprachkontakt im Kontext oberdeutscher Wörterbücher, Sprachatlanten und Sprachinseln. Werner Bauer zum 70. Geburtstag*. [Beiträge zur Sprachinselforschung 21]. Wien: Praesens Verlag, 171–190.

2013

377. (zus. mit Jadwiga Piskorz & Elisabeth Leiss) Doppelter Grammatikalisierungszyklus und funktionale Universalgrammatik. Am Beispiel des analytischen Perfekts und des Präteritums in der Sprachgeschichte des Polnischen. *Die Welt der Slaven* LVIII, 276–307.
378. The developmental logic of the analytic past in German and Polish. In: T. Lohndal (ed.) *In Search of Universal Grammar. From Old Norse to Zoque*. [Linguistic Aktuell / Linguistics Today 202]. Amsterdam, Philadelphia: John Benjamins, 175–194.

2014

379. Strong modality and truth disposability in syntactic subordination: What is the locus of the phase edge validating modal adverbials? *Studia Linguistica* (in Druck).

Ca. 300 Rezensionen, hauptsächlich in Kurzform, für die Rezensionszeitschrift GERMANISTIK, Tübingen.

Danziger Beiträge zur Germanistik

Herausgegeben von Prof. Dr. Andrzej Kątny, Dr. Katarzyna Lukas und Prof. Dr. Czesława Schatte

Band 1 Jacek Szczepaniak: Zu sprachlichen Realisierungsmitteln der Komik in ausgewählten aphoristischen Texten aus pragmalinguistischer Sicht. 2002.

Band 2 Monika Bielińska: Verben des Sterbens und des Tötens. Eine semantische Untersuchung. 2002.

Band 3 Wioletta Knütel: Verlorene Heimat als literarische Provinz. Stolp und seine pommersche Umgebung in der deutschen Literatur nach 1945. 2002.

Band 4 Anna Pilarski: Die Operation *Merge* im Verbalkomplex des Polnischen und des Deutschen. 2002.

Band 5 Eliza Pieciul: Literarische Personennamen in deutsch-polnischer Translation. Eine kontrastive Studie aufgrund von ausgewählten Prosawerken von Thomas Mann. 2003.

Band 6 Michail L. Kotin: Die *werden*-Perspektiven und die *werden*-Periphrasen im Deutschen. Historische Entwicklung und Funktionen in der Gegenwartssprache. 2003.

Band 7 Małgorzata Płomińska: Farben und Sprache. Deutsche und polnische Farbbezeichnungen aus kontrastiver Sicht. 2003.

Band 8 Magdalena Lisiecka-Czop: Verstehensmechanismen und Lesestrategien von fremdsprachigen Fachtexten. 2003.

Band 9 Barbara Komenda: Sekundäre Bedeutungen von Nationalitäts- und Länderbezeichnungen im Deutschen und Polnischen. Unter besonderer Berücksichtigung der semantischen Gebrauchstheorie. 2003.

Band 10 Marek Cieszkowski / Monika Szczepaniak (Hrsg.): Texte im Wandel der Zeit. Beiträge zur modernen Textwissenschaft. 2003.

Band 11 Marek Gładysz: Lexikalische Kollokationen in deutsch-polnischer Konfrontation. 2003.

Band 12 Grażyna Zenderowska-Korpus: Sprachliche Schematismen des Deutschen und ihre Vermittlung im Unterricht DaF. 2004.

Band 13 Sprachen leben und lieben: Festschrift für Zdzisław Wawrzyniak zum 60. Geburtstag. Herausgegeben von Zofia Bilut-Homplewicz und Zygmunt Tęcza. 2004.

Band 14 Aldona Sopata: Universalgrammatik und Fremdsprachendidaktik. 2004.

Band 15 Andrzej Kątny (Hrsg.): Das literarische und kulturelle Erbe von Danzig und Gdańsk. 2004.

Band 16 Mariola Wierzbicka / Małgorzata Sieradzka / Jaromin Homa (Hrsg.): Moderne deutsche Texte. Beiträge der Internationalen Germanistenkonferenz Rzeszów 2004. 2005.

Band 17 Anna Pieczyńska-Sulik: Idiolektale Figurencharakteristik als Übersetzungsproblem. Am Beispiel der *Unkenrufe* von Günter Grass. 2005.

Band 18 Andrzej S. Feret: Das Partizip im Deutschen und Polnischen. Eine typologische Studie. 2005.

Band 19 Susanne Eva Patzke: Bedeutung von Appellativa der Nationszugehörigkeit am Beispiel „Deutscher" und „Ausländer". Eine empirisch-semantische Untersuchung. 2006.

Band 20 Paweł Bąk: Die Metapher in der Übersetzung. Studien zum Transfer der Aphorismen von Stanisław Jerzy Lec und der Gedichte von Wisława Szymborska. 2007.

Band 21 Aleksandra Łyp-Bielecka. Verben der Nahrungsaufnahme des Deutschen und des Polnischen. Eine semanto-syntaktische Vergleichsanalyse. 2007.

Band 22 Janusz Pociask: Zu Status und Funktion der idiomatischen Einheit in Pressetexten. Dargestellt an Textbeispielen aus der Neuen Zürcher Zeitung. 2007.

Band 23 Ryszard Lipczuk: Geschichte und Gegenwart des Fremdwortpurismus in Deutschland und Polen. 2007.

Band 24 Ilona Kromp: Eigennamen in der deutschen und polnischen Kinderliteratur unter textlinguistischem und translatorischem Aspekt. 2008.

Band 25 Peter Oliver Loew: Das literarische Danzig – 1793 bis 1945. Bausteine für eine lokale Kulturgeschichte. 2009.

Band 26 Hans-Jörg Schwenk: Die Semantik der Imperfektiv-Perfektiv-Opposition im Polnischen und ihr Niederschlag in polnisch-deutschen Wörterbüchern. Versuch einer aspektologisch-aspektographischen Neuorientierung. 2009.

Band 27 Robert Rduch: Unbehaustheit und Heimat. Das literarische Werk von Arnold Ulitz (1888–1971). 2009.

Band 28 Marta Turska: Internationalismen in der Fachsprache der Gastronomie und Kochkunst im fünfsprachigen Vergleich. 2009.

Band 29 Paweł Bąk / Małgorzata Sieradzka / Zdzisław Wawrzyniak (Hrsg.): Texte und Translation. 2010.

Band 30 Andrzej Kątny / Anna Socka (Hrsg.): Modalität / Temporalität in kontrastiver und typologischer Sicht. 2010.

Band 31 Lech Zieliński: Ideologie und Lexikographie. Die Ideologisierung des *Wörterbuchs der deutschen Gegenwartssprache* von Ruth Klappenbach und Wolfgang Steinitz. 2010.

Band 32 Monika Bielińska: Lexikographische Metatexte. Eine Untersuchung nichtintegrierter Außentexte in einsprachigen Wörterbüchern des Deutschen als Fremdsprache. 2010.

Band 33 Maria Krysztofiak (Hrsg.): Probleme der Übersetzungskultur. 2010.

Band 34 Mariola Wierzbicka / Zdzisław Wawrzyniak (Hrsg.): Grammatik im Text und im Diskurs. 2011.

Band 35 Lech Zieliński / Klaus-Dieter Ludwig / Ryszard Lipczuk (Hrsg.): Deutsche und polnische Lexikographie nach 1945 im Spannungsfeld der Kulturgeschichte. Unter redaktioneller Mitwirkung von Patryk Mączyński. 2011.

Band 36 Katarzyna Bizukojć: Neue Nominalkomposita in deutschen Newsletter-Texten. 2011.

Band 37 Agnieszka Poźlewicz: Syntax, Semantik und Pragmatik der Operatorpartikeln des Deutschen. Versuch einer Systematik. 2011.

Band 38 Monika Schönherr: Modalität im Diskurs und im Kontext. Studien zur Verwendung von Modalitätsausdrücken im Althochdeutschen. 2011.

Band 39 Andrzej Kątny / Katarzyna Lukas (Hrsg.): Germanistik in Polen. Geschichte – Perspektiven – interdisziplinärer Dialog. 2011.

Band 40 Justyna Duch-Adamczyk: Funktionsdistribution der Abtönungspartikeln des Deutschen und des Polnischen. 2012.

Band 41 Olena Materynska: Typologie der Körperteilbenennungen. 2012.

Band 42 Jan Sikora: Sprechhandlungen im publizistischen Material der *Danziger Neuesten Nachrichten.* 2013.

Band 43 Zofia Bilut-Homplewicz: Prinzip Perspektivierung. Germanistische und polonistische Textlinguistik – Entwicklungen, Probleme, Desiderata. Teil I: Germanistische Textlinguistik. 2013.

Band 44 Werner Abraham: Schriften zur Synchronie und Diachronie des Deutschen. Herausgegeben von Andrzej Kątny, Michail Kotin, Elisabeth Leiss, Anna Socka. 2014.

www.peterlang.com